# 故宮

## 博物院藏文物珍品全集

故宮博物院藏文物珍品全集

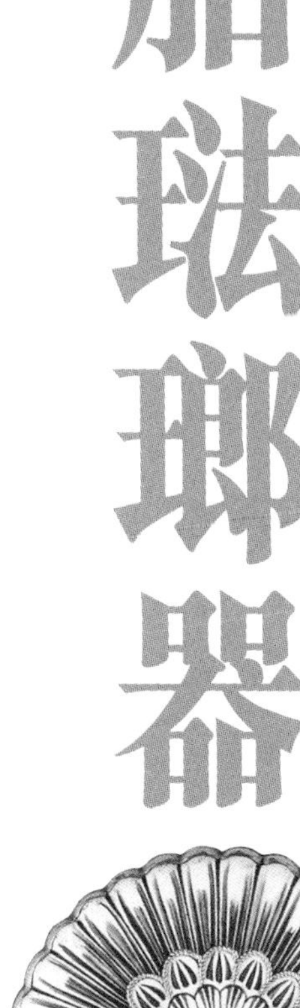

# 金屬胎琺瑯器

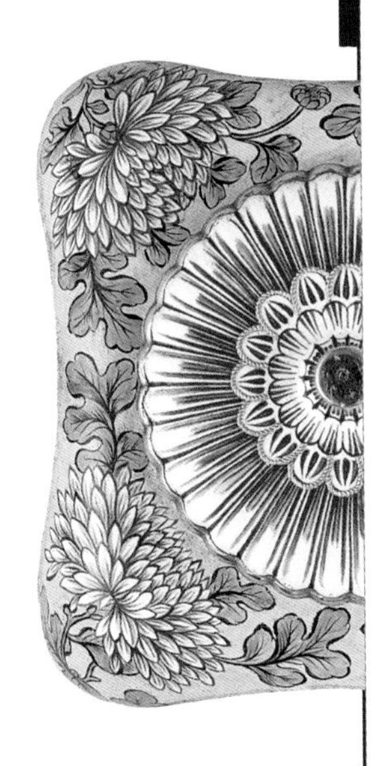

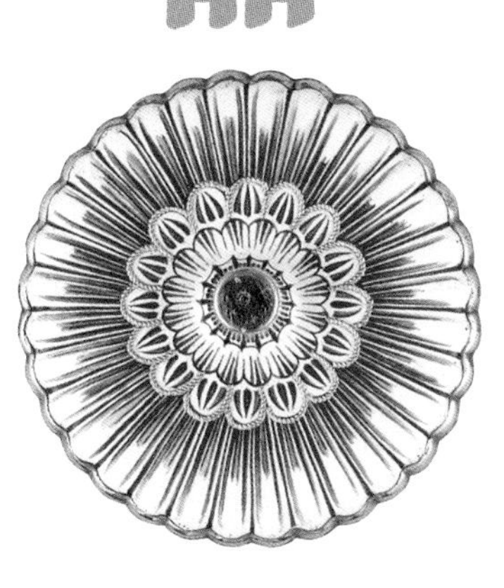

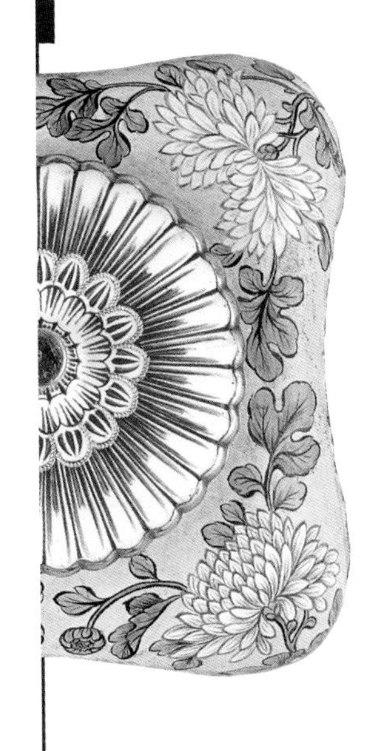

主編：李久芳

商務印書館

# 金屬胎琺瑯器

**Metal-bodied Enamel Ware**

## 故宮博物院藏文物珍品全集

**The Complete Collection of Treasures of the Palace Museum**

主　編 …………………… 李久芳
副主編 …………………… 陳麗華　張 榮
編　委 …………………… 李永興　倪如榮
攝　影 …………………… 劉志崗

出版人 …………………… 陳萬雄
編輯顧問 …………………… 吳 空
責任編輯 …………………… 田 村
設　計 …………………… 嚴欣強
出　版 …………………… 商務印書館（香港）有限公司
香港筲箕灣耀興道3號東滙廣場8樓
http: // www.commercialpress.com.hk
製　版 …………………… 中華商務彩色印刷有限公司
香港新界大埔汀麗路36號中華商務印刷大廈
印　刷 …………………… 深圳中華商務聯合印刷有限公司
深圳市龍崗區平湖鎮春湖工業區中華商務印刷大廈
版　次 …………………… 2002年1月第1版第1次印刷
©2002商務印書館（香港）有限公司
ISBN 962 07 5322 4



All inquiries should be directed to:
The Commercial Press (Hong Kong) Ltd.
8/F., Eastern Central Plaza, 3 Yiu Hing Road, Shau Kei Wan, Hong Kong.

# 故宮博物院藏文物珍品全集

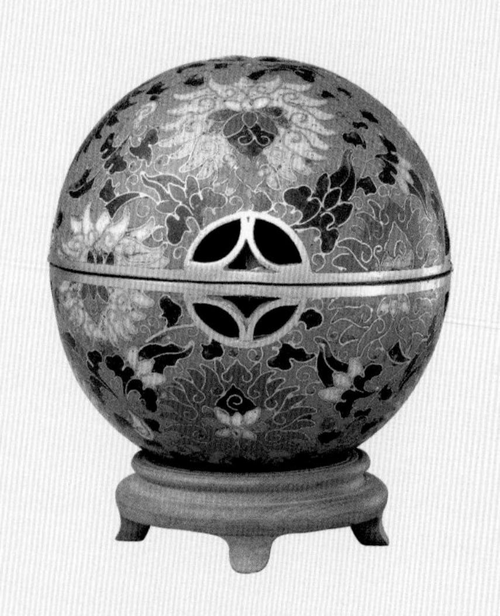

# 總序

楊新

故宮博物院是在明、清兩代皇宮的基礎上建立起來的國家博物館，位於北京市中心，佔地72萬平方米，收藏文物近百萬件。

公元1406年，明代永樂皇帝朱棣下詔將北平升為北京，翌年即在元代舊宮的基址上，開始大規模營造新的宮殿。公元1420年宮殿落成，稱紫禁城，正式遷都北京。公元1644年，清王朝取代明帝國統治，仍建都北京，居住在紫禁城內。按古老的禮制，紫禁城內分前朝、後寢兩大部分。前朝包括太和、中和、保和三大殿，輔以文華、武英兩殿。後寢包括乾清、交泰、坤寧三宮及東、西六宮等，總稱內廷。明、清兩代，從永樂皇帝朱棣至末代皇帝溥儀，共有24位皇帝及其后妃都居住在這裏。1911年孫中山領導的"辛亥革命"，推翻了清王朝統治，結束了兩千餘年的封建帝制。1914年，北洋政府將瀋陽故宮和承德避暑山莊的部分文物移來，在紫禁城內前朝部分成立古物陳列所。1924年，溥儀被逐出內廷，紫禁城後半部分於1925年建成故宮博物院。

歷代以來，皇帝們都自稱為"天子"。"普天之下，莫非王土；率土之濱，莫非王臣"（《詩經·小雅·北山》），他們把全國的土地和人民視作自己的財產。因此在宮廷內，不但匯集了從全國各地進貢來的各種歷史文化藝術精品和奇珍異寶，而且也集中了全國最優秀的藝術家和匠師，創造新的文化藝術品。中間雖屢經改朝換代，宮廷中的收藏損失無法估計，但是，由於中國的國土遼闊，歷史悠久，人民富於創造，文物散而復聚。清代繼承明代宮廷遺產，到乾隆時期，宮廷中收藏之富，超過了以往任何時代。到清代末年，英法聯軍、八國聯軍兩度侵入北京，橫燒劫掠，文物損失散佚殆不少。溥儀居內廷時，以賞賜、送禮等名義將文物盜出宮外，手下人亦效其尤，至1923年中正殿大火，清宮文物再次遭到嚴重損失。儘管如此，清宮的收藏仍然可觀。在故宮博物院籌備建立時，由"辦理清室善後委員會"對其所藏進行了清點，事竣後整理刊印出《故宮物品點查報告》共六編28

冊，計有文物117萬餘件（套）。1947年底，古物陳列所併入故宮博物院，其文物同時亦歸故宮博物院收藏管理。

二次大戰期間，為了保護故宮文物不至遭到日本侵略者的掠奪和戰火的毀滅，故宮博物院從大量的藏品中檢選出器物、書畫、圖書、檔案共計13427箱又64包，分五批運至上海和南京，後又輾轉流散到川、黔各地。抗日戰爭勝利以後，文物復又運回南京。隨着國內政治形勢的變化，在南京的文物又有2972箱於1948年底至1949年被運往台灣，50年代南京文物大部分運返北京，尚有2211箱至今仍存放在故宮博物院於南京建造的庫房中。

中華人民共和國成立以後，故宮博物院的體制有所變化，根據當時上級的有關指令，原宮廷中收藏圖書中的一部分，被調撥到北京圖書館，而檔案文獻，則另成立了“中國第一歷史檔案館”負責收藏保管。

50至60年代，故宮博物院對北京本院的文物重新進行了清理核對，按新的觀念，把過去劃分“器物”和書畫類的才被編入文物的範疇，凡屬於清宮舊藏的，均給予“故”字編號，計有711338件，其中從過去未被登記的“物品”堆中發現1200餘件。作為國家最大博物館，故宮博物院肩負有蒐藏保護流散在社會上珍貴文物的責任。1949年以後，通過收購、調撥、交換和接受捐贈等渠道以豐富館藏。凡屬新入藏的，均給予“新”字編號，截至1994年底，計有222920件。

這近百萬件文物，蘊藏着中華民族文化藝術極其豐富的史料。其遠自原始社會、商、周、秦、漢，經魏、晉、南北朝、隋、唐，歷五代兩宋、元、明，而至於清代和近世。歷朝歷代，均有佳品，從未有間斷。其文物品類，一應俱有，有青銅、玉器、陶瓷、碑刻造像、法書名畫、印璽、漆器、琺瑯、絲織刺繡、竹木牙骨雕刻、金銀器皿、文房珍玩、鐘錶、珠翠首飾、家具以及其他歷史文物等等。每一品種，又自成歷史系列。可以說這是一座巨大的東方文化藝術寶庫，不但集中反映了中華民族數千年文化藝術的歷史發展，凝聚着中國人民巨大的精神力量，同時它也是人類文明進步不可缺少的組成元素。

開發這座寶庫，弘揚民族文化傳統，為社會提供了解和研究這一傳統的可信史料，是故宮博物院的重要任務之一。過去我院曾經通過編輯出版各種圖書、畫冊、刊物，為提供這方面資料作了不少工作，在社會上產生了廣泛的影響，對於推動各科學術的深入研究起到了良好的作用。但是，一種全面而系統地介紹故宮文物以一窺全豹的出版物，由於種種原因，尚未來得及進行。今天，隨着社會的物質生活的提高，和中外文化交流的頻繁往來，無論是中國還是西方，人們越來越多地注意到故宮。學者專家們，無論是專門研究中國的文化歷史，還是從事於東、西方文化的對比研究，也都希望從故宮的藏品中發掘資料，以探索人類文明發展的奧秘。因此，我們決定與香港商務印書館共同努力，合作出版一套全面系統地反映故宮文物收藏的大型圖冊。

要想無一遺漏將近百萬件文物全都出版，我想在近數十年內是不可能的。因此我們在考慮到社會需要的同時，不能不採取精選的辦法，百裏挑一，將那些最具典型和代表性的文物集中起來，約有一萬二千餘件，分成六十卷出版，故名《故宮博物院藏文物珍品全集》。這需要八至十年時間才能完成，可以說是一項跨世紀的工程。六十卷的體例，我們採取按文物分類的方法進行編排，但是不囿於這一方法。例如其中一些與宮廷歷史、典章制度及日常生活有直接關係的文物，則採用特定主題的編輯方法。這部分是最具有宮廷特色的文物，以往常被人們所忽視，而在學術研究深入發展的今天，卻越來越顯示出其重要歷史價值。另外，對某一類數量較多的文物，例如繪畫和陶瓷，則採用每一卷或幾卷具有相對獨立和完整的編排方法，以便於讀者的需要和選購。

如此浩大的工程，其任務是艱巨的。為此我們動員了全院的文物研究者一道工作。由院內老一輩專家和聘請院外若干著名學者為顧問作指導，使這套大型圖冊的科學性、資料性和觀賞性相結合得盡可能地完善完美。但是，由於我們的力量有限，主要任務由中、青年人承擔，其中的錯誤和不足在所難免，因此當我們剛剛開始進行這一工作時，誠懇地希望得到各方面的批評指正和建設性意見，使以後的各卷，能達到更理想之目的。

感謝香港商務印書館的忠誠合作！感謝所有支持和鼓勵我們進行這一事業的人們！

1995年8月30日於燈下

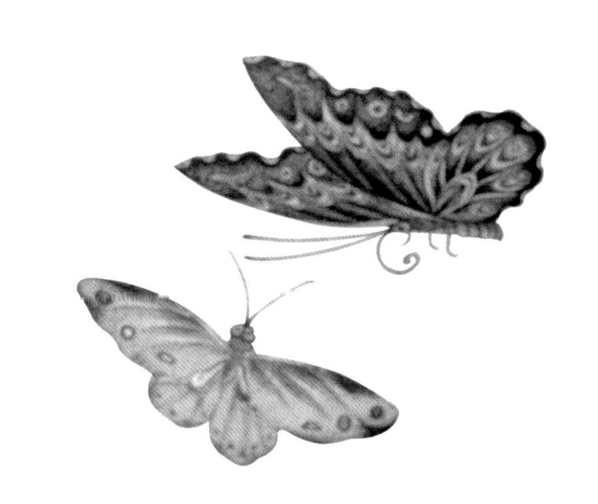

# 目錄



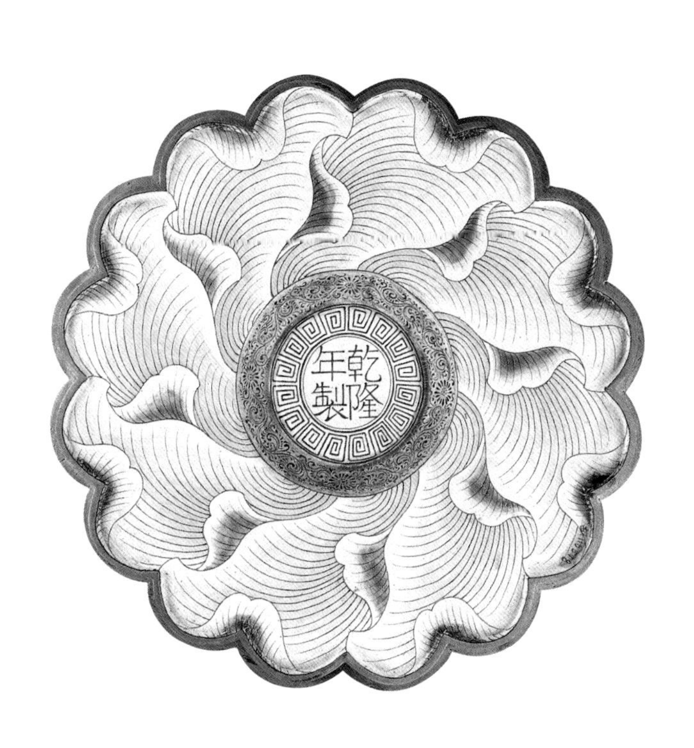

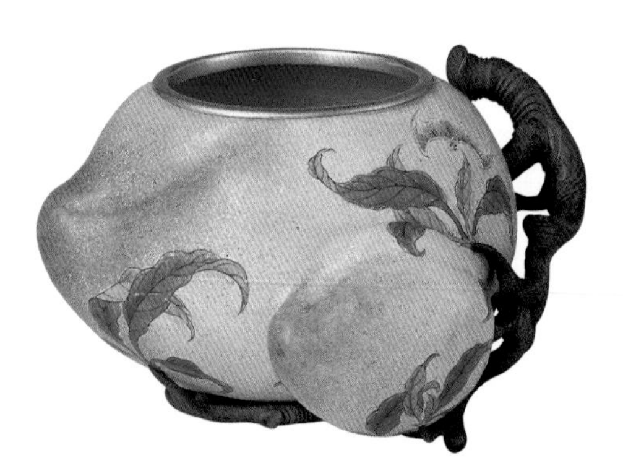

# 文物目錄

## 畫琺瑯

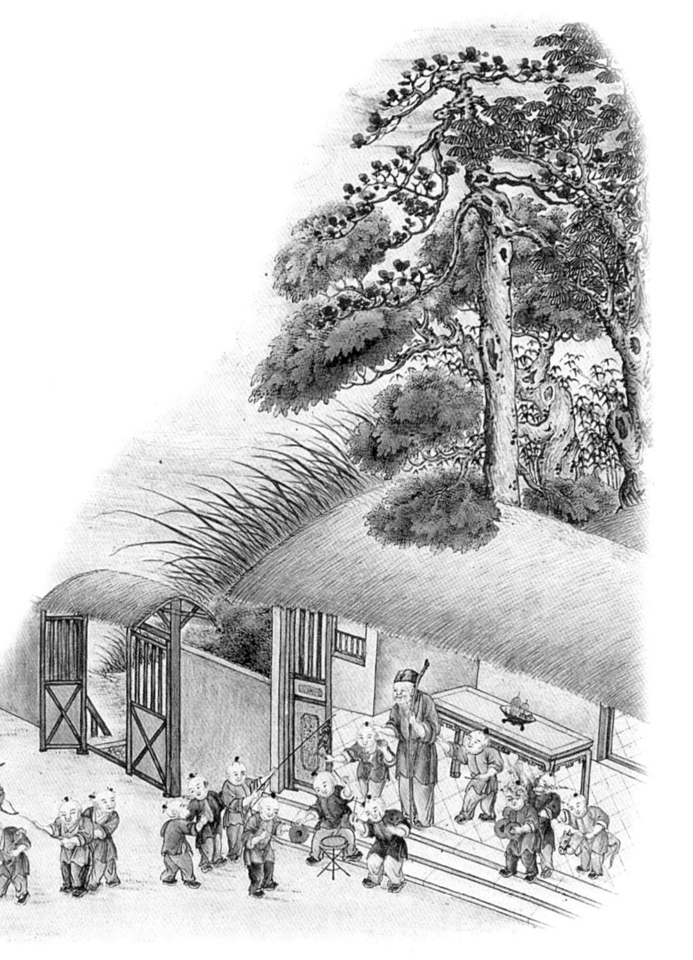

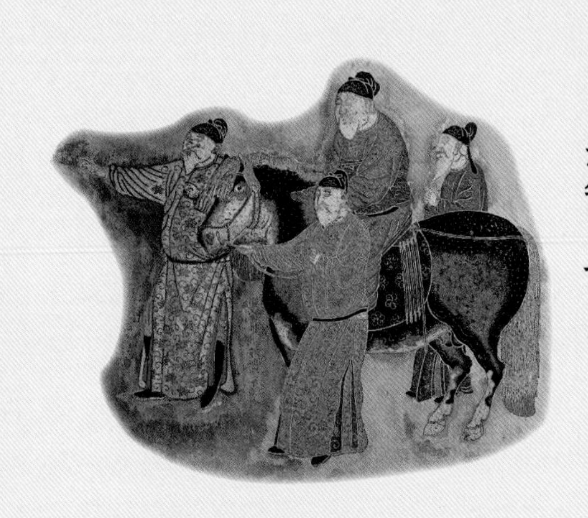

# 導言

李久芳

## 從故宮藏品看中國金屬胎琺瑯工藝之發展

金屬胎琺瑯器是以金屬製胎，用石英、長石為主要釉料燒煉成的五彩繽紛的琺瑯製品，按製造方法和工藝特點，可分掐絲琺瑯和畫琺瑯兩大類。掐絲琺瑯，俗稱“景泰藍”，是起綫琺瑯的主要品種，起綫琺瑯還包括鏨胎起綫和稍後出現的錘鍱起綫兩種，掐絲琺瑯和鏨胎起綫琺瑯大約在13世紀中葉從阿拉伯地區傳入中國。畫琺瑯，俗稱“洋瓷”，大約17世紀初由歐洲傳入中國。這兩種不同特點的琺瑯製品傳入中國後，其技術也隨之為中國工匠所接受，並很快製作出具有中國民族風格的工藝品。由於金屬胎琺瑯器製造工藝複雜，釉料配製和燒造技術難度大，生產成本高，所以這種珍貴的琺瑯製品開始很長時期主要在宮廷中製作，供皇帝及皇室享用。也有少量琺瑯器作為貴重禮物由皇帝恩賜給王公大臣，民間則很少流傳。

北京故宮博物院收藏的皇家御用琺瑯器約六千餘件，歷史傳承關係清楚。本卷選出二百四十四件有代表性的珍貴藏品，從中可看出中國金屬胎琺瑯工藝的發展脈絡和成就，並為“景泰藍”的斷代研究提供了重要資料。在編輯時，我們對改製的器物，以其主體部位中時代最早的部分作為斷代依據。如院藏元代琺瑯器已無一件整器，但被改製的器物中有部分屬於元代舊器的，則列入元代。對於明代景泰年間的琺瑯器，迄今為止，尚無法確定其標準器，只能按工藝風格籠統地歸入明代中期。

### 一、中國掐絲琺瑯的歷史淵源

中國掐絲琺瑯起源於何時，歷史上無明確記載，最早的文獻是元末明初人曹昭所著《格古要論》，其中“窰器論”說：“大食窰，以銅作身，用藥燒成五色花者，與佛朗嵌相似……又謂鬼國窰。”所謂“大食窰”已被諸多學者確認為金屬胎掐絲琺瑯器。《格古要論》在明初即已有刊行，書中所記諸多內容應源於元代後期。因此，對探討琺瑯器的淵源十分重要。

所謂“佛朗”即“佛菻”音的轉譯，是唐宋以來中國對東羅馬（拜占廷）帝國的稱謂。4世紀，以君士坦丁堡為中心的拜占廷帝國，繼承了古羅馬和古埃及的藝術，其中包括後世很盛行的銅胎掐絲琺瑯工藝。並在此基礎上創造出具有濃厚東方色彩的拜占廷風格的琺瑯器，其表現題材主要是宣揚王權和基督教神學。12世紀前後，又興起了鏨胎起綫琺瑯，而此時掐絲琺瑯製作工藝則已傳入西亞地區，並盛極一時。目前，保存在因斯布魯克裘狄南德拉姆美術館的銅胎掐絲琺瑯盤，從其銘文可知該盤是12世紀前半葉由兩河流域阿米德地方製造的，它是研究大食窰器歷史的重要例證。

所謂“大食”，是唐宋以來中國對阿拉伯地區穆斯林的泛稱，當時兩地往來甚密。《格古要論》中說與大食窰器（即掐絲琺瑯）相似的佛朗嵌只能是鏨胎起綫琺瑯。二者製造技術基本相同，僅為掐絲起綫和鏨胎起綫的區別，如不仔細觀察，甚至難以分辨。這種直接在金屬胎上鏨花起綫，再填入釉料燒出來的琺瑯器，釉料如鑲嵌般填到胎體上，故後人習慣上稱之為“嵌琺瑯”。《格古要論》既云大食窰器與佛朗嵌相似，那麼可以推測，佛朗嵌當先於大食窰器傳入中國，只是目前尚未見到可靠的實物例證。

此外，還有些學者認為，根據日本正倉院收藏的銀鏡，背飾有掐絲起綫的三色花瓣，青海都蘭出土吐蕃時的金胎掐絲淡藍釉牌飾，說明琺瑯工藝早在唐代時即已傳入。但二者均為孤例，且釉的成分未經測試，尚無法和後世的中國琺瑯製作聯繫起來。

## 二、元代掐絲琺瑯的風格與特點

中國製造的掐絲琺瑯，目前有年款可考的，始於明代宣德年間。但從北京故宮博物院收藏的實物分析，元代應已有製造。故宮藏有一批掐絲琺瑯器，釉料肥厚，釉色純正，明快亮麗，尤其是絳黃、草綠、葡萄紫、寶石藍等釉色，猶如水晶般晶瑩。這種半透明的琺瑯釉，在明代和清代各時期有準確年款的琺瑯器物中均未見過。這批器物不僅均不見原器的年代款識，且多被後世重新改造過。其中有的被改頭換足，器型大變；有的則用幾件不同器物，截取不同部位拼接成新的器型。因此，出現了一件器物通體釉色不一，圖案變化異常的現象。這些器物多被刻上“大明景泰年製”款。

掐絲琺瑯纏枝蓮紋獸耳三環尊（圖1），器型高大，通體以淡藍色釉為地，飾彩釉纏枝蓮紋。

此器周身各部分釉色全然不同，腹部釉料肥厚，色澤純正亮麗，部分呈半透明狀。而頸和口內、外的釉色不純，缺乏光澤，淡藍地尤顯灰暗，砂眼亦多，仔細觀察則不難看出作品是用舊器重新改造而成。以大花朵為主組成纏枝花卉紋，並注重花蕊稍許變化，近足部裝飾蓮瓣或蕉葉紋一周。這些藝術表現方法，同元代青花瓷器的特徵幾乎完全一致。而纏枝的花蔓間生長出飽滿花苞的紋飾，同元代保持波斯風格的“納石失”織金錦極相似。雖然重新配製了高頸、銅底，但仍可看出尊的主體部位原應為罐。掐絲琺瑯纏枝蓮紋龍耳瓶（圖2），釉色光潔明快，具有水晶般透明感，但整體圖案頗不協調，仔細分析，該器應是由碗、瓶等舊器截取不同部位拼接組合而成。尤其是腹、頸的唧接處凸起一周蓮瓣，上面的釉色不純，填料不滿，更缺乏透明感，顯然是配器時此處口徑唧接不吻合而採取遮掩措施。全器所截部位的造型、圖案及釉色均明顯有別於明代風格。

以上兩件器物是利用舊器重新改製成新作的兩種不同類型。而這種亮麗晶瑩的釉料始於何時，來自何處呢？從器物局部的造型、紋飾看均具有元代特點，據此推測，應是元代阿拉伯工匠帶來技術和釉料，指導中國工匠製造出的琺瑯器。

成吉思汗建立蒙古帝國以後，蒙古軍隊曾席捲歐亞大陸，在野蠻的征戰中，唯技術工匠幸免於難。蒙古統治者把俘虜的專業技術工匠作為工奴，為其服務。元代在全國建立了統一政權之後，隨着水、陸交通的開拓，中國人與中亞、阿拉伯、歐洲和非洲等地區的商人和手工業者往來通商，當時的大都、泉州、廣州、杭州等地，聚居着來自不同國家的身懷絕技的手工業者，他們傳授了本國流傳的精湛技藝，兩河流域流行的金屬胎琺瑯製品自然也隨之傳入中國。可以設想，阿拉伯工匠帶來了燒造掐絲琺瑯的技術和主要原料。從現存幾件元代琺瑯器的精美和華貴看，只能是在內府指導中國工匠為皇家燒造的。中國工匠在學習、掌握了燒造琺瑯的技術後，為符合中國統治者的審美要求，生產出了具有民族風格的掐絲琺瑯製品，但在紋飾圖案中仍保留着一些阿拉伯的藝術韻味。可惜的是這批製品被後世重新改製，不僅毀壞了許多元代琺瑯器的本來面貌，也使人們長期以來對於掐絲琺瑯的歷史在認識上產生了很大偏差。

## 三、明代起綫琺瑯的風格與特點

元末，連年戰爭，使剛剛興起的掐絲琺瑯工藝又日趨衰落。明王朝建立初期百業待興，無暇顧及琺瑯器的生產，至宣德時期方得到恢復和發展。現存琺瑯器中年款最早的就是“宣德年製”。清宮舊藏的數千件起綫琺瑯器中，有明代款識者，僅見“宣德”、“景泰”、“嘉靖”、“萬曆”四朝年款。

（一）明早期起綫琺瑯

明早期琺瑯器以宣德時期為代表，有鏨胎起綫琺瑯和掐絲琺瑯兩種。鏨胎起綫琺瑯，也稱“鏨花起綫琺瑯”，僅見纏枝蓮紋圓盒一件（圖31）。該盒胎體厚重，在胎上直接鏨出花紋輪廓綫後，填施淺藍色釉為地，飾彩釉纏枝蓮紋。綫條粗細不匀，顯露鏨刻痕跡。款識不甚規範。通體釉色穩重純淨，顯係宣德時代的特徵，值得注意的是，該器於乾隆年間入庫時，於盒內置一黃紙籤，籤上墨書“由太僕寺撤下”。太僕寺係元、明、清三代皇家養馬的機構，其地址多有變更，但該器曾長期置於太僕寺內，直到乾隆時期才被徵入宮禁。

宣德時期的掐絲琺瑯器遺存數量較多，常見有盤、碗、杯、盞托、盒、觚、瓶、罐及燈座等。其共同特點是胎厚體重，多以淺藍釉為地，亦有少量用灰白釉為地，上壓寶石藍、雞血紅、硨磲白、墨綠、草綠和嬌黃等多彩釉，組成纏枝花卉、瓜蝶或雲龍戲珠紋。釉色純正穩重，填釉較飽滿。有些器物上將黃綠釉混合調配，具有暈色效果，但缺乏元代釉色那種晶瑩透亮感。其圖案以纏枝蓮作為主體裝飾，多以單綫勾勒枝幹，再用曲綫串聯不同色彩的盛開的花朵，花頭碩大，在多層次的花瓣襯托下，中心形成桃形花蕊。這種纏枝圖案的組合已成定式，對後世產生了很大影響。也有以單綫勾勒枝幹再連綴多朵小花者，頗顯新穎。並有採用雙綫勾勒者，但不甚流行。

宣德琺瑯的款識有兩種，一是在器物的局部用琺瑯釉燒成，對這種款須注意琺瑯釉的顏色與原器是否渾然一體，如無不同則為原款；如有別，則是後加款或改款。另一種款是在銅胎上鑄款或鏨刻款，多置於器物底部。款的形式有“宣德年製”四字款、“大明宣德年製”六字款和“大明宣德御用監造”八字款，還有僅用“宣德”二字者，但很少見。八字款標明器物是由明朝內府的御用監製造，御用監是負責皇帝御用品生產的管理機構。其他許多相類的琺瑯器雖未注明生產地，但御用的琺瑯器，無疑均出自御用監管轄下的工匠之手。款之書體以楷書居多，間有隸書和篆書，其處理方法有陰綫雙鈎、單綫刻劃、鐫刻陽文和鑄款。對這些有宣德款的器物，不能單靠款識斷代，還要視其紋飾、釉色特點，進行綜合性分析，方可鑑別出其準確的時代。有些器物雖然沒有年款，但根據宣德時代琺瑯的基本特徵和風格，仍可判定是宣德或宣德以前的明代早期製品（圖9－21）。如此鑑定出的真器，則可為鑑別宣德款琺瑯器的真偽提供重要的依據和實物例證。

## （二）景泰年款器及明中期的起綫琺瑯

有“景泰年製”款的掐絲琺瑯器遺存數量頗多，故歷來有“景泰藍”之稱。明末孫承澤著的《天府廣記》中載：後市“在玄武門外，每月逢四則開市，謂之內市。”交易奇珍異寶“至內造如宣德之銅器、成化之窰器、永樂果園廠之髹器、景泰御前作坊之琺瑯，精巧遠邁前古，四方好事者，亦於內市重價購之。”從這段記述可知，景泰御前之琺瑯器已被視為“時玩”，可與宣德之銅、成化之瓷、永樂之漆競相媲美。似乎景泰之琺瑯器已發展到了“黃金時代”，此說曾令人感到費解，因為景泰帝朱祁鈺是在正統帝被蒙古軍入侵掠走後才登基的，在位不足七年。這期間內憂外患不斷，國力衰敗，各類御用器的生產均陷入困境。在這種形勢下，成本高、工藝難度大的金屬胎起綫琺瑯器何以能獨得巨大發展呢？其間奧秘，通過近幾年對大量“景泰年製”款琺瑯器的分析研究，才獲得了突破性的發現。原來諸多“景泰年製”款的琺瑯器，是利用早期遺存的琺瑯舊器重新改製而成，也有部分是後世慕名仿造改款的。

關於利用舊器重新改製的琺瑯器，在論述元代時已舉過兩例。這兩件器物改製時，為了更新器型加配了部件，新部件的設計很見功力，總體幾乎看不出甚麼異樣，且造型更加美觀，故長久以來未被識破。但仔細觀察，後配之部分釉色灰暗，砂眼亦多，填料不飽滿，遠遜於元代水平，亦不似宣德時釉色純正穩重。這種新組配的琺瑯器顯現出景泰的特點。事實表明“景泰御前作坊之琺瑯”的聲譽，是建立在前人基礎之上的。

改製的琺瑯器，是在內府中由御用監嚴格控制下進行的，除參與者外，鮮為人知，以致“景泰御用作坊之琺瑯”名氣越來越高。清代時常把“萬曆年製”的琺瑯器改成“景泰年製”款。改款的方法有兩種，一是把原款挖掉，重新在銅胎上陰刻“大明景泰年製”；二是用很薄的鎏金銅片，陰刻花紋和景泰款，然後焊在原款處，造型、紋飾和釉色仍保持萬曆時期琺瑯的原貌，較易識別。清代也多有仿製“景泰年製”款的琺瑯器，據《造辦處各作成做活計清檔》載：“乾隆三十二年二月初四日，催長四德、五德來說，太監胡世傑傳旨：‘多寶格內着仿古樣款掐絲琺瑯瓶一件、寶瓶一件、罐一件，俱要大明景泰陽文款。’”這類仿造事例頗多，但其掐絲工藝、釉料呈色等均屬清代特點。那麼真正的完整的景泰琺瑯又具有甚麼特點呢？通過對實物的對比分析，掐絲琺瑯花蝶紋香筒（圖44）是一件比較近似景泰風格的作品。筒外部以深藍色釉為地，顏色略顯灰青。地上用珊瑚紅、草綠、深藍、姜黃和甜白等彩釉描繪花蝶，形象寫實，與前期那種圖案式的裝飾方法迥異。琺瑯釉色尚不夠純正，表面缺乏光澤，填釉雖然飽滿，卻多細小砂眼。總之，這件香筒的圖案風格及釉料特徵均不同於早期之作，屬於宣德之後、萬曆之前的過渡時期的製品，可能即是“景泰御前作坊之琺瑯”器。

（三）明晚期的起綫琺瑯

明嘉靖時期，雖然城市經濟得到發展，但銅胎琺瑯的燒造卻不十分景氣。故宮藏品中有“嘉靖年製”款的器物僅見掐絲琺瑯龍鳳紋盤（圖46）一件，而且是20世紀60年代從私人手中購進的。盤上琺瑯釉和鎏金已被土蝕嚴重，顯然是墓葬或遺址中出土的，但出土時間和地點已無法查覓。盤底銅質鎏金，中心陰刻“大明嘉靖年製”楷書款。其圖案風格與釉色特點同此後的萬曆琺瑯器無大差異。

萬曆年間，掐絲琺瑯的製造工藝有新的發展，其風格、技巧和釉色運用有明顯變化。以淺淡釉色為地的製品顯著增多，擅長運用紅、藍、白、黃、綠五種色釉作圖案組合裝飾，色彩鮮明，對比強烈，十分醒目。珊瑚紅、青金石藍呈色獨特，松石綠釉則是此時出現的新色釉。

紋飾題材多有變化，當時工匠擅長運用雙鈎綫的手法表現折枝小花等，圖案較繁密。早期那種以單綫勾勒的大朵纏枝花卉為主題的紋飾顯著減少，龍鳳、海馬、流雲、瑞獸、八寶和寓意吉祥長壽的圖案增多，也有少量表現山水和人物故事的圖紋出現，顯示出圖案題材的廣泛。

年代款識的表現方法很有時代特徵，大多在器物底部的中心處用彩釉組成長方形如意雲頭紋一周，內施綠釉地，填紅釉“大明萬曆年造”六字楷書款或“萬曆年造”四字款。這種在款識外圍進行裝飾的方法是其他時期所不見的。其後，有將萬曆年款改作景泰年款的，而款的周邊仍然保留如意雲頭紋長方框，框內鏟掉原款，再陰刻“景泰年製”款。還有的在彩釉如意雲頭紋長方框內焊接一層極薄的鍍金銅片，上面陰綫刻雙龍抱“景泰年製”款。

明晚期，還流行一種工藝水平粗糙的琺瑯器，胎薄體輕、填釉不甚飽滿、釉色灰暗、砂眼較多，但體積較大，多見盆、盒、碗、盤、爐等器物，應是民間燒造的。

## 四、清代起綫琺瑯的風格與特點

清代至康熙時期，政權已得到鞏固，經濟有了發展，一度停滯不前的御用器的生產開始全面復興。到了雍正、乾隆時期，各類器物的生產出現了新的高潮。但是嘉慶以後，隨着經濟的衰退和列強的入侵，御用器的生產再次落入低谷。起綫琺瑯工藝也是在這種背景下復興、繁榮和日趨衰落。

（一）清早期起綫琺瑯

清代早期起綫琺瑯是以康熙時期掐絲琺瑯器為代表的，主要是由內廷琺瑯處承造的皇家御用品。康熙前期的掐絲琺瑯器，銅胎成型規矩，掐絲細膩流暢，以小型器物居多。圖案多以單綫勾勒花紋輪廓，再填以淡藍色釉為地，上壓彩釉纏枝蓮紋。釉色有雞血紅、蘋果綠、深藍、菊黃、硨磲白、茄皮紫等，其色彩乾澀灰暗，填料不飽滿，釉面凹凸不平滑，缺乏光澤。這些現象顯然是由於釉料配製方法和燒造技術不高的緣故造成的。

康熙中晚期的掐絲琺瑯銅胎成型規矩，掐絲細膩流暢，琺瑯釉呈色純淨而有光澤。圖案仍以纏枝蓮紋為主，還出現了龍、螭、夔鳳等紋樣，表現方法多採用雙鈎綫。器物表面光滑，砂眼亦少，燒造技術已達到成熟階段。

這一時期有的造型、圖案和釉色均仿造“景泰御前作坊之琺瑯”的特點，有的器物上還鐫刻“景泰年製”款。這些器物釉色較純正，幾可亂真。但掐絲細膩，填料飽滿，砂眼亦少，尤其銅胎成型和掐絲工藝，採取了衝壓和拉絲等新技術，較明代有顯著的進步。

（二）清中期起綫琺瑯

起綫琺瑯器中很少見到有雍正年款的，但在《造辦處各作成做活計清檔》中，有雍正前期曾製造掐絲琺瑯器的記錄，也有仿造景泰琺瑯瓶的記載，只是目前尚不能從遺存的實物中把它們識別出來。

乾隆時期起綫琺瑯器的燒造出現了新的繁榮景象。當時，造辦處琺瑯作坊生產出許多傑作，廣州地區製造的起綫琺瑯亦有新的突破，揚州和蘇州地區生產的掐絲琺瑯也毫不遜色。

這一時期燒造大型起綫琺瑯器的技術迅速提高，宮廷中陳設的大屏風、寶座以及成組的佛塔，都是前所未見的新產品。大型琺瑯器的燒造不僅需有大型的窰爐，還需控制銅胎加熱後不會變形，並要嚴格掌握通體釉料呈色一致。乾隆時期，對於這類技術的掌握和控制，已達到了爐火純青的程度。乾隆三十九年（1774）和四十七年（1782），分兩批燒造的十二座琺瑯喇嘛塔（圖141），高均在230厘米以上，每座塔的造型各不相同，釉色各異，圖案富於變化。掐絲琺瑯五嶽圖屏風（圖134），分五扇，高近3米。畫面分別刻畫中國五大名山，巍峨雄偉。這些傑作均為造辦處製作，充分展示出乾隆時期宮廷製作起綫琺瑯的輝煌成就。

把古代著名書畫家的作品巧妙地運用到掐絲琺瑯的紋飾中，是乾隆時期的一種新嘗試。掐絲琺瑯明皇試馬圖掛屏（圖133）是以唐代大畫家韓幹的《明皇試馬圖》為藍本燒製的。畫面上色彩的點染，乃至題跋和鈐印，均仿造原畫的效果，人物、馬匹具傳神之妙，乾隆皇帝題詩筆墨轉折，宛若手跡。廣州製造的錘鍱起綫琺瑯五倫圖屏風（圖136），畫面上的山水花鳥色彩豔麗，畫法上多採用暈色的方法，渲染出景物的色彩濃淡和遠近層次，並大量運用粉紅色和草綠色，突出了桃紅柳綠的春天景象。工藝上採取了錘鍱起綫和細部掐絲相結合的方法。這種工藝是廣東琺瑯匠人的新創造。鏨胎琺瑯四友圖屏風（圖135），分三扇刻畫松、竹、梅、蘭，色彩凝重，突出了恬靜清雅的意境。這些作品極力追求繪畫藝術與琺瑯工藝的完美結合，達到了理想的效果，是清中期起綫琺瑯製品的重要成就。

乾隆皇帝嗜古，常要求把古代青銅器的造型、紋飾等運用到琺瑯器的製作中。儘管仿古器物多有所本，但仍展現出琺瑯工藝的魅力。以各種動物形象造型的像生器增多，除傳統甪端、獅子、仙鶴等式樣外，又出現了鳧、瑞獸、犧、牛、天雞（圖107、119－122）等多種形象。鏨胎與掐絲相結合製造的牧羊人筆架（圖125）是有代表性的作品，羊作跪臥狀，以白釉為地，用銅絲掐成捲毛紋。一牧人側身騎於羊背上，悠閒自得。誇張的造型，和諧的色彩，富有濃厚的生活氣息。用掐絲琺瑯工藝仿造瓷器，也是前所未見的。掐絲琺瑯雲龍紋天球瓶（圖146），通體以白釉為地，用淺藍釉暈染出浮雲，一條紅色巨龍盤旋於流雲之中，氣勢磅礴。這是仿造瓷器中青花釉裏紅的效果，增加了金屬胎起綫琺瑯的藝術表現力。

此外，乾隆皇帝特別喜好明代景泰琺瑯，並予以很高評價，有時甚至對造辦處燒造的琺瑯器表示不滿意，認為"舊琺瑯顏色甚好"。因此仿造"景泰御前作坊之琺瑯"成為造辦處琺瑯作的重要項目，在《造辦處各作成做活計清檔》中，記述仿"景泰"琺瑯的事例頗多。這種仿造可分兩種類型：一是按舊器仿造，要求造型、圖案、釉色與原器相同（圖98）。二是新設計造型、圖案和釉色，底部刻"景泰年製"款（圖106）。前者仿造得極其相似，幾可亂真，後者則按照新的創意製造，採用較多的新釉色，與舊器全無相似之處。

乾隆時期還用掐絲琺瑯和畫琺瑯相結合的工藝製作出不少精品。結合的方法有兩種類型：其一把二者直接燒在一起，要求嚴格控制燒造溫度，否則呈色會出現問題。其二分別燒造二者，然後把畫琺瑯鑲到掐絲琺瑯上，要求鑲嵌焊接不留痕跡。這兩種類型製作都很精美，其中用黃金為胎者更顯珍貴。

總之，乾隆時期起綫琺瑯工藝相當發達，所生產的琺瑯器應用於宮廷生活各個方面。造型式樣繁多，圖案花紋富於變化，出現了桃紅色新色釉和錘鍱起綫的新技法。生產地域擴大，廣州、蘇州、揚州都是起綫琺瑯的重要產地，被譽為“廣造”和“蘇造”，各具特點。揚州地區為宮廷“樂壽堂”室內裝修燒製的琺瑯片古樸典雅，受到好評。琺瑯名家楊世雄技藝精湛，被世人譽為“琺瑯王”。這些輝煌成就充分展示了乾隆時期起綫琺瑯燒造的高超水平。

（三） 清晚期的起綫琺瑯

嘉慶時期，起綫琺瑯製作開始衰落，遺存數量很少 ，僅見碗、盤之類器皿，造型簡單，頗顯笨拙。掐絲較粗壯，多採用鏨胎起綫的方法。釉色仍以淺藍地者居多，飾深藍、紅、黃和豆綠色組成的幾何紋，圖案和色彩較呆板（圖154－155）。這種狀況延續到道光時期，更是江河日下，直至起綫琺瑯器消失。1840年鴉片戰爭之後，在半封建半殖民地條件下，具有鮮明民族風格的金屬胎起綫琺瑯製品曾受到西方人的青睞，從而刺激了民間作坊的生產，生產稍許恢復。

同治年間製作的掐絲琺瑯器（圖156－158）銅胎薄，器型規矩，以淺黃色釉為地者居多，上壓紅、綠、黃、藍色釉纏枝花卉和折枝花等。此後，皇家設立了印鑄局，用掐絲琺瑯技術製造獎杯、獎章等。同時，北京地區還出現了專營銅胎掐絲琺瑯的私人商號、店堂，諸如老天利、寶華生、靜遠堂、志遠堂、德興成等，其產品風格大同小異。

清晚期的掐絲琺瑯器造型以各式瓶為主，式樣多有變化。但有些器物上下比例不諧調，有頭重腳輕之感。由於多借助於機械成型，且金屬拉絲技術已有發展，致使這一時期的掐絲琺瑯器胎體輕薄，銅絲掐成的綫條均勻、纖細、流暢。填釉飽滿，釉面光滑明亮，砂眼少。釉色變化多，有用赭紅、淡黃、蘋果綠、灰白和墨黑等釉色為地者，上壓彩色花紋。而前期那種淺藍釉為主色調的作品減少。裝飾多以折枝花卉為主，亦常用整株的花卉和花鳥、蟲魚作圖案。花朵和花葉翻捲轉折的層次較多，注重釉質的暈色效果，有較濃厚的西洋韻味。

清晚期仿“景泰年製”的作品，其造型、掐絲和釉料色彩均與原器相差甚遠，給人以輕浮之感。“大明景泰年製”款的處理過於拘謹或缺乏章法，極易識別。鍍金豔黃，浮光閃亮，有別於傳統的用金方法。

## 五、清代畫琺瑯的風格與特點

畫琺瑯俗稱“洋瓷”。據《明史．外國列傳》載：“古里，西洋大國……永樂六年，命中官尹慶奉詔撫諭其國，賚以彩幣。其酋沙米的喜，遣使從慶入貢……貢物有寶石、珊瑚珠、拂郎……”古里，在明代是印度喀拉拉邦北岸的一個國家，經古里獻給中國皇帝的“拂郎”面貌若何，已難知曉。目前，僅見明代金屬胎起綫琺瑯製品，被稱作“大食窰器”。而金屬胎畫琺瑯器，則是17世紀中葉，在西方傳教士呈進歐洲畫琺瑯的影響下，才於康熙年間在宮廷內琺瑯處開始燒造，但燒造技術不高，釉料呈色不穩定。康熙五十八年（1719），聘請法蘭西畫琺瑯藝人陳忠信來京，在內廷琺瑯處指導燒造畫琺瑯器。其式樣、圖案主要是中國風格，少有西方畫琺瑯的特點。

清王朝建立初期，曾一度禁止海外貿易，至康熙二十二年（1683），始開海禁。當時，只允許外國商船進入粵海關一處，這使廣州地區最先接觸到西方盛行的畫琺瑯製品。廣州的產品多保留着西方文化的韻味。此後，皇室所需的畫琺瑯器不僅向粵海關徵定和購買，而且內廷所需的畫琺瑯匠人也多由粵海關選送。

當時的蘇州是手工業發達的商業城市，畫琺瑯工藝約於雍正年間傳入蘇州地區，在深厚的工藝基礎上，蘇州生產的畫琺瑯作品風格獨具，從而形成了內廷琺瑯處和廣州、蘇州三大畫琺瑯生產中心，產品各有特點。當時重要產品均需貢進內廷，所以故宮的收藏全面反映了清代金屬胎畫琺瑯的成就。

### （一）康熙時期的畫琺瑯

康熙年間生產金屬胎畫琺瑯的機構主要是內廷設立的琺瑯處。最初生產畫琺瑯的技術尚不成熟，器物體積小，釉色少，顏色也不純淨。例如畫琺瑯山水圖雙耳爐（圖175），小巧玲瓏，造型秀美，繪畫亦精，但釉色灰暗無光，色彩互相浸染滲透，畫面模糊。這類疵病顯然是由於燒煉技術不成熟的緣故。另一件畫琺瑯仙人騎獅圖梅瓶（圖171），畫面頗有層次，色彩亦較清淡典雅。唯釉色不純，整體凹凸不平，綫條不清晰。按其造型特點和圖案風格，應是早期畫琺瑯製品。

康熙後期的畫琺瑯釉色增多，顏色純正鮮豔，圖案清晰，顯示出燒造畫琺瑯的技術已達到較高水平。作品多以黃釉作地，亦有少量白釉或淡藍釉為地者，上壓紅、粉紅、綠、草綠、寶藍、淺藍、赭和紫等彩釉，畫纏枝花卉、折枝花，其中有玉蘭、牡丹、茶花、桃花、荷花等紋樣，花間有的還綴以蝴蝶、蜜蜂、錦雞、鳥，增添了畫面的活力。畫風極細膩，色彩諧調，許多圖紋都出自宮廷中名畫家之手筆。器型種類增多，除碗、盤外，常見唾盂、香盒、花瓶、鼻煙壺等生活用品，畫琺瑯牡丹紋海棠式花籃（圖185）更顯新穎別致。還用畫琺瑯技術仿造宣德銅爐（圖176），釉色光亮，呈鱔魚黃色。這些器物底部多用白釉或黃釉為地，中心處以藍或紅釉畫出雙綫方框或圓圈，內署"康熙御製"款，字體多為楷書，有的近似於隸書。

新興的畫琺瑯色彩鮮豔明快，豪華富麗，深得康熙皇帝的賞識，凡精美之作，多在器物上署"康熙御製"款。從文獻記載中可知康熙對畫琺瑯器的濃厚興趣，他不僅命西方傳教士畫家和宮廷內畫家為琺瑯處畫琺瑯器，晚年還從法國召來燒畫琺瑯的匠人為其服務。但所有繪畫都必須符合皇帝的旨意，皇帝不喜歡西洋油畫的風格，所以，康熙時代的畫琺瑯都保持着中國傳統繪畫的特點。

（二）雍正、乾隆時期的畫琺瑯

雍正、乾隆時期是畫琺瑯生產最繁榮的階段。內廷生產畫琺瑯的機構琺瑯處已為造辦處琺瑯作所取代，廣州、蘇州亦開始了畫琺瑯的生產。產品數量增多，式樣不斷翻新，圖案、釉色有新的發展和變化。

雍正皇帝對新興的畫琺瑯情有獨鍾，對於燒造水平不高的作品，雍正常常提出批評意見。在同時期的掐絲琺瑯製品中，很難看到"雍正年製"款，而在畫琺瑯中則不僅有署"雍正年製"的，而且還出現了新的釉色。特別是以黑色為地、上壓彩色花紋的作品是前所未見的，這種黑釉是雍正時期燒成的，所以分外受到皇帝的青睞，即使燒製其他彩釉作品，在局部也可看到繪製黑釉花紋的現象。這種運用黑釉的手法是其他時期罕見的。

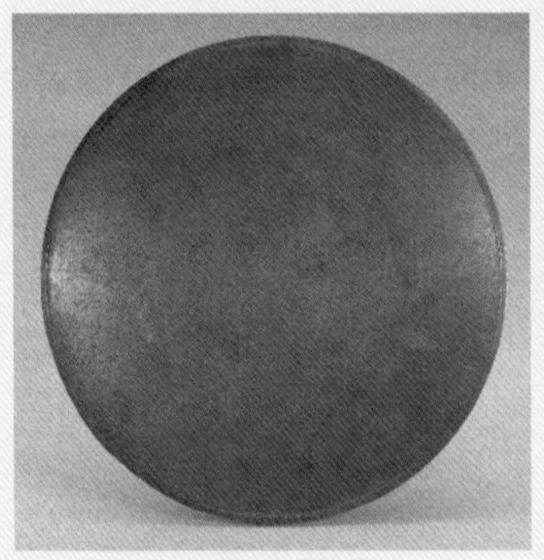

掐絲琺琅製作過程之一
製胎

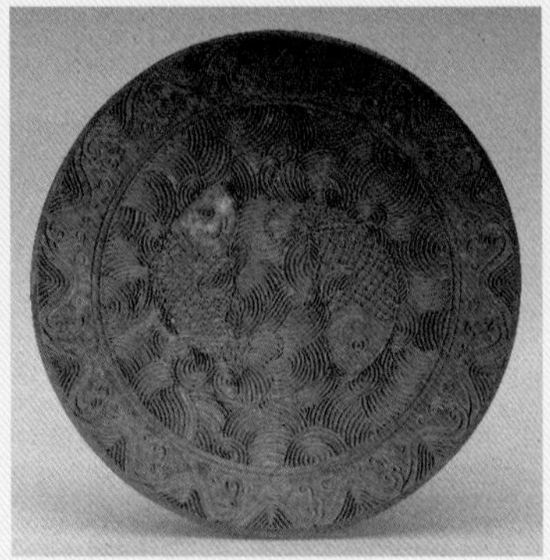

掐絲琺琅製作過程之二
掐絲

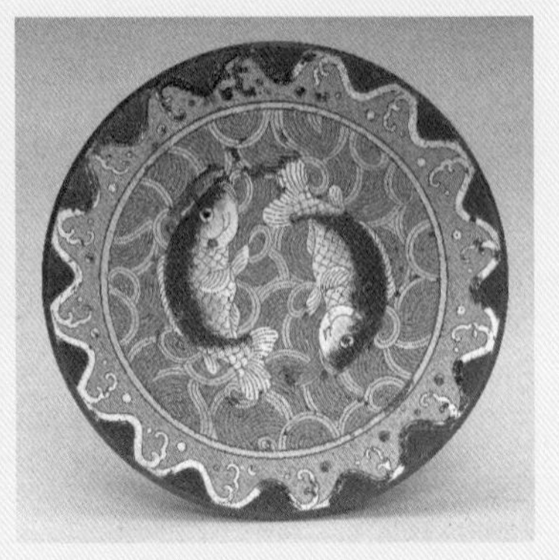

掐絲琺琅製作過程之三
填釉

雍正時期的畫琺瑯器仍以小型器物居多，造型都很別致，釉色亦鮮亮。卵形小壺、成套杯盤、多層式燭台、天球式冠架、多孔式花插、仙桃式洗、筒式熏爐、八寶法輪等都是前期畫琺瑯中少見的新鮮式樣。紋飾圖案除纏枝花卉外，仍以草蟲、花鳥為主要題材，畫風極細膩。用蝙蝠、桃實、柿子等寓意吉祥的圖案顯著增多。但有些紋飾則過於繁瑣，雍正皇帝對此亦曾表示過不滿。這時的作品多在器底中心用楷書或仿宋體署"雍正年製"印章式款，款有紅釉或藍釉兩種。亦有少數把款置於器物表面的圖案之中。

乾隆時期的畫琺瑯工藝，發展突飛猛進。皇帝不僅親自詢問造辦處琺瑯作的生產情況，還經常對產品的燒造提出意見，對於技藝高超的匠人則給予特殊的獎勵。宮廷中的著名畫家多次參予畫琺瑯的生產。這個時期生產的畫琺瑯器物數量多，質量高，許多前所未見的新作品源源不斷地湧現出來。

首先，燒造大型器開創了畫琺瑯生產的新領域，許多插屏、掛屏、熏爐、畫缸、大瓶等（圖233－236）都是用於宮殿內的重要陳設品。這些器物不僅形制高大，而且製造十分精緻，與高大的建築交相輝映，更顯得氣勢恢弘。

其次，對於造型式樣顯示出多方面的追求。畫琺瑯菊花紋壺（圖200）、畫琺瑯勾蓮紋壓柄壺（圖198）、畫琺瑯牡丹圖執壺（圖197）、畫琺瑯團花紋提梁壺（圖199）等，均為酒器，器型小巧玲瓏。帝王后妃盛放物品的畫琺瑯盒有圓形、方形、長方形、委角形，以及梅花式、葵花式、瓜棱式，還有屜盒和攢盒。

其三，紋飾題材豐富，紋樣中有纏枝花、折枝花、四季花卉、鳥蟲異獸和幾何紋圖案。繪畫中的山水人物題材是以前琺瑯器中少見的，畫面處理多採取色彩渲染的手法，增加了層次感

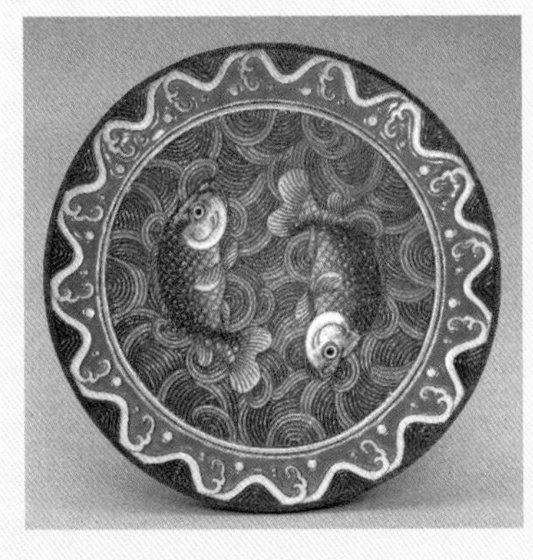

掐絲琺琅製作過程之四
燒釉

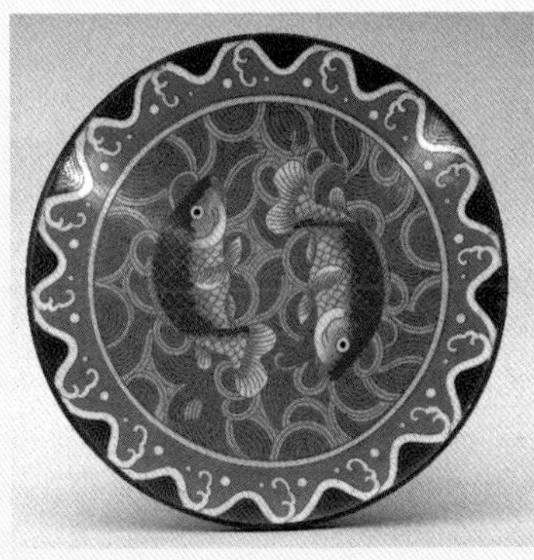

掐絲琺琅製作過程之五
拋光

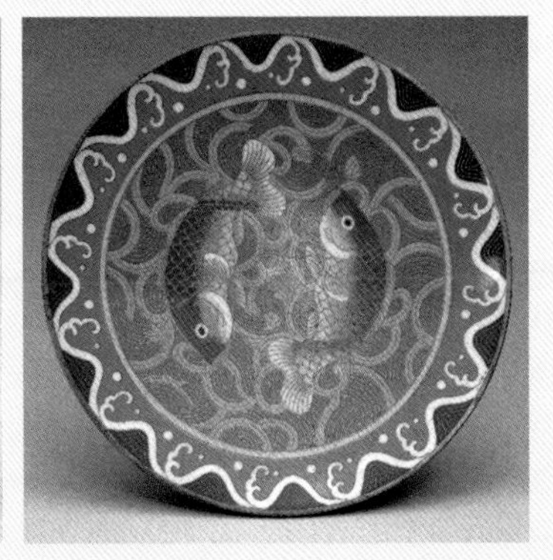

掐絲琺琅製作過程之六
鍍金

和立體效果。諸如嬰戲圖、母嬰圖、仕女圖、歲朝圖、慶壽圖等，十分注重人物神情的刻畫。同時大量出現了對西洋景物和人物的描繪，頗有幾分西方油畫的風格。這些作品中，有的是出自宮廷畫家和西方傳教士畫家之手筆，是畫琺瑯中極具功力的作品。

其四，仿西洋式樣製造的畫琺瑯器別開生面。在此之前，畫琺瑯製品中很少出現西洋風格的作品，而這個時期刻意仿造西洋式的造型和紋飾的畫琺瑯製品特點很突出。這類作品多是廣州地區製造由粵海關官員進獻給皇帝的貢品（圖214）。

其五，廣東地區製造的貢品中還有一種獨具特色的工藝，即在金屬胎上貼金花或銀花，表面再罩上透明的藍色或綠色琺瑯釉，金花或銀花從釉下透出，表裏呼應，分外晶瑩。有的器物釉下沒有金花或銀花，純以透明的釉色展示出獨特的魅力。

（三）清晚期的畫琺瑯

嘉慶初年，還保持着乾隆時代的某些遺韻，畫琺瑯器的生產也有幾分成就。鍍金畫琺瑯牡丹紋執壺（圖242），器型精美，釉色豔麗，顯示出較高的燒造琺瑯工藝水平。畫琺瑯花卉紋盞托（圖243），釉色富於變化，色彩凝重。此後，隨着國力的衰退，畫琺瑯器的生產已然是日薄西山，雖曾一度出現回光返照，但畢竟是氣息奄奄，無力回天了。

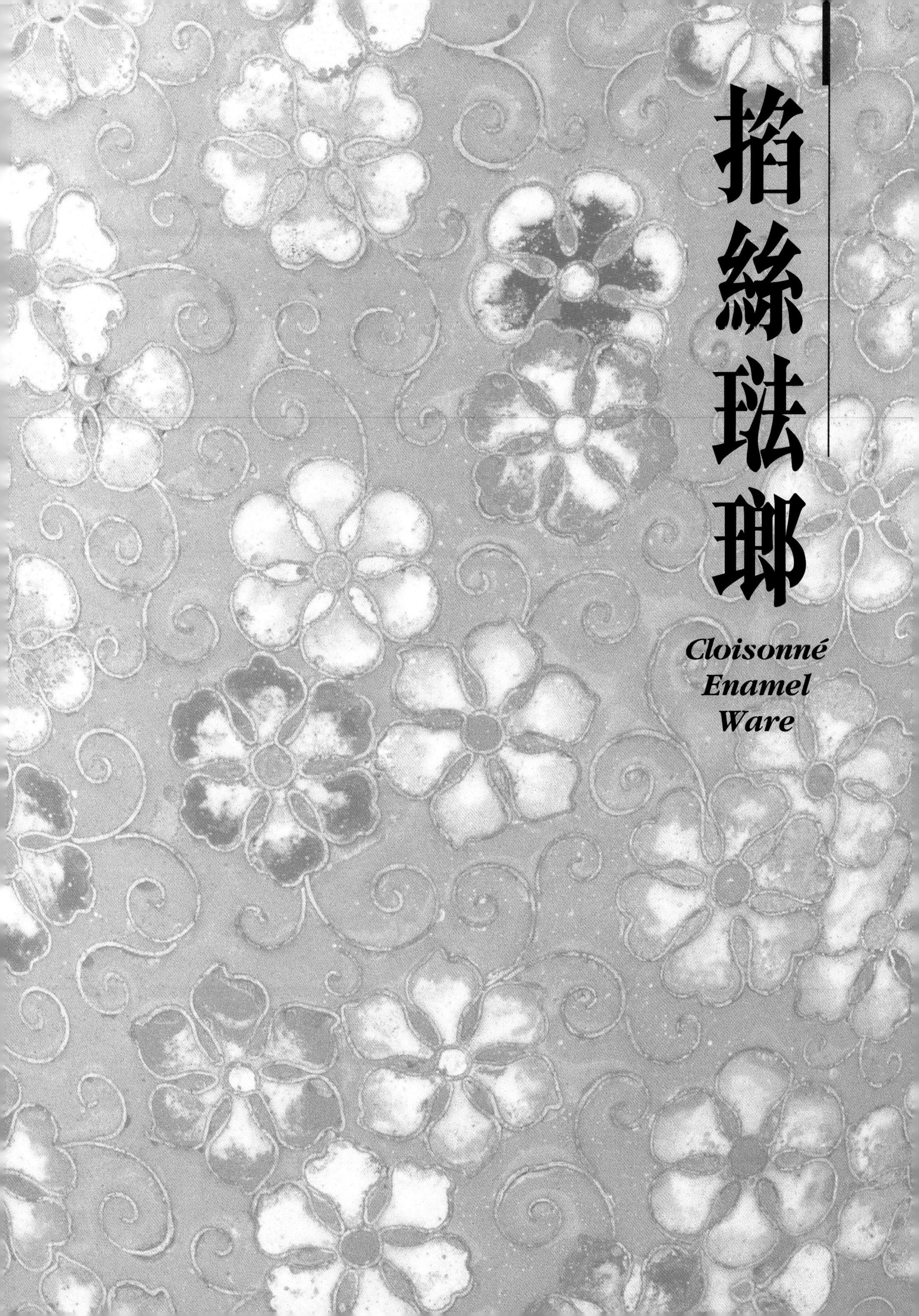

# 掐絲琺瑯

# *Cloisonné Enamel Ware*

## 1

**掐絲琺瑯纏枝蓮紋獸耳三環尊**
元
高71厘米　口徑36.3厘米
底徑23.1厘米
清宮舊藏

**Cloisonné enamel jar with animal-shaped ears decorated with design of interlocking sprays of lotus**
Yuan Dynasty
Height: 71cm
Diameter of mouth: 36.3cm
Diameter of bottom: 23.1cm
Qing Court collection

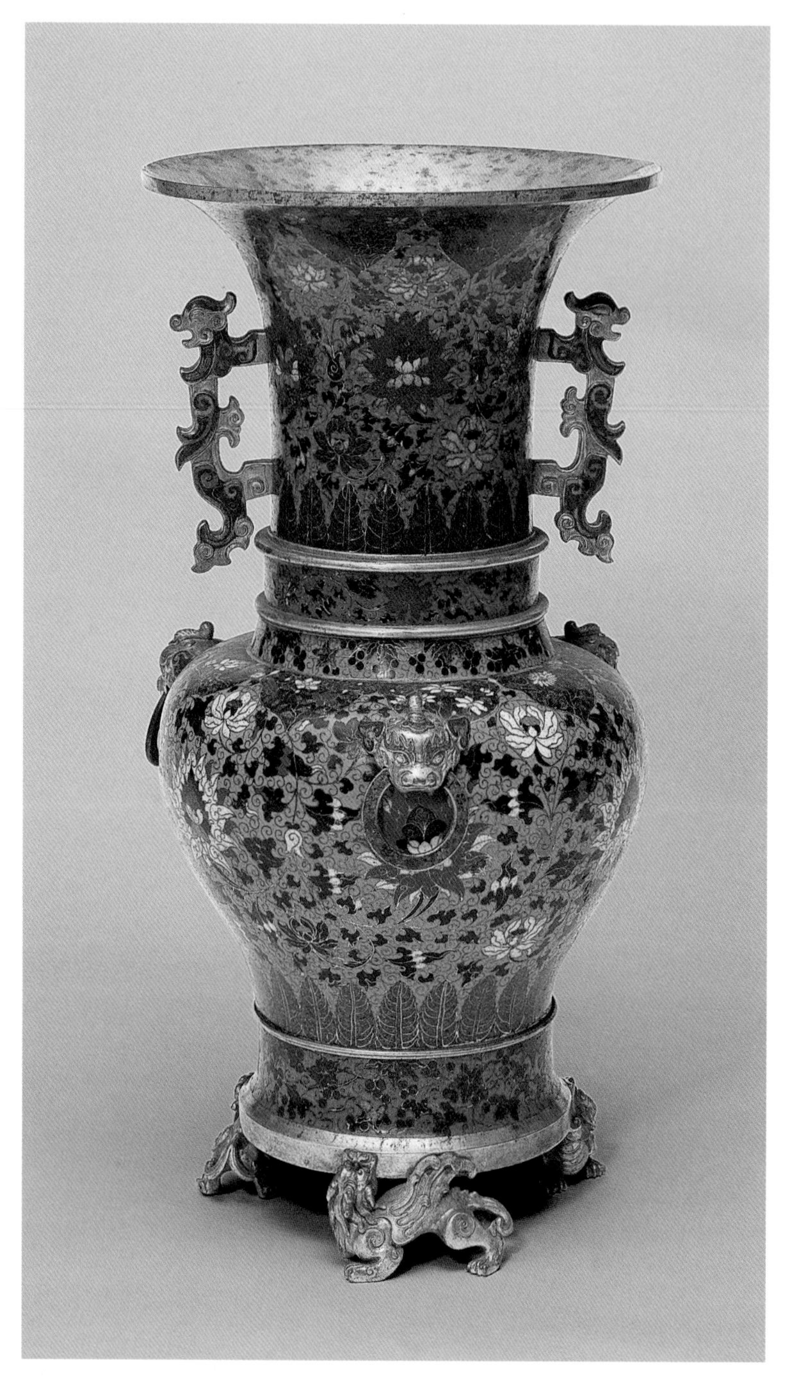

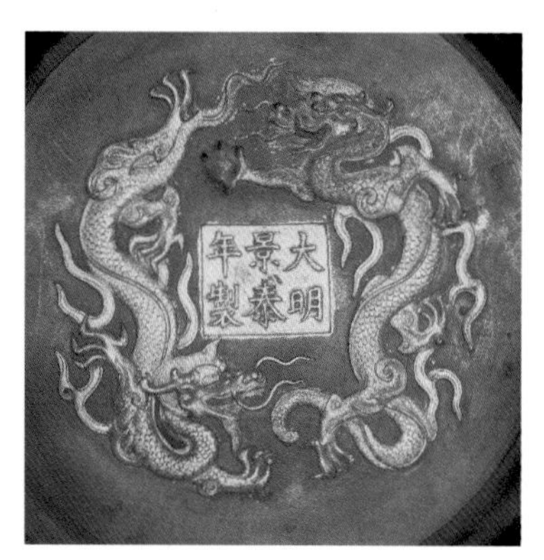


尊為後改器，由頸、腹、足三部分組成，頸兩側有琺瑯鍍金雙獸耳，肩部凸起三獸首啣琺瑯圓環，下承銅鍍金三翼獸足。通體施淺藍色琺瑯釉為地，飾掐絲琺瑯花卉紋。口沿與肩部分飾垂雲紋，垂雲紋內填紫地花卉；頸部與足部分飾葡萄紋和蕉葉紋；腹部順序以紫、白、黃、紅、白、黃色六朵纏枝蓮作主題圖案，底有凸起鍍金雙龍環抱鐫陽文“大明景泰年製”楷書款。

此尊腹部釉色鮮豔明快，尤其是墨綠及紫色格外晶瑩亮澤，為明以後各朝所不見。纏枝蓮紋枝葉茁壯，花朵碩大，上下都以蕉葉紋作裝飾，與元代瓷器風格相似。而頸及足部釉色明顯不同，其釉色灰暗乾澀，且裝飾圖案的風格也與腹部不同。由此可以斷定，此尊是在元代琺瑯罐的基礎上後配頸、耳、環、足等改製而成，底款亦為後加。

## 2

### 掐絲琺瑯纏枝蓮紋龍耳瓶

元
高36.8厘米　口徑10.7厘米
足徑12.7厘米
清宮舊藏

**Cloisonné enamel vase with dragon-shaped ears decorated with design of interlocking sprays of lotus**

Yuan Dynasty
Height: 36.8cm
Diameter of mouth: 10.7cm
Diameter of foot: 12.7cm
Qing Court collection

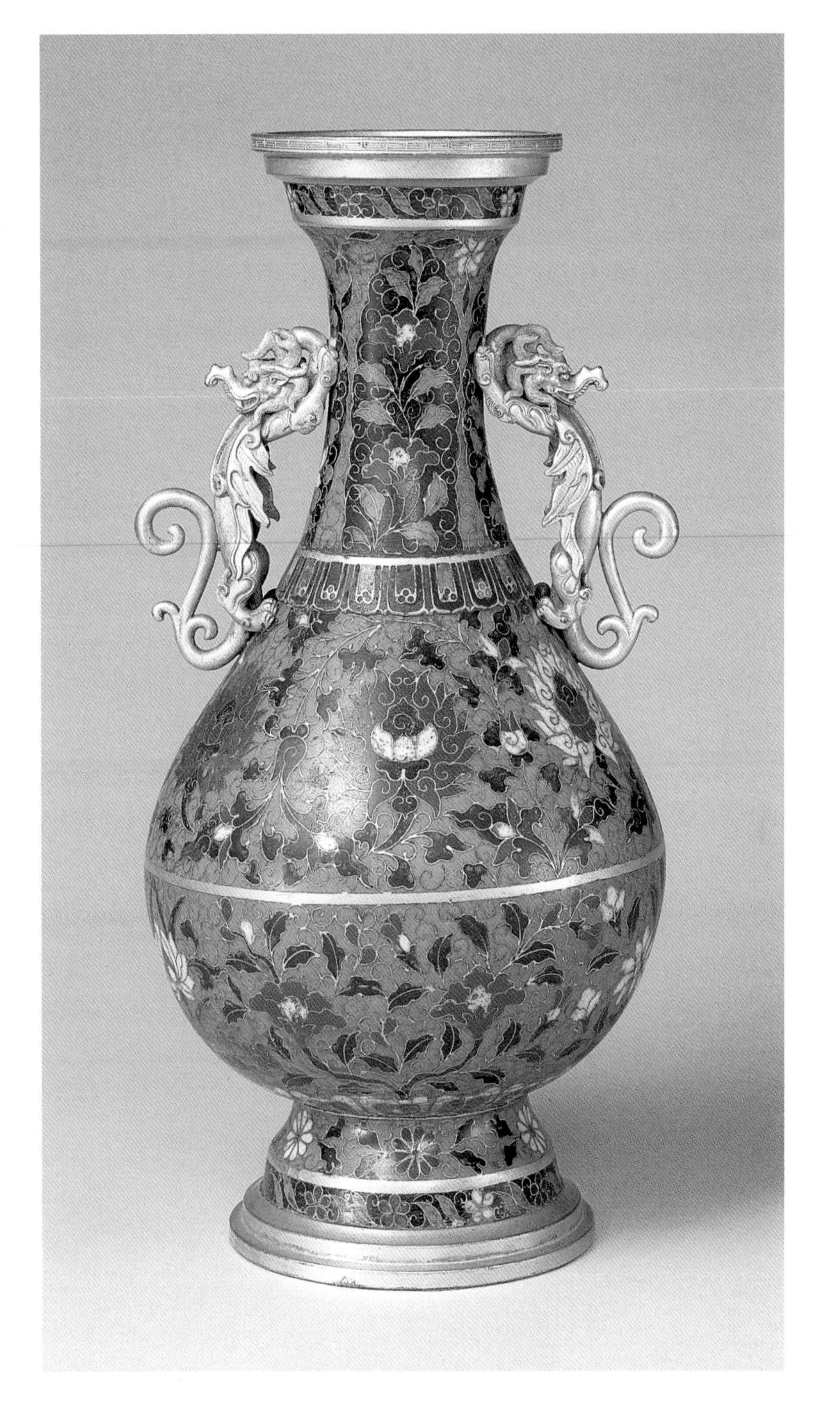

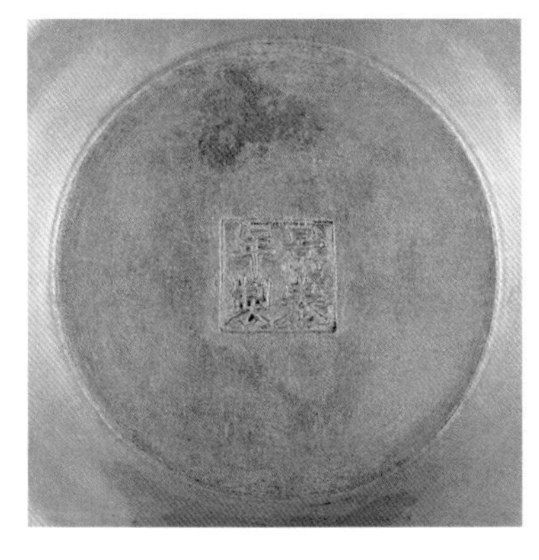

瓶為後改器，盤口，束頸，兩側嵌飾鍍金龍雙耳，垂腹，雙圈足。通體施藍色琺瑯釉為地，飾掐絲琺瑯花卉紋。頸部為綠釉蕉葉、茶花紋；腹部正中出弦紋一道，弦紋上為纏枝蓮花，下為石榴、山茶等各色花卉；足牆飾菊花等紋。底鐫陽文“景泰年製”楷書款。

此器琺瑯釉色豐富，透明度強，尤其綠釉之晶瑩與碧玉相若。通體花卉紋結構異常，頸、上腹、下腹三部分原是由幾件元代舊器的局部拼接而成。頸下部加套凸起的一周蓮瓣紋裝飾，釉色不如其他幾個局部晶瑩亮澤，顯然是因後來改器時，上腹與頸部唧接口徑不合，而採取了外加套口的辦法。頸部加雙龍耳以遮掩拼接痕跡。款識為改器時加刻。

3

## 掐絲琺瑯纏枝蓮紋藏草瓶

元

高23.5厘米　口徑7.5厘米　足徑9厘米

清宮舊藏

**Cloisonné enamel bottle for holy herbs decorated with design of interlocking sprays of lotus**

Yuan Dynasty

Height: 23.5cm　Diameter of mouth: 7.5cm

Diameter of foot: 9cm

Qing Court collection

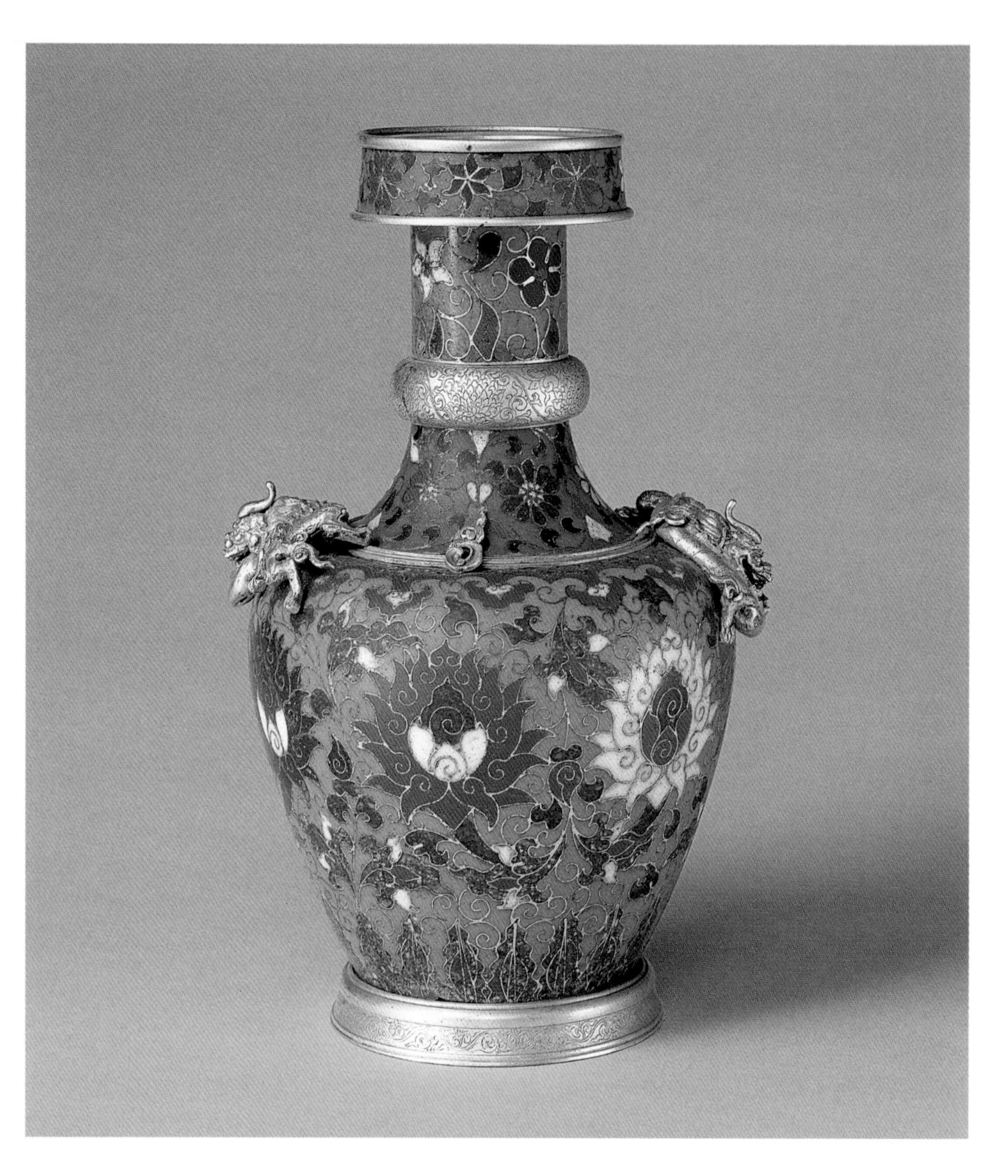

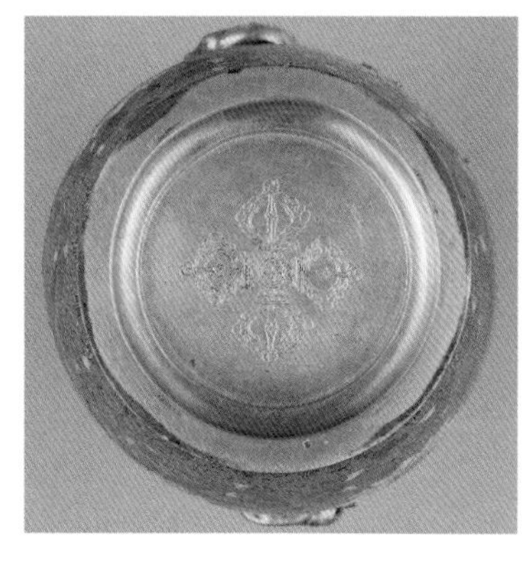

藏草瓶為後改器，盤口，直頸，平底圈足。頸有凸起的鍍金弦紋，肩部盤繞着兩條鏨刻精細的鍍金龍。通體施天藍色琺瑯釉為地，頸部飾菊花、梅花紋，腹部飾彩色纏枝蓮花紋，腹下部飾蕉葉紋。底銅鍍金，陰刻十字杵紋。

藏草瓶是西藏地區用以插聖草供佛的器皿。此瓶頸部、腹部是由不同時期的器物組合而成。腹部為元代器物，腹部的纏枝蓮紋為元代典型的裝飾圖案，花朵大而飽滿，枝葉舒展。琺瑯釉色鮮麗明快，其中的墨綠、紫色為透明釉，如同寶石般晶瑩，是元代琺瑯釉的基本特徵。

4

## 掐絲琺瑯纏枝蓮紋象耳爐

元
高13.9厘米　口徑16厘米　足徑13.5厘米
清宮舊藏

**Cloisonné enamel incense burner with elephant-shaped ears decorated with design of interlocking sprays of lotus**
Yuan Dynasty
Height: 13.9cm　Diameter of mouth: 16cm
Diameter of foot: 13.5cm
Qing Court collection

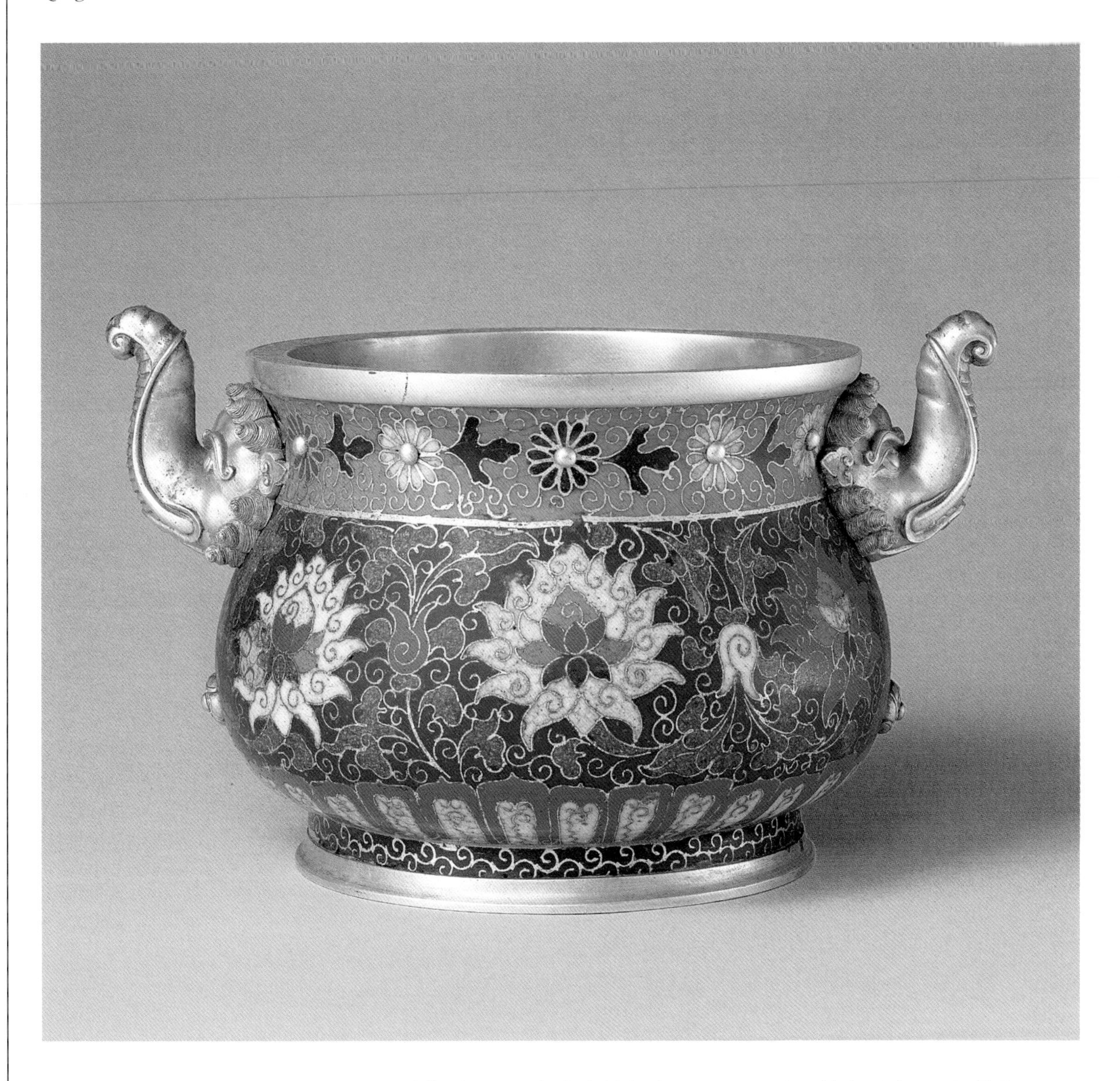

爐為後改器，銅鍍金雙象首耳，圈足，內置鍍金活膽。口銅鍍金，口沿下為淺藍色琺瑯釉地上飾各色菊花紋，花芯用銅鍍金乳釘嵌成；爐身施寶藍色琺瑯釉為地，飾紅、黃、白三色纏枝蓮六朵，腹下飾蓮瓣紋一周。

爐的琺瑯色調鮮豔，高貴典雅，造型端莊敦厚，是元代琺瑯工藝的代表作。此爐的雙象首耳、鏨花爐膽、圈足均為後朝加配。

5

## 掐絲琺瑯纏枝蓮紋三足爐

元
高20.5厘米　口徑15.3厘米
足距12.8厘米
清宮舊藏

**Cloisonné enamel three-legged incense burner with design of interlocking sprays of lotus**
Yuan Dynasty
Height: 20.5cm
Diameter of mouth: 15.3cm
Spacing between feet: 12.8cm
Qing Court collection

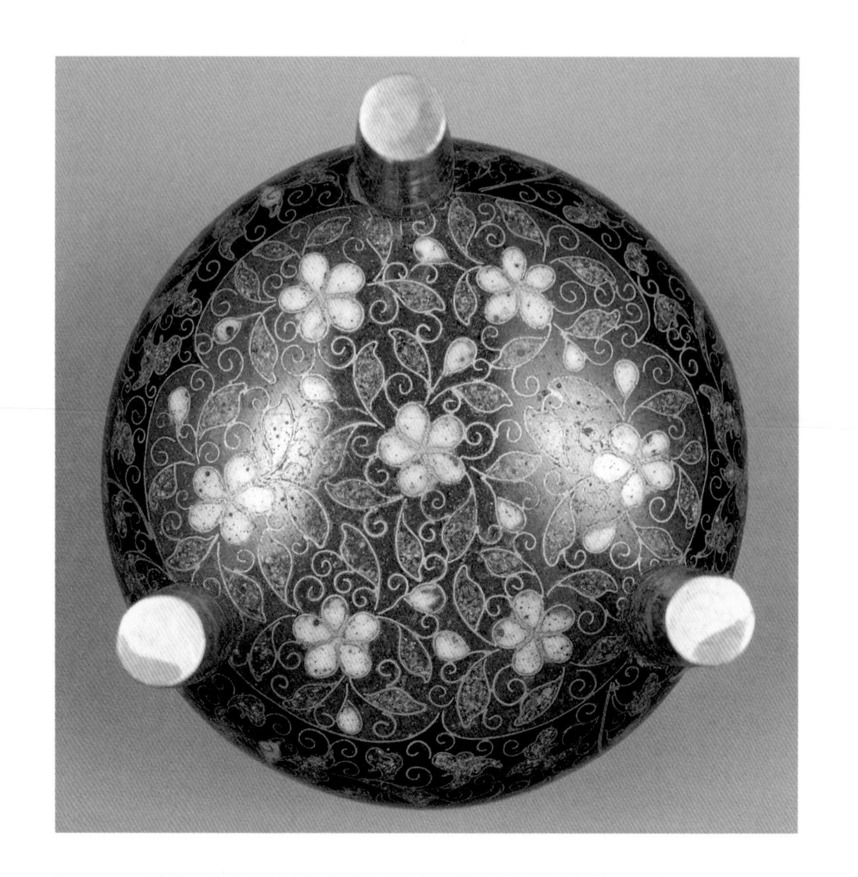

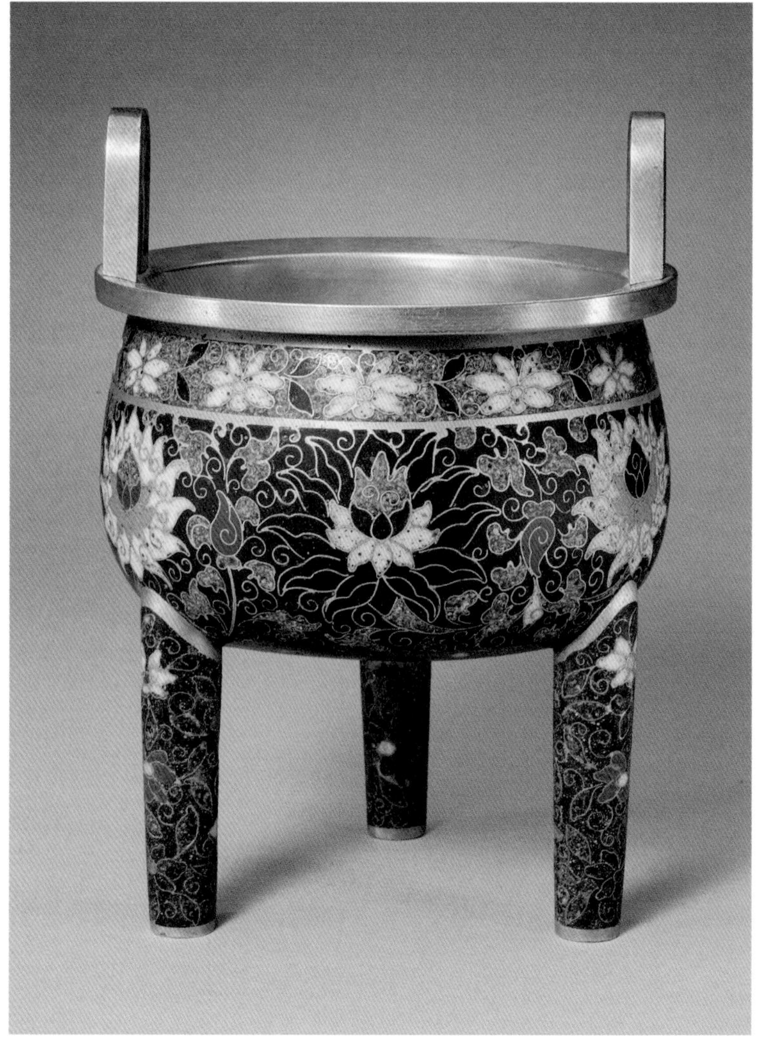

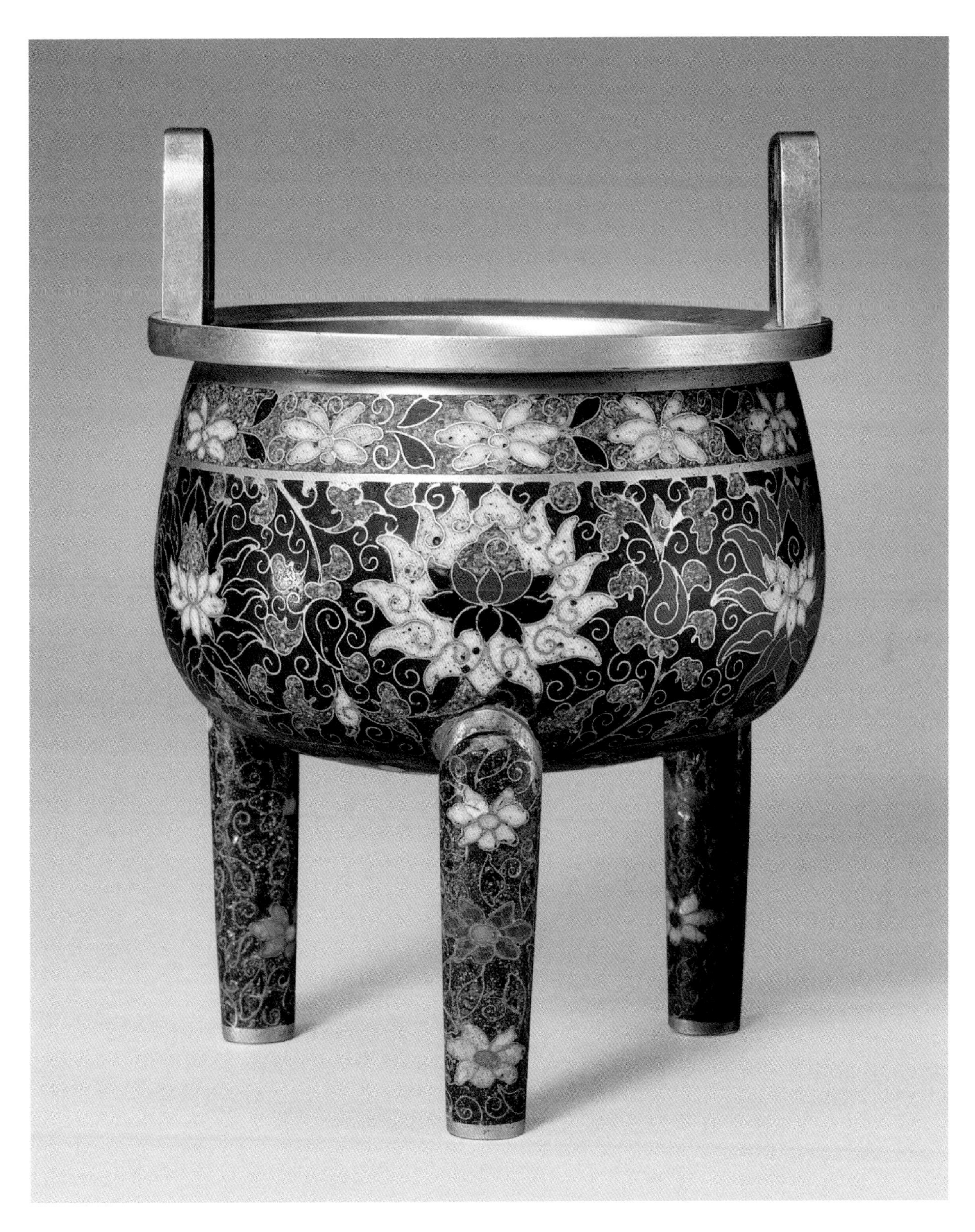

爐為後改器，仿古鼎式，雙衝耳，三柱足。通體飾掐絲琺瑯花卉紋。口沿下為草綠色琺瑯釉地飾纏枝白色小花；爐身施寶藍色琺瑯釉為地，飾紅、白、黃、紫等色琺瑯勾蓮六朵；三足及爐底均飾纏枝綠葉花卉紋。爐內、口沿以及雙耳鍍金。

此器釉色豐富純正，有紅、白、黃、藍、紫、草綠、石綠等十種，其中寶藍釉及綠釉的色澤猶如青金石、翡翠，具有鮮明的元代琺瑯釉色特點。其造型端莊厚重，三足及器裏為後配，為仿古佳作。

6

## 掐絲琺瑯纏枝蓮紋獸耳爐

元

高16.2厘米　口徑23.6厘米　足徑16.9厘米

清宮舊藏

**Cloisonné enamel incense burner with animal-shaped ears decorated with design of interlocking sprays of lotus**

Yuan Dynasty

Height: 16.2cm　Diameter of mouth: 23.6cm

Diameter of foot: 16.9cm

Qing Court collection

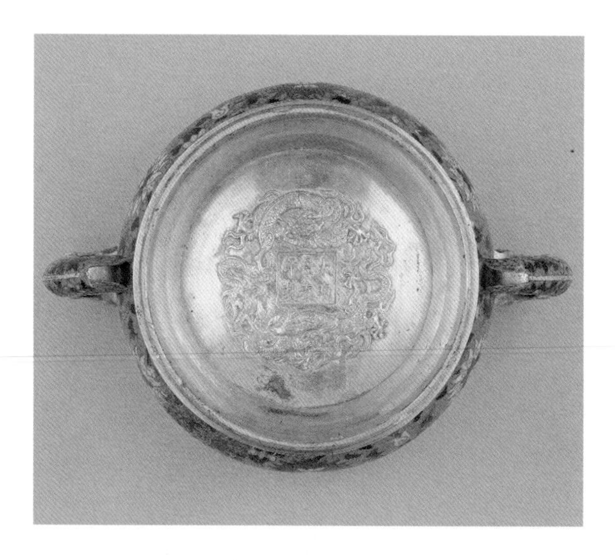

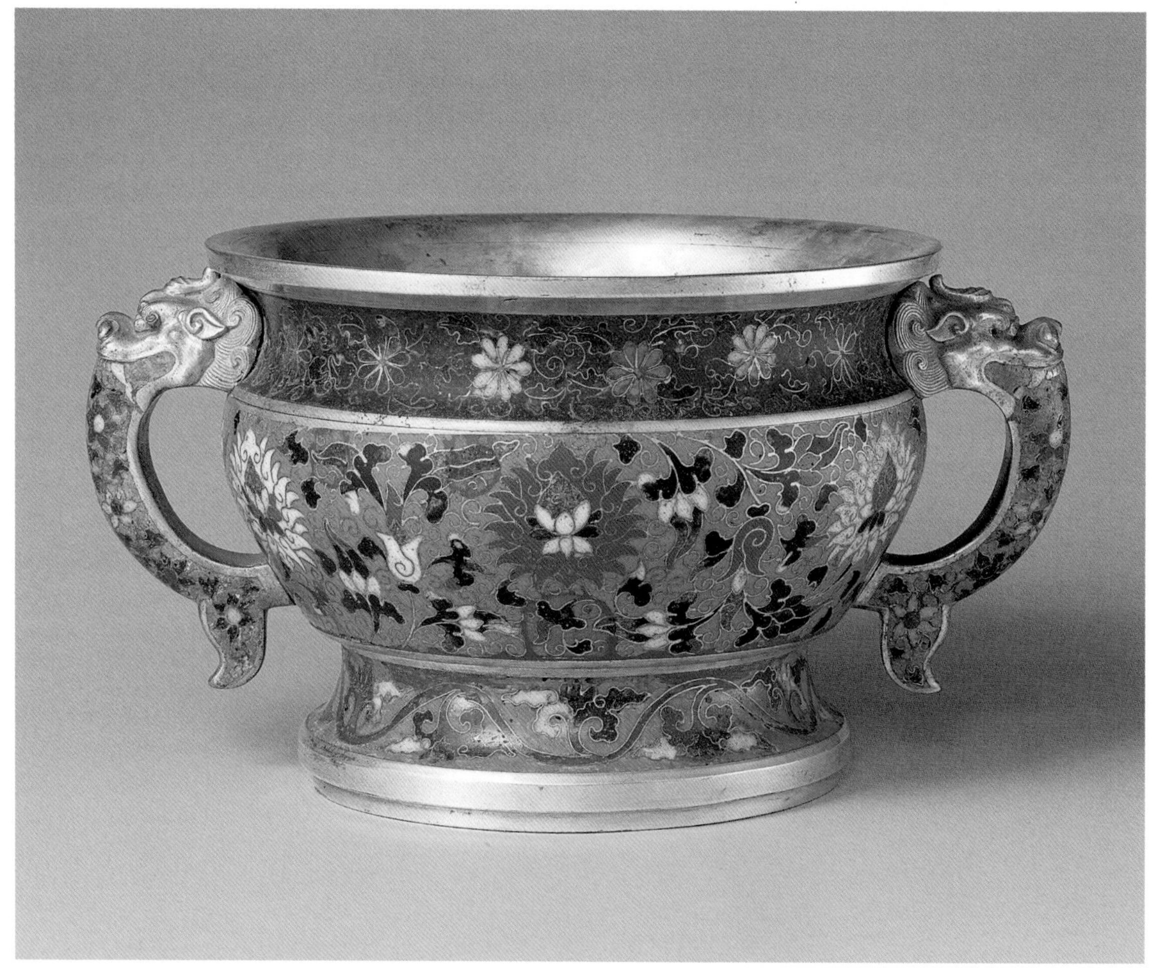

爐為後改器，撇口，頸兩側有獸首啣魚耳，弧腹，高圈足。通體飾掐絲琺瑯彩色花卉紋。頸部為寶藍色釉地飾各色小朵菊花紋，其下施淺藍色琺瑯釉為地，腹部飾盛開的黃、紅、白、黃、紫、白色纏枝蓮六朵，足牆為豆綠色忍冬紋。底鍍金，凸起雙龍環抱鐫陽文“大明景泰年製”楷書款。

此爐口、耳、足做工較粗，琺瑯釉色灰暗乾澀，與爐身純正瑩透的釉色以及做工有明顯區別，當為後配。底款亦為後加。

## 7 掐絲琺瑯纏枝蓮紋三足爐

元
高28.4厘米　口徑17厘米　足距14厘米
清宮舊藏

**Cloisonné enamel three-legged incense burner with design of interlocking sprays of lotus**
Yuan Dynasty
Height: 28.4cm　Diameter of mouth: 17cm
Spacing between feet: 14cm
Qing Court collection

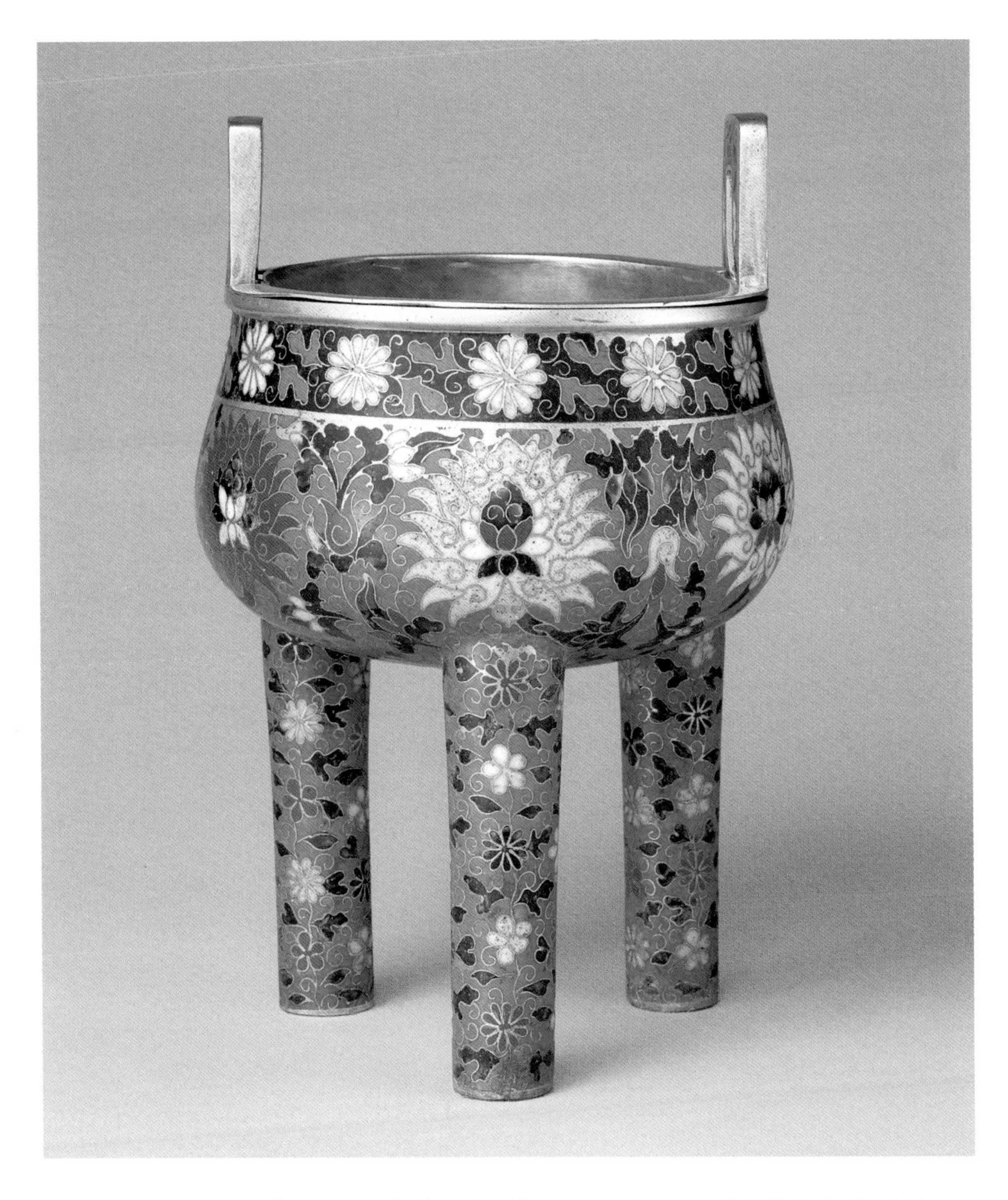

爐為後改器，仿古鼎式，雙衝耳，三柱足。通體飾掐絲琺瑯花卉紋。口沿下施墨綠色琺瑯釉地，上飾折枝白色菊花紋；腹部施淺藍色琺瑯釉為地，上飾碩大番蓮六朵。底為藍釉地飾纏枝菊花紋，雙耳及柱足飾梅、菊等花卉。

此爐共用淺藍、墨綠、紅、白、紫、黃六色，釉色豔麗，晶瑩細潤，具有元代的釉色特徵。雖然足與器身釉色一致，但啣接處有明顯的拼接痕跡。

8

## 掐絲琺瑯纏枝蓮紋象首足爐

元
高17.5厘米　口徑27.9厘米　足距17厘米
清宮舊藏

**Cloisonné enamel incense burner with elephant-head-shaped feet decorated with design of interlocking sprays of lotus**

Yuan Dynasty
Height: 17.5cm　Diameter of mouth: 27.9cm
Spacing between feet: 17cm
Qing Court collection

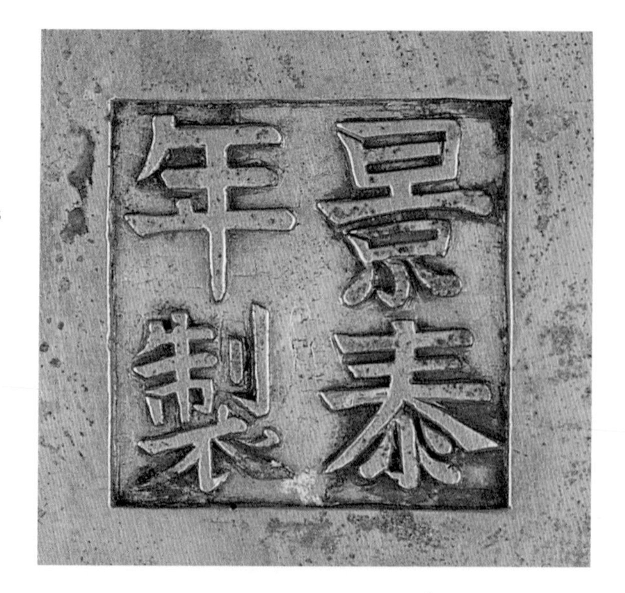


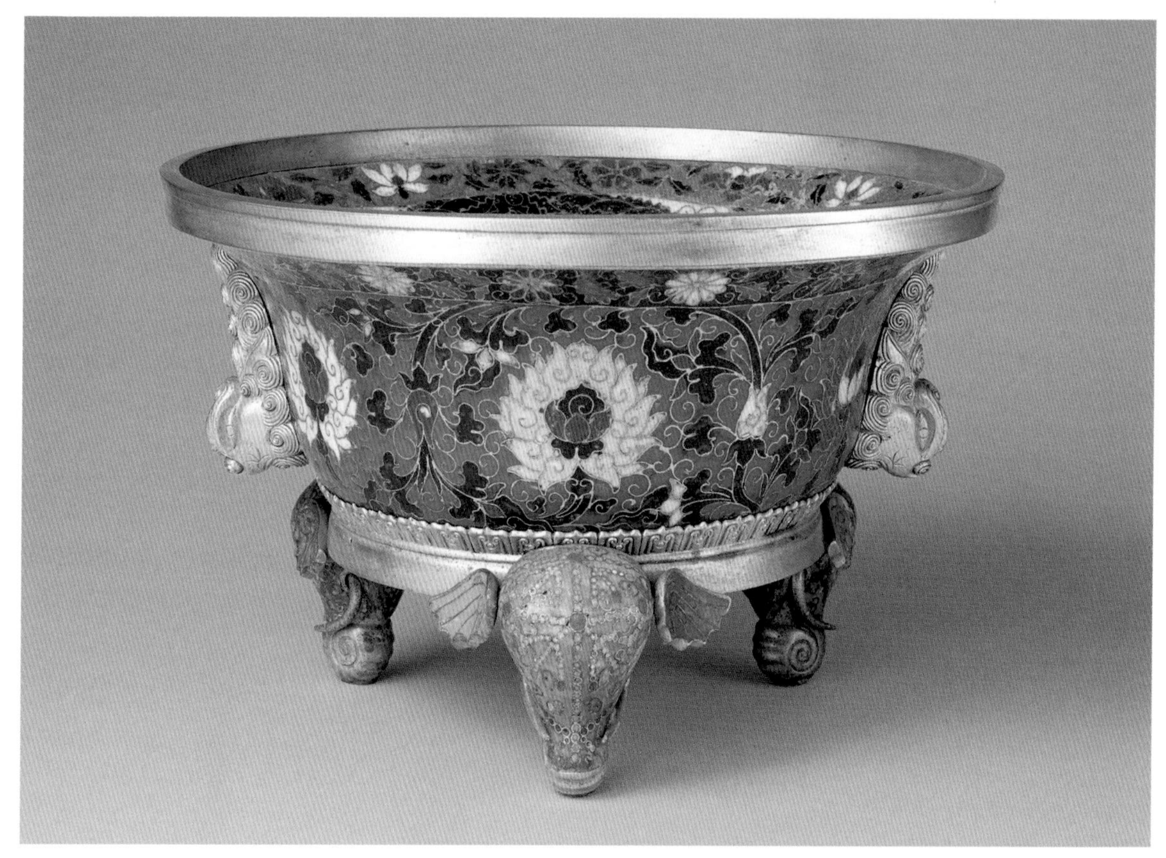

爐為後改器，銅鍍金，撇口，雙獸首耳，掐絲琺瑯三象首足。外口沿下飾菊花紋，腹外壁施藍色琺瑯釉為地，飾六朵纏枝蓮花紋。口內飾四季花卉，內壁飾葡萄紋，內底飾四隻仙鶴。外底銅鍍金，鐫剔地陽文“景泰年製”楷書款。

此爐由不同時期的器物組成，只有腹外壁的蓮花枝葉豐滿舒展，花朵碩大，釉色光澤亮麗，為元代器物。內壁及內底釉色與外壁有顯著不同，雙耳、三足均係後配，款係改器時後加。此爐是研究早期琺瑯工藝的珍貴實物。

9

**掐絲琺瑯纏枝蓮紋梅瓶**
明早期
高21.5厘米　口徑4厘米
足徑5.8厘米
清宮舊藏

**Cloisonné enamel plum vase with design of interlocking sprays of lotus**
Early Ming Dynasty
Height: 21.5cm
Diameter of mouth: 4cm
Diameter of foot: 5.8cm
Qing Court collection

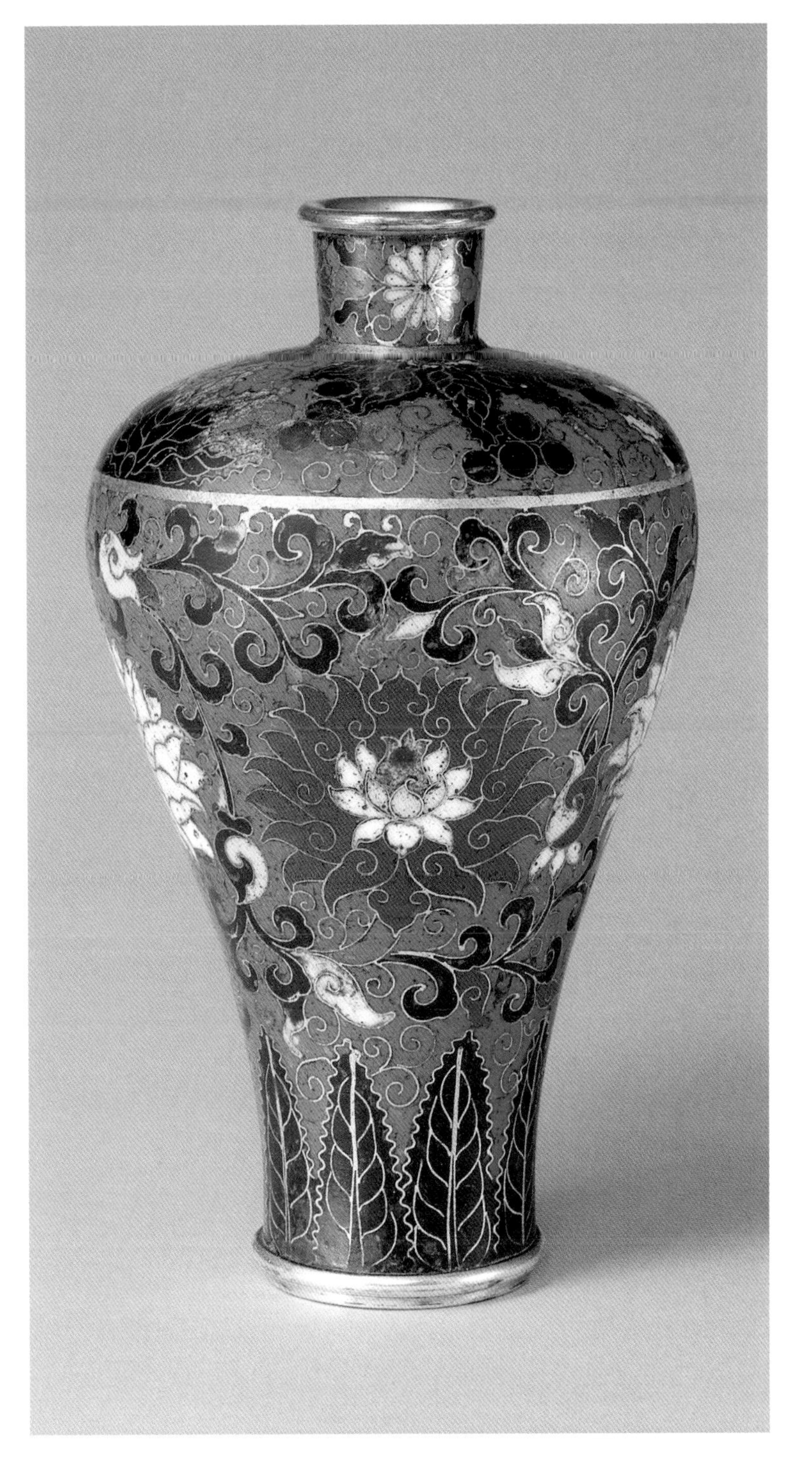

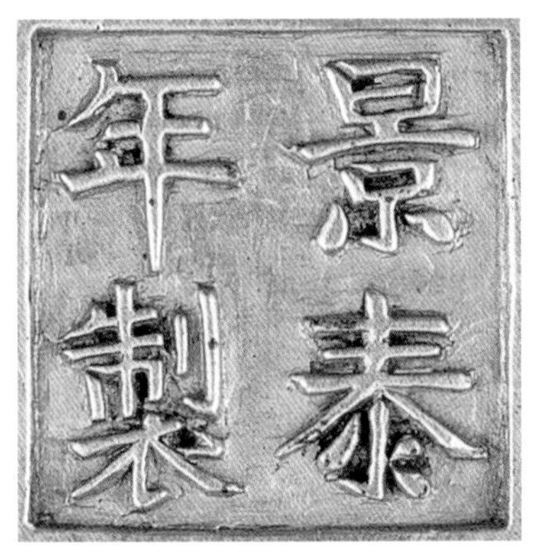


瓶為後改器，小唇口，豐肩，腹下漸收。通體施淺藍色琺瑯釉為地，飾掐絲琺瑯花卉紋。頸部飾各色纏枝小朵菊花，肩部飾葡萄紋，在綠葉的襯托下紫晶般的葡萄掛滿枝頭；肩下有銅鍍金弦紋一周，腹部飾紅、黃、紫、白色纏枝蓮各一朵；近足處飾蕉葉紋。底鍍金，鏨刻地陽文“景泰年製”楷書款。

此器造型端莊，做工精緻細膩，釉色純正穩重，有玻璃質感。紋飾採用了暈染滲透的手法，使葡萄藤葉表現出由綠漸黃，又由黃變枯的變化，增加了藝術效果。弦紋上下啣接處花紋明顯有損，上下釉色深淺有別，顯然是由兩件舊器仿瓷器梅瓶造型重新組合而成。

10

**掐絲琺瑯獸環耳玉壺春瓶**
明早期
高27厘米　口徑7.4厘米
足徑9厘米
清宮舊藏

**Cloisonné enamel pear-shaped vase with animal-shaped ears holding a ring**
Early Ming Dynasty
Height: 27cm
Diameter of mouth: 7.4cm
Diameter of foot: 9cm
Qing Court collection

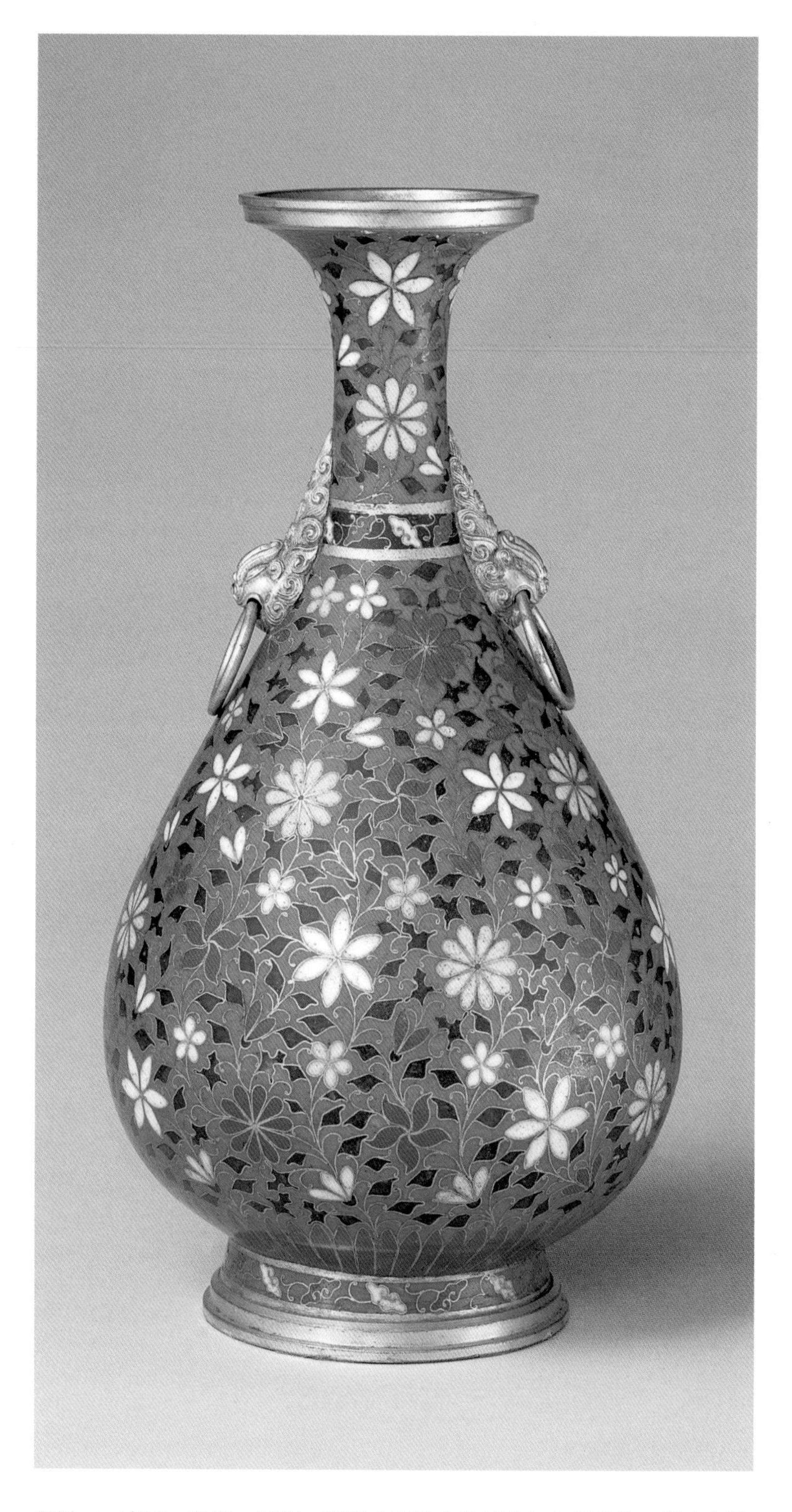

瓶撇口，束頸，垂腹。頸部兩道鍍金弦紋內飾紫地紅白靈芝紋，附有銅鍍金獸首啣活環雙耳。其餘均施淺藍色琺瑯釉為地，飾紅、黃、白、墨綠、藍、寶藍等色菊花紋。近足處飾紅色菊瓣紋。底鐫陽文"景泰年製"楷書款。

此器造型端莊優美，釉色鮮豔明快，打磨細膩光亮，以小朵花為紋飾特點，雜而不亂，為明早期掐絲琺瑯的精品。其肩部的獸耳和口、足均為後配，款識亦係後刻。

11

## 掐絲琺瑯纏枝蓮紋熏爐

明早期
通高8.8厘米　口徑15.3厘米　足距10厘米
清宮舊藏

**Cloisonné enamel censer with design of interlocking sprays of lotus**
Early Ming Dynasty
Overall height: 8.8cm　Diameter of mouth: 15.3cm
Spacing between feet: 10cm
Qing Court collection

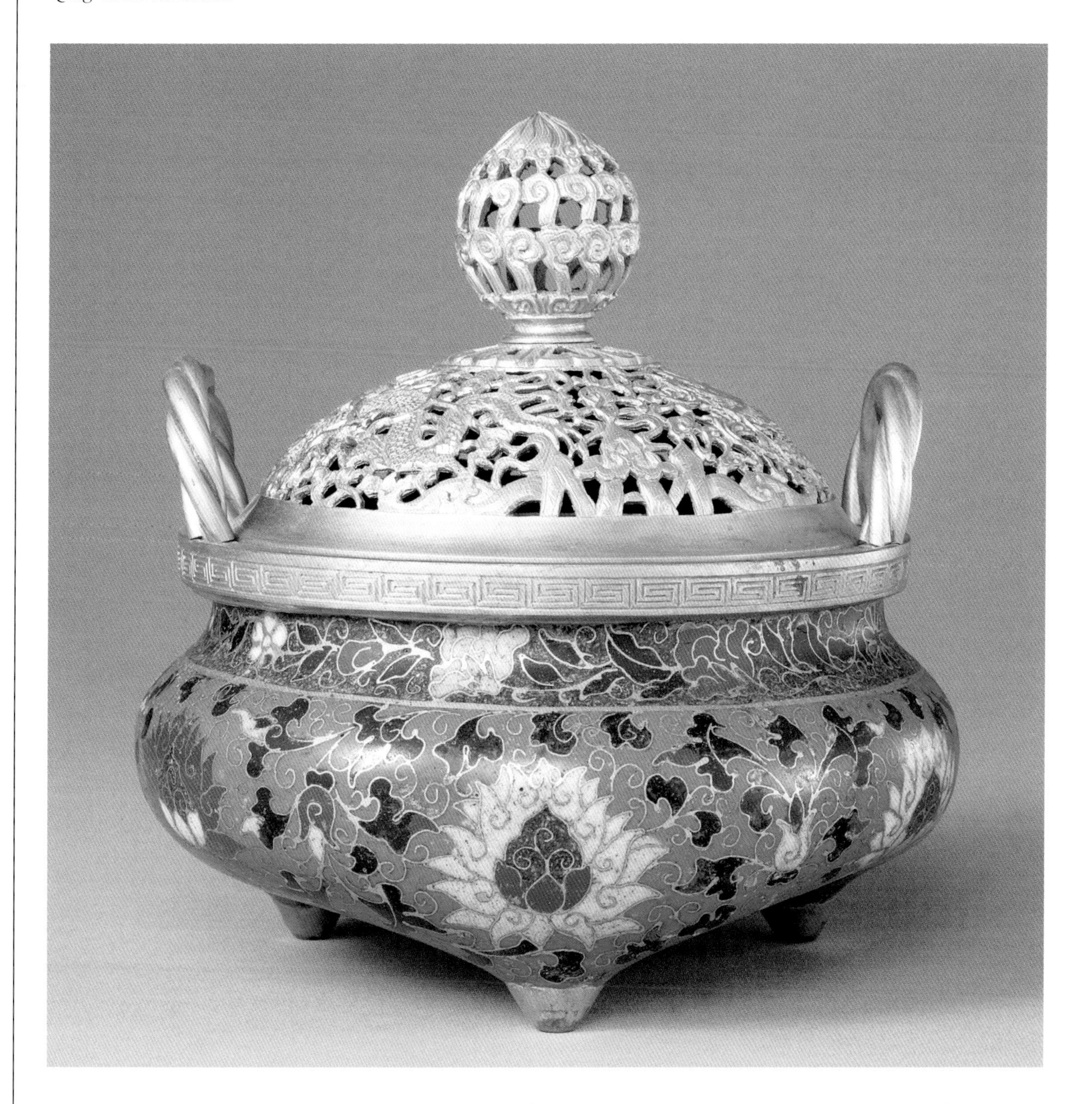

爐銅鍍金，折邊口，雙繩紋耳，三乳足，附有銅鍍金雙龍鏤空蓋。口鏨刻回紋，腹部施天藍色琺瑯釉為地，上飾白、黃、紫、白、黃、紅色纏枝蓮六朵，頸及底飾各色花卉。其蓋、耳、足、包口均為後配。

此爐造型小巧別致，掐絲精細，花紋流暢，釉色也較豐富透明，尤以綠色釉為佳，還保持一些元代遺風，但形制與紋飾均有變化，花筋葉脈轉折流暢活潑，具有明早期掐絲琺瑯特點。

12

## 掐絲琺瑯纏枝蓮紋龍耳爐

明早期

高9.8厘米　口徑15.3厘米　足徑11.8厘米

清宮舊藏

**Cloisonné enamel incense burner with dragon-shaped ears decorated with interlocking sprays of lotus**

Early Ming Dynasty

Height: 9.8cm　Diameter of mouth: 15.3cm

Diameter of foot: 11.8cm

Qing Court collection

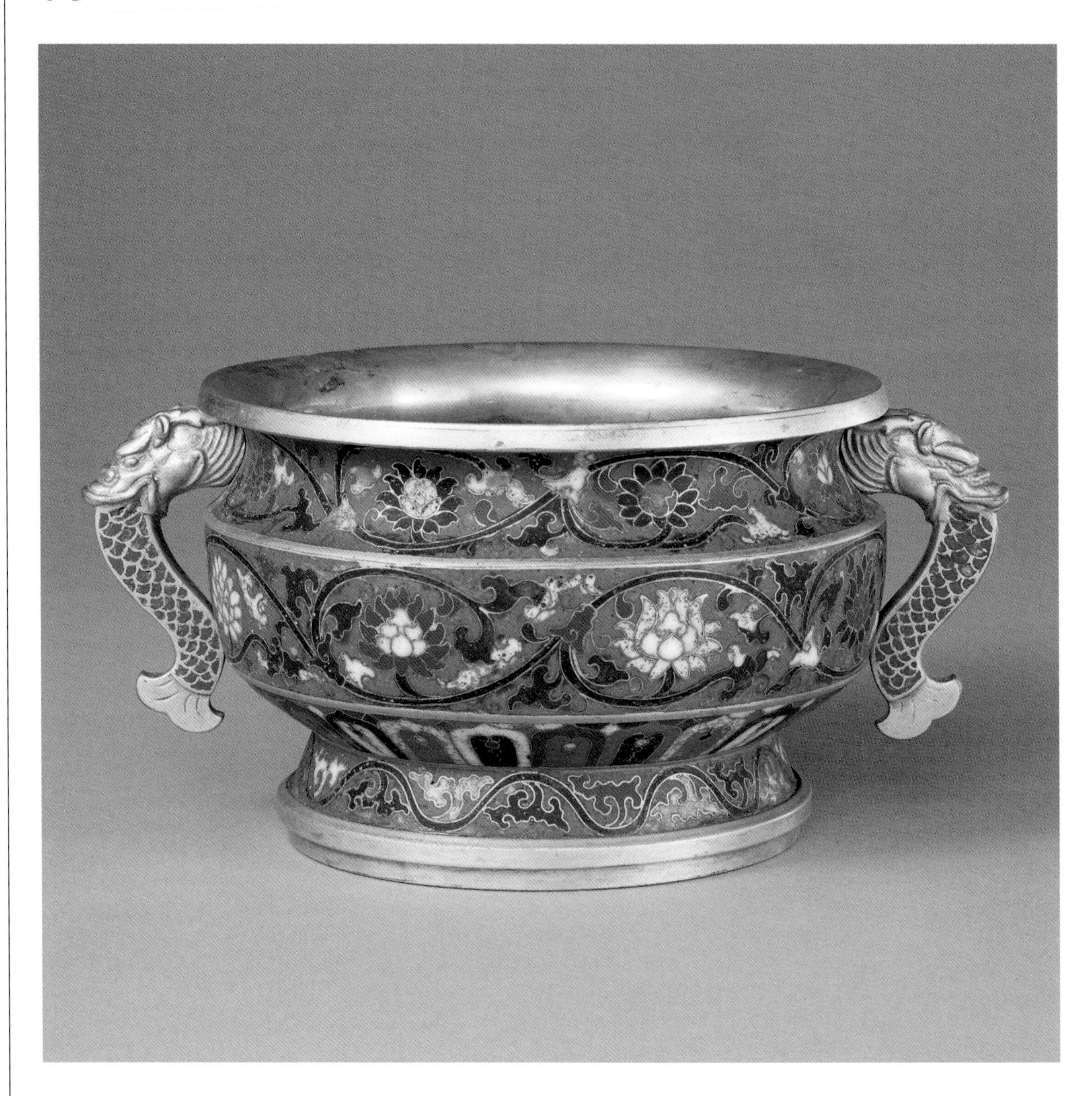

爐撇口，淺腹，鍍金龍首吞魚雙耳，圈足外撇。通體施淺藍色琺瑯釉為地，飾掐絲琺瑯纏枝蓮紋，近足處飾蓮瓣紋。底鐫陽文“景泰年製”楷書款。

此爐造型小巧別致，耳作龍首吞魚狀，形象生動，饒有情趣。所飾纏枝蓮紋活潑流暢，填釉飽滿，為明早期較有代表性的器物。款識係後刻。

13

## 掐絲琺瑯葡萄紋繩耳爐

明早期
通高11厘米　口徑12.8厘米　足距8厘米
清宮舊藏

**Cloisonné enamel incense burner with rope-shaped ears decorated with grape design**

Early Ming Dynasty
Overall height: 11cm　Diameter of mouth: 12.8cm
Spacing between feet: 8cm
Qing Court collection

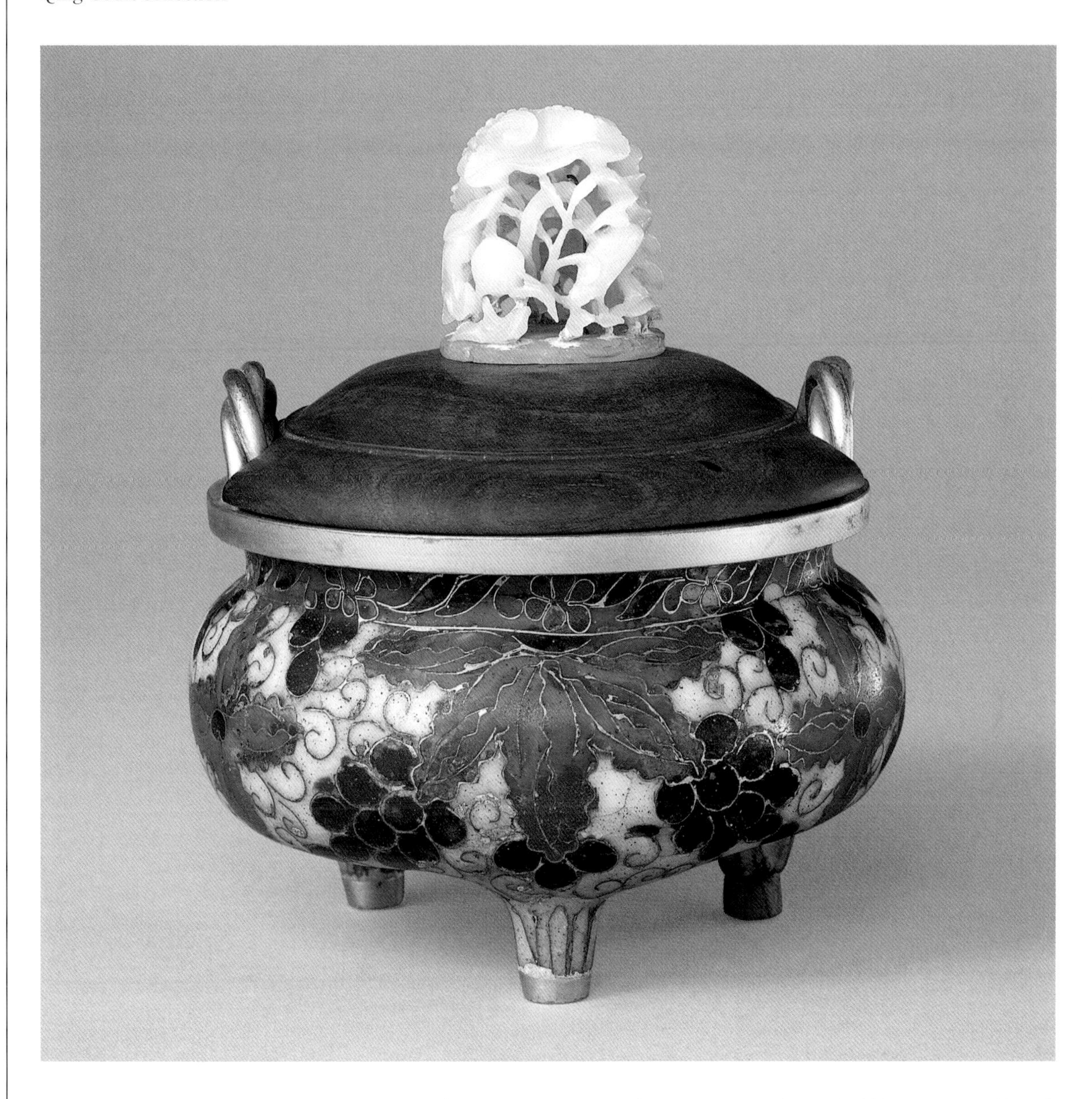

爐折邊口，繩紋衝天耳，扁圓腹，三足。爐上配有紫檀木蓋，白玉鏤雕鷺鷥荷花鈕。通體施白色琺瑯釉為地，口沿下飾小朵花紋，腹部飾掐絲琺瑯葡萄紋，茂盛的枝葉下葡萄纍纍，或綠或紫，飽滿晶瑩。底藍釉地飾折枝菊花紋。

此爐釉色純正透明，尤其是紫色透如紫晶，具有顯著的早期琺瑯釉色特點，以葡萄紋作為琺瑯器的裝飾題材，在明初較為常見，寓意吉祥。口及耳、足均為後配。

14

**掐絲琺瑯葡萄紋衝耳爐**
明早期
高9.3厘米　口徑10.5厘米　足距9厘米
清宮舊藏

**Cloisonné enamel incense burner with loop handles rising from the rim decorated with grape design**
Early Ming Dynasty
Height: 9.3cm　Diameter of mouth: 10.5cm
Spacing between feet: 9cm
Qing Court collection

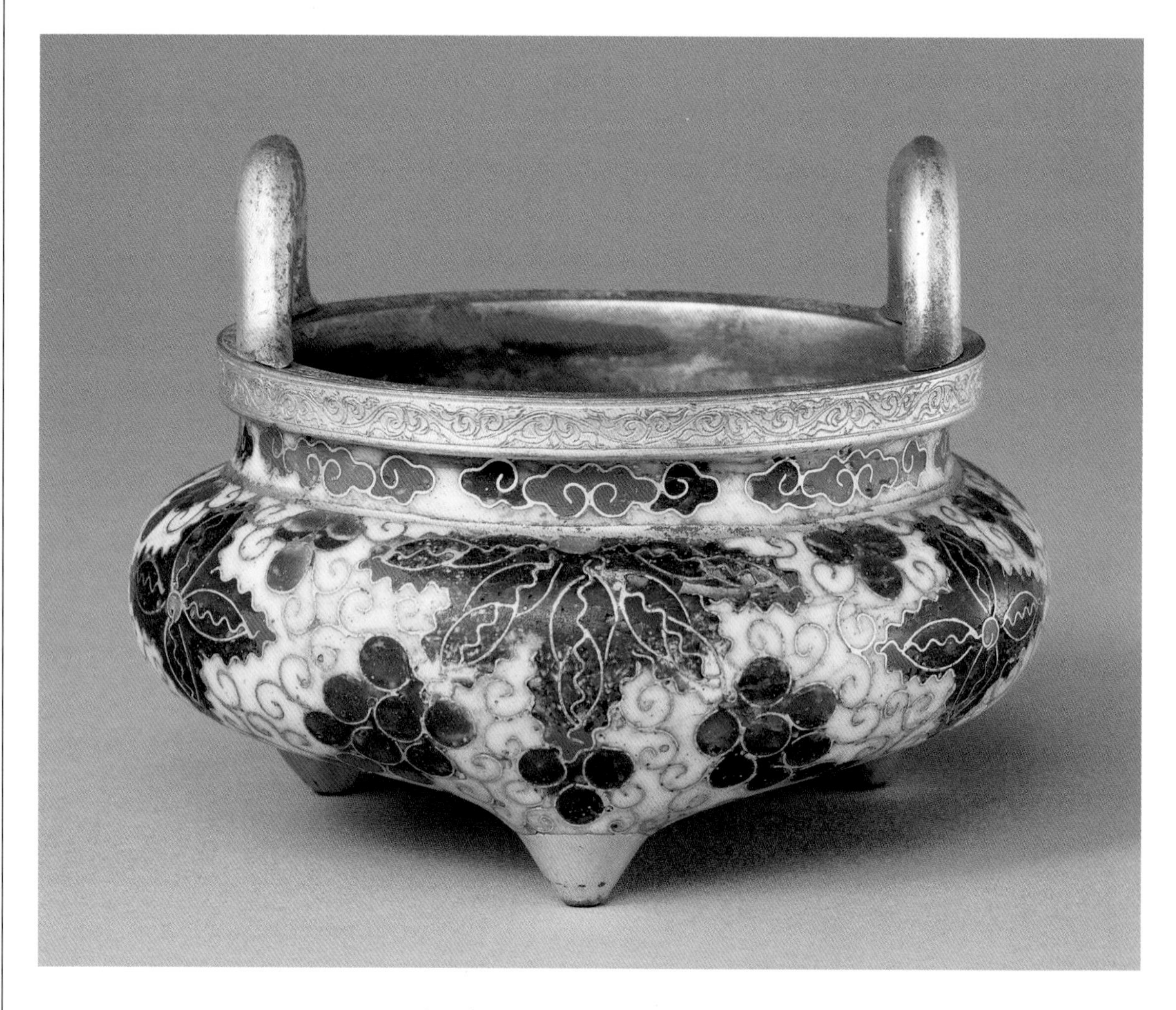

爐折邊口，雙衝耳，扁圓腹，三乳足。通體施白色琺瑯釉為地，口沿下飾彩色朵雲紋，腹部飾葡萄紋，掌形葉由墨綠至淺綠至紅，掛滿秋霜，紫色葡萄已熟透。底部飾菊花紋。

此爐以白色釉為地色，在明代琺瑯器中較少見。紋飾以白、綠、紫為主色調，色彩典雅。琺瑯釉色柔和、潤澤、透亮，有玻璃質感。

15

## 掐絲琺瑯葡萄紋螭耳鼓式爐

明早期
高11.2厘米　口徑9.5厘米　足距9.5厘米
清宮舊藏

**Cloisonné enamel drum-shaped incense burner with hydra-shaped ears decorated with grape design**

Early Ming Dynasty
Height: 11.2cm　Diameter of mouth: 9.5cm
Spacing between feet: 9.5cm
Qing Court collection

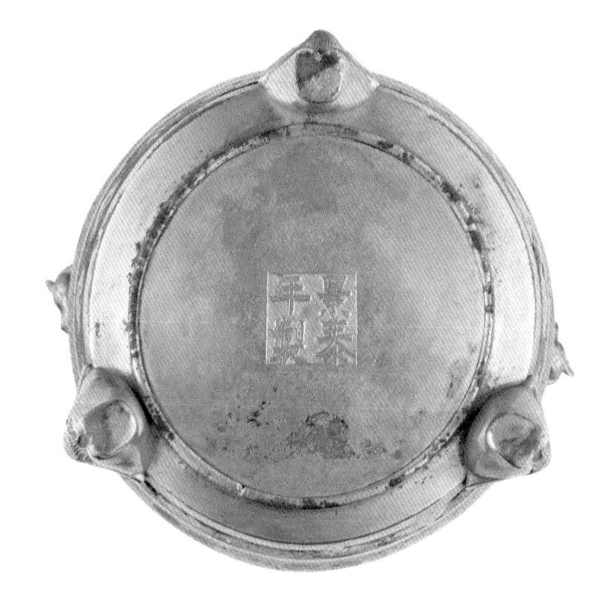

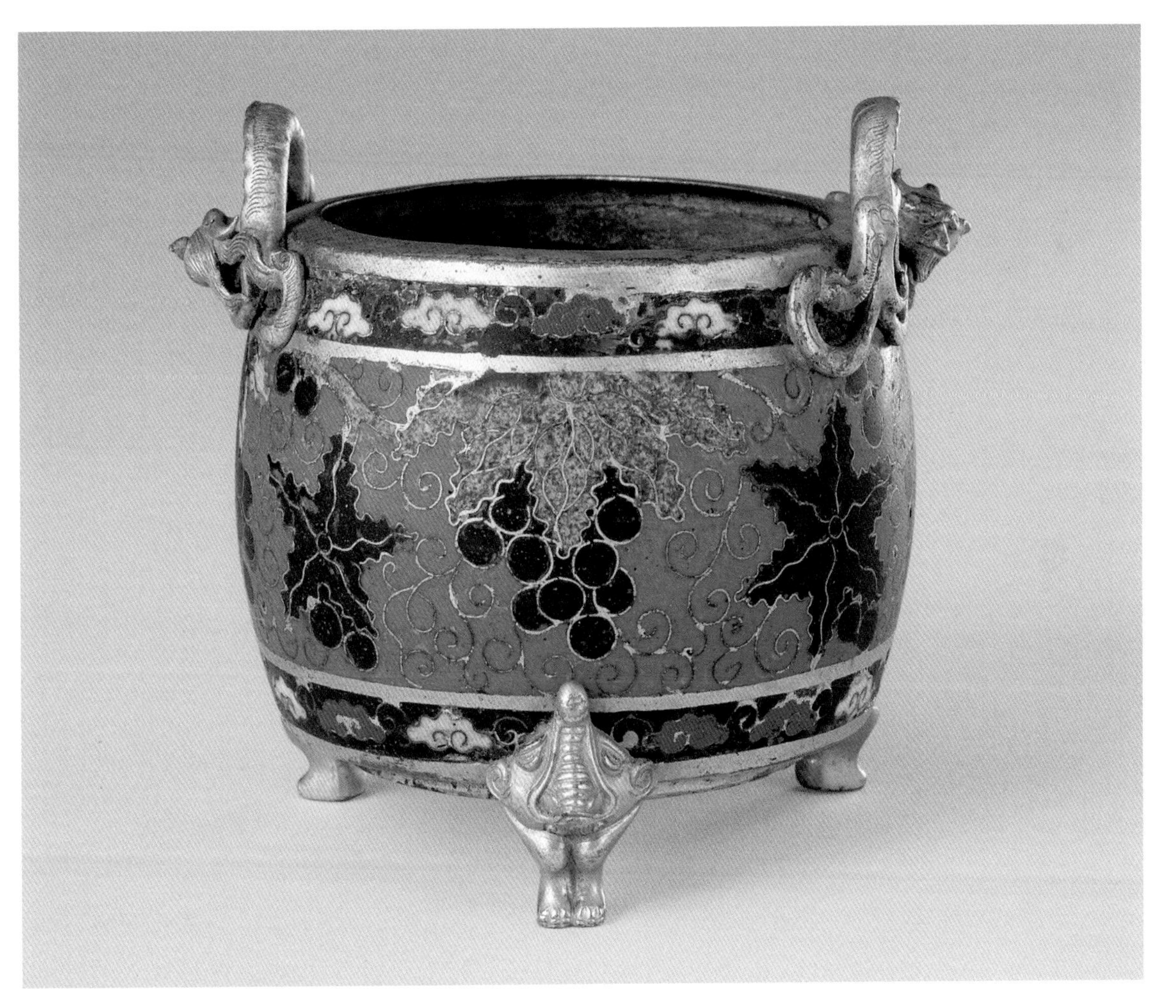

爐為後改器，銅鍍金，鼓式，雙螭耳，三神獸足。腹部上、下飾弦紋，兩邊為朵雲紋，中間為藍色琺瑯釉地，上飾紫色葡萄紋，枝葉為墨綠、草綠色。底銅鍍金，鏨剔地陽文“景泰年製”楷書款。

此器紋飾舒朗，色彩寫實，在枝葉的處理上運用了暈染手法，增加了藝術效果。爐的耳、足係後配，款識亦為後刻。

16

# 掐絲琺瑯纏枝蓮紋獸耳鼓式爐

明早期

高10.8厘米　口徑8.2厘米　足距8.5厘米

清宮舊藏

**Cloisonné enamel drum-shaped incense burner with animal-shaped ears decorated with interlocking lotus design**

Early Ming Dynasty

Height: 10.8cm　Diameter of mouth: 8.2cm

Spacing between feet: 8.5cm

Qing Court collection

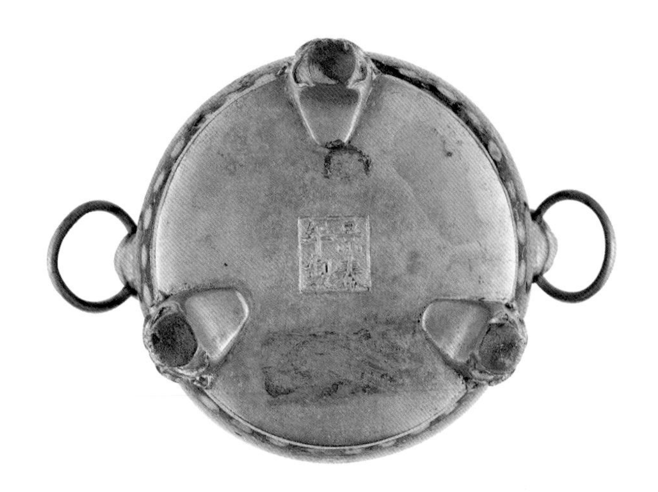

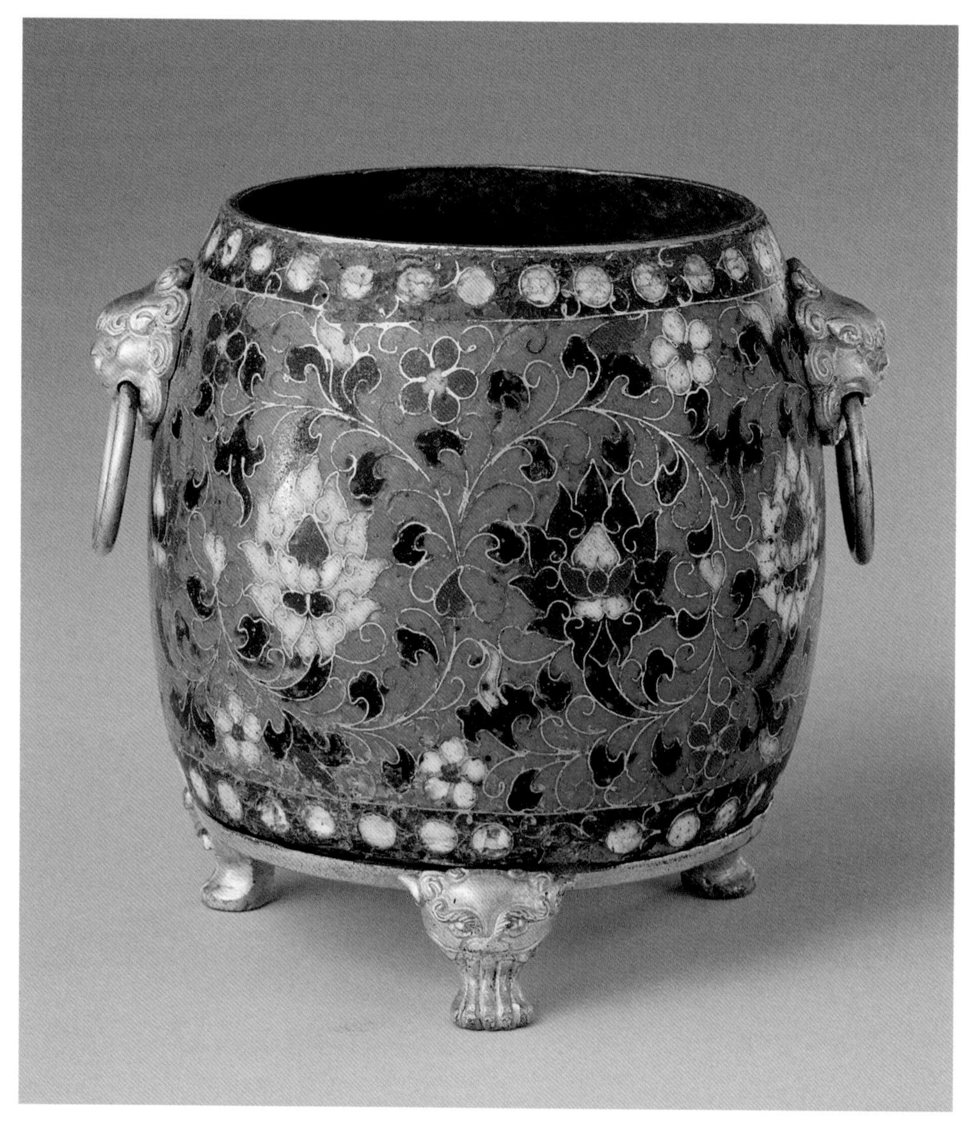

爐為後改器，銅鍍金，鼓式，雙獸耳啣環，三神獸足。通體以掐絲琺瑯天藍釉為地，腹部上、下飾弦紋，兩邊仿鼓釘紋，中間飾纏枝蓮八朵，底鍍金，鐫刻地陽文“景泰年製”楷書款。

此爐原器應是棋子盒，後加上足和耳，再鐫年款，改制成爐。原器釉色光潔純正，紋飾綫條流暢自然，是明早期製品。

## 17

**掐絲琺瑯菊花紋雙螭耳爐**

明早期

通高9.5厘米　口徑12.3厘米　足距9.5厘米

清宮舊藏

**Cloisonné enamel incense burner with double-hydra-shaped ears decorated with chrysanthemum design**

Early Ming Dynasty

Overall height: 9.5cm　Diameter of mouth: 12.3cm

Spacing between feet: 9.5cm

Qing Court collection

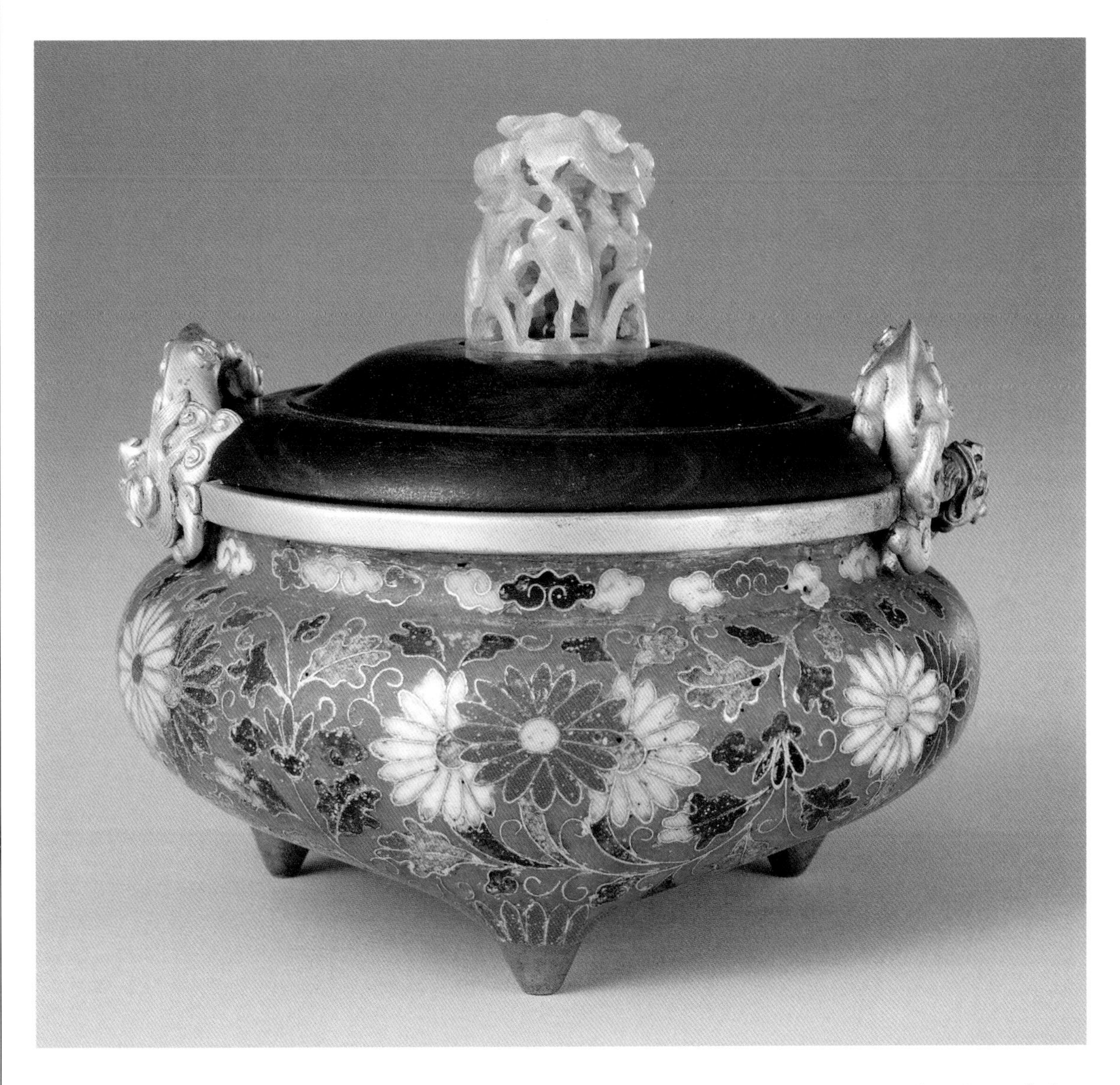

爐銅鍍金，折邊口，扁圓腹，雙螭立耳，三乳足。紫檀木蓋，鈕為青玉鏤雕鷺鷥荷花。通體施天藍琺瑯釉為地，口沿飾雲紋，腹部飾六組菊花紋，底亦飾菊花紋。

此爐小巧精緻，紋飾活潑，釉色有八種之多，填料飽滿，是明早期較有代表性的製品。

## 18

**掐絲琺瑯菊花紋螭耳熏爐**

明早期

通高14.5厘米　口徑11.5厘米　足距8厘米

清宮舊藏

**Cloisonné enamel censer with hydra-shaped ears decorated with chrysanthemum design**

Early Ming Dynasty

Overall height: 14.5cm　Diameter of mouth: 11.5cm

Spacing between feet: 8cm

Qing Court collection

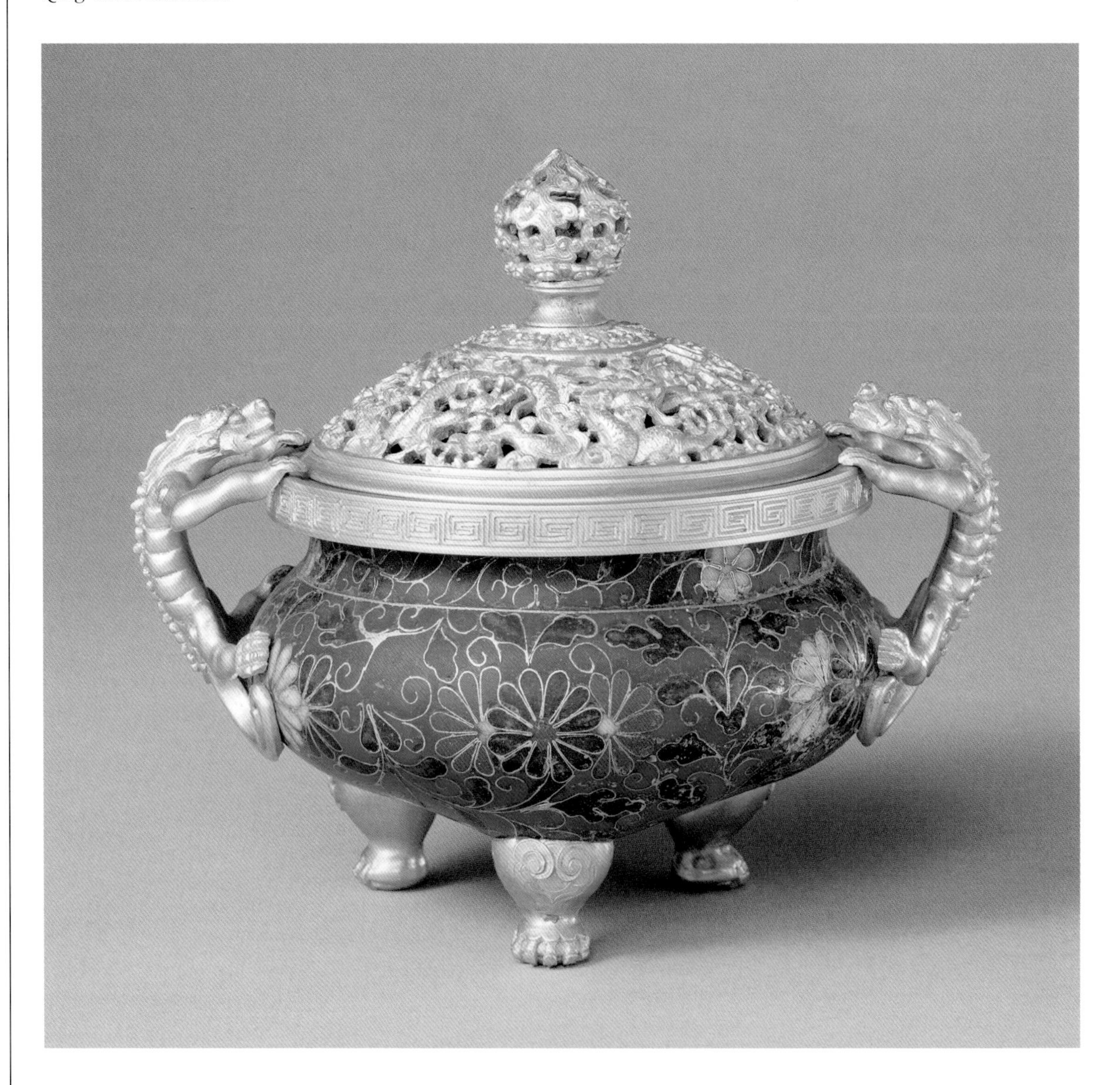

爐為銅鍍金，折邊口，兩側有銅鍍金雙螭耳，扁圓腹，三鍍金獸足，銅鍍金鏤空三龍紋蓋。通體施翠藍色琺瑯釉為地，上飾掐絲琺瑯花卉紋。口沿下為六瓣形纏枝花卉，腹部各色成組菊花交相輝映，底飾纏枝花，正中菊花一朵。

此爐鍍金在翠藍釉襯托下，更顯金光燦爛，釉色明麗。耳、口、足均為後配。

19

## 掐絲琺瑯纏枝蓮紋球形香熏

明早期
直徑14厘米
清宮舊藏

**Cloisonné enamel ball-shaped perfumer with design of interlocking sprays of lotus**

Early Ming Dynasty
Diameter: 14cm
Qing Court collection

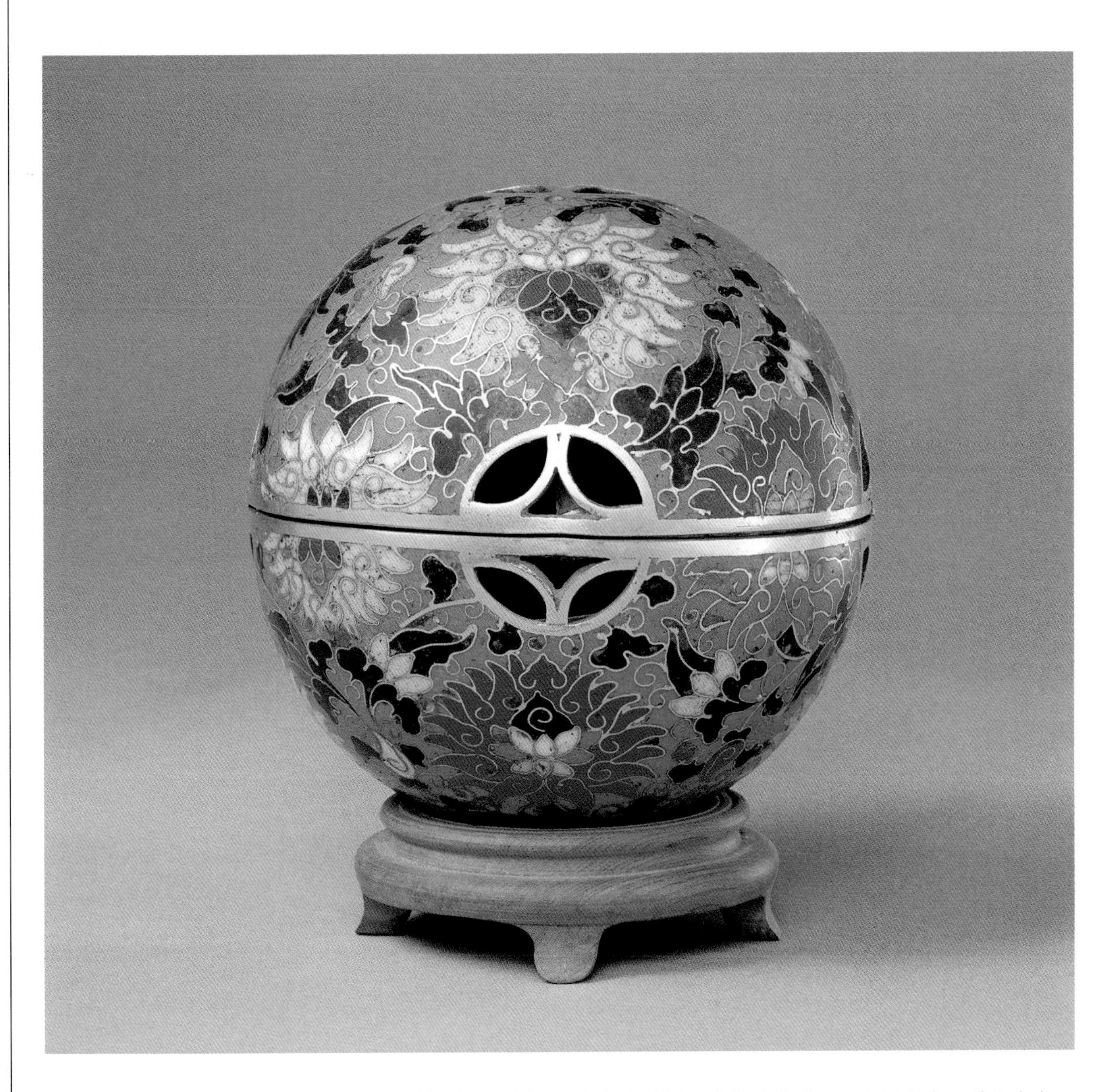

熏為球形，爐、蓋各為半球形，中部有啟蓋鈕，可以開合。熏內有大、中、小三層活軸相連的同心圓環，各環軸與爐耳軸交成十字形，無論熏如何轉動，懸於三環中心的爐體，總能保持水平狀態，不會傾斜，故又稱“懸心爐”。熏外表施天藍色琺瑯釉為地，飾掐絲琺瑯彩色纏枝蓮三層共十二朵，掐絲細緻，填釉飽滿，色澤穩重，紋飾流暢。蓋頂，爐底及口沿處均有銅鍍金圓形鏤花古錢紋。

此器為熏香用具，唐代出土文物已發現數件銀質懸心爐，但明早期掐絲琺瑯懸心爐此為僅見。

## 20

**掐絲琺瑯花蝶紋海棠式盆**
明早期
高14.9厘米　口徑36.7/49.2厘米　足徑28.2/41厘米
清宮舊藏

**Cloisonné enamel begonia-shaped basin with design of butterflies and flowers**
Early Ming Dynasty
Height: 14.9cm　Diameter of mouth: 36.7 / 49.2cm
Diameter of foot: 28.2 / 41cm
Qing Court collection

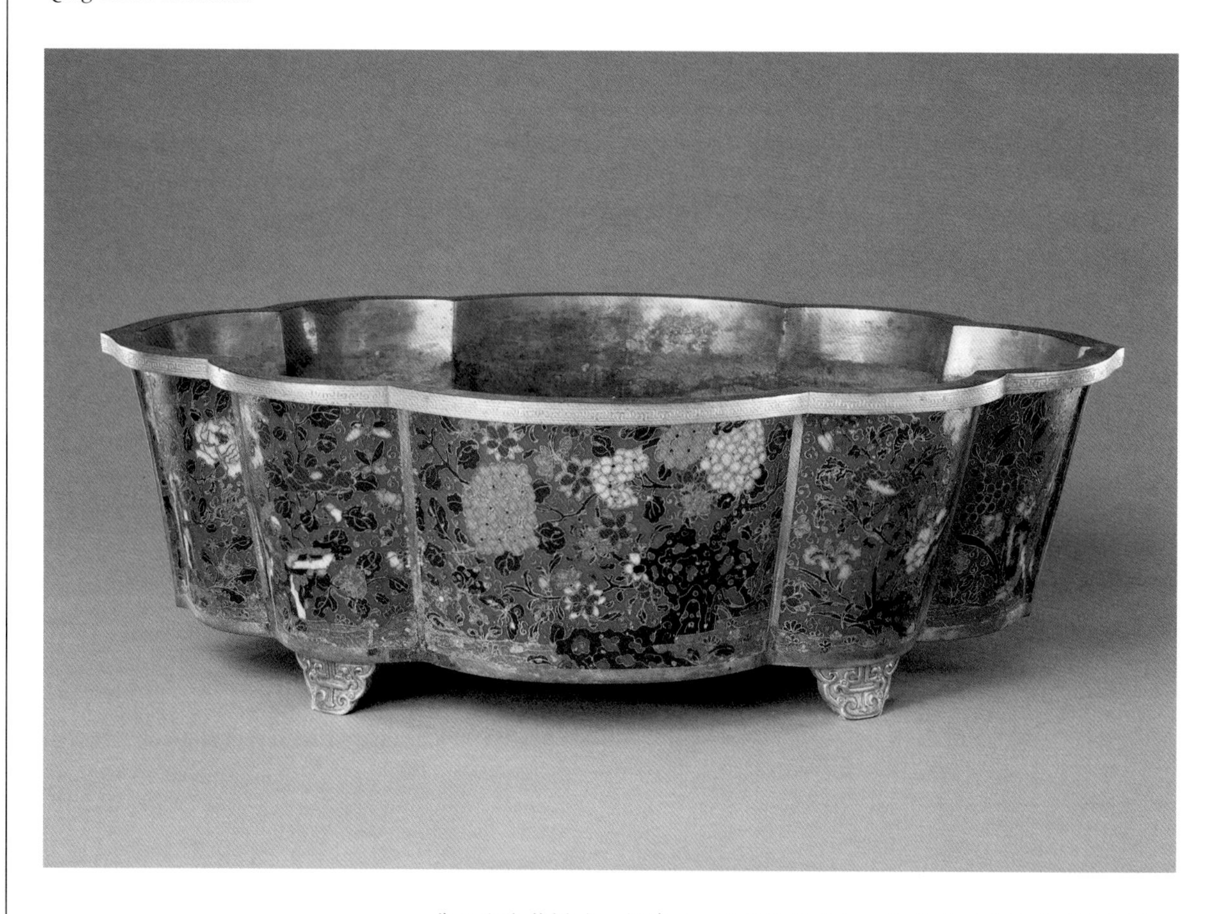

盆呈海棠花瓣式，折邊口，下承四鍍金足。通體施天藍色琺瑯釉為地，掐絲填飾出洞石、花草、蜂蝶，組成一派百花爭豔、彩蝶翻飛、生機盎然的畫面。下部用大面積的草綠色釉表現地面，更顯得鬱鬱葱葱，此為明早期的特點。

21

## 掐絲琺瑯七獅戲球圖長方盤

明早期
高15.7厘米　口邊長33/53.3厘米　底邊長34.5/54.6厘米
清宮舊藏

**Cloisonné enamel rectangular plate with design of seven lions playing with a ball**

Early Ming Dynasty
Height: 15.7cm　Length of mouth brim: 33 / 53.3cm
Length of bottom brim: 34.5 / 54.6cm
Qing Court collection

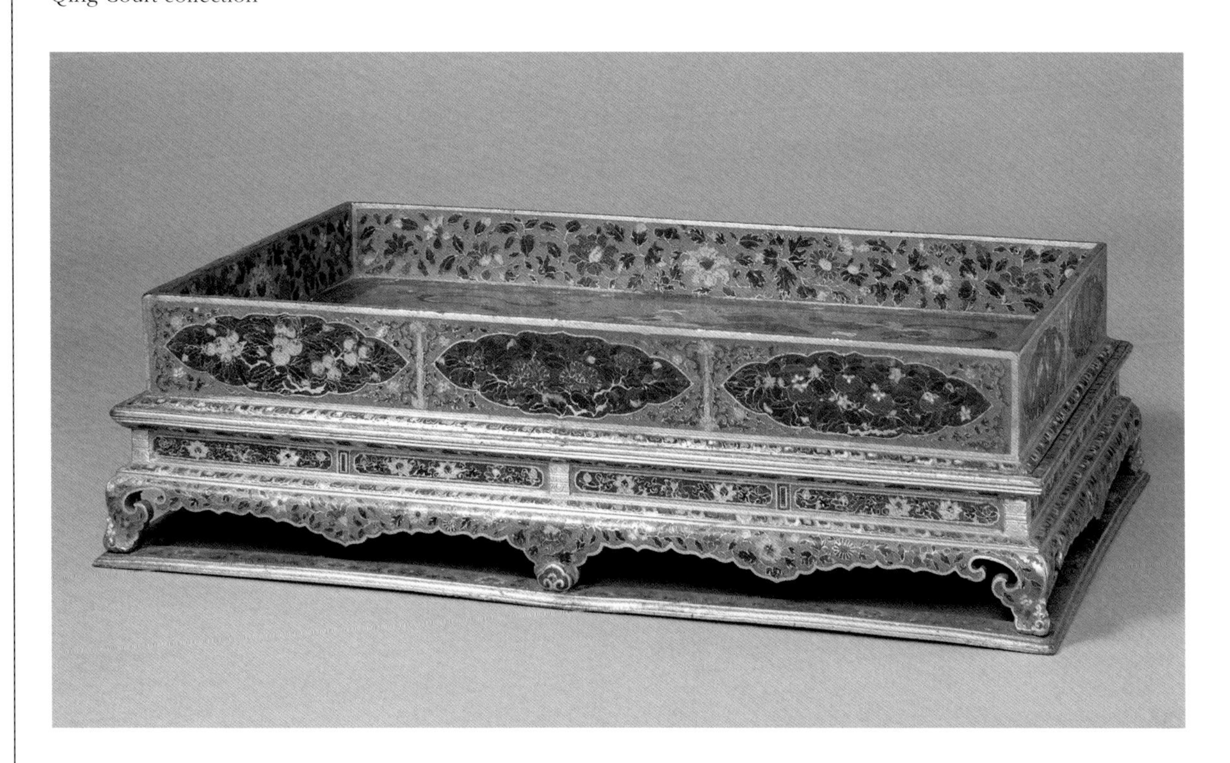

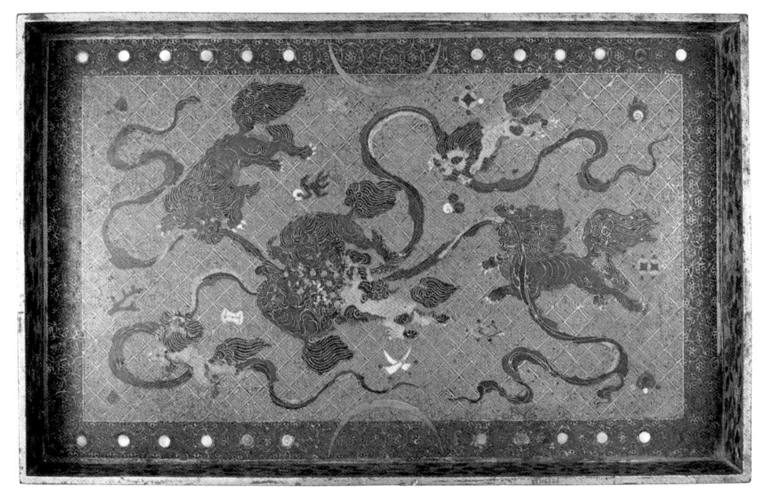

盤作長方形，四直壁，下承垂雲式如意座。通體施天藍色琺瑯釉為地，盤心飾錦地七獅對舞戲球，邊飾團錦紋；外壁開光內飾各色花果紋，底座飾纏枝蓮紋。底鍍金，光素無款。

此器製作工整，紋飾新穎，以掐絲琺瑯製作生動活潑的動物紋樣，是琺瑯工藝的新發展，也是明早期琺瑯紋樣中所罕見的。

## 22. 掐絲琺瑯纏枝蓮紋直頸瓶

明宣德

高22厘米　口徑2.9厘米　足徑9厘米

清宮舊藏

**Cloisonné enamel long-necked vase with design of interlocking sprays of lotus**

Xuande period, Ming Dynasty

Height: 22cm　Diameter of mouth: 2.9cm

Diameter of foot: 9cm

Qing Court collection

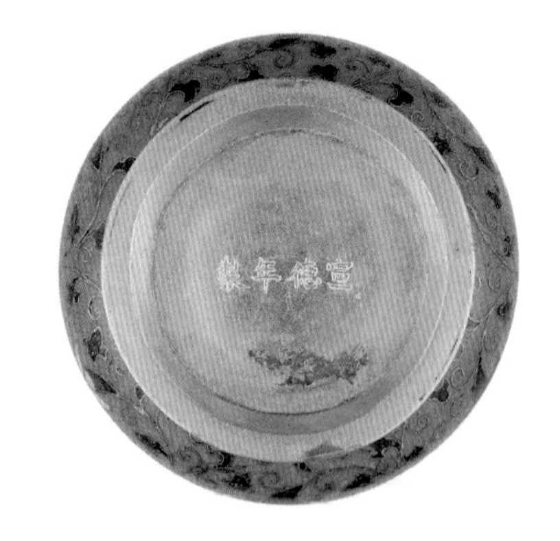

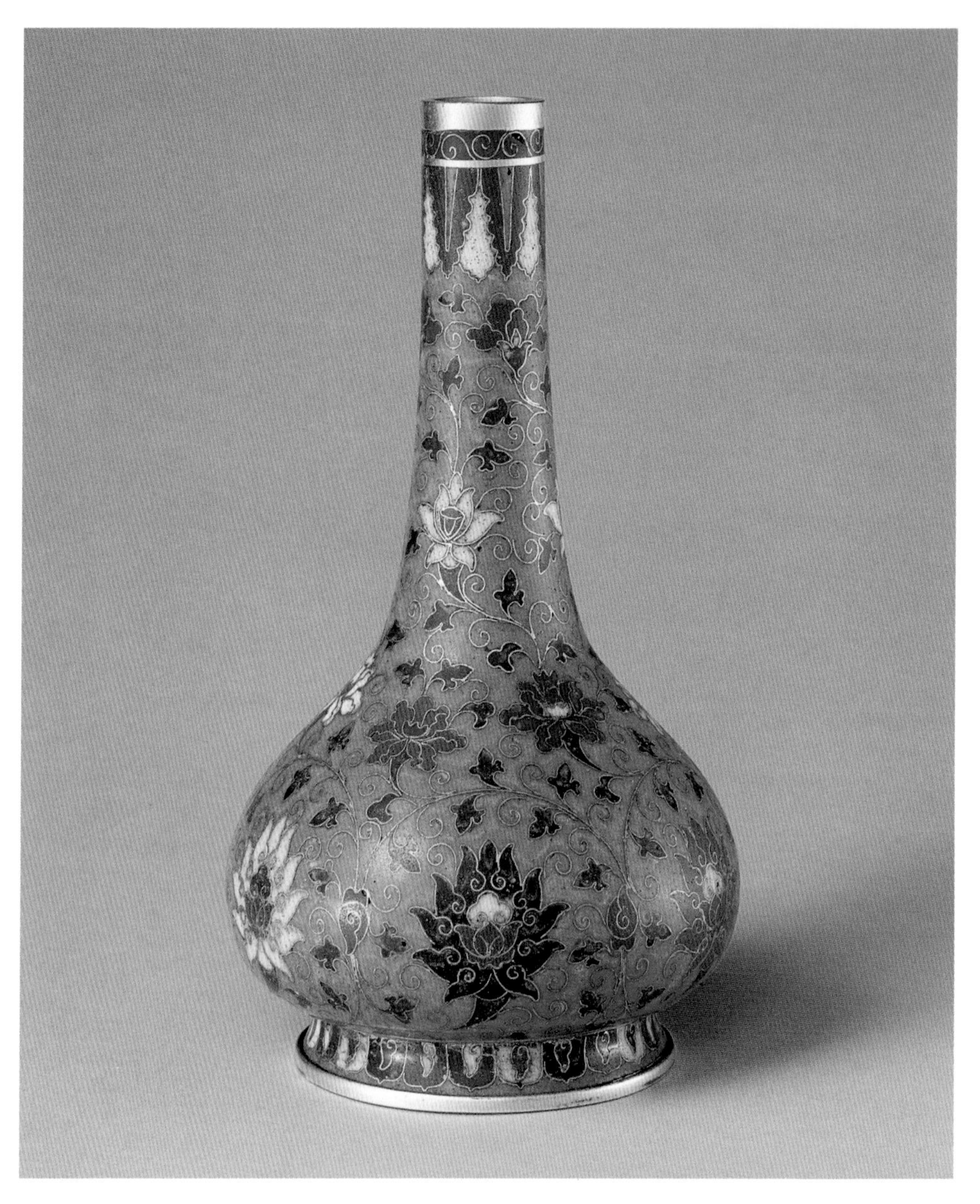

瓶小口，細長頸，垂腹，圈足。通體施天藍色琺瑯釉為地，頸部飾各色纏枝花紋，腹部飾鮮豔的大朵纏枝蓮紋，口沿下飾紅、黃色蕉葉紋，足牆飾垂蓮紋。底鍍金，陰刻雙綫"宣德年製"楷書款。

此瓶造型秀麗，紋飾活潑，色彩純正，在造型、花紋、釉色等方面都具有宣德琺瑯器特徵。

23

## 掐絲琺瑯纏枝蓮紋龍耳爐

明宣德

高9.7厘米　口徑15厘米　足徑12.3厘米

清宮舊藏

**Cloisonné enamel incense burner with dragon-shaped ears decorated with design of interlocking sprays of lotus**

Xuande period, Ming Dynasty

Height: 9.7cm　Diameter of mouth: 15cm

Diameter of foot: 12.3cm

Qing Court collection

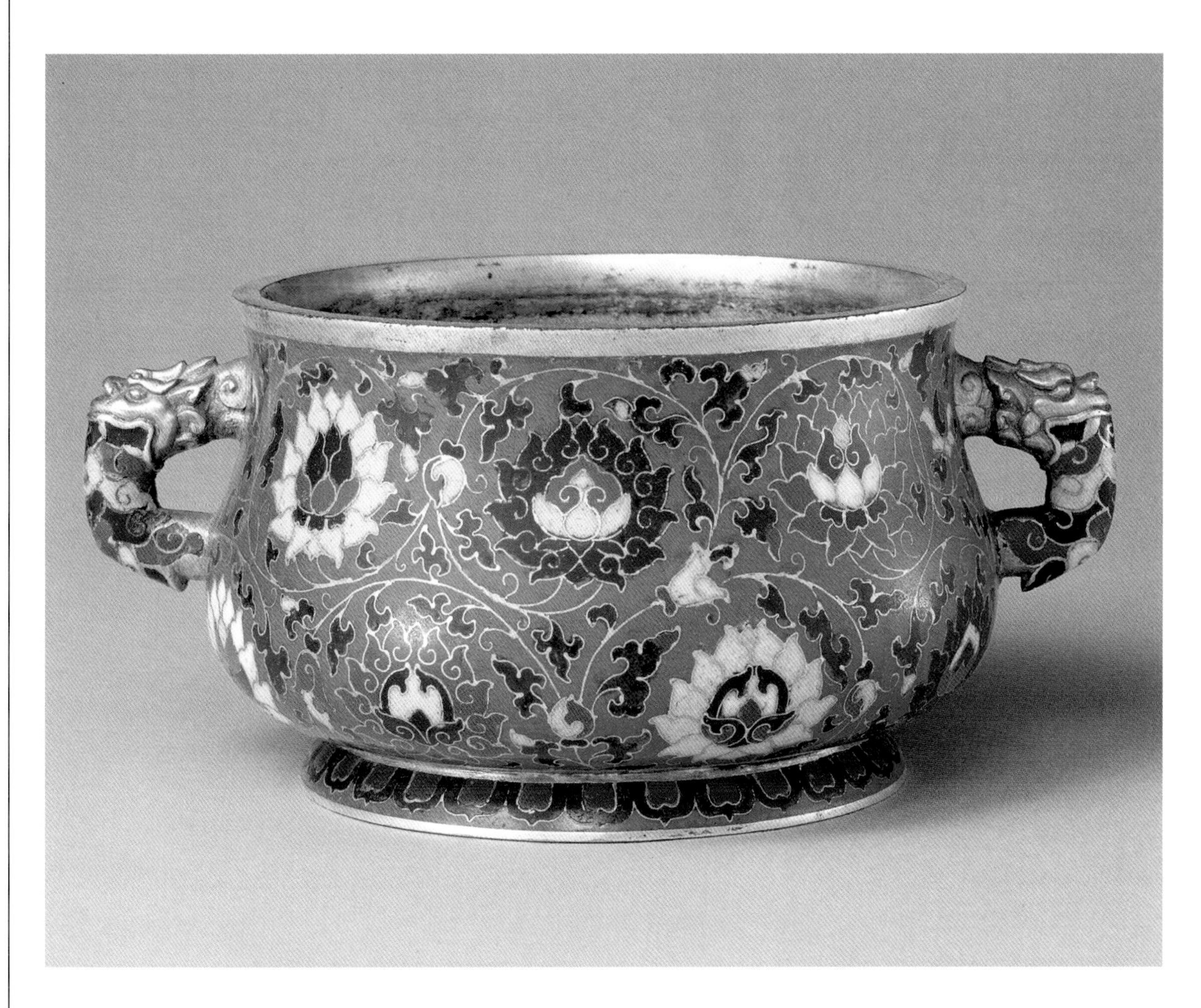

爐敞口，龍首吞彩雲紋雙耳，圈足。通體施天藍色琺瑯釉為地，飾兩層彩色纏枝蓮紋。足牆飾彩色蓮瓣紋，底鍍金光素。

此爐造型與同期爐相比，較為特殊，圖案組合也較新穎。掐絲工細靈活，紋飾舒展流暢，具有宣德時期掐絲琺瑯的明顯特徵。

## 24

**掐絲琺瑯花果紋出戟觚**
明宣德
高28.8厘米　口徑15厘米
足徑8.5厘米
清宮舊藏

**Cloisonné enamel Gu (beaker) with flanges decorated with flower and fruit design**
Xuande period, Ming Dynasty
Height: 28.8cm
Diameter of mouth: 15cm
Diameter of foot: 8.5cm
Qing Court collection

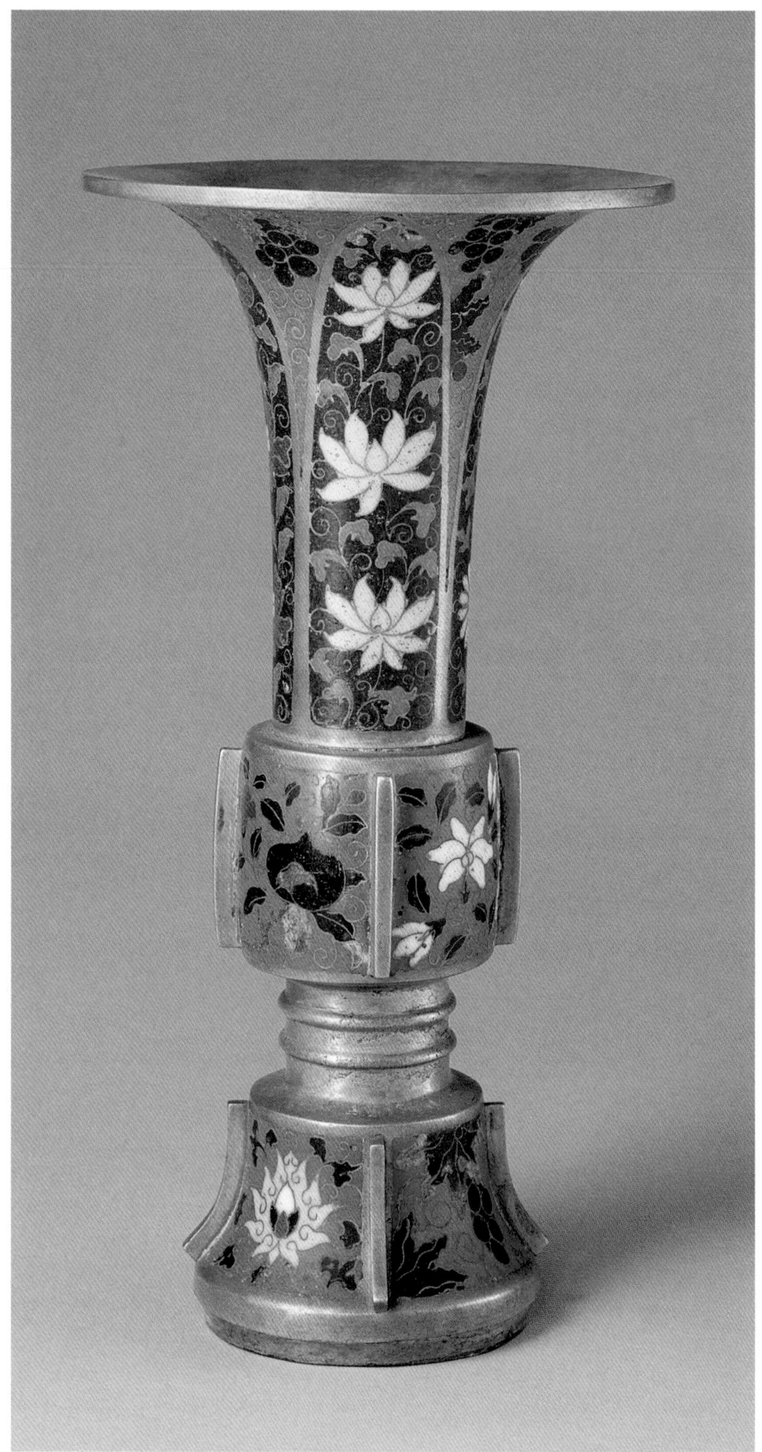

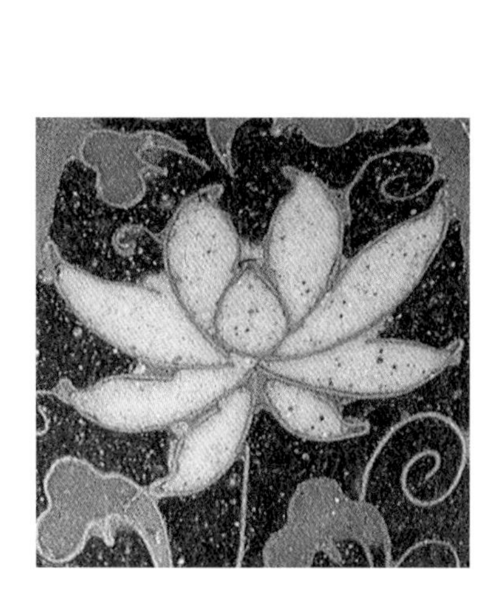

觚仿青銅器的造型，鍍金，腹部、足部均四出戟。通體施藍色琺瑯釉為地，頸部有四個蕉葉形開光，內飾荷花、茶花等，開光外飾葡萄紋；腹部飾折枝菊花、石榴、柿子、梔子花；足部四面飾勾蓮花紋。

觚造型古樸，鍍金雖失去光澤，但色彩絢麗，掐絲活潑。更為重要的是，此觚為原器，沒有經過後人的加工改造，是難得的明早期完整作品。觚雖無款識，但其掐絲、釉色與元代器物相比風格不同，而紋飾與宣德時期的漆器有相同之處，故為宣德器。

25

## 掐絲琺瑯纏枝蓮紋出戟觚

明宣德
高28.4厘米　口徑16.3厘米
足徑9.8厘米
清宮舊藏

**Cloisonné enamel Gu (beaker) with flanges decorated with design of interlocking sprays of lotus**

Xuande period, Ming Dynasty
Height: 28.4cm
Diameter of mouth: 16.3cm
Diameter of foot: 9.8cm
Qing Court collection

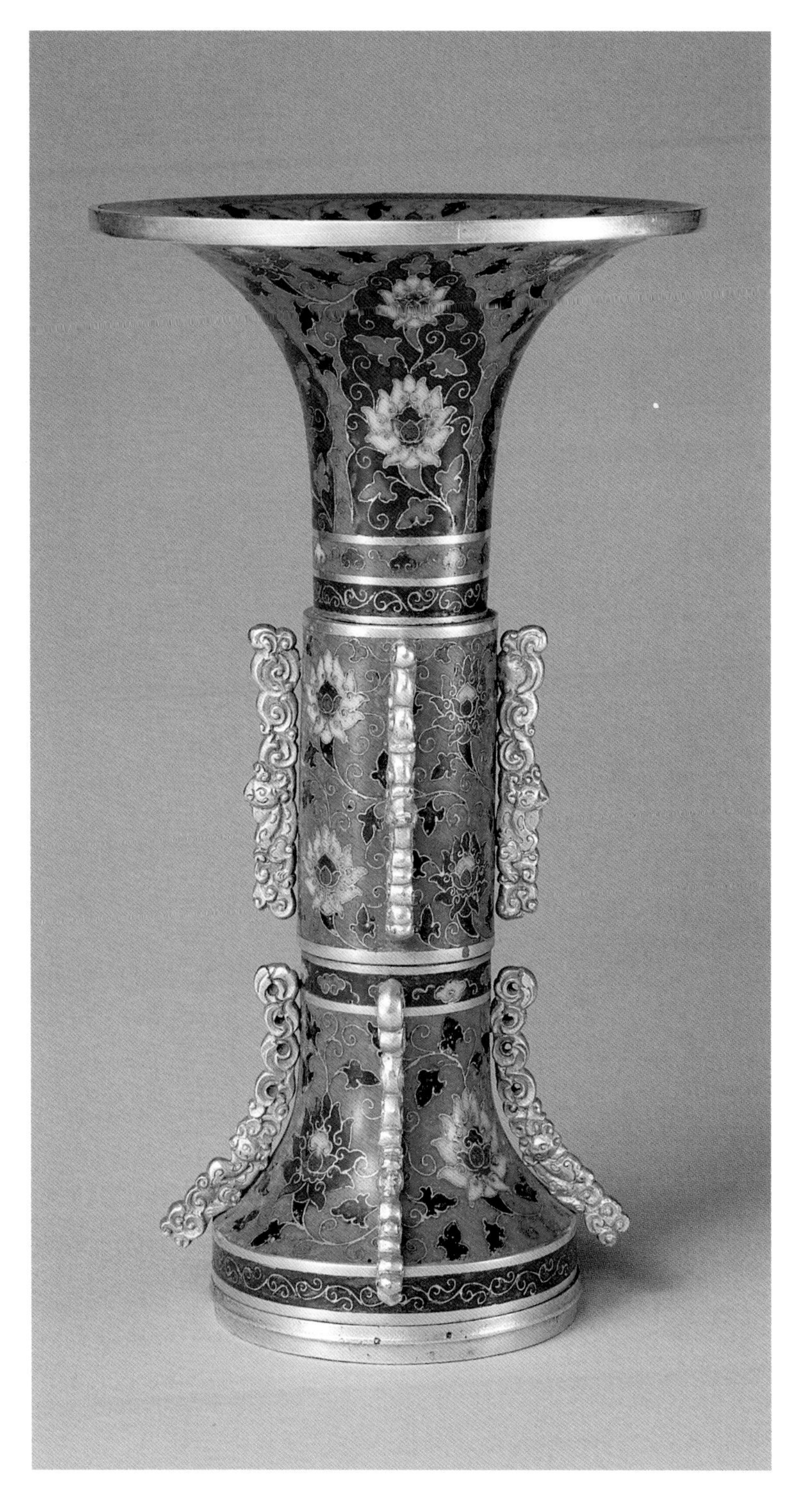

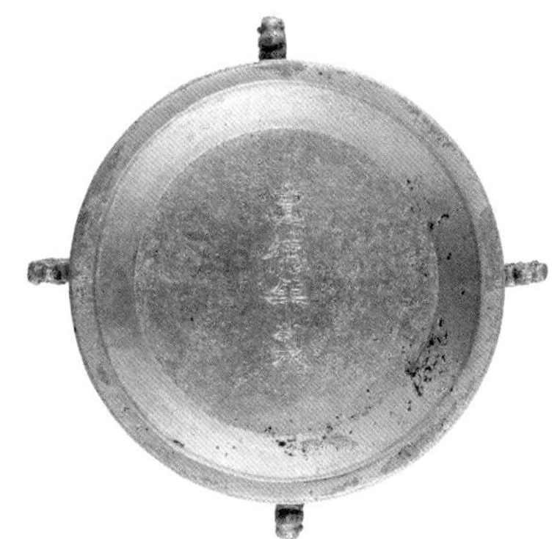

觚腹部及足部嵌銅鍍金螭形出戟。通體施淺藍色琺瑯釉為地，以纏枝蓮紋構成主題圖案。口內飾寶藍、黃、紅色纏枝蓮各兩朵，頸部為寶藍色蕉葉紋開光，內外均飾纏枝蓮紋。底陰刻雙綫“宣德年製”楷書款。

此器造型端莊大方，釉色鮮明，鍍金厚重，是宣德琺瑯器之精品。出戟和底足為後配。

26

## 掐絲琺瑯纏枝蓮紋出戟觚

明宣德
高28厘米　口徑15.2厘米
足徑7.7厘米
清宮舊藏

**Cloisonné enamel Gu (beaker) with flanges decorated with design of interlocking sprays of lotus**

Xuande period, Ming Dynasty
Height: 28cm
Diameter of mouth: 15.2cm
Diameter of foot: 7.7cm
Qing Court collection

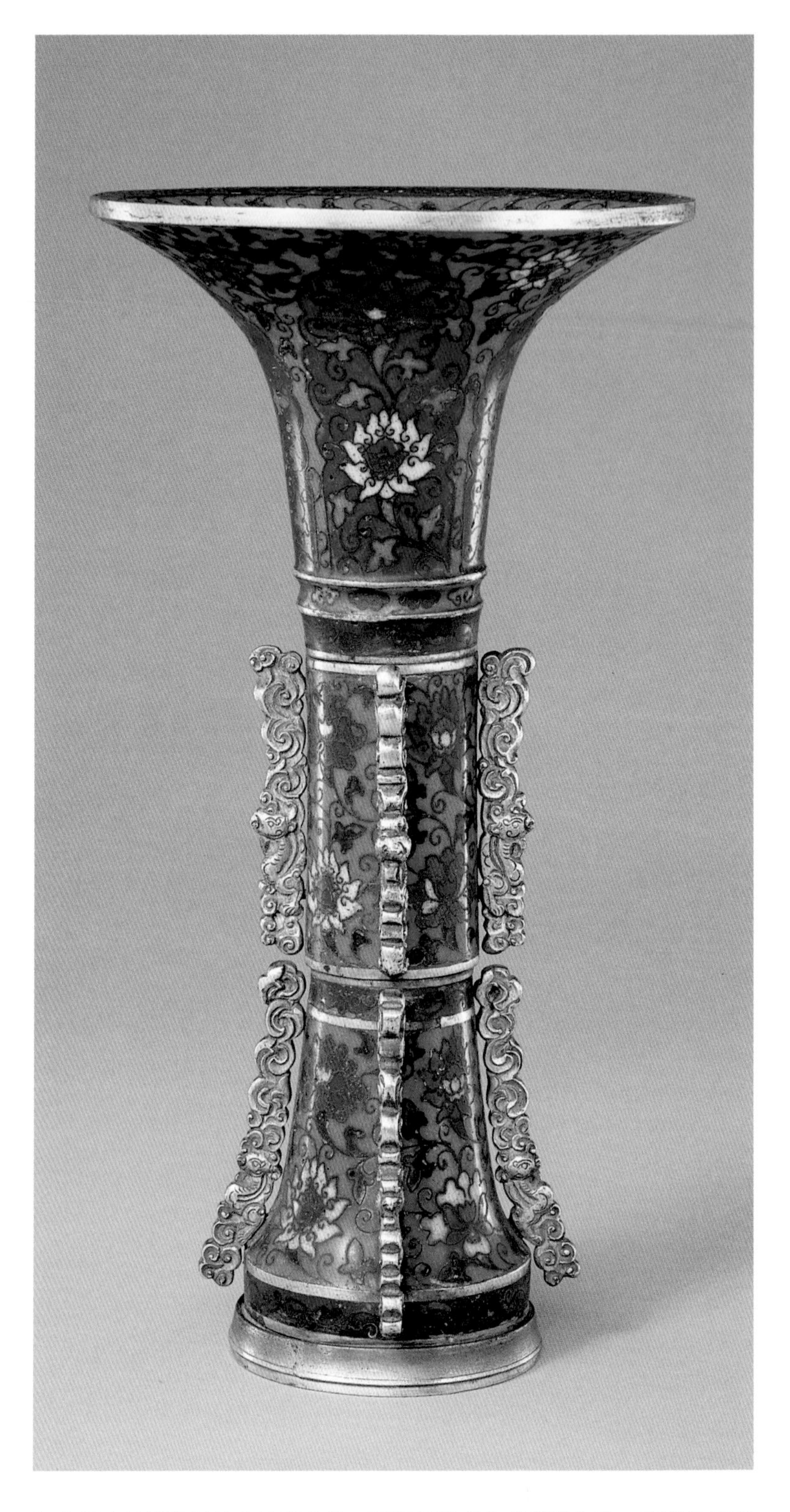

觚腹部及足部嵌銅鍍金螭形出戟。通體施淺藍色琺瑯釉為地，頸部飾寶藍色蕉葉紋開光，內外飾纏枝蓮紋；腹及足部飾紅、白、黃、藍四色纏枝蓮紋。口沿及足上部為蔓草紋。底鍍金，陰刻雙綫“宣德年造”楷書款。

此器掐絲細緻流暢，釉色純正，但做工較粗，為宣德時期掐絲琺瑯器的特徵。出戟及底足為後配。

## 27

**掐絲琺瑯纏枝蓮紋碗**
明宣德
高13.9厘米　口徑29.7厘米　足徑13厘米
清宮舊藏

**Cloisonné enamel bowl with design of interlocking sprays of lotus**
Xuande period, Ming Dynasty
Height: 13.9cm　Diameter of mouth: 29.7cm
Diameter of foot: 13cm
Qing Court collection

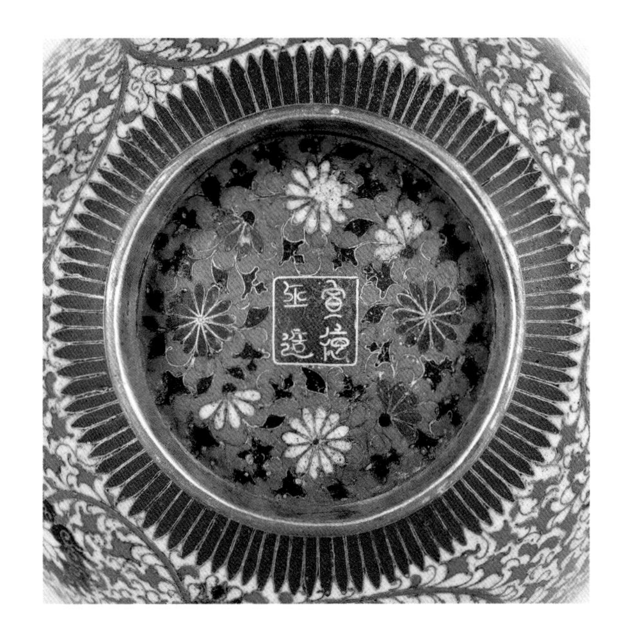

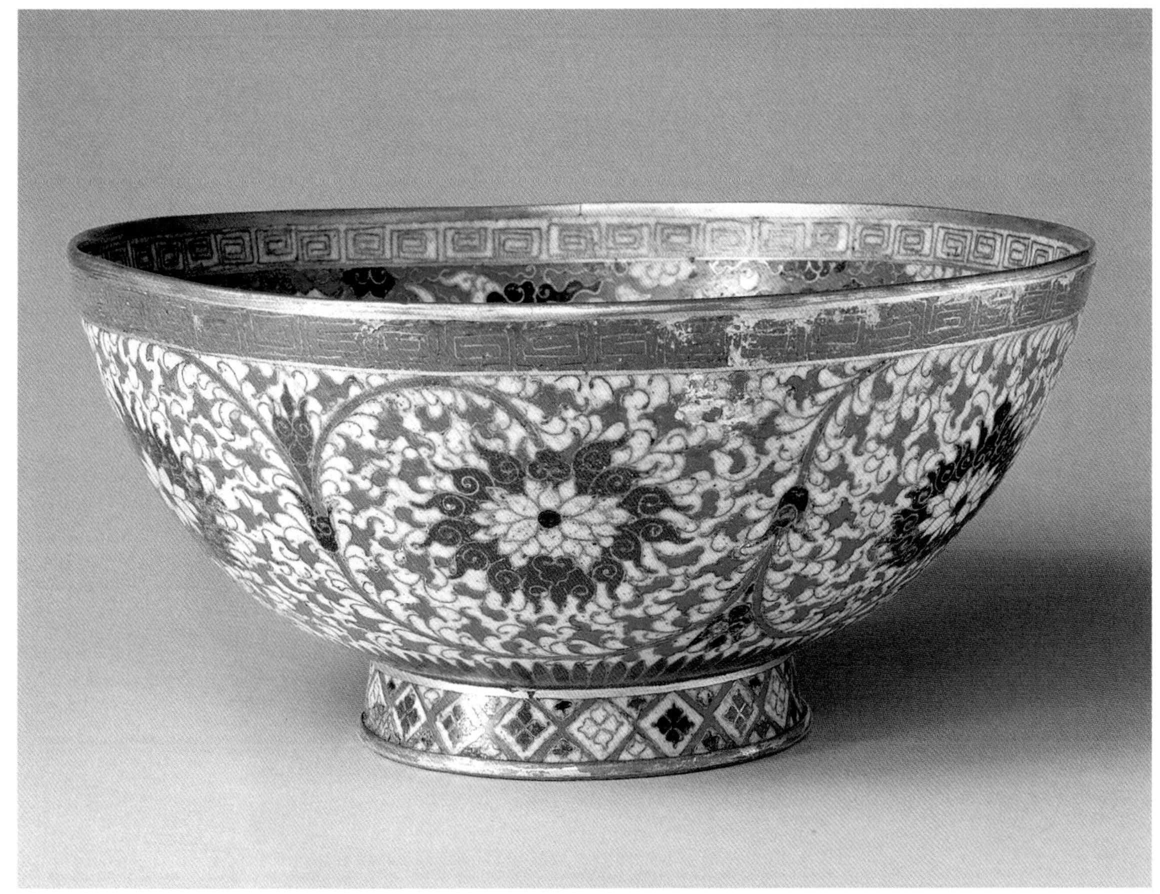

碗敞口，弧壁，圈足外撇。碗外壁用白、綠兩色釉互補填出繁密的枝葉，烘托出紅、黃、紫、紅、紫、紅六朵盛開的纏枝蓮。碗內施藍色琺瑯釉為地，上飾兩條深藍色龍戲火燄寶珠，龍體修長，蜿蜒生動，各色彩雲滿佈空間。底飾菊花紋，方框內有掐絲填朱紅釉“宣德年造”篆書款。

此器釉色豔麗純正，紋飾舒展灑脱，紋飾及釉色都具有宣德時期的特徵。碗外砂眼較多，填磨不實，是宣德琺瑯器中具有代表性的標準器。

## 28

**掐絲琺瑯纏枝花卉紋盞托**

明宣德
高1.2厘米　口徑19.3厘米
底徑15厘米
清宮舊藏

**Cloisonné enamel small cup tray with interlocking floral design**

Xuande period, Ming Dynasty
Height: 1.2cm
Diameter of mouth: 19.3cm
Diameter of bottom: 15cm
Qing Court collection

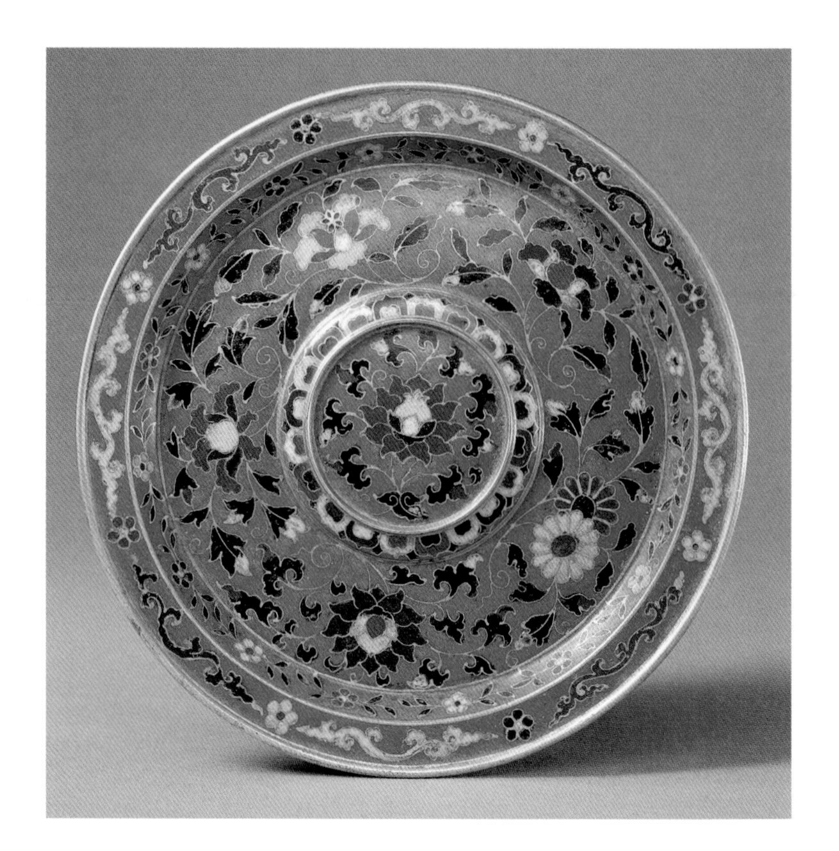

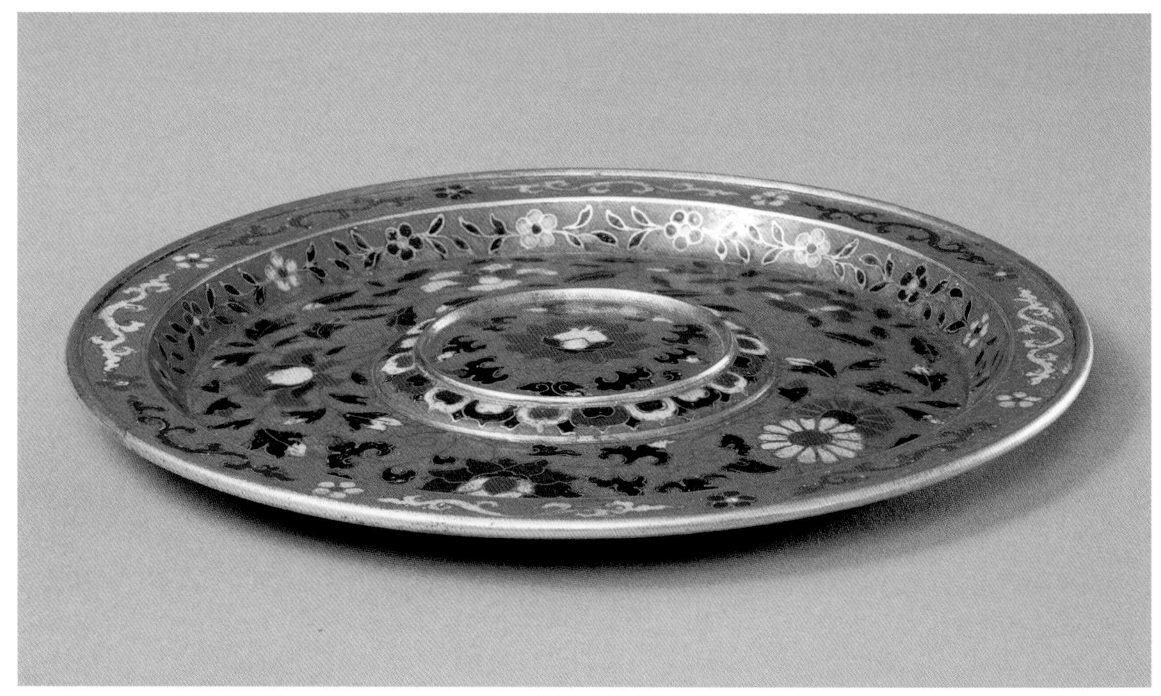

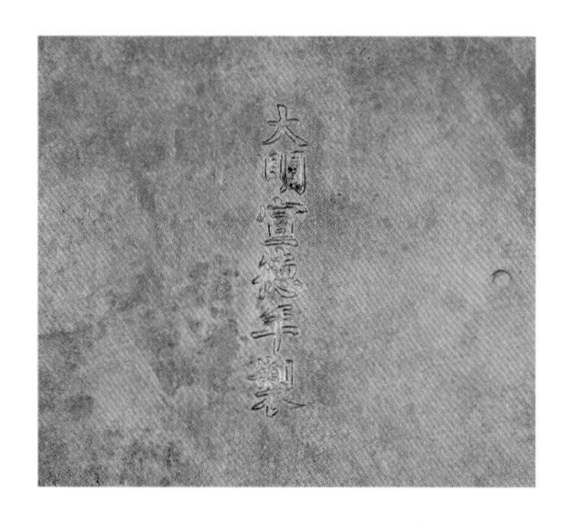


盞托為折邊口，中心凸起杯槽。盤內施天藍色琺瑯釉為地，折邊飾忍冬紋間以梅花紋；杯槽內飾彩色蓮花一朵，杯槽外飾彩色纏枝四季花卉；盤外光素鍍金。平底，陰刻雙綫“大明宣德年製”楷書款。

此器釉色豐富，有紅、黃、白、寶藍、墨綠、草綠等釉，色澤純正。其中白如硨磲，綠色鮮麗，具有早期琺瑯釉色瀿淨純正的特點。

29

## 掐絲琺瑯纏枝花紋字銘盞托

明宣德
高1.2厘米　口徑19.3厘米
底徑16厘米
清宮舊藏

**Cloisonné enamel small cup tray with inscriptions decorated with interlocking floral design**

Xuande period, Ming Dynasty
Height: 1.2cm
Diameter of mouth: 19.3cm
Diameter of bottom: 16cm
Qing Court collection

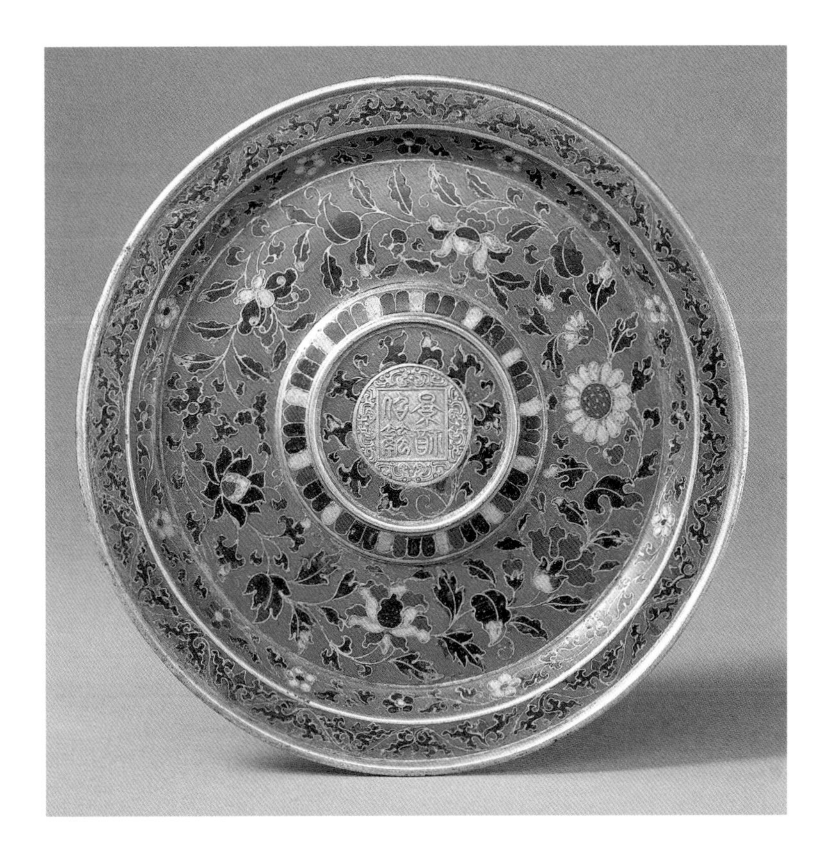

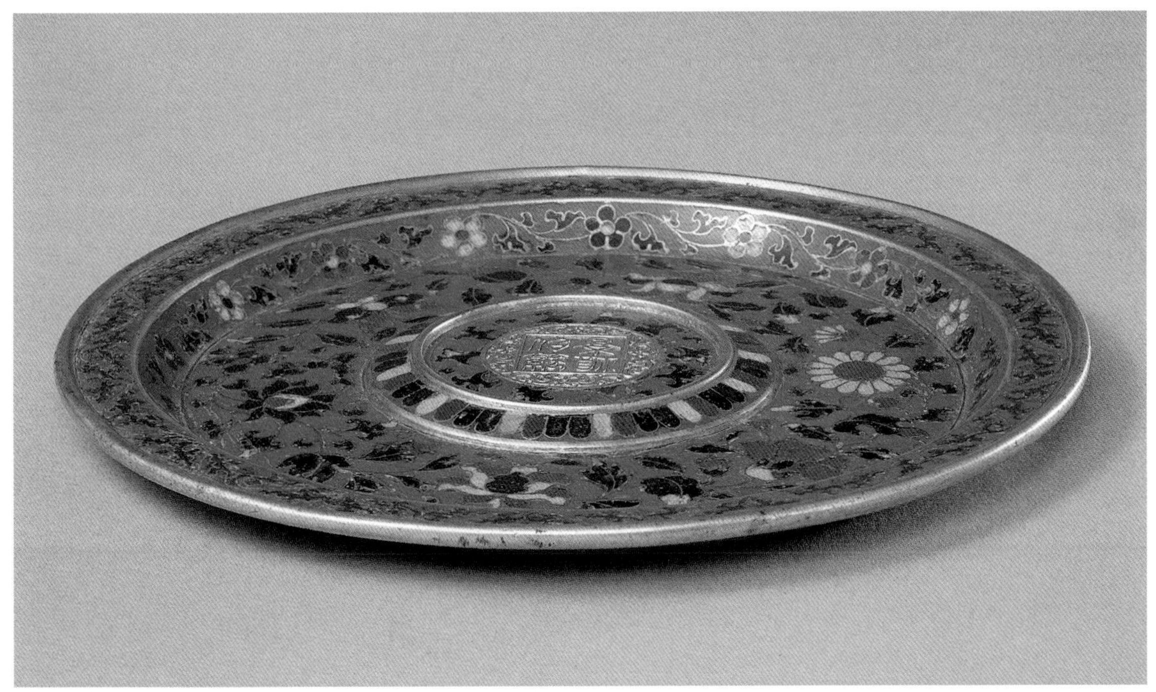

盞托為折邊口，中心凸起杯槽。通體施天藍色琺瑯釉為地，折邊飾彩釉忍冬紋；盤內以嫩綠的花葉襯托着豔麗的纏枝花六朵。杯槽內是鍍金螭紋環抱方欄內鐫篆書陽文，字體不規範，應是"景杯紹篙"，意思是：大杯裏的酒來自小籮筐裏的糧。底鍍金，圈內陰刻"大明宣德年製"楷書款。

此器釉色光潔，尤以白、綠釉色為最，所飾花紋掐絲活潑，綫條流暢，做工亦精。杯槽內的字銘含義深刻。

## 30

### 掐絲琺瑯纏枝花卉紋高足杯
明宣德
高8.5厘米　口徑7.5厘米　足徑3.7厘米

**Cloisonné enamel stem cup with interlocking floral design**
Xuande period, Ming Dynasty
Height: 8.5cm　Diameter of mouth: 7.5cm
Diameter of foot: 3.7cm

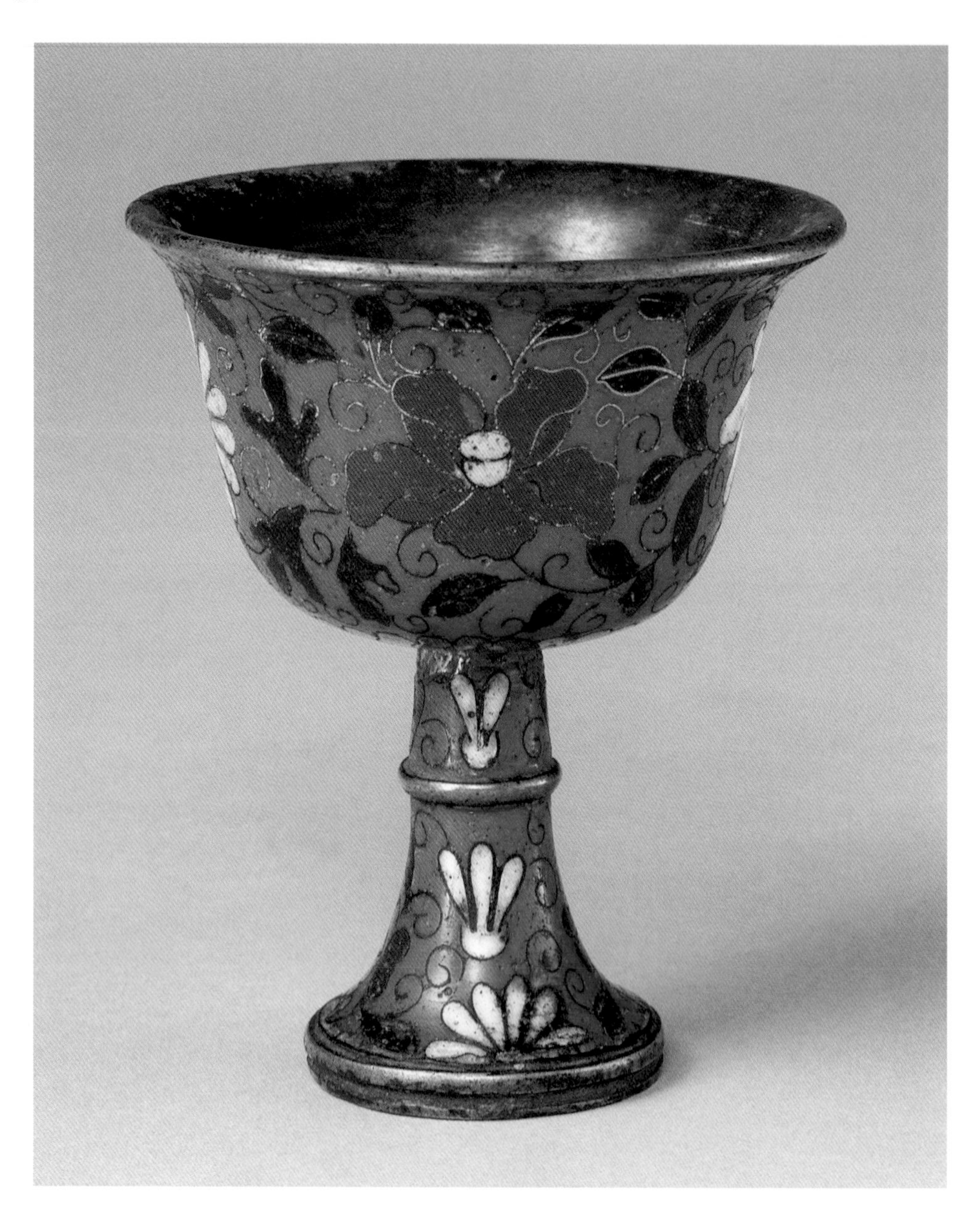

杯撇口，高足。通體施藍色琺瑯釉為地，杯外壁飾四朵纏枝花，分別為菊花、茶花、梔子花、勾蓮花。足柄飾梅花、菊花。

此杯小巧秀美，紋飾簡練，花卉紋樣寫實。

31

## 鏨胎琺瑯纏枝蓮紋圓盒

明宣德
高5.5厘米　直徑11.3厘米
清宮舊藏

**Champleve enamel round box with design of interlocking sprays of lotus**

Xuande period, Ming Dynasty
Height: 5.5cm　Diameter: 11.3cm
Qing Court collection

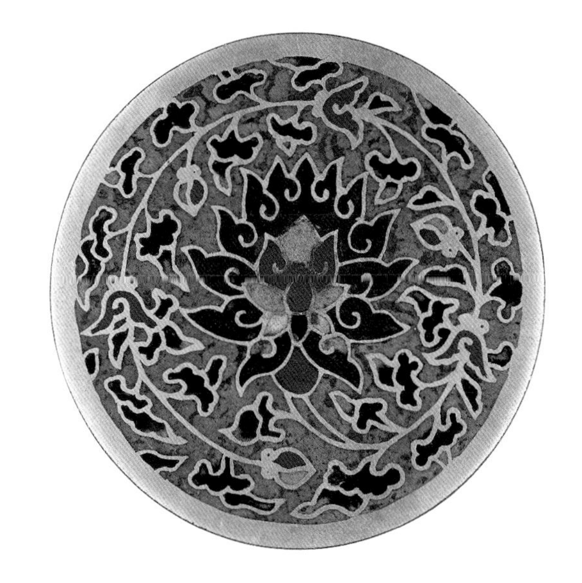

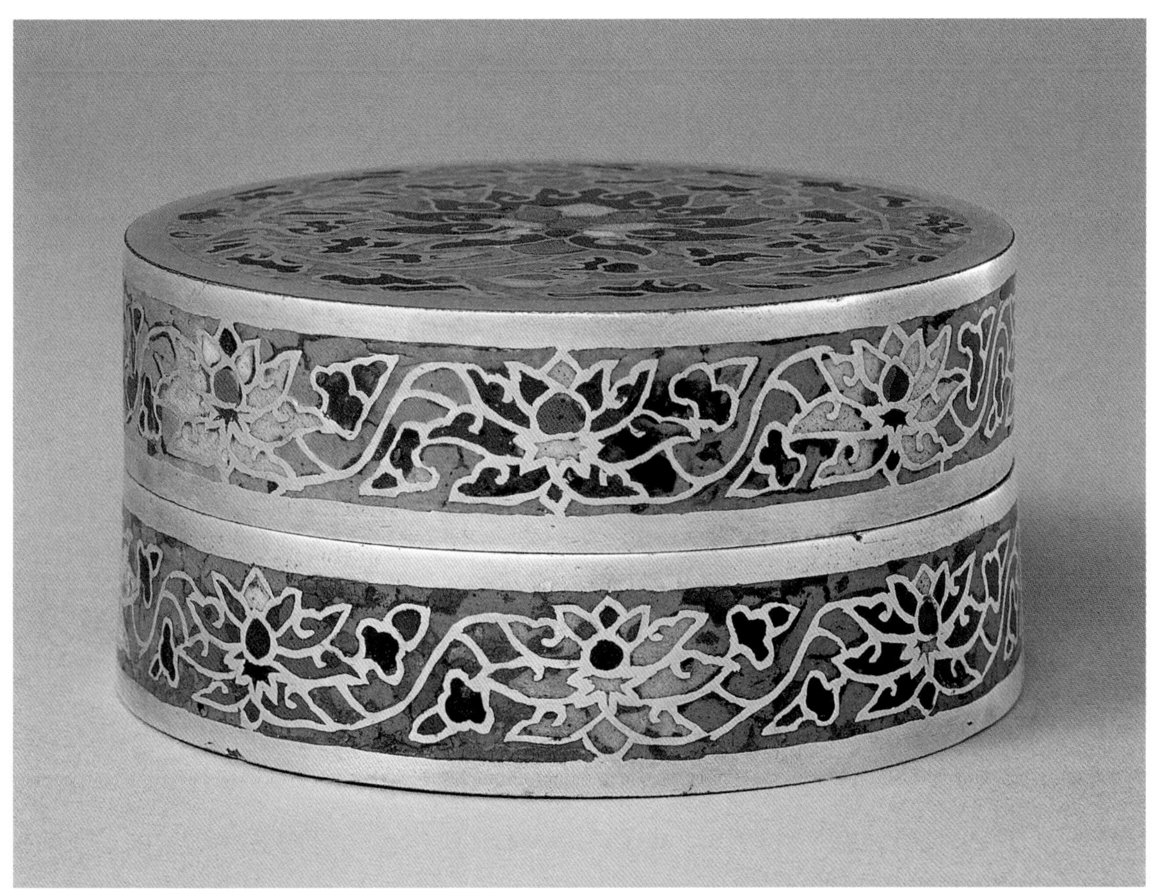

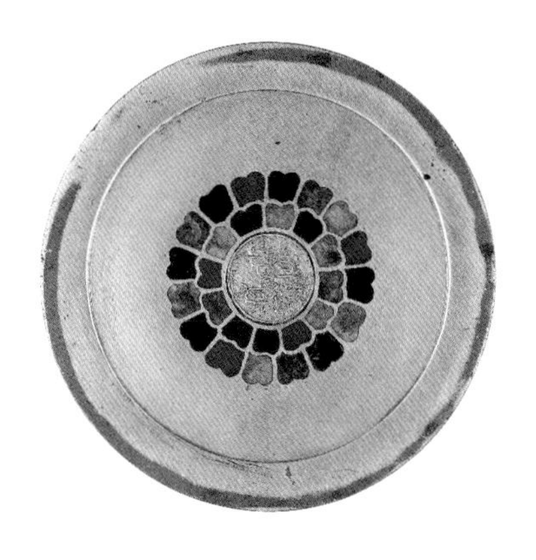

盒直壁，平蓋面。通體施藍色琺瑯釉為地，蓋面鏨花填飾深藍色纏枝蓮一朵，盒外壁飾彩色纏枝蓮紋。底飾蓮瓣團花，內用銅絲嵌出“宣德年造”楷書款。

此盒通體為鏨花做法，與掐絲琺瑯有所不同的是直接在銅胎上鏨出圖案輪廓綫，再填入琺瑯釉，經烘燒、磨光、鍍金而成。此器胎體厚重，鏨花粗獷，釉色淺淡失透，與元代明豔瑩透的琺瑯釉色差異較大，是目前所見唯一的早期鏨胎琺瑯製品。

32

## 掐絲琺瑯瓜果紋圓盒

明宣德
高4.6厘米　口徑11.9厘米　底徑11.8厘米
清宮舊藏

**Cloisonné enamel round box with fruit and melon design**

Xuande period, Ming Dynasty
Height: 4.6cm　Diameter of mouth: 11.9cm
Diameter of bottom: 11.8cm
Qing Court collection

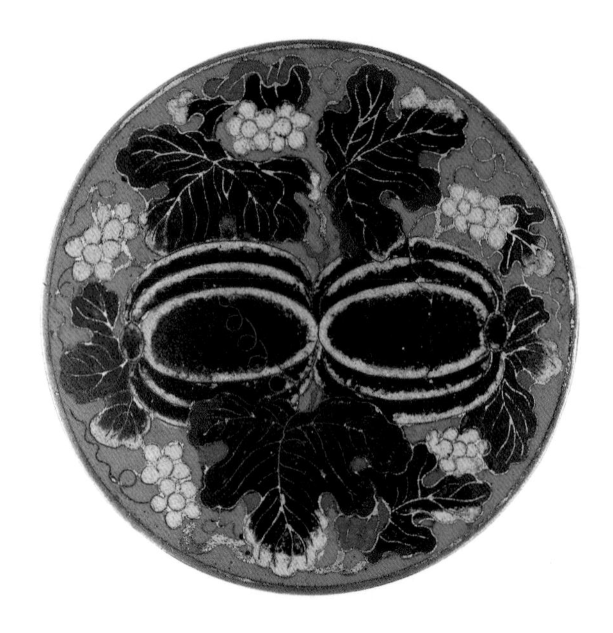

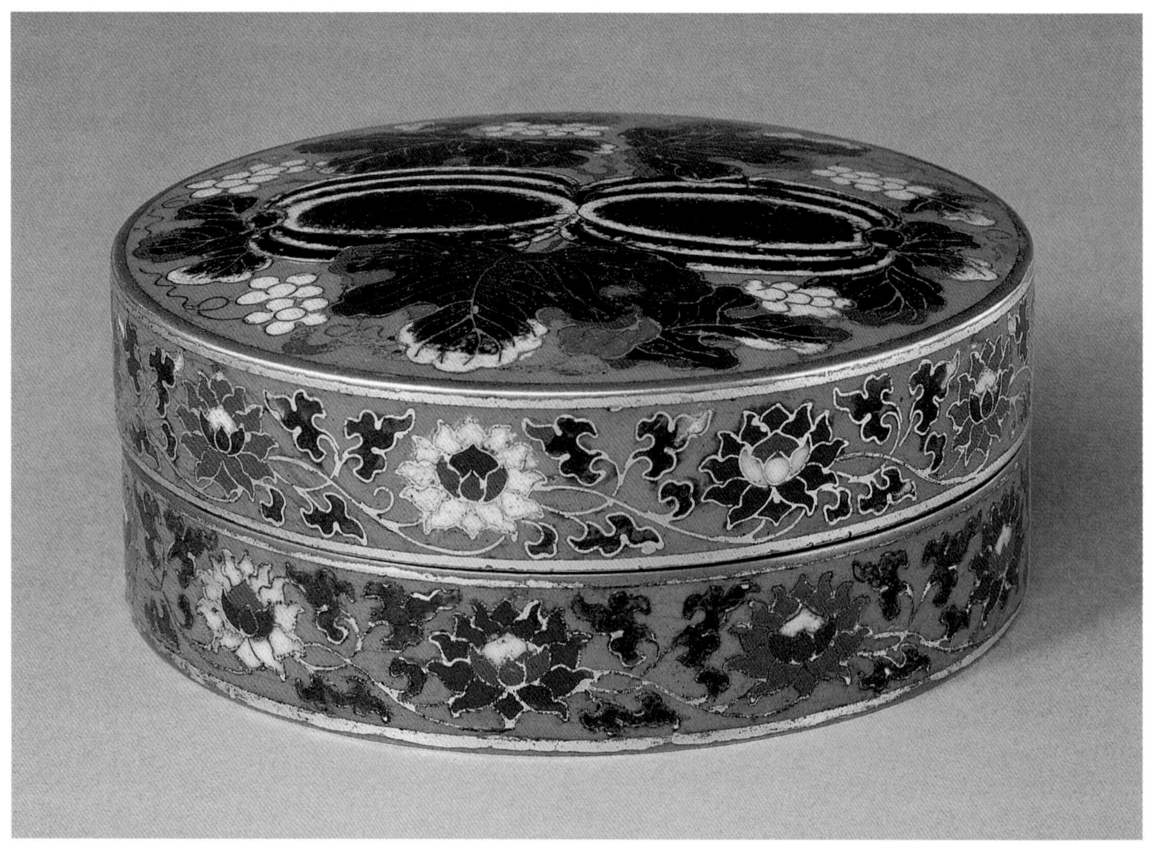

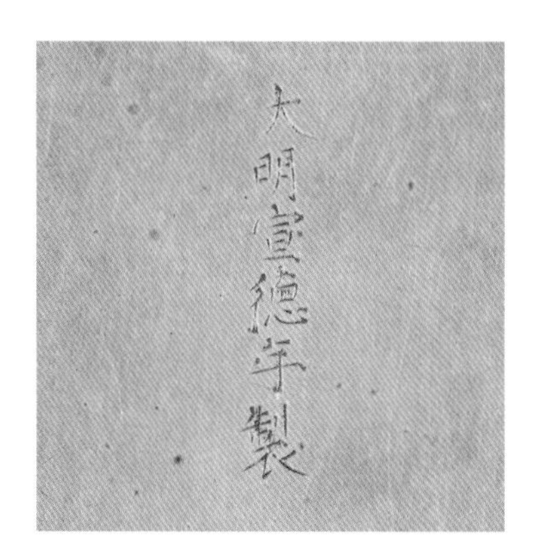


小盒呈扁圓形，直壁，上下對開式。通體施藍色琺瑯釉為地，蓋面飾兩個西瓜，“西”、“喜”諧音，寓“雙喜”之意；盒壁飾纏枝勾蓮花。盒蓋內、底正中均鏨陰文“大明宣德年製”楷書款。

此盒上下非原偶，蓋內、盒底款識的字體略有不同，釉色亦有區別。儘管如此，上下盒在造型、紋飾、釉色等方面都具有宣德時期的典型特點。

33

**掐絲琺瑯葡萄紋圓盒**
明宣德
高4厘米　口徑8.2厘米　底徑8厘米
清宮舊藏

**Cloisonné enamel round box with grape design**
Xuande period, Ming Dynasty
Height: 4cm　Diameter of mouth: 8.2cm
Diameter of bottom: 8cm
Qing Court collection

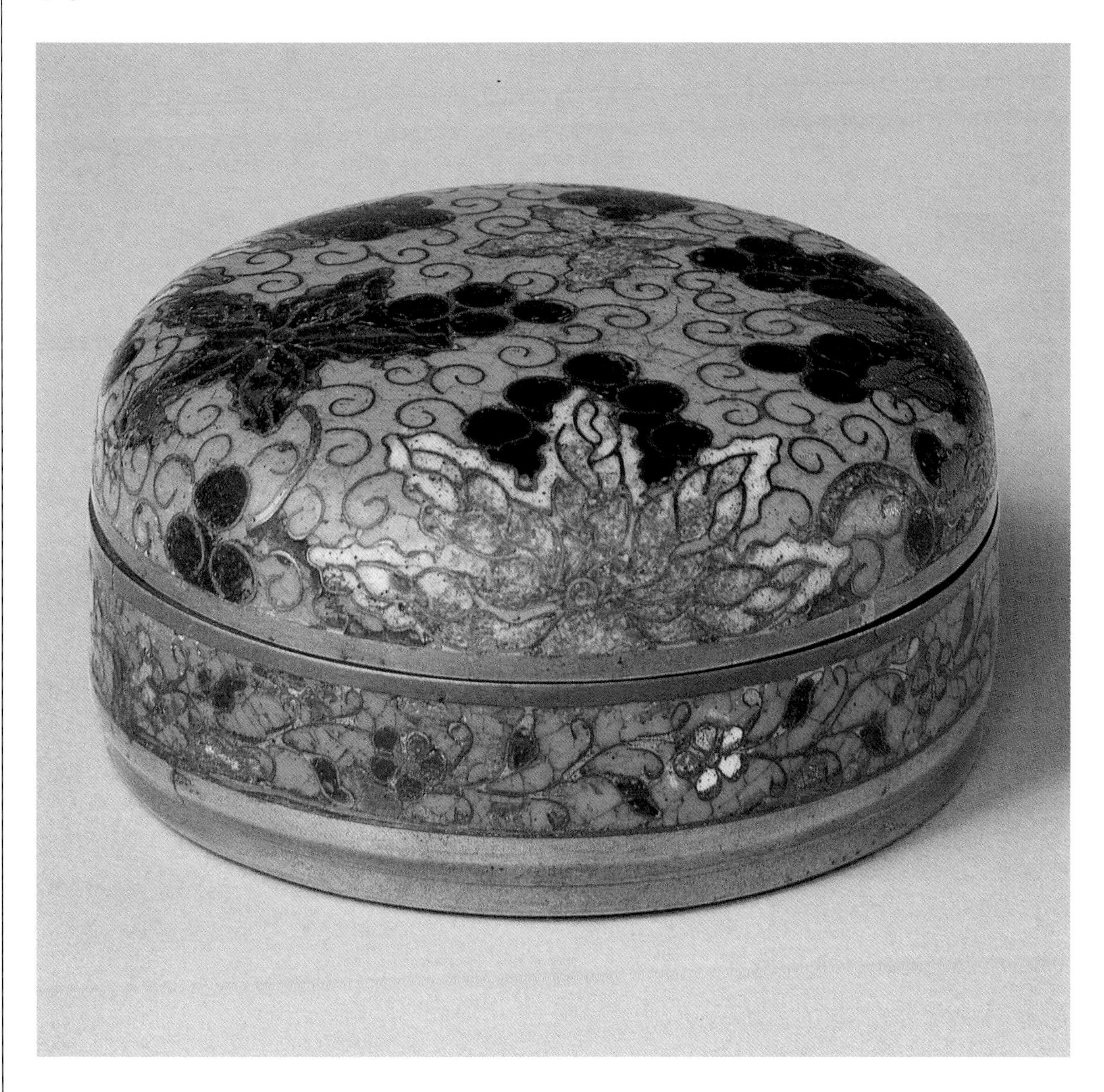

盒為扁圓形，鍍金，蓋隆起，平底。通體施天藍色琺瑯釉為地，蓋面飾深色葡萄串，配以富有變化的綠葉，生動而有情趣。盒壁飾纏枝小花。

此盒上掐絲的鍍金已失去光澤，琺瑯釉表面平滑無砂眼，泛出溫潤的光澤。此盒造型為典型的明早期風格。

## 34

**掐絲琺瑯瓜蝶紋瓜式燈座**
明宣德
高55厘米　腹徑38厘米
清宮舊藏

**Cloisonné enamel melon-shaped lampstand with melon and butterfly design**
Xuande period, Ming Dynasty
Height: 55cm　Diameter of belly: 38cm
Qing Court collection

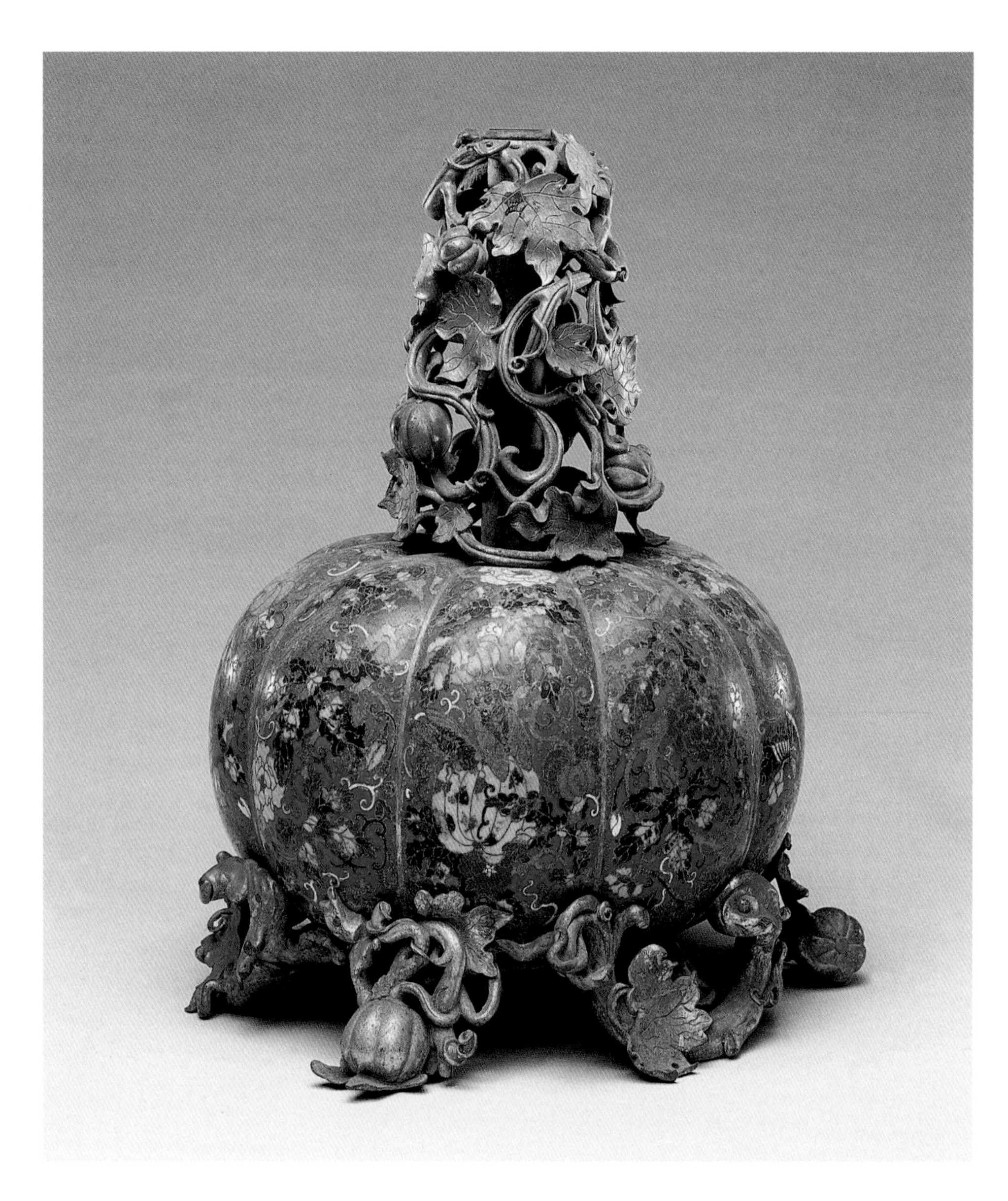

燈座為九棱瓜式。通體施藍色琺瑯釉為地，瓜棱上飾有不同的紋飾，以瓜蝶紋為主，間有蟬、螳螂、蜻蜓、螞蚱、蜜蜂等昆蟲紋樣。座上有銅柱，瓜的葉蔓鏤空纏繞其上，柱內可插燈桿。銅足由秋瓜、瓜葉、瓜蔓組成。

燈座器型大而穩重，座、柱、足的紋飾相互呼應、襯托，鑿刻精美。燈座紋飾構圖繁複，釉色豐富，綠、黃釉之間，相互滲透，其暈色效果增添了立體感。紋飾寓意吉祥，以“瓜瓞綿綿”比喻“子孫連續”。

35

## 掐絲琺瑯獅戲紋藏草瓶

明中期
高20厘米　口徑7.5厘米　足徑8.2厘米
清宮舊藏

**Cloisonné enamel vase for holy herbs decorated with design of lions at play**
Middle Ming Dynasty
Height: 20cm　Diameter of mouth: 7.5cm
Diameter of foot: 8.2cm
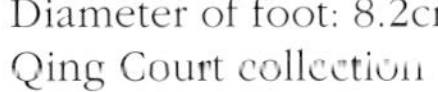
Qing Court collection

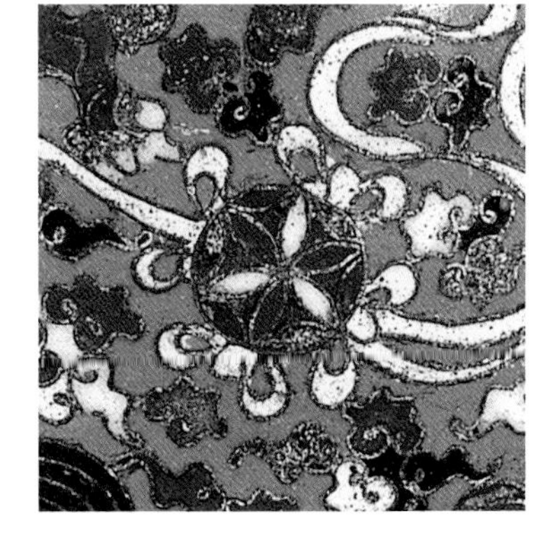

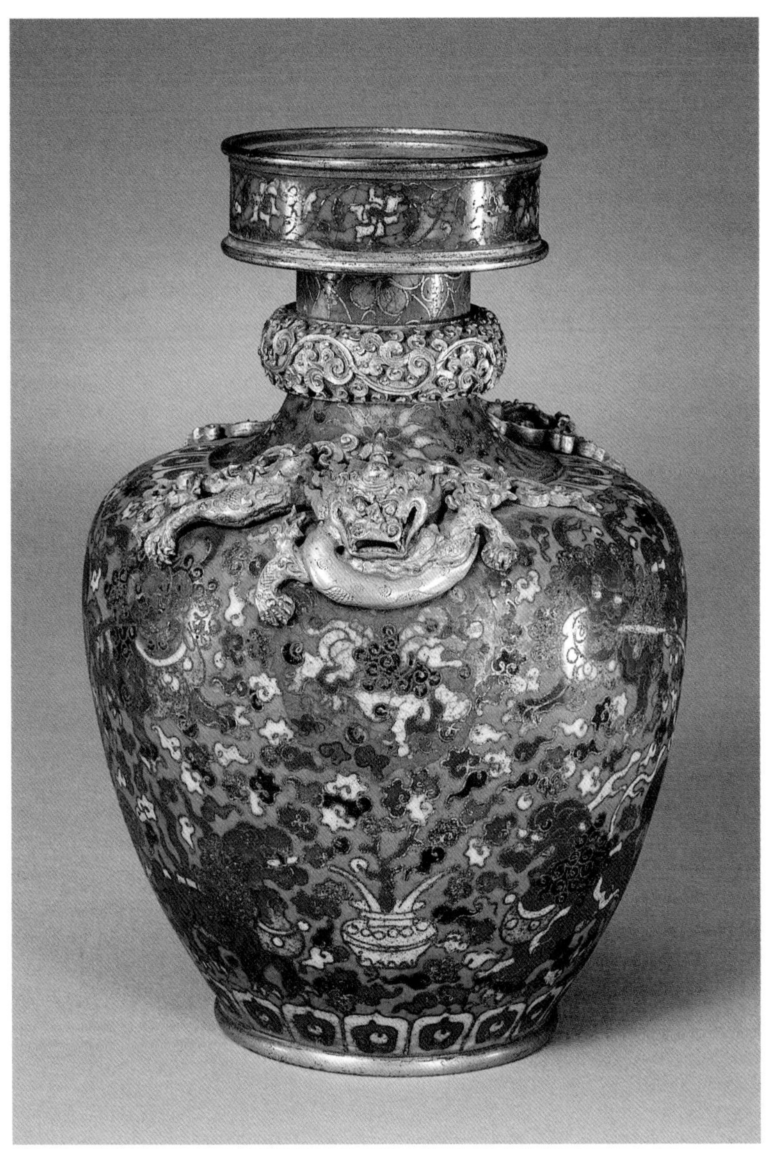

瓶盤口，直頸，鼓腹，頸、肩部飾銅鍍金鏨花捲草紋及夔龍。夔龍又稱“香草龍”，風行於明代。通體施淺藍色琺瑯釉為地，瓶身飾群獅戲球，間有瓶（平）安異寶，填施白、紅、藍、黃、綠等色琺瑯釉。底陰刻雙綫“大明景泰年製”楷書款。

藏草瓶是藏傳佛教（即喇嘛教）供器。此瓶口、頸、身的各色琺瑯釉花紋表現出不同時期的風格特徵。獅戲球紋掐絲熟練，琺瑯色彩濃郁，然而缺少早期那種晶瑩透亮的特點，而口和頸的釉色略顯淺淡，為後拼接而成。

36

## 掐絲琺瑯纏枝蓮紋藏草瓶

明中期

高18厘米　口徑9厘米　足徑8厘米

**Cloisonné enamel vase for holy herbs decorated with design of interlocking sprays of lotus**

Middle Ming Dynasty

Height: 18cm　Diameter of mouth: 9cm

Diameter of foot: 8cm

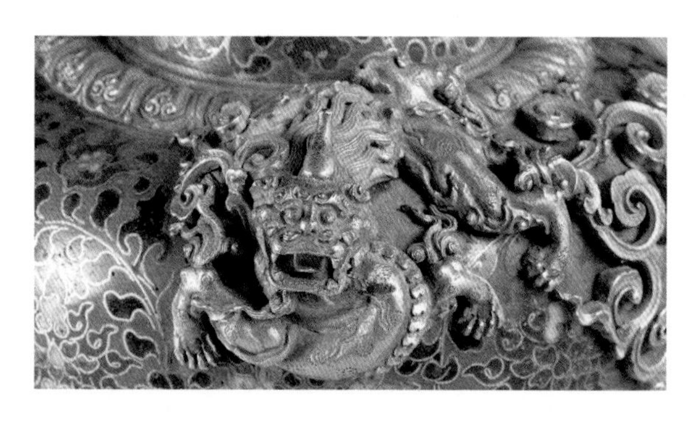

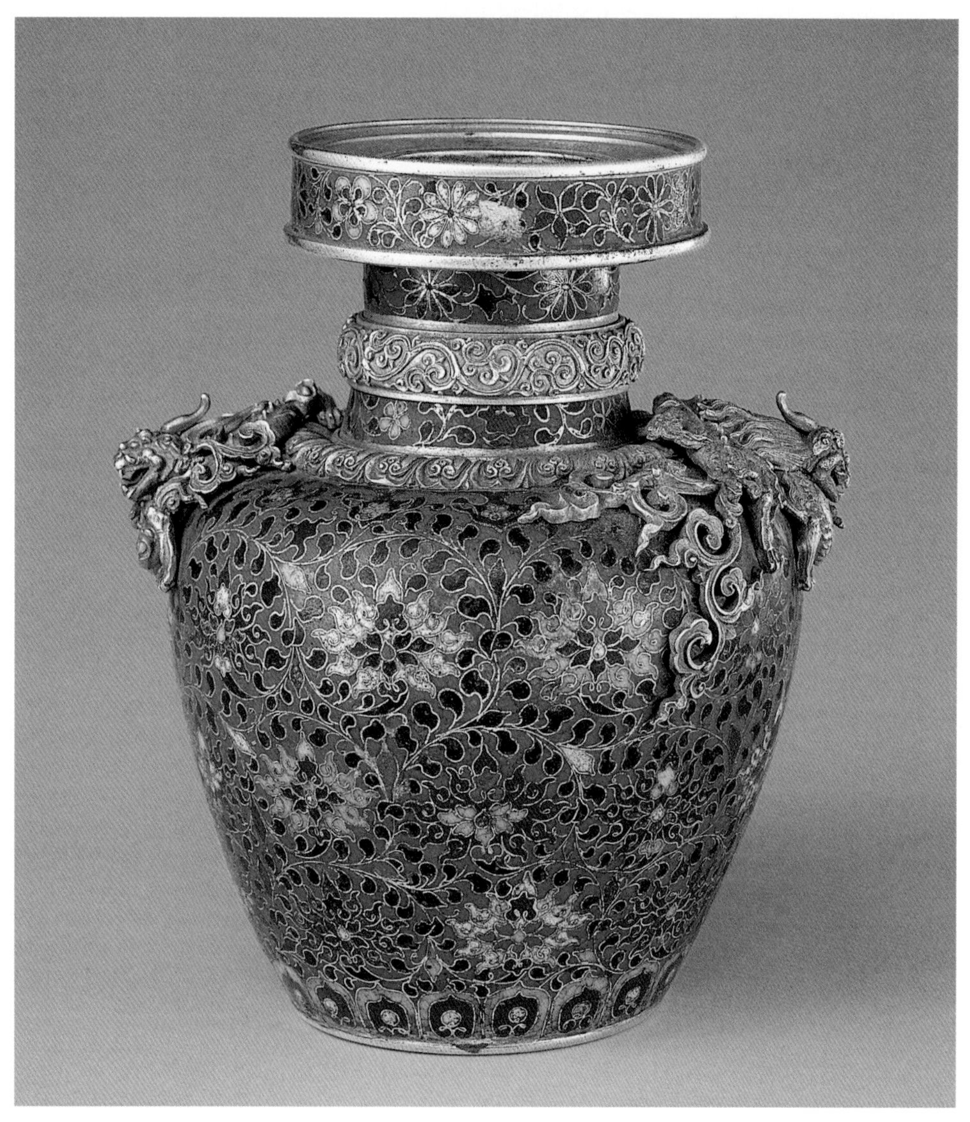

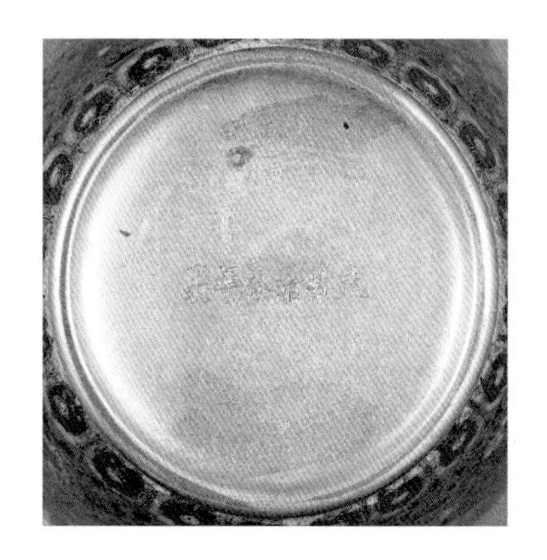

瓶銅胎鍍金，盤口，直頸，鼓腹，平底內凹。頸、肩上有銅鍍金鏨花捲草紋及夔龍，外壁施藍色琺瑯釉為地，飾紅、白、黃、紫各色纏枝蓮花環繞瓶體；近足處飾蓮瓣紋。底陰刻雙綫“大明景泰年製”楷書款。

此瓶為藏傳佛教（即喇嘛教）供器，它是明王室信奉喇嘛教並與西藏保持密切關係的反映。

37

## 掐絲琺瑯纏枝花卉紋貫耳瓶

明中期
高11.5厘米　口徑3厘米　足徑3.6厘米
清宮舊藏

**Cloisonné enamel vase with pierced handles decorated with interlocking floral design**

Middle Ming Dynasty
Height: 11.5cm　Diameter of mouth: 3cm
Diameter of foot: 3.6cm
Qing Court collection

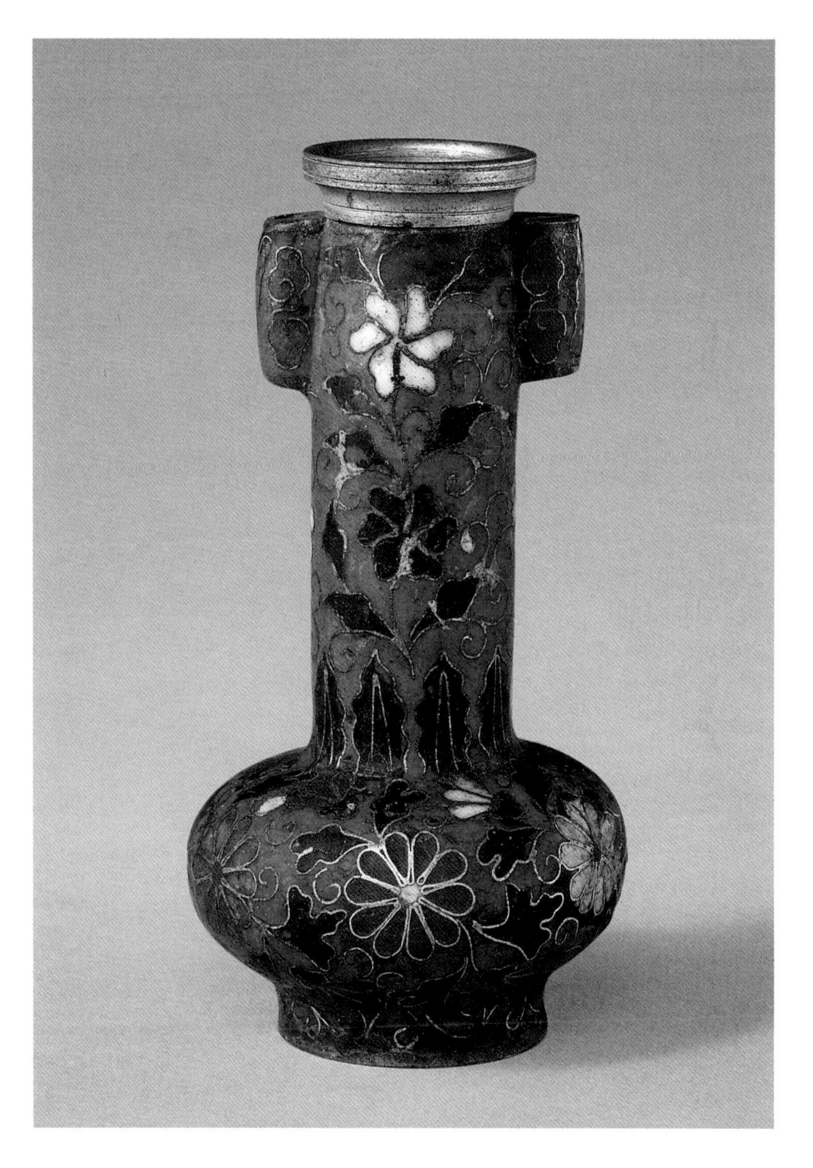

瓶長頸，兩側有貫耳，鼓腹，圈足。通體施淺藍色琺瑯釉為地，頸部飾彩釉折枝花紋，腹部飾菊花六朵。

此瓶小巧玲瓏，做工精細，釉色明亮，風格近似於明宣德時期。

38

## 掐絲琺瑯纏枝菊花紋螭耳直頸瓶

明中期
高14厘米　口徑3.9厘米　足徑4.6厘米
清宮舊藏

**Cloisonné enamel long-necked vase with hydra-shaped ears decorated with interlocking chrysanthemum design**

Middle Ming Dynasty
Height: 14cm　Diameter of mouth: 3.9cm
Diameter of foot: 4.6cm
Qing Court collection

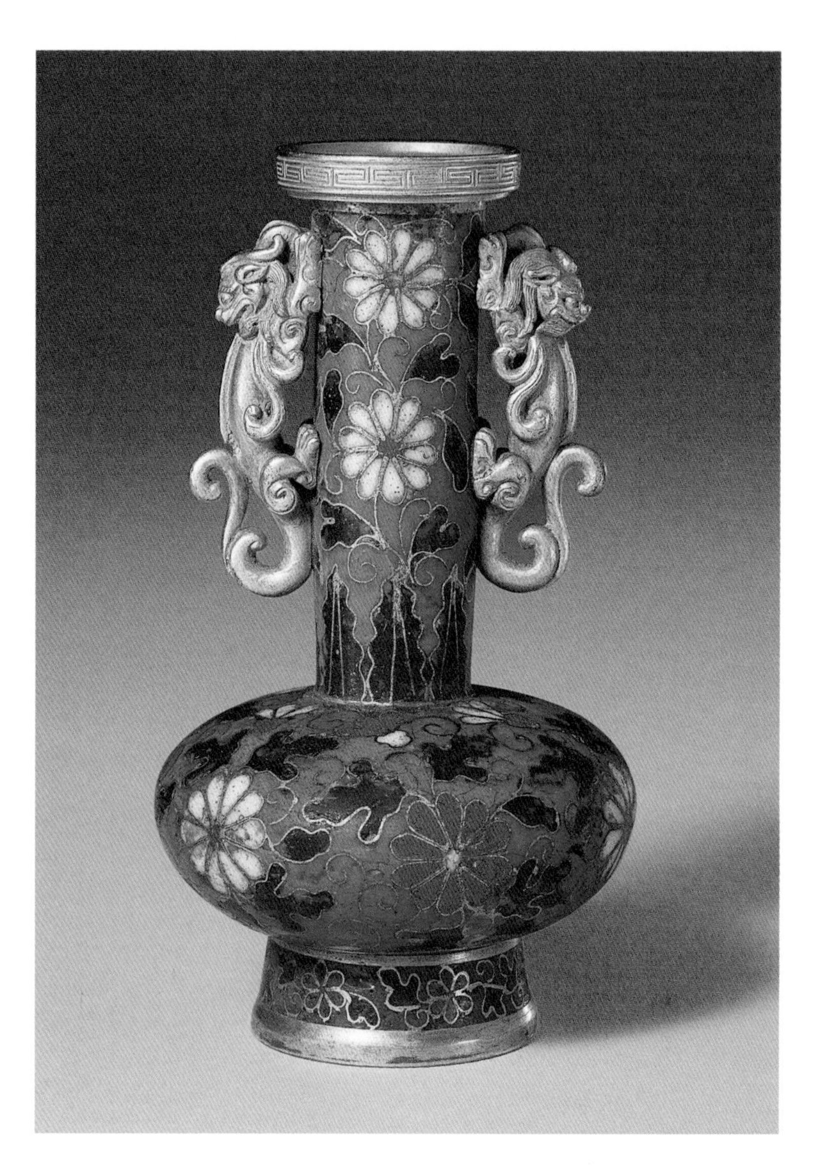

瓶為盤口，直頸，兩側有鍍金雙螭耳，扁圓腹，圈足。通體施藍色琺瑯釉為地，上飾菊花紋。底鐫剔地陽文“大明景泰年製”楷書款。

此瓶掐絲細而均勻，鍍金光亮，釉色晶瑩溫潤。器口，雙耳，底足及款識均為後配。

39

**掐絲琺瑯八獅紋三環尊**
明中期
高28.6厘米　口徑21.2厘米　足距17.5厘米
清宮舊藏

**Cloisonné enamel jar with three rings decorated with design of eight lions**
Middle Ming Dynasty
Height: 28.6cm　Diameter of mouth: 21.2cm
Spacing between feet: 17.5cm
Qing Court collection

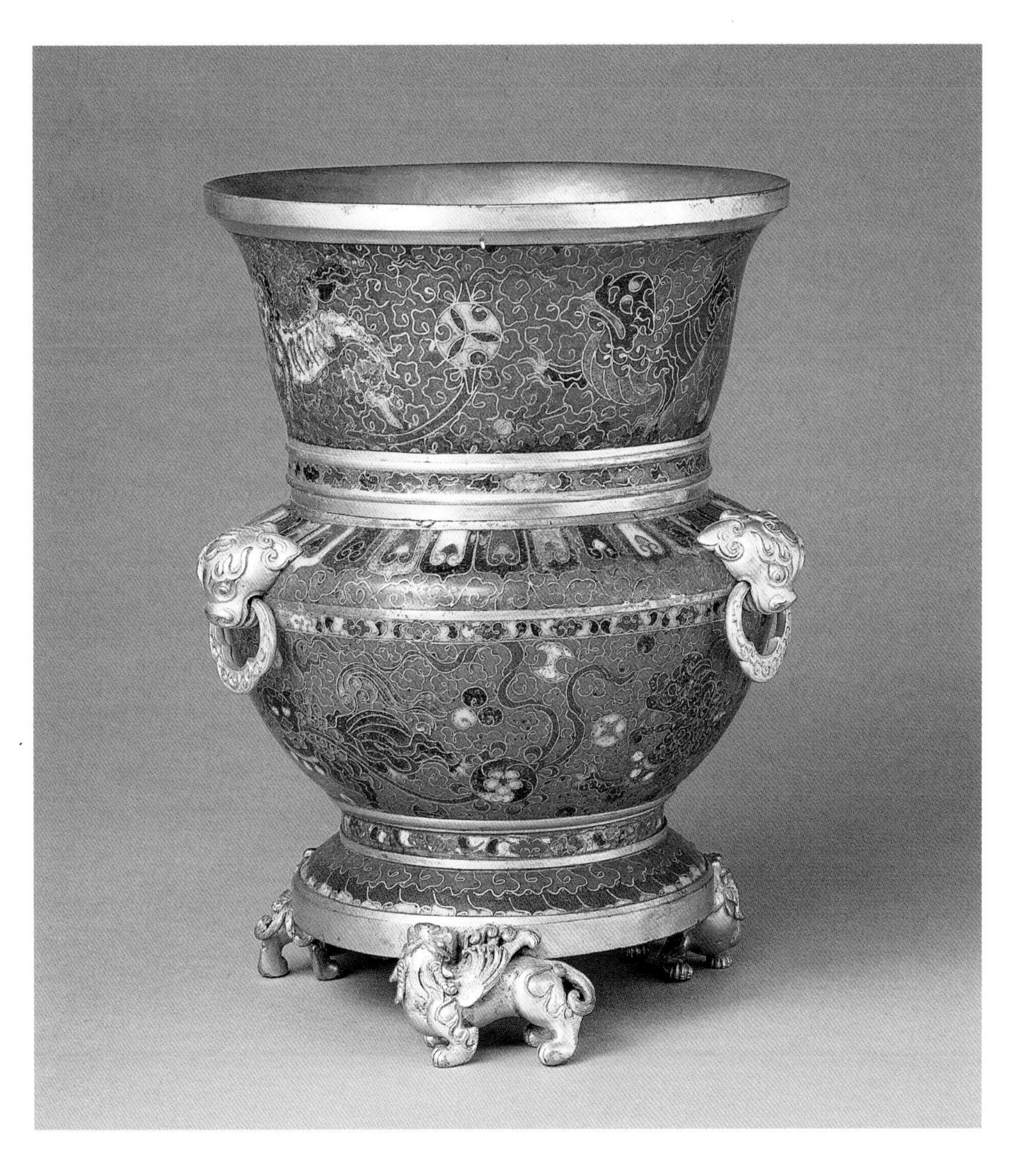

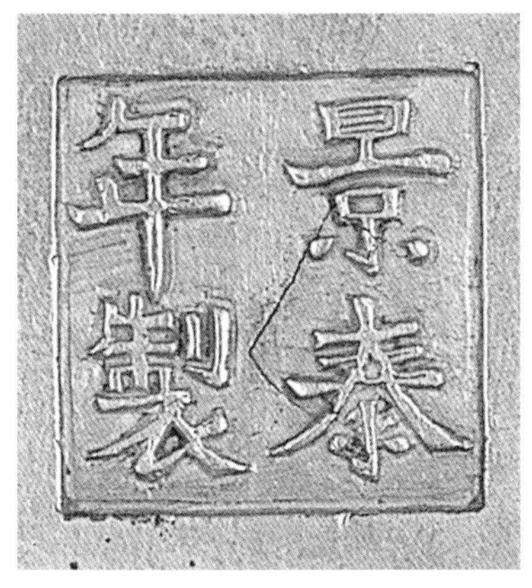


尊廣口，肩部嵌銅鍍金三獸首啣環，圈足下承銅鍍金三翼獸。通體施藍色琺瑯釉為地，頸、腹部各飾四隻彩獅戲球，其間綴以雜寶、雲紋；彩獅口叼飄帶追戲滾球，形象活潑傳神。肩部及足牆飾蓮瓣紋及流雲紋。底鐫剔地陽文“景泰年製”楷書款。

此尊經後改裝拼配而成，拼接處焊接痕跡明顯，上為原器，下為碗，加足扣合而成，故上下釉色差別明顯，底款也為後加。

此器曾被末代皇帝溥儀攜出宮外，並抵押於天津鹽業銀行，後收回故宮。

40

## 掐絲琺瑯雲鶴紋蟠螭耳爐

明中期
高10厘米　口徑11.2厘米　足距8厘米
清宮舊藏

**Cloisonné enamel incense burner with interlaced-hydra-shaped ears decorated with crane and cloud design**

Middle Ming Dynasty
Height: 10cm　Diameter of mouth: 11.2cm
Spacing between feet: 8cm
Qing Court collection

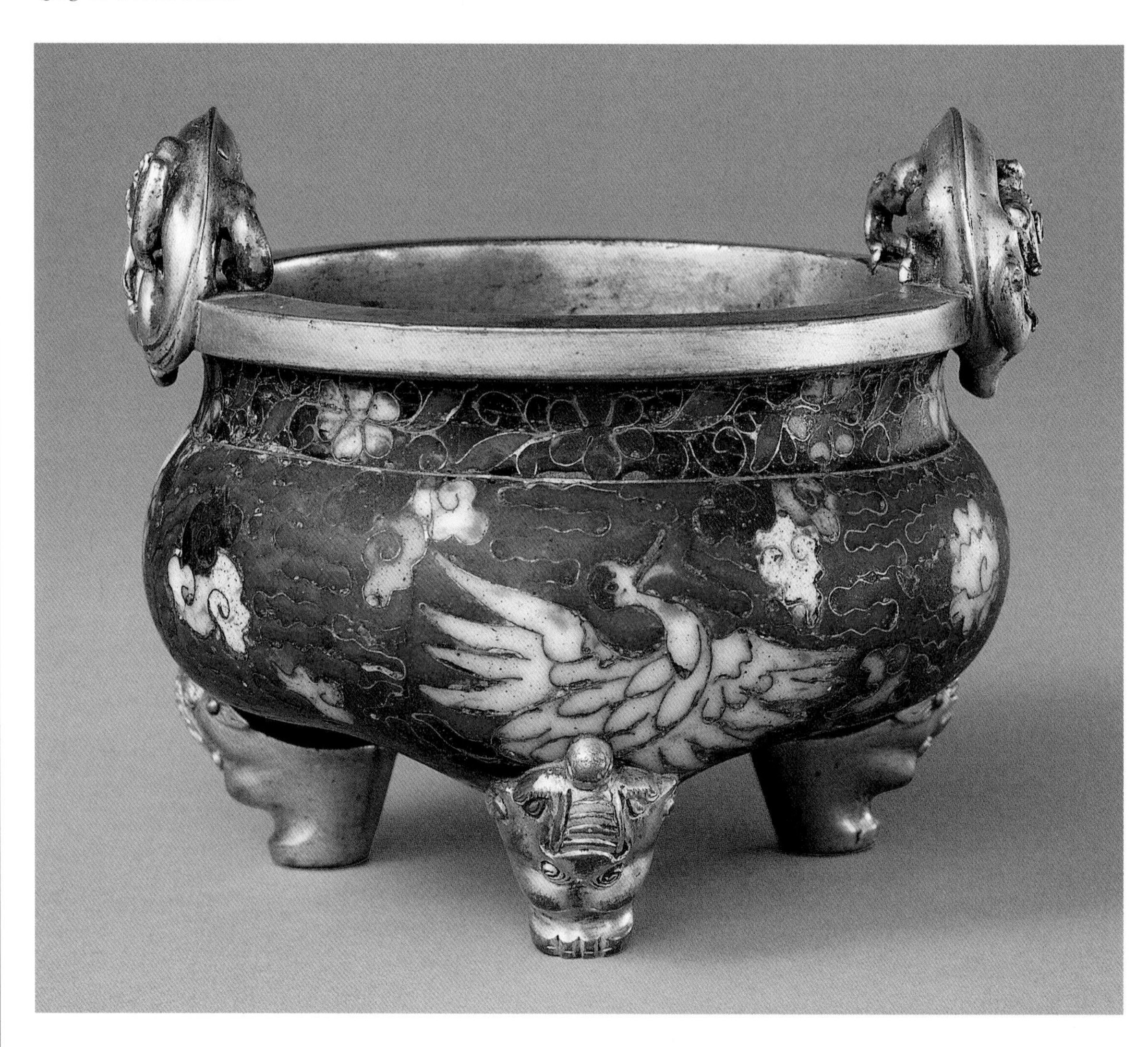

爐銅鍍金，折邊口，兩側飾銅鍍金蟠螭耳，扁圓腹，下承三鍍金象首足。通體施翠藍色琺瑯釉為地，飾三隻雪白的仙鶴翱翔於雲海之中，綫條簡練，粗獷奔放。頸及底部飾各色六瓣形花卉，底心為菊花紋。

此器釉色明透，尤以翠藍色玻璃質感較強，前所未見。

41

## 掐絲琺瑯獅戲紋三足爐

明中期

高17.7厘米　口徑14.3厘米　足距11.3厘米

清宮舊藏

**Cloisonné enamel three-legged incense burner with design of lions at play**

Middle Ming Dynasty

Height: 17.7cm　Diameter of mouth: 14.3cm

Spacing between feet: 11.3cm

Qing Court collection

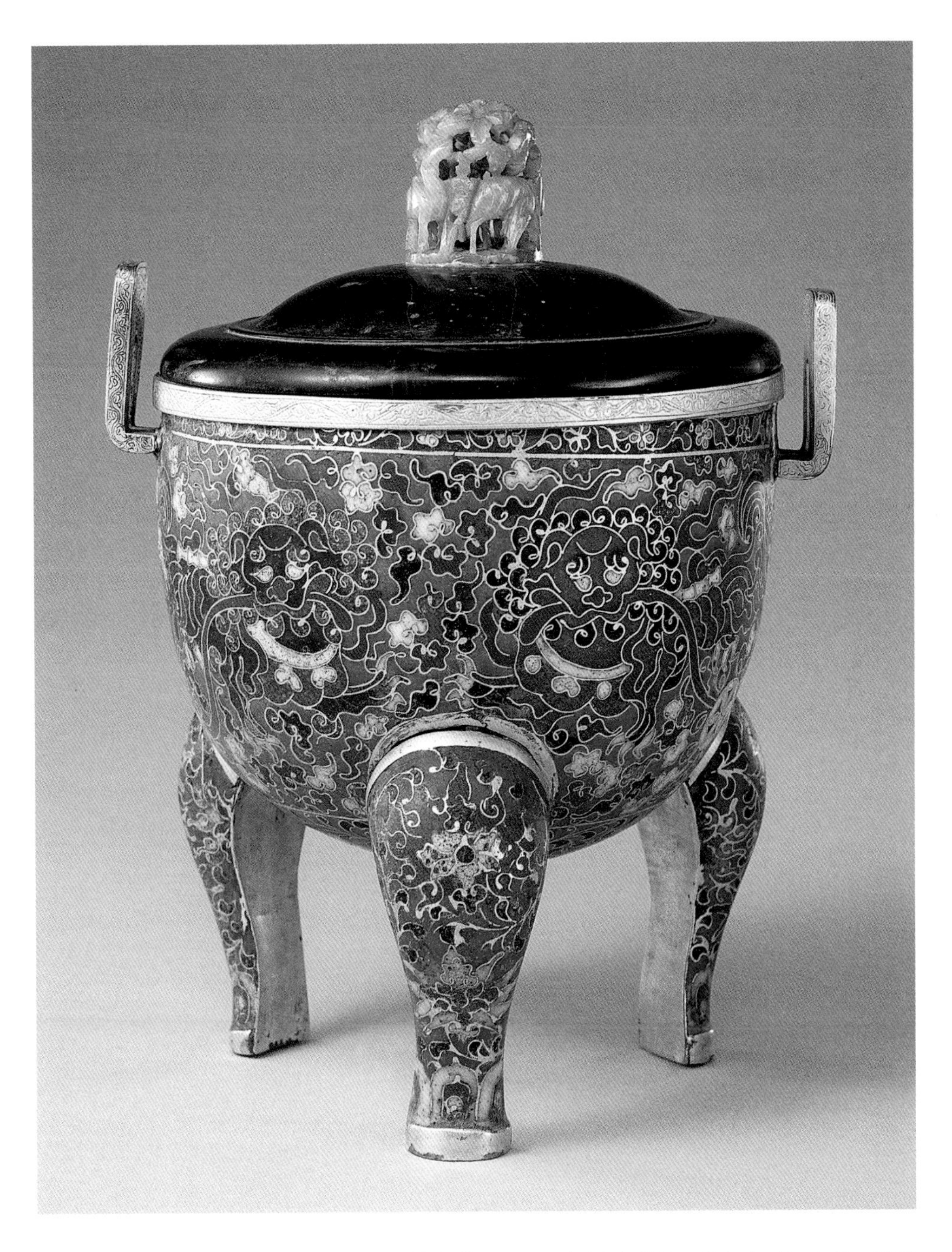

爐為鼎式，直口，鍍金雙立耳，三個馬蹄形足，爐上有玉鈕木蓋。通體施藍色琺瑯釉為地，腹部飾三獅戲球，底飾三朵纏枝蓮花。

此爐所飾獅子形象生動，活潑可愛，色彩斑斕，進一步豐富了琺瑯器的裝飾技巧。

## 42

**掐絲琺瑯應龍紋三足爐**
明中期
高13.3厘米　口徑12.4厘米　足距9.5厘米
清宮舊藏

**Cloisonné enamel three-legged incense burner with dragon design**
Middle Ming Dynasty
Height: 13.3cm　Diameter of mouth: 12.4cm
Spacing between feet: 9.5cm
Qing Court collection

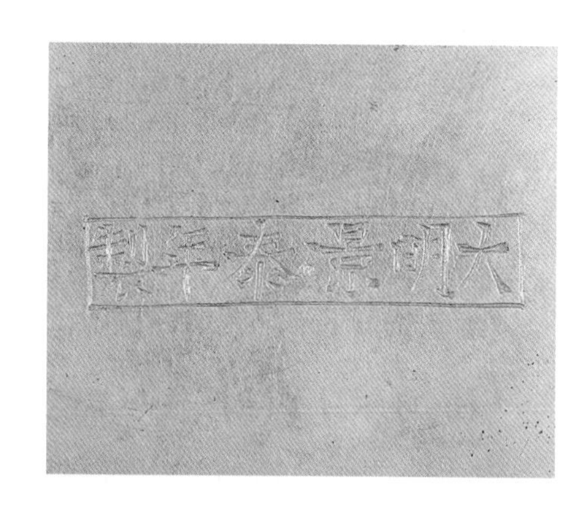


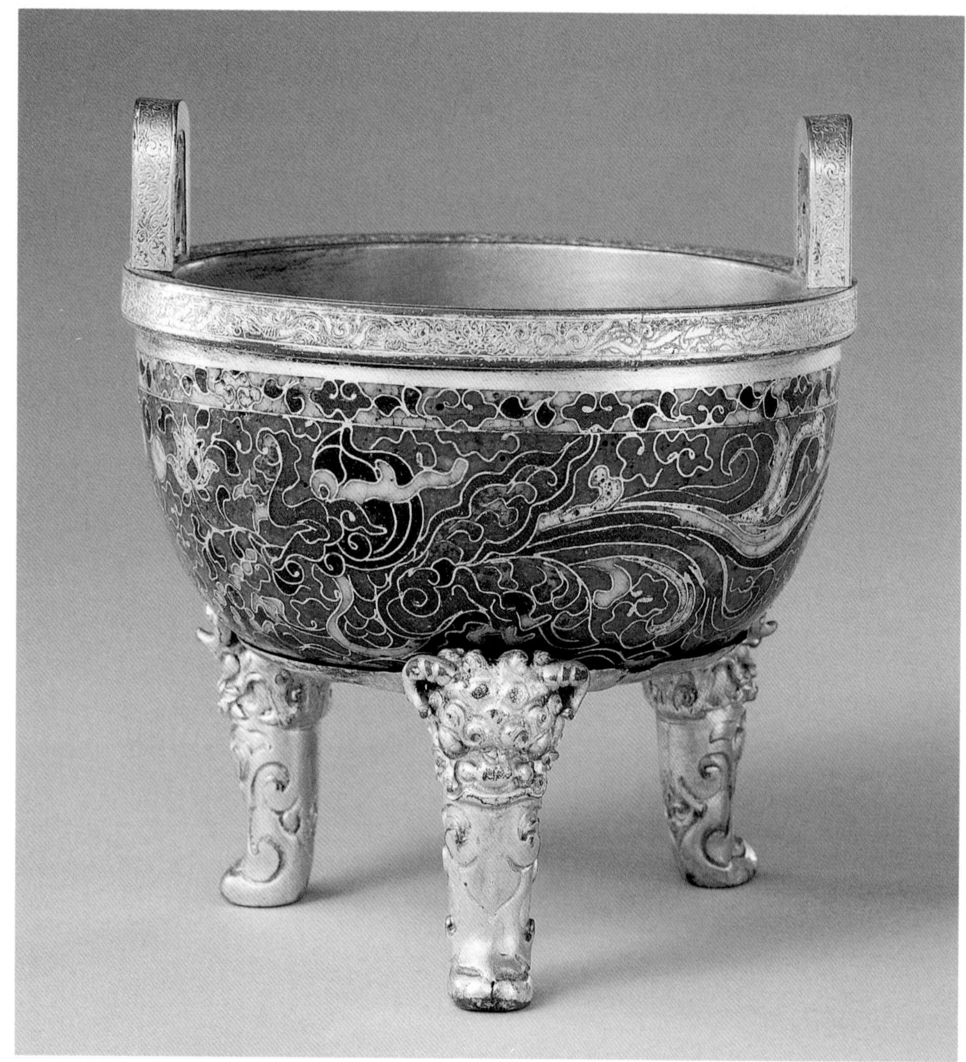

爐為鼎式，圓腹，銅鍍金雙立耳，三個獸首吞柱足。通體施藍色琺瑯釉為地，腹部飾兩條應龍，龍有雙翅，捲草尾，長吻，口中啣花。爐內及底銅鍍金，底長方框內鏨陰文橫書“大明景泰年製”楷書款。

捲草尾的應龍紋在明代琺瑯器中常作為裝飾圖案。此爐的耳、膽、足、底、款識為後加。

43

## 掐絲琺瑯纏枝蓮紋三足爐

明中期
高24.8厘米　口徑20.8厘米　足距16.5厘米
清宮舊藏

**Cloisonné enamel three-legged incense burner with design of interlocking sprays of lotus**

Middle Ming Dynasty
Height: 24.8cm　Diameter of mouth: 20.8cm
Spacing between feet: 16.5cm
Qing Court collection

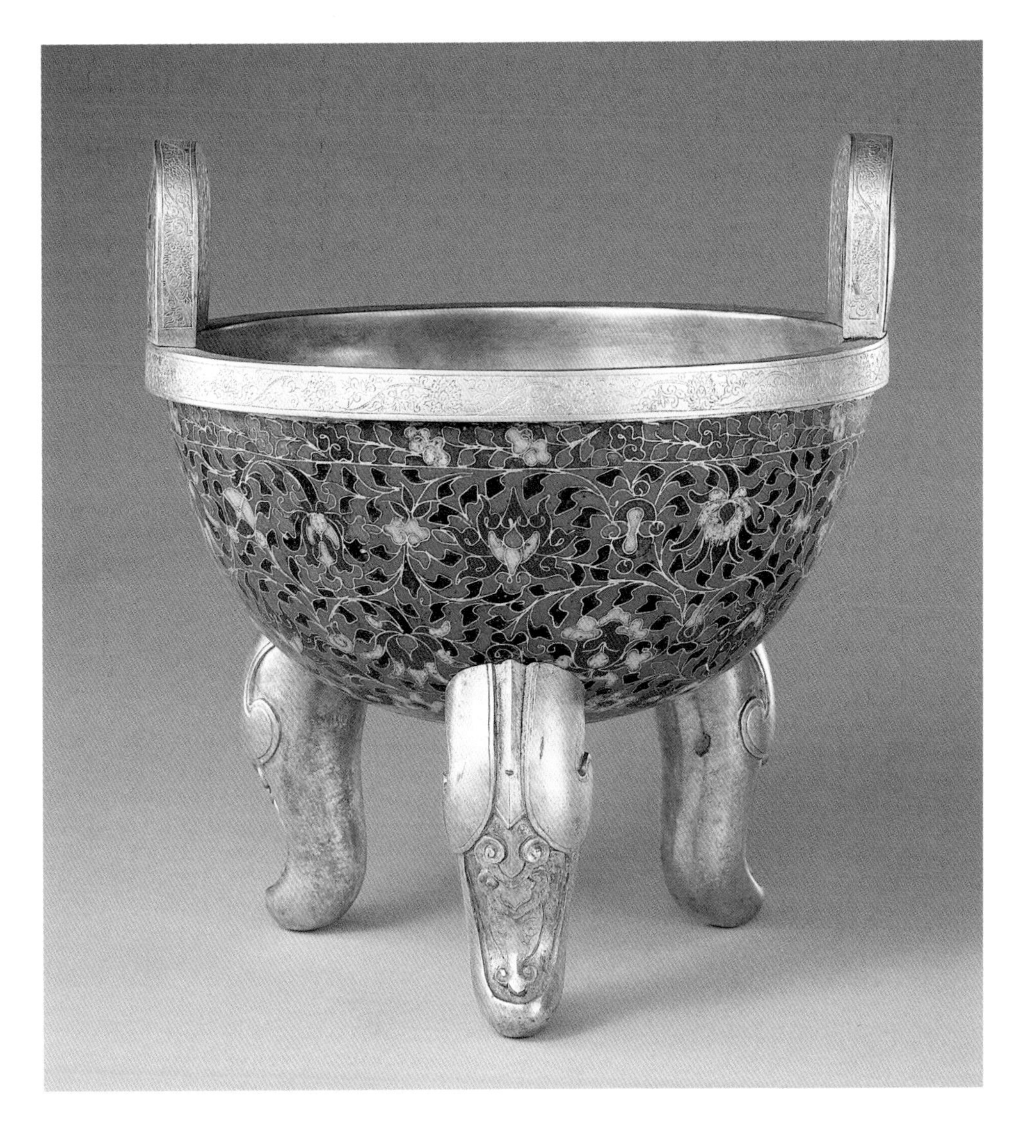

爐為鼎式，直口，釜式腹，鍍金雙立耳，三個如意雲頭紋足。腹部施藍色琺瑯釉為地，飾上下二組俯仰纏枝蓮花，每兩朵花之間飾雜寶紋，有方勝、珊瑚、葫蘆、犀角、銀錠等。底飾折枝勾蓮花一朵。

此爐造型穩重，足部裝飾簡潔大方，只浮雕出如意雲頭，不施彩釉。掐絲精細，釉色豐富，蓮花和雜寶紋含有“連連進寶”的吉祥之意。

44

## 掐絲琺瑯花蝶紋香筒

明中期

通高21.4厘米　口徑16厘米

**Cloisonné enamel incense holder with design of butterflies and flowers**

Middle Ming Dynasty

Overall height: 21.4cm　Diameter of mouth: 16cm

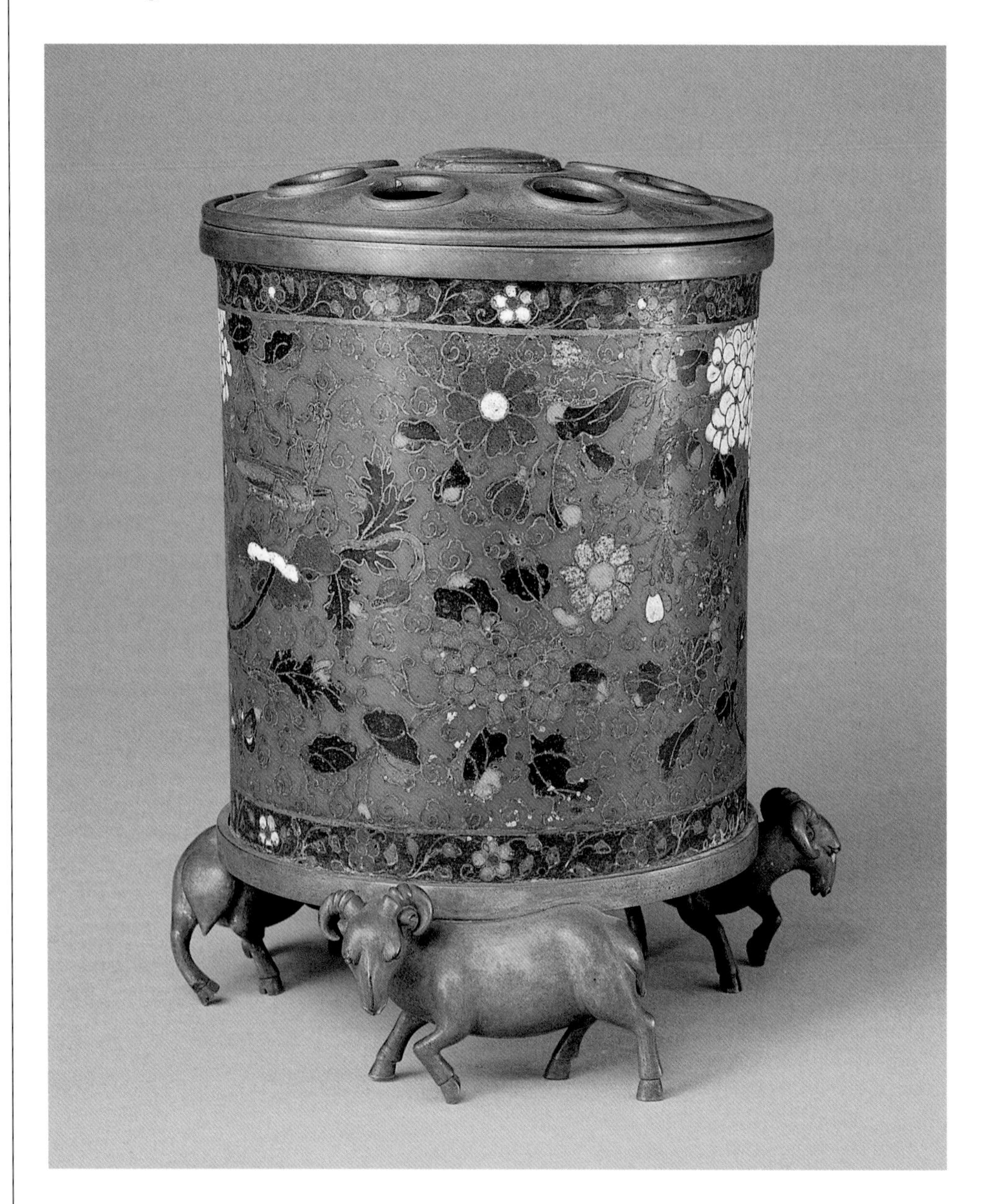

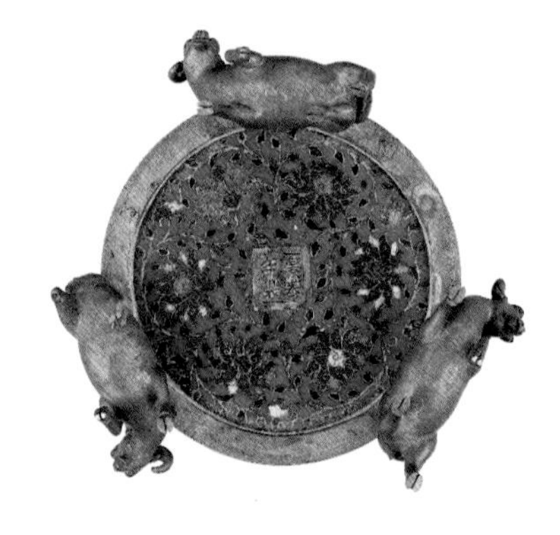

香筒樽式，三羊足，筒上有蓋。蓋面鏤七個圓孔，中心凸飾太極圖，四周陰刻雲紋、蝙蝠紋。筒外壁施深藍色琺瑯釉為地，用紅、藍、白、墨綠、姜黃等色釉繪製出一幅通景《花蝶圖》，有玲瓏剔透的太湖石、枝茂葉盛的菊花、繡球花，飛舞的蝴蝶，還有螳螂、蜜蜂、蜻蜓等昆蟲，構成一幅生動有趣的畫面。三隻古銅色羊承駄香筒。底有纏枝勾蓮花六朵，鏨剔地陽文"景泰年製"楷書款。

此器紋飾近乎寫實，同早期那種大花朵圖案的風格迥異，淺藍色釉略顯青灰，釉表多細小砂眼，口及足均為銅質本色，這些特徵有別於早期或此後掐絲琺瑯的特點。根據款識或可認為是景泰年製的。

45

## 掐絲琺瑯獅龍紋碗

明中期

高9.7厘米　口徑22厘米　足徑9厘米

清宮舊藏

**Cloisonné enamel bowl with design of dragon and lions**

Middle Ming Dynasty

Height: 9.7cm　Diameter of mouth: 22cm

Diameter of foot: 9cm

Qing Court collection

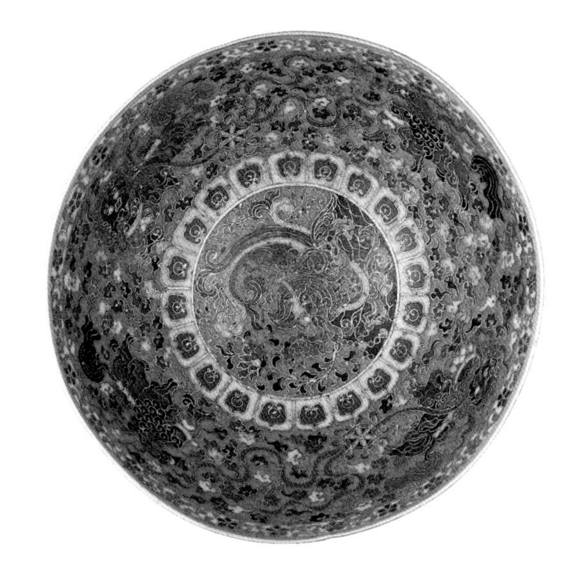

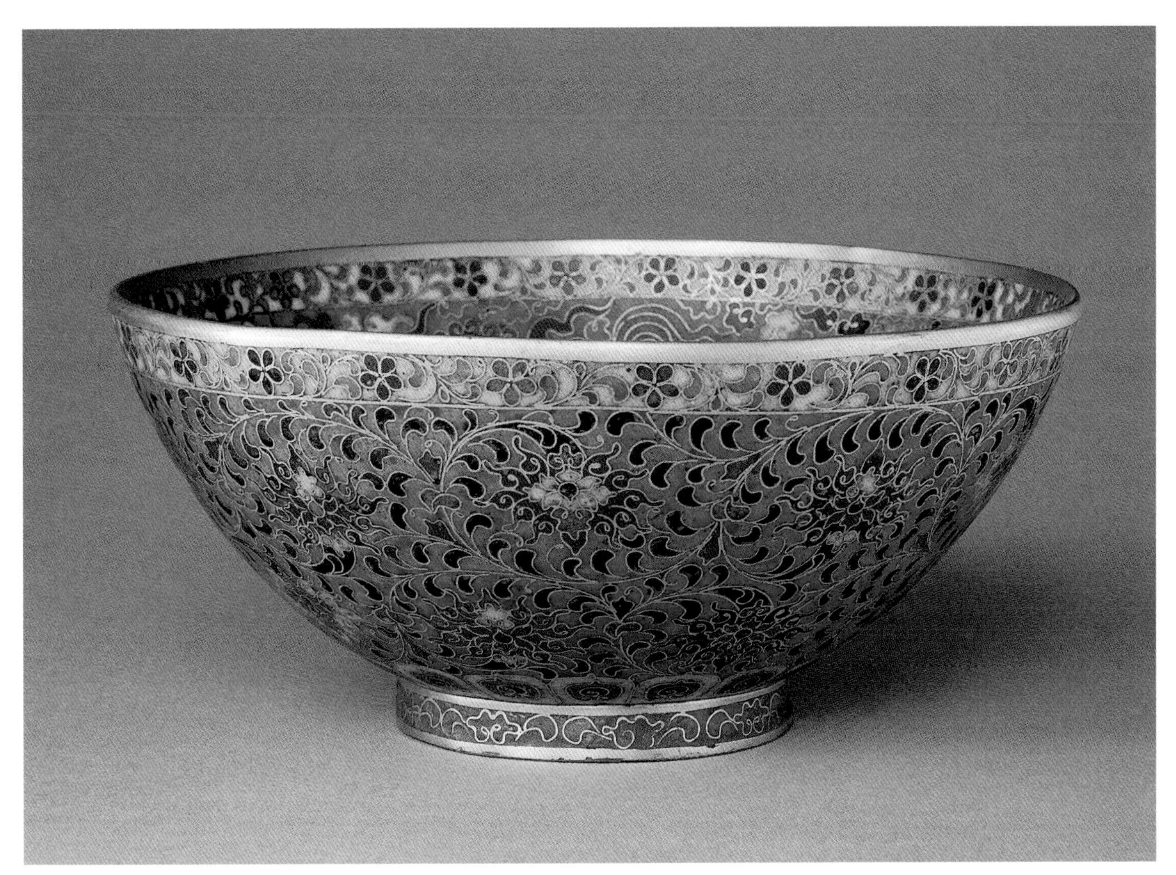

碗敞口，削腹，圈足。碗內外均施藍色琺瑯釉為地，碗內心飾團花式應龍啣花，圓形開光外環以蓮瓣紋，內壁飾四獅戲球及勾雲紋。碗外壁飾纏枝俯仰勾蓮紋。底鍍金，光素無款。

此碗所飾龍紋、獅紋形象生動，勾蓮紋錯落有致，色彩和諧，是明中期較有代表性的作品。

## 46

### 掐絲琺瑯龍鳳紋盤

明嘉靖

高5.1厘米　口徑24.2厘米　足徑16厘米

**Cloisonné enamel plate with dragon and phoenix design**

Jiajing period, Ming Dynasty

Height: 5.1cm　Diameter of mouth: 24.2cm

Diameter of foot: 16cm

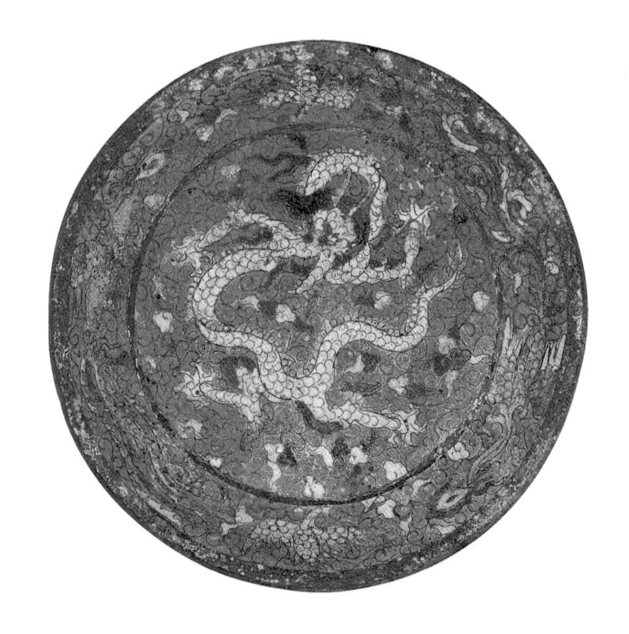

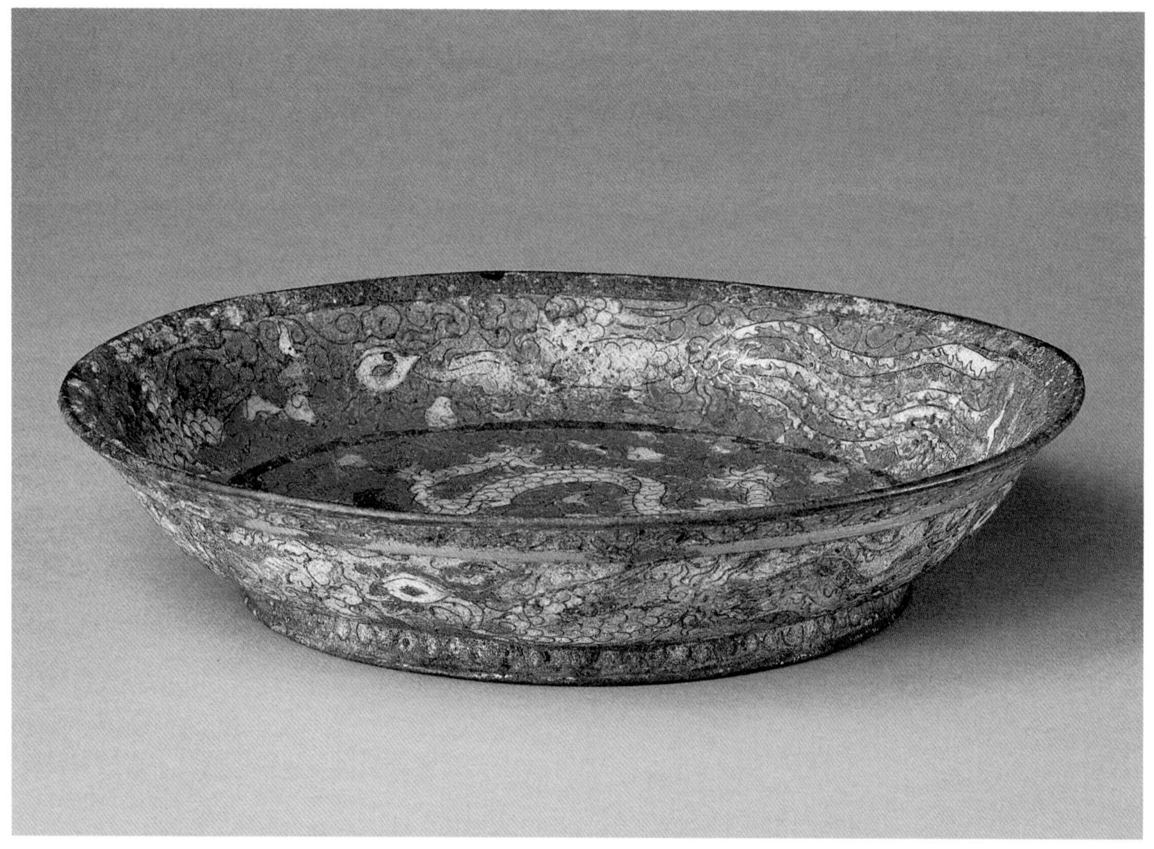

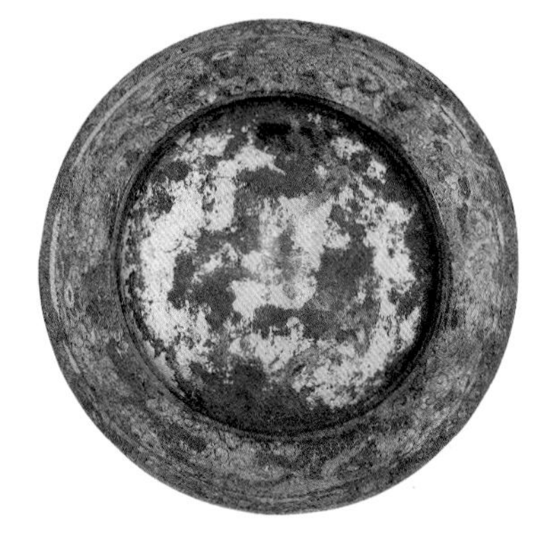

盤鍍金，撇口、圈足。盤內外均施藍色琺瑯釉為地，盤心飾黃色騰龍及朵雲，盤內壁飾鳳、凰及仙鶴展翅飛翔。底鏨陰文填金“大明嘉靖年製”款，字體不甚考究。

此盤原出土資料不詳。大部分釉色、金色已被腐蝕，能夠辨別出的琺瑯釉色有紅、黃、白、藍、綠。儘管琺瑯釉已失去了溫潤的光澤，但此盤是國內唯一一件有明確嘉靖款的金屬琺瑯標準器，彌足珍貴。

47

## 掐絲琺瑯雙龍戲珠紋花口盤

明萬曆

高8厘米　口徑51.8厘米　足徑31.8厘米

清宮舊藏

**Cloisonné enamel plate with flower-petal mouth decorated with design of two dragons playing with a pearl**

Wanli period, Ming Dynasty

Height: 8cm　Diameter of mouth: 51.8cm

Diameter of foot: 31.8cm

Qing Court collection

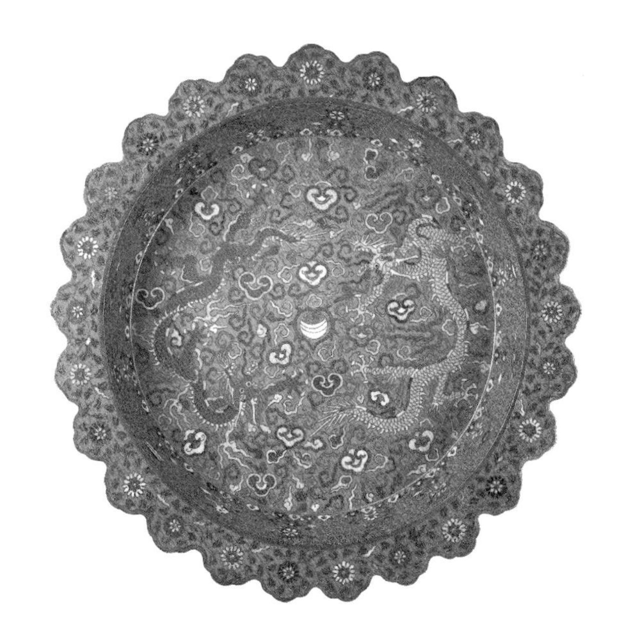

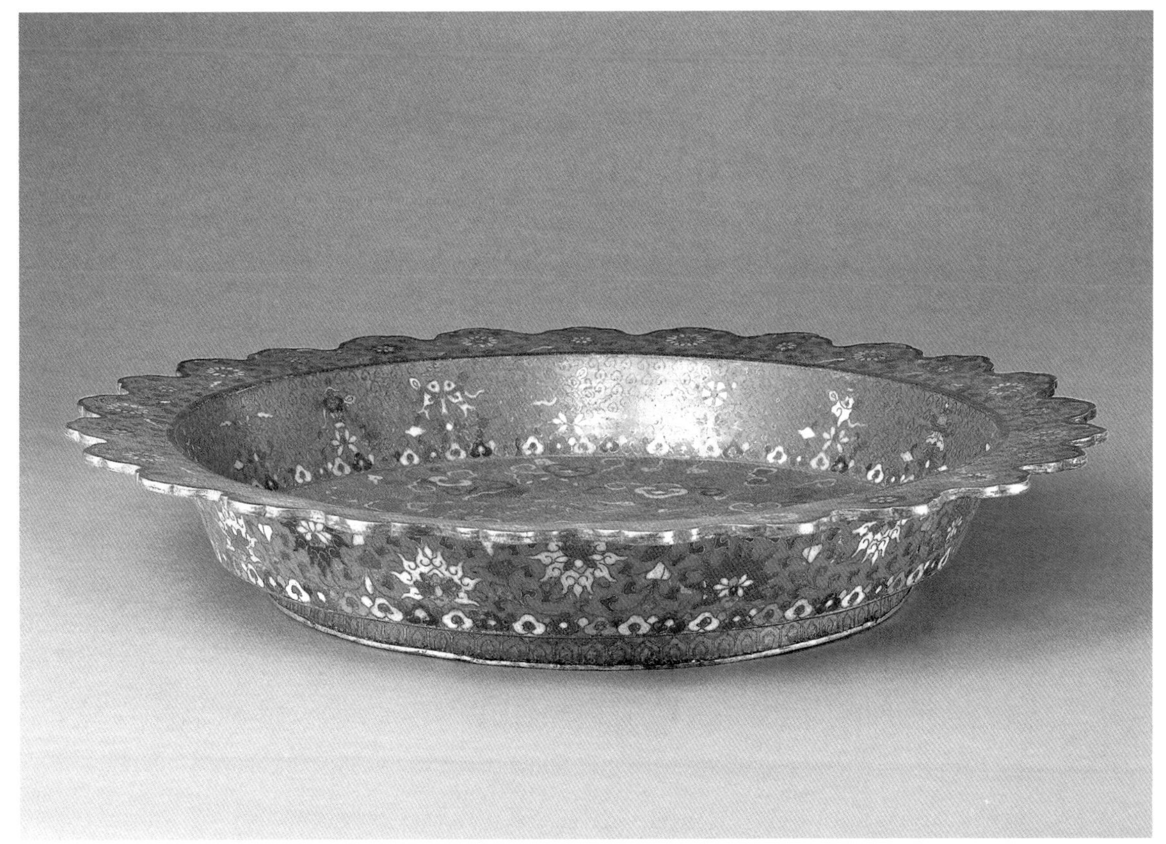

盤花口，折邊，圈足。盤內外均施藍色琺瑯釉為地，盤心飾雙龍戲珠，紅龍與黃龍張牙舞爪，飛騰追逐，兩龍之間有一顆火燄寶珠，四周環繞五彩如意祥雲。盤內壁飾兩組藏傳佛教八寶紋，盤外壁飾俯仰纏枝勾蓮紋。底飾六朵纏枝勾蓮紋，中間嵌有長方形銅鍍金片，其上陰刻雙綫“大明景泰年造”楷書款。

此盤器型碩大，掐絲工藝嫻熟，紋飾精美，做工精湛。鍍金片下有原器的萬曆款，景泰款為後加。此盤是萬曆時期最具代表性的器物。

## 48

**掐絲琺瑯纏枝茶花紋盤**

明萬曆

高2.9厘米　口徑23.3厘米　底徑16.2厘米

清宮舊藏

**Cloisonné enamel plate with design of interlocking sprays of camellia**

Wanli period, Ming Dynasty

Height: 2.9cm　Diameter of mouth: 23.3cm

Diameter of bottom: 16.2cm

Qing Court collection

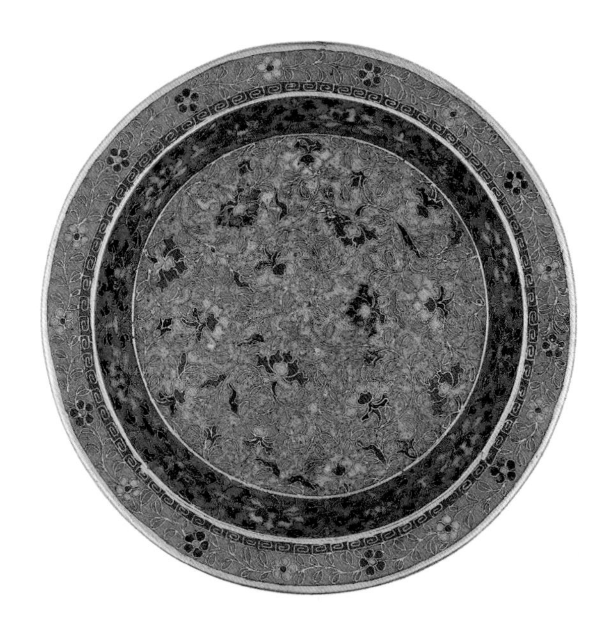

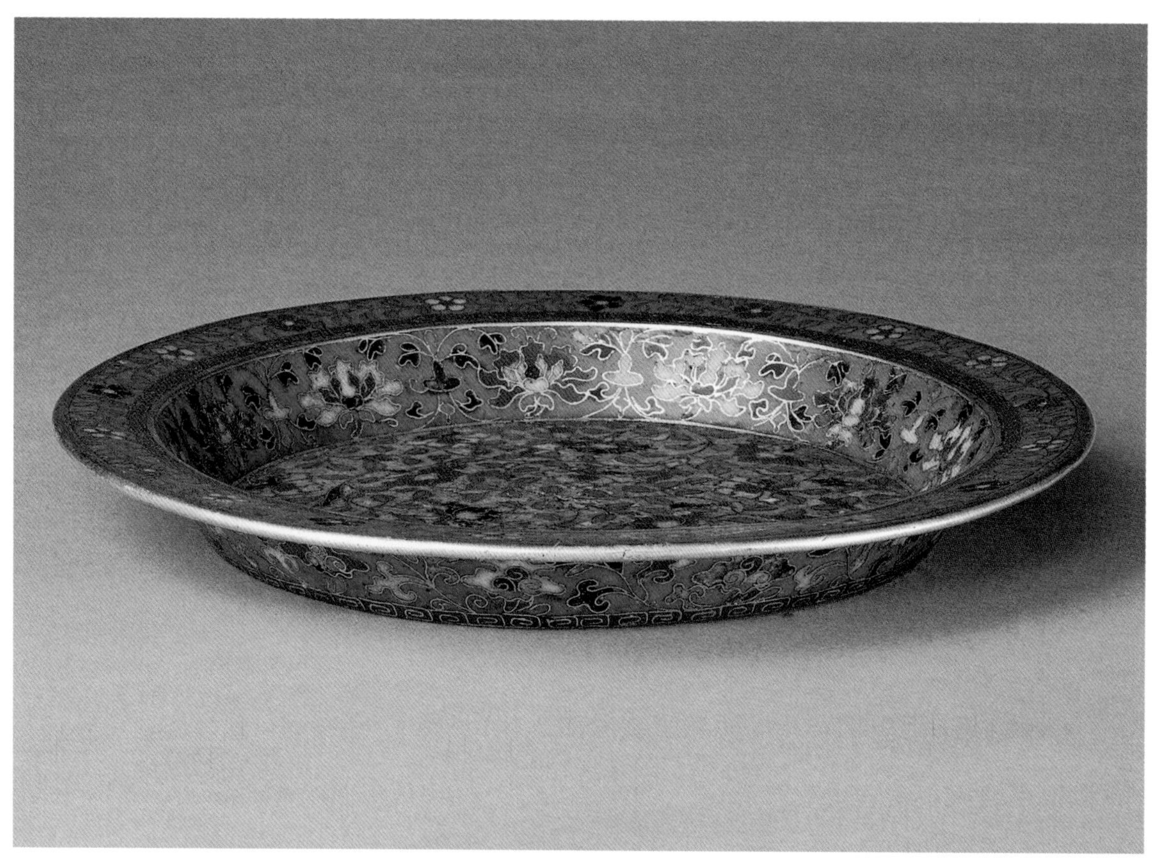

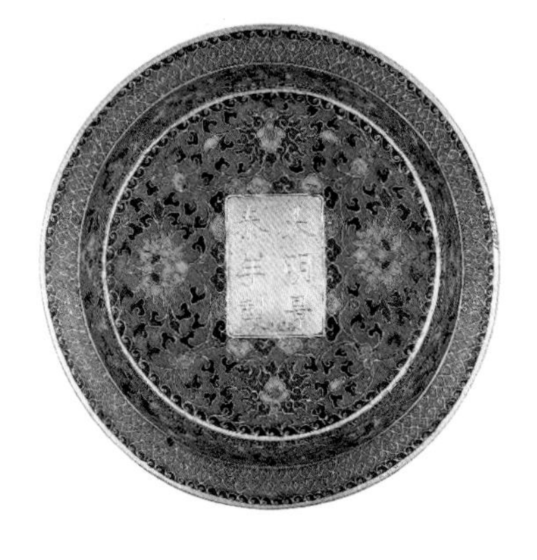

盤折邊口，平底。盤心施淡粉紅色琺瑯釉為地，上滿飾纏枝山茶花；盤內壁及折邊施天藍色釉，飾花卉紋。外壁天藍色釉地上飾掐絲如意雲頭紋。底飾纏枝蓮紋，正中為如意雲頭紋圍成長方形邊欄，內嵌銅鍍金片，其上鏨陰文"大明景泰年製"楷書款。

此器紋飾縝密，掐絲纖細。在如意雲頭紋欄內刻款為萬曆時期掐絲琺瑯的明顯特徵，被挖掉的原款應是綠地掐絲填紅釉"大明萬曆年造"款，景泰款係為後人改刻。

49

## 掐絲琺瑯八寶紋長方熏爐

明萬曆
高8.1厘米　邊長26.8/14.4厘米
清宮舊藏

**Cloisonné enamel rectangular censer with design of the Eight Buddhist Emblems**

Wanli period, Ming Dynasty
Height: 8.1cm
Length of brim: 26.8 / 14.4cm
Qing Court collection

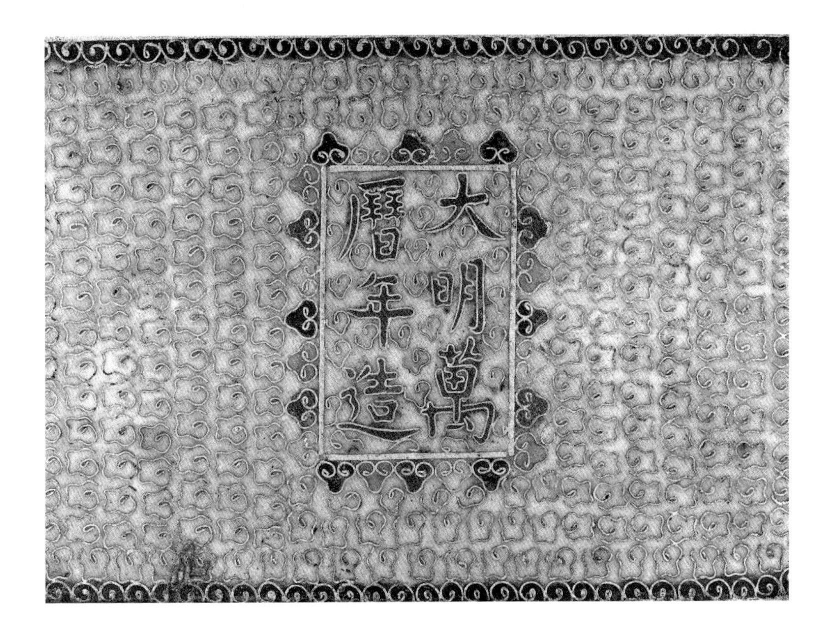


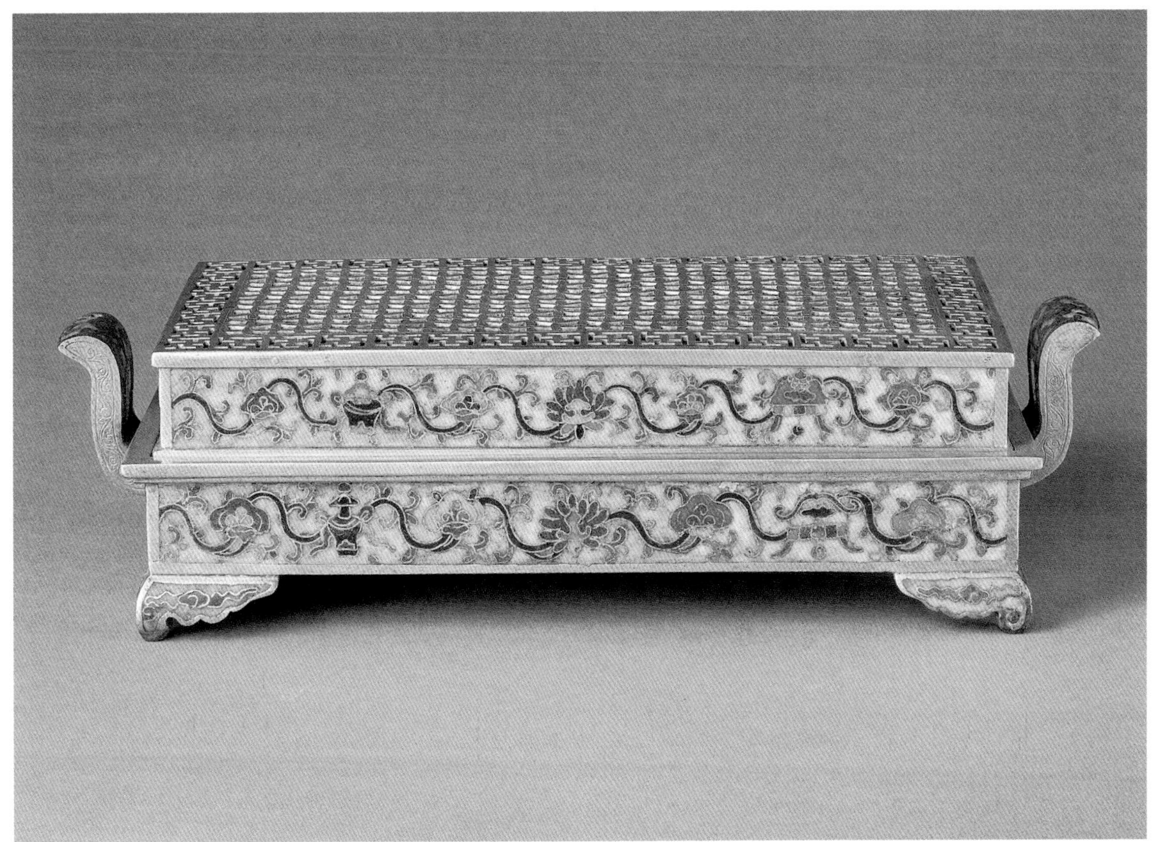

熏爐為長方形，雙朝天耳，四雲頭足。蓋面為鏤空鍍金繡球錦紋，四邊為“卍”字錦紋。通體施白色琺瑯釉為地，爐身飾纏枝花卉及各色藏傳佛教八寶紋。底飾掐絲勾雲紋，正中以彩色如意雲頭紋圍出長方欄，內有掐絲填紅釉“大明萬曆年造”楷書款。

此熏爐的形式不多見。款的形式以及爐底裝飾紋樣具有明萬曆時期掐絲琺瑯器的標準款識特徵。

50

## 掐絲琺瑯萬壽如意紋三足爐

明萬曆
高19.5厘米　口徑14.8厘米
清宮舊藏

**Cloisonné enamel three-legged incense burner decorated with character Shou and swastika symbolizing longevity and satisfactory**
Wanli period, Ming Dynasty
Height: 19.5cm　Diameter of mouth: 14.8cm
Qing Court collection

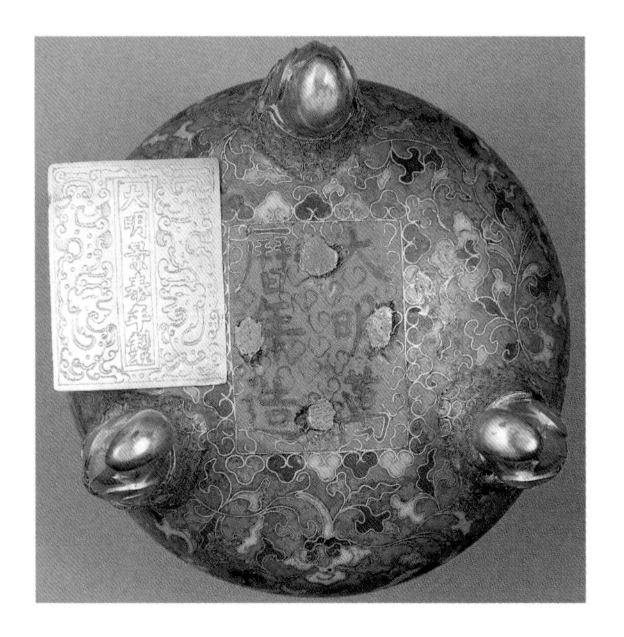


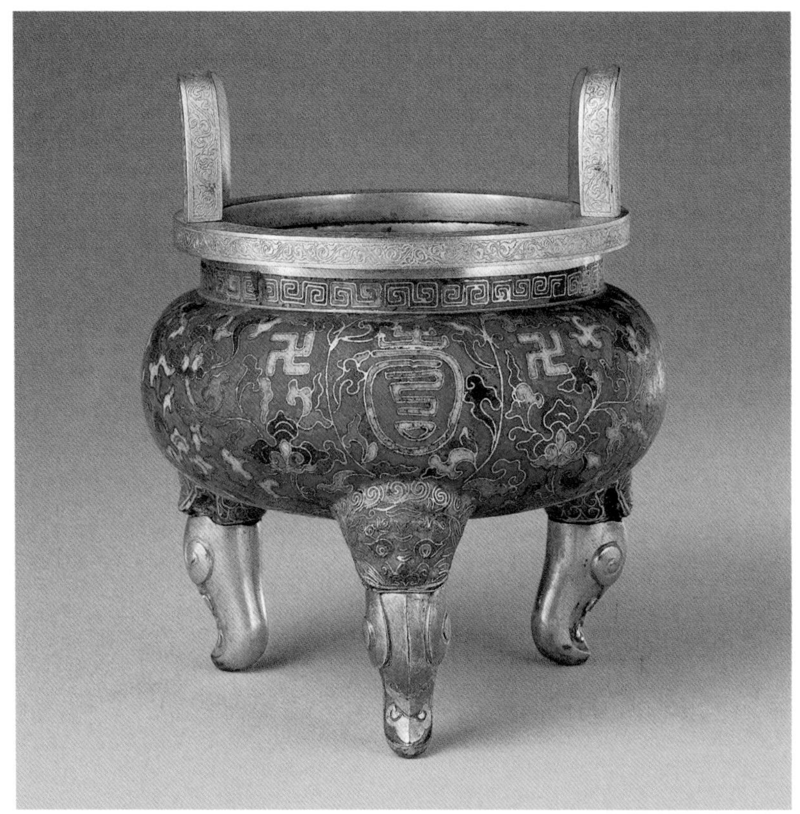

爐為鼎式，鍍金雙立耳，鼓腹，三獸首啣垂雲足。腹部為藍色琺瑯釉地，飾十二朵纏枝靈芝花，間飾團“壽”字，壽字兩側有“卍”字紋，組成“萬壽如意”的吉祥圖案。底有掐絲填紅釉“大明萬曆年造”楷書款。

此爐款識特別值得注意，在萬曆款上原嵌有長方形鍍金片，其大小恰好蓋上萬曆款，在鍍金片上刻有景泰款。由於鍍金片年久脫落，才使我們看到原有的萬曆款，並得以了解後世製作假景泰款的手法。

51

## 掐絲琺瑯雙龍捧壽紋四足爐

明萬曆

通高23.5厘米　長20.3厘米　寬13.8厘米

**Cloisonné enamel incense burner with four legs decorated with two dragons holding a round character Shou (longevity)**

Wanli period, Ming Dynasty

Overall height: 23.5cm　Length: 20.3cm

Width: 13.8cm

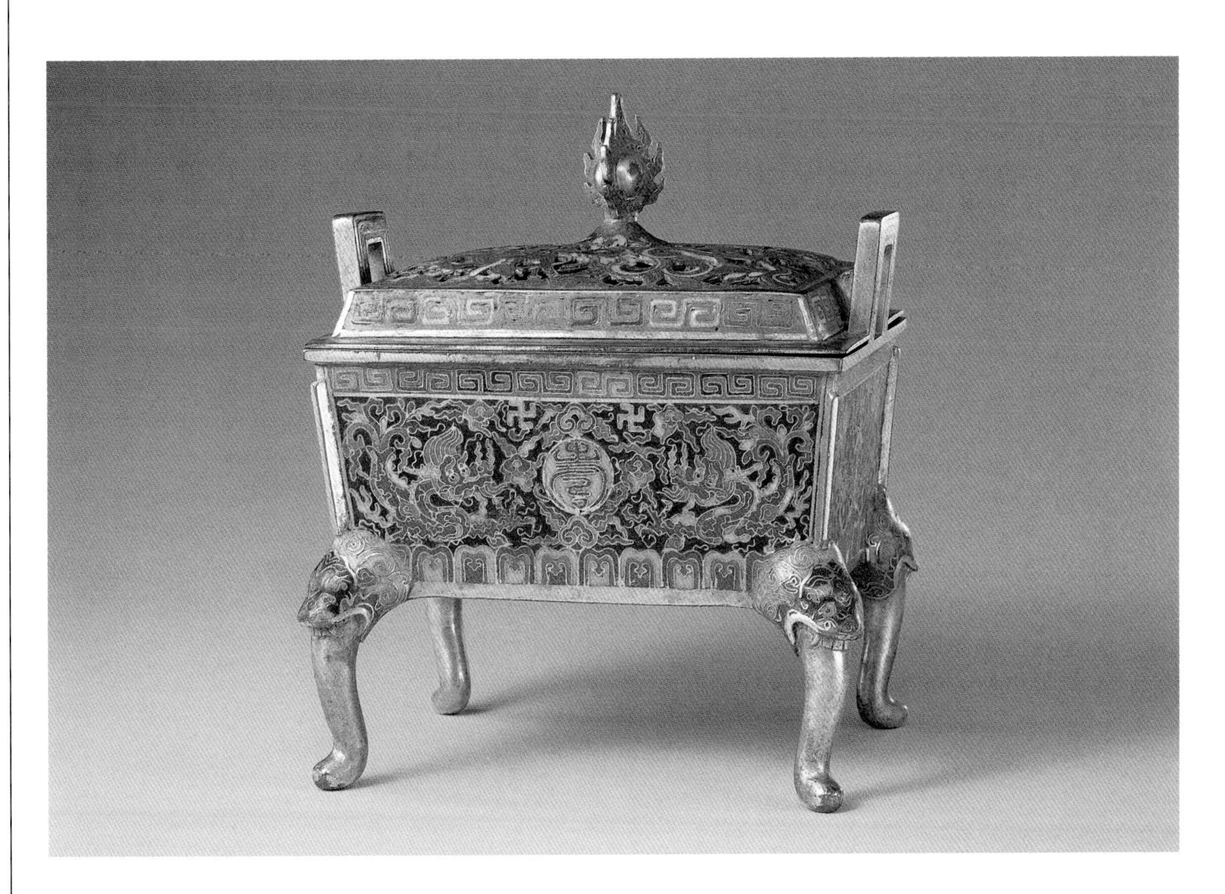

爐為長方形，四角出戟，雙立耳，四個獸首吞柱足。蓋為鏤空掐絲雙龍紋，上有火燄寶珠鈕，組成雙龍戲珠圖案。爐身的長面飾雙龍捧壽，兩條夔龍仰望中間的團“壽”字，兩側有“卍”字及如意雲頭紋，組成“萬壽如意”的吉祥圖案。爐身的寬面飾一隻花瓶，瓶上有“卍”字，瓶中插有戟、磬，瓶的左右各有一條游動的鯰魚，組成“吉慶有餘”的圖案。底有長方形銅鍍金片，其上陰刻雙綫“大明景泰年製”楷書款。

此爐胎骨厚，穩重大方，掐絲細而流暢，紋飾寓意吉祥，夔龍一稱“香草龍”，是明晚期的裝飾特點。款為假款，鍍金片下的真款應是萬曆款。

52

## 掐絲琺瑯菊花紋圓盒

明萬曆
高5.2厘米　口徑12.1厘米　足徑6.9厘米
清宮舊藏

**Cloisonné enamel round box with chrysanthemum design**
Wanli period, Ming Dynasty
Height: 5.2cm　Diameter of mouth: 12.1cm
Diameter of foot: 6.9cm
Qing Court collection

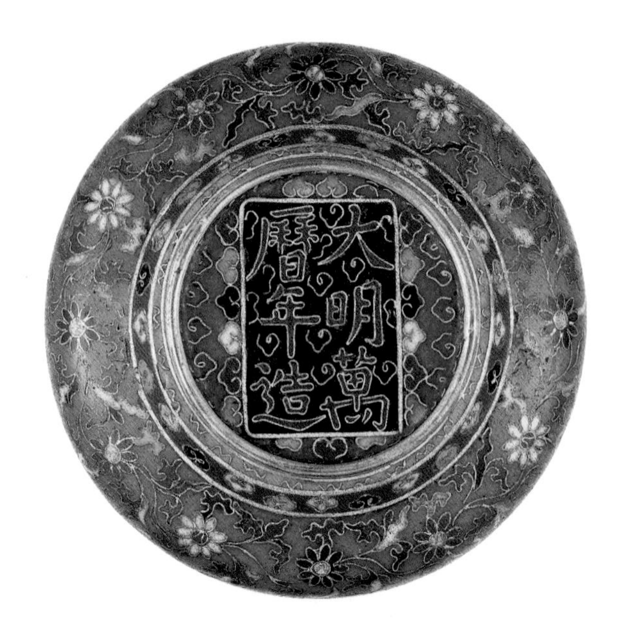


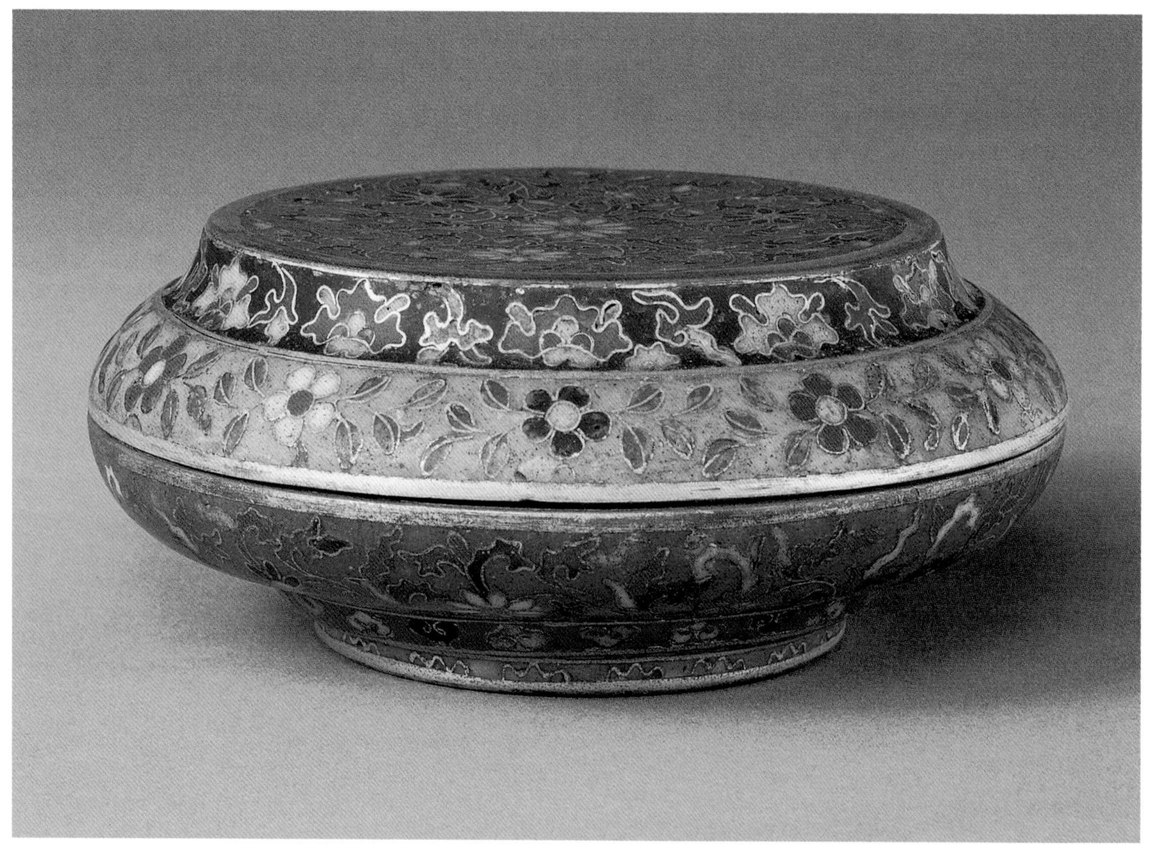

盒為兩盤扣合式，蓋平頂。蓋面施天藍色琺瑯釉地，飾纏枝菊花紋，蓋壁上層施藍色釉、下層施綠色釉為地，分別飾雜寶及折枝花紋。盒身為藍色釉地飾菊花紋，近足處為紅色釉地飾如意雲頭紋。底飾綠色釉勾雲紋，正中鍍金長方框內有掐絲填紅釉“大明萬曆年造”楷書款。

此盒為萬曆時期具有款識的珍貴琺瑯器之一，是斷定萬曆掐絲琺瑯器可參照的標準器。

53

**掐絲琺瑯纏枝靈芝紋圓盒**

明萬曆

高4.7厘米　口徑10.3厘米　足徑10.3厘米

清宮舊藏

**Cloisonné enamel round box with design of interlocking sprays of magic fungus**

Wanli period, Ming Dynasty

Height: 4.7cm　Diameter of mouth: 10.3cm

Diameter of foot: 10.3cm

Qing Court collection

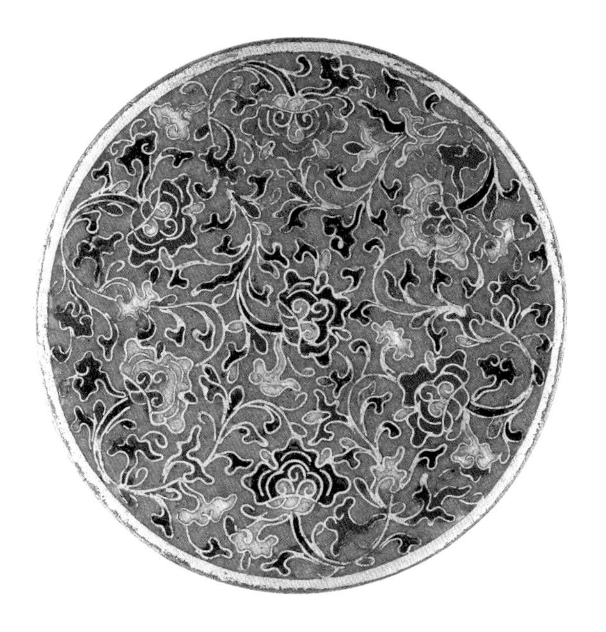

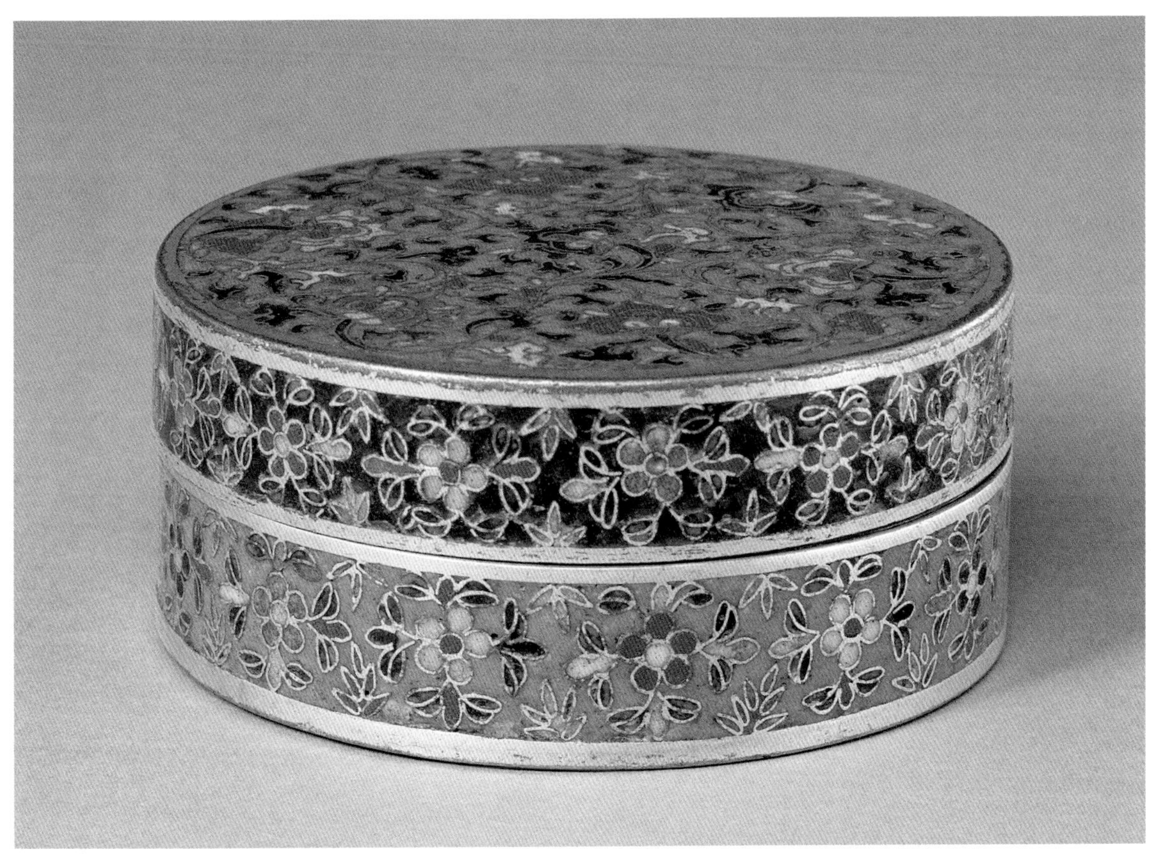

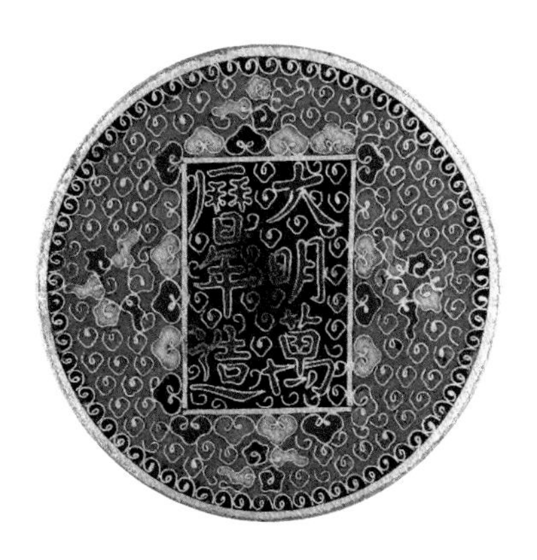


盒直壁，平蓋面，平底。蓋面施藍色琺瑯釉為地，上飾七朵纏枝靈芝，盒壁飾小朵梅花。盒內鍍金。底有掐絲填紅釉“大明萬曆年造”楷書款。

萬曆時期的琺瑯器掐絲活潑，構圖較繁縟，琺瑯釉失透，尤其是款識的處理技術改成掐絲填釉，獨具特色。

54

## 掐絲琺瑯纏枝菊花紋燭台

明萬曆
高10.5厘米　口徑19厘米　足徑11.7厘米
清宮舊藏

**Cloisonné enamel candlestick with design of interlocking sprays of chrysanthemum**

Wanli period, Ming Dynasty
Height: 10.5cm　Diameter of mouth: 19cm
Diameter of foot: 11.7cm
Qing Court collection

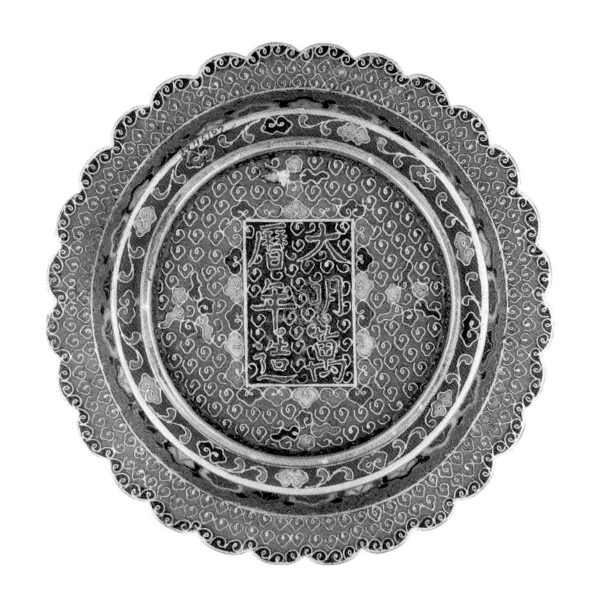


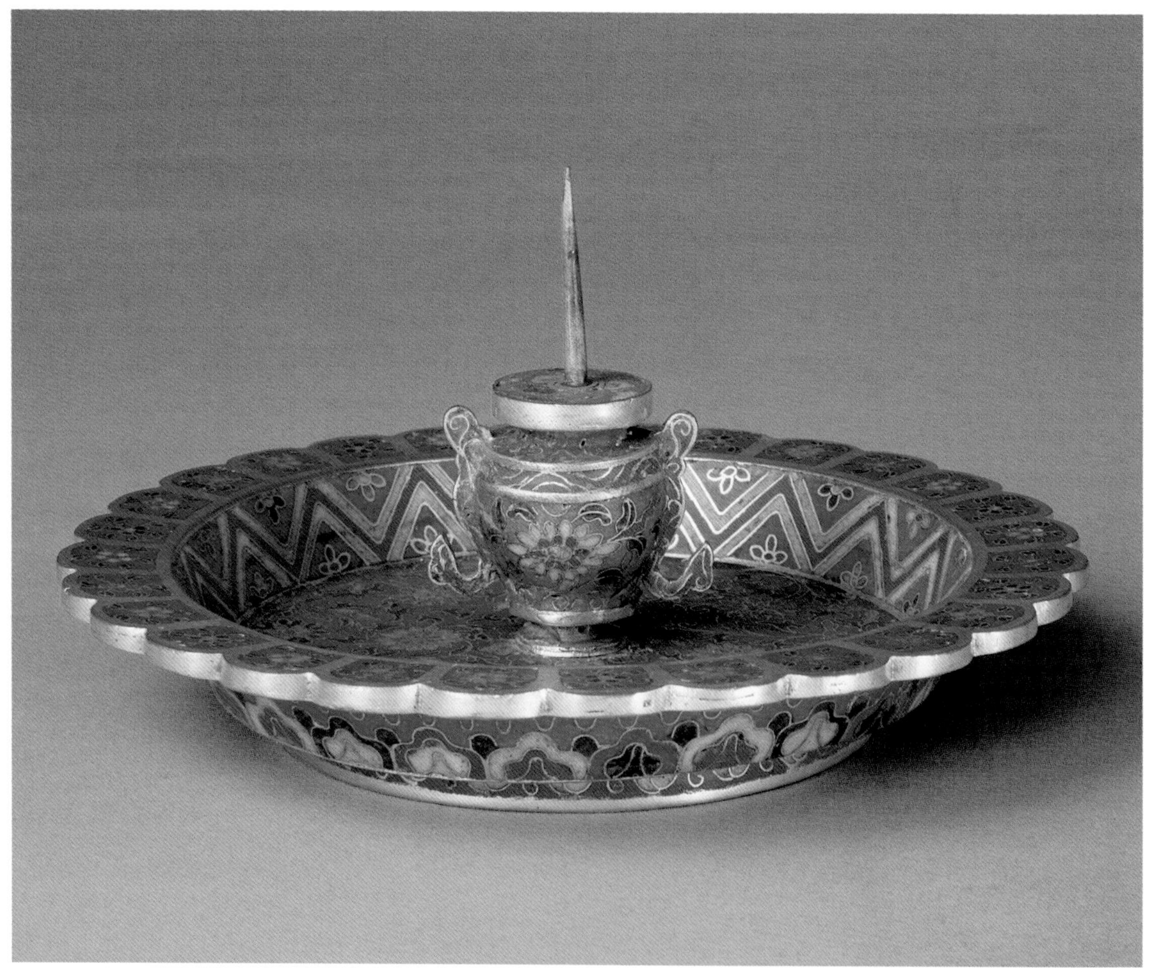

燭台為圓盤形，菊瓣式折邊口，盤中置一寶瓶，中出蠟扦。通體以淺藍色琺瑯釉為地，盤內飾彩釉纏枝菊紋及紅、黃、白色組成的幾何紋，折邊為小朵花卉。外壁和底部掐絲填釉各色雲紋。底綠地長方框內，鏨雙綫填朱紅釉"大明萬曆年造"楷書款。

此器的圖案風格和款識都具有萬曆時期特徵。

55

## 掐絲琺瑯甪端

明萬曆
高36.5厘米
清宮舊藏

**Cloisonné enamel Lu Duan (unicorn)**

Wanli period, Ming Dynasty
Height: 36.5cm
Qing Court collection

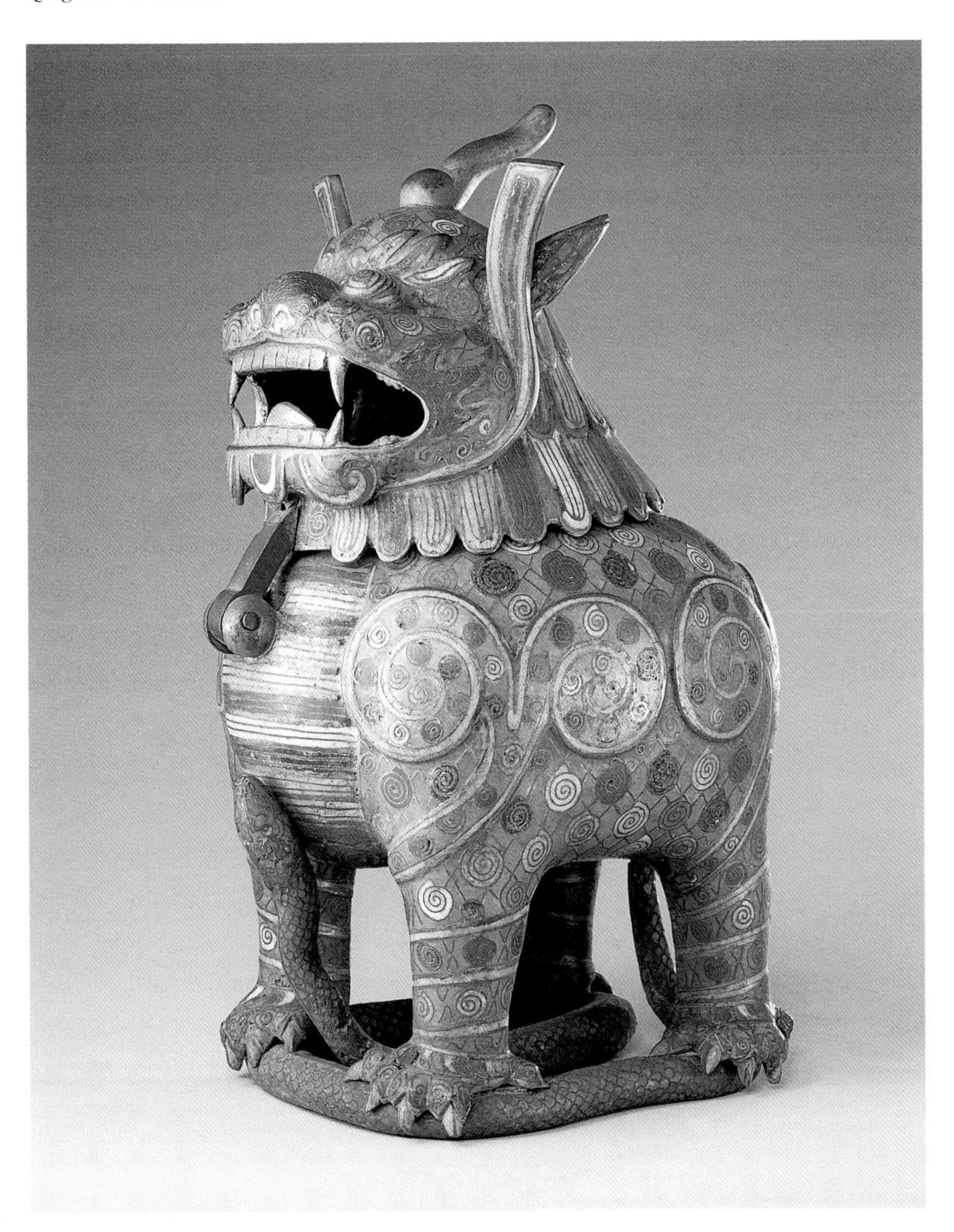

甪端獨角，垂尾，昂首欲吼，四爪立於盤蛇之上，蛇頭翹在其胸前。通體施豆綠色琺瑯釉地，身飾大小螺旋紋，並填以紅、黃、白、藍色琺瑯釉。頭下有一鈕，可使頭部轉動，頭內有陰刻雙綫橫書“大明萬曆年造”楷書款。

甪端是古代傳說中的神異之獸，可知四方之事。此器在宮廷中陳設時置於皇帝寶座兩側。

56

**掐絲琺瑯蓮托八寶紋蟠螭蒜頭瓶**

明晚期

高33厘米　口徑3.7厘米　足徑11.3厘米

清宮舊藏

**Cloisonné enamel garlic-head-shaped vase inlaid with interlaced hydra and decorated with design of lotuses supporting the Eight Buddhist Emblems**

Late Ming Dynasty

Height: 33cm　Diameter of mouth: 3.7cm

Diameter of foot: 11.3cm

Qing Court collection

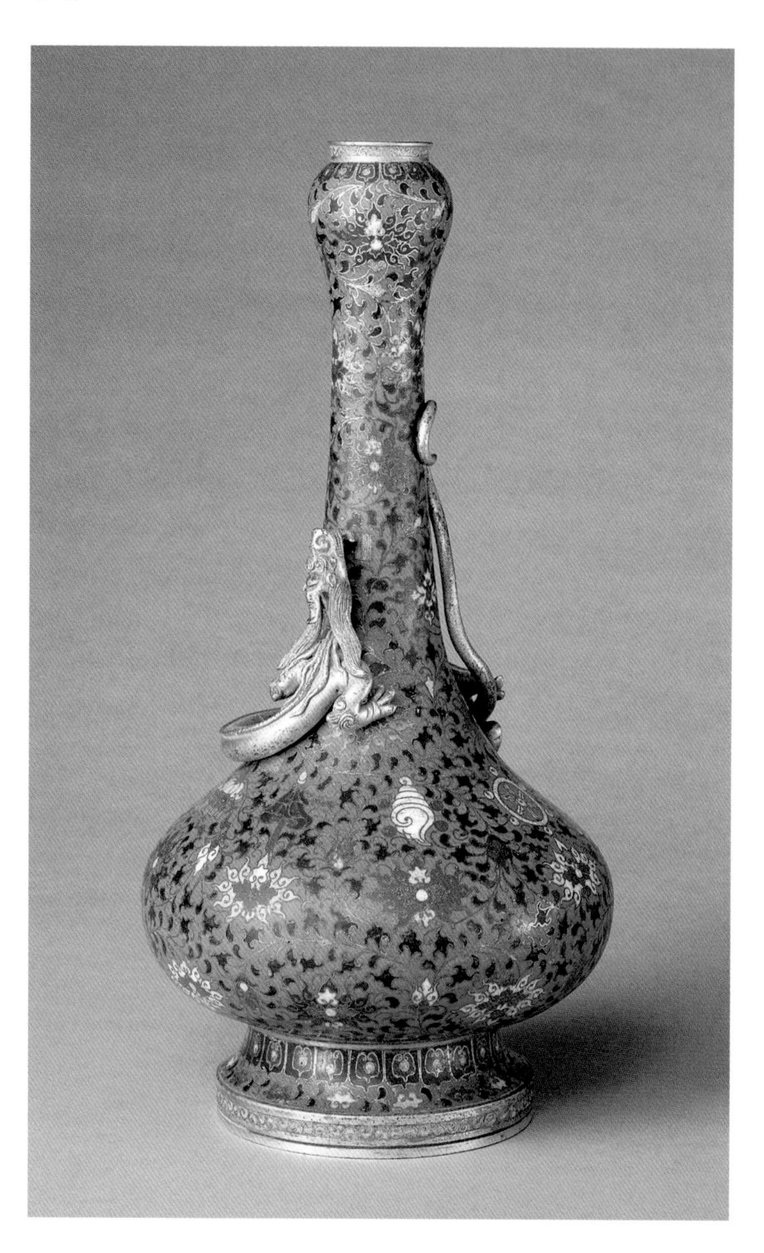

瓶蒜頭口，一銅鍍金蟠螭攀附於瓶頸，垂腹，高圈足。通體以深藍色琺瑯釉為地，飾掐絲琺瑯纏枝蓮紋。腹部飾纏枝蓮八朵，花上分別承輪、螺、傘、蓋、花、瓶、魚、結藏傳佛教八寶紋。腹下部及足牆均飾俯仰蓮瓣紋。底鍍金，光素無款。

此器釉色較早期製品顯得灰暗無光，紋飾繁密，與早期流暢奔放的風格不同，具有明代晚期掐絲琺瑯器的特點。

## 57

**掐絲琺瑯龍戲珠紋方瓶**
明晚期
高21.9厘米　口徑6.4厘米　足徑7厘米
清宮舊藏

**Cloisonné enamel square vase with design of dragon playing with a pearl**
Late Ming Dynasty
Height: 21.9cm　Diameter of mouth: 6.4cm
Diameter of foot: 7cm
Qing Court collection

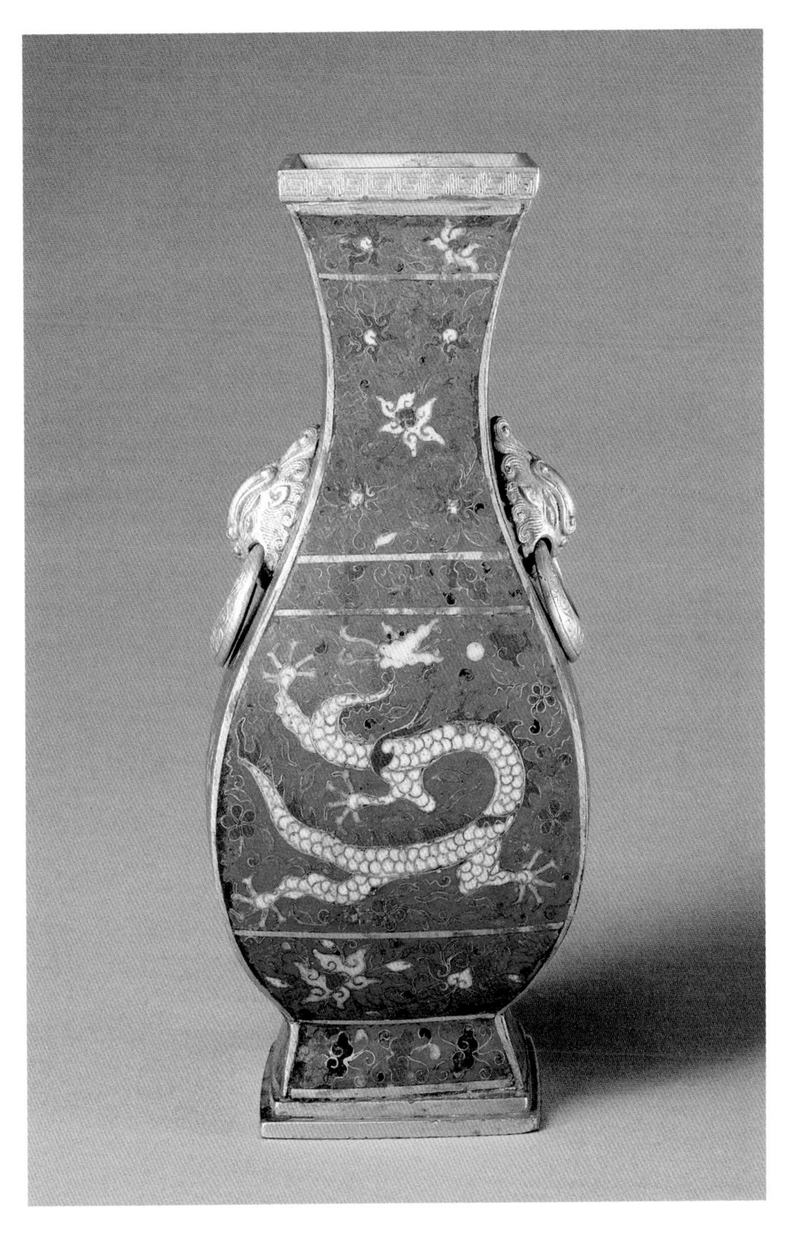

瓶為方形，鍍金鏨花回紋口沿，頸兩側有銅鍍金獸首啣環耳。通體施淺藍色琺瑯釉為地，飾彩色纏枝蓮紋。腹部前後飾龍戲珠紋，龍身填黃色琺瑯釉。底鍍金，光素無款。

此瓶琺瑯釉填施均勻，表面光潔，色彩鮮豔，尤以紅、黃、白色更為醒目，繼承了明萬曆年間掐絲琺瑯的工藝特點，是明代晚期的掐絲琺瑯中較突出的製品。

58

## 掐絲琺瑯花蝶紋玉壺春瓶

明晚期

高50.2厘米　口徑11.4厘米　足徑20.3厘米

清宮舊藏

**Cloisonné enamel pear-shaped vase with design of butterflies and flowers**

Late Ming Dynasty

Height: 50.2cm　Diameter of mouth: 11.4cm

Diameter of foot: 20.3cm

Qing Court collection

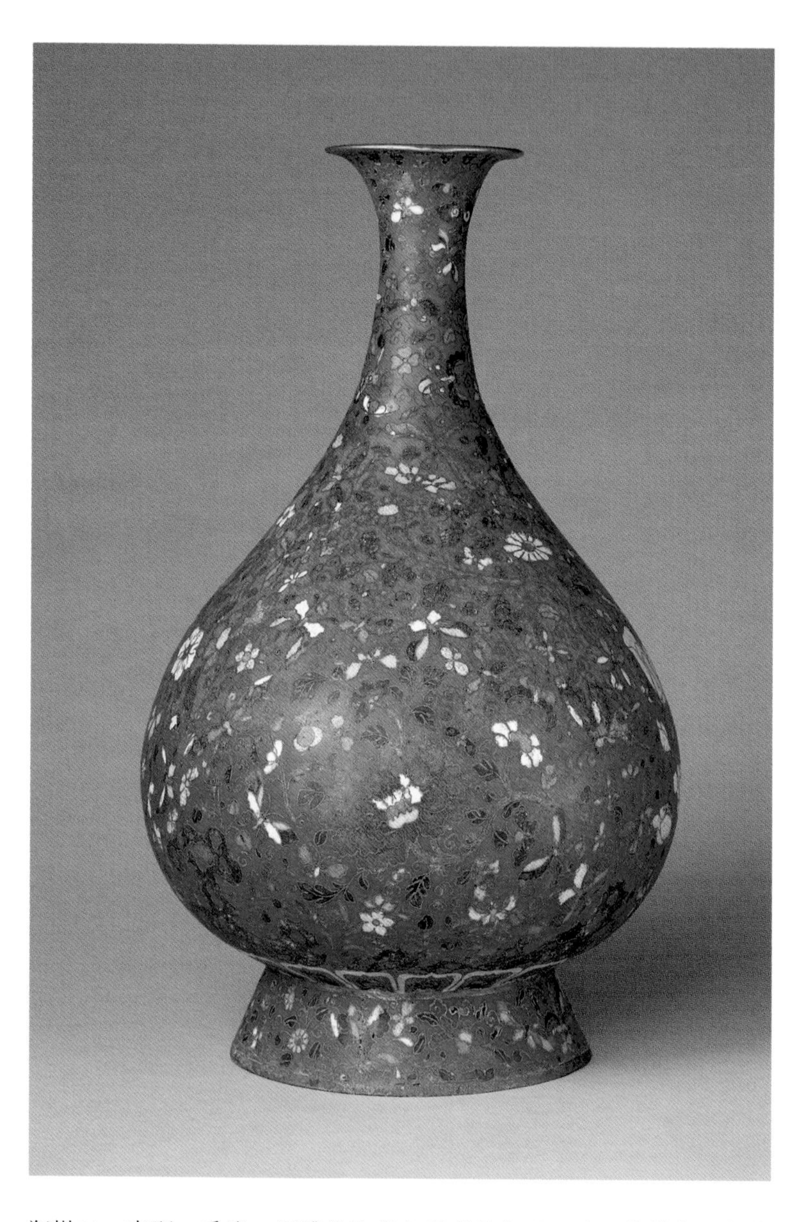

瓶撇口，束頸，垂腹。通體施海藍色琺瑯釉為地，上以掐絲勾雲紋作錦，滿飾花蝶紋。金藍色和白色洞石上方，大朵四季花卉俯仰盛開，色彩絢麗，其間各色花草枝蔓纏繞，蜻蜓、蝴蝶上下飛舞，構成一幅繁花似錦的圖景。近足處飾蓮瓣紋，足牆滿佈小花彩蝶。底鍍金，光素無款。

此器琺瑯釉色不及早期的純正，裝飾風格趨向繁密，這是明代晚期掐絲琺瑯的特點。

59

## 掐絲琺瑯松竹梅紋出戟瓶

明晚期
高27.6厘米　口徑12厘米　足徑8.9厘米
清宮舊藏

**Cloisonné enamel vase with flanges decorated with design of pine, bamboo and plum**

Late Ming Dynasty
Height: 27.6cm　Diameter of mouth: 12cm
Diameter of foot: 8.9cm
Qing Court collection

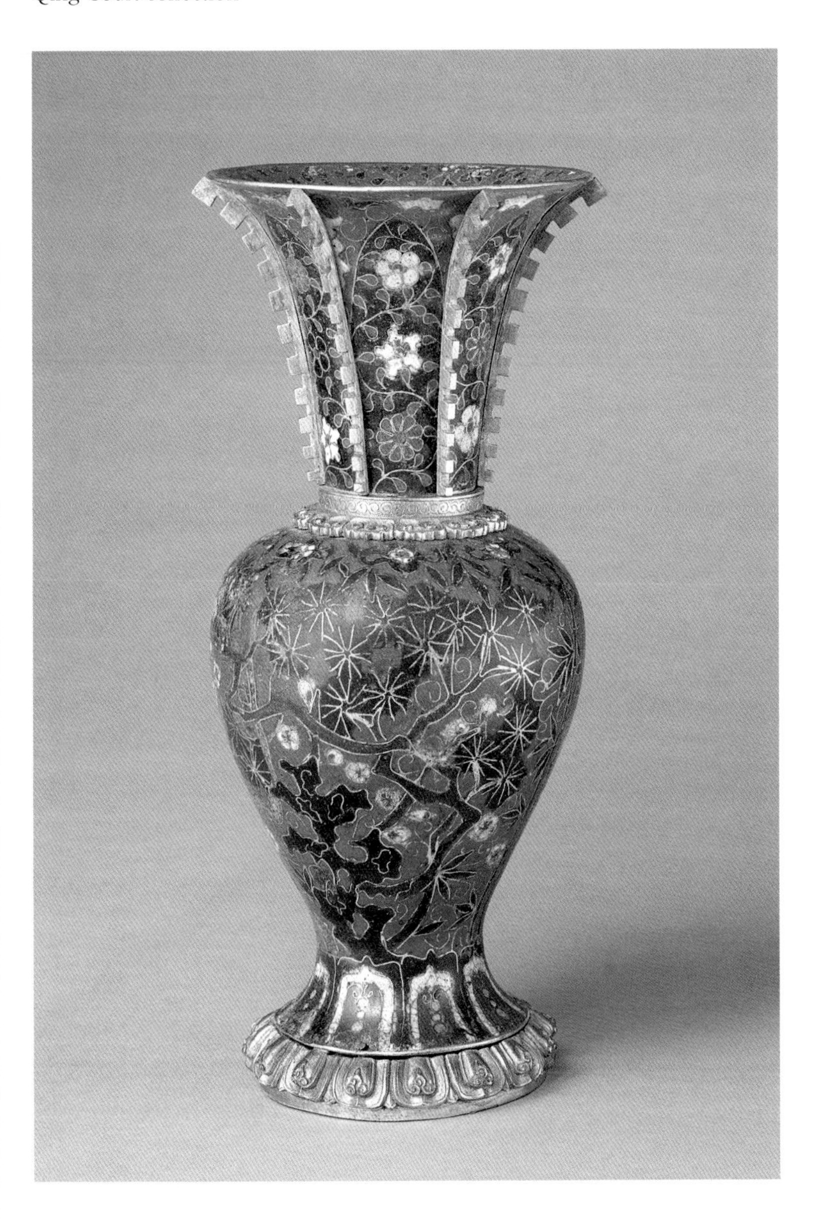

瓶為尊式，撇口，豐肩，斂腹，頸部有銅鍍金六出戟，雕俯蓮紋足。通體以海藍色琺瑯釉地為主，頸作六個寶藍色蕉葉形開光，內飾花卉，外飾雲紋；腹部飾松、竹、梅紋，用掐絲表現松針，用綠色琺瑯釉表現竹，用白花紅蕊表現梅，洞石造型表現出“瘦”和“透”的特點。底鍍金，鏨陰文“大明景泰年製”楷書款。

此瓶造型獨特，圖案題材新穎，與當時的瓷器紋飾有相通之處，但作為琺瑯器則是明代晚期出現的新題材。款為後刻。

## 掐絲琺瑯夔龍紋雙螭瓶

60

明晚期

高24.3厘米　口徑5.7厘米　足徑7.8厘米

清宮舊藏

**Cloisonné enamel vase with Kui-dragon design and two hydras inlay**

Late Ming Dynasty

Height: 24.3cm　Diameter of mouth: 5.7cm

Diameter of foot: 7.8cm

Qing Court collection

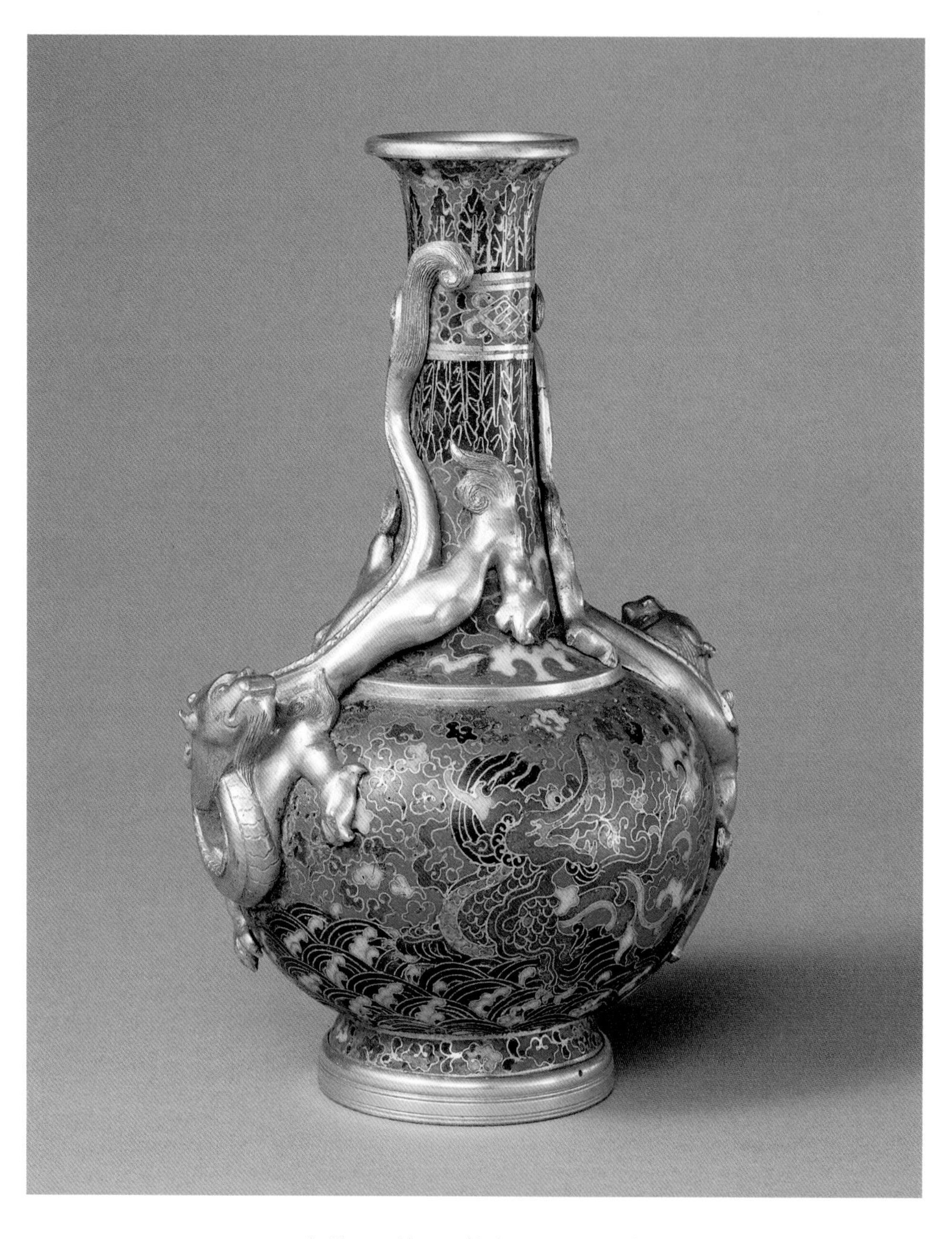

瓶撇口，長頸，鼓腹，圈足。通體施藍色琺瑯釉為地，頸部飾弦紋及蕉葉紋，腹部在彩色雲紋錦地上飾藍、赭色兩條夔龍，口吐香花，草花尾高捲，騰躍於洶湧的波濤之中，氣吞山河。自頸至腹處鑲嵌銅鍍金的雙螭揚尾回首，與海水、彩雲、夔龍相映成趣。底鍍金，光素無款。

夔龍紋為明代所流行，此瓶紋飾繁縟，金光燦爛。圈足應為後配。

61

## 掐絲琺瑯靈芝仙鶴紋壽字觚

明晚期

高23.4厘米　口徑12.1厘米　足徑10厘米

清宮舊藏

**Cloisonné enamel Gu (beaker) with design of crane, magic fungus and characters Shou**

Late Ming Dynasty

Height: 23.4cm　Diameter of mouth: 12.1cm

Diameter of foot: 10cm

Qing Court collection

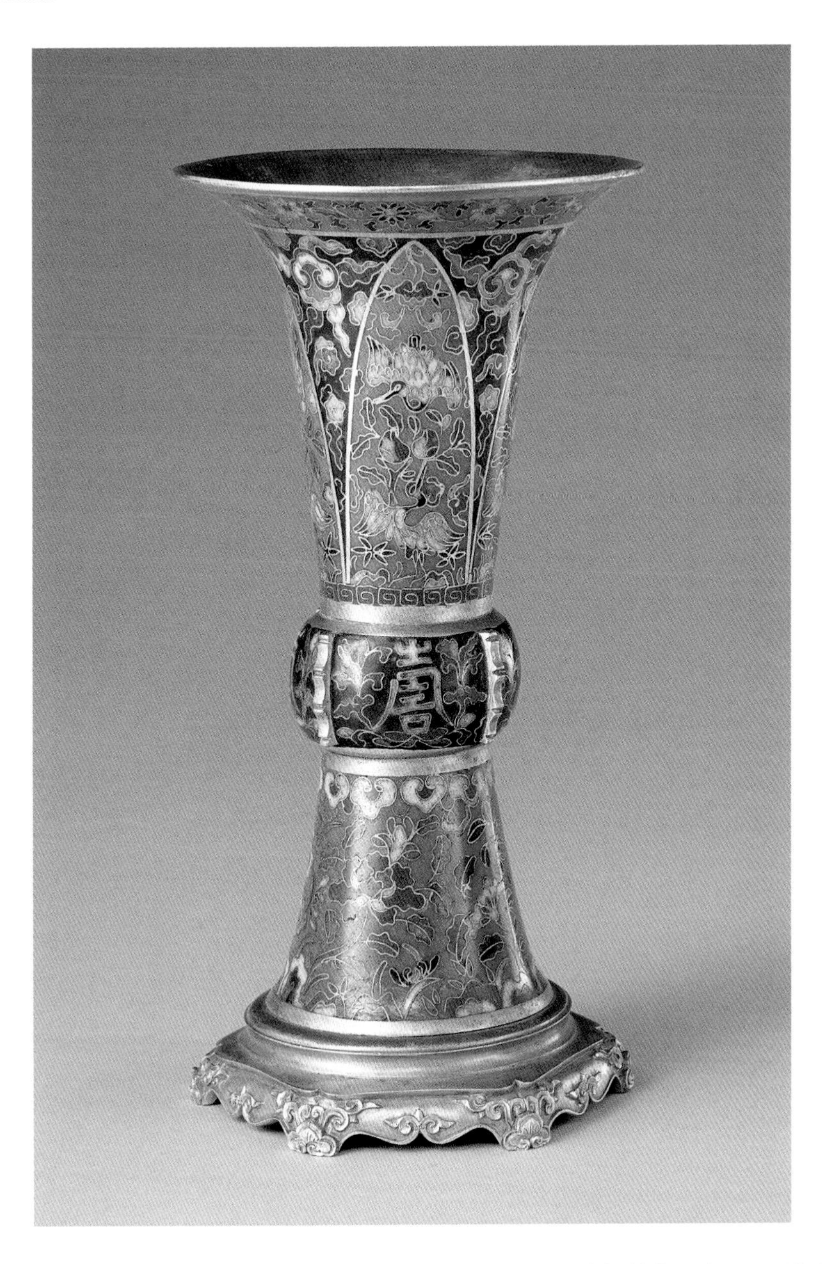

觚撇口，長頸，中間四出戟，下連銅鍍金六邊足。頸部飾四個蕉葉形開光，以海藍色琺瑯釉為地，內飾仙鶴飛翔、壽桃成雙，間以靈芝紋，外飾如意雲頭紋。腹部飾四個“壽”字，足部海藍色釉地上飾山石、牡丹、茶花。

此觚造型曲綫優美，掐絲工藝流暢，紋飾生動，釉色絢麗。圖案寓意為“富貴長壽”，是明晚期琺瑯器的代表作。

62

## 掐絲琺瑯荷塘白鷺圖缸

明晚期
高39厘米　口徑44.5厘米　底徑30厘米
清宮舊藏

**Cloisonné enamel vat with design of lotus pond and egret**
Late Ming Dynasty
Height: 39cm　Diameter of mouth: 44.5cm
Diameter of bottom: 30cm
Qing Court collection

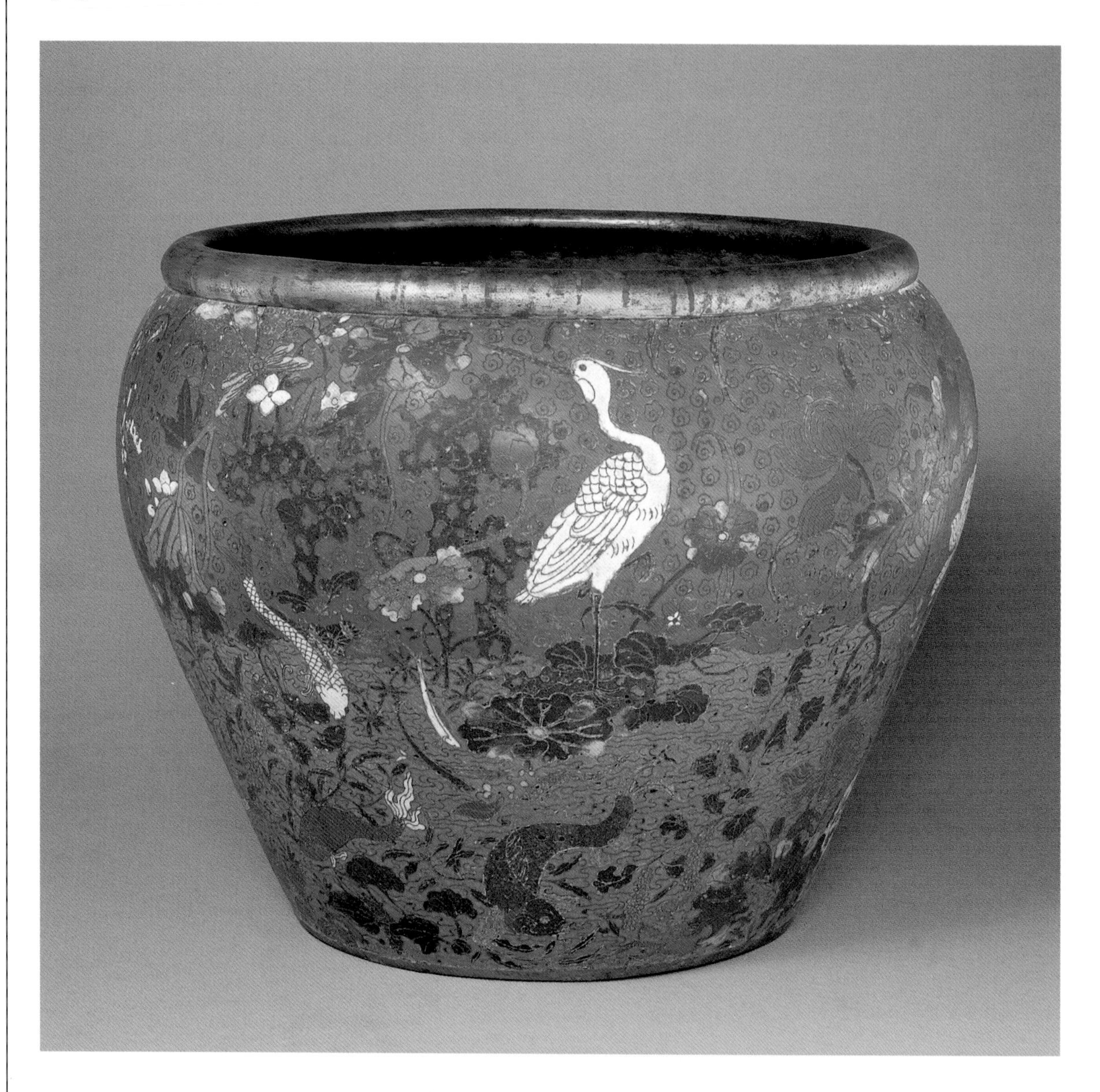

缸斂口捲沿，鼓腹下斂，平底。外壁通景飾掐絲琺瑯《荷塘白鷺圖》。水塘表現手法新穎，下部為近景，以淺綠色琺瑯釉為地，飾以水波紋；上部為遠景，以淡藍色琺瑯釉為地，以雲紋作錦，表示倒映在水中的天空，描繪出一派水光接天、鳥語花香的景象。在水天之間，洞石凸起，白鷺獨立其上，水中錦鯉游泳，紅蓮、蓼花飄浮水面，具有濃郁的生活氣息。底以藍色釉作地飾大朵纏枝蓮紋。

此缸以往不多見。描繪鄉土景象的裝飾紋樣也是到明代中晚期後才有較多出現。底為後配。

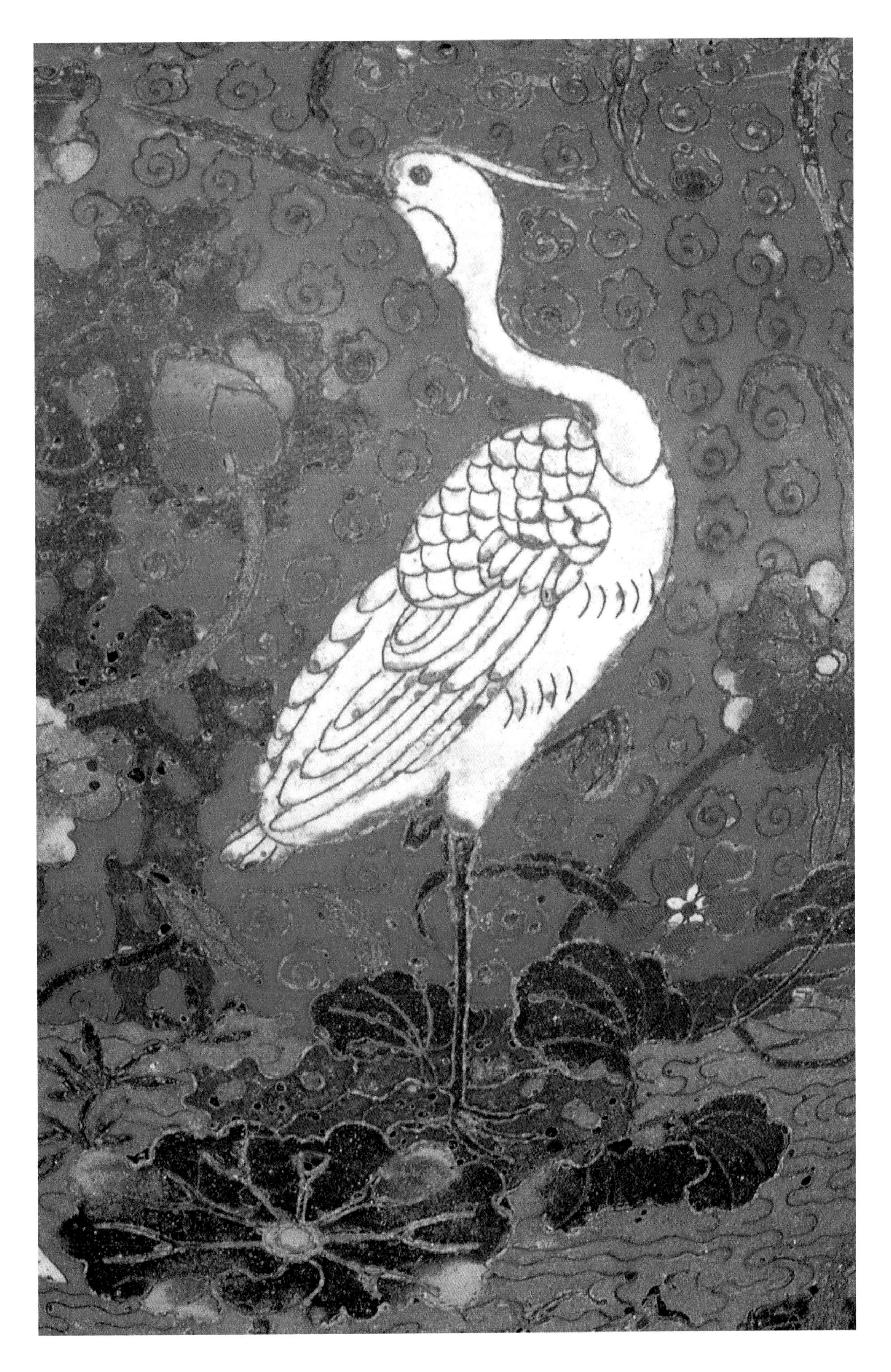

63

## 掐絲琺瑯五倫圖梅花式大缸

明晚期
高57.6厘米　口徑88厘米　底徑62厘米
清宮舊藏

**Cloisonné enamel plum-blossom-shaped vat with bird and flower design symbolizing the five human relationships**

Late Ming Dynasty
Height: 57.6cm　Diameter of mouth: 88cm
Diameter of bottom: 62cm
Qing Court collection

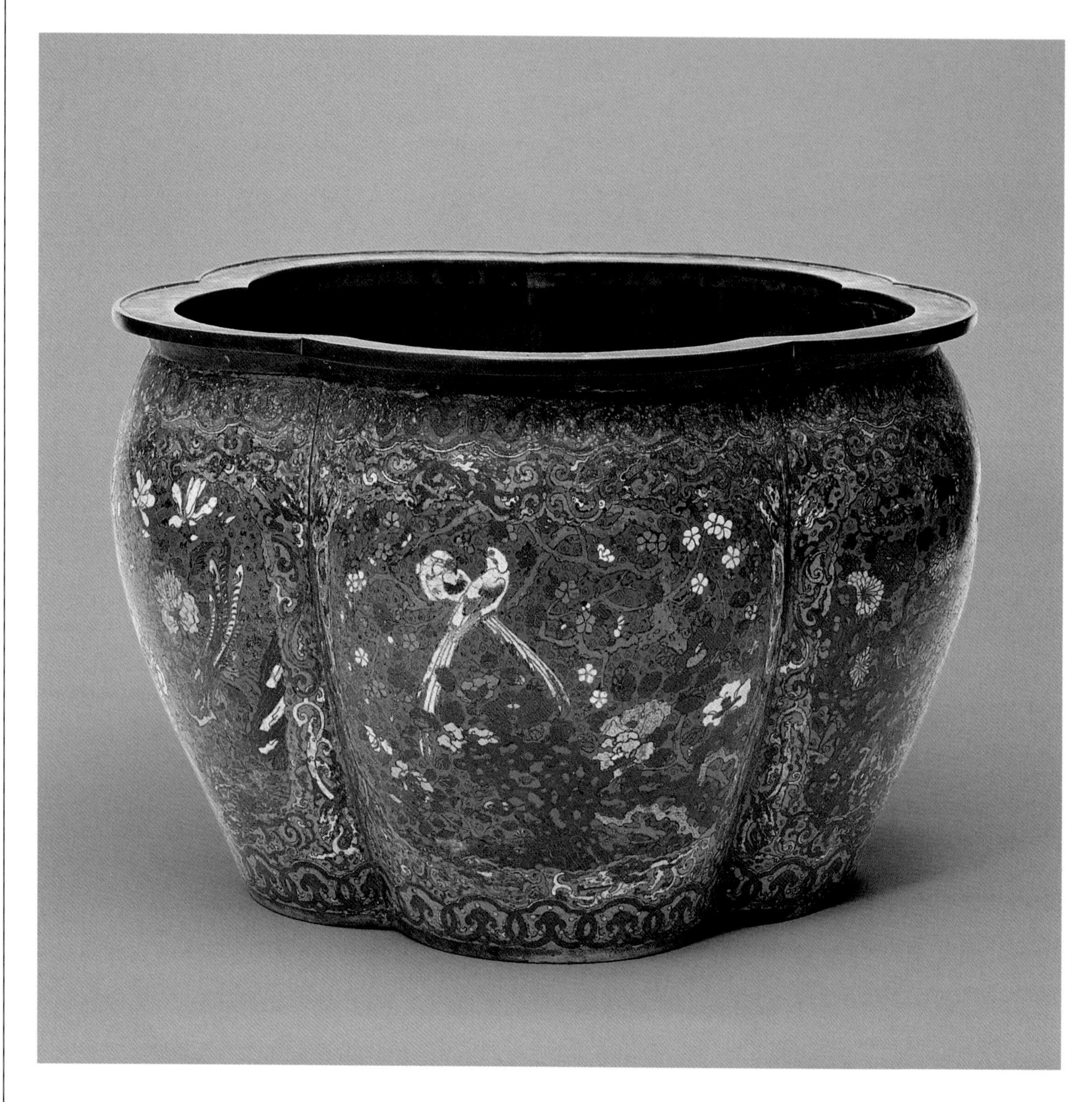

缸呈梅花式，折邊口，弧腹，平底。通體施松石綠琺瑯釉為地，通景飾掐絲琺瑯《五倫圖》。缸身分五開光，內飾鳳凰牡丹、雙鶴繡球、荷塘雙雁、芙蓉孔雀、梅花綬帶等花鳥。開光外飾蟠螭紋。

此缸不僅造型獨特，紋飾富麗，釉色明豔，且以梅花五瓣巧合“五倫”，頗具匠心。《五倫圖》為傳統畫題，借花鳥比喻君臣、父子、兄弟、夫妻、朋友的和睦關係。形體如此之大的掐絲琺瑯器在明代只此一件，它足以代表明代晚期掐絲琺瑯的工藝水平。

64

## 掐絲琺瑯山水人物圖圓盒

明晚期

高12.3厘米　口徑24.9厘米　足徑16.9厘米

清宮舊藏

**Cloisonné enamel round box with design of figures and landscape**

Late Ming Dynasty

Height: 12.3cm　Diameter of mouth: 24.9cm

Diameter of foot: 16.9cm

Qing Court collection

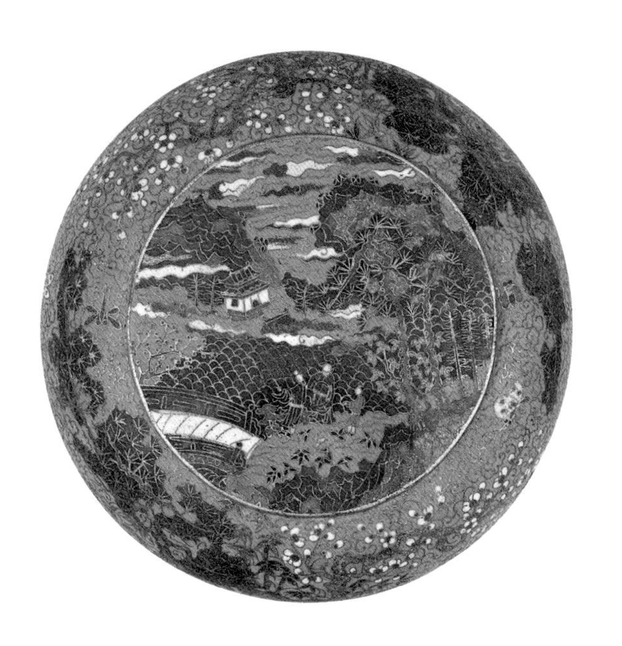

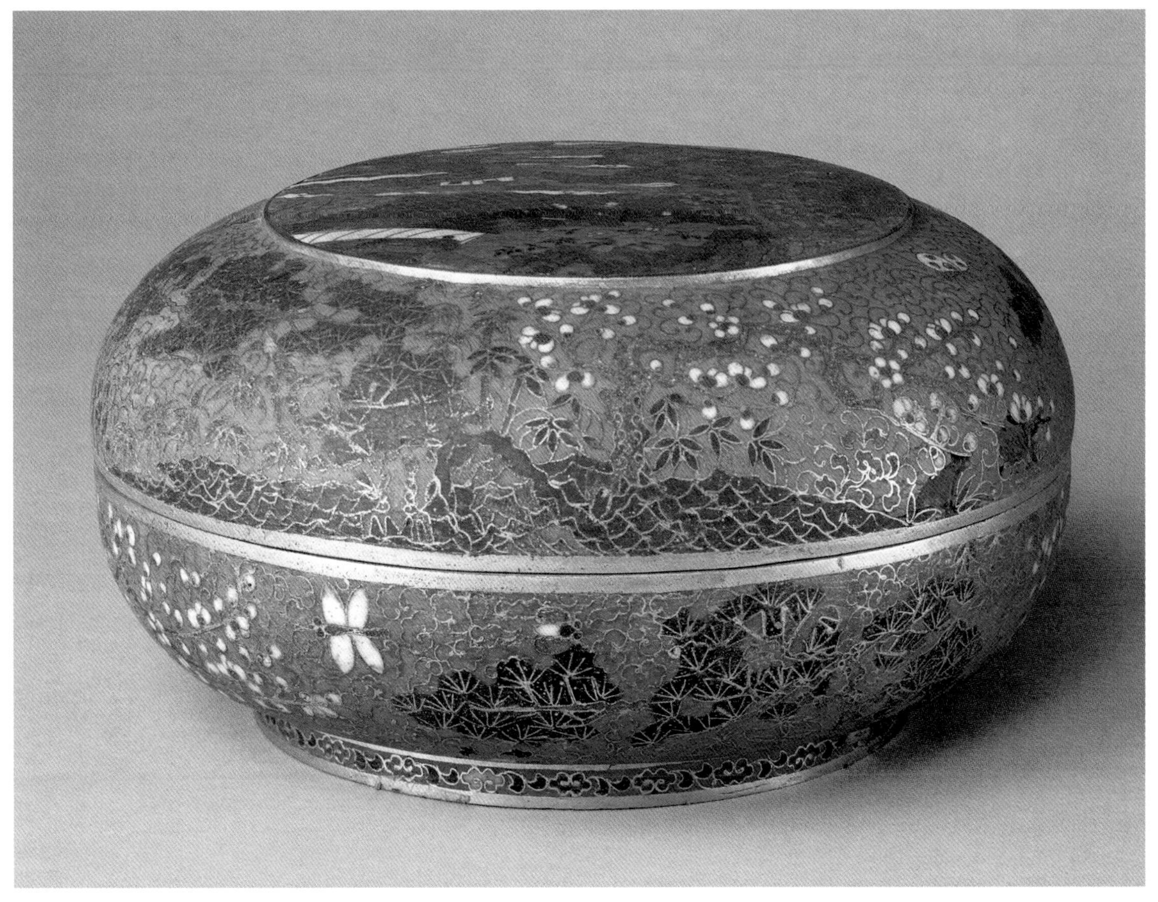

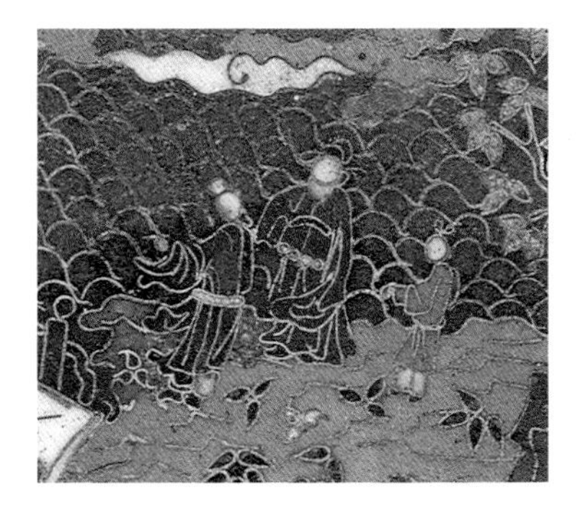

盒呈鼓形，蓋頂平面，圈足。蓋面掐絲琺瑯飾山水人物，松崗上，長者頭戴烏紗，身穿紅袍，高士一旁指點，前方是石橋流水，遠處是彩雲掩映着青山古剎。盒壁以海藍色琺瑯釉為地，飾松、竹、梅、秋蟲。

以掐絲工藝在小面積上表現山水人物，具有一定的難度，尤其是人物的輪廓、姿態、服飾要表現得準確生動，則對技術的要求較高。這件圓盒的新紋樣豐富了琺瑯器的裝飾題材。

65

## 掐絲琺瑯雲鶴紋圓盒

明晚期

高5.4厘米　口徑11.1厘米　足徑8.8厘米

清宮舊藏

**Cloisonné enamel round box with design of crane and clouds**

Late Ming Dynasty

Height: 5.4cm　Diameter of mouth: 11.1cm

Diameter of foot: 8.8cm

Qing Court collection

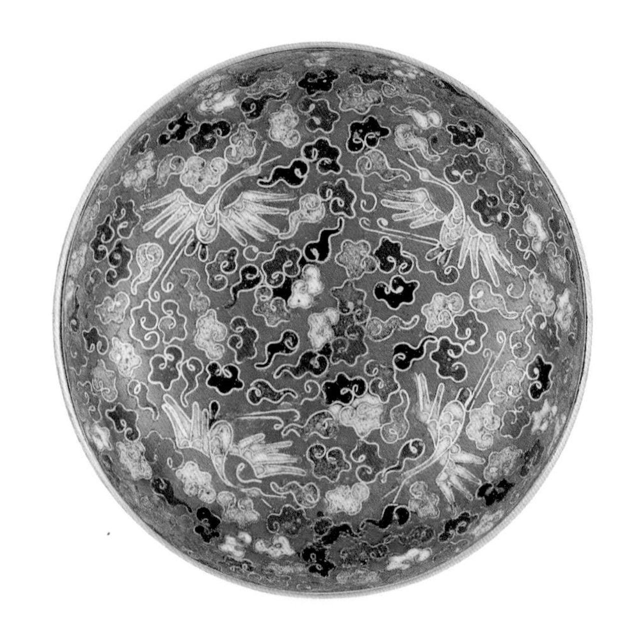

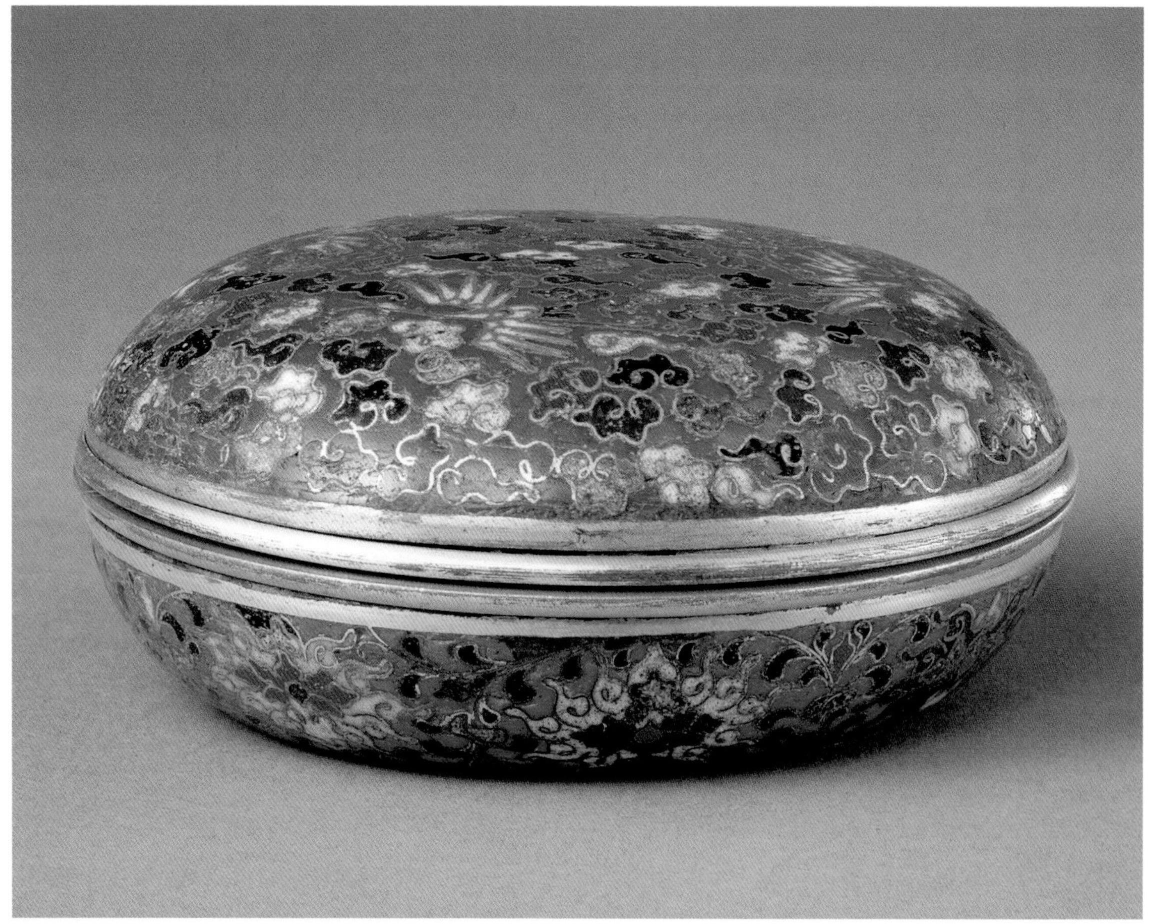

盒銅胎鍍金，扁圓形。通體施淺藍色琺瑯釉為地，蓋飾彩釉流雲飛鶴紋；盒外壁飾勾蓮花八朵，黃、白、紅、藍各兩朵。底雙層，外底脫缺。

此盒胎骨厚重，掐絲精細，鍍金燦爛。蓋面彩雲色彩鮮豔，有黃、白、淺綠、碧綠、寶藍、紫紅、深褐等釉色，白鶴張嘴鳴叫，姿態生動。

66

## 掐絲琺瑯福壽康寧字圓盒

明晚期
高9.1厘米　口徑16.5厘米　足徑11.5厘米
清宮舊藏

**Cloisonné enamel round box with characters "Fu" (happiness), "Shou"(longevity), "Kang"(health), "Ning" (tranquility)**

Late Ming Dynasty
Height: 9.1cm　Diameter of mouth: 16.5cm
Diameter of foot: 11.5cm
Qing Court collection

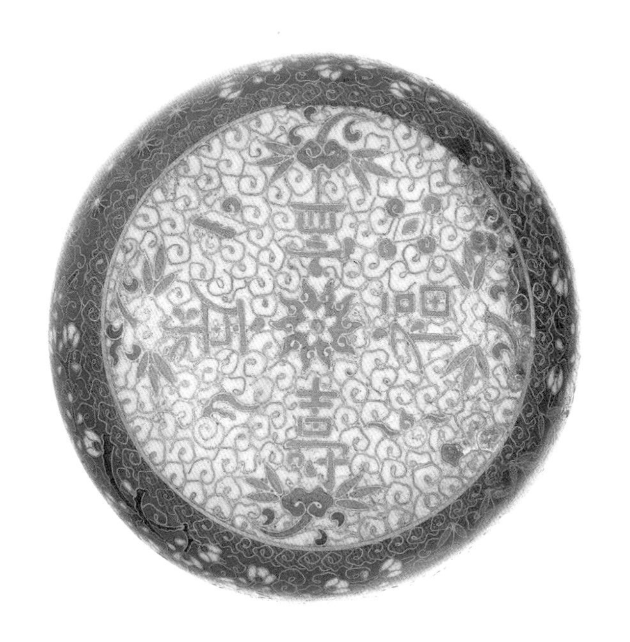

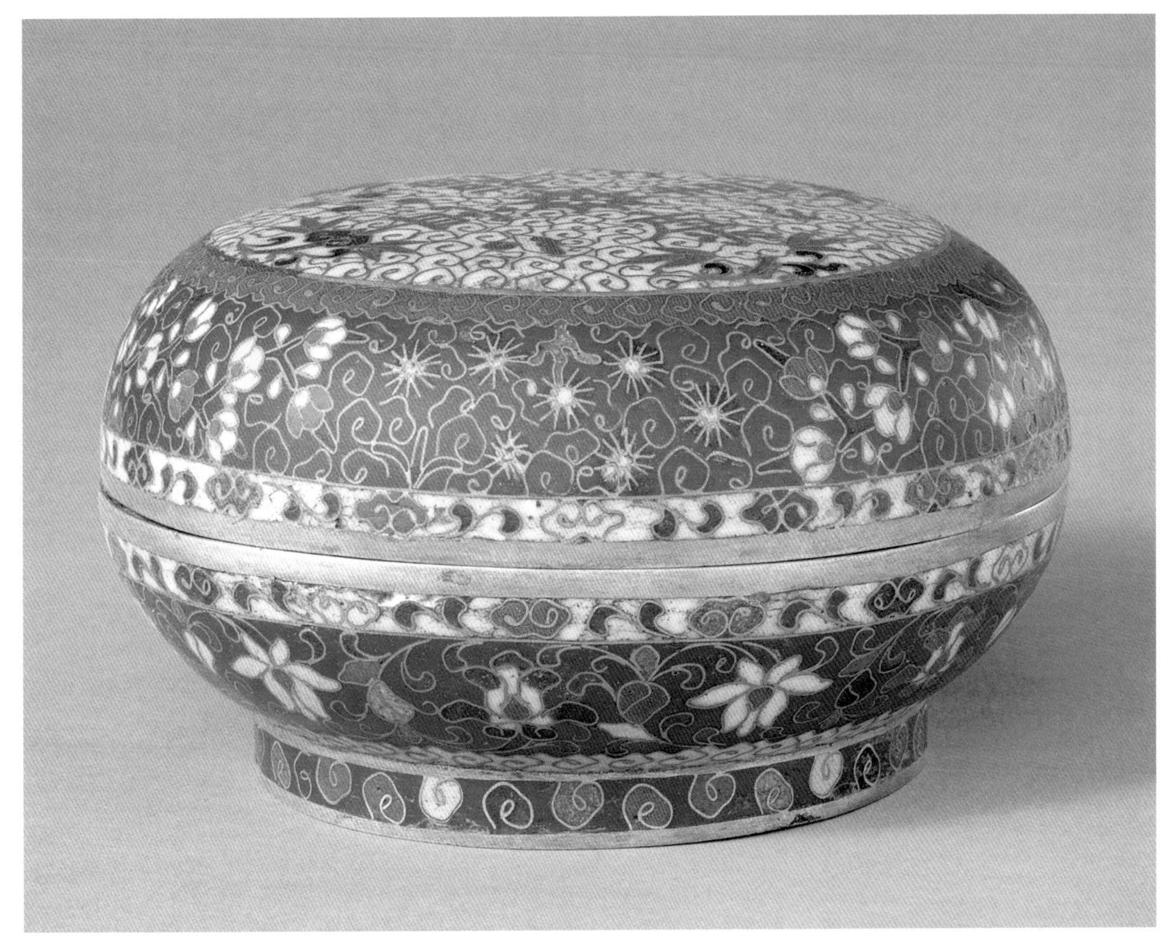

盒呈鼓形，蓋平頂，圈足。蓋面為白色琺瑯釉雲紋錦地，中心飾一朵紅色勾蓮花，周圍有四朵靈芝，每朵靈芝上托有一個紅色字，合為"福壽康寧"，字之間有雜寶紋。盒壁以藍色釉為地，飾松、竹、梅及勾蓮花。

以吉祥文字作為琺瑯器的裝飾內容最初出現在明嘉靖年間。同時期的瓷器、漆器中也採用這種裝飾方法。

67

## 掐絲琺瑯纏枝花紋提梁壺

明晚期
通高21.7厘米　口徑9.7厘米　足徑11.5厘米
清宮舊藏

**Cloisonné enamel loop-handled pot with design of interlocking floral sprays**
Late Ming Dynasty
Overall height: 21.7cm　Diameter of mouth: 9.7cm
Diameter of foot: 11.5cm
Qing Court collection

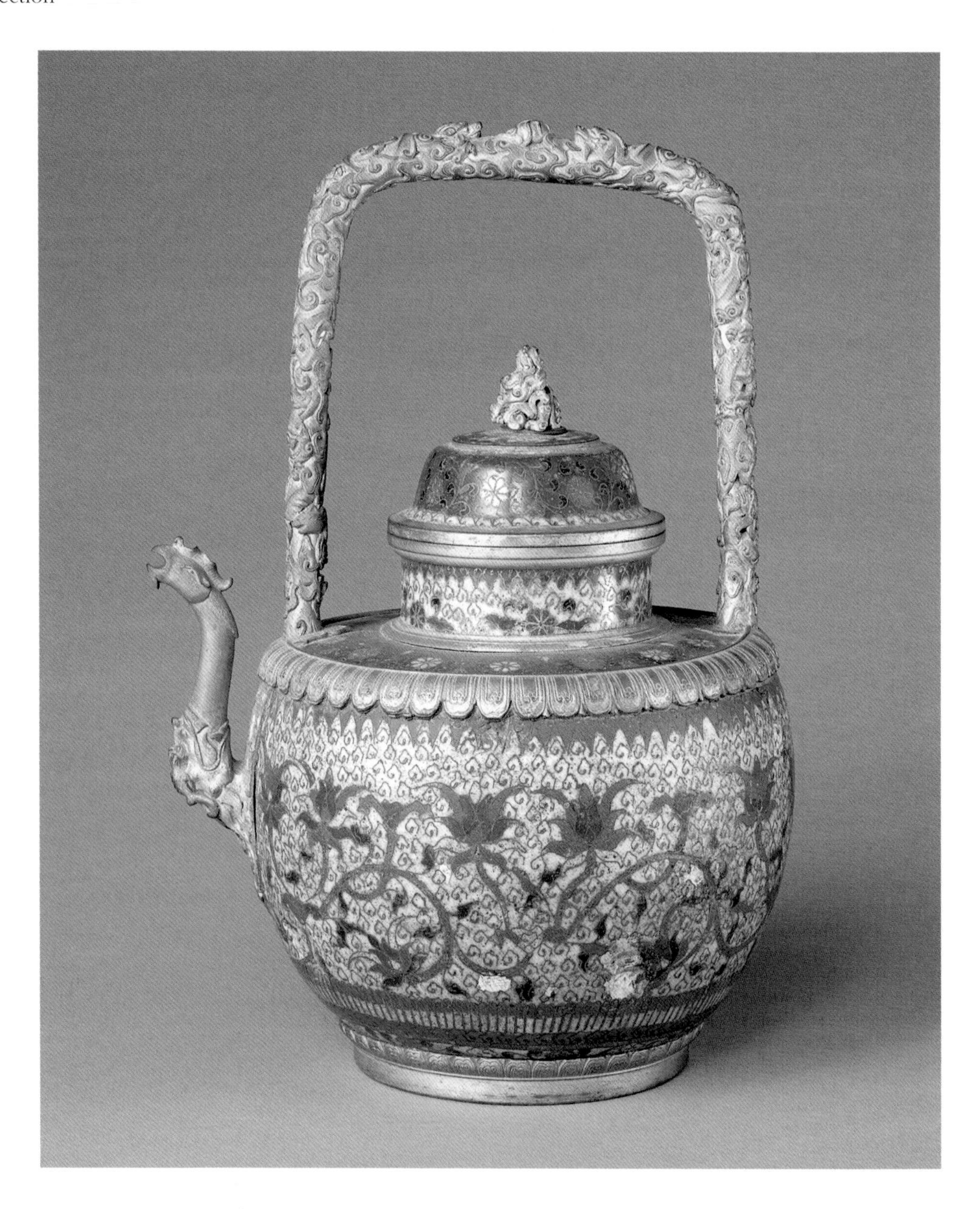

壺折沿口，直頸，平肩，鼓腹，直提梁為銅鍍金鏨刻雙龍戲珠，曲流為鍍金龍首啣鳳頭。蓋飾菊花紋，上有鍍金團螭鈕。頸、腹部為白色琺瑯釉雲紋錦地，飾纏枝花紋。底鍍金，鏨陰文“大明景泰年製”楷書款。

此壺造型敦厚，鏨刻工藝精細，琺瑯釉色鮮明，相映生輝。款為後刻。

68

## 掐絲琺瑯海水蟠螭紋盞托

明晚期

高8.5厘米　口徑7.1厘米　足徑7.4厘米

清宮舊藏

**Cloisonné enamel cup with saucer decorated with design of interlaced hydras and seawater**

Late Ming Dynasty

Height: 8.5cm　Diameter of mouth: 7.1cm

Diameter of foot: 7.4cm

Qing Court collection

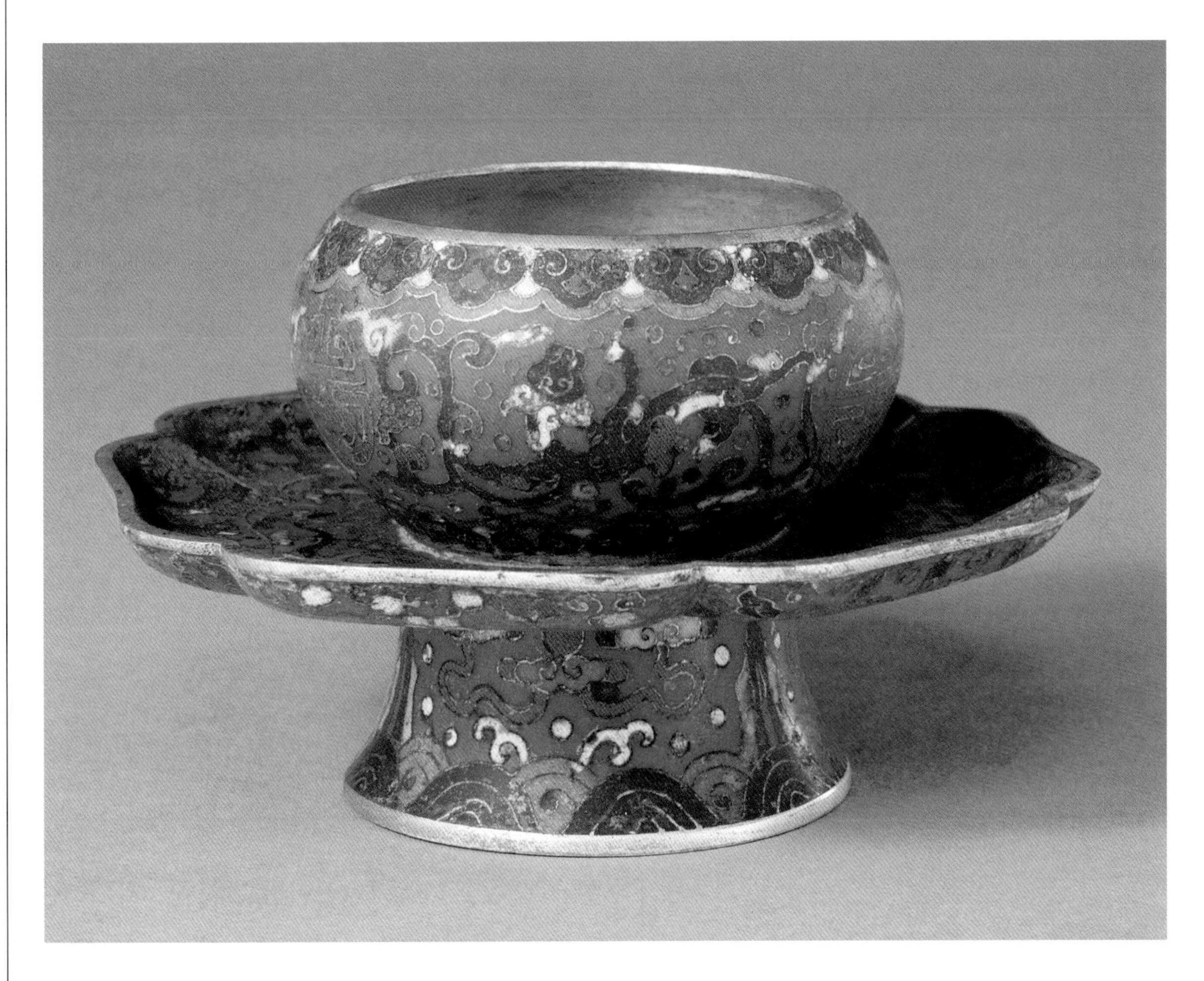

盞托由盞和托組成，盞斂口，鼓腹，托盤葵瓣式，高圈足。通體施藍色琺瑯釉為地，盞外壁飾三個紅色釉“壽”字和三條藍色釉夔龍；盤為六瓣形，盤內飾螭紋，外壁飾梅花、菊花、蘭花、荷花等四季花卉。足牆飾海水江崖紋，海水翻捲，流雲飄飄，在無垠的天空中，綬帶托着一輪紅日。

盞托由三組不同的紋飾組成，相互之間雖無關聯，卻都寓意吉祥，繁而不亂，渾然一體。

69

## 掐絲琺瑯海馬紋大碗

明晚期

高12.5厘米　口徑27厘米　足徑13.4厘米

清宮舊藏

**Cloisonné enamel large bowl with sea horse design**

Late Ming Dynasty

Height: 12.5cm　Diameter of mouth: 27cm

Diameter of foot: 13.4cm

Qing Court collection

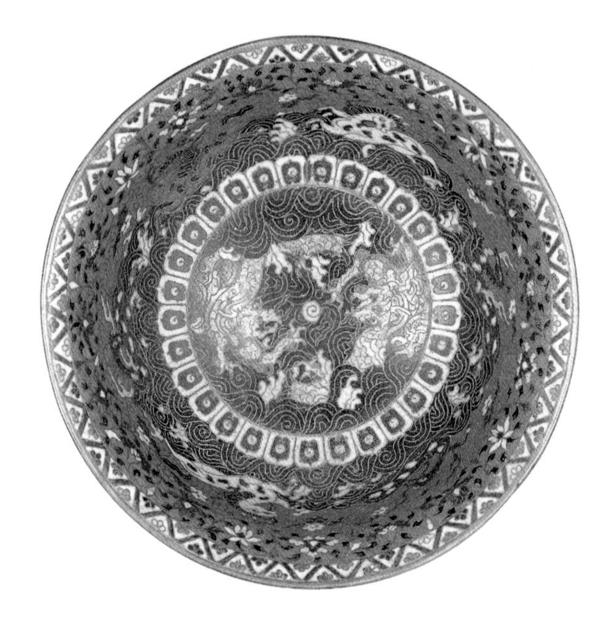

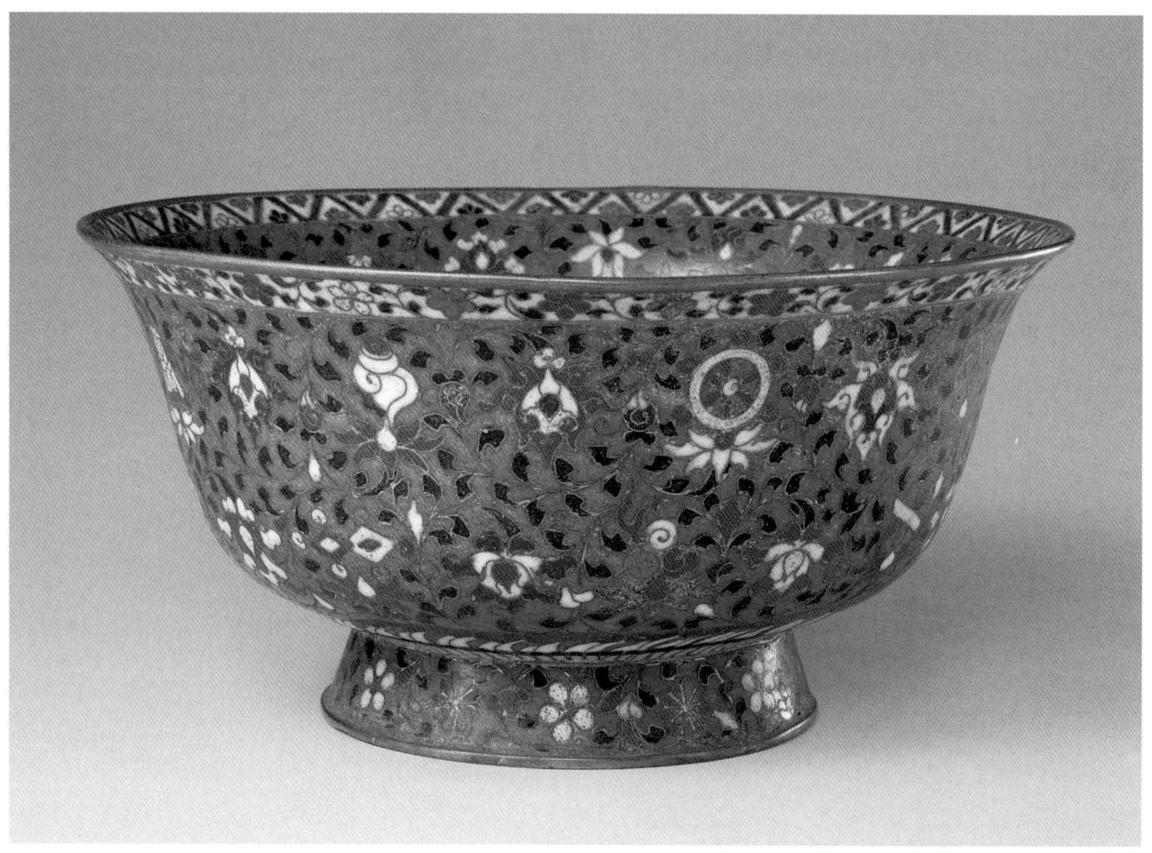

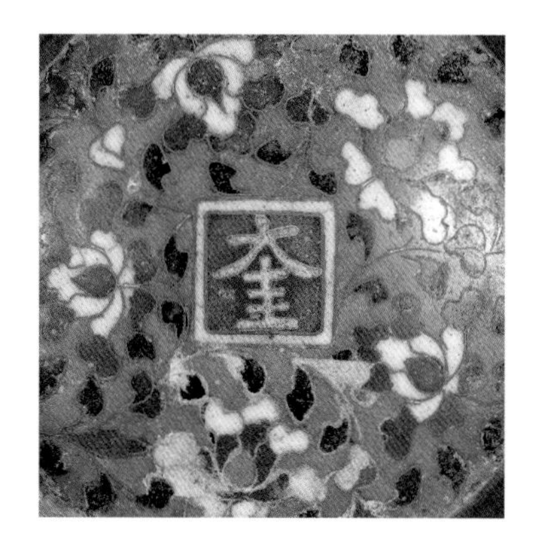

碗撇口，弧腹，圈足。碗內、外壁施藍色琺瑯釉為地，碗心飾兩條龍穿行於翻滾的海水中，追戲寶珠。內壁飾六匹不同顏色的海馬踏浪奔騰。碗外壁飾纏枝花兩層，上層為纏枝花托藏傳佛教八寶紋，下層為纏枝花與雜寶相間。底飾纏枝花紋，正中雙方框內紅釉地上有掐絲填黃釉“奎”字楷書款。

此碗器型大，花紋繁多，色彩絢麗。值得注意的是，其款識與眾不同，表明該碗是由民間作坊生產的。

## 70

**掐絲琺瑯纏枝花卉紋鵝形匙**
明晚期
長31厘米
清宮舊藏

**Cloisonné enamel goose-shaped spoon with interlocking floral design**
Late Ming Dynasty
Length: 31cm
Qing Court collection

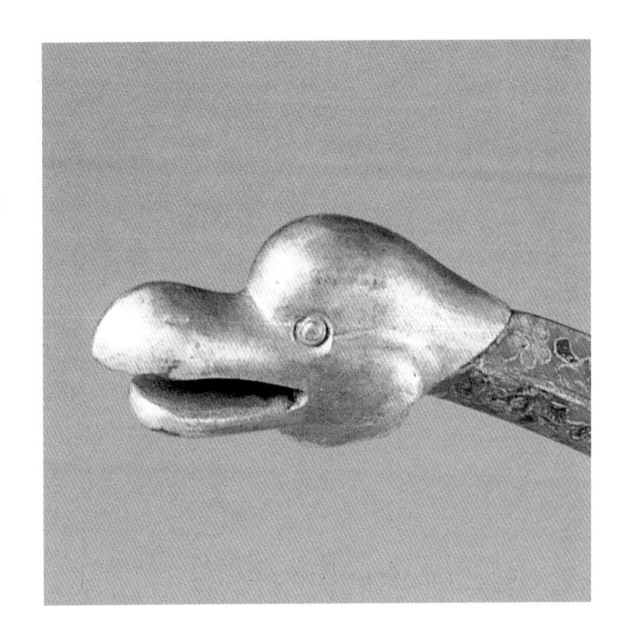

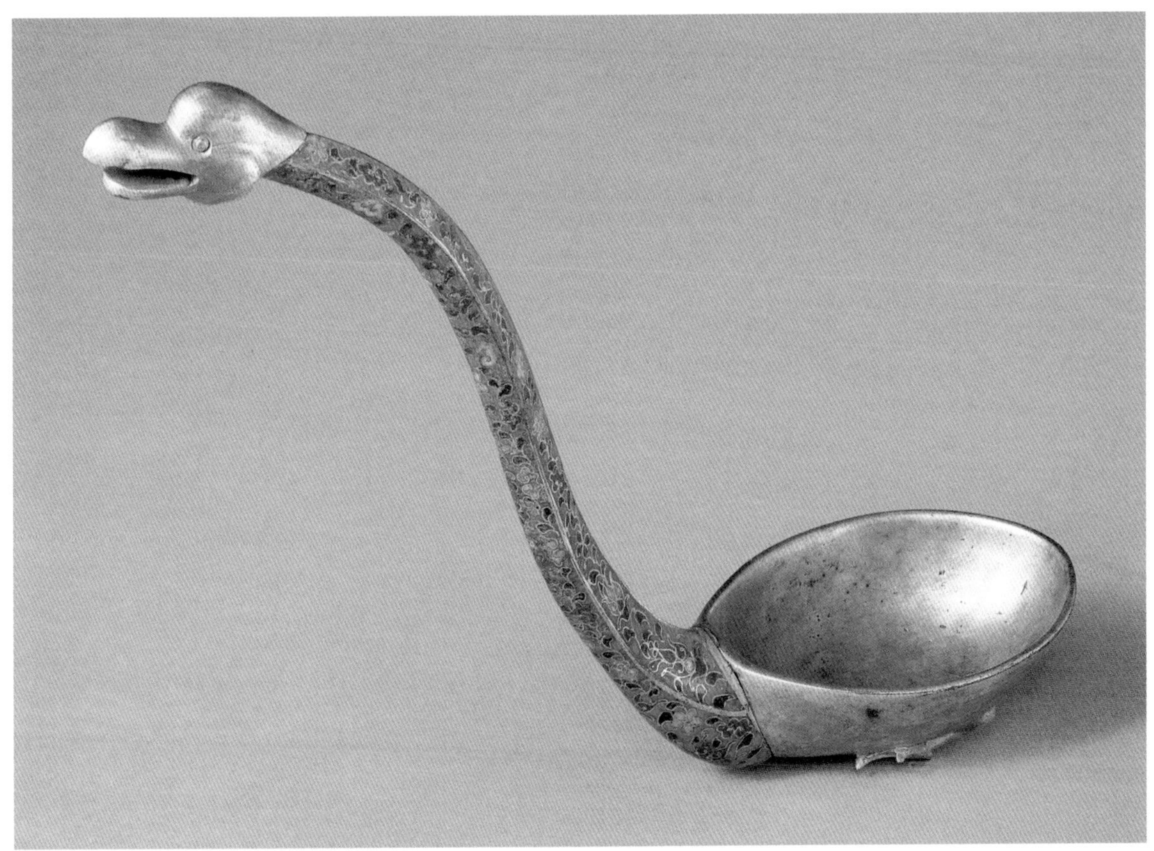

匙為橢圓形，長曲柄。柄首雕成鵝頭，鵝喙寬而厚，圓睜雙眼，張嘴鳴叫，似在勁飛。匙底部雕有兩隻回收的蹼爪，可以在放置時保持匙的平衡。匙柄為藍色琺瑯釉地，飾纏枝花卉紋，作為鵝的頸頗顯誇張。

此匙為餵藥用具，其設計新穎，實用器配以寫實的鵝頭和蹼部，頗有生活氣息，由此可看出琺瑯工匠的聰明才智。

71

## 掐絲琺瑯纏枝葡萄紋燭台

明晚期
高9厘米　盤口徑18.2厘米
清宮舊藏

**Cloisonné enamel candle stand with design of interlocking grapes**

Late Ming Dynasty
Height: 9cm　Diameter of tray: 18.2cm
Qing Court collection

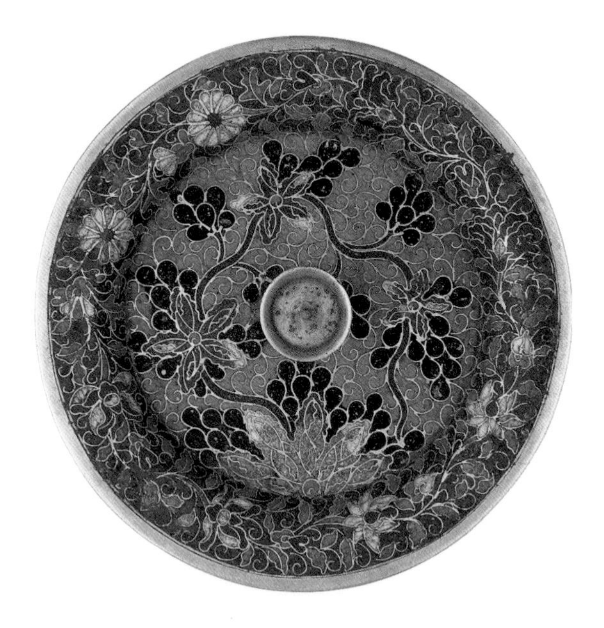

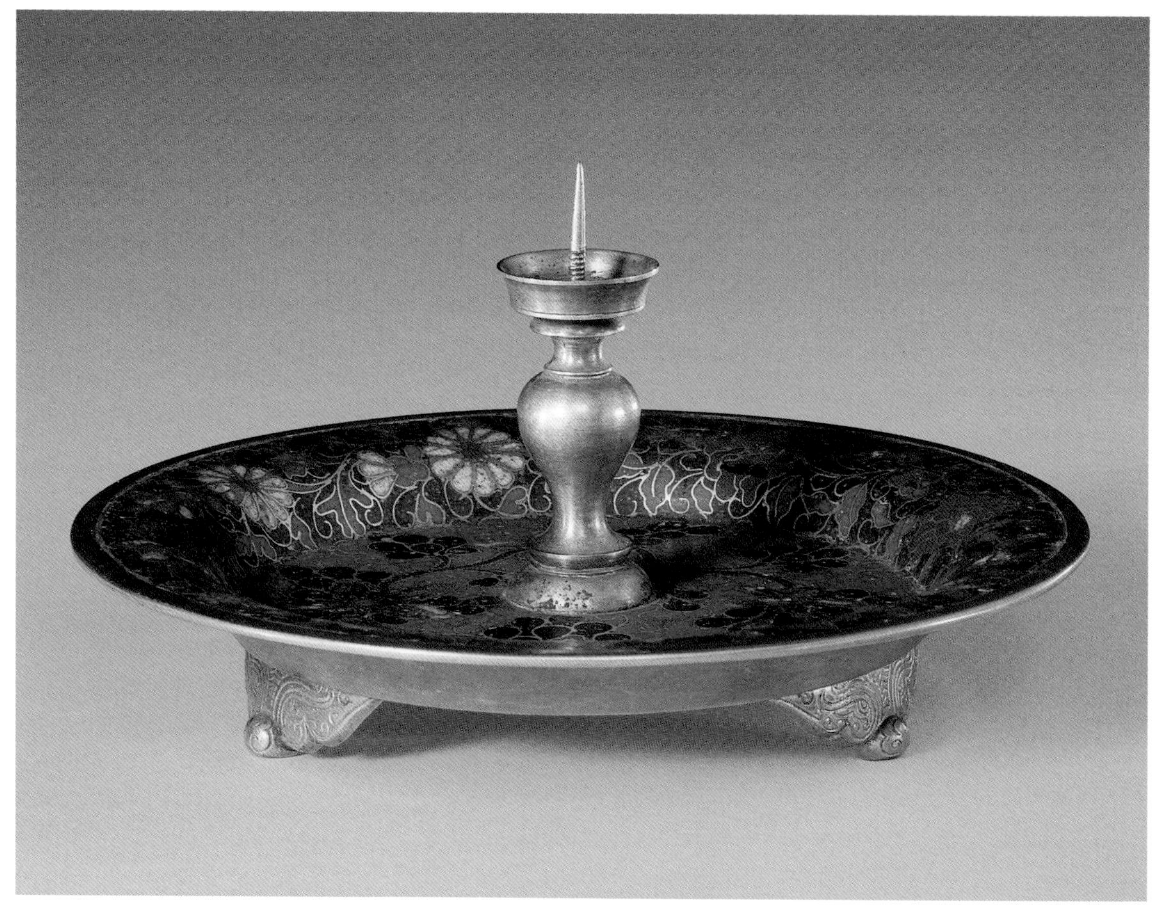

燭台由盤、柱、燭扦組成。盤折沿口，下承三個鍍金垂雲足；柱為鍍金觀音瓶式。盤內施藍色琺瑯釉地，飾纏枝葡萄，一片大葉表示主枝，垂下三片小葉，葉面用綠色點染紅色釉，顯得活潑生動。口沿飾纏枝花卉，有石榴、蓮花、菊花、茶花四種，表示春、夏、秋、冬四季。盤外壁及底鍍金。

燭台造型小巧，為桌上照明用具。燭台的出現與運用，説明琺瑯工藝已從陳設器向宮廷日常生活用器方面發展。

72

## 掐絲琺瑯龍鳳紋朝冠耳爐

明晚期
高34.6厘米　口徑35.3厘米　足距27.5厘米
清宮舊藏

**Cloisonné enamel censer with two ears decorated with dragon and phoenix design**

Late Ming Dynasty
Height: 34.6cm　Diameter of mouth: 35.3cm
Spacing between feet: 27.5cm
Qing Court collection

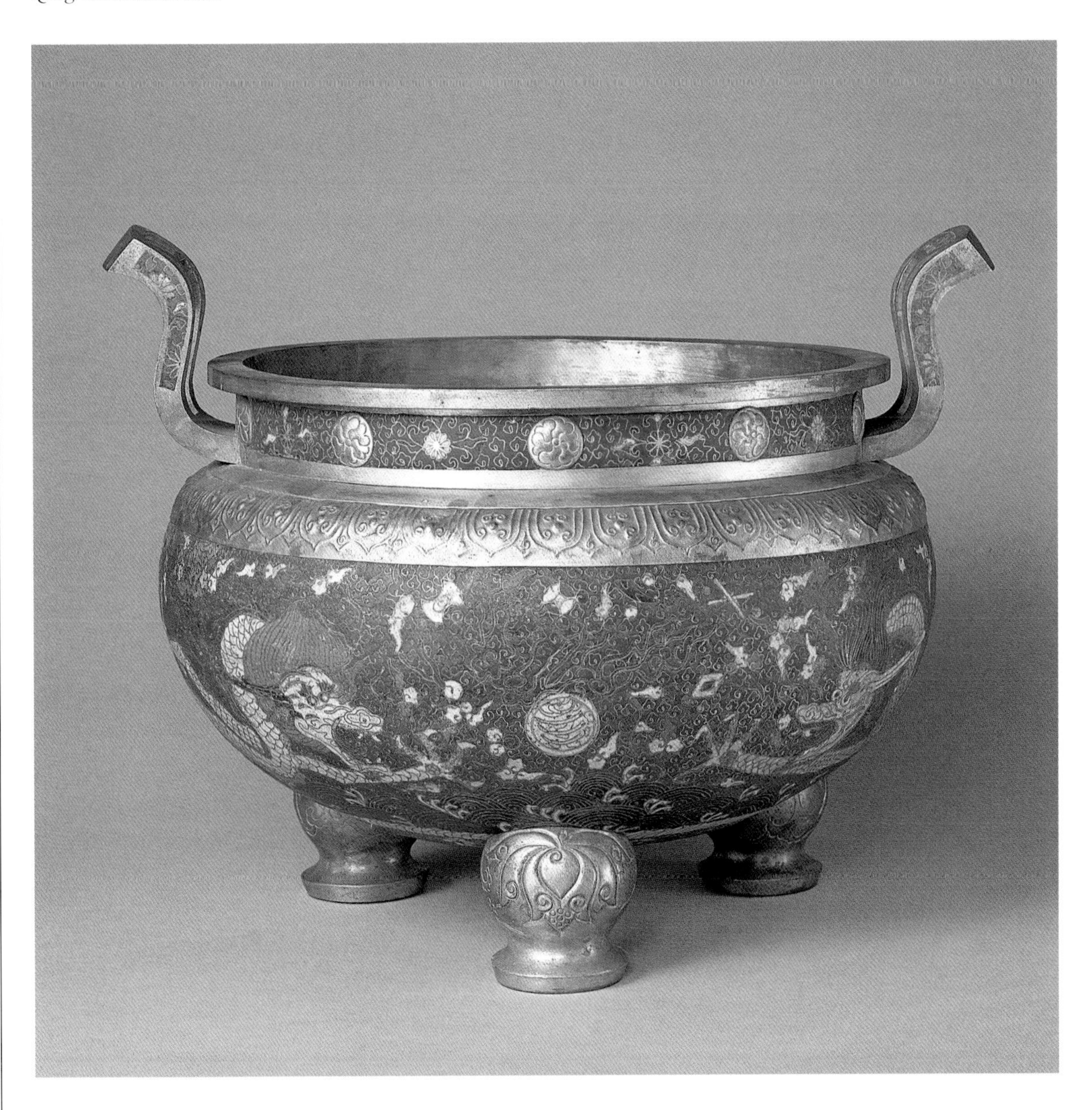

爐為鼎式，銅鍍金，雙朝冠耳，三個馬蹄形足。通體施藍色琺瑯釉地，口邊飾菊花、乳釘，肩部錘鍱出蓮瓣紋；腹部飾雙龍戲珠、雙鳳戲牡丹，間飾彩雲、雜寶紋；足飾蓮花紋。

此爐器型大，色彩絢麗，圖案寓意吉祥，只是胎薄，掐絲略粗，釉色雖豐富，但色澤不甚純正。

73

# 掐絲琺瑯龍鳳紋菱花式爐

明晚期
高23.5厘米　口徑37.5厘米　足距36厘米
清宮舊藏

**Cloisonné enamel water-chestnut-flower-shaped censer with dragon and phoenix design**

Late Ming Dynasty
Height: 23.5cm　Diameter of mouth: 37.5cm
Spacing between feet: 36cm
Qing Court collection

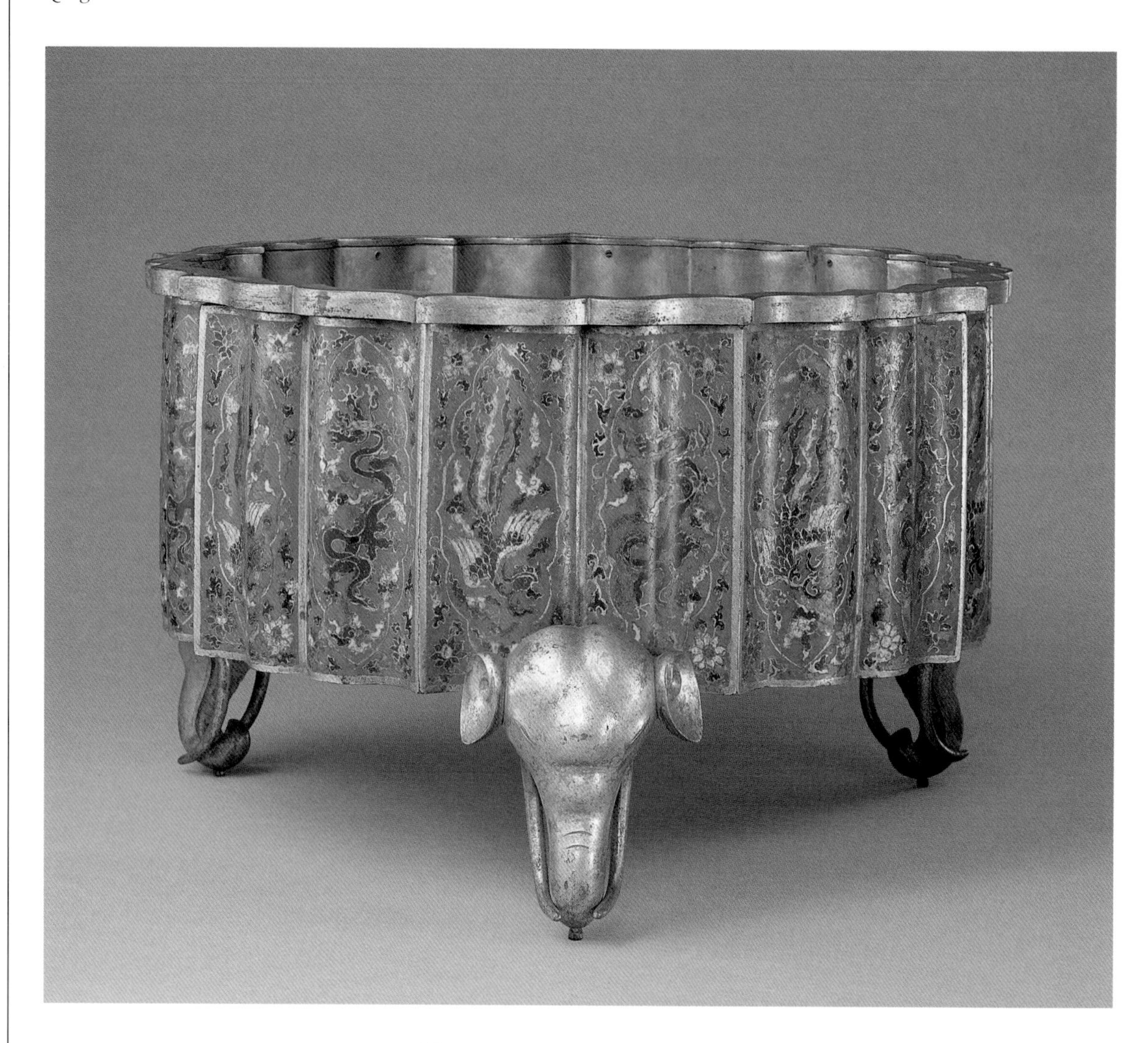

爐為菱花式，三個銅鍍金象首足。外壁施藍色琺瑯釉為地，有九對菱花瓣形開光，開光內相間飾雲龍、雲鳳紋，龍為寶藍色，作騰空起舞狀，鳳作展翅翱翔狀。此爐器型源自樽形，造型完美，與開光裝飾相協調，龍紋矯健，鳳紋祥和，掐絲流暢，象首足生動寫實，是明晚期製作精美的琺瑯器。

## 74

### 掐絲琺瑯胡人進寶式熏爐

明晚期

通高25.4厘米　長17.6厘米　寬15.8厘米

清宮舊藏

**Cloisonné enamel water-chestnut-flower-shaped censer with four figure-shaped legs**

Late Ming Dynasty

Overall height: 25.4cm　Length: 17.6cm

Width: 15.8cm

Qing Court collection

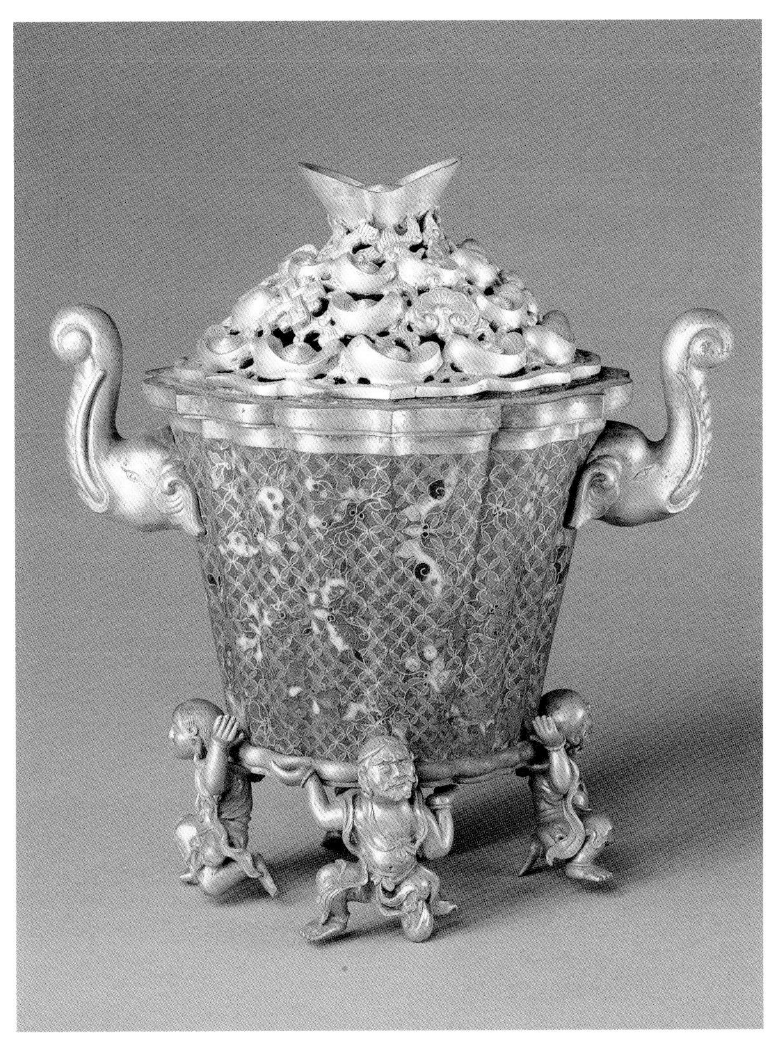

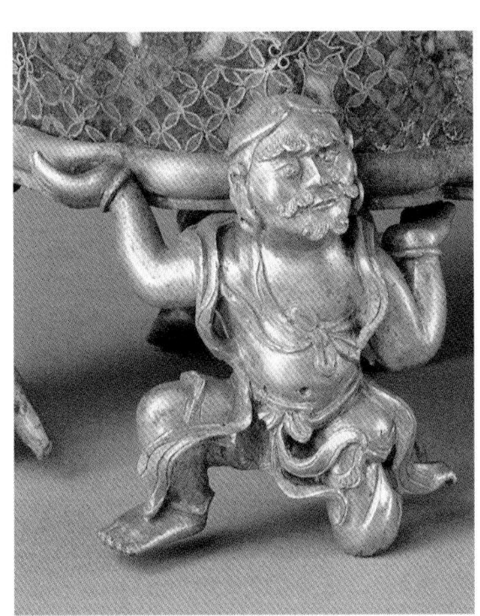

爐為菱花式，銅鍍金象首耳，四個人形足。蓋為鍍金鏤空雜寶紋，元寶形鈕。爐身施綠色琺瑯釉為地，填藍色釉錢紋錦地，滿飾形態各異、色彩斑斕的蝴蝶。爐足為四個神態莊重的胡人，羅漢裝束，胡跪於地，雙手上擎，托舉着聚寶盆一般的爐。

此爐造型具有很高的整體性，設計新穎獨特。鍍金胡人形足與蓋上的鍍金雜寶相呼應，象首式耳與佛教中“白象進寶”之説暗合，蝴蝶與錢紋亦含富貴之意，平添了不少趣味。

75

## 掐絲琺瑯獅形香熏

明晚期
高26.7厘米
清宮舊藏

**Cloisonné enamel lion-shaped censer**
Late Ming Dynasty
Height: 26.7cm
Qing Court collection

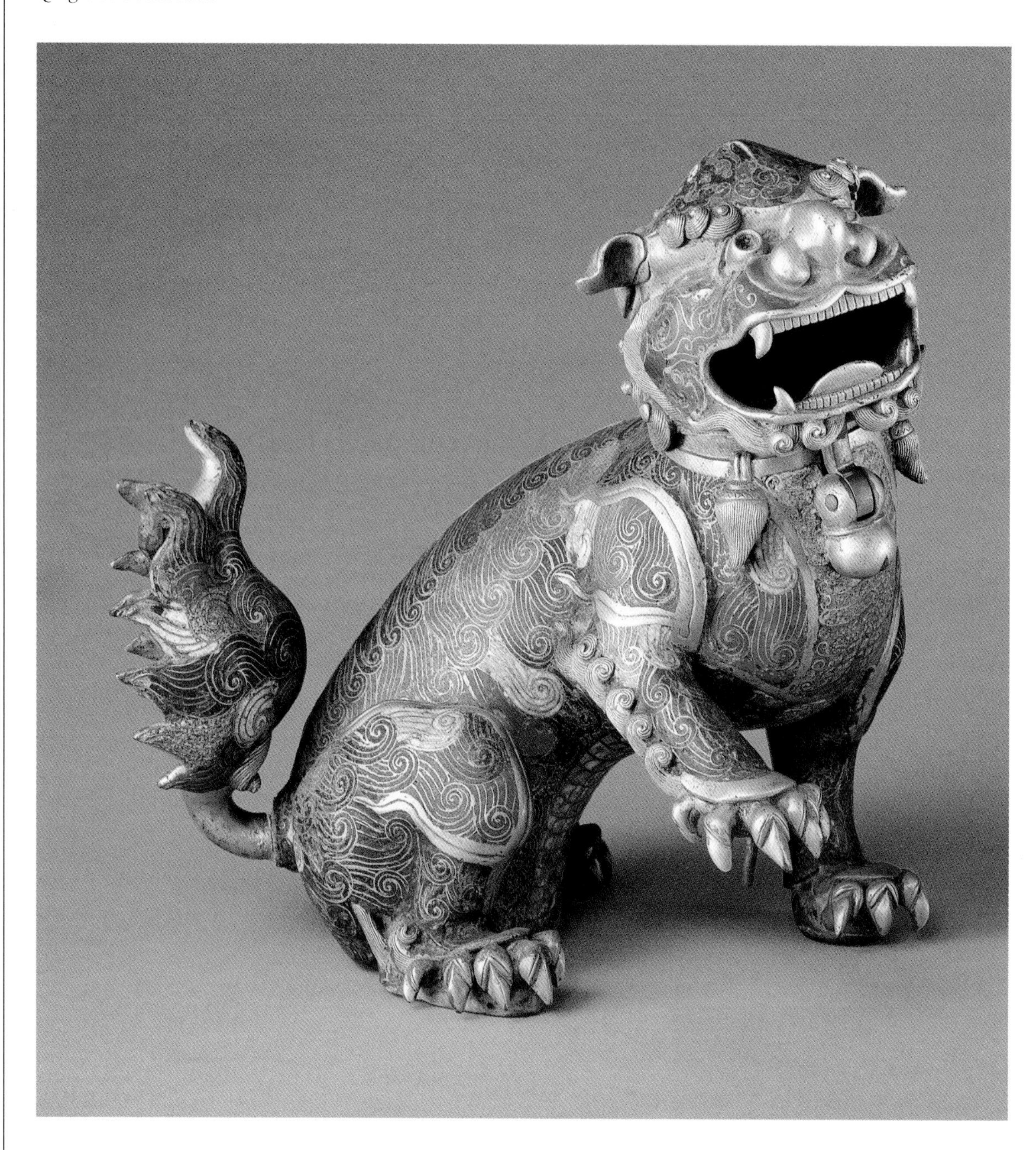

香熏為獅子戲球式，昂首側視，張口翹尾，蹲坐於地。前爪抬起，似在戲球。獅首有暗鈕，可轉動，胸前有兩個垂纓。用掐絲填以綠色琺瑯釉為主，間施紅、白兩色琺瑯釉，表現獅子身披渦狀捲毛，胸前及四腿處有鏨刻花紋。

香熏造型雄健，比例適度，採用掐絲、鏨刻兩種工藝恰當地表現出獅子的頑皮可愛的形象。爪下無座，益顯得生動而無所約束。

76

## 掐絲琺瑯鴛鴦形香熏

明晚期

高20厘米　長17.3厘米

清宮舊藏

**Cloisonné enamel censer in the shape of mandarin duck**

Late Ming Dynasty

Height: 20cm　Length: 17.3cm

Qing Court collection

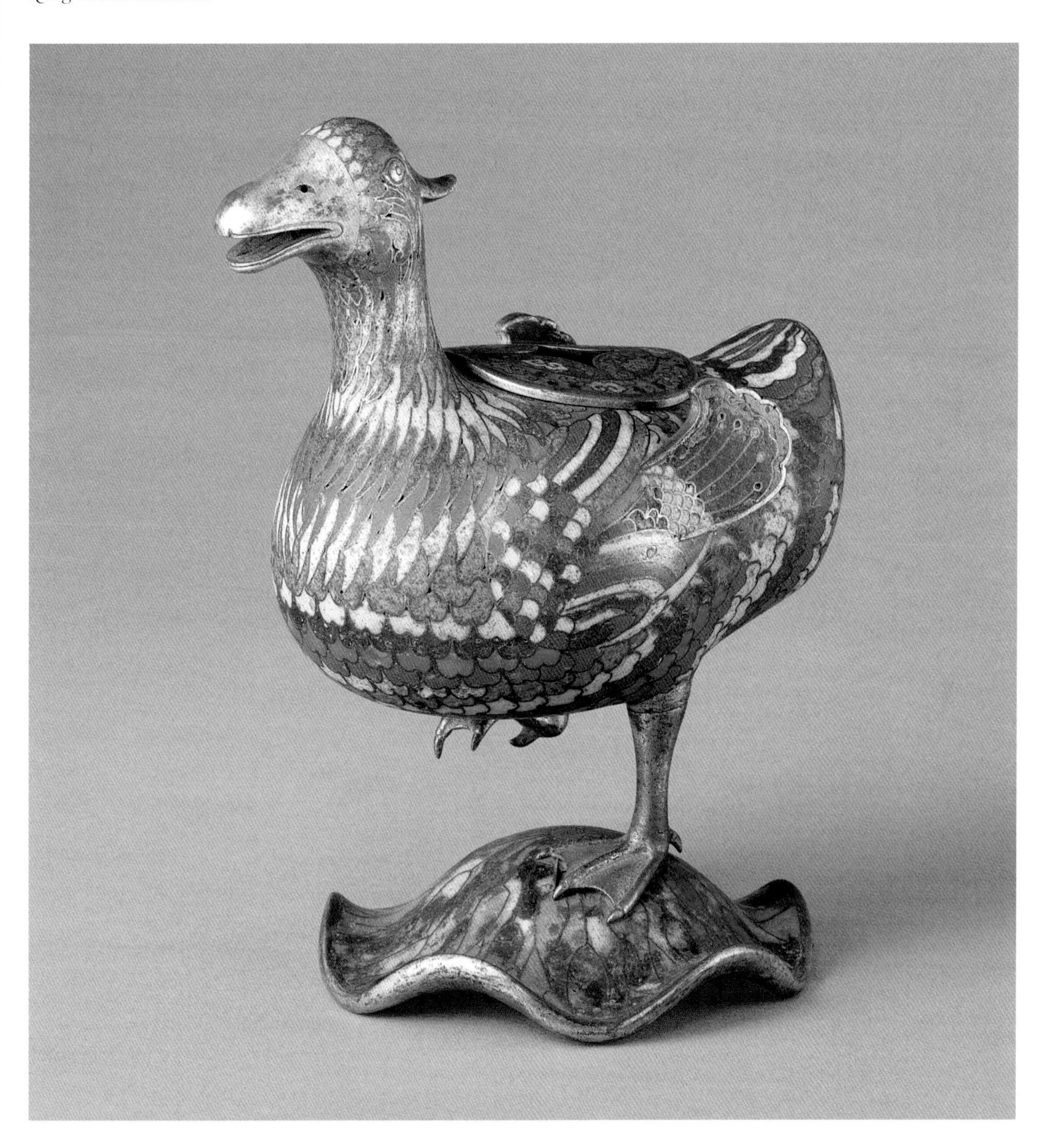

香熏造型為鴛鴦獨立式，昂首，頂羽翹起，身上用不同的琺瑯釉色來表現其色彩斑斕的羽毛，翅羽上翻，單爪立於荷葉之上，荷葉用多種綠色點染過。背上有錢形蓋，中心有方孔，使用時香煙從孔中裊裊升起。

此香熏造型優美，鴛鴦體態輕盈，既是一件實用器，又是一件精美的工藝雕塑品。動物造型的琺瑯器出現於明晚期，鴛鴦形的出現豐富了琺瑯器的器型。

77

## 掐絲琺瑯纏枝蓮紋螭耳熏爐

明晚期

通高24.5厘米　口徑22厘米　底徑16.3厘米

清宮舊藏

**Cloisonné enamel censer with hydra-shaped ears decorated with interlocking sprays of lotus**

Late Ming Dynasty

Overall height: 24.5cm　Diameter of mouth: 22cm

Diameter of bottom: 16.3cm

Qing Court collection

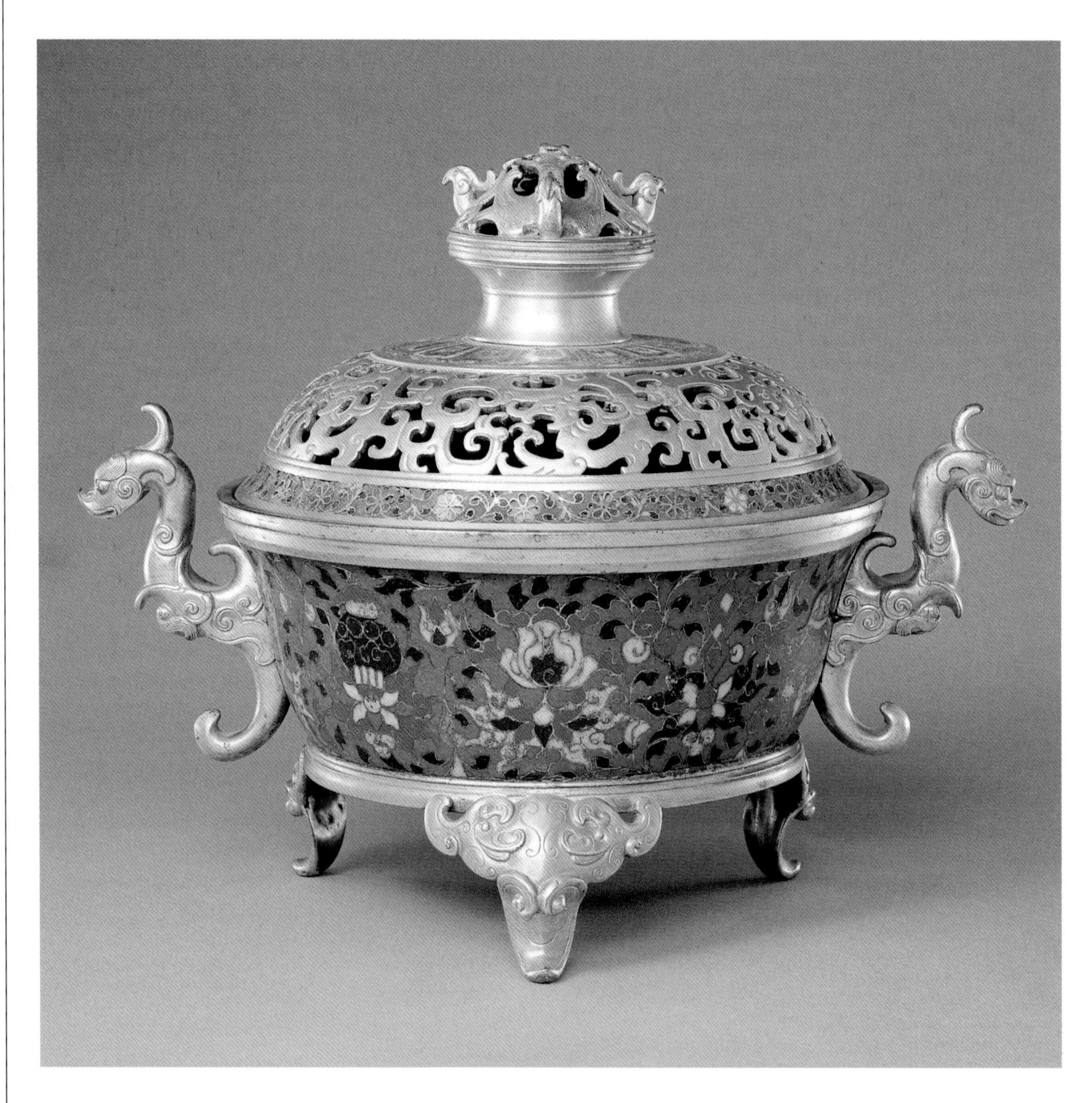

爐為桶形，銅鍍金雙螭耳，下承三獸首足。爐身施藍色琺瑯釉為地，飾彩色纏枝蓮花托雜寶紋。蓋為後配，飾銅鍍金鏤空蟠螭紋，邊緣為藍色釉地飾彩色菊花紋，頂有彩色蓮瓣紋環繞鏤雕夔鳳鈕。底鐫陽文“大明景泰年製”楷書款。

熏爐的釉色特點及紋飾風格，均具有明晚期特徵。

78

## 掐絲琺瑯纏枝蓮八卦紋爐

清康熙
通高65厘米　口徑22厘米　足距19厘米
清宮舊藏

**Cloisonné enamel "Ba Gua" censer with design of interlocking sprays of lotus**

Kangxi period, Qing Dynasty
Overall height: 65cm　Diameter of mouth: 22cm
Spacing between feet: 19cm
Qing Court collection

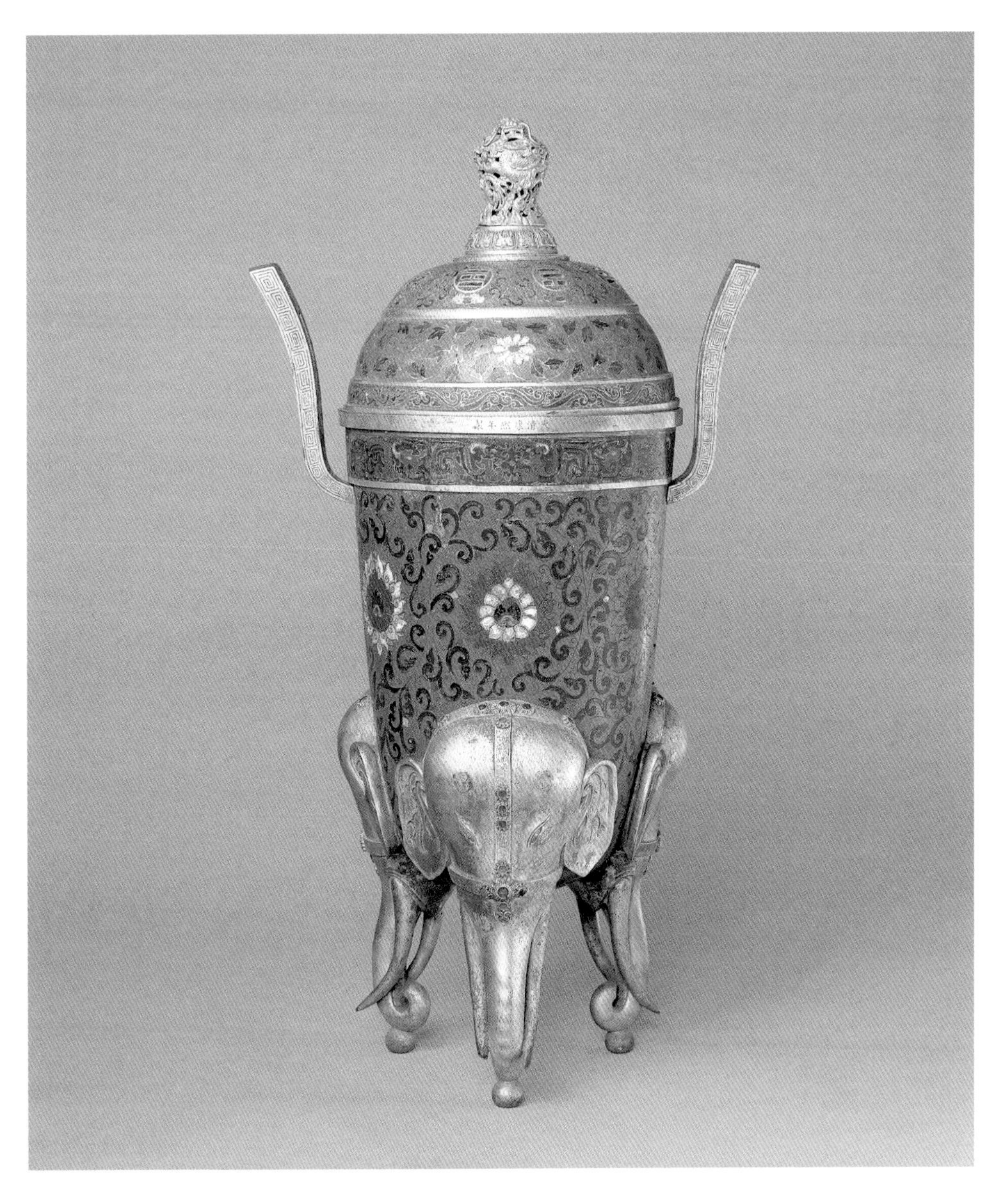

爐為銅胎鍍金，朝冠耳，桶形腹，三象首足，有蓋。通體以海藍色琺瑯釉為地，蓋面飾八個寶藍色釉圓形開光，其內鏤空出八卦紋，環周有菊花、牡丹紋，頂為鍍金鏤雕雲龍。腹外壁飾紅、白、藕荷色纏枝蓮各兩朵；口沿下為寶藍色琺瑯地飾夔龍紋，口沿鏨陰文"大清康熙年製"楷書款。象首轡頭上嵌青金石、紅珊瑚、綠松石、紅料石等。

此爐胎體厚重，造型挺拔，掐絲細膩，色彩略顯灰暗，這是康熙早期掐絲琺瑯工藝的特徵。

79

## 掐絲琺瑯纏枝花紋乳足爐

清康熙
高10.1厘米　口徑14厘米　足距9厘米
清宮舊藏

**Cloisonné enamel censer with breast-shaped feet decorated with interlocking floral design**

Kangxi period, Qing Dynasty
Height: 10.1cm　Diameter of mouth: 14cm
Spacing between feet: 9cm
Qing Court collection

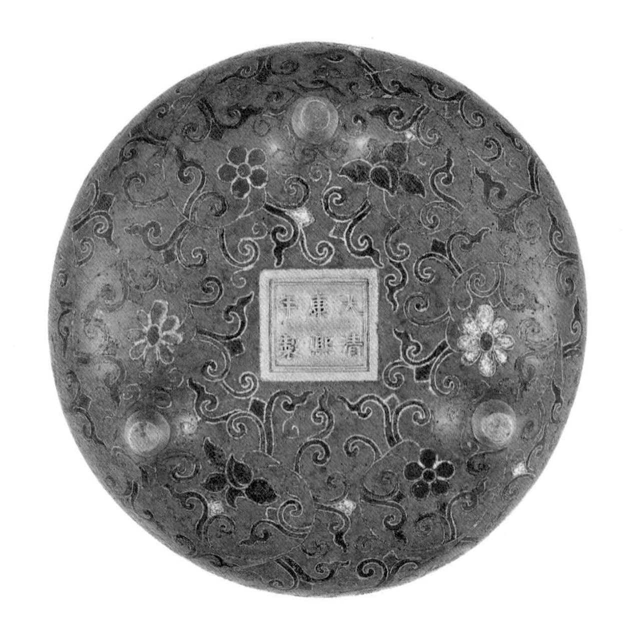

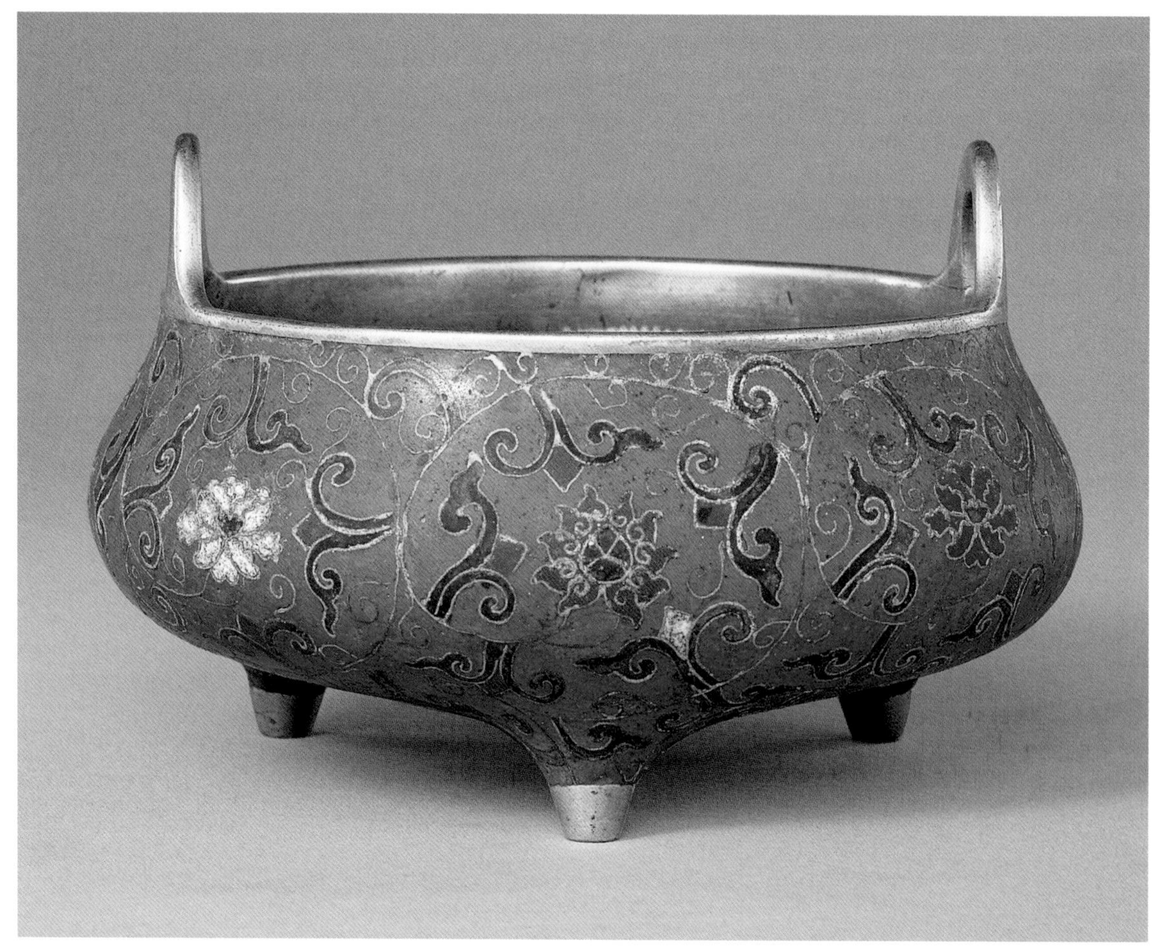

爐扁圓腹，朝天耳，下承三乳足。通體施淺藍色琺瑯釉為地，掐絲填彩釉飾纏枝蓮花及牡丹紋，底雙方框內鐫剔地陽文“大清康熙年製”楷書款。

此爐掐絲很細，釉色顯灰暗，刻款頗精，字體工整，為康熙標準款識。

80

## 掐絲琺瑯纏枝蓮紋乳足熏爐

清康熙
高8.5厘米　口徑9.5厘米　足距7.5厘米
清宮舊藏

**Cloisonné enamel censer with breast-shaped feet decorated with interlocking lotus design**

Kangxi period, Qing Dynasty
Height: 8.5cm　Diameter of mouth: 9.5cm
Spacing between feet: 7.5cm
Qing Court collection

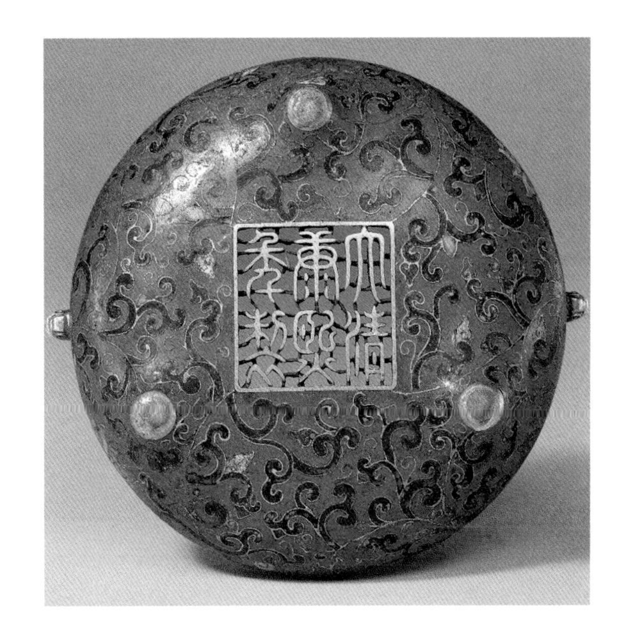

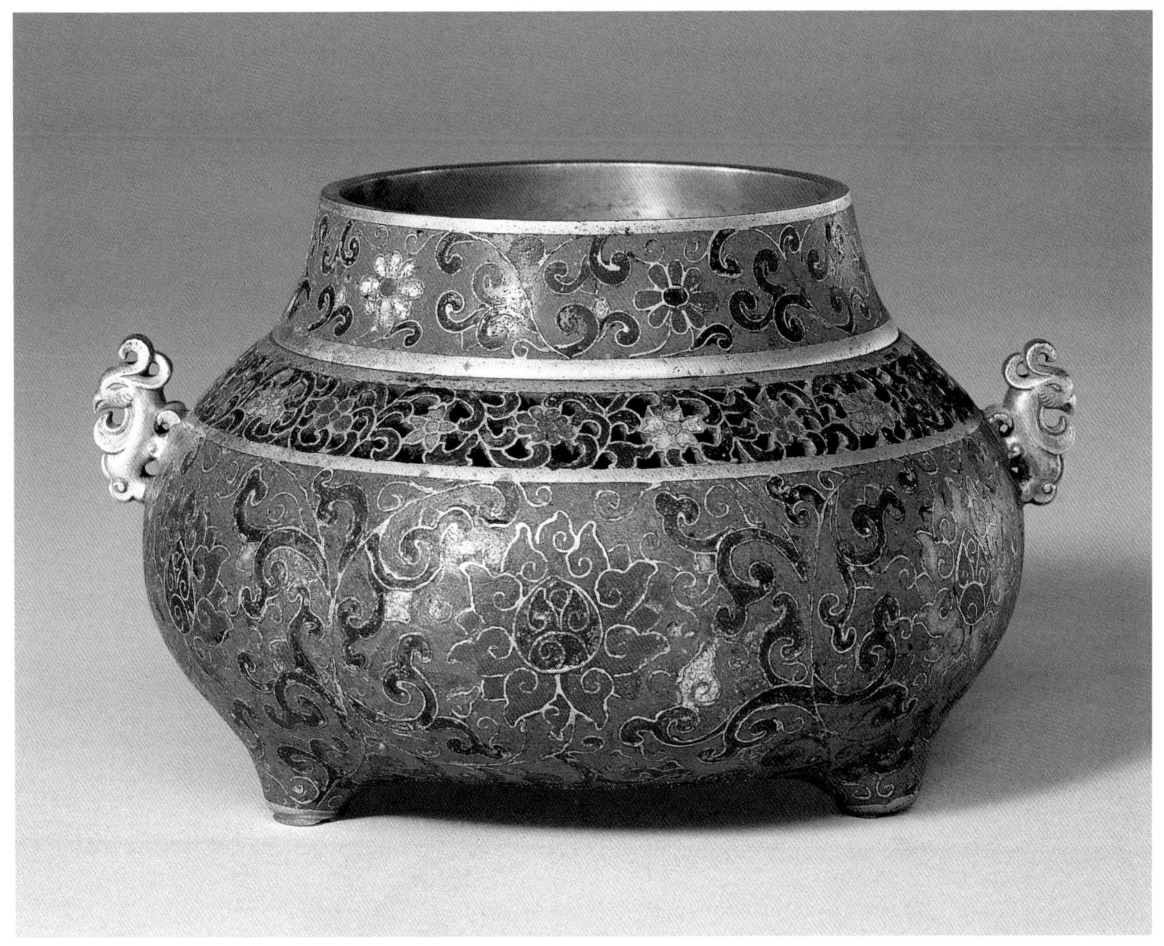

爐扁圓腹，直口，兩側飾鍍金夔鳳耳，下承三乳足。通體施海藍色琺瑯釉為地，肩飾鏤空掐絲填彩釉纏枝花一周。腹部飾藕荷、紅、白、紫、紅、黃色纏枝蓮六朵。底纏枝相連，正中有鏤空鍍金“大清康熙年製”篆書款。

此爐掐絲雖細，但不夠工整，釉地藍色乾澀無光，表現出清初掐絲琺瑯的釉色特點。爐底的鏤空款識為前所未見。

81

## 掐絲琺瑯纏枝蓮紋膽瓶

清康熙

高12厘米　口徑1.7厘米　足徑5厘米

清宮舊藏

**Cloisonné enamel gall-shaped vase with design of interlocking sprays of lotus**

Kangxi period, Qing Dynasty

Height: 12cm　Diameter of mouth: 1.7cm

Diameter of foot: 5cm

Qing Court collection

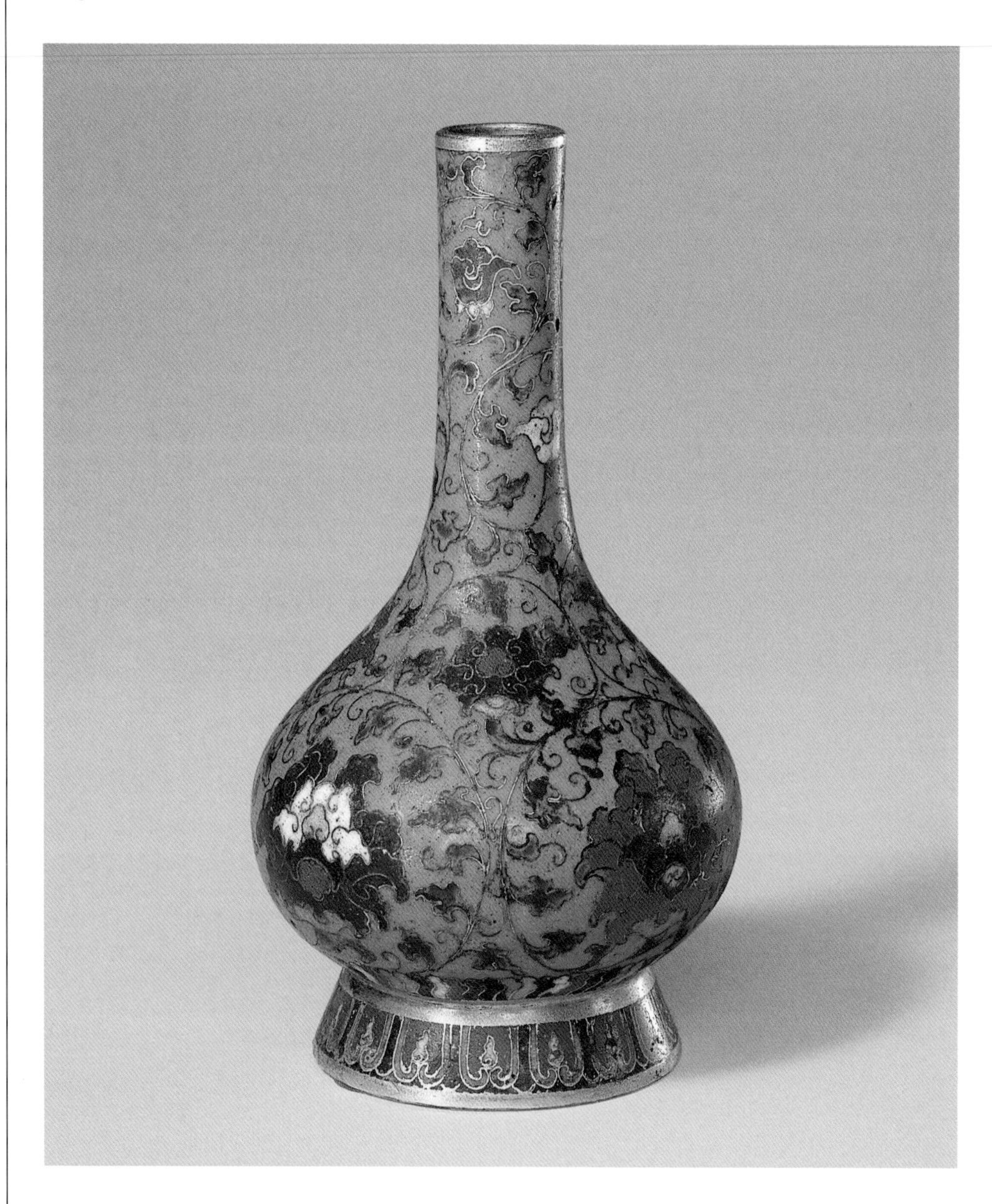

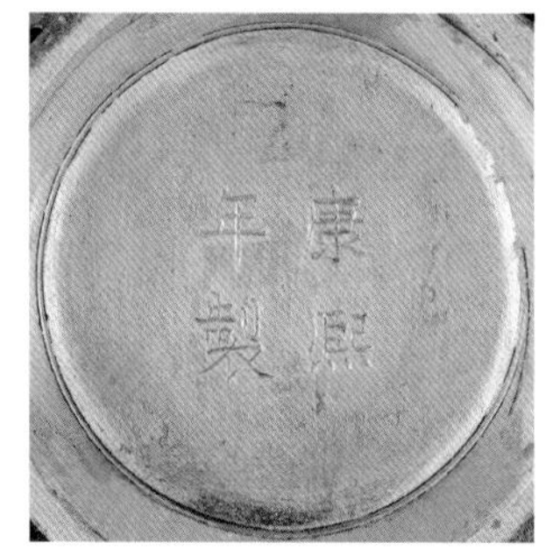


瓶為膽式，直頸，垂腹。通體以淺藍色琺瑯釉為地，腹部飾掐絲琺瑯彩釉纏枝蓮紋，枝葉以單綫勾勒，掐絲極細；足牆飾蓮瓣紋。底鍍金，鏨陰文“康熙年製”楷書款。

此器雖地色灰暗，但仍為不可多得的康熙款掐絲琺瑯瓶。

82

## 掐絲琺瑯青鸞穿花紋長方盤

清康熙
高1.5厘米　長9厘米　寬7厘米
清宮舊藏

**Cloisonné enamel rectangular plate with design of blue fabulous bird among flowers**

Kangxi period, Qing Dynasty
Height: 1.5cm
Length: 9cm
Width: 7cm
Qing Court collection

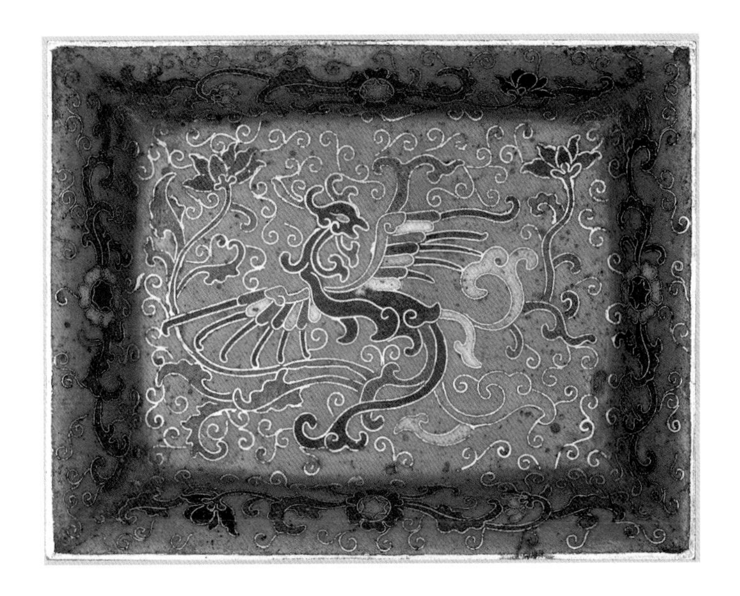

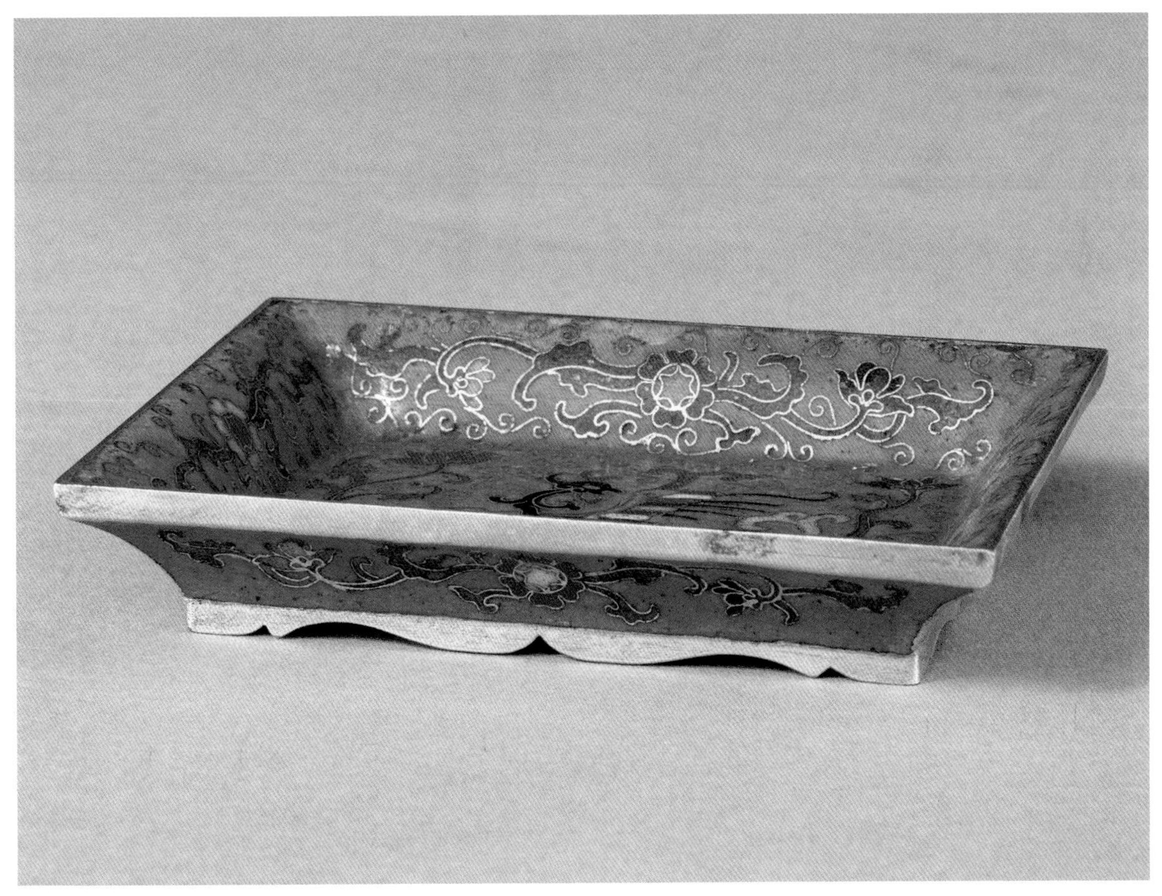

盤長方形，撇口，銅鍍金矮足。通體施藍色琺瑯釉為地，飾彩釉纏枝花卉紋。盤心主體紋飾為青鸞穿花，在奇花間飛舞着一隻藍色的鸞鳥，盤內外壁飾變形花卉紋。青鸞及花卉枝葉均為雙鈎。底鍍金，鏨陰文“大清康熙年製”楷書款。

此器紋飾掐絲工整纖細，特別是釉色純正，顯然改進了琺瑯釉的配料方法，克服了釉色乾澀灰暗的弊病，為不可多得的具康熙中後期標準款識的琺瑯器之一。是研究清康熙年間琺瑯工藝的重要實物。造辦處造。

## 83

**掐絲琺瑯纏枝蓮紋圓盒**
清康熙
高4.5厘米　口徑8.7厘米　足徑5.2厘米
清宮舊藏

**Cloisonné enamel round box with design of interlocking sprays of lotus**
Kangxi period, Qing Dynasty
Height: 4.5cm　Diameter of mouth: 8.7cm
Diameter of foot: 5.2cm
Qing Court collection

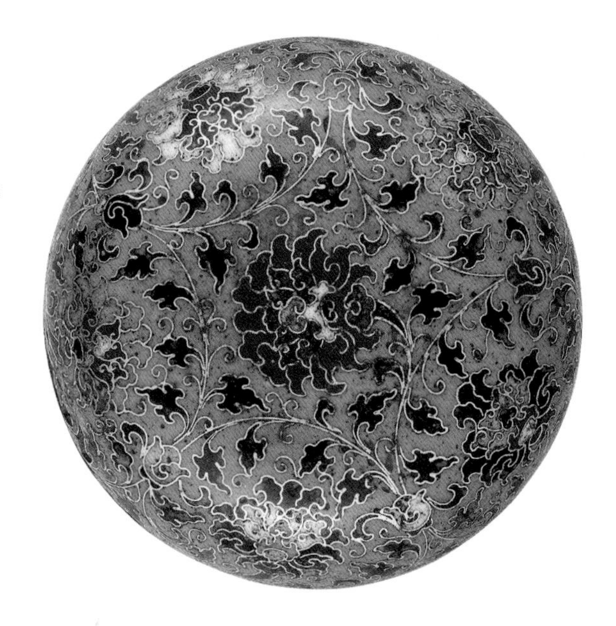

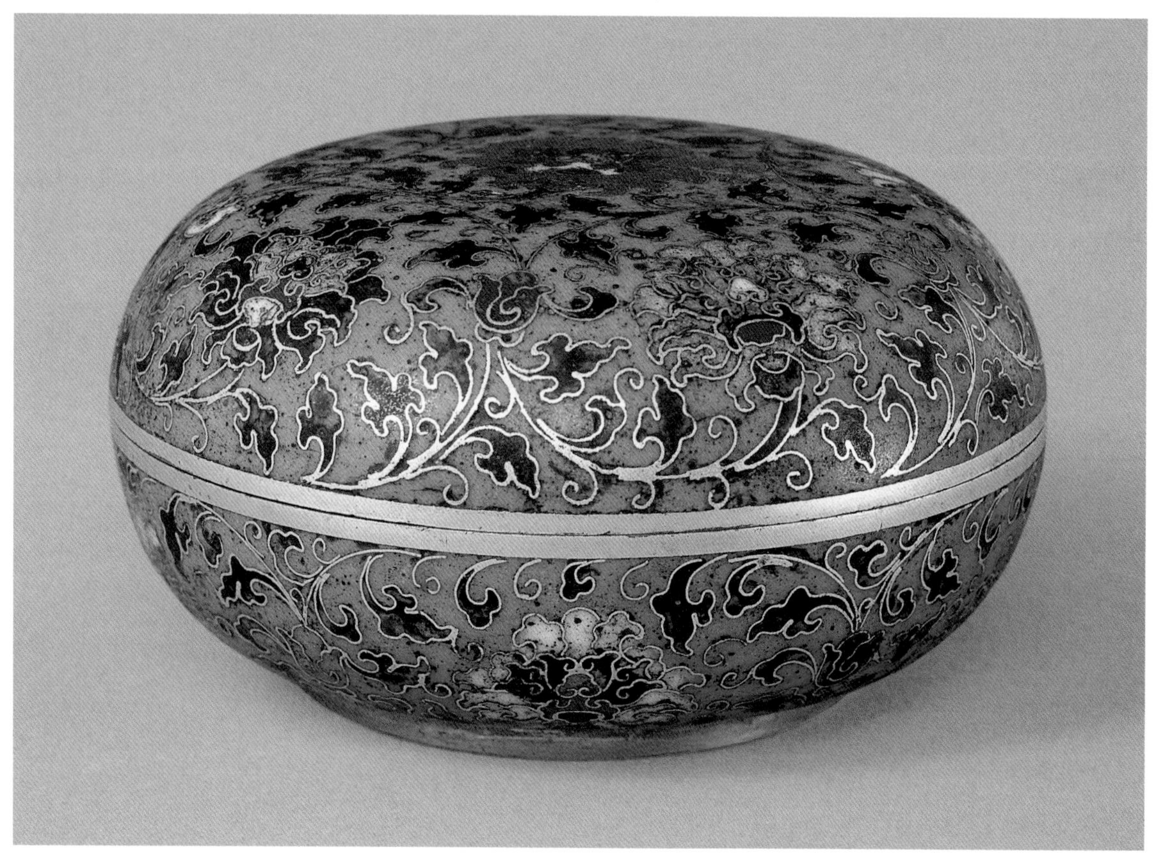

盒為扁圓形，矮圈足。通體施天藍色琺瑯釉為地，蓋面以纏枝相連成五組花紋，分別飾寶藍、黃、豆綠、紫白纏枝蓮花五朵，中心為紅色纏枝蓮花。底鍍金，飾纏枝蓮紋，中心處鏨陰文“康熙年製”楷書款。

此器器型小巧，掐絲精細靈活，紋飾規整，釉色灰暗，具有康熙早期琺瑯器的明顯特徵，是康熙時期為數不多的有款識的掐絲琺瑯器。

84

## 掐絲琺瑯菊石紋小圓盒

清康熙
高2.9厘米　口徑8厘米　足徑8.3厘米
清宮舊藏

**Cloisonné enamel small round box with chrysanthemum and rock design**
Kangxi period, Qing Dynasty
Height: 2.9cm　Diameter of mouth: 8cm
Diameter of foot: 8.3cm
Qing Court collection

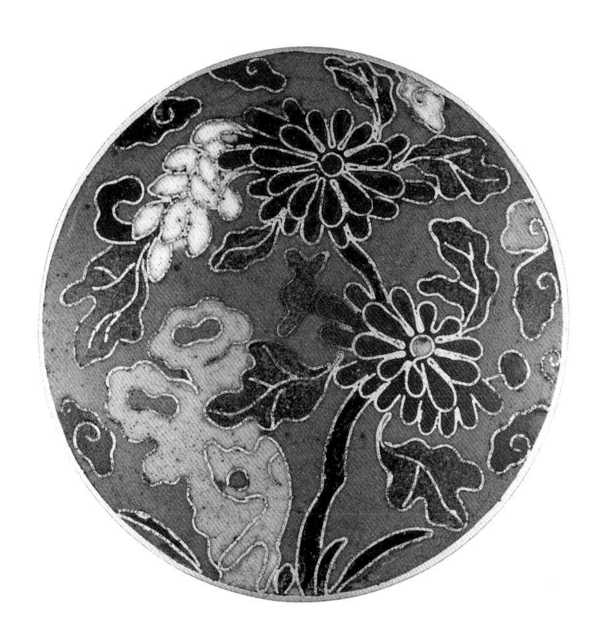

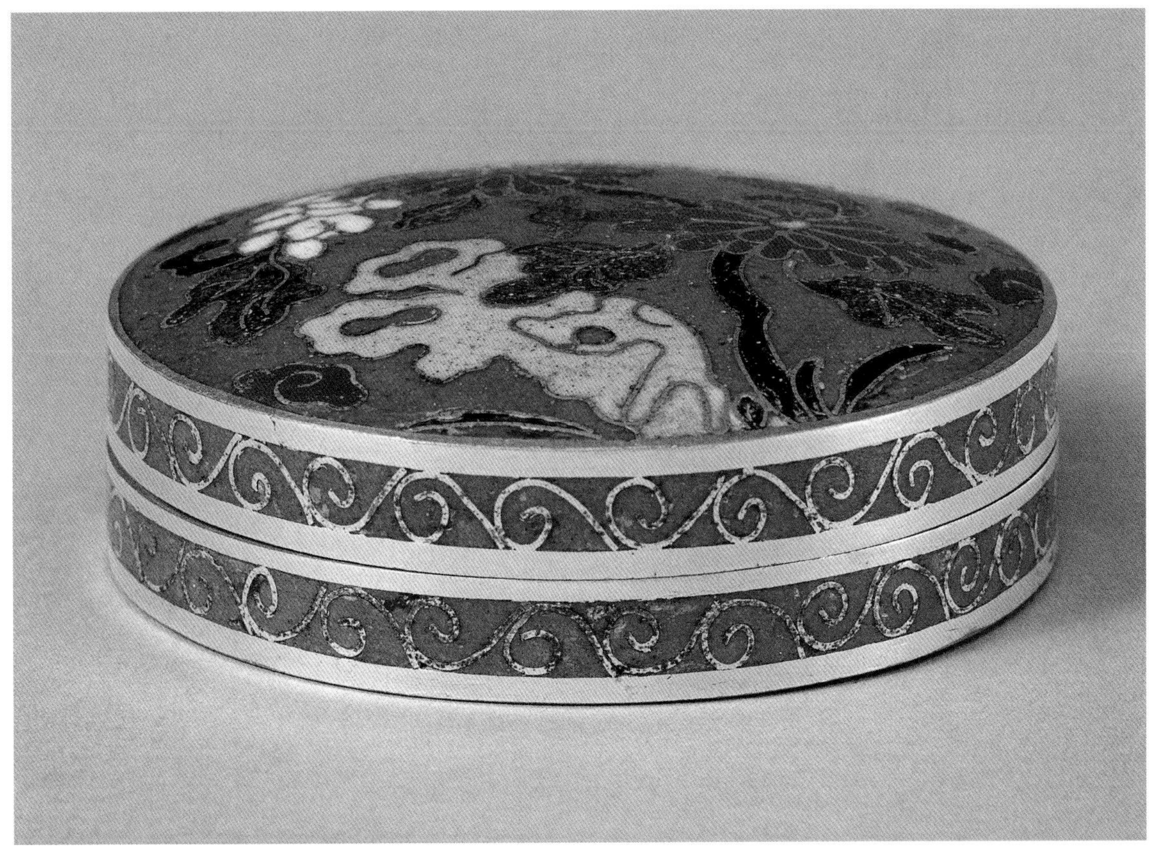

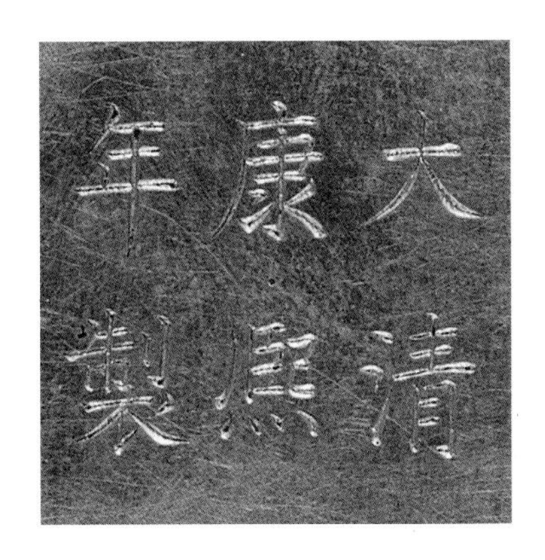


盒直壁，蓋面微凸，平底。通體施天藍色琺瑯釉為地，蓋面飾菊花、洞石，四周點綴掐絲雲紋。底鏨陰文“大清康熙年製”楷書款。

此器以山石花卉為題材，設色淡雅，圖飾簡潔明快，為清早期琺瑯器中所少見。此器是具有康熙時期標準款的琺瑯器，造辦處造。

85

## 掐絲琺瑯夔龍紋暖硯盒

清康熙

高5厘米　長14.7厘米　寬11.5厘米

清宮舊藏

**Cloisonné enamel box for warming inkslab decorated with Kui-dragon design**

Kangxi period, Qing Dynasty

Height: 5cm　Length: 14.7cm　Width: 11.5cm

Qing Court collection

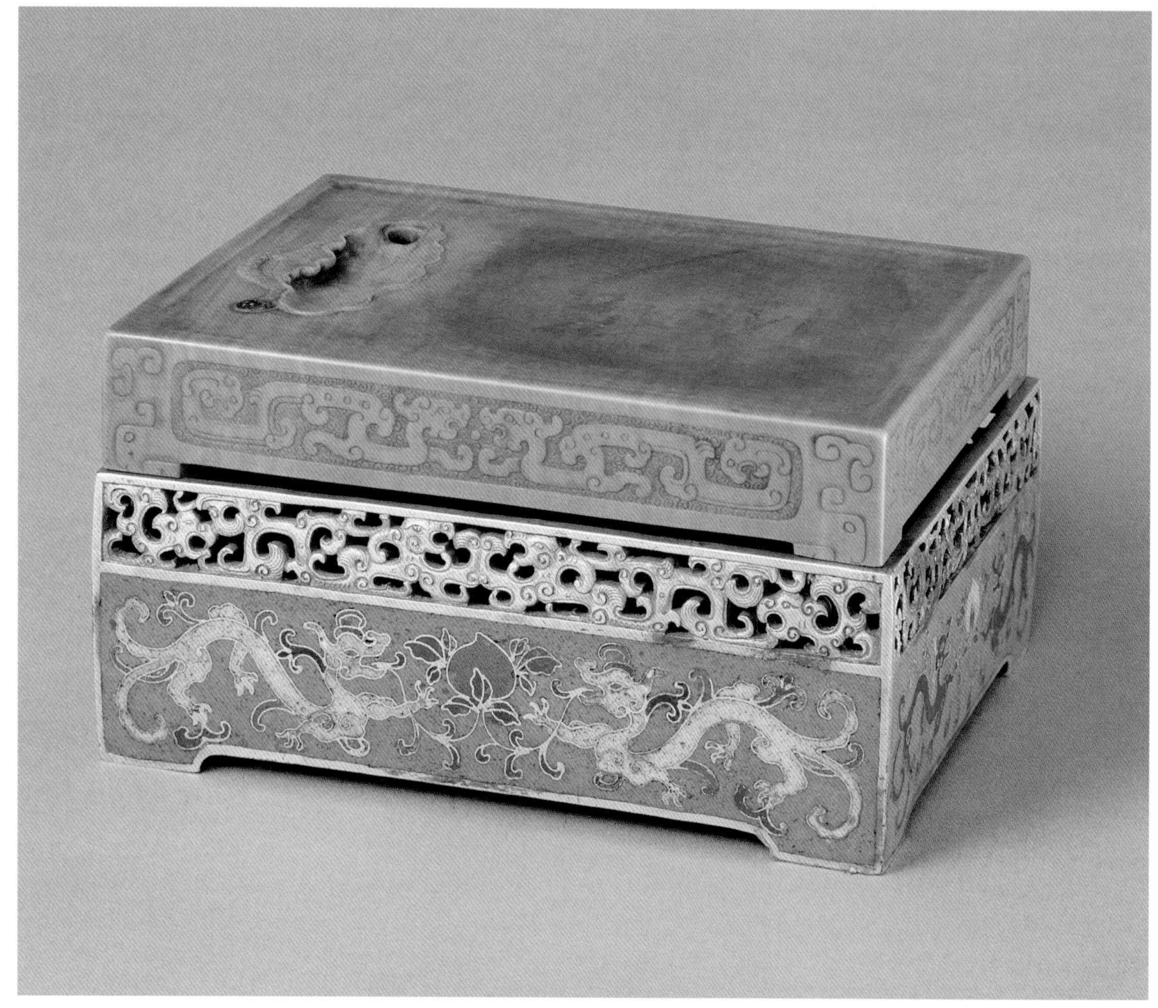

暖硯盒為長方形，下為炭盒，上置一方松花江石硯。硯石雕夔龍紋，質光潔細膩。與之相配，盒四面施淺藍色琺瑯釉為地，上飾夔龍捧壽紋。四邊口沿為銅鍍金鏤空夔龍紋。底方框內鏨陰文“康熙年製”篆書款。

暖硯盒是為了防止冬月嚴寒硯凍而特製的文具，盒內可盛熱水或炭火，使墨不受凍而易於書寫。此器是清早期文房四寶中的精品，其造型典雅，紋飾規整，淺藍色釉地色澤較純正，工藝比康熙早期有所改進。松花江石產於東北松花江和黑龍江匯合處，是清代皇帝御用硯石之一。

86

## 掐絲琺瑯纏枝牡丹紋筆架

清初
高5.3厘米　長12厘米　寬2.4厘米
清宮舊藏

**Cloisonné enamel brush rack with design of interlocking sprays of peony**

Early Qing Dynasty
Height: 5.3cm　Length: 12cm　Width: 2.4cm
Qing Court collection

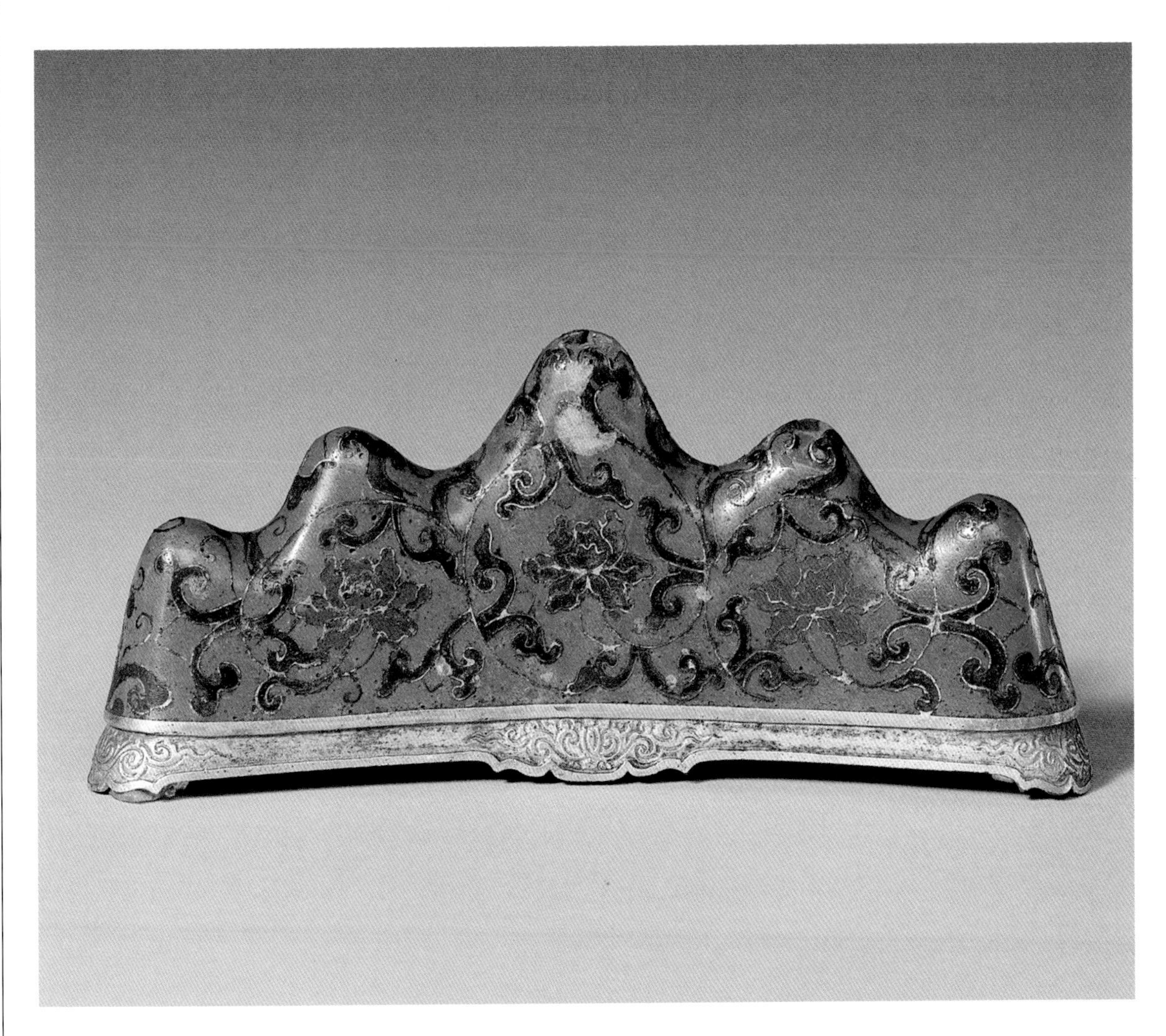

筆架呈五峰式，銅鍍金四委角矮足。通體施淡藍色琺瑯釉為地，正背兩面均飾紅、藍、紫三色纏枝牡丹。底鍍金，鏨花蔓草紋。

此器釉色灰暗，反映出清代初期掐絲琺瑯器自行燒煉釉料的特點，這是清代初期掐絲琺瑯器的特徵之一。此外，掐絲細膩流暢，紋飾舒展，可視為清初掐絲琺瑯器的又一特點。此器兩種特點具備，因而是清初琺瑯器中比較有代表性的。

87

## 掐絲琺瑯纏枝蓮紋球形香熏

清初
直徑16.2厘米
清宮舊藏

**Cloisonné enamel ball-shaped censer with design of interlocking sprays of lotus**
Early Qing Dynasty
Diameter: 16.2cm
Qing Court collection

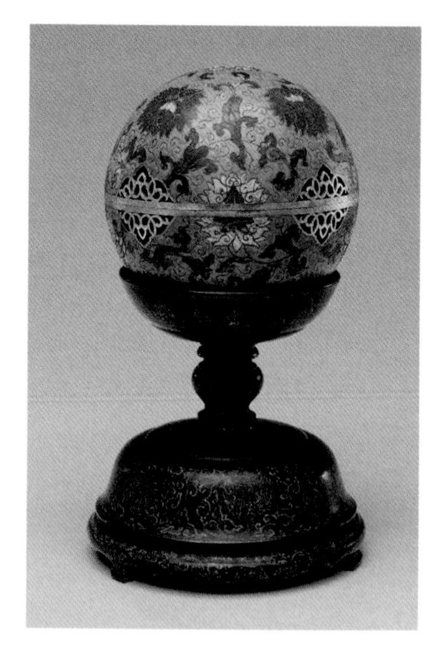

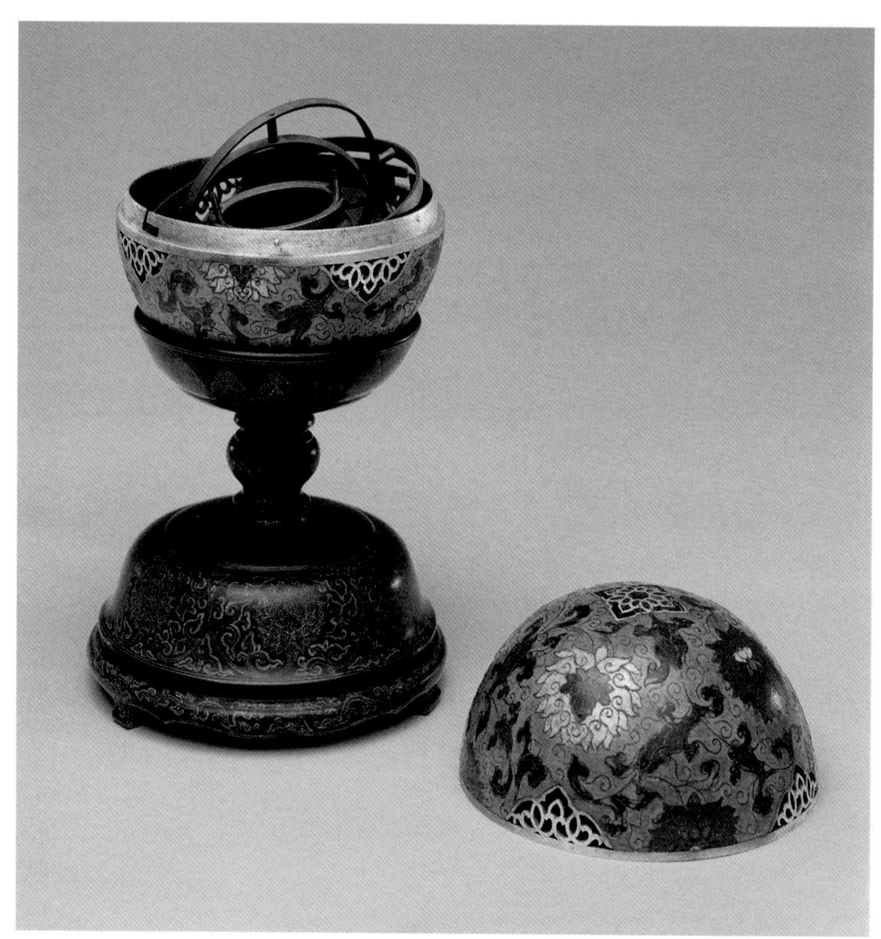

熏球形，由器、蓋兩半組成。蓋、底中心及口四邊鏤空出花紋。內設有大、中、小套合的三個活軸相連的同心圓機環，大環與球壁相連，小環中心置一小銅爐，各環軸與爐耳軸成交錯“十”字形。無論外層球體如何轉動，懸於三環中心的爐體總能保持平衡狀態。外壁通體施淺藍色琺瑯釉地，飾單綫掐絲填彩釉勾蓮紋和盛開的番蓮紋。香熏下有托座。

此香熏是仿造明早期琺瑯作品製造，一稱“懸心爐”，琺瑯釉色淡雅，掐絲纖細，紋飾流暢，與明代器物風格顯著不同。造辦處造。

88

## 掐絲琺瑯纏枝蓮紋棋子盒

清初

高11.7厘米　口徑9.5厘米　底徑7.8厘米

**Cloisonné enamel box for holding chessmen decorated with interlocking sprays of lotus**

Early Qing Dynasty

Height: 11.7cm　Diameter of mouth: 9.5cm

Diameter of bottom: 7.8cm

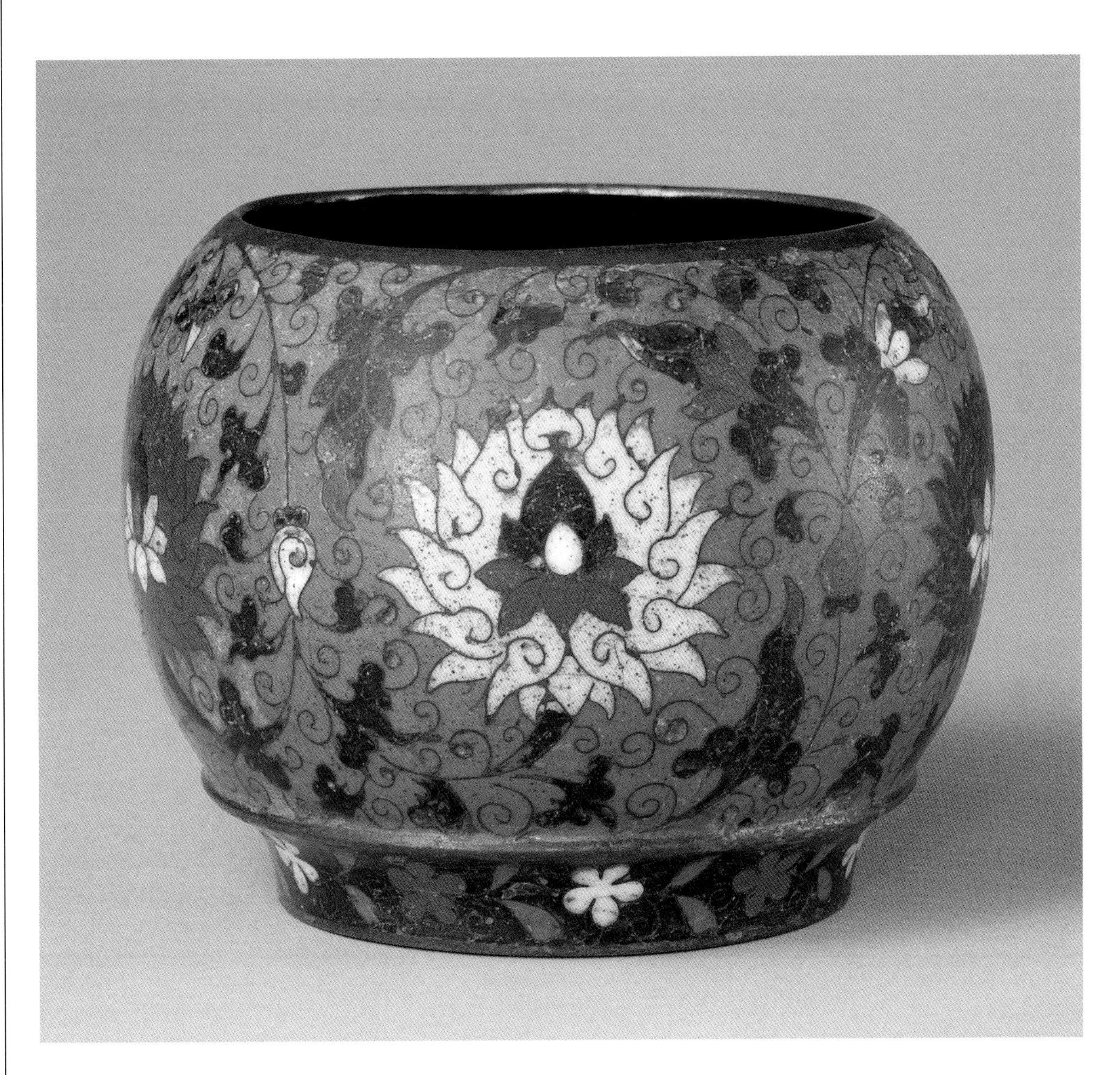

盒呈鉢形，斂口，圓腹下收，平底。通體施淺藍色琺瑯釉為地，腹部飾掐絲彩色纏枝蓮花，分別為紅、黃、白、紫色。底飾紅、黃、白色菊花紋。

此盒紋飾以單綫串聯而成，掐絲舒展，花朵充實飽滿，色彩略顯灰暗，有砂眼。雖有明代風格，但掐絲纖細略顯剛勁，反映出清初紋飾的特點。

89

## 掐絲琺瑯纏枝蓮紋獸首啣環耳壺

清初

高35厘米　口徑16.7厘米　足徑19厘米

清宮舊藏

**Cloisonné enamel ewer with animal-head-shaped handles holding a ring decorated with interlocking lotus design**

Early Qing Dynasty

Height: 35cm　Diameter of mouth: 16.7cm

Diameter of foot: 19cm

Qing Court collection

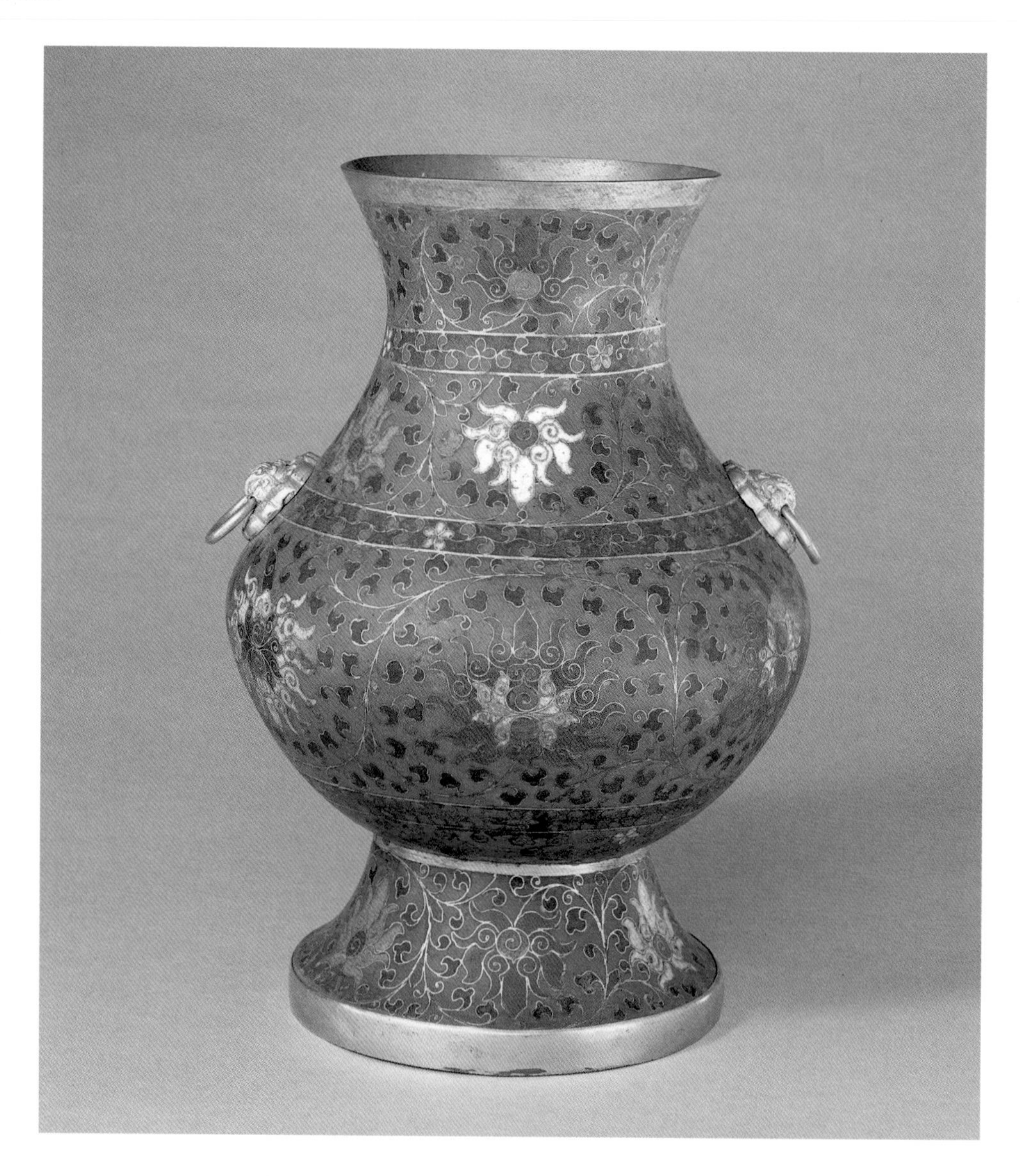

壺廣口，束頸，垂腹，高足，肩兩側有銅鍍金雙獸首啣環耳。通體淺藍色琺瑯釉為地，由銅鍍金雙綫弦紋將壺身紋飾分為五層，除腹下滿飾掐絲勾雲紋外，其餘四層均飾彩釉纏枝蓮紋。腹部為紅、豆綠、藍、紅、黃、白色大朵纏枝蓮花六朵，弦紋間飾折枝五瓣形小朵花紋。

此器造型仿古青銅器，釉色鮮豔，掐絲細膩，紋飾流暢活潑。

90

**掐絲琺瑯獅戲紋高足碗**

清初

高11.2厘米　口徑19.8厘米　足徑5.4厘米

清宮舊藏

**Cloisonné enamel stem bowl with design of lions playing with a ball**

Early Qing Dynasty

Height: 11.2cm　Diameter of mouth: 19.8cm

Diameter of foot: 5.4cm

Qing Court collection

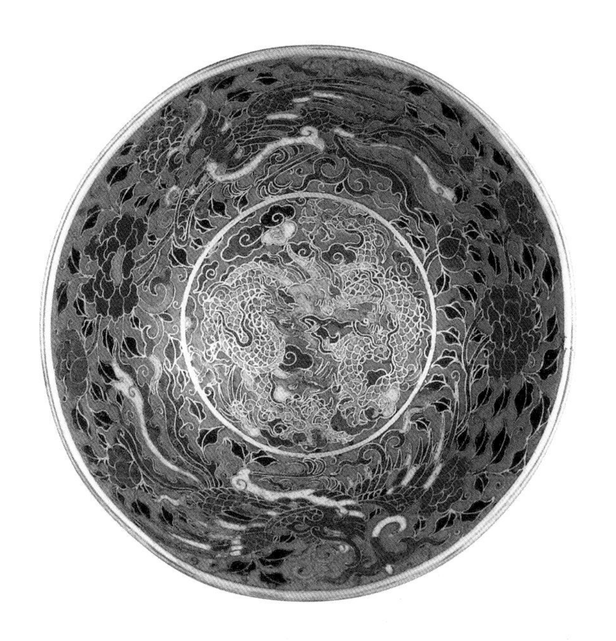

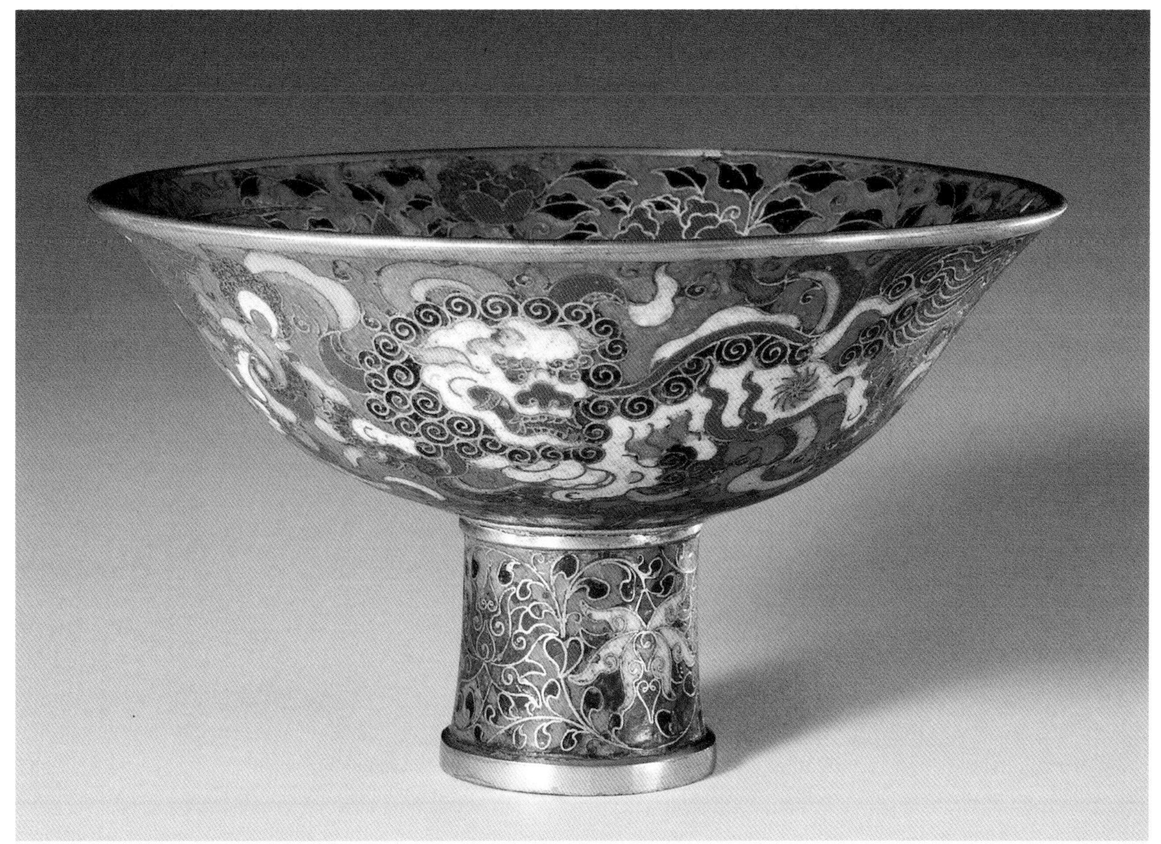

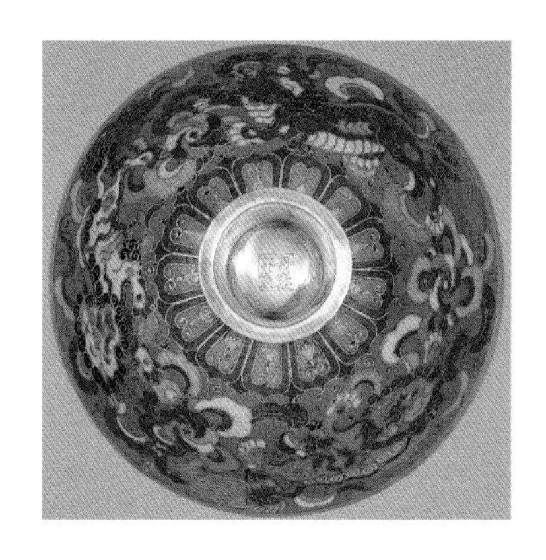

碗撇口，高足，口沿與足邊均鍍金。碗內外均以天藍色琺瑯釉為地，外壁飾白、綠、藍三色獅子戲繡球，內壁飾雙彩鳳戲紅牡丹，碗心開光，飾有祥雲團龍；近足處綠色蓮瓣紋，足柄上飾四朵勾蓮紋。底鍍金，鐫剔地陽文“景泰年製”楷書款。

此碗填以十幾種釉色，色澤鮮豔，鍍金燦爛，釉面平滑，胎體厚重，掐絲細膩，器型規整，是康熙後期仿造景泰年製的琺瑯器。

91

## 掐絲琺瑯壽字靠背椅

清初

高83厘米　寬53厘米

清宮舊藏

**Cloisonné enamel high-back chair with character "Shou" on splat**

Early Qing Dynasty

Height: 83cm　Width: 53cm

Qing Court collection

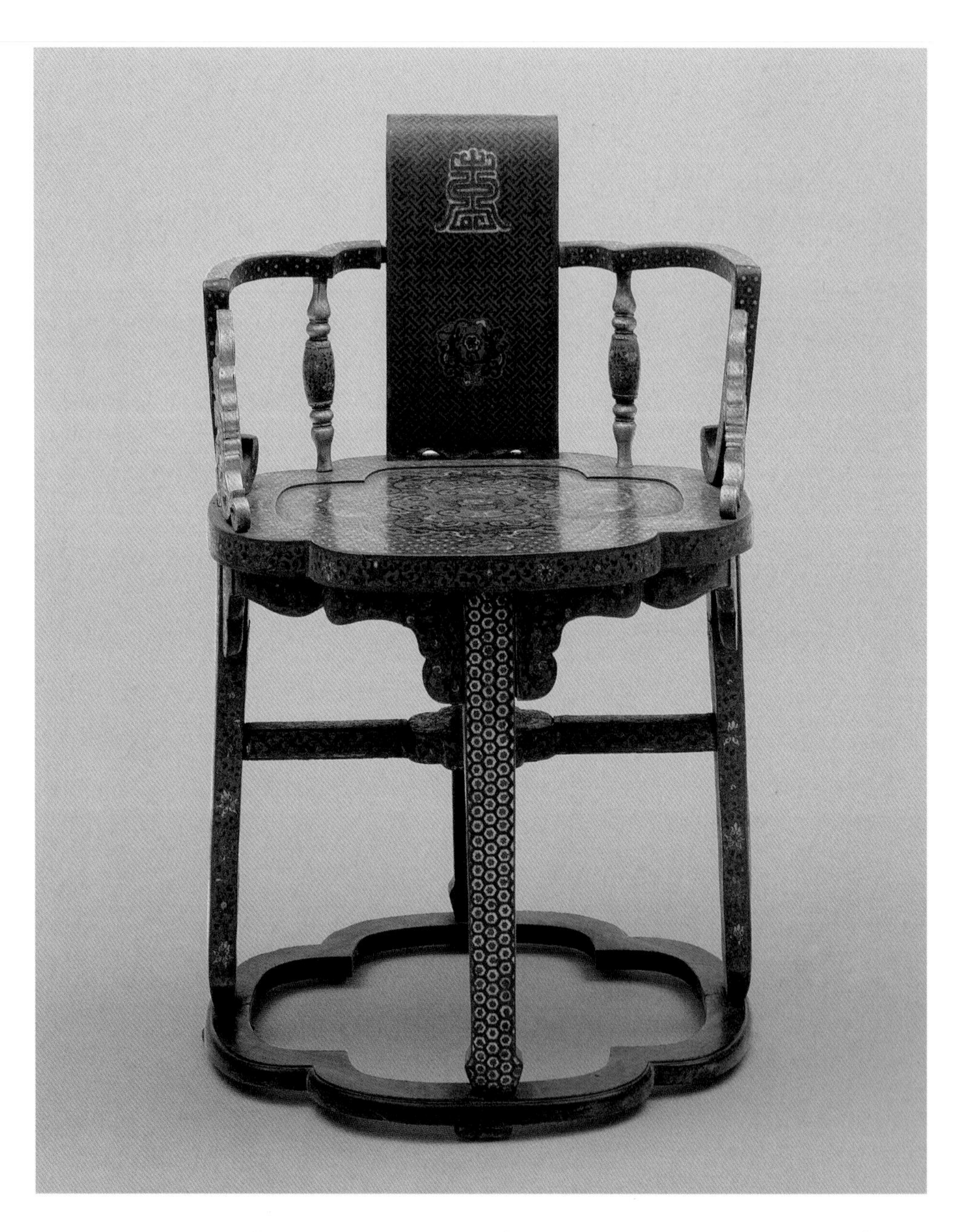

椅作海棠式，轉圈扶手，前鑲銅鍍金雙立螭。通體施藍色琺瑯釉為地，椅背飾深藍色釉"工"字紋錦地，錦地上飾紅色"壽"字及彩色雙螭。座面飾龜背錦紋，並在中心處飾掐絲勾雲紋和填綠釉螭紋，椅面邊壁及四腿均飾各色纏枝蓮紋及黃色龜背錦紋。

此椅釉色灰暗無光，掐絲欠細，鍍金不亮，均為清初掐絲琺瑯工藝特點。

92

## 掐絲琺瑯胡人捧瓶座落地燈

清初

高131厘米　底長27厘米　底寬23厘米

清宮舊藏

**Cloisonné enamel floor lamp decorated with a figure on its stand**

Early Qing Dynasty

Height: 131cm　Length of stand: 27cm　Width of stand: 23cm

Qing Court collection

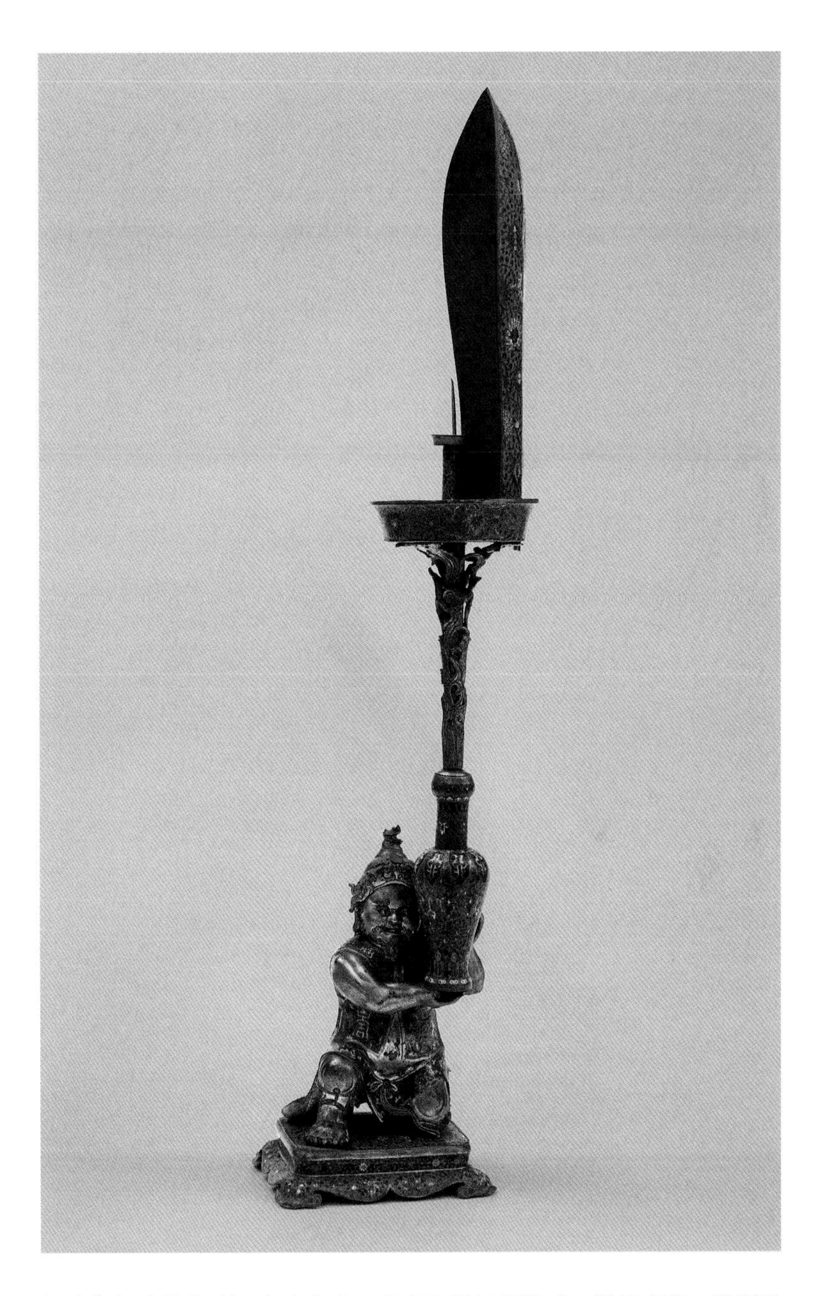

燈座為胡人捧瓶形。方座之上，胡人取單腿胡跪式，深目高鼻，髫鬚濃密，雙手捧觀音瓶，瓶口上的燈柱飾捲草托燈盤，盤上小盞中置蠟扦，一側有蓮瓣形燈罩。通體以藍色琺瑯釉為地，瓶及燈具飾彩色纏枝蓮紋；胡人身穿罩甲，飾掐絲填釉纏枝蓮及菊花紋，並飾“壽”字；人物的頭、腿、足部均鍍金。

此器釉色灰暗，砂眼較多。燈座的胡人形象反映了中西文化的交流與融合。

93

## 掐絲琺瑯纏枝蓮紋燭台

清初
高17厘米　底徑9.7厘米
清宮舊藏

**Cloisonné enamel candlestick with design of interlocking sprays of lotus**
Early Qing Dynasty
Height: 17cm　Diameter of bottom: 9.7cm
Qing Court collection

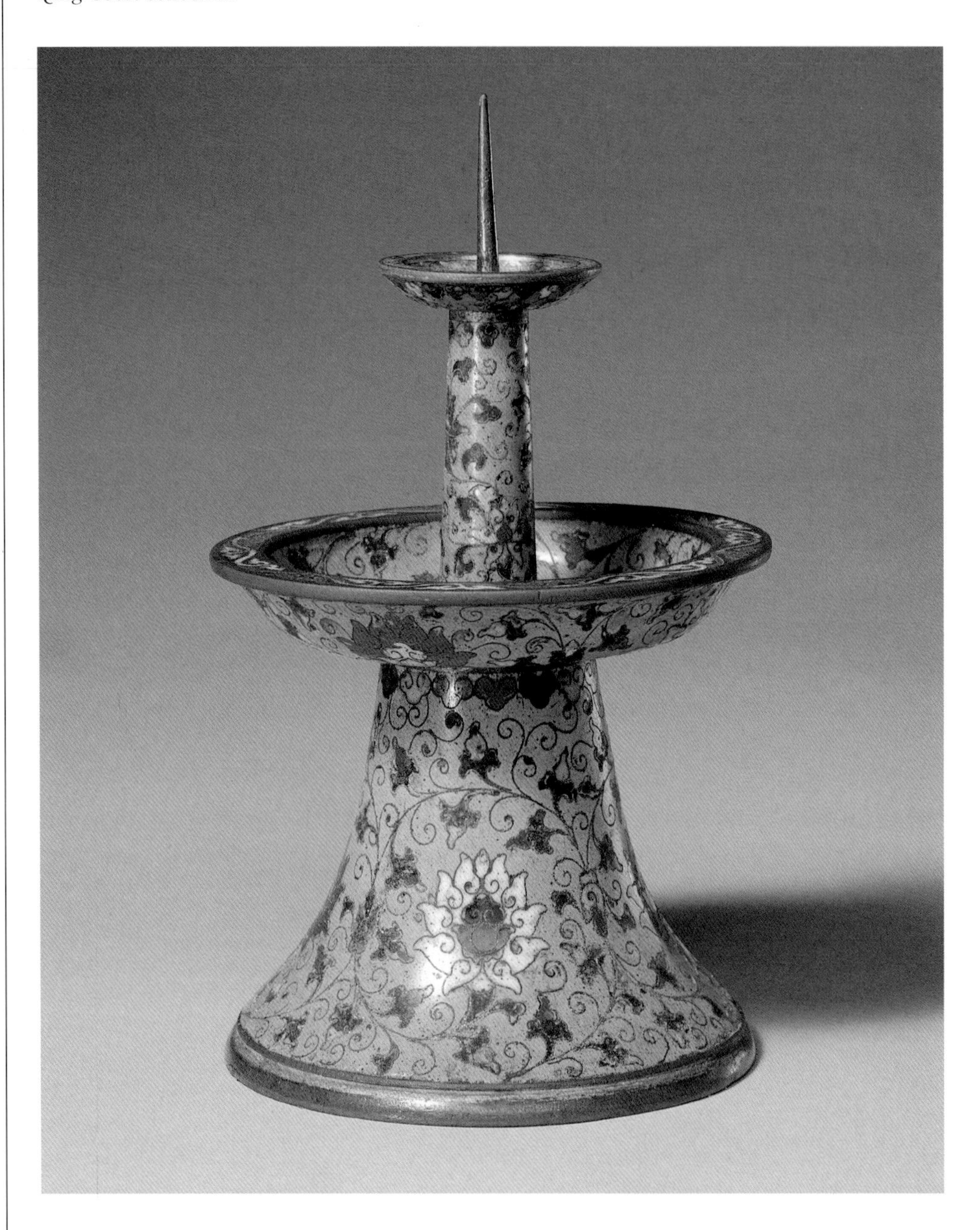

燭台由燭扦、柱、托盤三部分組成。柱上置一淺盤式小盞內插鐵，下承高足托盤。通體施淺藍色琺瑯釉為地，上飾彩色纏枝蓮紋。小盞心飾菊花一朵，托盤裏、外及高足各飾紅、黃、紫、白纏枝蓮花四朵。底鍍金，光素無款。

此器掐絲細緻，工整流暢，但琺瑯釉色顯灰暗乾澀，具有康熙早期琺瑯器的明顯特徵。

94

## 掐絲琺瑯獸面紋石榴尊

清乾隆

高18.6厘米　口徑6.5厘米　足徑9.8厘米

清宮舊藏

**Cloisonné enamel pomegranate-shaped jar with animal mask motif**

Qianlong period, Qing Dynasty

Height: 18.6cm　Diameter of mouth: 6.5cm

Diameter of foot: 9.8cm

Qing Court collection

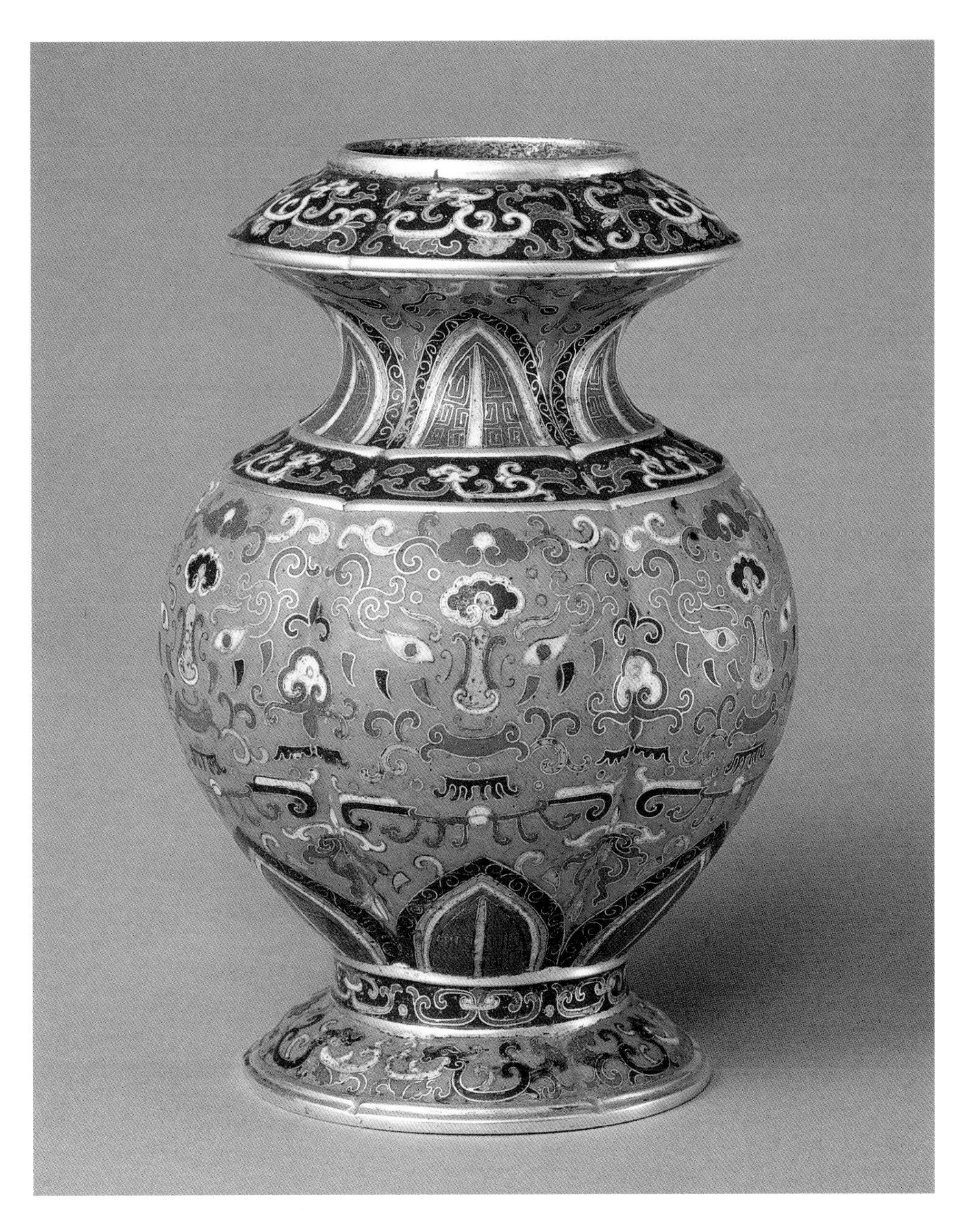

尊為石榴形，頸、腹有瓜棱式凹綫，圈足。頸、腹、足施天藍色琺瑯釉地，上下各飾彩釉蕉葉紋作裝飾帶，獸面紋作腹部的主要紋飾，口沿及肩、脛以寶藍色琺瑯釉為地飾彩色蟠螭紋。底鍍金，雙方框內鏨陰文“乾隆年製”楷書款。

此器型別致美觀，釉色豔麗豐富，尤其粉紅色為乾隆時期的典型釉色。

## 95

**掐絲琺瑯纏枝蓮紋開光長頸瓶**
清乾隆
高29厘米　口徑6.5厘米　足徑9.4/8厘米
清宮舊藏

**Cloisonné enamel long-necked vase with interlocking lotus design within reserved panels**
Qianlong period, Qing Dynasty
Height: 29cm　Diameter of mouth: 6.5cm
Diameter of foot: 9.4 / 8cm
Qing Court collection

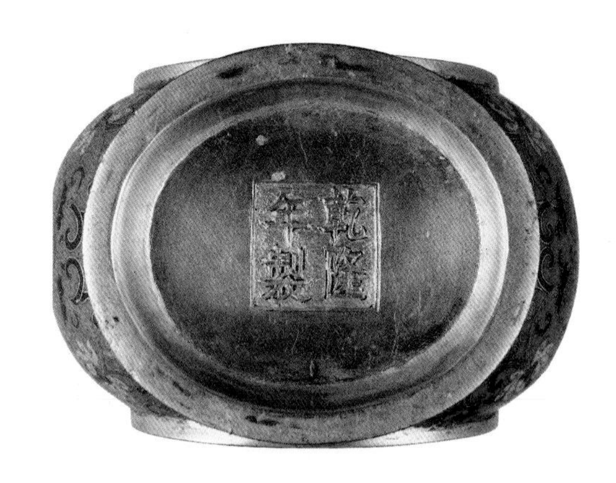


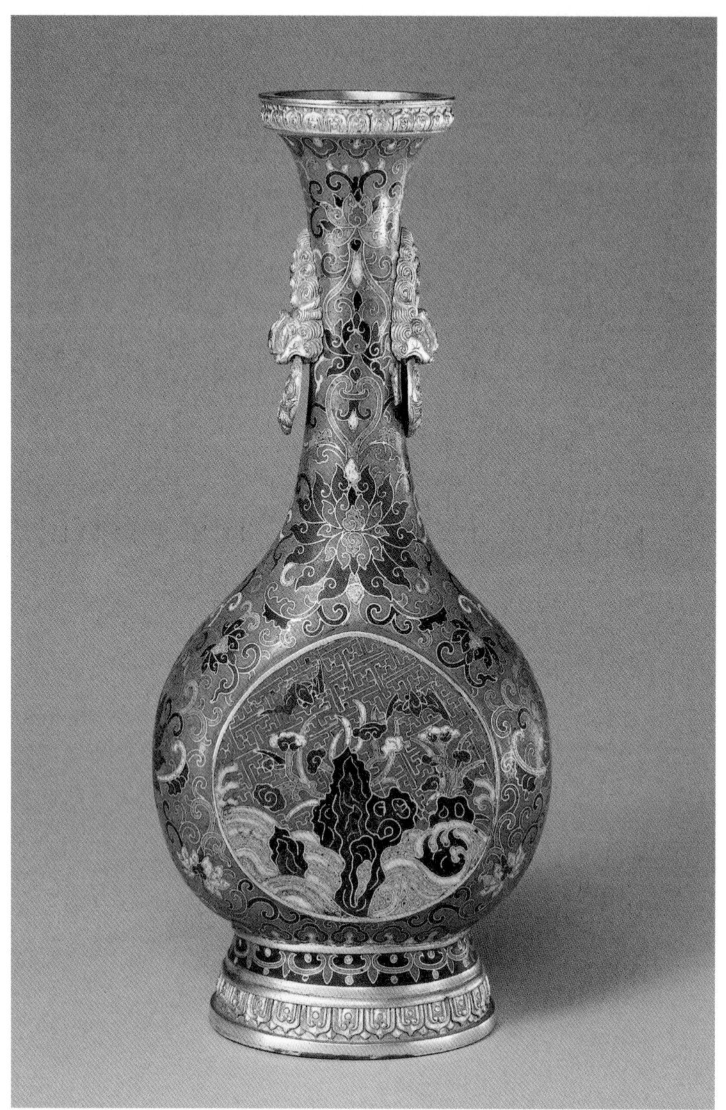

瓶洗口，長頸，扁腹，橢圓形圈足，銅鍍金獸首啣活環雙耳，口、足為銅鍍金蓮瓣紋。通體施天藍色琺瑯釉為地，飾彩色纏枝蓮紋。腹部正、背兩面凸起桃形開光，內飾海水江崖、靈芝和紅色蝙蝠，組成吉祥紋樣；近足處為如意雲頭紋。底鍍金，鐫陽文“乾隆年製”楷書款。

此器造型俊秀，裝飾富麗，釉色鮮豔，畫面工緻。紋樣寓意有“洪福齊天”，“壽比南山”的吉祥之意。此器體現了乾隆時期標準琺瑯器的風格。

96

## 掐絲琺瑯勾蓮紋六方貫耳瓶

清乾隆
高30厘米　口徑11.3/6.8厘米　足徑12.4/7.8厘米
清宮舊藏

**Cloisonné enamel hexagonal vase with pierced handles decorated with delineated lotus design**

Qianlong period, Qing Dynasty
Height: 30cm　Diameter of mouth: 11.3 / 6.8cm
Diameter of foot: 12.4 / 7.8cm
Qing Court collection

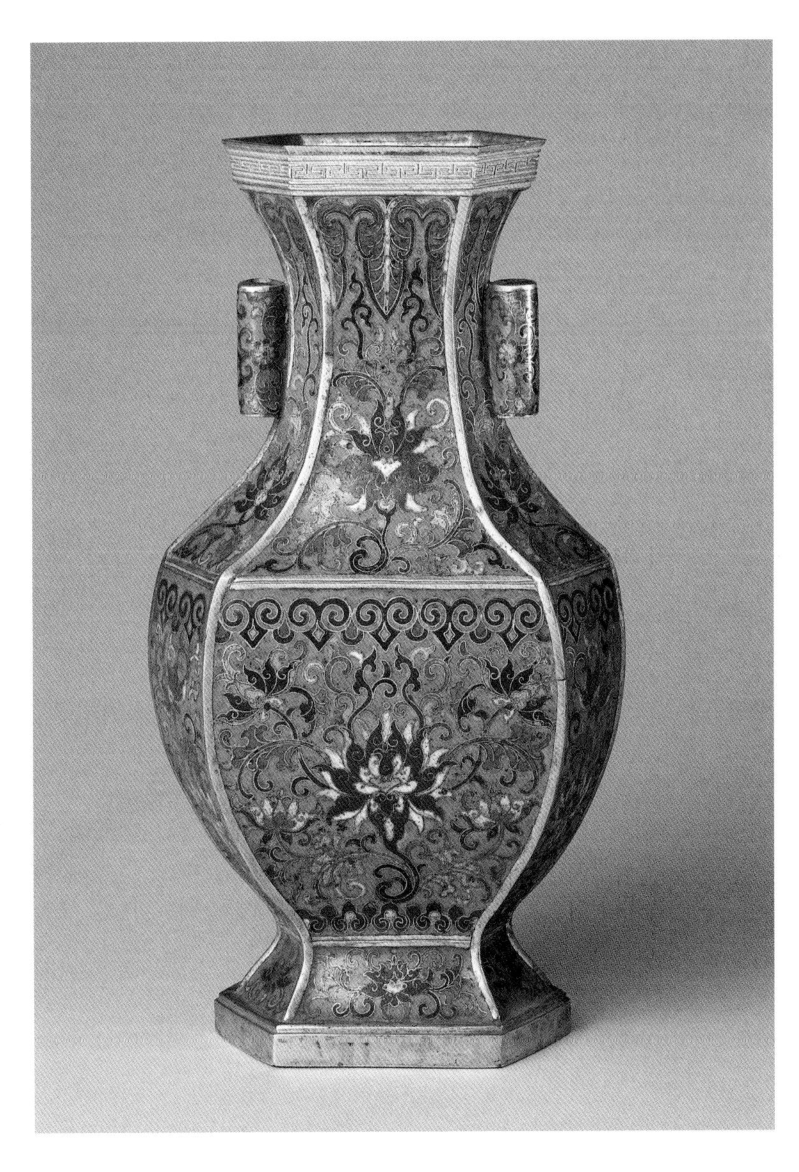

瓶為扁體六方形，雙貫耳，高足。通體以天藍色琺瑯釉為地，飾彩釉勾蓮紋，口沿下為蕉葉紋，雙貫耳飾彩色小朵菊花紋。底鍍金，鐫陽文“大清乾隆年製”楷書款。

此瓶器型規整大方，紋飾精細，釉色灰暗無光。

97

## 掐絲琺瑯花蝶紋天球瓶

清乾隆

高32厘米　口徑6.3厘米　足徑8.2厘米

清宮舊藏

**Cloisonné enamel globular vase decorated with design of flowers and butterflies**

Qianlong period, Qing Dynasty

Height: 32cm　Diameter of mouth: 6.3cm

Diameter of foot: 8.2cm

Qing Court collection

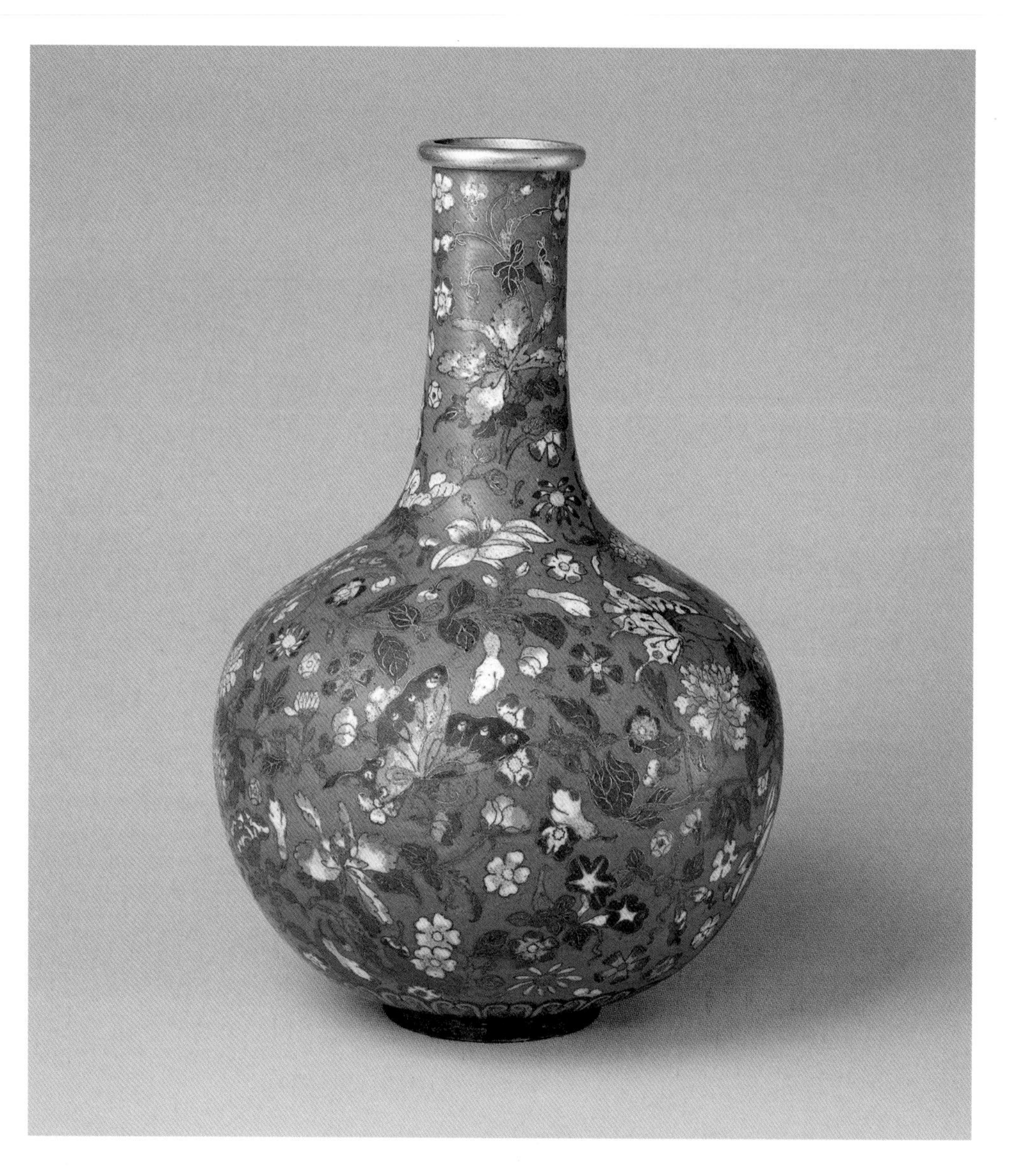

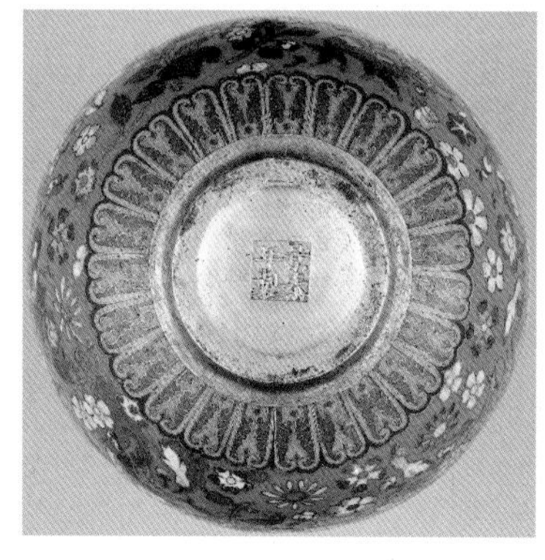

瓶為直口，球形腹，圈足。通體以淺藍色琺瑯釉為地，掐絲填白、藕荷、粉紅、藍、黃等釉色，滿飾百合、牡丹、桃花、菊花、梅花、牽牛花等各種折枝花卉，花間點綴各式彩蝶翻飛起舞。底鍍金，鐫陽文“景泰年製”楷書款。

此器釉色鮮麗，圖案寫實生動。其造型、圖案和釉色均係清中期之特點，全無明代掐絲琺瑯風格，是乾隆時期仿造的景泰琺瑯器。

98

## 掐絲琺瑯勾蓮紋雙聯錦袱瓶

清乾隆
高33厘米
清宮舊藏

**Cloisonné enamel twin-vase with delineated lotus design and brocade bundle decor**

Qianlong period, Qing Dynasty
Height: 33cm
Qing Court collection

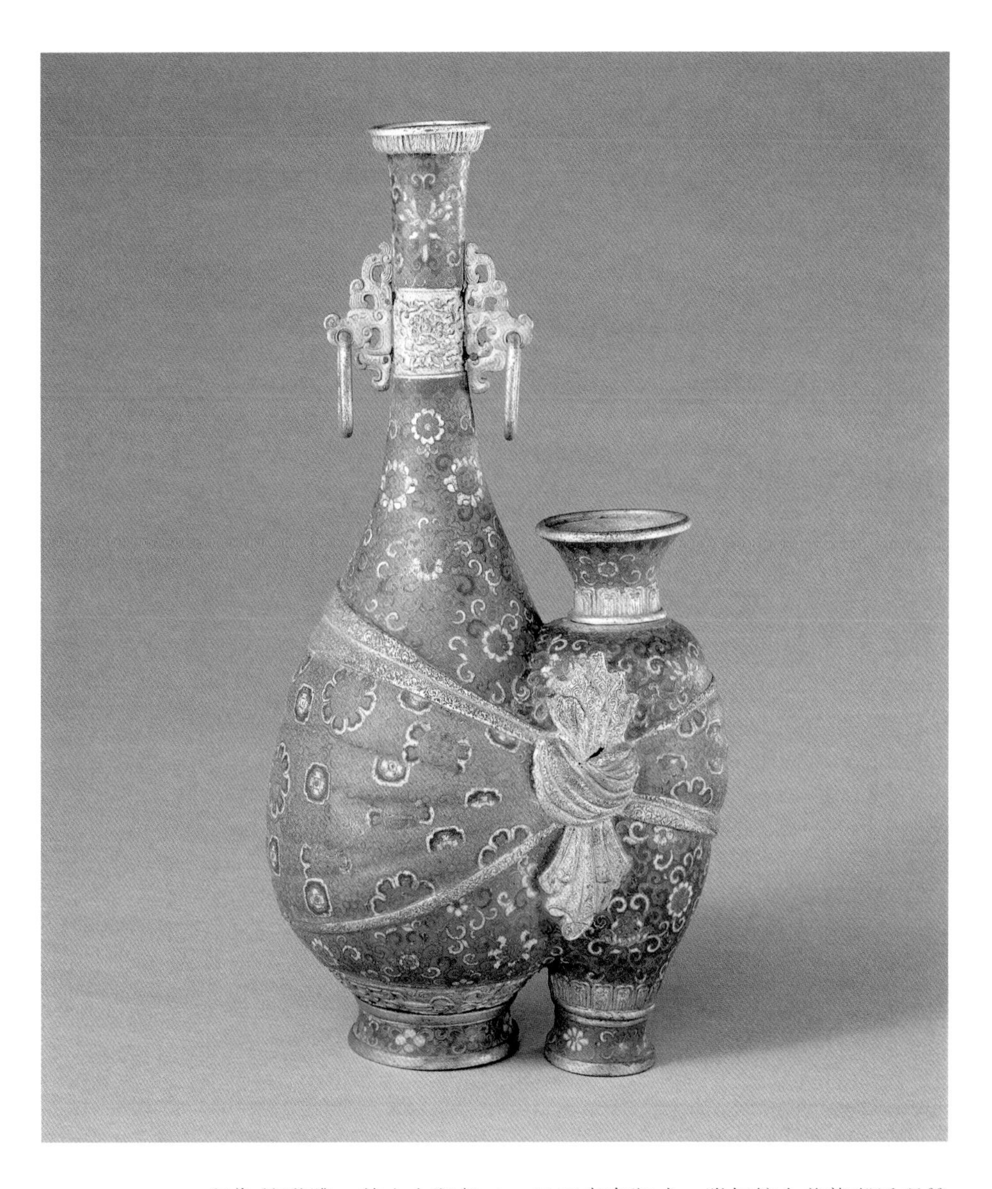

瓶為雙聯體，其中大瓶盤口，呈玉壺春瓶式，附銅鍍金夔龍啣活環雙耳，頸部鏨花卉紋一周；小瓶撇口，呈觀音瓶式。大小瓶分別以天藍色和寶藍色琺瑯釉作地，均飾彩色勾蓮紋及花卉紋。雙瓶腹部用綠色釉團花“壽”字錦袱裹繫，十分別致美觀。雙瓶底正中均有雙方框內鏨陰文“乾隆年製”楷書款。

此器造型與裝飾風格均為乾隆時期所特有，裹繫雙瓶的織錦包袱做得頗有質感，耐人觀賞。表明這一時期琺瑯製作工藝向多方面發展，並富有變化。

99

## 掐絲琺瑯纏枝蓮紋鵝形瓶

清乾隆

高20厘米　足徑7.3厘米

清宮舊藏

**Cloisonné enamel goose-shaped vase with interlocking lotus design**

Qianlong period, Qing Dynasty

Height: 20cm

Diameter of foot: 7.3cm

Qing Court collection

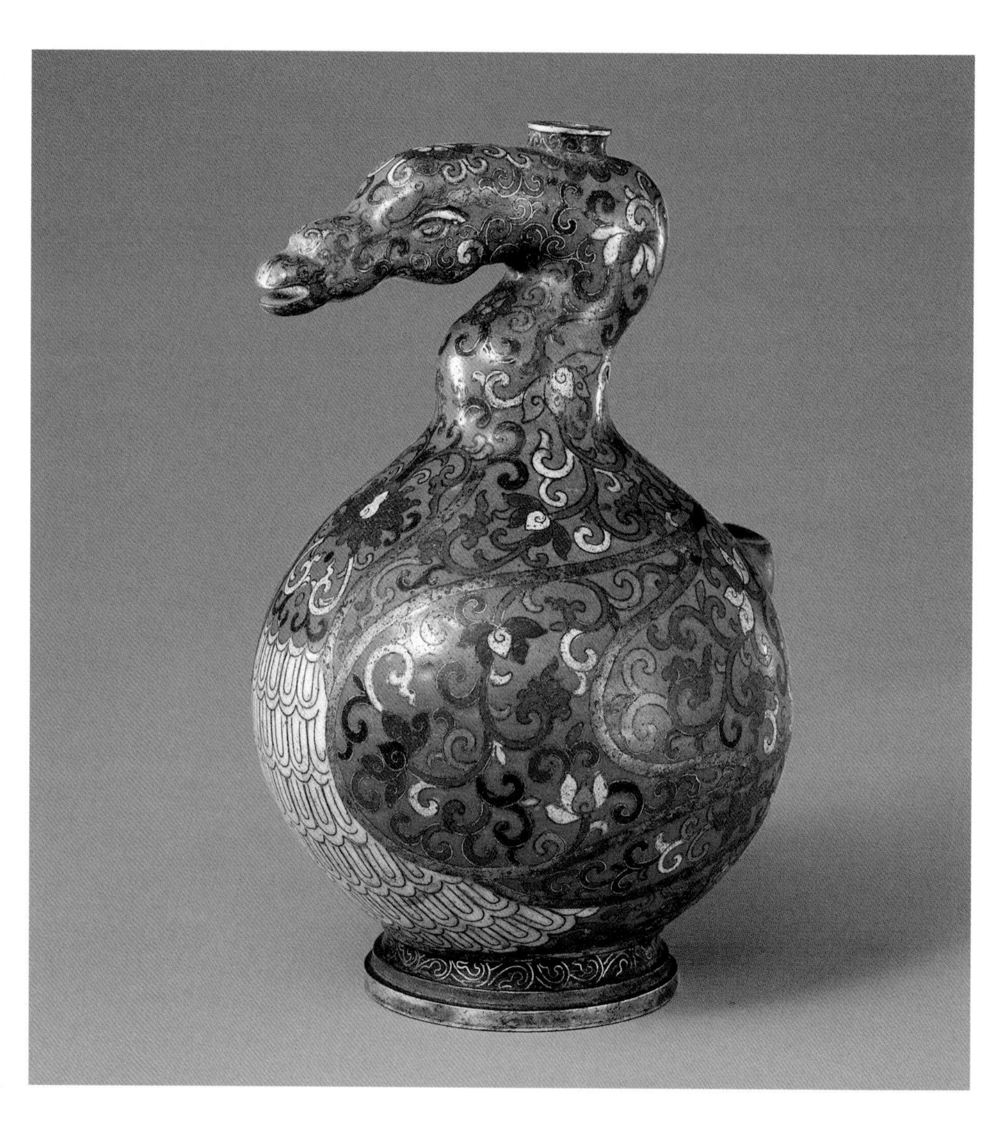

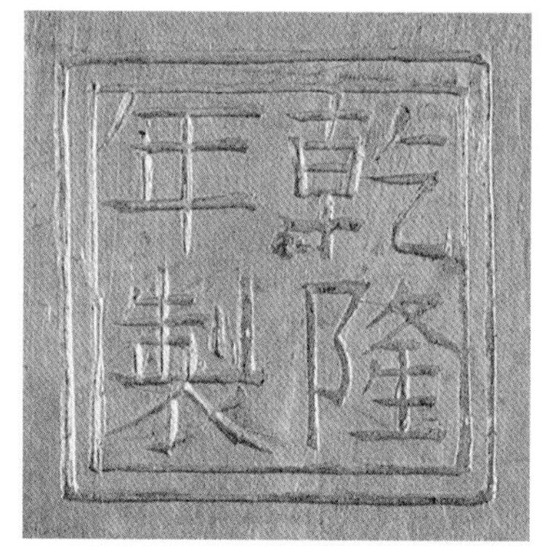


瓶為鵝形，鵝首形頸，球形腹，圈足。鵝首及背羽作天藍色琺瑯釉地，飾雙鈎綫纏枝蓮及六瓣形花卉紋，用寬綫勾出雙翅；瓶口飾菊花瓣紋；鵝腹飾白色釉掐絲羽毛紋。底雙方框內鏨陰文“乾隆年製”仿宋體字款。

此瓶造型別致，鵝的曲頸平伸，鵝首作為手柄，生動有趣，反映出乾隆時期琺瑯器形制變化多樣，追求新穎奇特的特點。

100

## 掐絲琺瑯纏枝花紋雙聯瓶

清乾隆

高27厘米　口徑（大）6.5（小）5.5厘米　足徑（大）8.5（小）7.6厘米

清宮舊藏

**Cloisonné enamel twin-vase with interlocking floral design**

Qianlong period, Qing Dynasty
Height: 27cm
Large one: Diameter of mouth: 6.5cm
Diameter of foot: 8.5cm
Small one: Diameter of mouth: 5.5cm
Diameter of foot: 7.6cm
Qing Court collection

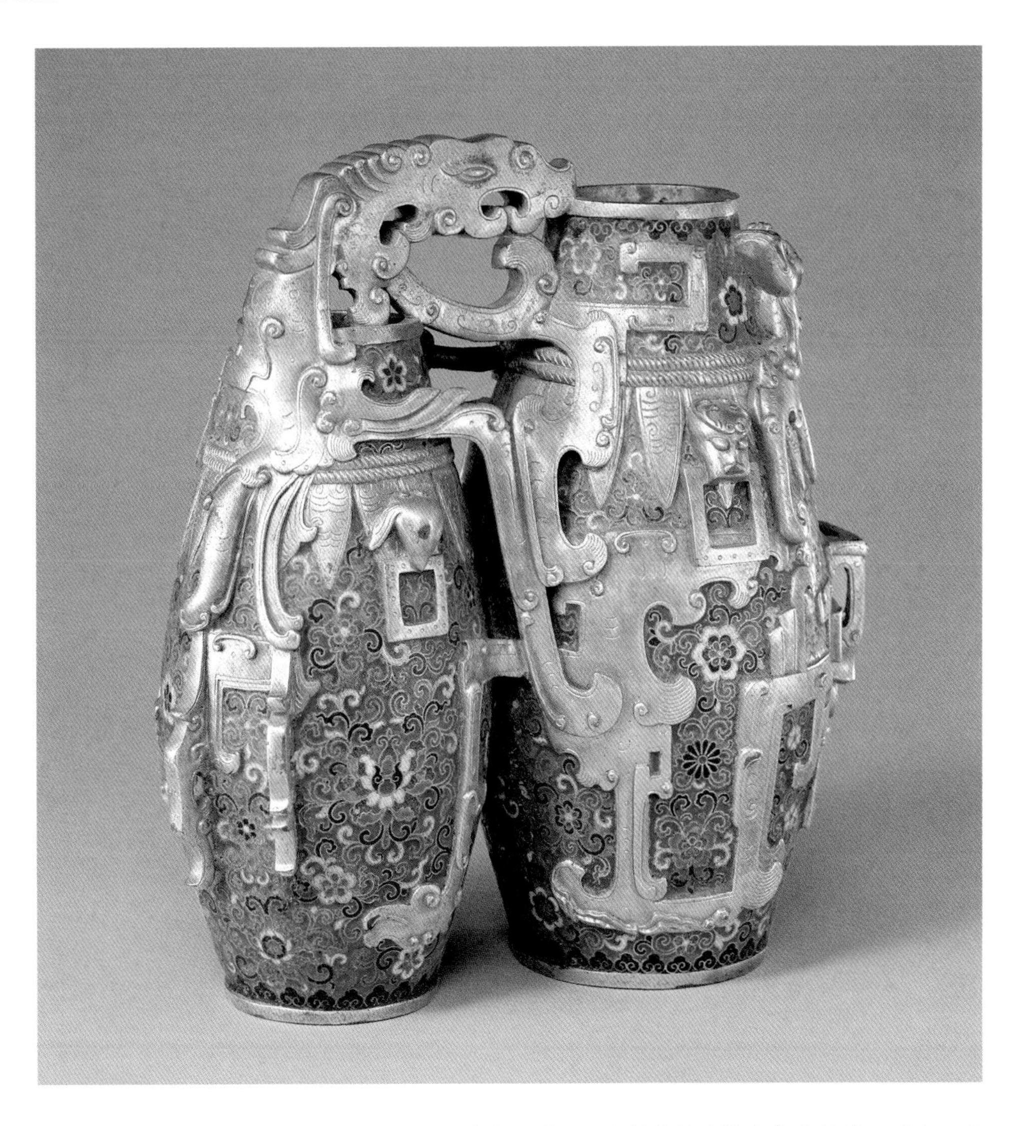

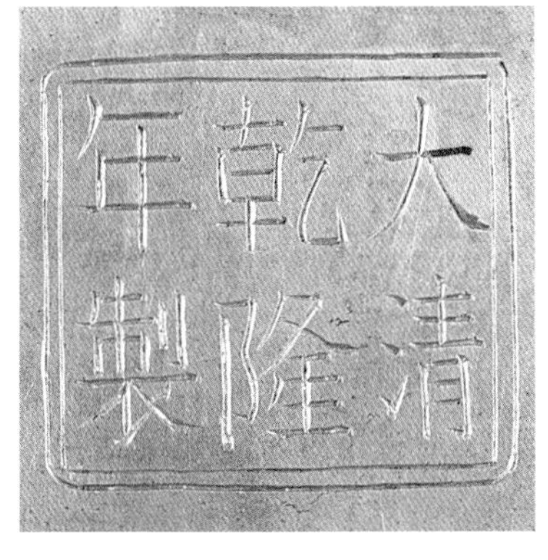


瓶呈橄欖式，大小相連成一體。兩瓶外裝飾有鍍金仿古紋飾，近小口處與大口間跨一銅鍍金螭龍形提梁，瓶肩部為繩紋，環周垂蟬紋及獸首啣方環紋等裝飾。兩瓶施藍色琺瑯釉地，飾鏨花鍍金蟠螭紋、掐絲琺瑯雙鈎纏枝蓮紋和花卉紋。足邊及大口處飾寶藍色如意雲頭紋。大瓶底雙方框內鏨陰文“大清乾隆年製”楷書款。

此器胎體厚重，以掐絲和鏨花相結合的工藝製作，二者相得益彰，表現出乾隆時期琺瑯器製作的高超技巧，特別是此雙聯瓶造型獨特，頗有新意，且恰當地運用了仿古紋樣，增加了器物的文化內涵。

101

## 掐絲琺瑯錦紋扁壺

清乾隆
高12.5厘米　口徑3.8厘米　足徑8/4.3厘米
清宮舊藏

**Cloisonné enamel flask with brocade design**

Qianlong period, Qing Dynasty
Height: 12.5cm　Diameter of mouth: 3.8cm
Diameter of foot: 8 / 4.3cm
Qing Court collection

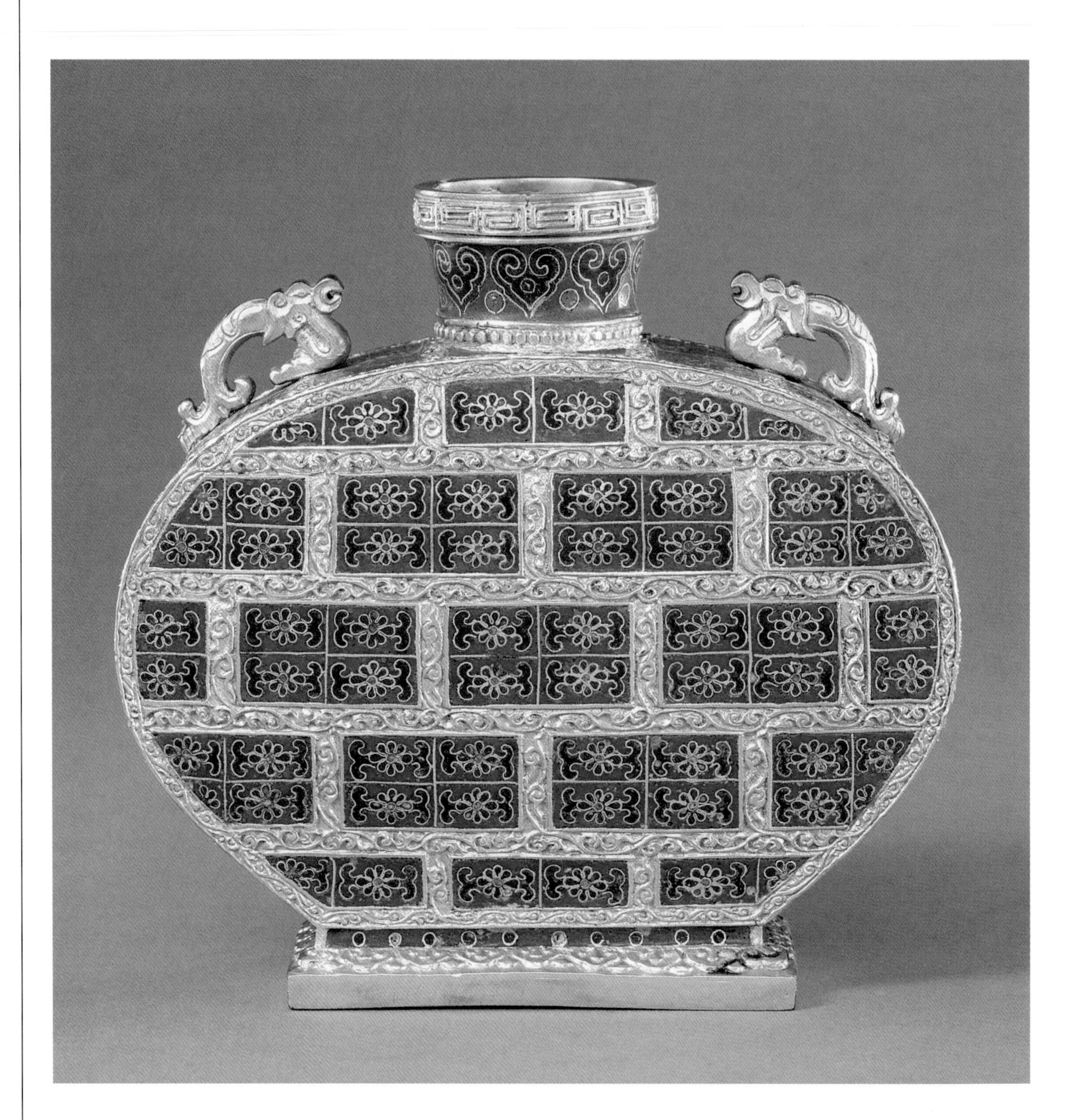

壺圓口，扁圓腹，長方足，肩部附銅鍍金雙螭耳。通體施天藍色琺瑯釉為地，頸飾掐絲如意雲頭紋，腹兩面飾鍍金鏨花忍冬紋長方格，格內飾菊花紋；足飾鍍金鏨花雲頭紋。底鐫陽文"乾隆年製"楷書款。

扁壺造型仿自戰國銅器，釉色清純，錦紋工整，器型獨特，紋飾美觀。

102

## 掐絲琺瑯番蓮雲蝠紋扁壺

清乾隆
高22.2厘米　口徑3.2厘米　足徑5.6/11.6厘米
清宮舊藏

**Cloisonné enamel flask with design of passionflowers, bats and clouds**

Qianlong period, Qing Dynasty
Height: 22.2cm　Diameter of mouth: 3.2cm
Diameter of foot: 5.6 / 11.6cm
Qing Court collection

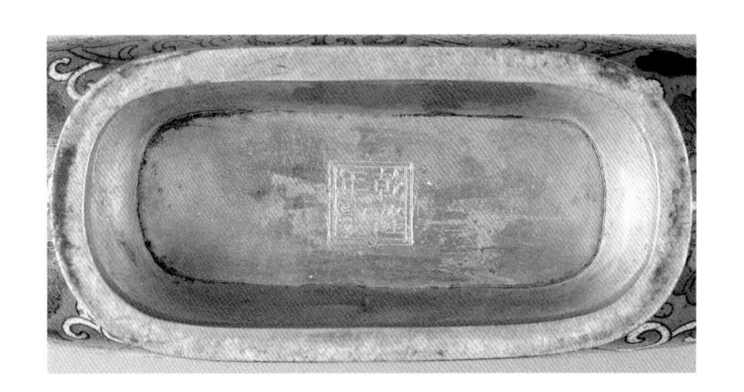

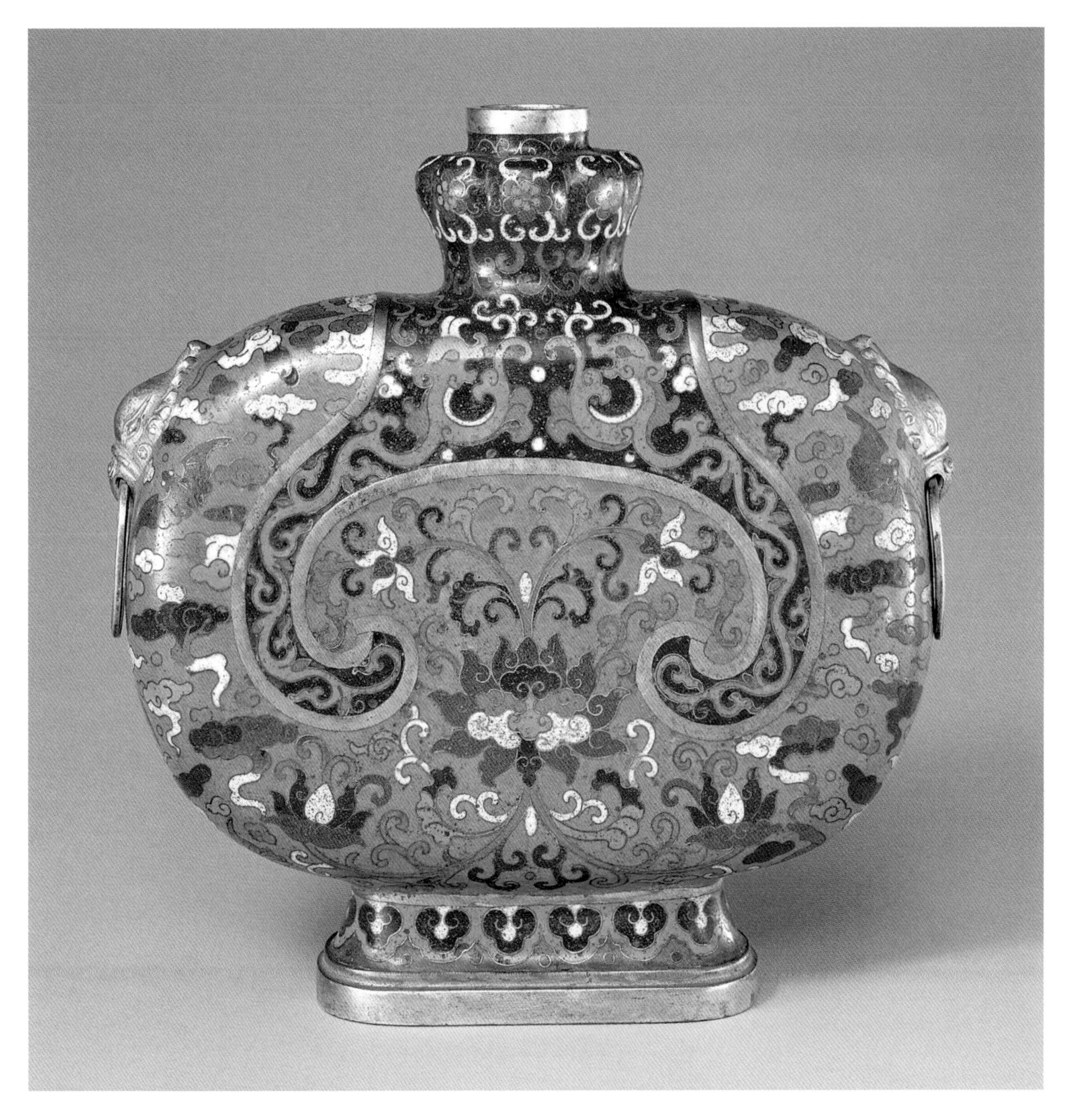

壺直口，口下為蒜頭形，扁腹，肩飾銅鍍金雙鳳首啣環耳，橢圓形足。口、肩部施寶藍色琺瑯釉地，飾彩色螭紋，其餘部位呈如意雲頭形，以天藍色琺瑯釉作地，兩面中心飾大朵番蓮花，兩邊為彩雲蝙蝠紋。足牆飾如意雲頭紋。底鍍金，雙方框內鏨陰文“乾隆年製”宋體字款。

扁壺造型仿自戰國青銅器。裝飾紋樣取反轉式，富於變化，寓意吉祥，鏨胎起綫和掐絲起綫相結合，有良好的藝術效果。

## 103

**金胎掐絲嵌畫琺瑯開光仕女圖執壺**

清乾隆

通高39厘米　寬28厘米

清宮舊藏

**Cloisonné enamel gold-bodied ewer inlaid with painted enamel design of ladies within reserved panels**

Qianlong period, Qing Dynasty

Overall height: 39cm　width: 28cm

Qing Court collection

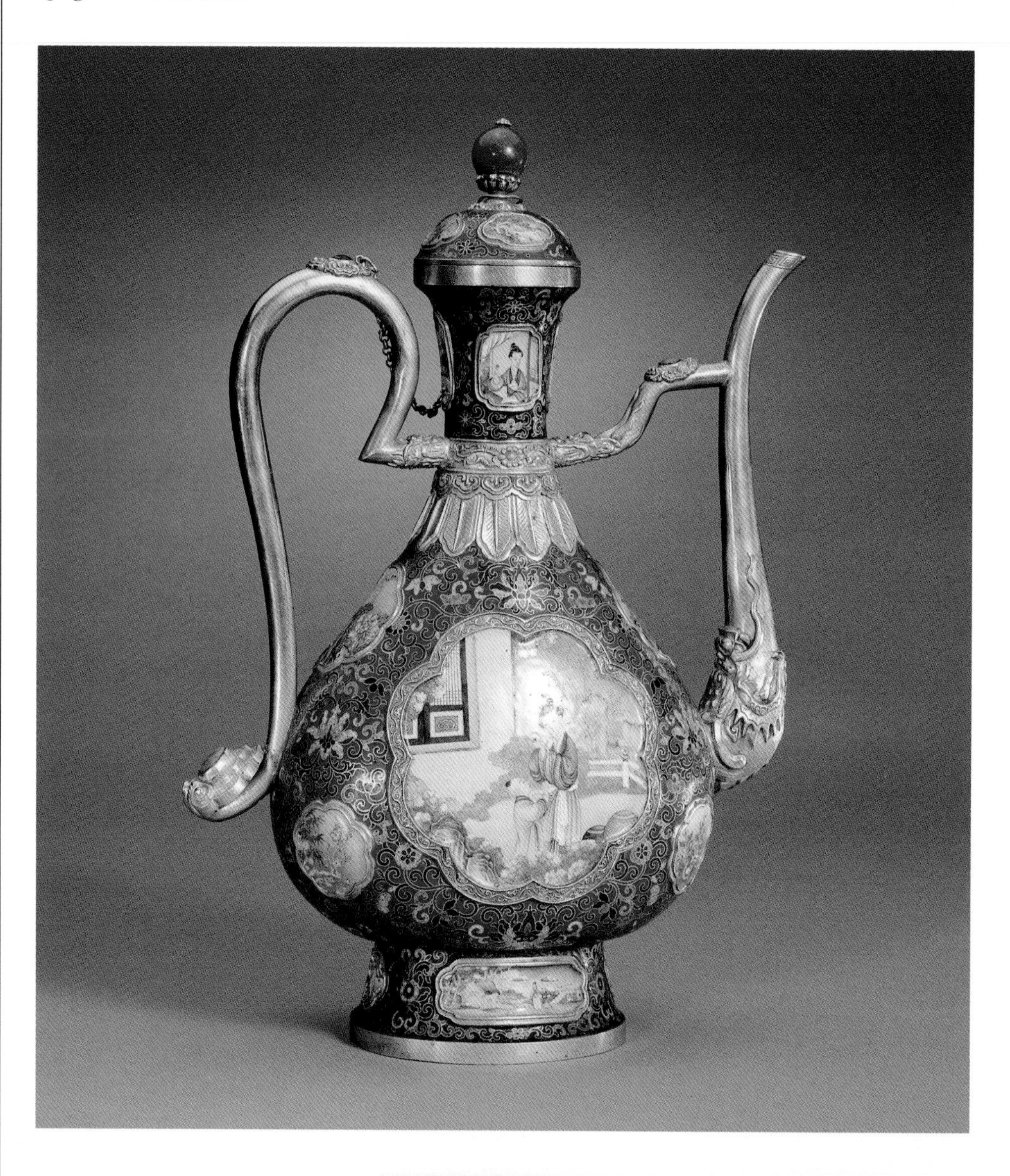

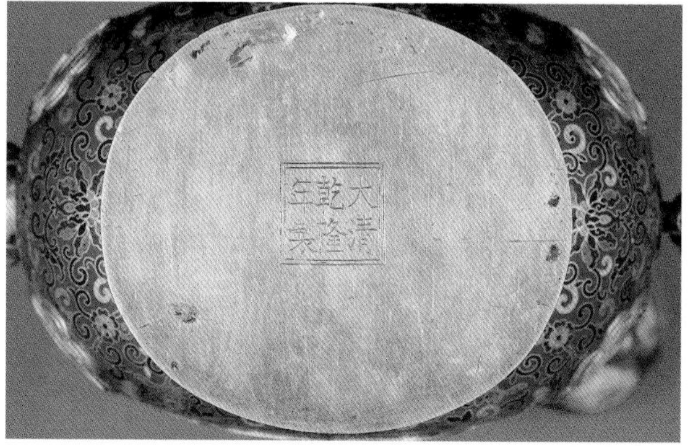

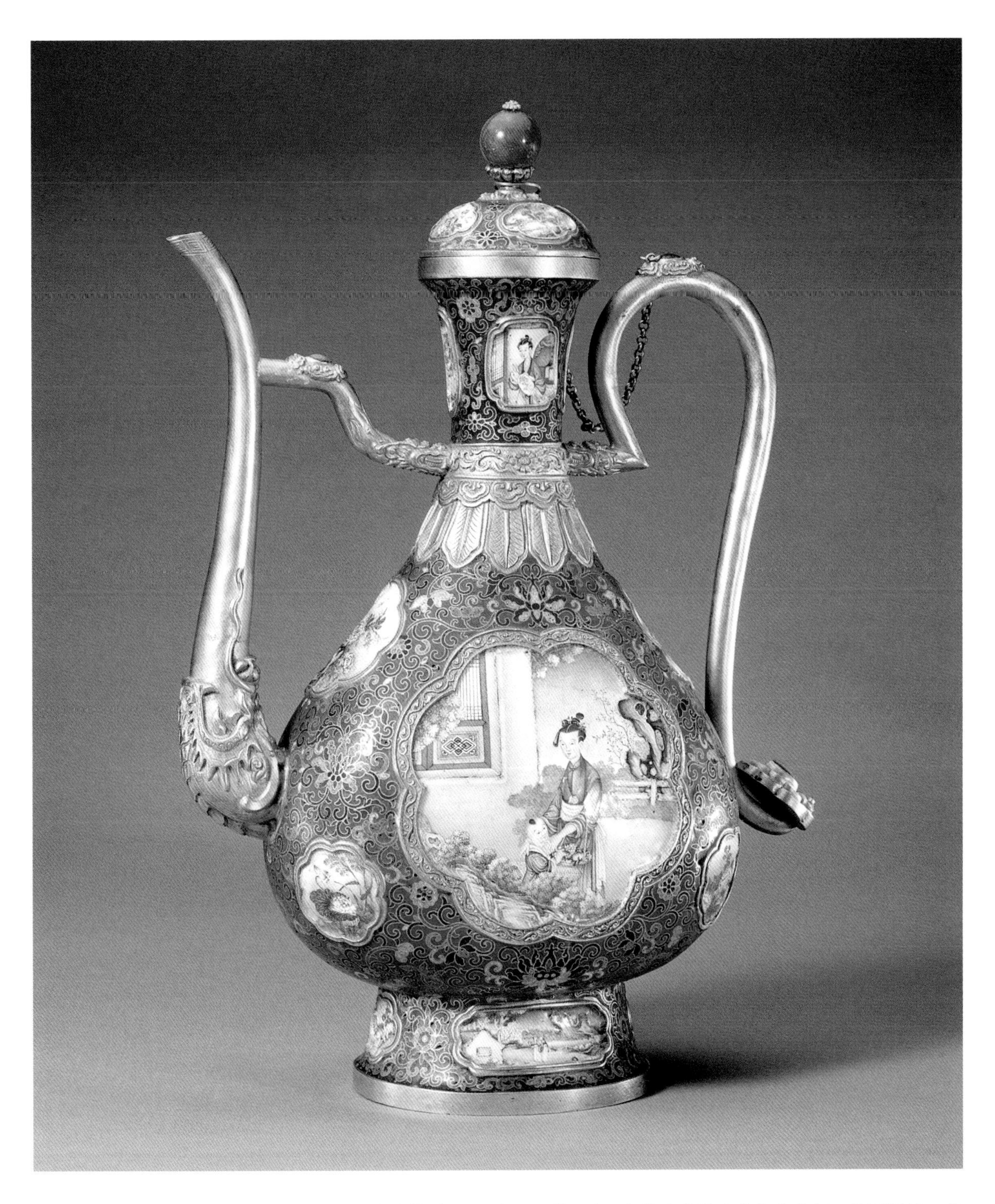

執壺為金胎，長頸，扁圓腹，銅鍍金龍首流和如意曲柄，橢圓圈足。蓋頂有紅珊瑚寶珠鈕。通體施藍色琺瑯釉為地，蓋、頸、肩、足均以嵌畫琺瑯片作開光，開光內繪山水、花卉、仕女圖，開光外為掐絲琺瑯勾蓮紋；腹部主體紋飾作兩面花瓣式開光，內繪《庭院母子圖》。底雙方框內鏨陰文“大清乾隆年製”楷書款。

以昂貴的黃金做琺瑯器的胎體，始於乾隆時期，反映出當時皇家的奢侈與財力。此壺以中國傳統繪畫為題材，畫工精緻，符合皇家的審美情趣。掐絲琺瑯與畫琺瑯兩種工藝同時運用在一件器物上是乾隆時期的創新，這類琺瑯器是乾隆時期的極品。

## 104

**金胎掐絲嵌畫琺瑯開光課子圖葫蘆式執壺**

清乾隆

通高39厘米　寬25.5厘米

清宮舊藏

**Cloisonné enamel gold-bodied ewer in the shape of calabash inlaid with painted enamel design of figures within reserved panels**

Qianlong period, Qing Dynasty

Overall height: 39cm　Width: 25.5cm

Qing Court collection

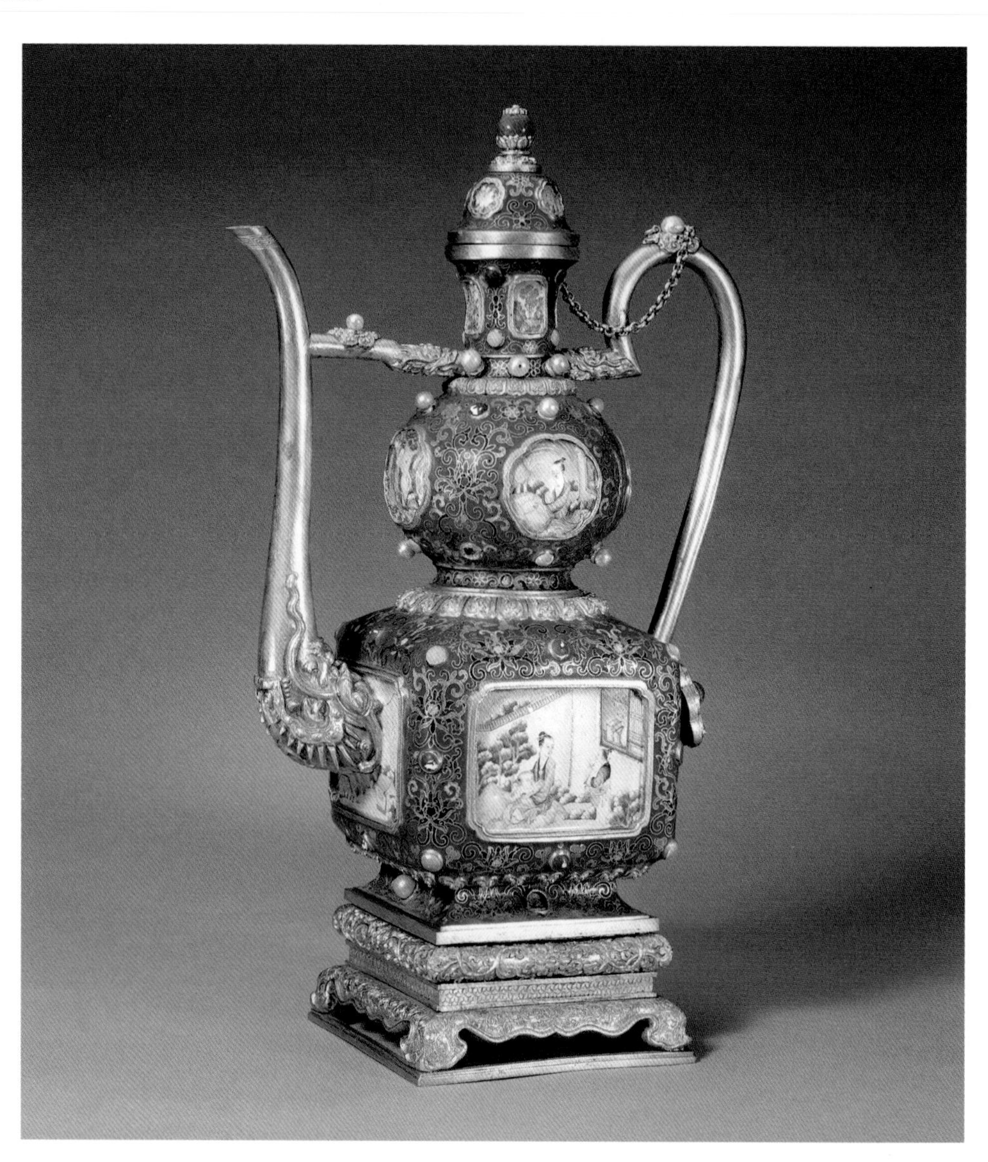

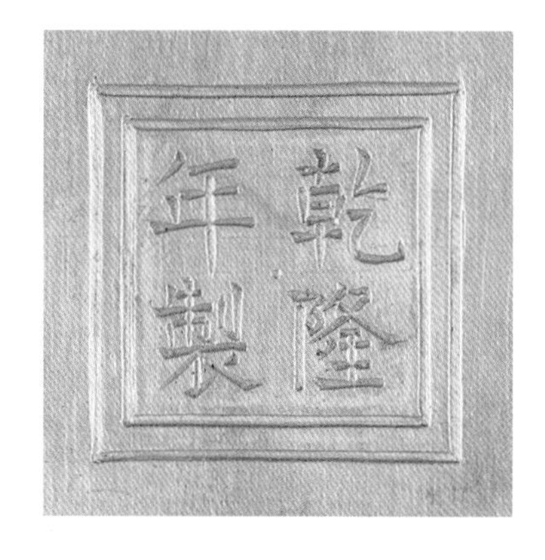


執壺為金胎，葫蘆式，上圓下方，銅鍍金龍首流，嵌珊瑚如意柄。通體施藍色琺瑯釉為地，開光外為掐絲琺瑯飾勾蓮紋，開光內為畫琺瑯。蓋上四面開光，內繪《西洋仕女圖》，頂有紅珊瑚鈕。頸部四面開光，內繪胭脂色山水風景。上圓腹有四面花瓣式開光，內繪《庭院仕女圖》；下腹有方形開光，內繪《課子圖》和山水、花蝶圖。壺環周嵌有九層珍珠、珊瑚。底雙方框內鏨陰文“乾隆年製”楷書款。鏨花銅鍍金底座。

此壺畫琺瑯畫面精美，色彩柔和淡雅，人物傳神，教子讀書是乾隆時期的流行畫題。壺的裝飾奢華，體現出皇家富麗堂皇的氣派。

105

## 金胎鏨花嵌畫琺瑯開光西洋人物圖執壺

清乾隆
通高18.7厘米　寬12.1厘米
清宮舊藏

**Champleve enamel gold-bodied ewer inlaid with painted enamel design of western ladies within reserved panels**

Qianlong period, Qing Dynasty
Overall height: 18.7cm　Width: 12.1cm
Qing Court collection

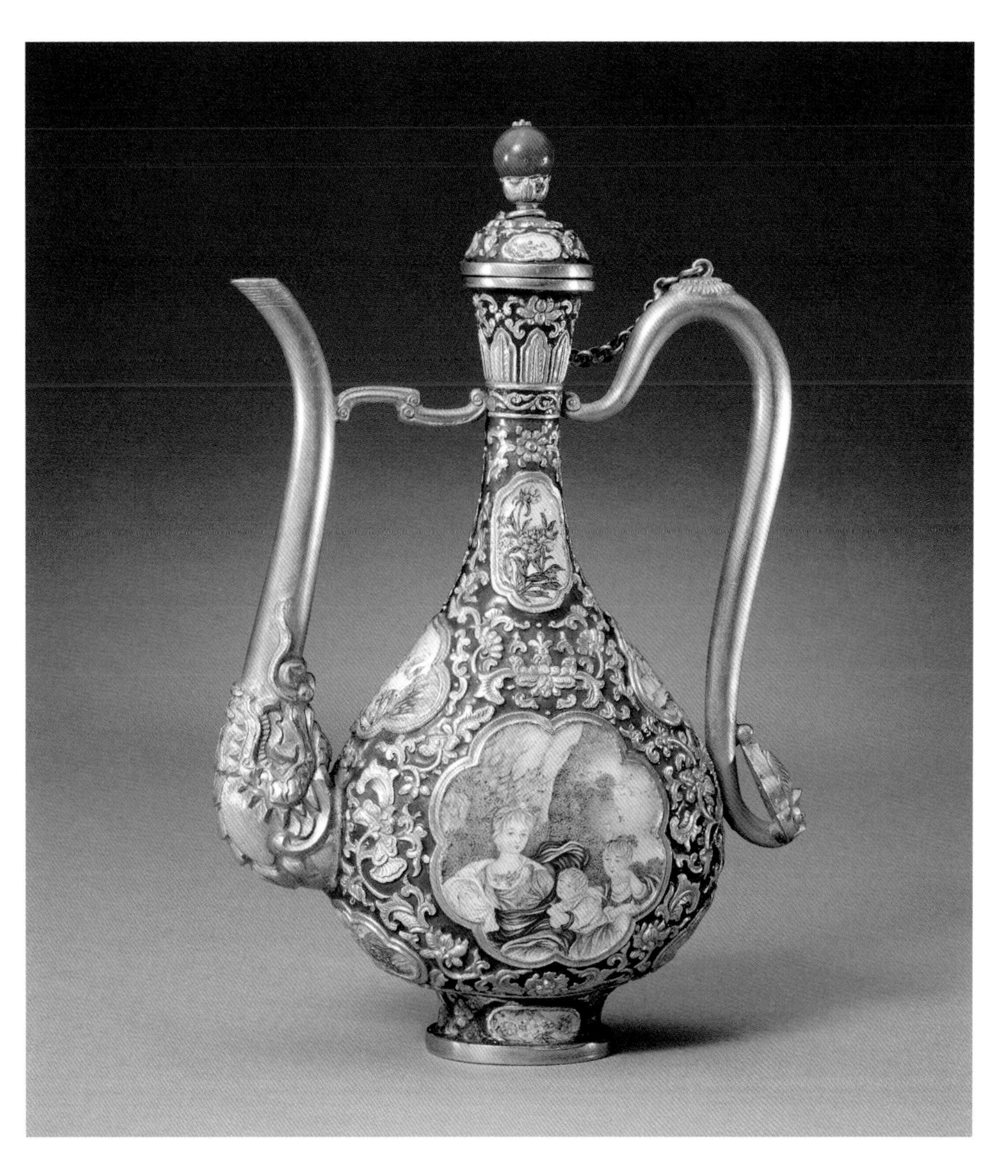

執壺為金胎，細頸，圓腹，銅鍍金龍首流和如意曲柄，圈足。通體鏨花鍍金填綠色琺瑯釉。蓋面四開光，內繪花卉圖，頂有仰蓮托珊瑚珠鈕。頸兩開光內繪折枝花卉，流及柄上下四開光繪胭脂色山水風景；腹兩面開光，內繪西洋婦嬰。底鍍金，雙方框內鏨陰文“乾隆年製”宋體字款。

乾隆時期的畫琺瑯中出現了以西洋人物、建築為內容的裝飾。此壺所繪圖案中既有中國傳統的花卉圖，又有外來的西洋人物和風景畫，中西文化合璧是乾隆時期琺瑯器的一大特色。

106

**掐絲嵌畫琺瑯山水圖執壺**
清乾隆
通高8.5厘米　口徑5.3厘米　足徑6.8厘米
清宮舊藏

**Cloisonné enamel ewer inlaid with painted enamel landscape design**
Qianlong period, Qing Dynasty
Overall height: 8.5cm　Diameter of mouth: 5.3cm
Diameter of foot: 6.8cm
Qing Court collection

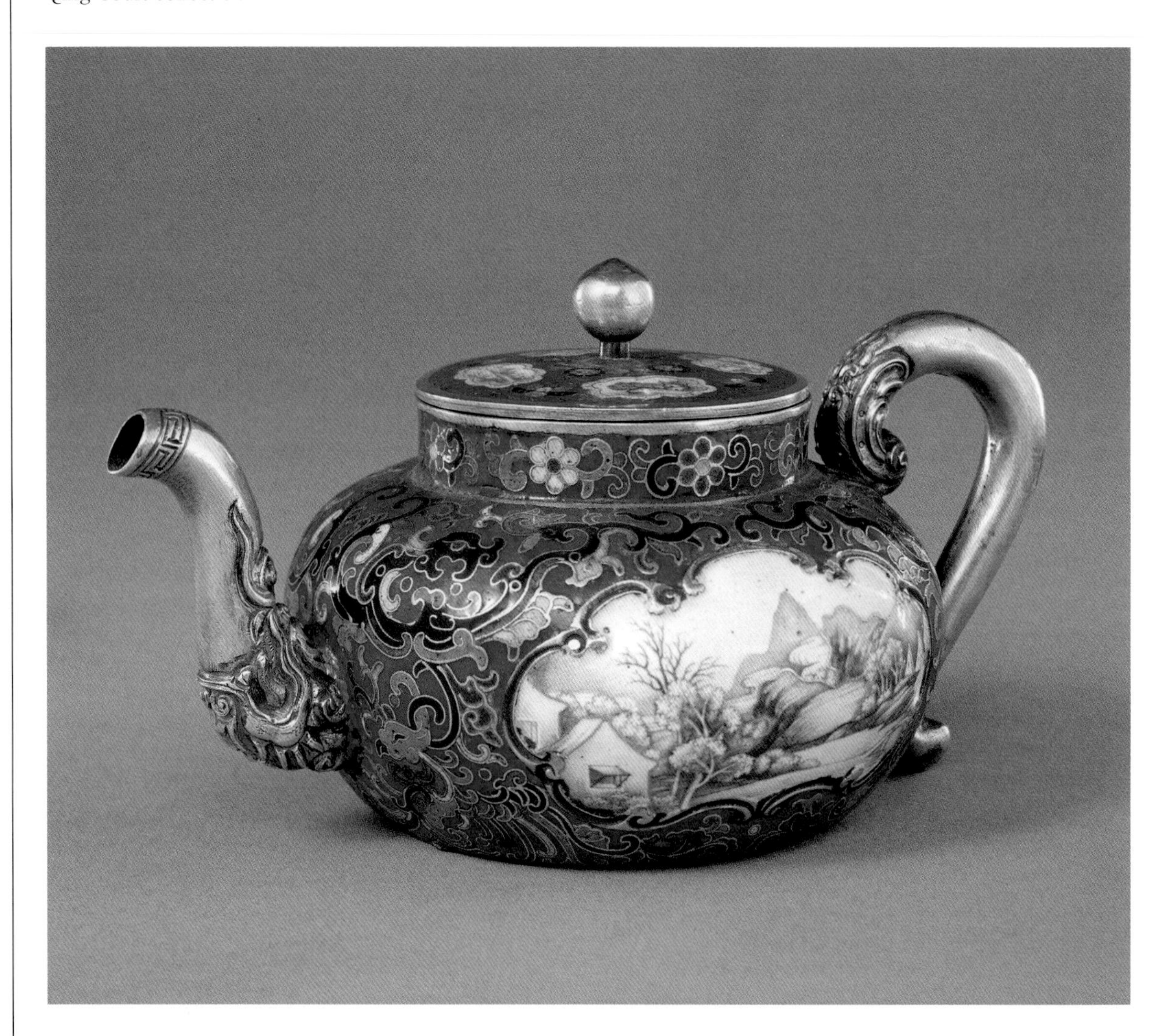

壺短直口，鼓腹，有銅鍍金龍首流和曲柄，臥足。通體施天藍色琺瑯釉為地，蓋平頂，飾纏枝蓮紋，雲頭式開光內繪畫琺瑯山水風景，中心有桃形鈕。腹部飾夔龍及雙鳳穿花紋，兩側各有一雲頭式開光，內嵌畫琺瑯粉彩山水風景。底鍍金，雙方框內鏨陰文“乾隆年製”楷書款。

此器造型小巧精緻，製作工藝考究，畫面秀麗，是一件風格鮮明的乾隆掐絲琺瑯器。

107

## 掐絲琺瑯鳧形提梁壺

清乾隆
通高15.3厘米　寬25厘米
清宮舊藏

**Cloisonné enamel wild-duck-shaped pot with loop-handle**
Qianlong period, Qing Dynasty
Overall height: 15.3cm　Width: 25cm
Qing Court collection

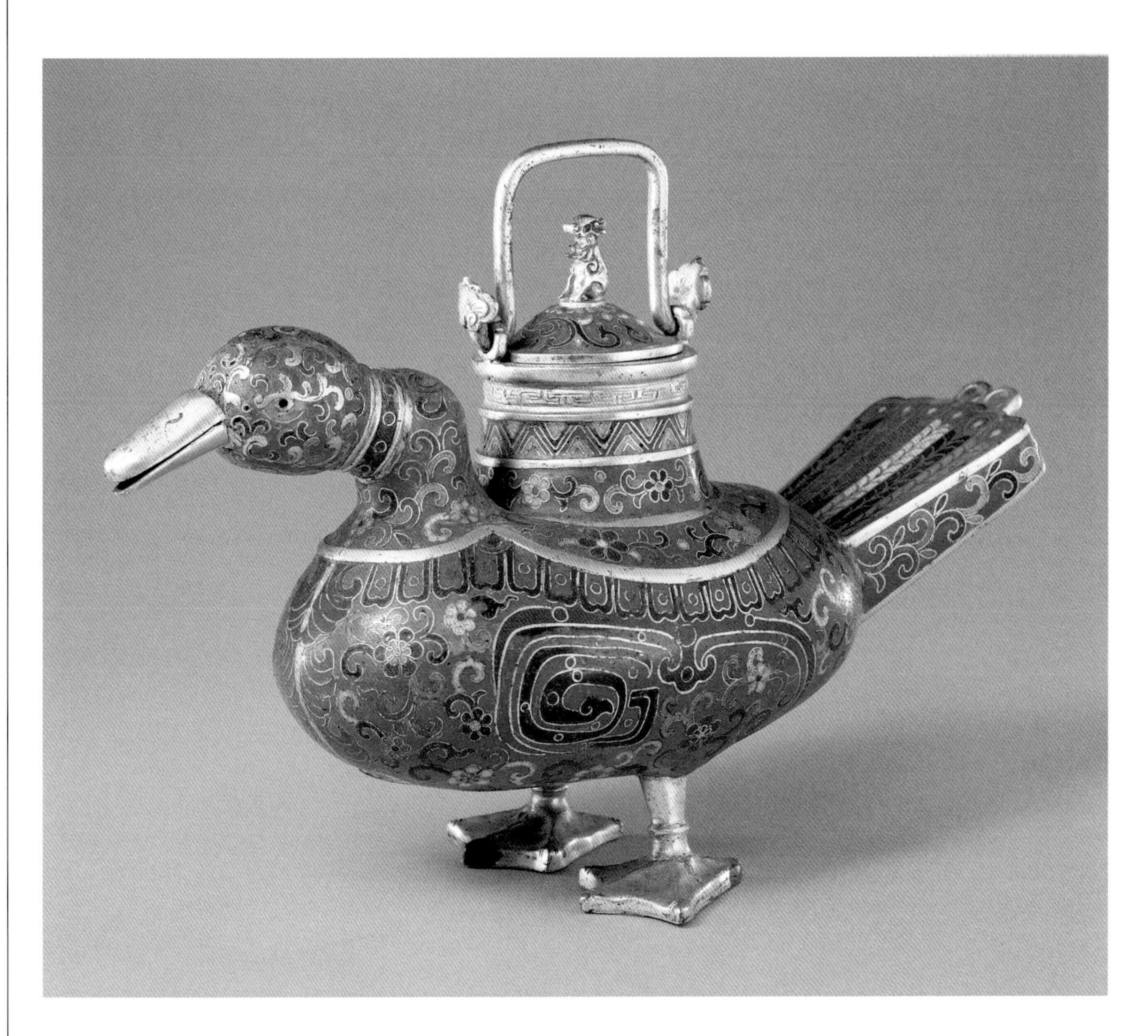

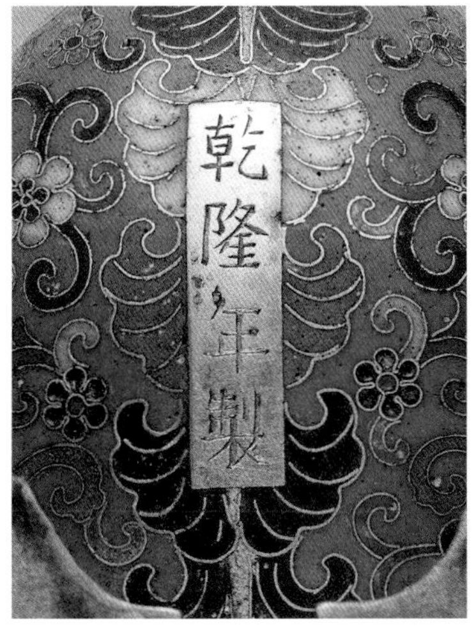


壺為立鳧形，平首，開屏尾，背馱提梁壺。鍍金如意雲頭紋方形提梁，獸形鈕。通體施天藍色琺瑯釉地，掐絲填釉各色纏枝小朵菊花紋，胸腹為各色蕉葉紋，並鏨陰文“乾隆年製”楷書款。

以動物禽鳥類作為器物造型是乾隆時期琺瑯器特點之一，前所未有。此器壺身為鳧形，生動別致，為乾隆時期琺瑯器的一種典型造型。

## 108

**掐絲琺瑯纏枝蓮紋多穆壺**
清乾隆
通高53厘米　口徑10.4厘米　足徑15厘米
清宮舊藏

**Cloisonné enamel Duomu pot with interlocking lotus design**
Qianlong period, Qing Dynasty
Overall height: 53cm　Diameter of mouth: 10.4cm
Diameter of foot: 15cm
Qing Court collection

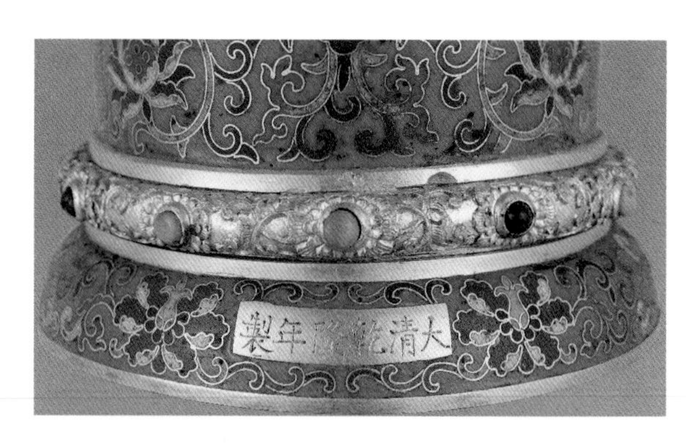


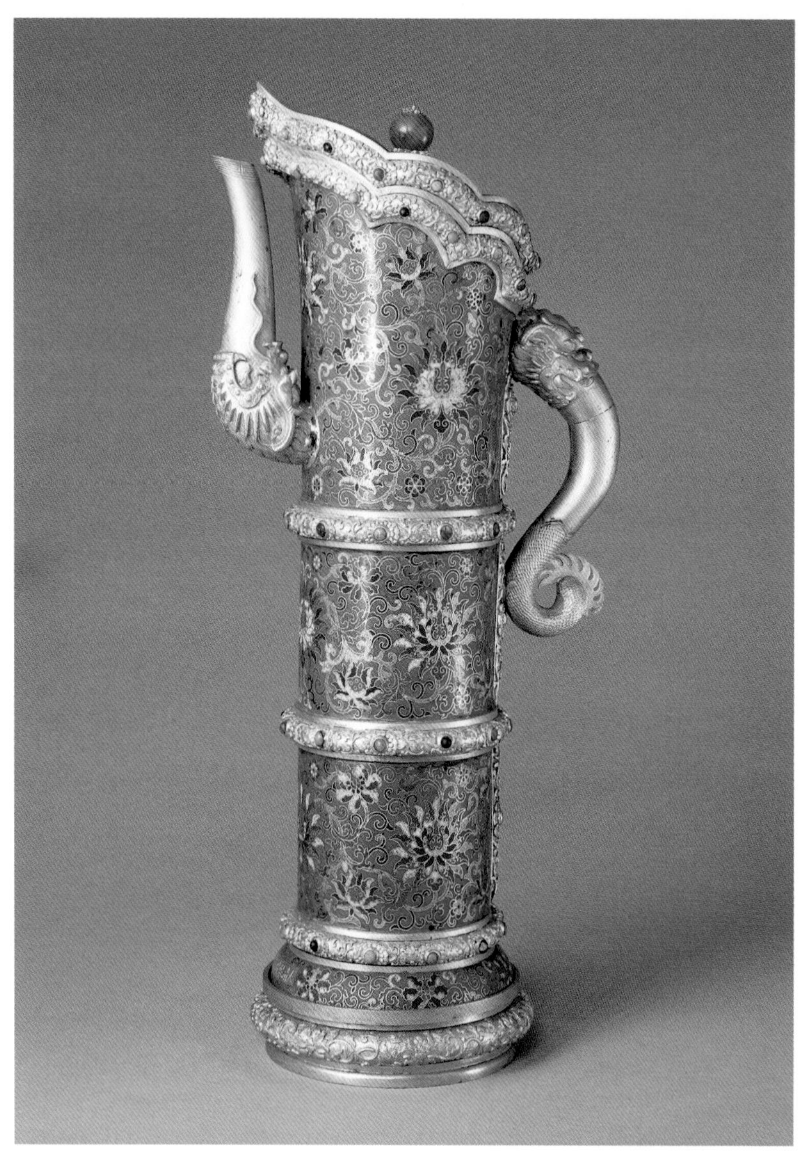

壺為竹筒形，斜口，圈足，龍首流，龍首吞魚柄，蓋紅珊瑚寶珠鈕。口沿飾鎏金鏨花蔓草紋並鑲嵌珊瑚、料珠，器身有鎏金鏨花三道弦紋。通體施天藍色琺瑯釉為地，蓋面小開光內飾蟠螭紋；器身均飾彩色纏枝蓮紋。足牆一側有鍍金長方框，內鏨陰文“大清乾隆年製”楷書款。

多穆壺係滿、蒙、藏等民族盛奶用的金屬器皿。此器造型具有濃郁的游牧民族風格，銅質精純，釉質細潤，是清代乾隆時期琺瑯器中的精美之作。

109

## 掐絲琺瑯纏枝蓮紋奶壺

清乾隆
通高12厘米　口徑13厘米
清宮舊藏

**Cloisonné enamel milk ewer with design of interlocking sprays of lotus**

Qianlong period, Qing Dynasty
Overall height: 12cm　Diameter of mouth: 13cm
Qing Court collection

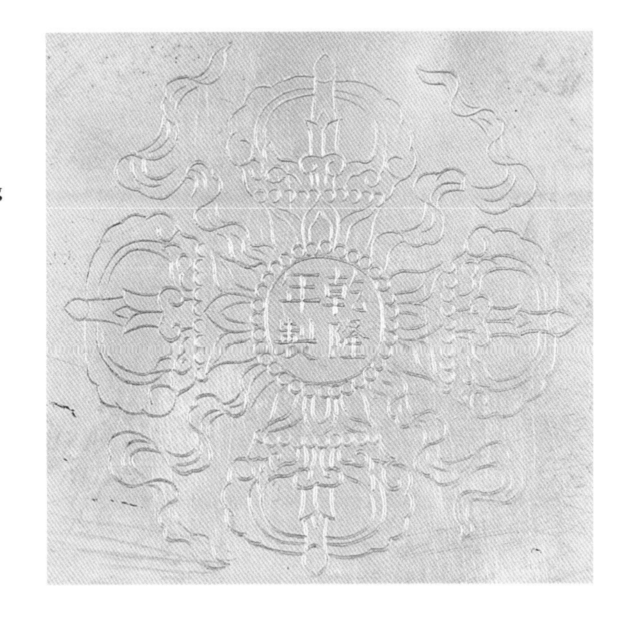


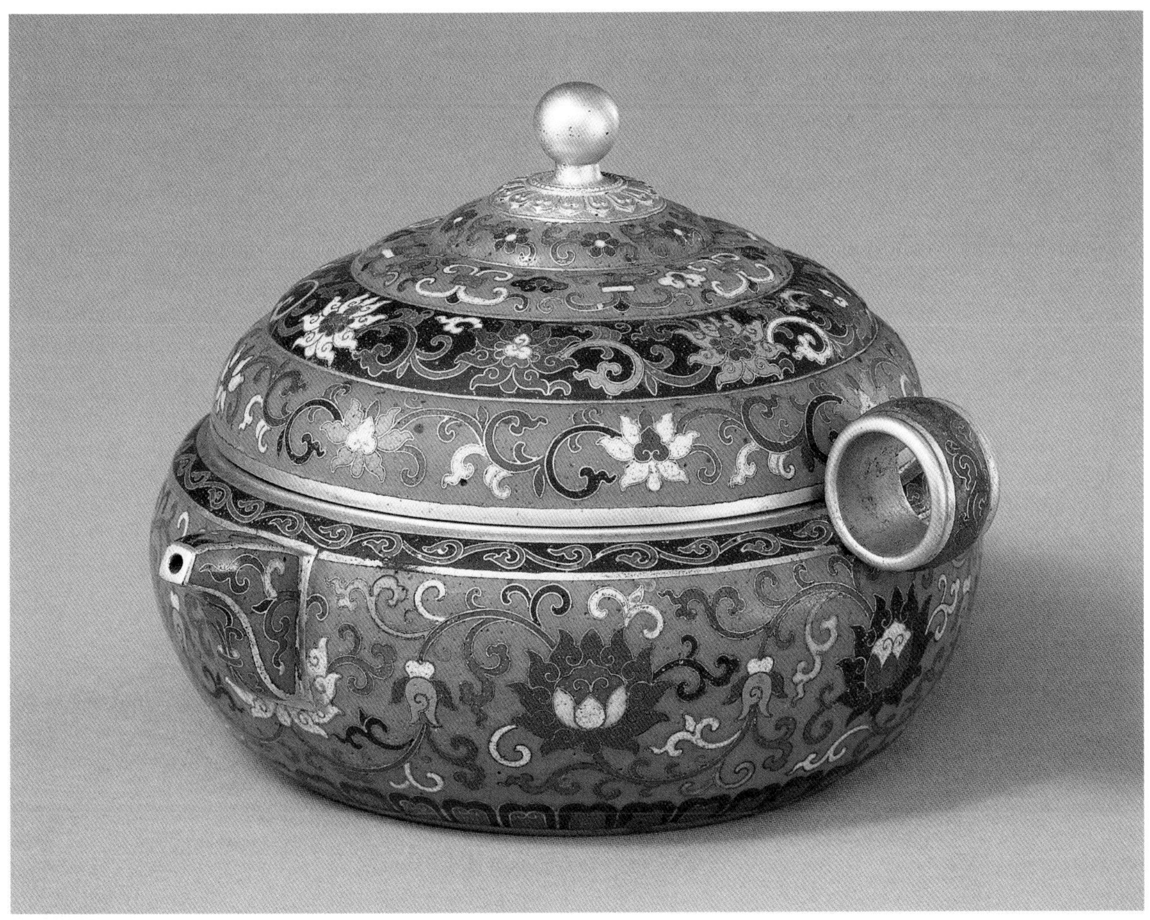

壺圓形，短方流，圓環柄，蓋凸起五層，鍍金蓮花頂上有寶珠鈕。通體施淺藍色琺瑯釉為地，蓋環周飾各色花卉、雲紋；口沿下及柄飾忍冬紋，腹及流飾彩色纏枝蓮紋。近足處飾蓮瓣紋。底鍍金，鏨十字杵紋，中心鏨陰文“乾隆年製”楷書款。

此壺整體造型渾圓敦實，流與柄的設計別致，精巧簡潔，係仿造西藏金屬器的風格。

110

## 掐絲琺瑯纏枝蓮紋賁巴壺

清乾隆
高23厘米　寬11.5厘米　足徑7.4厘米
清宮舊藏

**Cloisonné enamel Benba pot with interlocking lotus design**

Qianlong period, Qing Dynasty
Height: 23cm　Width: 11.5cm
Diameter of foot: 7.4cm
Qing Court collection

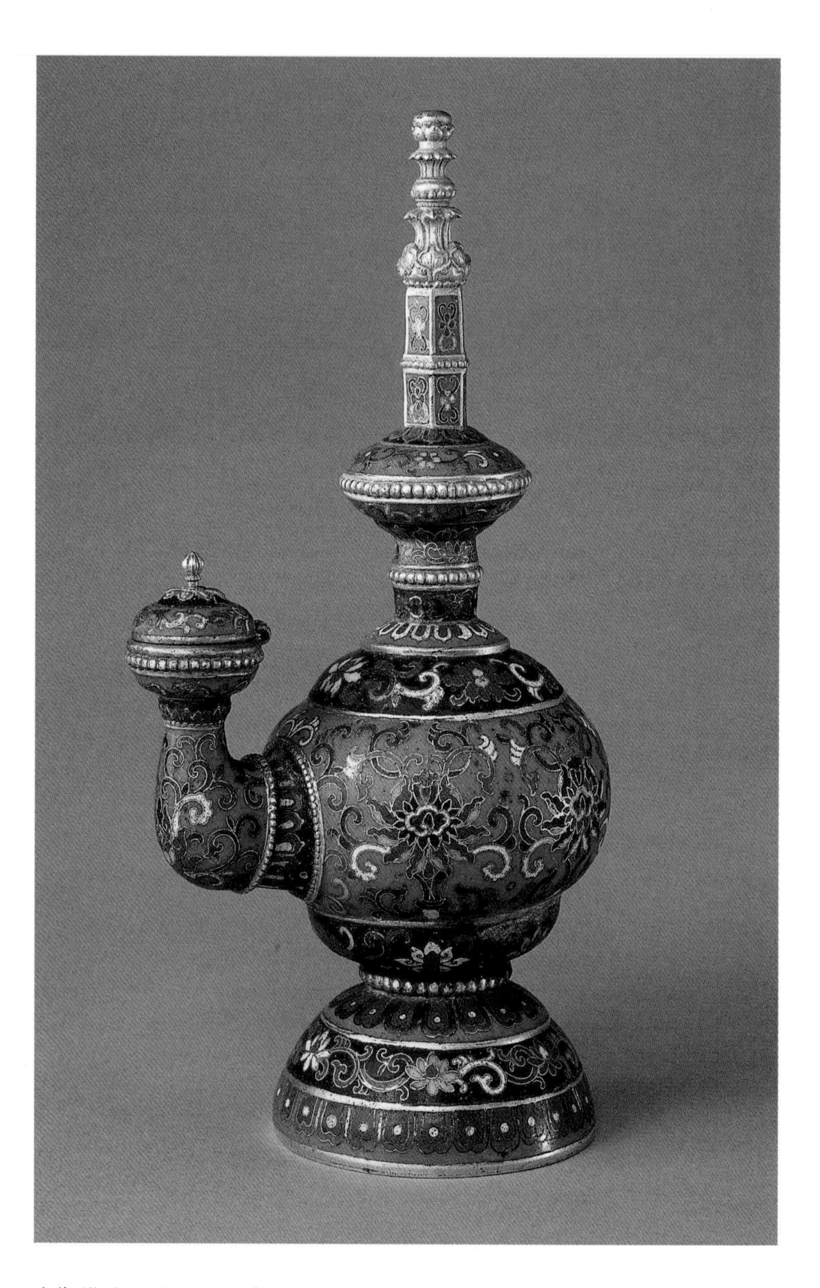

壺為塔式，球形腹，高頂，直角立流，有蓋。頂如塔刹，雕五層蓮瓣，各有變化，上托寶珠鈕。通體施淺藍色琺瑯釉為地，上飾彩色纏枝蓮及六瓣形花卉紋。腹部飾六大朵盛開的纏枝蓮花，座飾纏枝蓮紋。底雙方框內鏨陰文“乾隆年製”楷書款。

此器型早期出現於唐宋時期的瓷器中，又稱“淨瓶”。原為佛教法器，由西藏地區的金屬製品演變而來。乾隆時期將其製造成琺瑯器，式樣流傳於清代。

111

## 掐絲琺瑯纏枝蓮紋軍持

清乾隆
高23.1厘米　口徑7厘米　底徑9.5厘米
清宮舊藏

**Cloisonné enamel Kendi with interlocking lotus design**

Qianlong period, Qing Dynasty
Height: 23.1cm　Diameter of mouth: 7cm
Diameter of bottom: 9.5cm
Qing Court collection

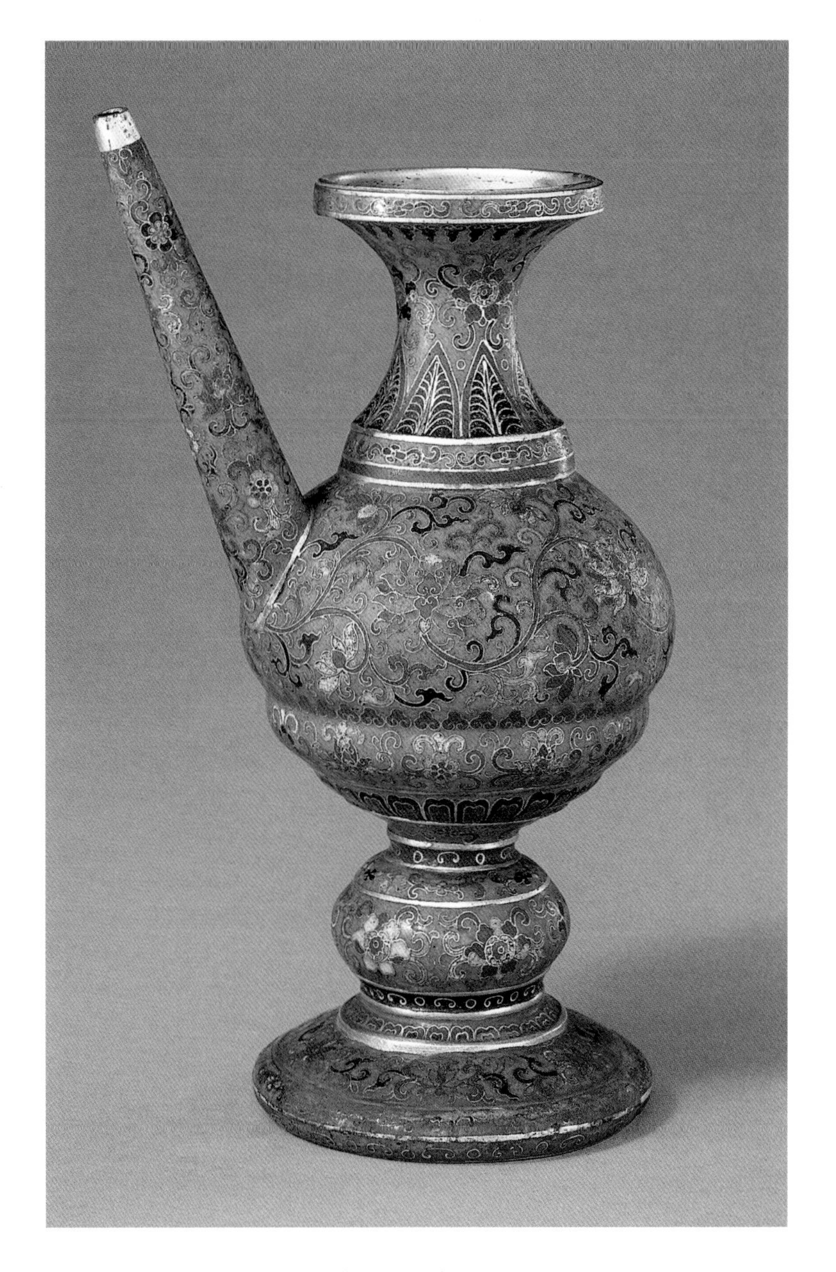

軍持撇口，束頸，球形腹，高直流，高柄式底座。通體施天藍色琺瑯釉為地，頸部飾蕉葉、折枝花紋，腹部飾大朵纏枝蓮花，腹下部凸起弦紋，至座底邊分飾紅、粉紅、藍色如意雲頭紋、折枝花紋及蓮瓣紋。底鍍金，雙方框內鏨陰文“乾隆年製”楷書款。

軍持式樣源自西亞，為佛教及伊斯蘭教徒的飲水、洗手用具。

112

## 掐絲琺瑯纏枝蓮紋雙耳樽

清乾隆

通高33厘米　口徑18.5厘米　足距18厘米

清宮舊藏

**Cloisonné enamel double-handled jar with interlocking lotus design**

Qianlong period, Qing Dynasty

Overall height: 33cm　Diameter of mouth: 18.5cm

Spacing between feet: 18cm

Qing Court collection

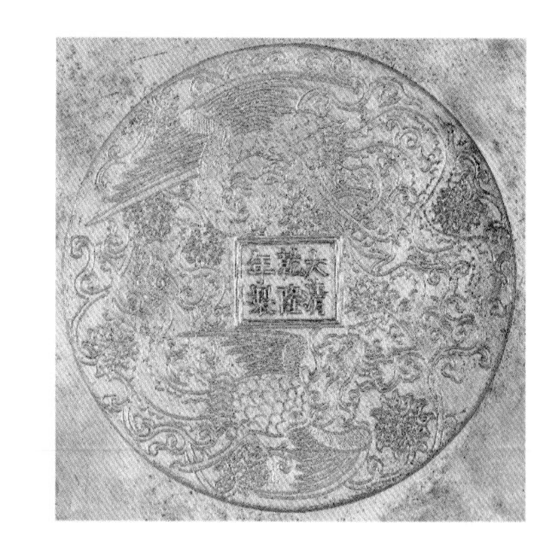


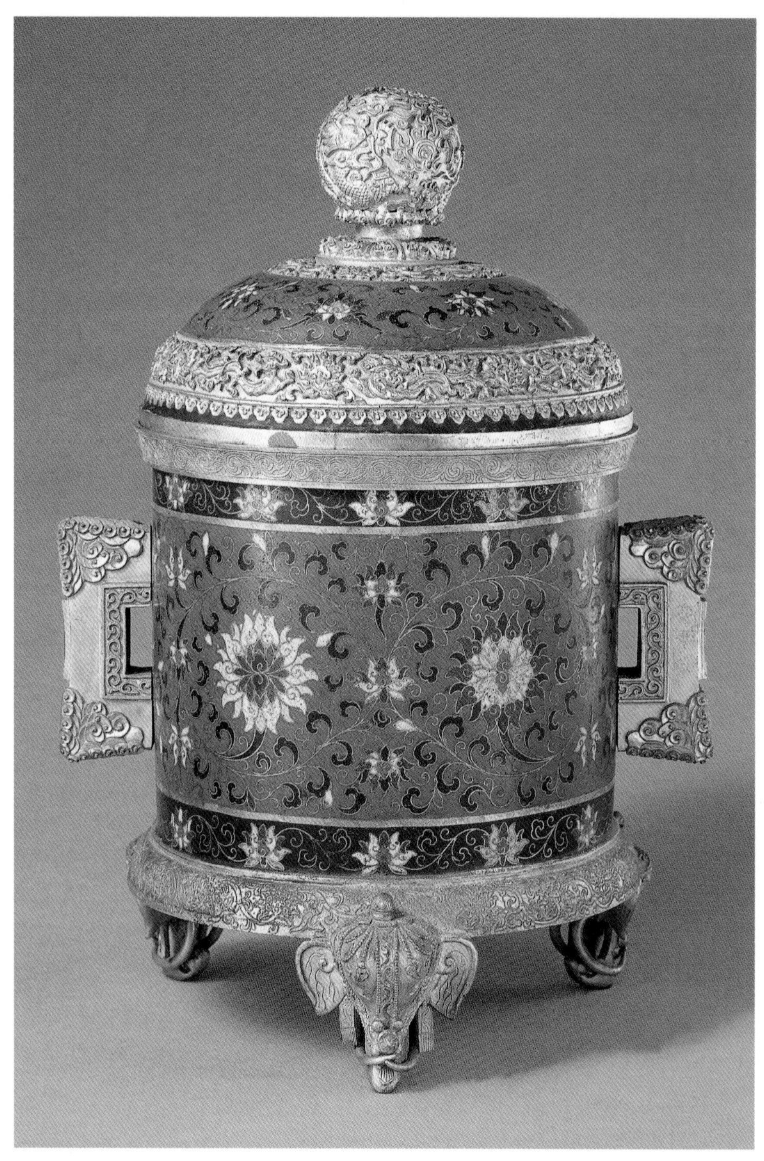

樽圓筒形，銅鍍金方形雙耳，蓋鏨銅鍍金雙龍戲珠紋鈕。通體施天藍色琺瑯釉為地，蓋口上鏨如意、蓮螭紋，飾彩色纏枝蓮紋；口沿及底邊鏨陰綫纏枝蓮紋，外壁飾彩色纏枝蓮紋，下承銅鍍金三象首足。底鍍金，陰刻雙鳳勾蓮紋，中心鐫陽文"大清乾隆年製"楷書款。

此器造型仿自漢代的漆器，但器型頗大，以便用於宮廷陳設，製作工藝精緻，掐絲流暢細膩。

## 113

### 掐絲琺瑯獸面紋出戟方觚

清乾隆
高18.6厘米　口邊長7.8厘米　足邊長5.4厘米
清宮舊藏

**Cloisonné enamel square Gu (beaker) with flanges decorated with animal mask motif**

Qianlong period, Qing Dynasty
Height: 18.6cm　Length of mouth brim: 7.8cm　Length of foot brim: 5.4cm
Qing Court collection

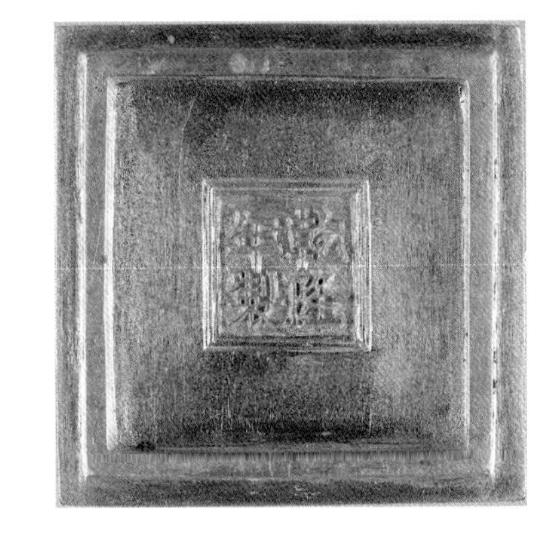

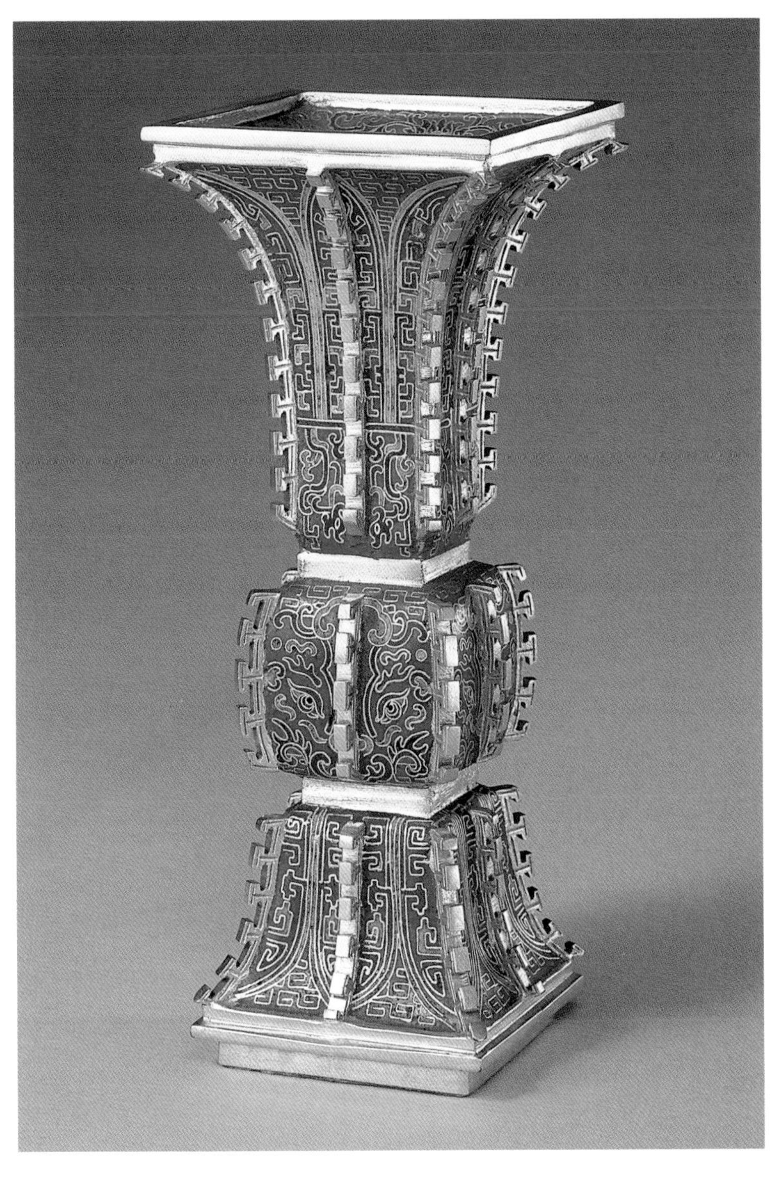

觚方形，長頸，高方座。通體作銅鍍金八出戟，施天藍色琺瑯釉地，頸部飾仰蕉葉紋及螭紋，腹部四面各飾一獸面，方座飾俯蕉葉紋。觚口內飾彩色勾蓮紋。底鍍金，掐絲回紋地，雙方框內鐫陽文“乾隆年製”楷書款。

此觚造型仿青銅器，胎體厚重，端莊古樸，掐絲極為工整細膩，是乾隆時期具有仿古風格的琺瑯標準器。

114

## 掐絲琺瑯獸面紋甗

清乾隆

通高17.4厘米　口徑8厘米　足距2.6厘米

清宮舊藏

**Cloisonné enamel Yan (cooking vessel) with animal mask motif**

Qianlong period, Qing Dynasty

Overall height: 17.4cm　Diameter of mouth: 8cm

Spacing between feet: 2.6cm

Qing Court collection

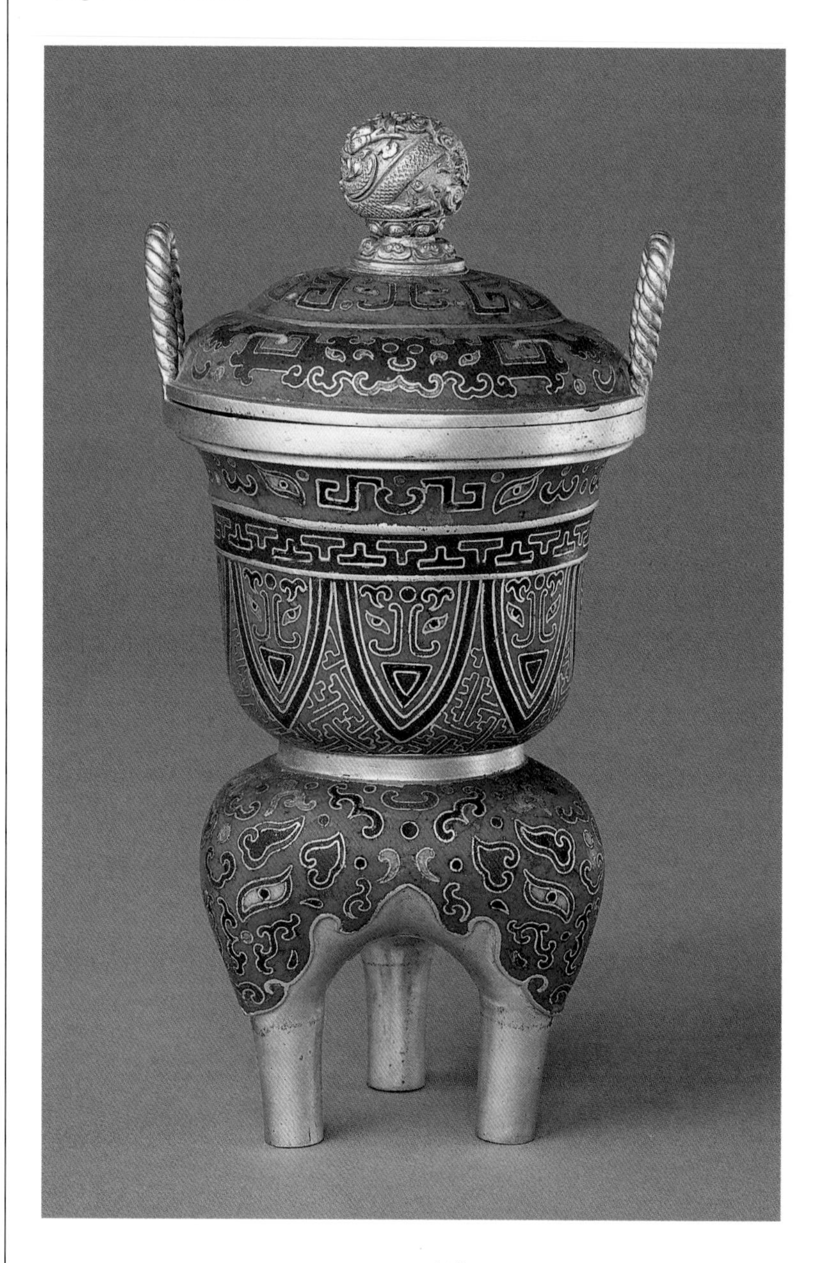

甗為上甑下鬲，雙繩紋立耳。通體施天藍色琺瑯釉地，主題紋飾為掐絲填彩釉獸面紋。蓋飾獸面紋，頂有蓮花座鏨雲龍紋鈕。甑口沿下飾寶藍色釉掐絲變形回紋組成獸面，外壁飾蕉葉紋內掐絲獸面紋。鬲三袋足亦飾獸面紋，足及底為銅鍍金，正中鐫陽文“乾隆年製”楷書款。

此器造型仿古銅器，工藝精湛。造型、紋飾仿古是乾隆時期工藝品的一個十分重要的特點，這種現象無疑與乾隆帝好古、崇古有着密不可分的關係，因而導致仿古之風盛行。

115

## 掐絲琺瑯獸面紋尊

清乾隆

高15厘米　口徑12.1厘米　足徑9.1厘米

清宮舊藏

**Cloisonné enamel jar with animal mask motif**

Qianlong period, Qing Dynasty

Height: 15cm　Diameter of mouth: 12.1cm

Diameter of foot: 9.1cm

Qing Court collection

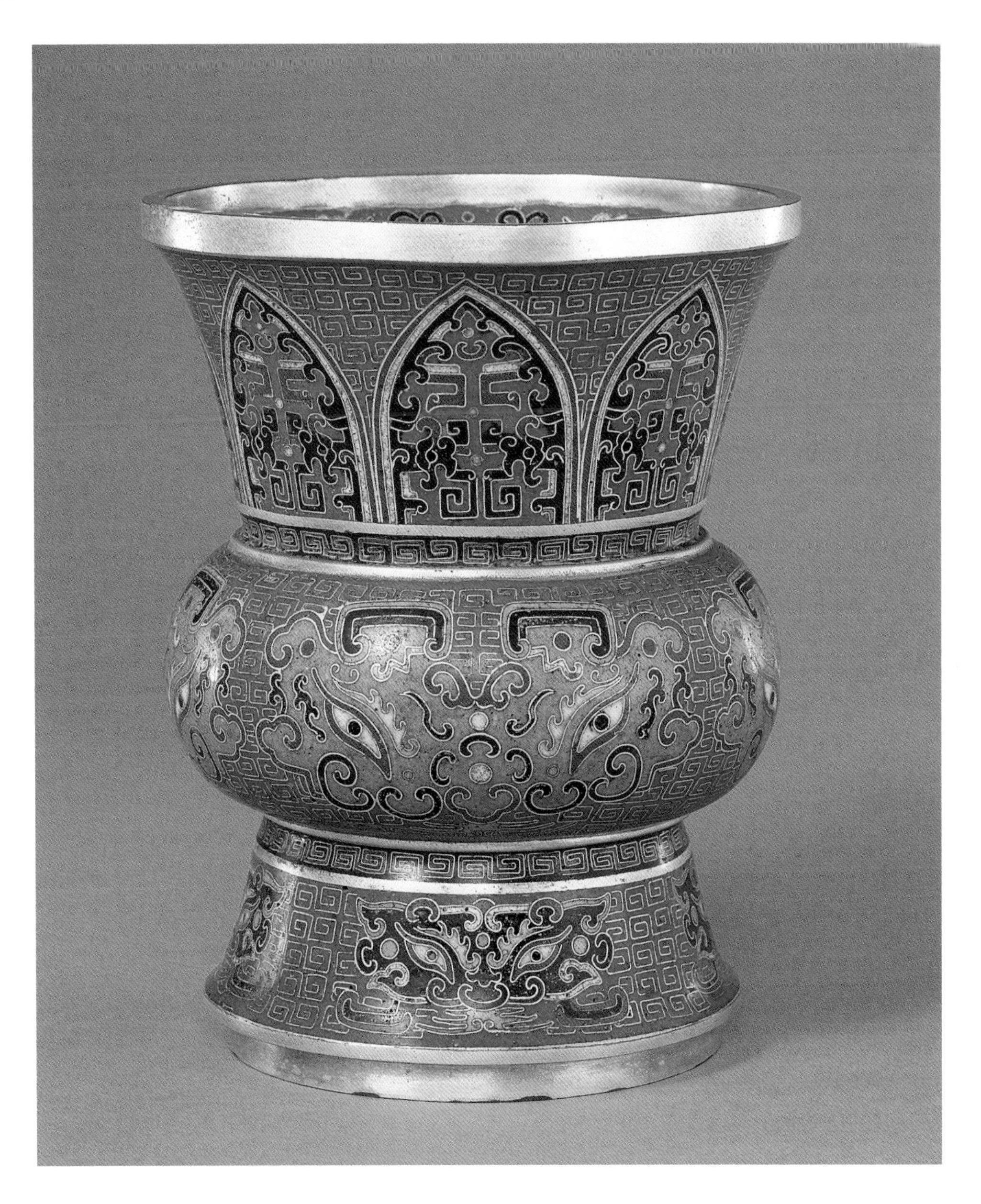

尊撇口，鼓腹，高圈足。通體作淺藍釉地，飾掐絲琺瑯回紋錦地，頸飾蕉葉形開光，內有螭紋；腹、足四面各飾獸面紋；口內施淺藍釉地，上飾纏枝蓮紋。底雙方框內鐫陽文“乾隆年製”楷書款。

此尊仿古銅器式，掐絲勻稱細膩，填釉飽滿，工藝精緻，為乾隆時期掐絲琺瑯器的精品。

116

## 掐絲琺瑯葫蘆紋盨式爐

清乾隆
通高10.4厘米　口徑9.9/7.7厘米　足距4.2厘米
清宮舊藏

**Cloisonné enamel Xu-shaped censer with calabash design**

Qianlong period, Qing Dynasty
Overall height: 10.4cm　Diameter of mouth: 9.9 / 7.7cm
Spacing between feet: 4.2cm
Qing Court collection

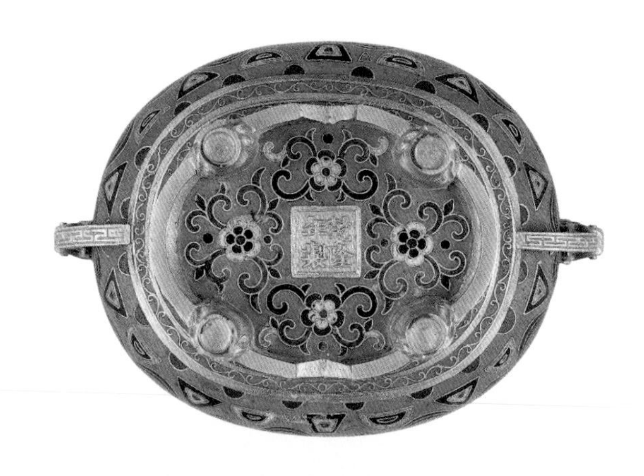

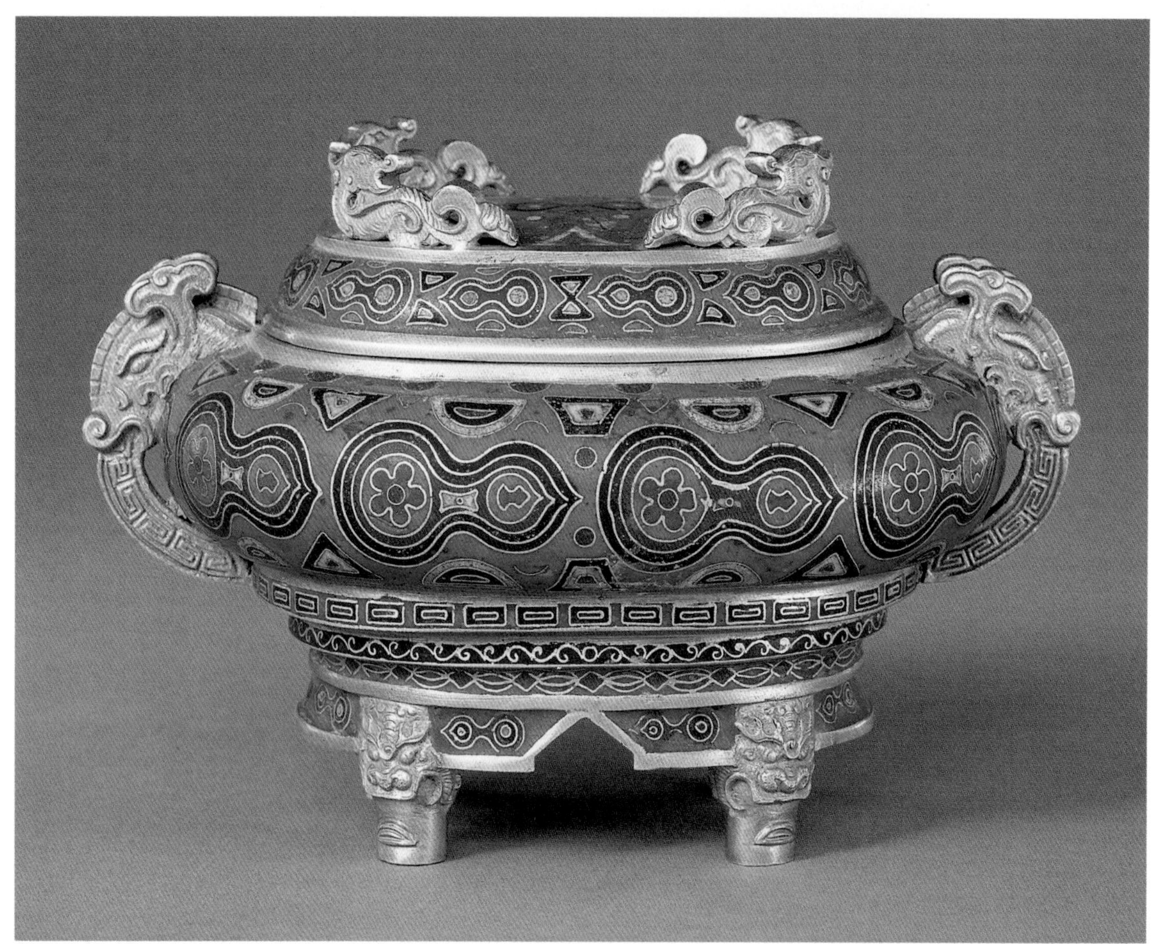

爐為盨式，扁圓腹，兩側有摩羯耳，蓋上有銅鍍金四螭鈕，圈足下承鍍金四獸面足。通體施藍色琺瑯釉為地，蓋面飾兩個獸面紋，邊緣飾葫蘆及三角形等紋；爐身飾葫蘆及變形幾何紋。底藍色釉地飾四朵纏枝花紋，中心鍍金雙方框內鏨陰文“乾隆年製”楷書款。

此爐仿古青銅器造型。

117

## 掐絲琺瑯蟠螭紋四輪香車

清乾隆

通高18.5厘米　長27.8厘米　寬17厘米

清宮舊藏

**Cloisonné enamel censer in the shape of chariot decorated with interlaced hydra design**

Qianlong period, Qing Dynasty

Overall height: 18.5cm　Length: 27.8cm　Width: 17cm

Qing Court collection

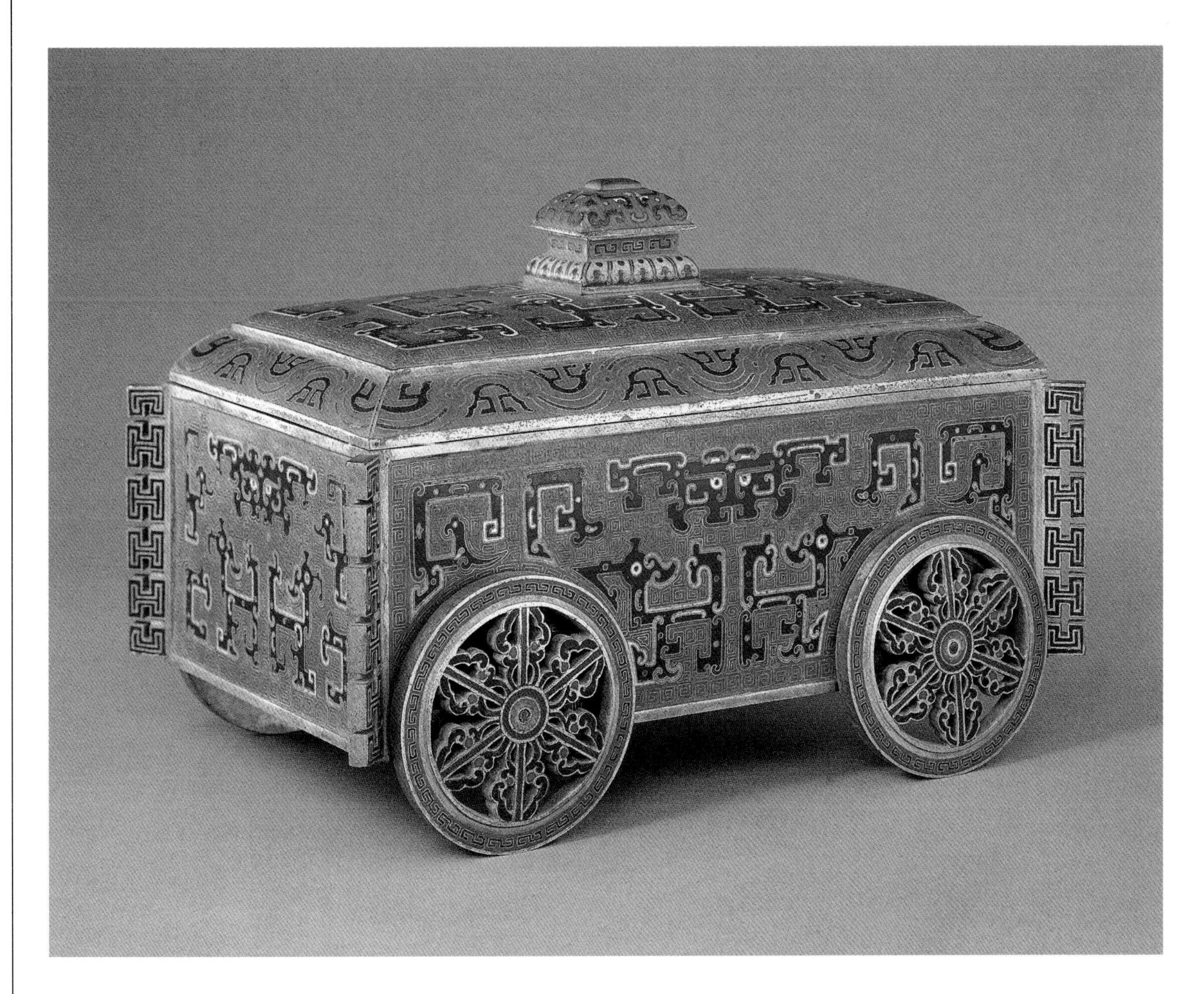

香車長方形，四角出戟，長方形盝頂式蓋，中置獸面紋長方鈕，下承兩軸四輪，輪輻作鏤空牙式花紋，四輪可轉動。通體作天藍色琺瑯釉回紋地，上飾規則的寶藍色蟠、夔及獸面紋。底雙方框內鑿陰文“大清乾隆年製”楷書款。

四輪車的器型源自實用器太平車，在琺瑯製品中很罕見，十分新穎。

118

## 掐絲琺瑯獸面紋觥

清乾隆
通高11.4厘米　長13.5厘米　足徑7/5.2厘米
清宮舊藏

**Cloisonné enamel Gong (wine vessel) with animal mask motif**
Qianlong period, Qing Dynasty
Overall height: 11.4cm　Length: 13.5cm
Diameter of foot: 7 / 5.2cm
Qing Court collection

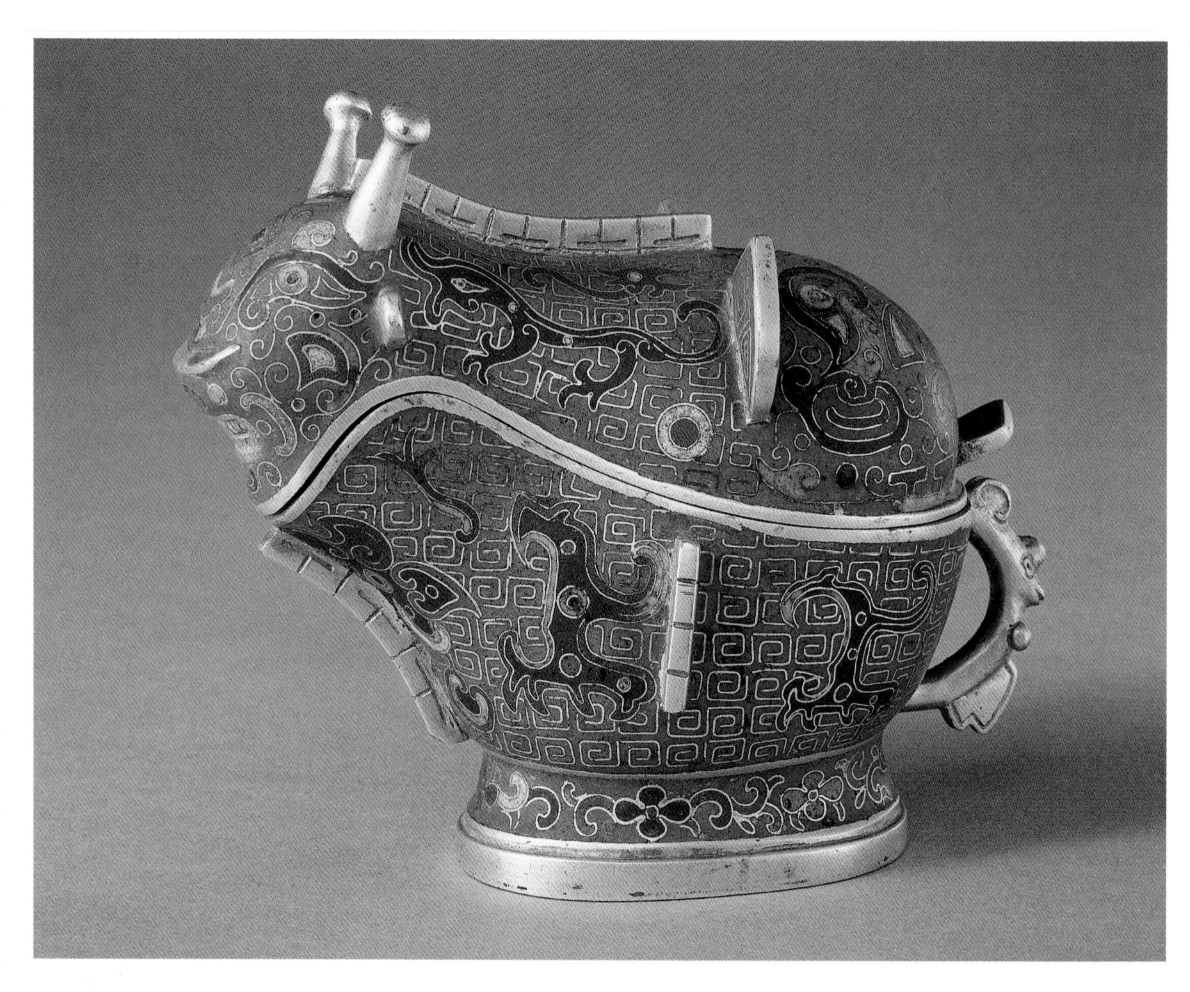

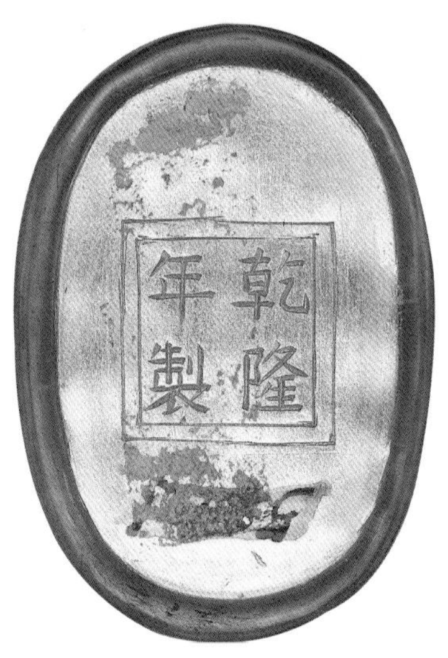


觥為獸形，蓋前部為獸頭，頭上有角，頸、背部有銅鍍金出戟，短雙翅。器身呈匜形，前有流，後有扳，圈足。通體施天藍色琺瑯釉，掐絲雲雷紋為地，上飾紅色、寶藍色夔鳳紋；蓋前部填色釉獸面紋。底鍍金，雙方框內鏨陰文“乾隆年製”楷書款。

此器為乾隆時期仿古之作，造型莊重古樸，釉色純正典雅。觥為商代青銅製盛酒器，清宮有藏。

19

## 掐絲琺瑯勾蓮紋瑞獸

清乾隆
高13.9厘米　長21厘米
清宮舊藏

**Closionne enamel auspicious animal with delineated lotus design**
Qianlong period, Qing Dynasty
Height: 13.9cm　Length: 21cm
Qing Court collection

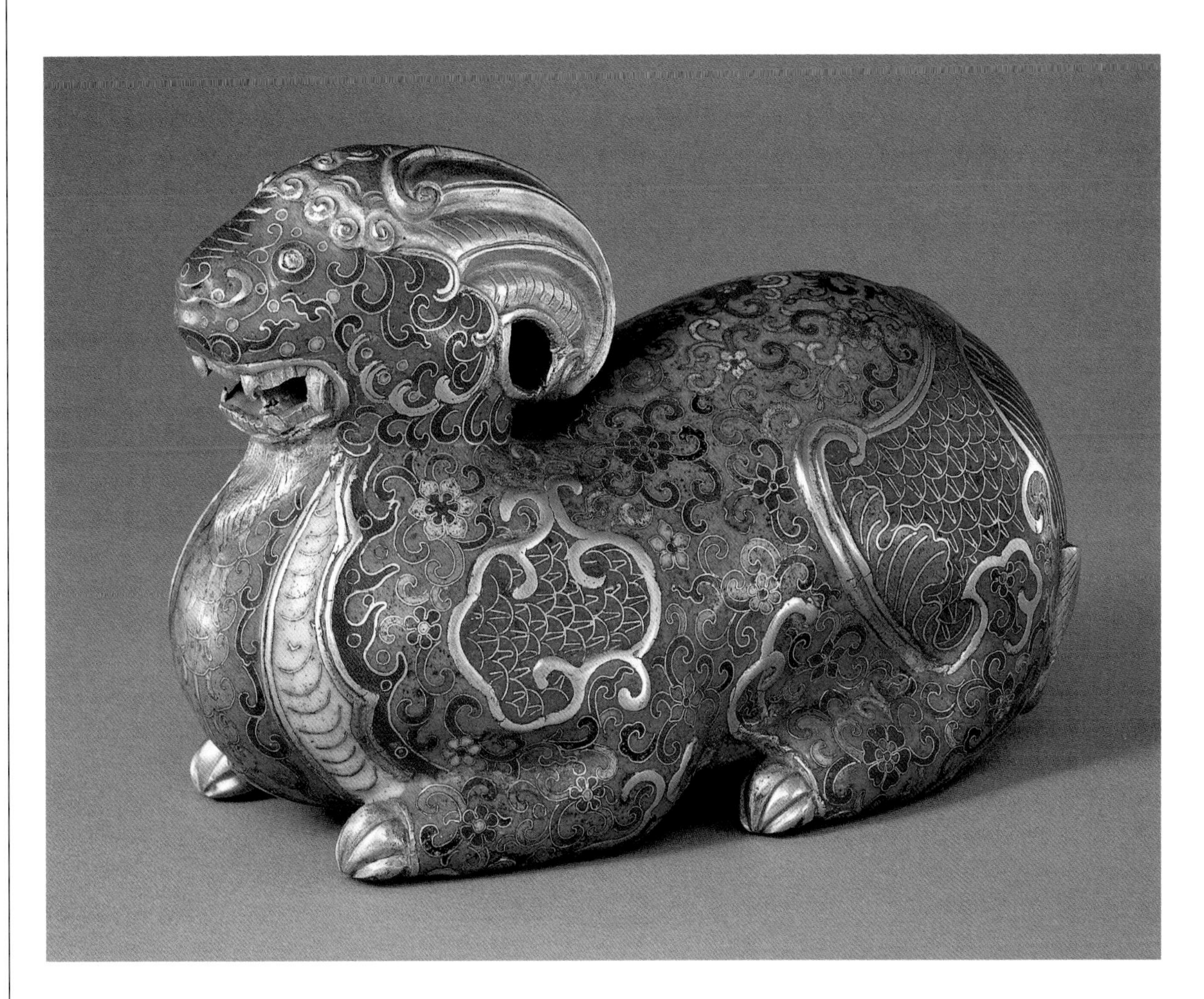

瑞獸為臥式，張口露齒，捲尾，銅鍍金雙角和四足。通體以天藍色琺瑯釉為地，飾掐絲琺瑯各色勾蓮紋和羽毛紋。瑞獸尾部為寶藍釉鏨胎填金刷毛紋，腹中部飾寬粉色花帶，胸下鏨陰文“乾隆年製”楷書款。

此瑞獸以掐絲為主，局部鏨花，工藝上掐絲、鏨胎相結合，使造型更顯形象生動，是乾隆時期所特有的掐絲琺瑯作品。

120

## 掐絲琺瑯捲雲紋犧尊

清乾隆
高20厘米　長28厘米　寬9厘米
清宮舊藏

**Cloisonné enamel ox-shaped Zun (wine vessel) with cirrus design**
Qianlong period, Qing Dynasty
Height: 20cm　Length: 28cm　Width: 9cm
Qing Court collection

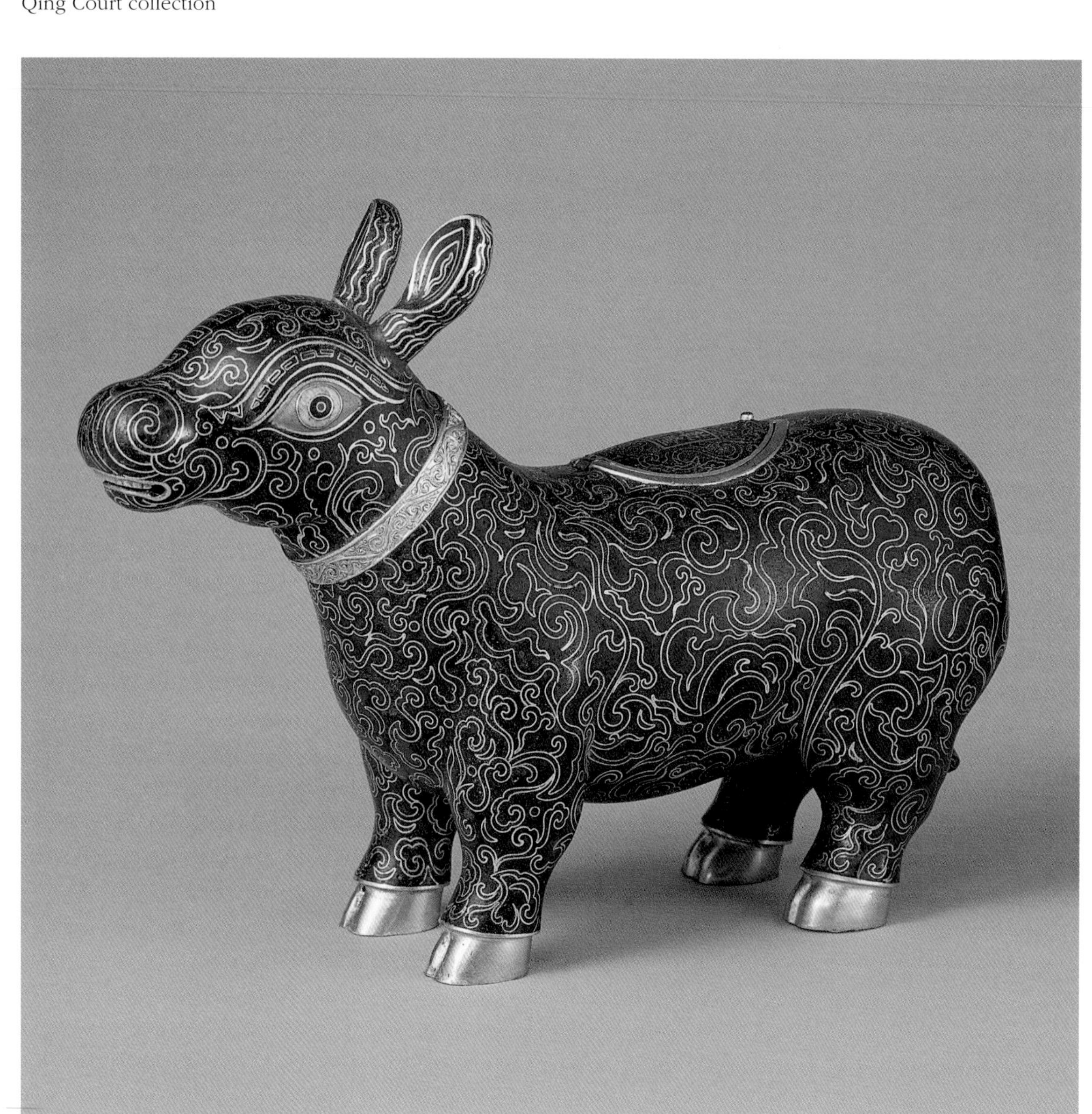

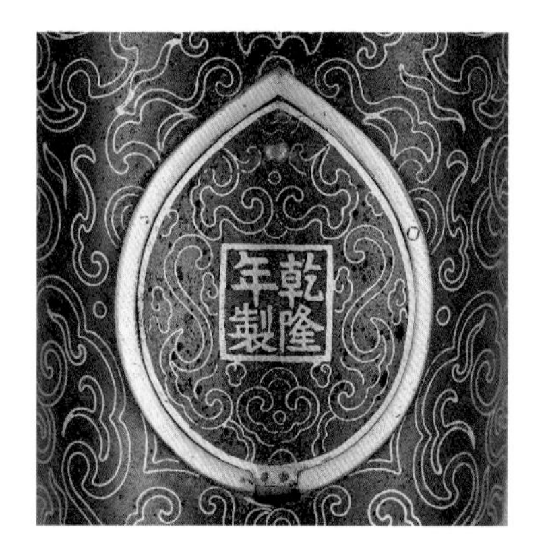


尊作犧形，立式，瞪目閉口，立耳，垂尾。頸飾鏨花纏枝蓮紋銅環。通體施墨綠色琺瑯釉為地，滿飾掐絲鍍金捲雲紋，頭頂及尾部飾掐絲回紋。背部開橢圓形孔，附蓋，蓋正中方框內填墨綠釉鐫陽文“乾隆年製”楷書款。

此器造型具有較強的仿生意識，掐絲粗獷，是仿古器物中的成功之作。

121

**鏨胎琺瑯勾雲紋牛尊**
清乾隆
高19厘米　長21.2厘米　寬9厘米
清宮舊藏

**Champleve enamel ox-shaped Zun (wine vessel) with cloud duster design**
Qianlong period, Qing Dynasty
Height: 19cm　Length: 21.2cm　Width: 9cm
Qing Court collection

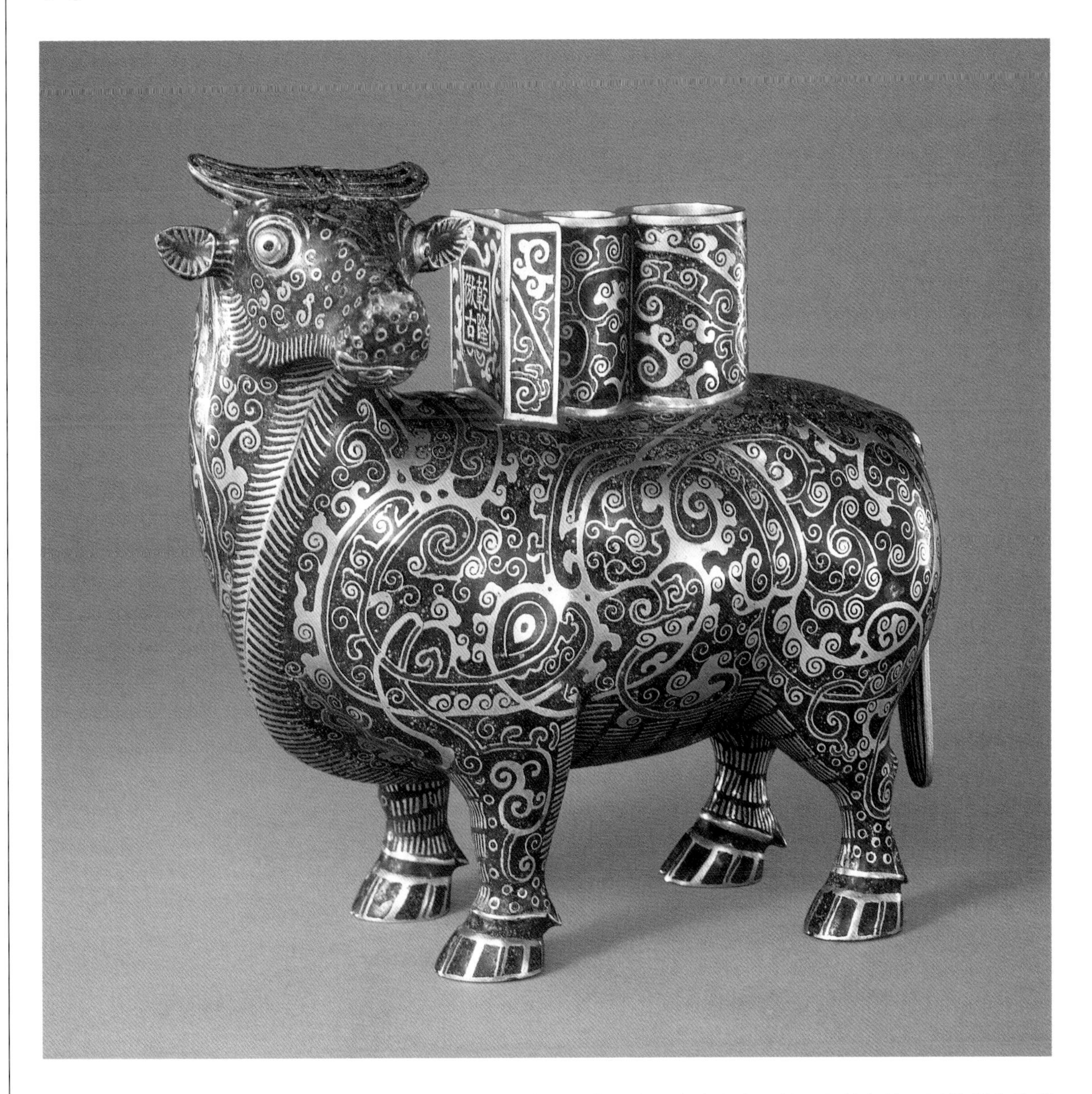

尊牛形，銅胎鍍金，背上有捲書式大小圓筒及方筒相連。通體鏨花琺瑯綠釉彩花勾雲紋，頸下、腹和腿部飾絨毛紋。背上方筒前面方框內填藍釉鐫陽文“乾隆仿古”楷書款。

此尊造型巧妙，紋飾簡潔流暢，釉色純正明亮，雖稱仿古之作，卻顯現出新意，立牛回首垂尾，姿態生動，是乾隆時期鏨胎琺瑯的代表作。

122

## 掐絲琺瑯天雞尊

清乾隆

高19厘米　口徑4.5厘米

長19厘米

清宮舊藏

**Cloisonné enamel cock-shaped Zun (wine vessel)**

Qianlong period, Qing Dynasty

Height: 19cm

Diameter of mouth: 4.5cm

Length: 19cm

Qing Court collection

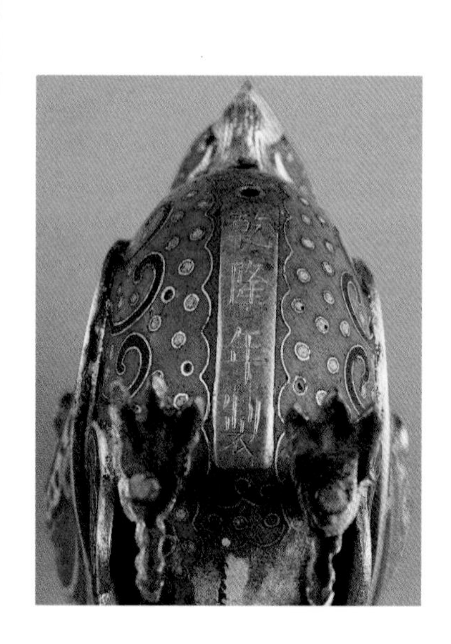

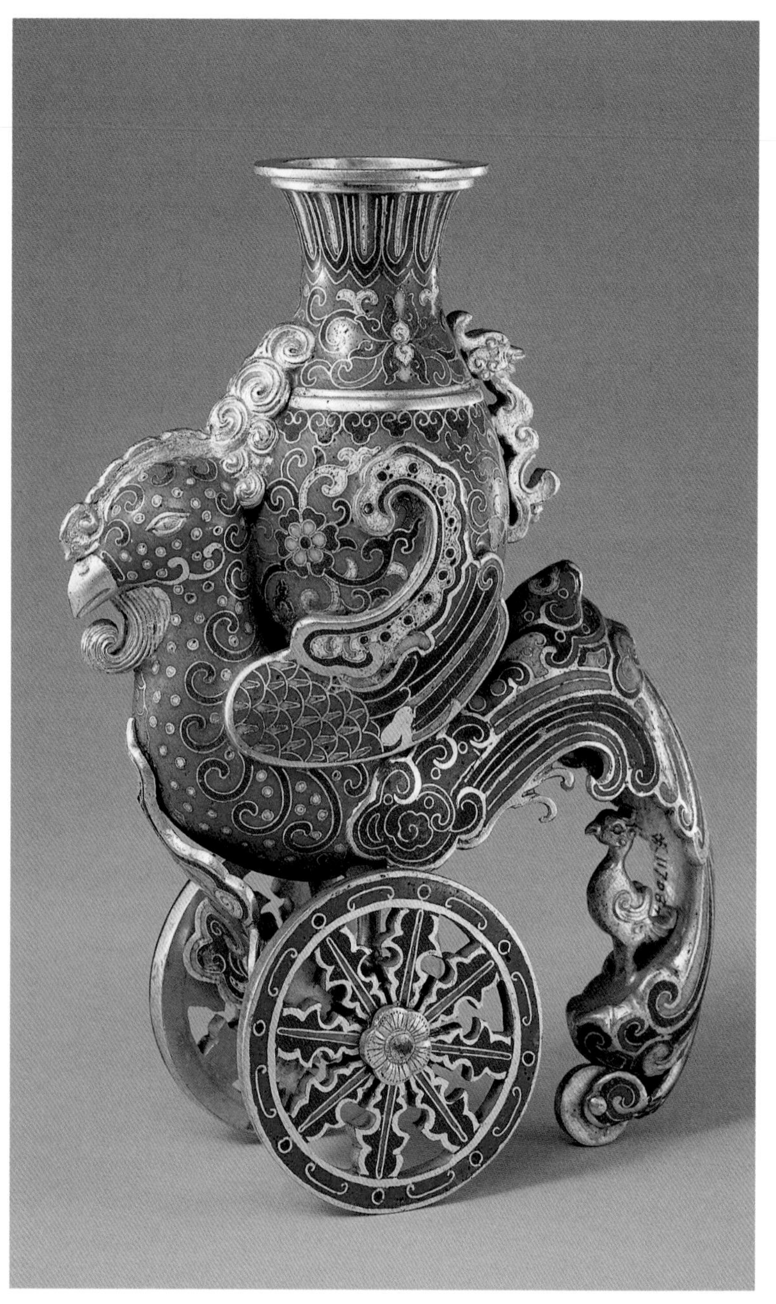

天雞作立式，昂首，雙翅上翹，托住背負花尊，雙爪抓住鏤花雙輪圓軸，垂尾內捲，尾內護有銅鍍金小天雞，尾端一小輪相接，三輪均可轉動。通體施天藍色琺瑯釉為地，花尊頸飾蕉葉紋、彩釉纏枝蓮紋，腹飾纏枝花紋，一側有銅鍍金單螭耳。天雞胸部大朵彩雲下長方形框內鏨陰文“乾隆年製”楷書款。

此器形制特殊，設計巧妙，天雞足蹬雙輪與尾下小輪構成三角形，可平穩行走。

123

## 掐絲琺瑯夔龍紋水盂

清乾隆
高8.3厘米　口徑8.5厘米　底徑9厘米
清宮舊藏

**Cloisonné enamel water container with Kui-dragon design**

Qianlong period, Qing Dynasty
Height: 8.3cm　Diameter of mouth: 8.5cm
Diameter of bottom: 9cm
Qing Court collection

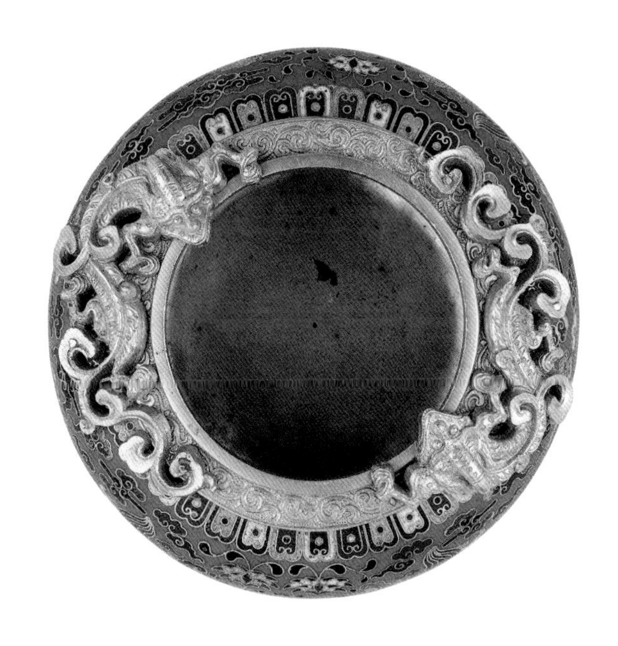

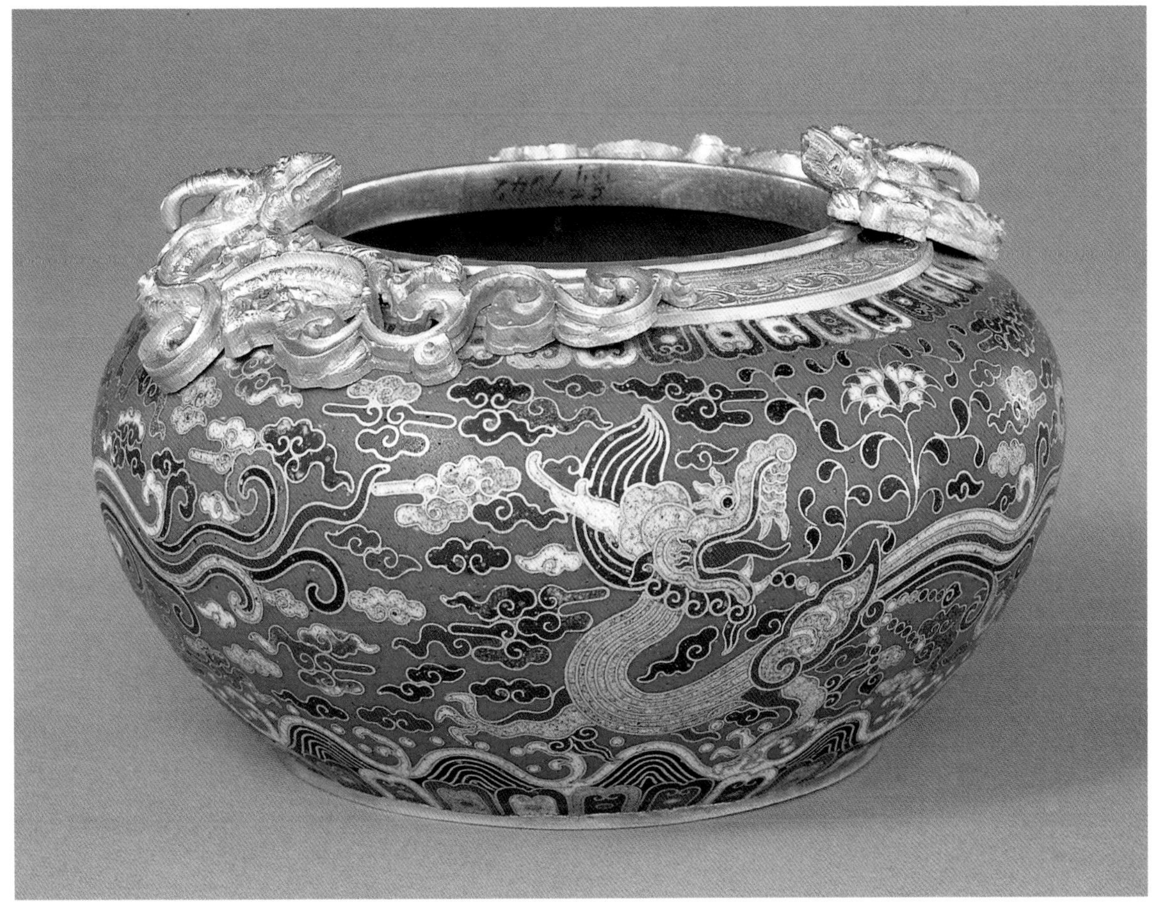

盂斂口，鼓腹下收。口沿外鑲鍍金鏨花忍冬紋邊，上嵌鍍金雙夔龍攀附於口。通體以天藍色琺瑯釉為地，腹飾三條夔龍，象鼻雲翼，捲草花尾，口啣纏枝花和瓔珞出沒於驚濤駭浪之中。盂上、下邊各飾掐絲填釉仰俯蓮瓣紋一周。底鍍金，雙方框內鐫陽文“乾隆年製”楷書款。

水盂一名“水丞”，是文房中盛水的用具，可隨時為硯池加水。以香草龍為飾，強調了文房的情趣。此紋樣仿自明代，掐絲細膩，釉面平滑，工藝精緻，具有清代中期的顯著特徵。

124

## 掐絲琺瑯雲龍紋文具

清乾隆
筆架　高15.5厘米　長20.5厘米　寬4.3厘米
水丞　高11.5厘米　直徑8.5厘米
墨牀　高4.1厘米　長15厘米　寬9厘米
清宮舊藏

**Cloisonné enamel stationery with dragon and cloud design**
Qianlong period, Qing Dynasty
Brush rack: Height: 15.5cm　Length: 20.5cm　Width: 4.3cm
Water receptacle: Height: 11.5cm　Diameter: 8.5cm
Ink stand: Height: 4.1cm　Length: 15cm　Width: 9cm
Qing Court collection

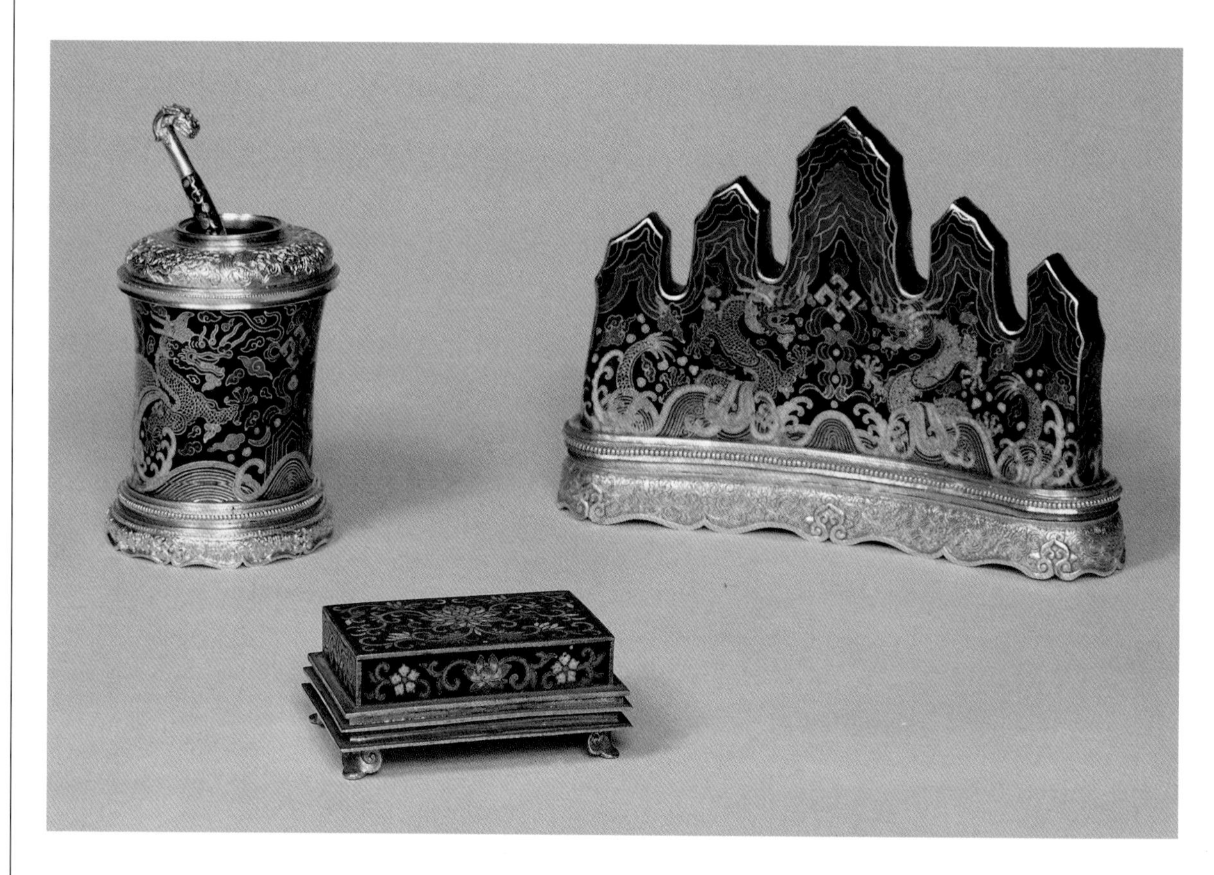

這組文具由筆架、水丞和墨牀三件組成，是皇帝書寫時用的文具。

筆架呈山字形。以掐絲起綫填寶藍色琺瑯釉為地，上加天藍、綠釉勾出山崖，下用綠、白釉勾出海水，中間飾彩釉雙龍戲“卍”字紋。下置銅鍍金鏨花橢圓形底座，底有凸起鍍金雙龍，中心鐫陽文“大清乾隆年製”楷書款。

水丞呈圓筒式，口沿、足邊均飾銅鏨花鍍金。器以掐絲起綫填寶藍色琺瑯釉為地，飾藍、綠、白色釉海水江崖和彩釉雙龍戲“卍”字紋。底鐫陽文“大清乾隆年製”楷書款。水丞內置一銅鍍金掐絲琺瑯釉龍頭匙。

墨牀呈平面長方形，下有四如意雲頭足。通體掐絲起綫填寶藍釉琺瑯為地，飾纏枝蓮紋。底鍍金，光素無款。

此組文具銅胎規矩，釉色純正，鍍金輝煌。為清乾隆時期的琺瑯器精品。

125

## 掐絲琺瑯牧羊人筆架

清乾隆
高15厘米　長16厘米　寬7.8厘米
清宮舊藏

**Cloisonné enamel brush stand in the shaped of a shepherd riding on a goat's back**

Qianlong period, Qing Dynasty
Height: 15cm　Length: 16cm　Width: 7.8cm
Qing Court collection

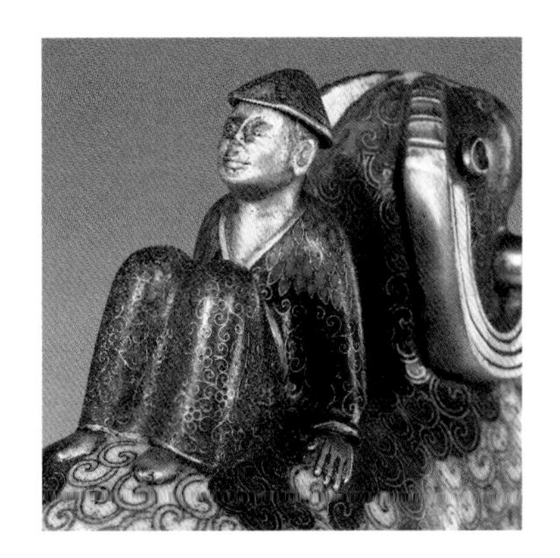

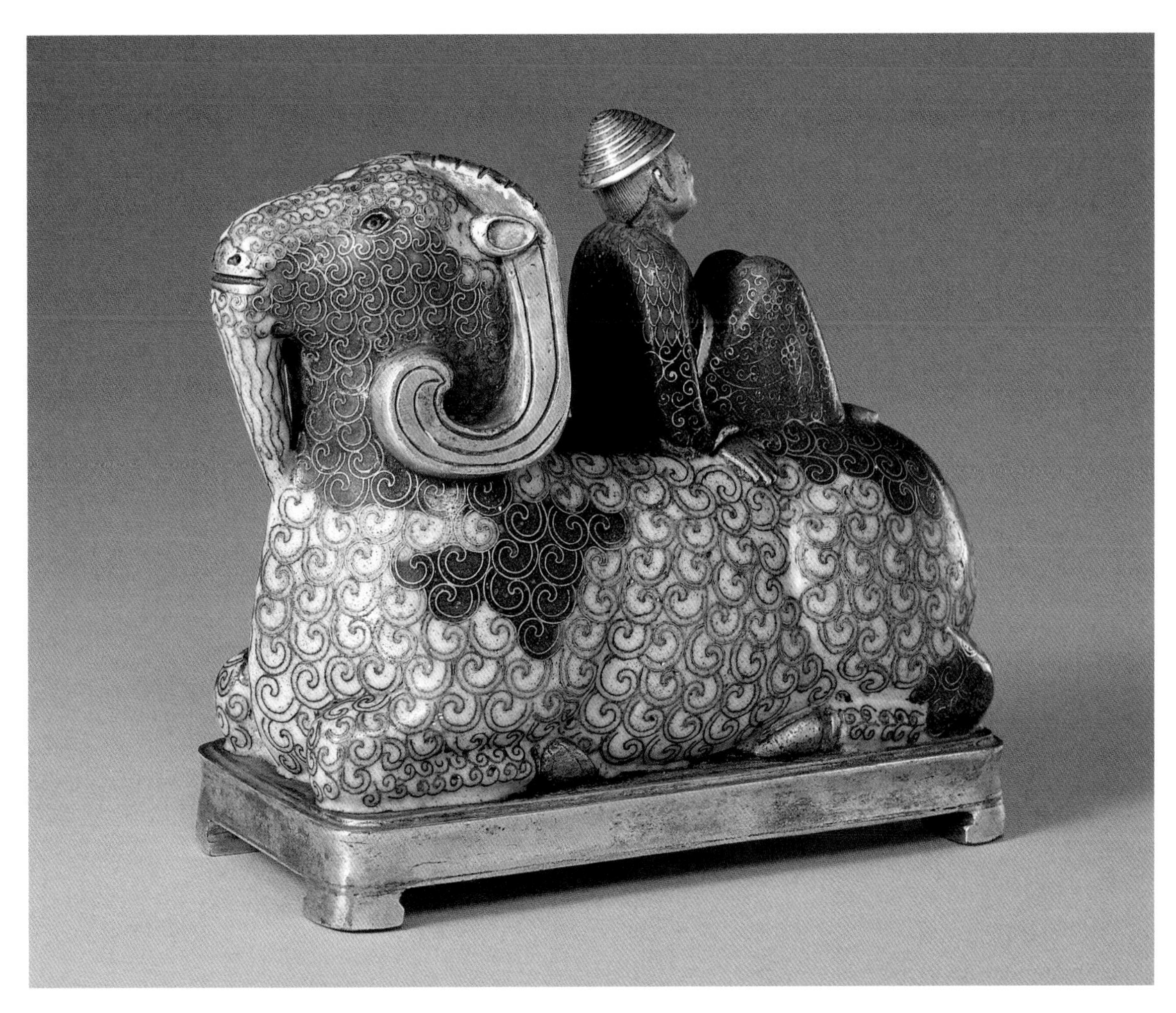

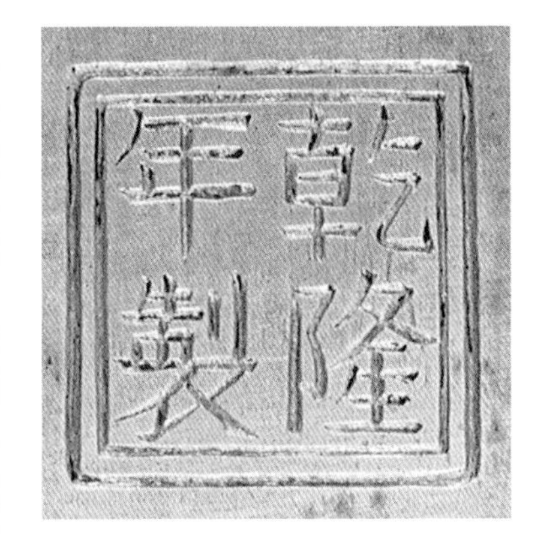


筆架呈臥羊形，背負牧人。羊通體施白、褐二色琺瑯釉為地，雙掐絲作捲毛紋。牧羊人倒背坐，雙手扶羊背，頭戴斗笠，着綠衣紫裙，頭、腳、手部鍍金，形象栩栩如生。筆架下承方座，鍍金四矮足，底雙方框內鏨陰文"乾隆年製"楷書款。

此器掐絲工匀細緻，釉色沉穩，金光燦爛。此類題材的琺瑯立體造型新穎別致，有很高工藝價值和藝術價值。

126

## 掐絲嵌畫琺瑯風景畫盞

清乾隆
通高7厘米　盞口徑5.3厘米　足徑1.9厘米
盤口徑11.5厘米　足徑6.9厘米
清宮舊藏

**Cloisonné enamel cup with saucer inlaid with painted enamel landscape design**

Qianlong period, Qing Dynasty
Overall height: 7cm
Cup: Diameter of mouth: 5.3cm
Diameter of foot: 1.9cm
Saucer: Diameter of mouth: 11.5cm
Diameter of foot: 6.9cm
Qing Court collection

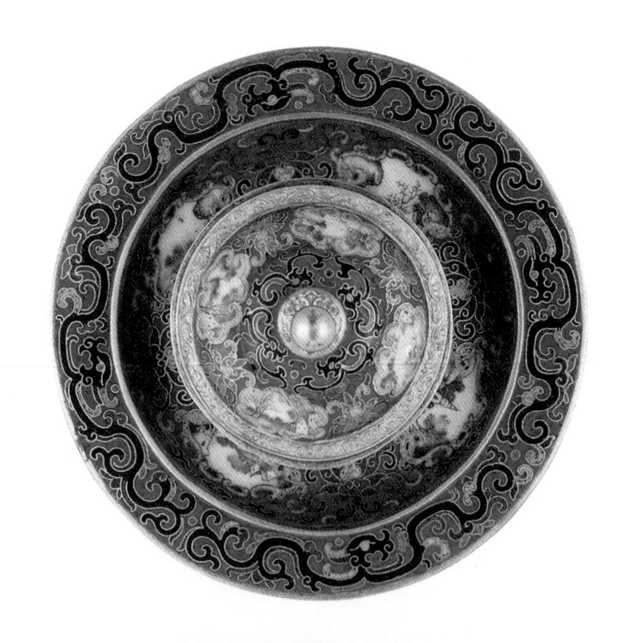

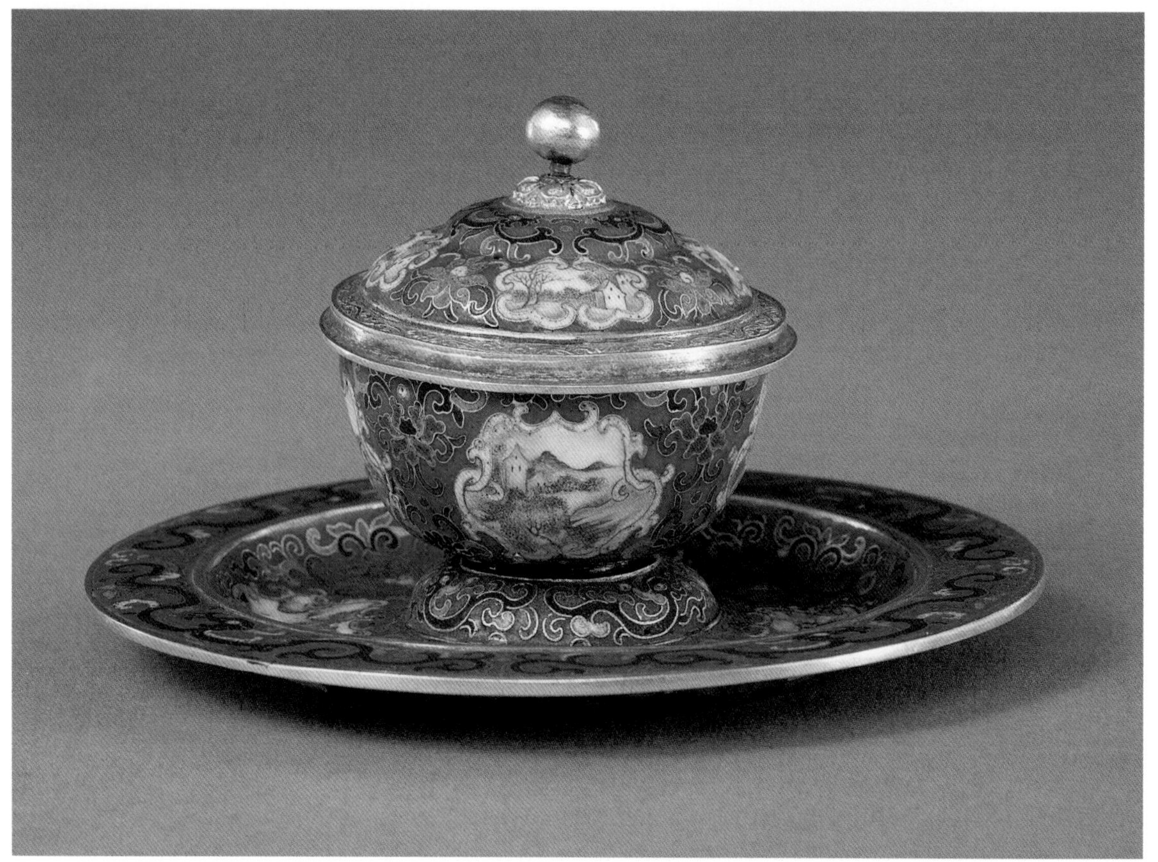

盞連接托盤，有蓋，蓋係銅鍍金鏨花，圓鈕。盤折邊，中心凸起盞槽。通體施天藍色琺瑯釉為地，蓋、盞、盤均飾彩色纏枝蓮紋間四開光，開光內為畫琺瑯，畫面用胭脂色繪西洋風景畫。盤折邊及足牆飾藍色螭紋，外壁鍍金鏨花纏枝蓮紋。盞、盤底均鏨陰文“乾隆年製”仿宋體字款。

此器小巧玲瓏，釉色鮮豔，所繪景致為西洋式山村景色。工藝技法上採用了掐絲琺瑯和畫琺瑯並用的做法，充分表現出乾隆時期琺瑯工藝的特點。

127

## 掐絲琺瑯庭園殿閣圖鏡

清乾隆
直徑9.5厘米
清宮舊藏

**Cloisonné enamel mirror with a picture of palaces and garden on the reverse side**

Qianlong period, Qing Dynasty
Diameter: 9.5cm
Qing Court collection

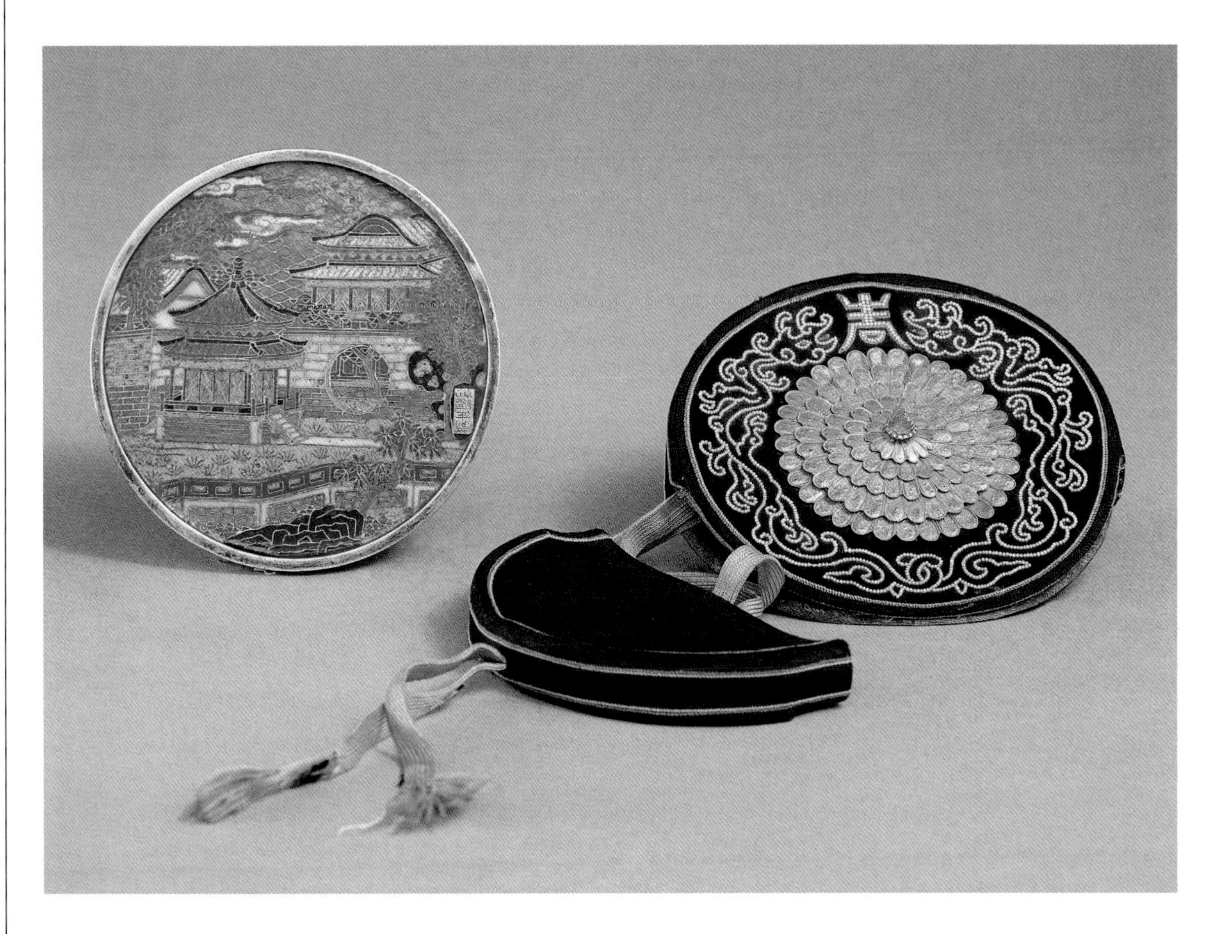

鏡背作掐絲填釉庭園殿閣圖景。遠處可見流雲及山水樹木，近處為小亭矮牆，圓門後透視出院內深處的殿閣。太湖石上鑿陰文“乾隆年製”楷書款。

此鏡作畫、掐絲極其工緻，是為乾隆時期掐絲琺瑯工藝的代表作品。此種琺瑯銅鏡在宮廷中保留極少，社會上更是難得一見，彌足珍貴。

## 128

### 掐絲琺瑯山水人物圖寶座

清乾隆

高106厘米　縱90厘米　橫128厘米

清宮舊藏

**Cloisonné enamel throne decorated with design of figures and landscape**

Qianlong period, Qing Dynasty

Height: 106cm　Length: 90cm　Width: 128cm

Qing Court collection

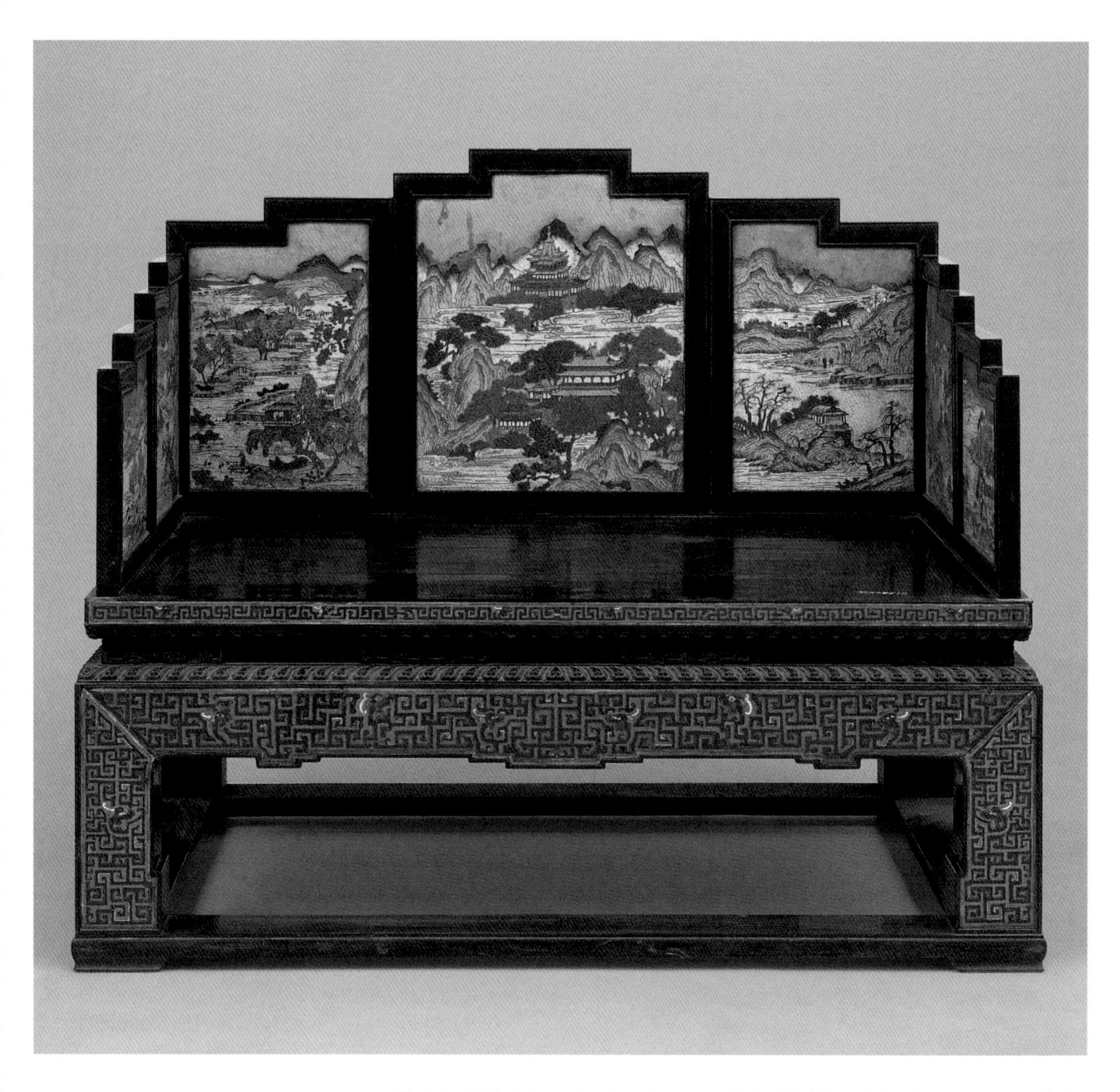

寶座為紫檀木框，七屏圍子，須彌座飾蓮瓣紋，紫檀木托泥。圍子為銅胎掐絲琺瑯，正面飾山水人物圖，有牧牛、捕魚、樓閣風景等。背面飾花鳥圖，有梅雀、菊蝶等。束腰及四腿飾掐絲琺瑯螭紋。

寶座為皇帝所專用，是權力與尊嚴的象徵，以掐絲琺瑯工藝製作的寶座不多見。圍屏所飾紋飾反映出國泰民安、一派祥和的景象。

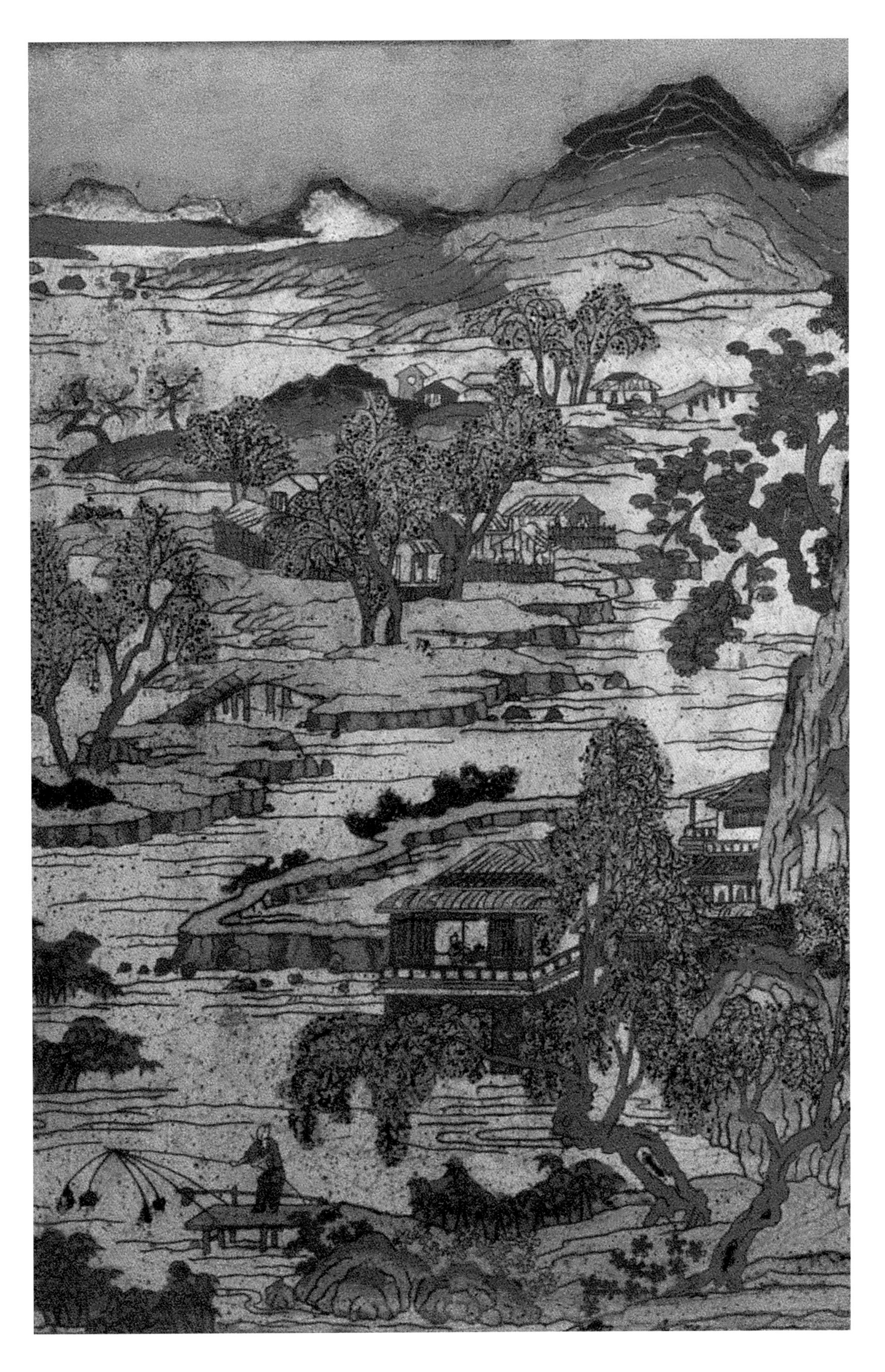

**129**

## 掐絲琺瑯番蓮紋冰箱

清乾隆

高41.8厘米　口邊長72.5/92.5厘米　底邊長64/64厘米

**Cloisonné enamel icebox with passionflower design**

Qianlong period, Qing Dynasty

Height: 41.8cm　Length of mouth brim: 72.5 / 92.5cm

Length of bottom brim: 64 / 64cm

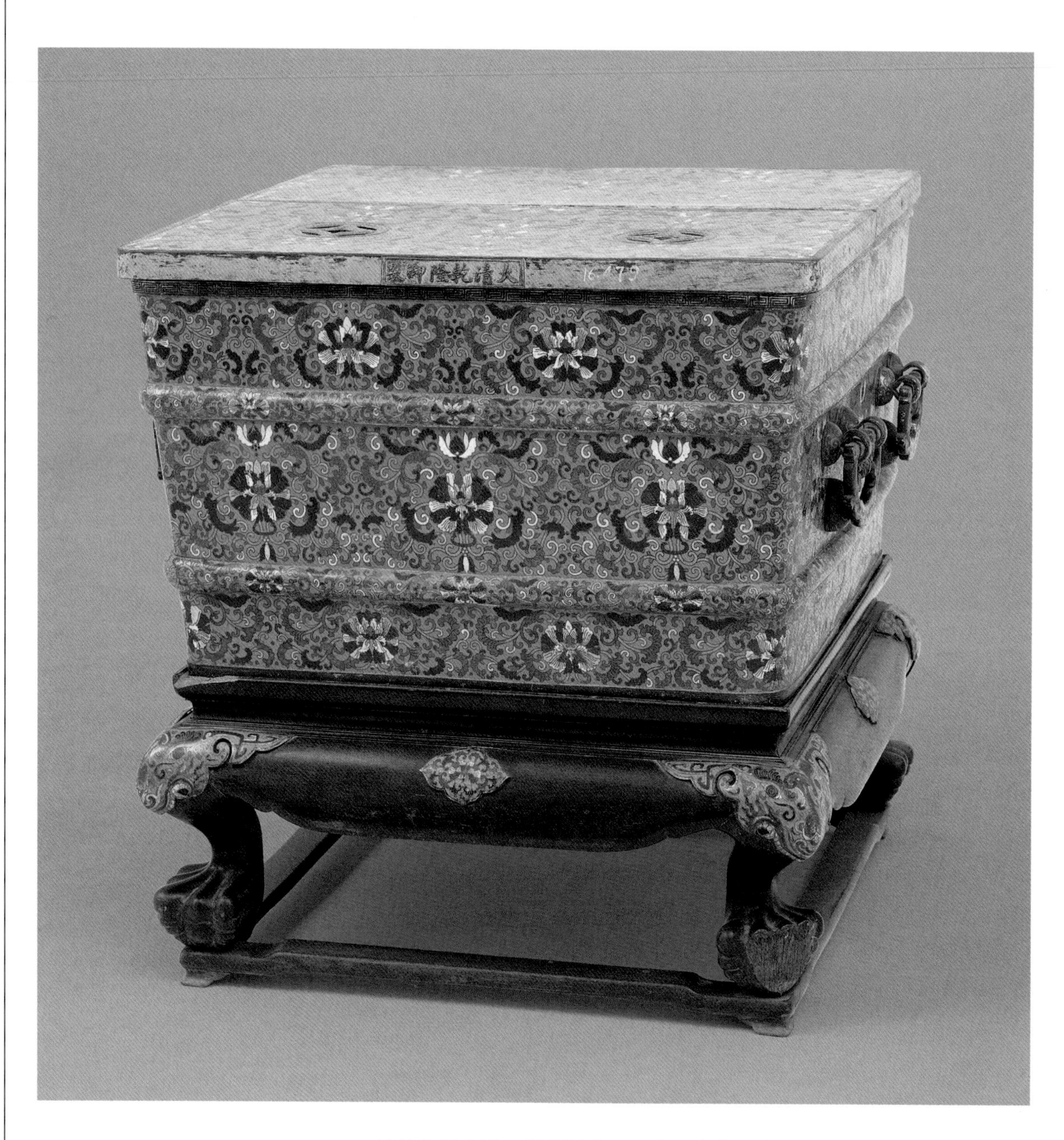

冰箱為長方體，雙開活蓋，一蓋上有雙圓錢形透孔以散涼氣。蓋四壁邊包銅，一邊壁鐫陽文"大清乾隆年製"楷書款。兩側附雙魚吞環提手。箱內鑲銀裏。蓋及四壁均施天藍色琺瑯釉為地，掐絲填釉飾各色纏枝番蓮紋。底飾掐絲填釉冰梅紋。冰箱下承木座，四角包獸面紋掐絲琺瑯，座裙邊飾菱花形開光番蓮紋掐絲琺瑯。

此冰箱琺瑯釉色豐富明快，做工較為精細。是為夏季盛冰降溫之用，亦可將需冷卻的食品置於箱內，起"冰鎮"效果。

130

## 掐絲琺瑯金桂圖圓月式掛屏

清乾隆
直徑101厘米
清宮舊藏

**Cloisonné enamel round hanging panel with sweet osmanthus design**
Qianlong period, Qing Dynasty
Diameter: 101cm
Qing Court collection

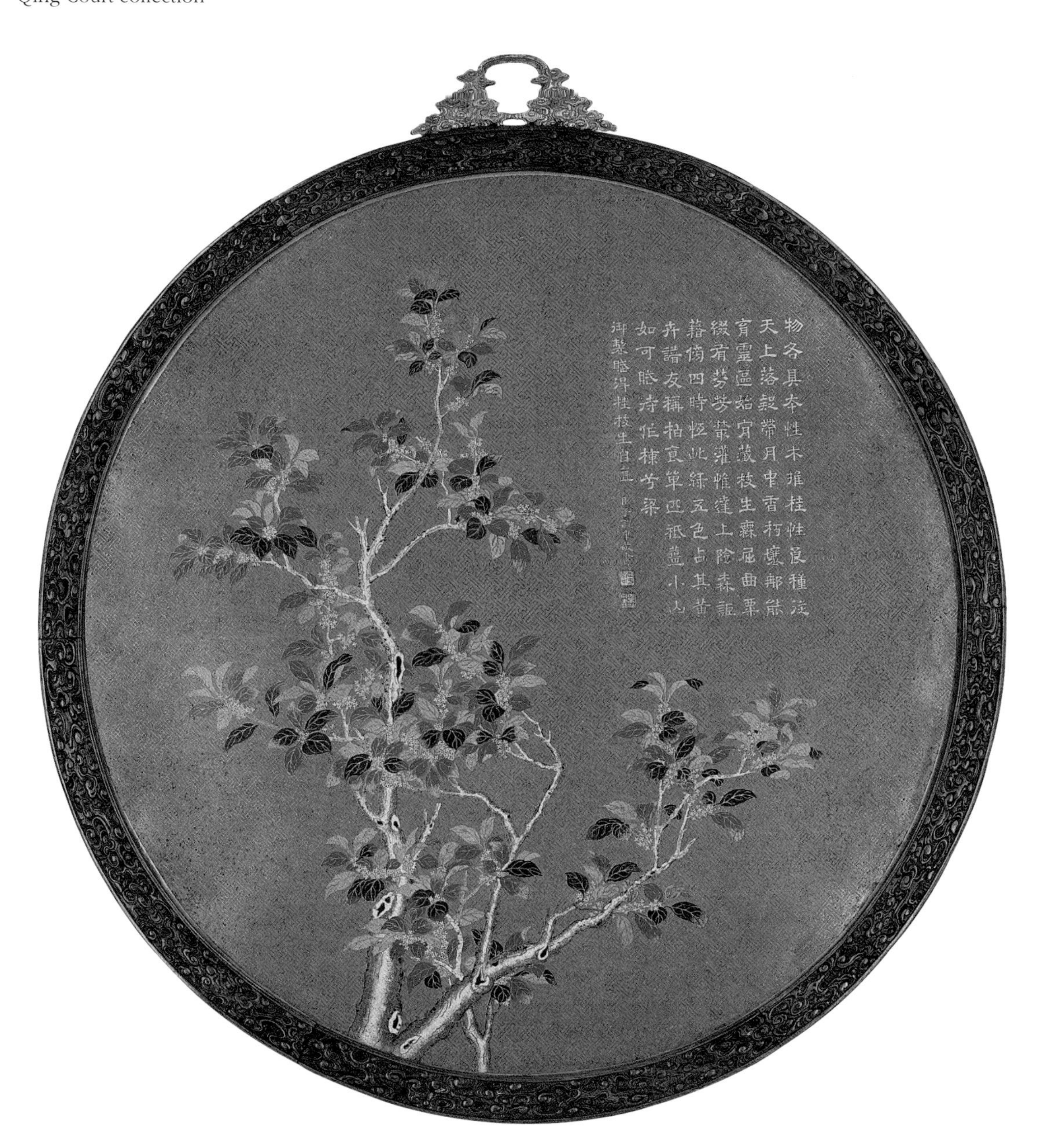

掛屏為圓月式，環以雕雲紋邊框。屏心以掐絲“卍”字錦紋為地，填施淺藍色琺瑯釉，其中掐飾兩株桂花樹，綠葉襯托着滿枝金桂。畫面上側鏨鍍金于敏中書乾隆皇帝御製詩一首。

掛屏用赭色、深綠色、淺綠色和黃色琺瑯釉分別表現枝、葉、花，琺瑯填施飽滿，掐絲技法嫻熟，風格寫實，是一件傑出的作品。

131

**掐絲琺瑯山水人物圖掛屏**
清乾隆
高74厘米　寬99厘米
清宮舊藏

**Cloisonné enamel hanging panel decorated with figures and landscape**
Qianlong period, Qing Dynasty
Height: 74cm　Width: 99cm
Qing Court collection

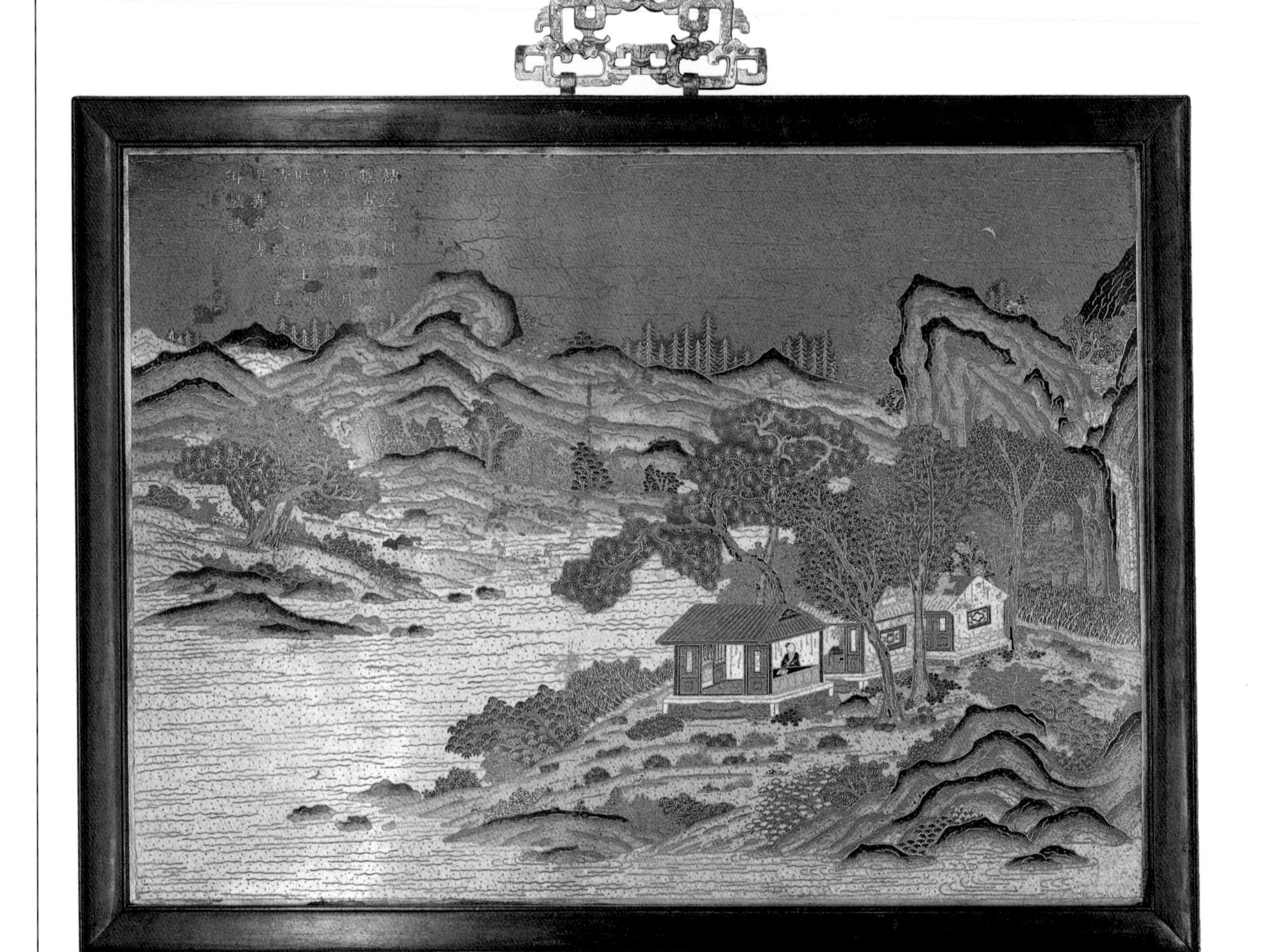

掛屏長方形，紫檀木框，一對分左右兩幅，畫面相接。此為左幅，屏心飾有藍天彎月，青山疊翠，前有江水，後有瀑布，江渚上蒼松紅葉相掩映，屋舍中一人在讀書吟詩。左上角有梁國治隸書御製五言律詩一首。梁係乾隆十三年（1748）狀元，內閣大學士。

132

## 掐絲琺瑯山水人物圖掛屏

清乾隆

高74厘米　寬99厘米

清宮舊藏

**Cloisonné enamel hanging panel decorated with figures and landscape**

Qianlong period, Qing Dynasty

Height: 74cm　Width: 99cm

Qing Court collection

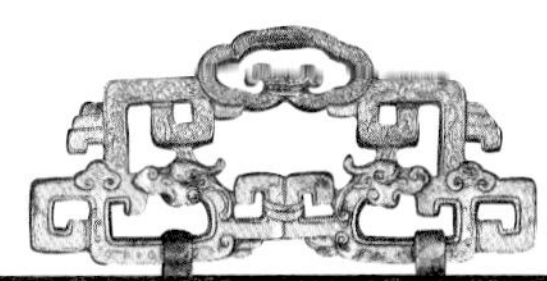

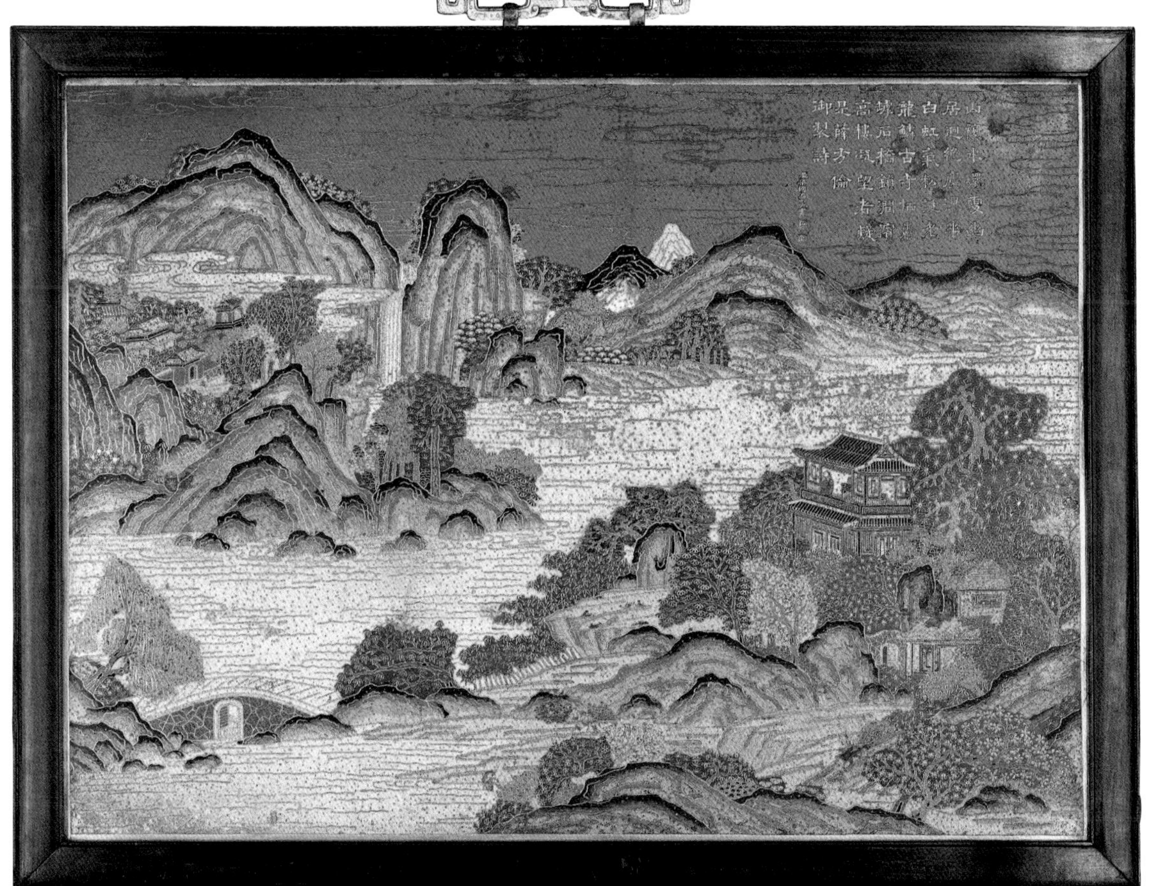

此屏為對屏中的右幅，屏心飾層巒疊嶂，瀑布流水，松竹茂盛，垂柳依依，清幽雅靜，高台樓閣上，一人正憑欄遠眺。水邊一架小橋可通往江渚。右上角有梁國治隸書御製五言律詩一首。兩屏做成一對，用掐絲鍍金勾勒山石輪廓，瀑布流水，製作工藝細膩精緻，是乾隆時期掐絲琺瑯陳設品中頗具特色的對屏。

133

## 掐絲琺瑯明皇試馬圖掛屏

清乾隆
高63厘米　寬119厘米
清宮舊藏

**Cloisonné enamel hanging panel decorated with a picture of Tang Emperor Xuanzong Having a Trial Riding**

Qianlong period, Qing Dynasty
Height: 63cm　Width: 119cm
Qing Court collection

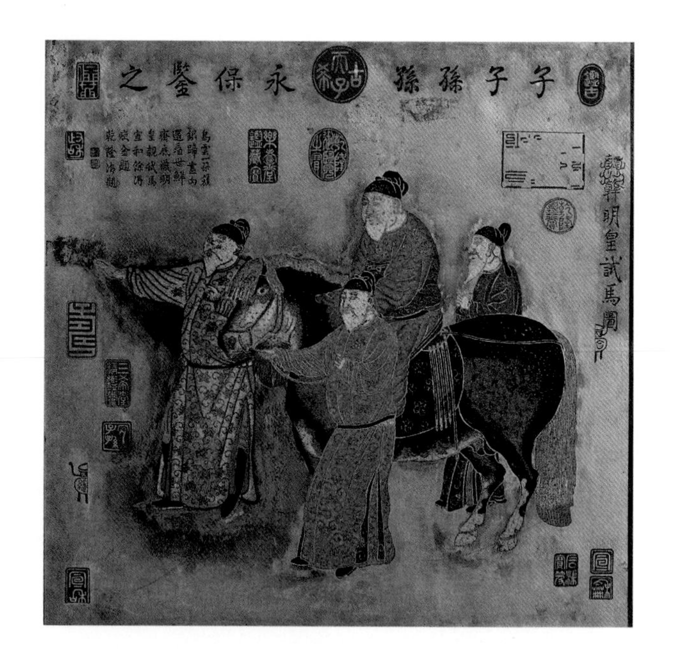

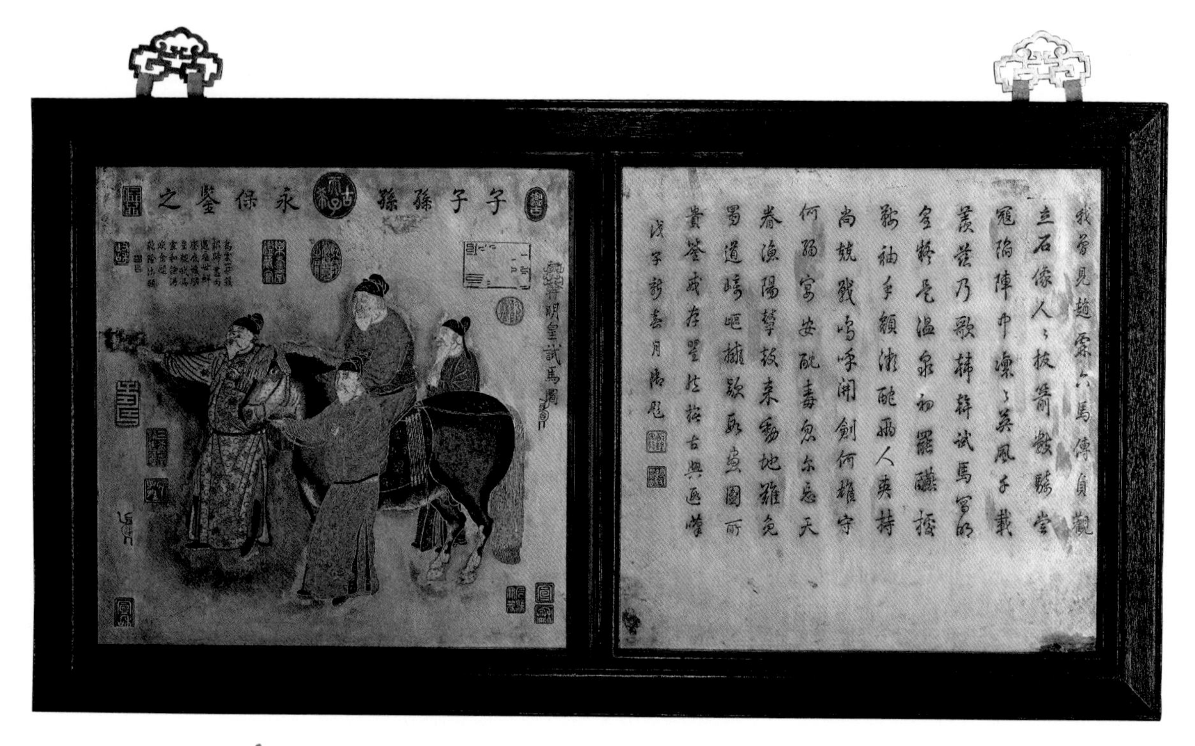

掛屏圖畫內容取自唐代畫家韓幹的《明皇試馬圖》。屏長方形，分左右兩部分。紫檀木做框，銅鍍金為地。右幅鏨乾隆皇帝御題詩，內填藍色琺瑯釉。左幅表現唐玄宗李隆基試馬的場面。畫面上唐明皇騎在花斑馬上，儀態雍容。馬頭左右一人引路，一人牽馬，側後方一人跟隨，人物刻畫惟妙惟肖，如繪畫般傳神。畫面鈐有“古希天子”、“乾隆鑑賞”、“石渠寶笈”等二十餘種印記。

此掛屏掐絲嚴謹，人物衣飾流暢自然，色彩純正，暈色效果極佳，而以金色為地的形式仿自繪畫，更顯風格獨特。把古代繪畫作為琺瑯燒造的題材是乾隆時期新的嘗試並取得了成功。

134

**掐絲琺瑯五嶽圖屏風**
清乾隆
通高274厘米　橫300厘米
清宮舊藏

**Cloisonné enamel screen with design of the Five Sacred Mountains**
Qianlong period, Qing Dynasty
Overall height: 274cm　Width: 300cm
Qing Court collection

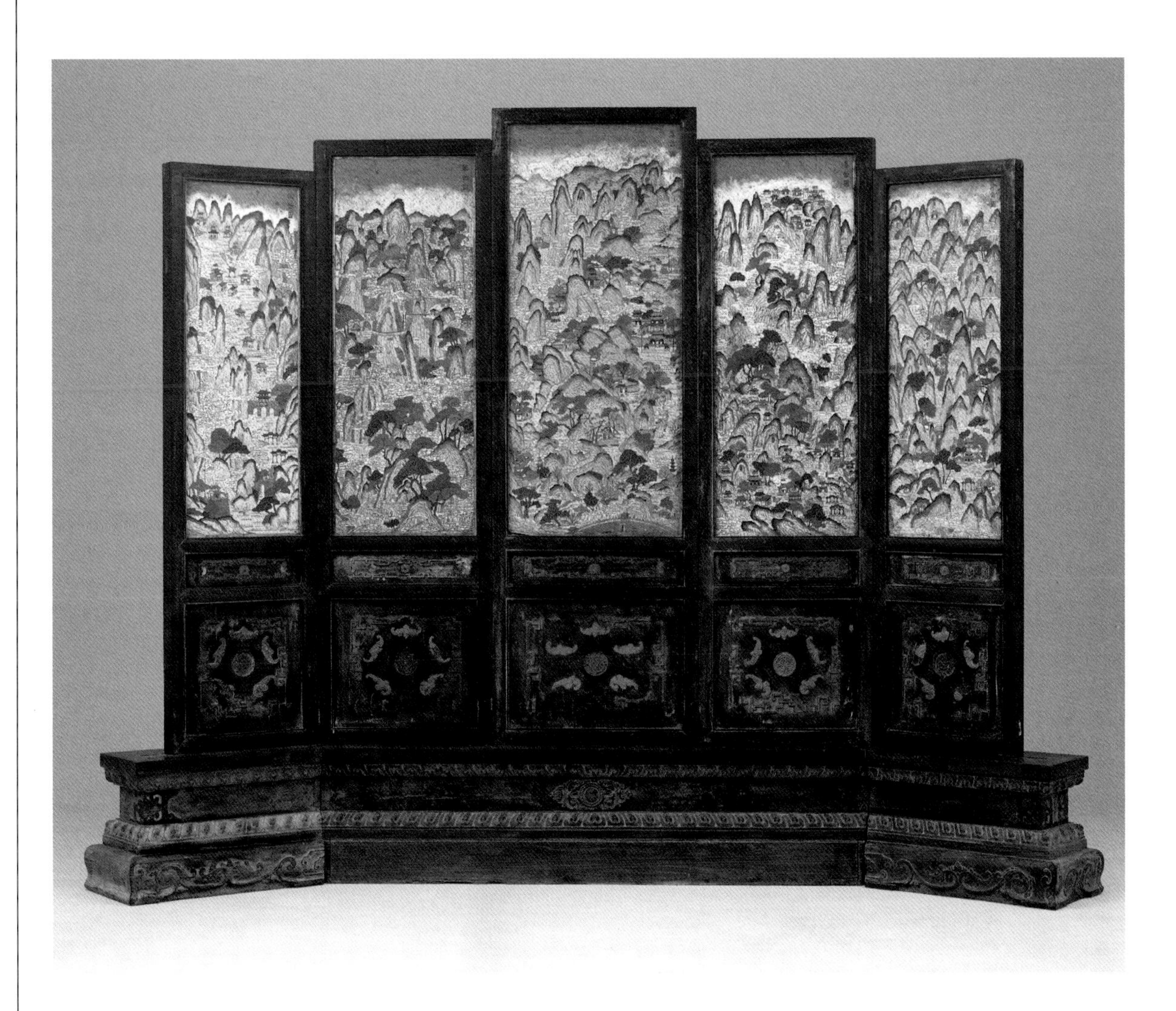

屏風為五屏式，紫檀木邊框，下踩須彌座式底座。屏心分別以掐絲琺瑯飾《五嶽圖》，中為《嵩嶽圖》，左側為《華嶽圖》、《恒嶽圖》，右側為《泰嶽圖》、《衡嶽圖》。屏心下木雕五蝠捧壽紋。

屏風以巍峨壯觀的五大名山作裝飾，氣勢恢宏。大型琺瑯製品在製作工藝和表現手法上均有一定的難度，此屏風充分展示了乾隆時期琺瑯工匠的高超水平。

135

## 鏨胎琺瑯四友圖屏風

清乾隆
通高288厘米　橫290厘米
清宮舊藏

**Champleve enamel screen with design of pine, bamboo, orchid and plum blossom**

Qianlong period, Qing Dynasty
Overall height: 288cm　Width: 290cm
Qing Court collection

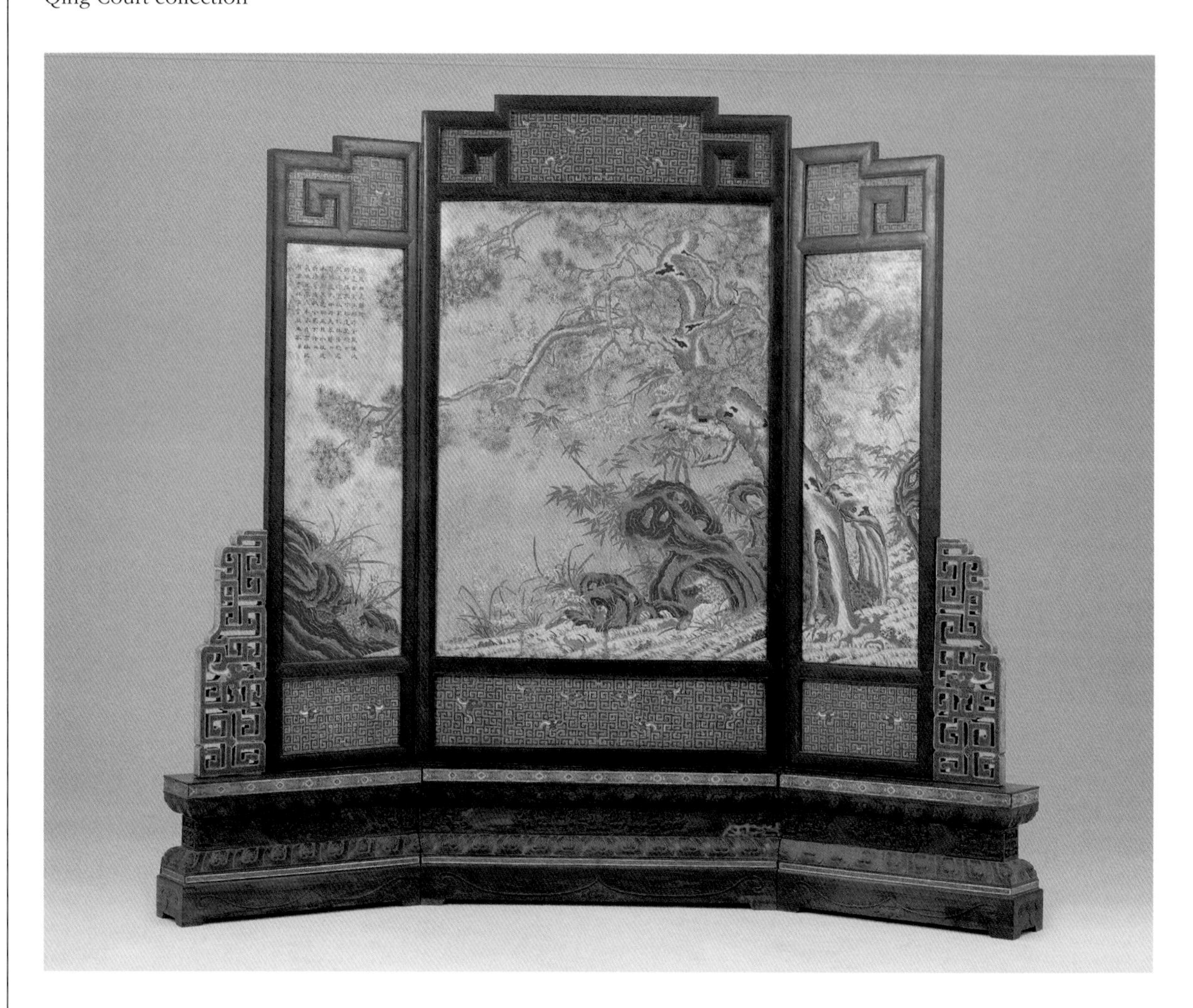

屏風為三扇屏，屏心為鏨胎琺瑯，紫檀木邊框，須彌座，兩側為鏤空琺瑯站牙抵夾。屏心銅鍍金地鏨刻捲雲紋，三屏通飾《松竹梅蘭四友圖》，點綴靈芝和湖石，左上方書《御題四友圖詩》。背面飾減地陽文松、竹、梅及玉蘭、牡丹等花卉圖。

屏風高大壯觀，做工精湛，鎏金厚重，金碧輝煌，詩情畫意，具有文人氣息，是保存至今絕無僅有的琺瑯重器。

136

**錘鍱起綫琺瑯五倫圖屏風**

清乾隆

通高294厘米　橫395厘米

清宮舊藏

**Enamel screen with repousse design of flowers and birds symbolizing the five human relationships**

Qianlong period, Qing Dynasty

Overall Height: 294cm　Width: 395cm

Qing Court collection

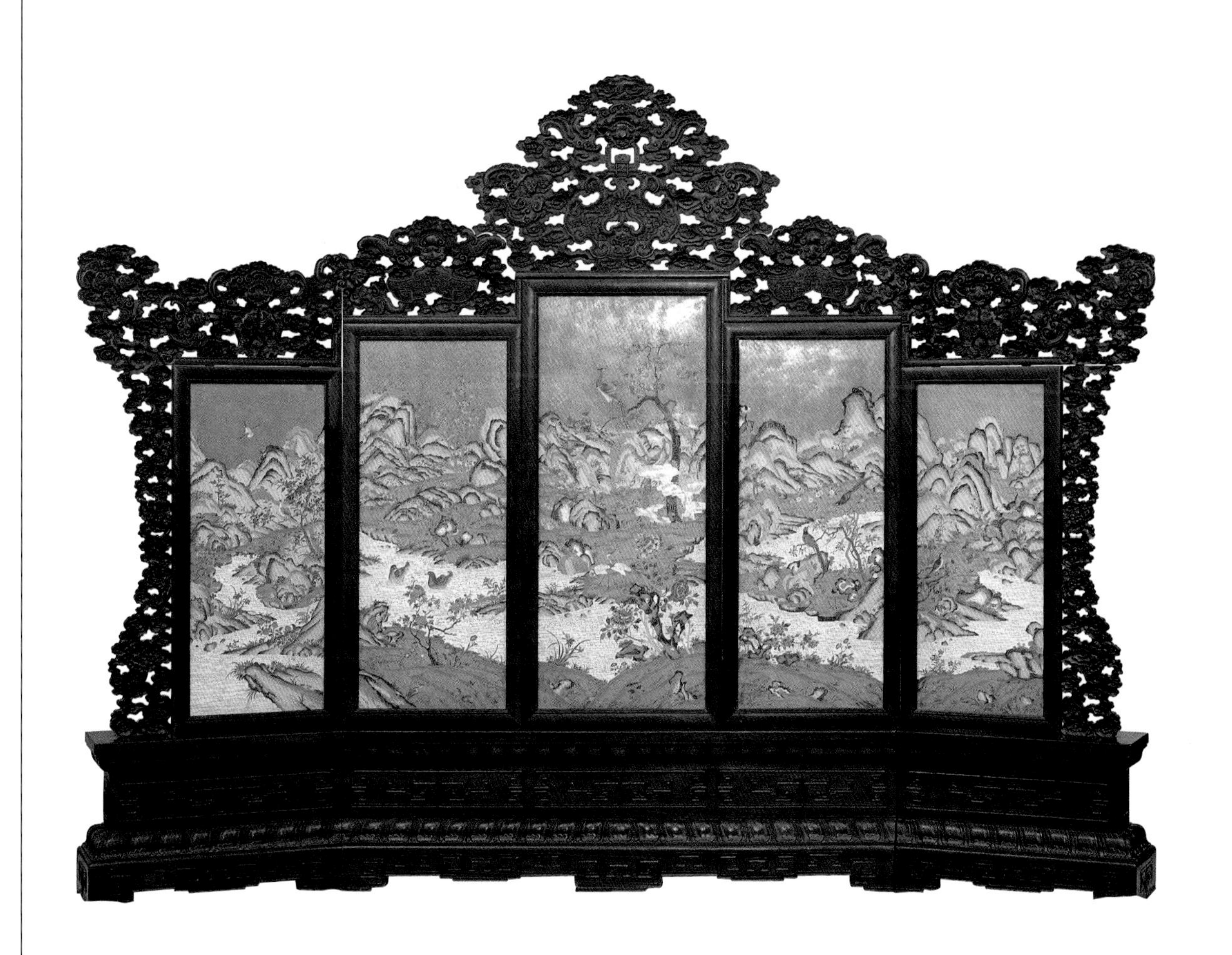

屏風分五扇屏，紫檀木框，頂部飾紫檀木鏤雕雲蝠紋屏帽，兩側邊飾木雕花牙板，底置木雕蓮瓣紋須彌座。屏心所飾山水花鳥圖，均以銅胎錘鍱起綫勾畫出花紋輪廓，內填彩色琺瑯釉製成。放置時，中間三扇橫直排列，兩端各一扇外撇呈“八”字形。

畫面內容以禽鳥寓意“五倫”，所謂“五倫”即“君臣有義，父子有親，夫婦有別，長幼有序，朋友有信”，是封建社會中人與人之間必須遵循的準則。五扇畫面雖自成段落，但總體構圖卻崇山相連，江河相通，構成了一幅色彩豔麗的通景山水花鳥畫。屏風的錘鍱起綫琺瑯和紫檀雕刻技藝均表現出廣東地區的製造風格。據《宮廷．進單》載：“乾隆四十年（1775）七月二十九日，廣東巡撫德保跪進紫檀嵌琺瑯五屏風一座。”

137

## 錘鍱起綫琺瑯太平有象尊

清乾隆

通高170厘米　長100厘米　寬55厘米

清宮舊藏

**Repousse enamel Zun in the shape of an elephant with a vase on it's back**

Qianlong period, Qing Dynasty

Overall height: 170cm　Length: 100cm　Width: 55cm

Qing Court collection

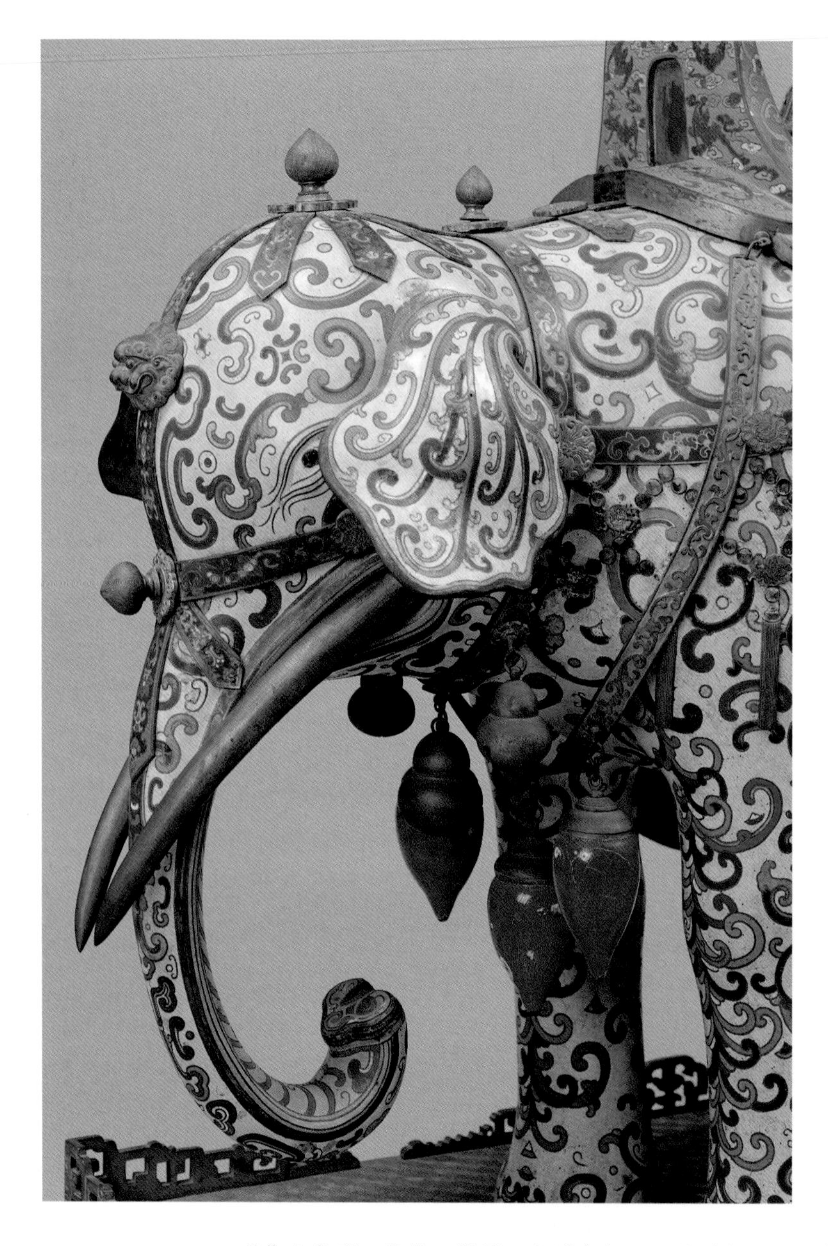

尊為立象形，象背配鞍韉，上馱寶瓶，立於長方形須彌座上。象身為白色，飾彩釉菱形勾雲紋；其餘以淺藍釉為地，鞍韉上飾雲龍戲珠紋，寶瓶飾彩釉瓔珞、寶相花紋，底座四面飾方格花朵紋錦地，上有不規則矩形開光，內飾勾蓮紋。

此尊造型源自佛教題材，後成為中國吉祥圖案，寓意為"太平有象"。製造工藝規整細膩，色彩淡雅，為乾隆年間廣東巡撫李侍堯貢進，曾陳設於清宮欽安殿內。欽安殿是供奉玄武大帝的場所，是道教的神殿之一。

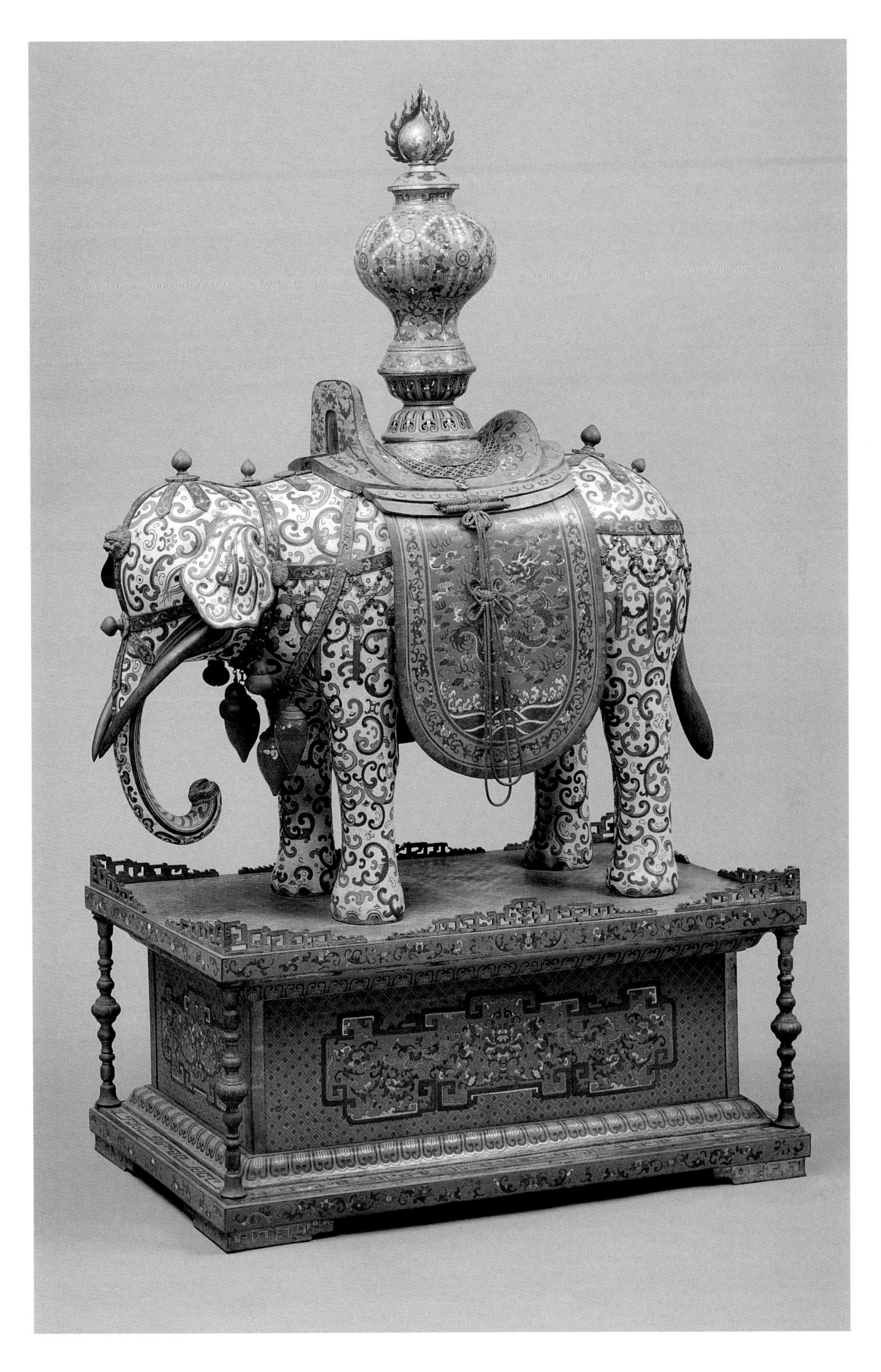

138

## 掐絲琺瑯纏枝蓮紋五供

清乾隆
瓶高20.2厘米　爐通高19.3厘米　燭台高23.5厘米
清宮舊藏

**Cloisonné enamel Five Offerings with design of interlocking lotus**
Qianlong period, Qing Dynasty
Height of vases: 20.2cm　Overall height of incense burner: 19.3cm
Height of candlesticks: 23.5cm
Qing Court collection

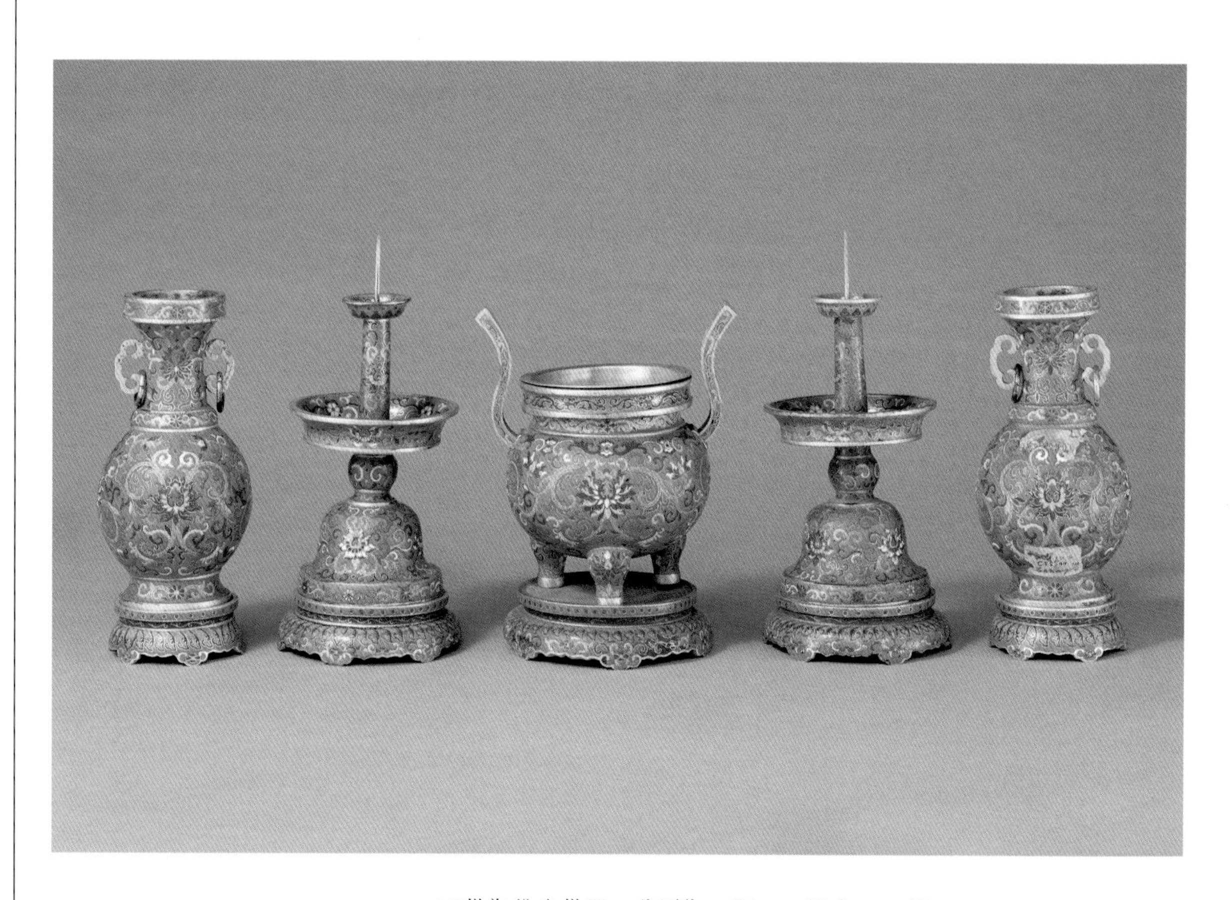

五供為佛堂供器，分別為二瓶、二燭台、一爐。

瓶盤口，鍍金如意形套活環雙耳，圈足，蓮葉座。插花之用。

燭台有蠟扦，鐘式高足托盤，蓮葉座。燃燭之用。

爐為鼎式，盤口，朝冠耳，三柱足，蓮葉座。焚香之用。

五件供器均為淺藍色琺瑯釉地，飾掐絲琺瑯彩釉纏枝蓮及小朵花卉紋。底均有雙方框內鏨陰文“乾隆年製”楷書款。

139

## 掐絲琺瑯八寶

清乾隆
通高24.8厘米　底徑7.3厘米
清宮舊藏

**Cloisonné enamel Eight Buddhist Emblems**

Qianlong period, Qing Dynasty
Overall height: 24.8cm　Diameter of bottom: 7.3cm
Qing Court collection

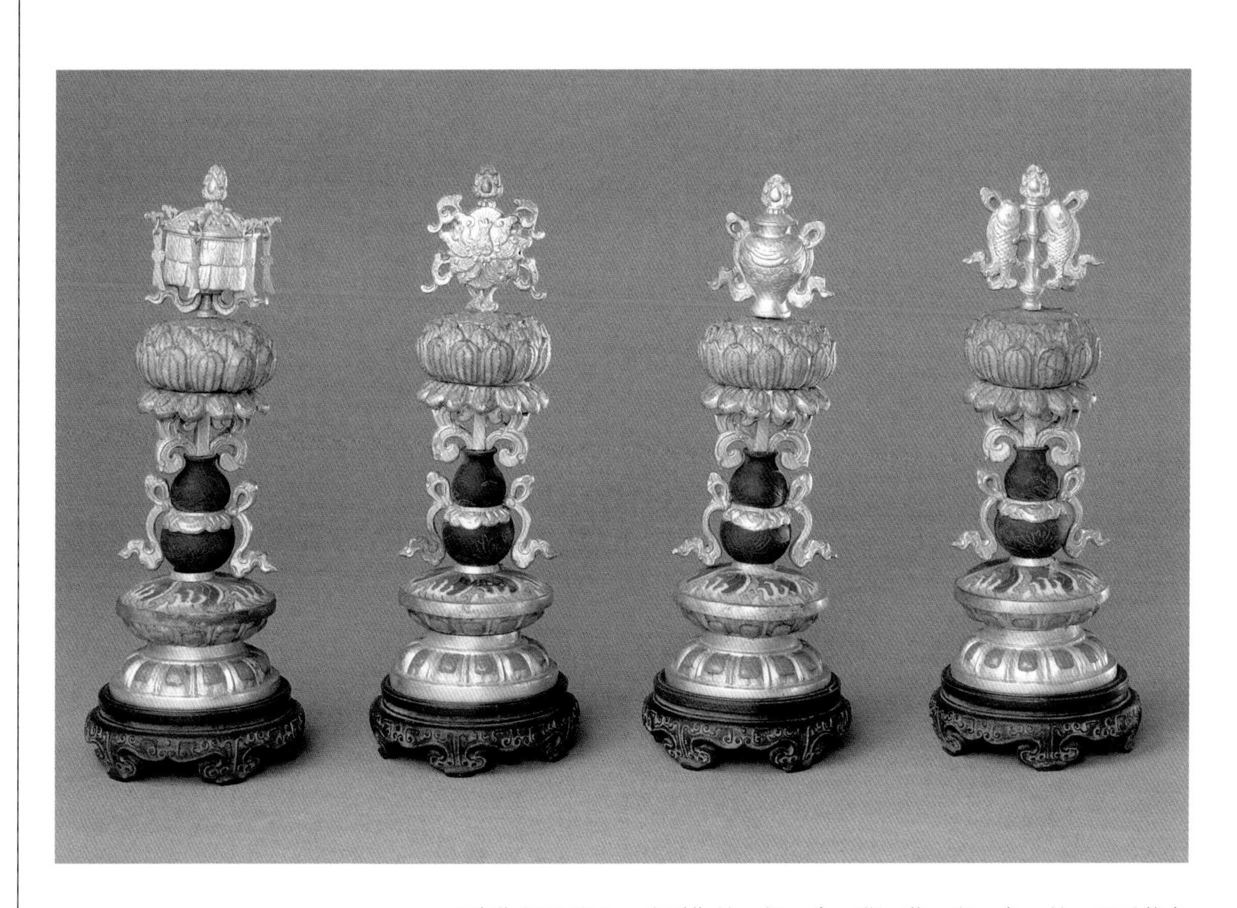

八寶為銅胎鍍金，分別為輪、螺、傘、蓋、花、瓶、魚、結，下承綠色琺瑯釉蓮蓬，外包粉紅色蓮花，蓮花出石製寶藍色葫蘆，其下為束腰式底座，座面飾海水紋。紋飾均經錘鍱而成，內填淺綠、碧綠、粉、白等色琺瑯釉，間嵌藍色松石。在此選魚、瓶、花、蓋四件。

八寶是藏傳佛教中象徵吉祥的器物，通常做為法器陳設於佛堂。此套掐絲琺瑯八寶造型優雅，工藝精細，釉色純正，是乾隆時期的禮佛用品。

140

**掐絲琺瑯壇城**
清乾隆
高52厘米　直徑76厘米
清宮舊藏

**Cloisonné enamel mandala**
Qianlong period, Qing Dynasty
Height: 52cm　Diameter: 76cm
Qing Court collection

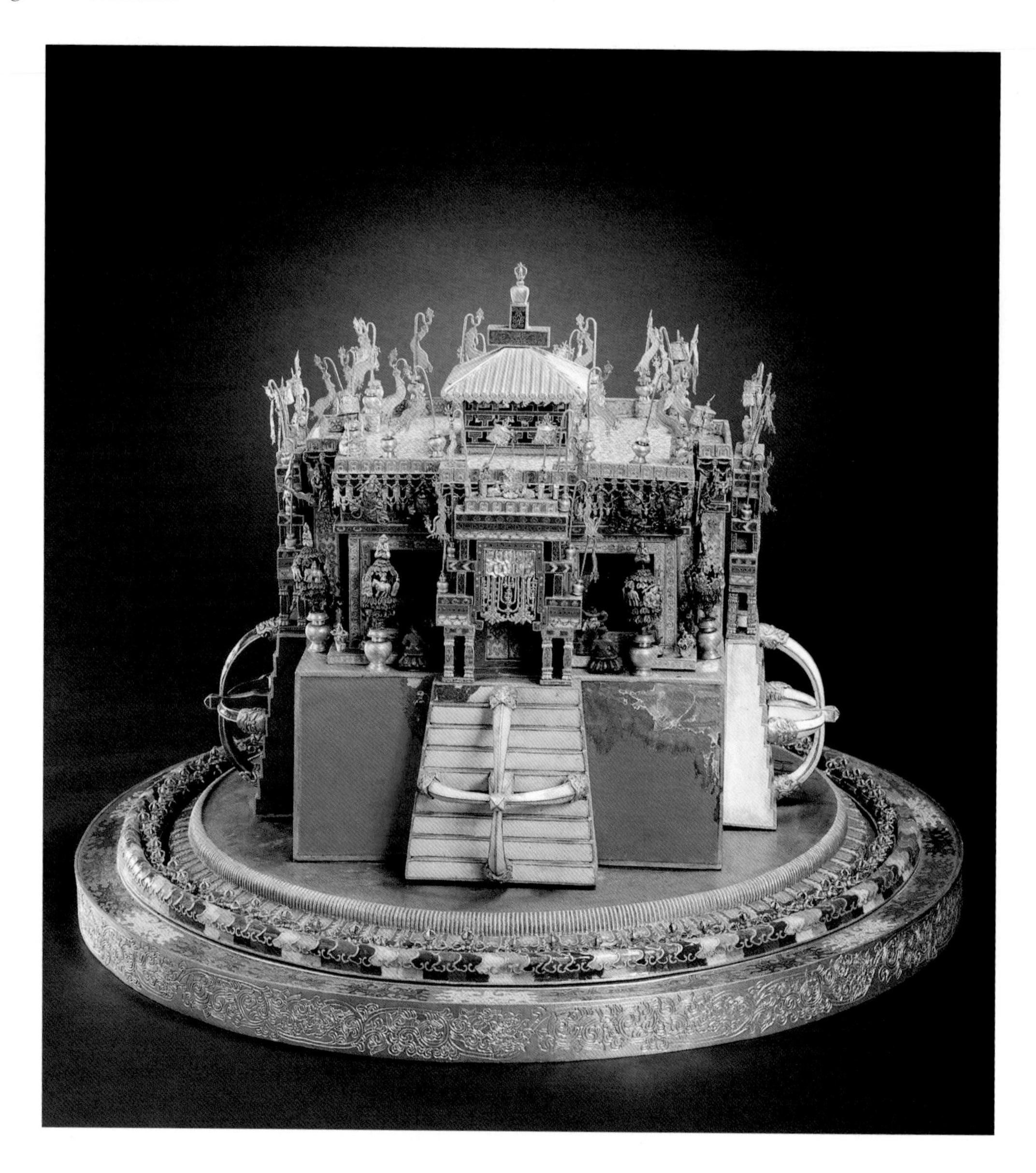

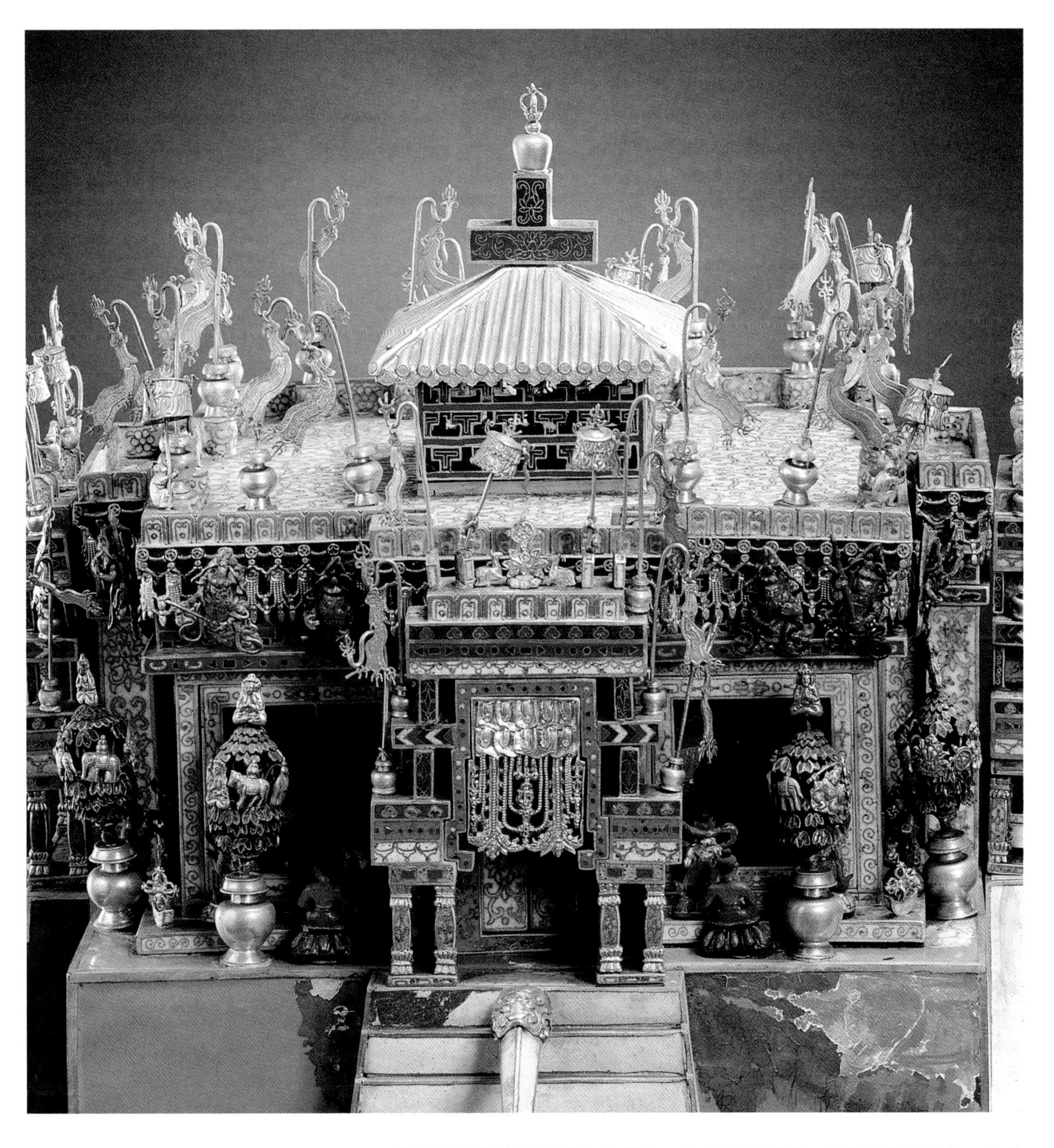

壇城局部施掐絲填彩色琺瑯釉，底座呈圓圜形，外牆飾纏枝花紋，上飾紅、黃、藍、綠、紫五色纏枝蓮紋，座內凸起紅、藍、黃、紫、黑五色火燄紋，內環銅鍍金金剛杵，每層都象徵不同的護法境界。圓形平台上聳立四方城台，台上置宮殿，四面各開一門，門分施黃、紅、藍、白不同的釉色，各門階梯正中各置一與門同色的金剛杵。宮殿為藏式平頂建築，上有金頂，四周陳設護法神像和法器，殿內是釋迦牟尼說法像。

壇城為密教建築，梵語為“曼陀羅”，內供奉密教諸佛、菩薩，修持密法作禮儀之用。此壇城製造工藝精巧，氣勢恢宏，色彩鮮明，為乾隆時期金屬工藝和琺瑯工藝相結合的精品。

141

## 掐絲琺瑯寶相花紋金佛喇嘛塔

清乾隆
高231厘米　座長94厘米
清宮舊藏

**Cloisonné enamel Lama pagoda with rosettes design and a niche for a gold statue of Buddha**

Qianlong period, Qing Dynasty
Height: 231cm　Length of base: 94cm
Qing Court collection

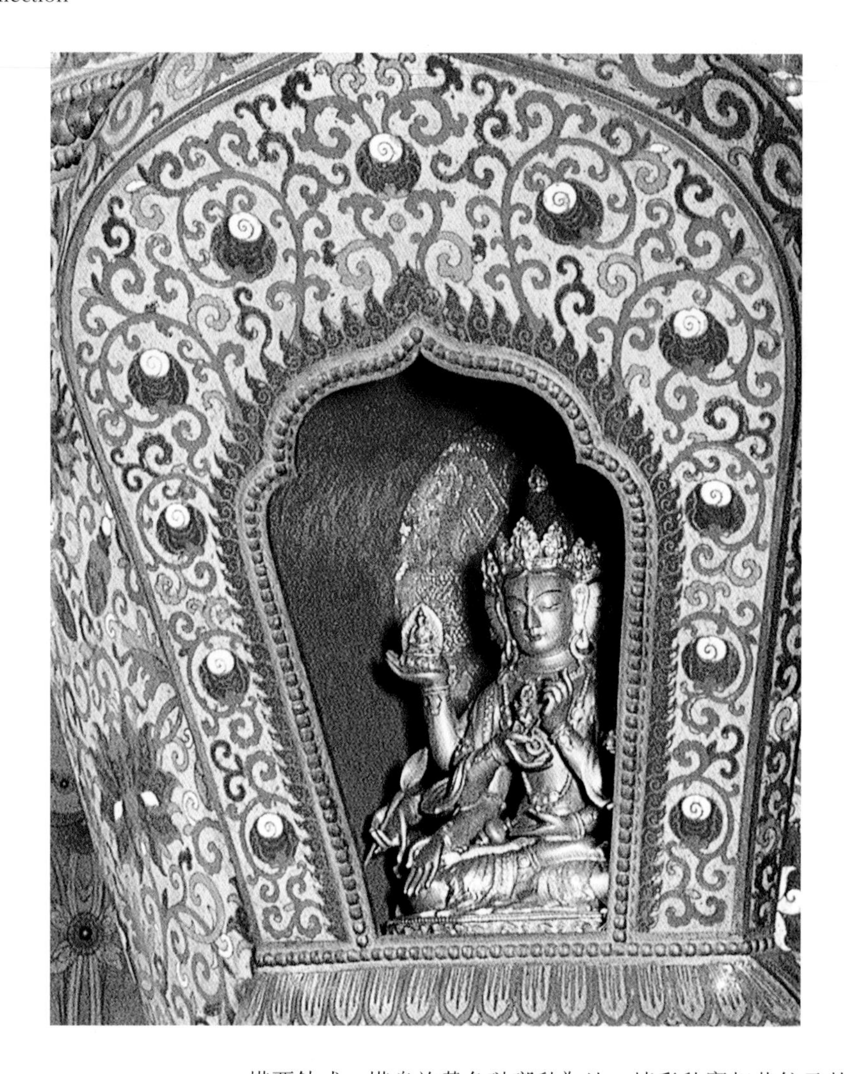

塔覆鉢式，塔身施黃色琺瑯釉為地，填彩釉寶相花紋及梵文；塔前設一佛龕，內置金佛。塔剎十三級，頂設華蓋、天地盤，上托日、月、寶珠。須彌座四面有二開光，內飾獅子流雲，開光之間飾十字金剛杵。座上橫眉上方框內填寶藍色釉地，鐫陽文“大清乾隆甲午年敬造”楷書款。塔底置紫檀木雕蓮瓣紋托泥。

此塔造於乾隆甲午年（1774），一批共造六座，尺寸相當，惟塔型、釉色和花紋各自不同，富於變化。完工後陳設於皇家供佛之所梵華樓內，氣勢宏偉壯觀，至今保存完好。此塔製造之用工用料均有明確記載，據統計，約折合白銀六十八萬九千三百餘兩。八年後，於乾隆壬寅年（1782），按此六塔之規格樣式，再次燒造琺瑯塔六座，陳設於皇家另一處佛堂寶相樓內。兩批琺瑯喇嘛塔充分展現出乾隆時期掐絲琺瑯工藝的輝煌成就。

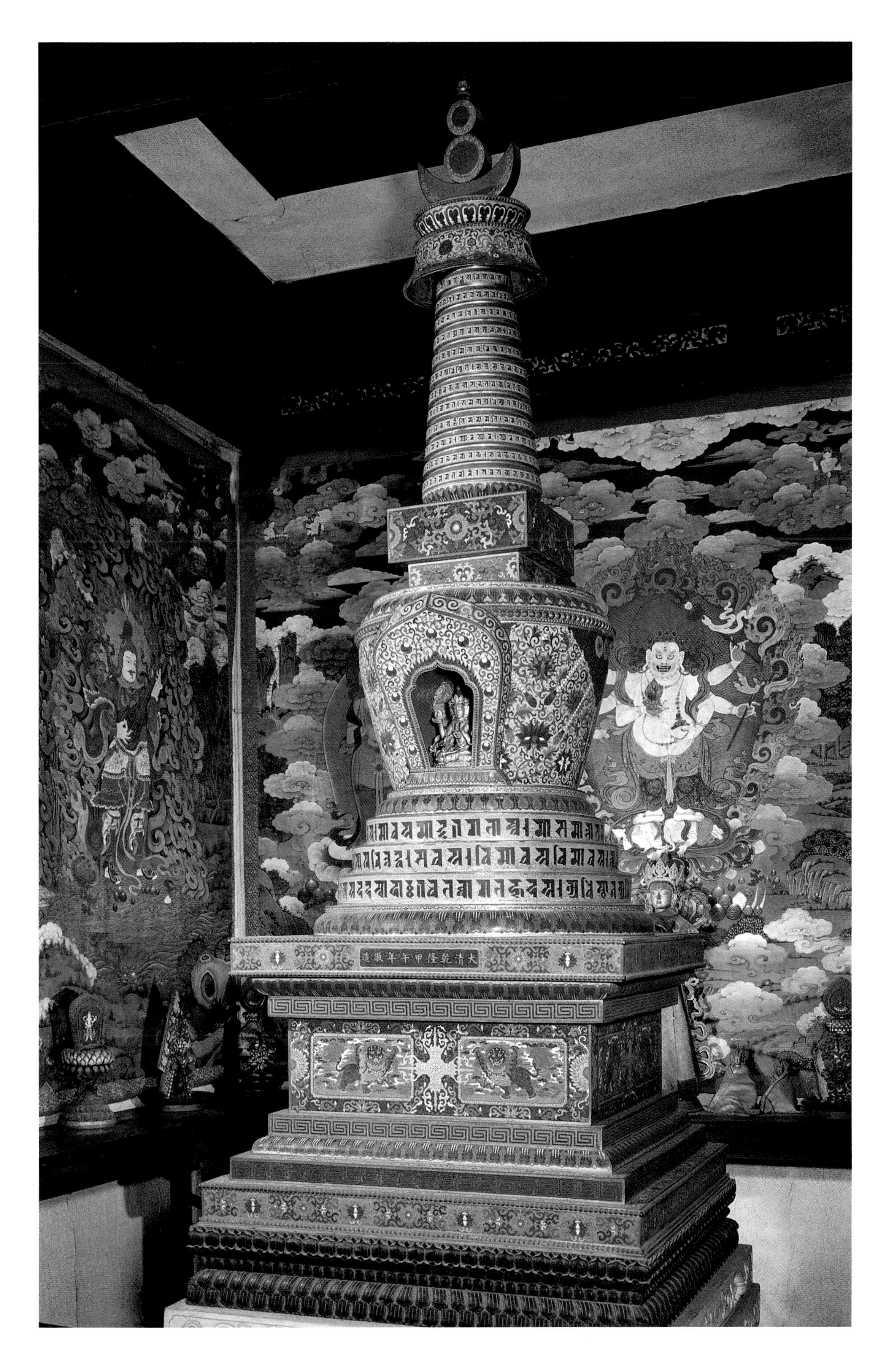
大清乾隆甲午年敬造

142

## 掐絲琺瑯纏枝蓮紋喇嘛塔

清乾隆

高46.5厘米　座邊長19厘米　足徑23厘米

清宮舊藏

**Cloisonné enamel Lama pagoda with design of interlocking lotus**

Qianlong period, Qing Dynasty

Height: 46.5cm　Length of base brim: 19cm

Diameter of foot: 23cm

Qing Court collection

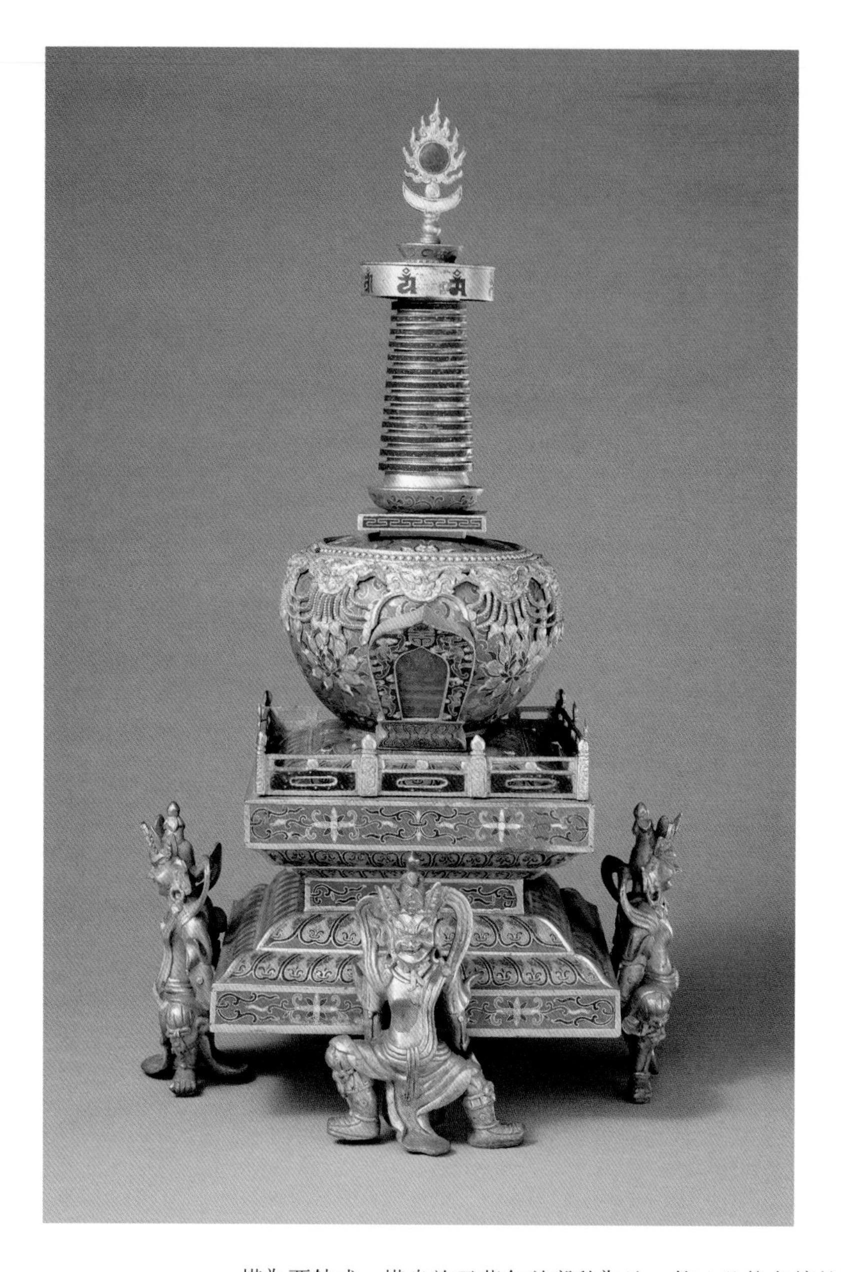

塔為覆鉢式，塔身施天藍色琺瑯釉為地，飾八朵綠色纏枝蓮花，肩部飾鏨銅鍍金獸面，口啣瓔珞，前部有一福壽紋佛龕。塔刹為寶藍色，下豐上斂，共十三級，象徵佛教十三重天；華蓋周邊有藍色梵文咒語，其上為日月同輝頂。須彌座式塔基，飾蓮瓣及“卍”字花紋，座上有銅鍍金圍欄。底部有四個銅鍍金力士為負重足。

此塔用錘鍱、焊接、鏨刻、掐絲、填彩等多種工藝製作而成，色彩絢麗，工藝複雜，製作精細。

143

## 掐絲琺瑯獸面紋三環鳳尾尊

清中期
高43厘米　口徑21.8厘米
清宮舊藏

**Cloisonné enamel Zun with three rings decorated with animal mask motif**
Middle Qing Dynasty
Height: 43cm　Diameter of mouth: 21.8cm
Qing Court collection

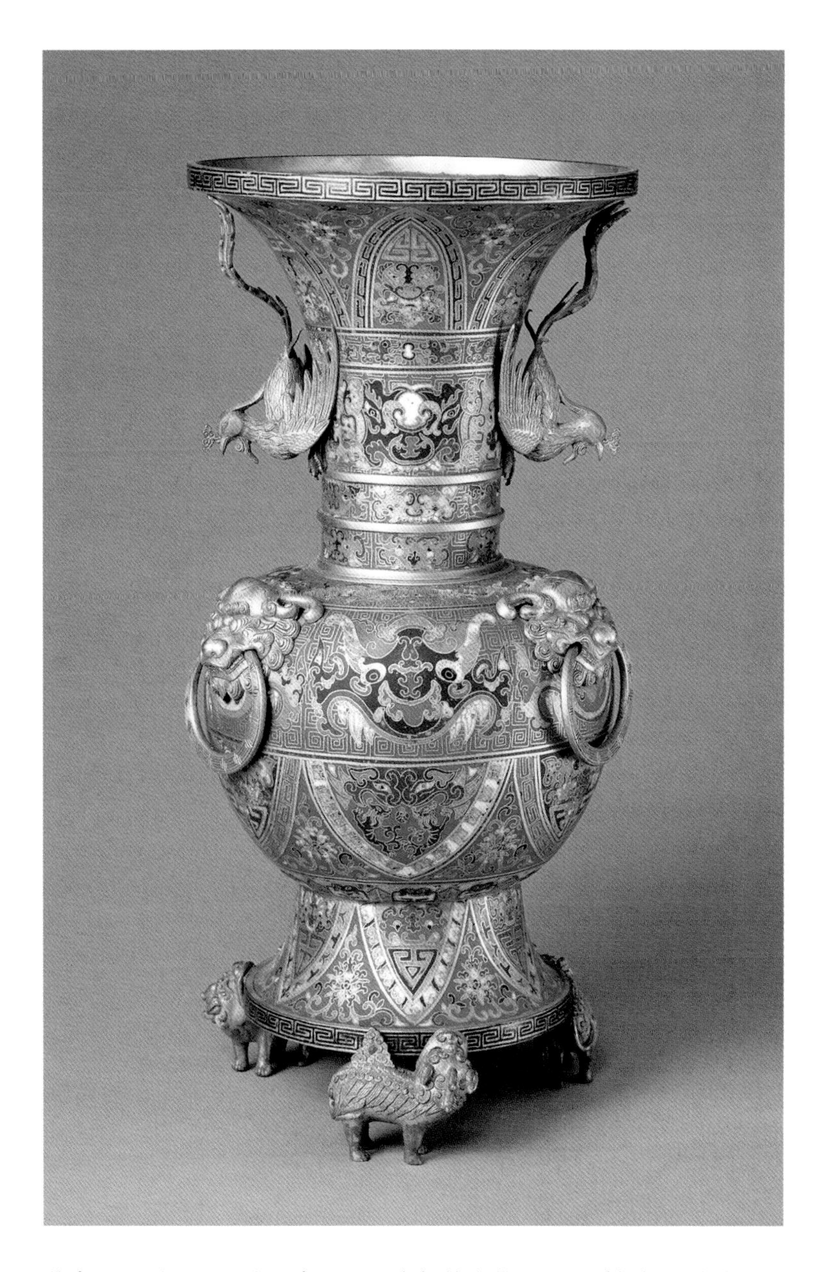

尊廣口，長頸，圓腹，高足，頸嵌銅鍍金雙立鳳，肩部飾三獸首啣活環，足下承三瑞獸。通體施淺藍色琺瑯釉為地，口內飾纏枝蓮紋，外壁主體紋飾為掐絲填彩釉獸面蕉葉紋和獸面紋，間飾螭紋、蝙蝠紋。底鍍金，光素無款。

此器銅胎規矩，掐絲細膩，釉色純正，鎏金燦爛，富麗堂皇，是乾隆後期傑出的掐絲琺瑯作品。

144

### 掐絲琺瑯團花紋梅瓶

清中期

高33厘米　口徑5.7厘米　底徑10.5厘米

清宮舊藏

**Cloisonné enamel plum vase with medallion design**

Middle Qing Dynasty

Height: 33cm　Diameter of mouth: 5.7cm

Diameter of bottom: 10.5cm

Qing Court collection

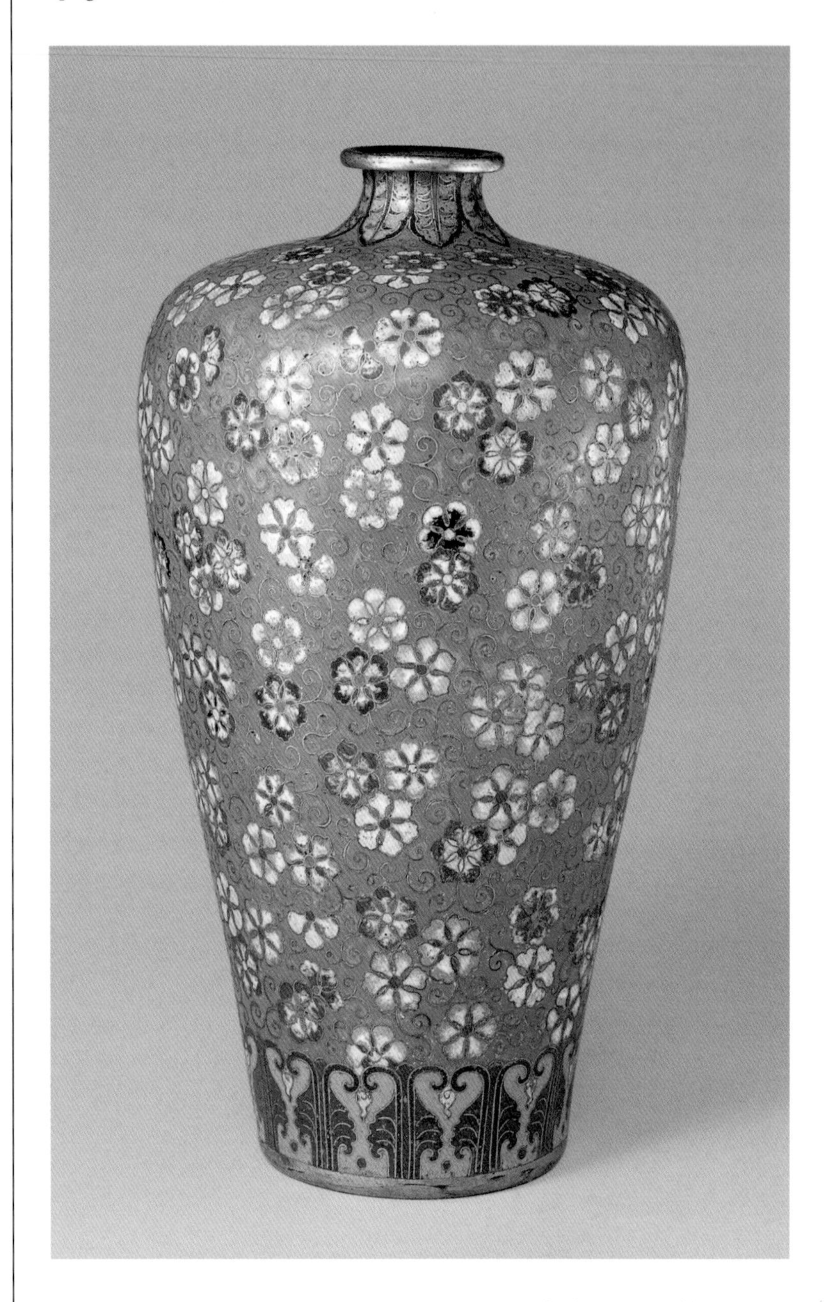

瓶小口，豐肩，腹下漸斂。通體施淺藍色琺瑯釉為地，飾掐絲填釉五彩團花紋，口沿下飾綠色蕉葉紋一周，近足處飾墨綠色變形葉紋。底鍍金，光素無款。

此器花紋釉色豐富豔麗，共使用紅、白、黃、寶藍、綠、藕荷等十三色之多，體現了清中期琺瑯器的特點。以各式團花作為圖案的主體裝飾，亦顯新穎。

145

**掐絲琺瑯山水圖琮式瓶**
清中期
高31.8厘米　口徑9.5厘米
足徑12.6厘米
清宮舊藏

**Cloisonné enamel Cong-shaped vase decorated with design of figures and landscape**
Middle Qing Dynasty
Height: 31.8cm
Diameter of mouth: 9.5cm
Diameter of foot: 12.6cm
Qing Court collection

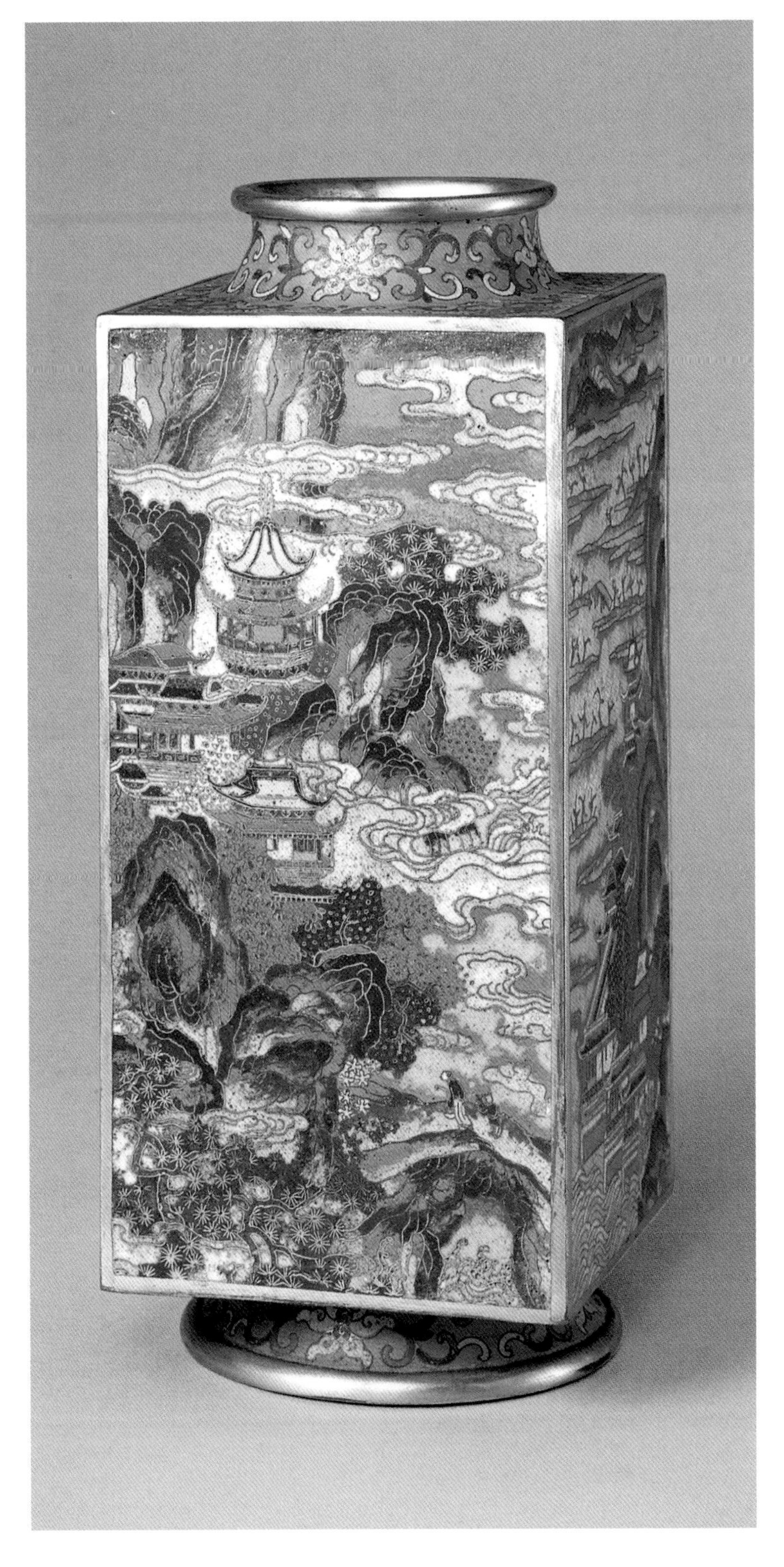

瓶呈琮式，圓口，長方腹，圈足。通體施淺藍色琺瑯釉為地，口沿及足牆均飾勾蓮紋，腹部掐絲填彩釉作山水圖景，表現不同地域的秀麗景色。底鍍金，光素無款。

用掐絲琺瑯工藝表現山水人物難度很大，此器工細如畫，青山白雲，桃紅柳綠，樓台殿閣，錯落其間，景致之美，令人讚歎，充分顯示出清代中期掐絲琺瑯工藝所達到的高度。

146

**掐絲琺瑯雲龍紋天球瓶**
清中期
高41.9厘米　口徑8.7厘米　足徑10.8厘米
清宮舊藏

**Cloisonné enamel globular vase with dragon and cloud design**
Middle Qing Dynasty
Height: 41.9cm　Diameter of mouth: 8.7cm
Diameter of foot: 10.8cm
Qing Court collection

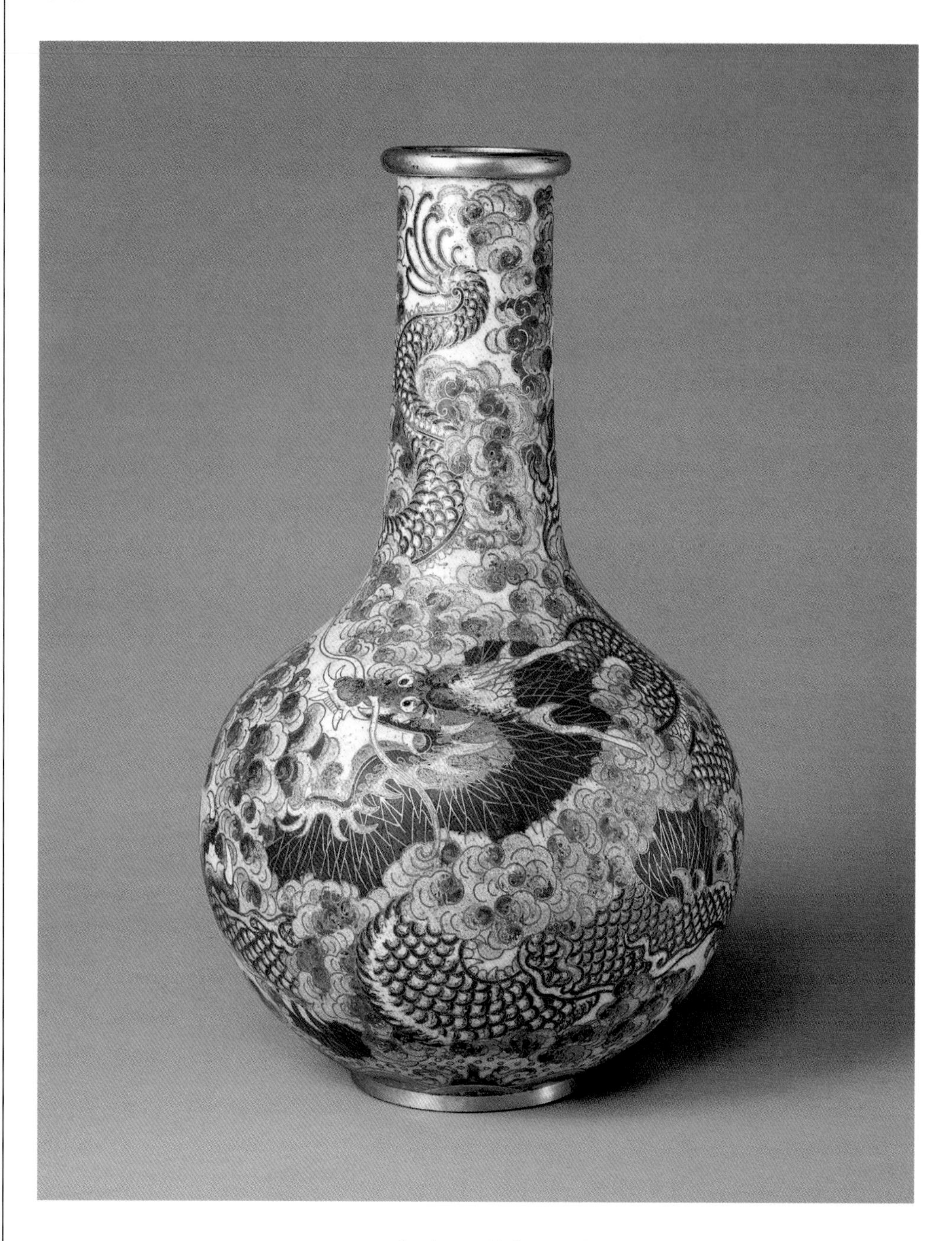

瓶唇口，長直頸，球形腹，圈足。通體施藍白色琺瑯釉為地，上部飾滾滾雲霧，下部為滔滔海水，水中江崖聳立，一紅色巨龍騰雲駕霧追逐火餤寶珠，氣勢威武，景象壯觀。底鍍金，光素無款。

此器造型及紋飾均仿自明代青花瓷，但其紋飾卻明顯具有清代特點。

147

## 掐絲琺瑯獸面紋提梁卣

清中期
通高32厘米　口徑11/8.7厘米
清宮舊藏

**Cloisonné enamel You (tankard) with loop handle decorated with animal mask motif**

Middle Qing Dynasty
Overall height: 32cm　Diameter of mouth: 11 / 8.7cm
Qing Court collection

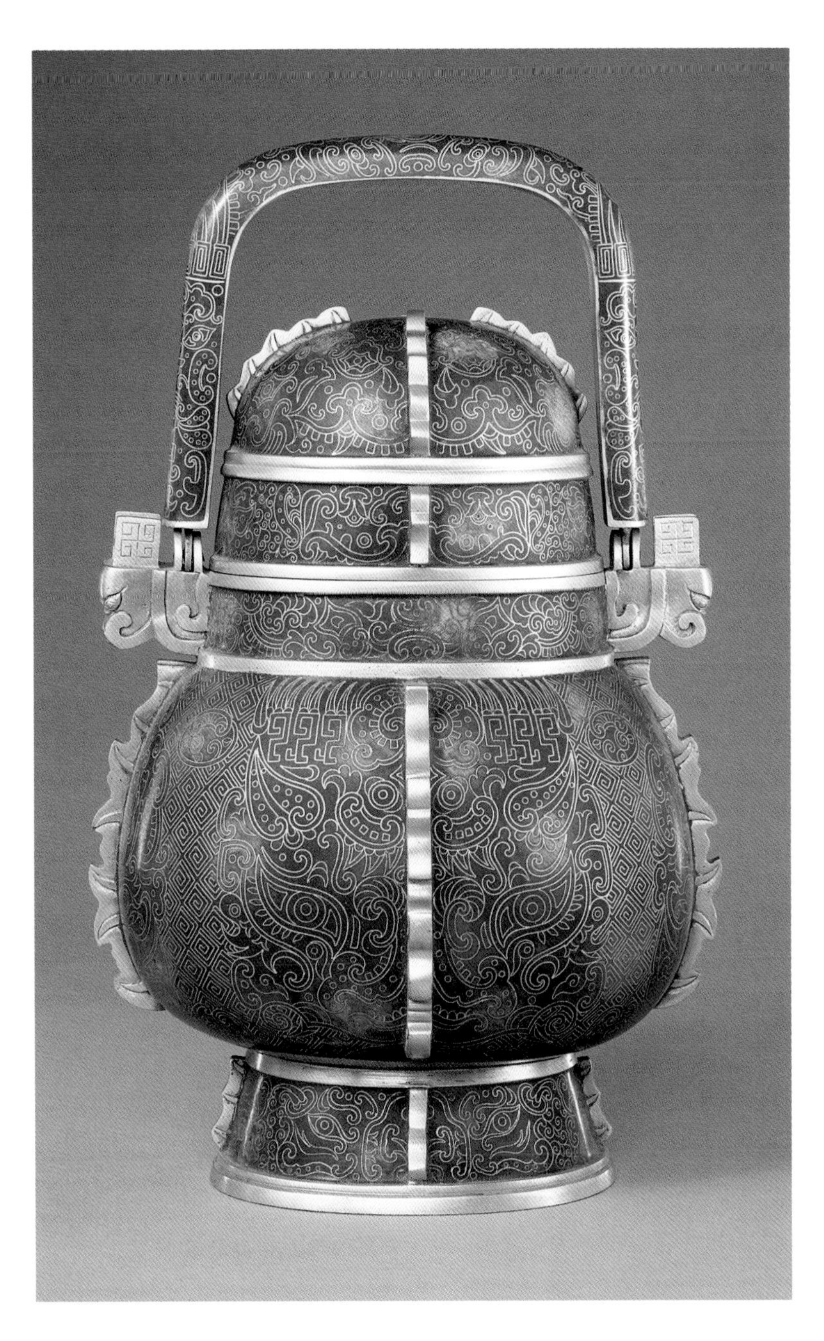

卣扁圓腹，方梁，有蓋。器、蓋各作魚背鰭式出戟。通體施深綠色琺瑯釉為地，腹部掐絲作回紋錦地飾獸面紋；蓋、提梁及足牆均飾獸面紋，提梁兩端作獸首鍍金。

卣為商代盛酒器。此卣造型仿古青銅器，製作精美，工藝精細，無論掐絲、釉色還是磨工、鍍金等，都反映出清中期琺瑯工藝水平之精湛。

148

**掐絲琺瑯獸面紋鐘**
清中期
高33.5厘米
清宮舊藏

**Cloisonné enamel bell with animal mask motif**
Middle Qing Dynasty
Height: 33.5cm
Qing Court collection

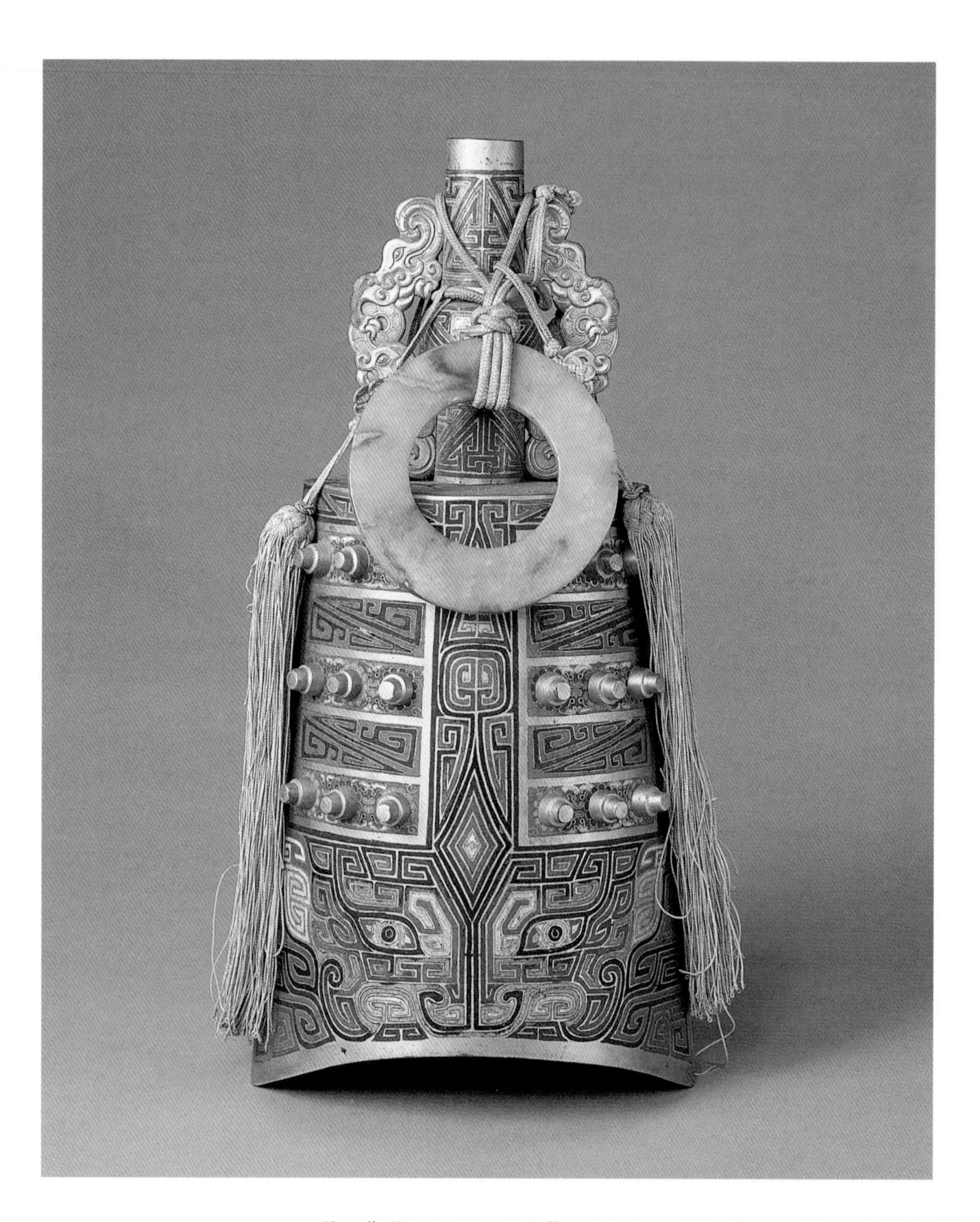

鐘上為柱形甬，甬兩側為鍍金獸面紋，繫黃絲穗，並綴白玉環，鐘身兩側各飾銅鍍金乳釘十八枚。鐘體飾掐絲填藍、綠色釉獸面紋及斜角雷紋。

此鐘造型仿古青銅樂器，掐絲工整，填釉飽滿，釉色溫潤純正，從其工藝的精湛程度看，應是乾隆時期的掐絲琺瑯仿古樂器的精品。

149

## 掐絲琺瑯勾蓮紋團壽字熏爐

清中期
通高91厘米　口徑32厘米
清宮舊藏

**Cloisonné enamel censer decorated with design of delineated lotus and medallions of characters "Shou" (longevity)**

Middle Qing Dynasty
Overall height: 91cm　Diameter of mouth: 32cm
Qing Court collection

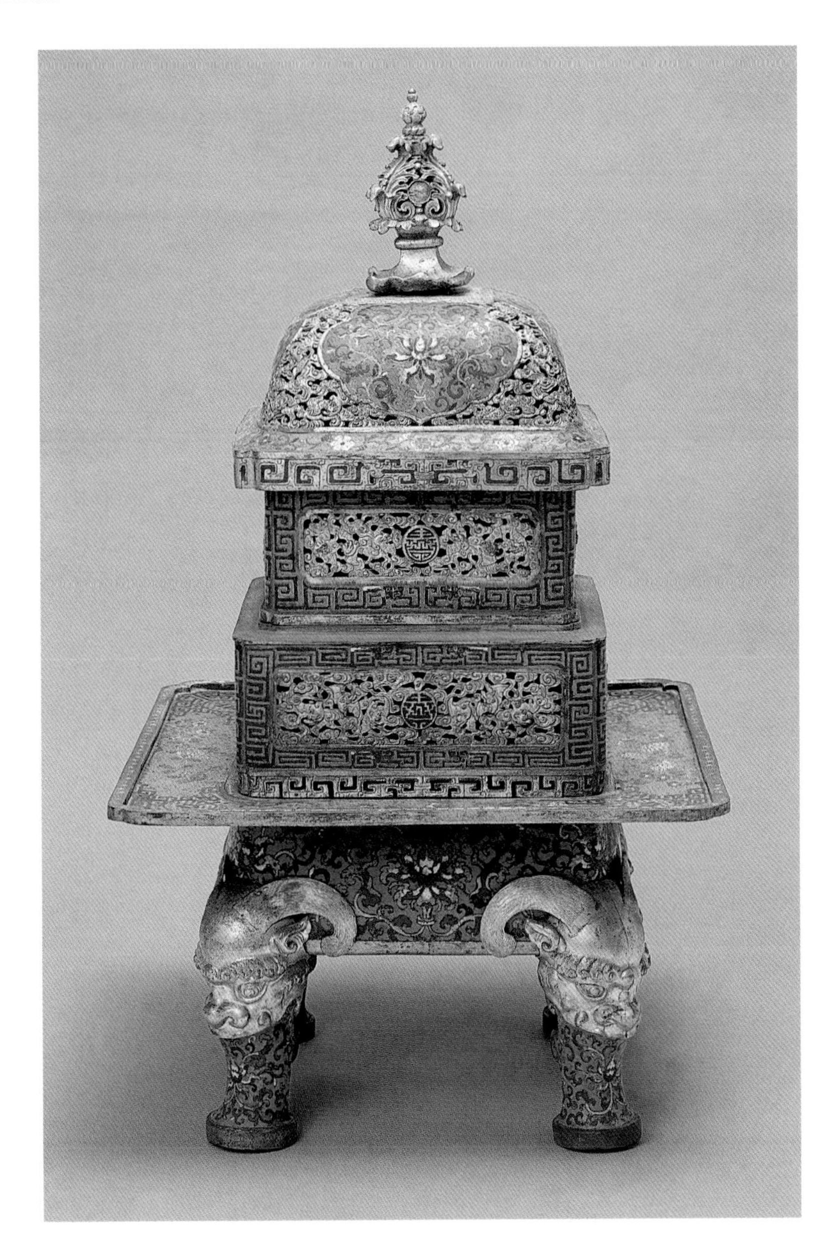

熏爐方形，扳沿口，口上設銅鍍金二層罩，蓋隆起，蓋頂飾銅鍍金花形鈕，底置銅鍍金獸首吞足式四足。蓋飾銅鍍金鏤雕雲紋，雲紋間作如意式開光，開光內填掐絲琺瑯釉勾蓮紋；罩上、下層均鏤雕祥雲蝙蝠捧團“壽”字紋，周邊飾琺瑯釉回紋。器身及足施淺藍色琺瑯釉地，上飾深藍、粉紅、綠、白、黃等彩釉勾蓮紋。

爐通常置於宮殿內用作燒炭取暖或點燃檀香。此器形體高大，穩重端莊，視其風格及釉色特點，為廣東地方製造。

## 150

**掐絲琺瑯花卉紋螭耳爐**
清中期
高41厘米　口徑15.7厘米
清宮舊藏

**Cloisonné enamel censer with hydra-shaped ears decorated with interlocking lotus design**
Middle Qing Dynasty
Height: 41cm　Diameter of mouth: 15.7cm
Qing Court collection

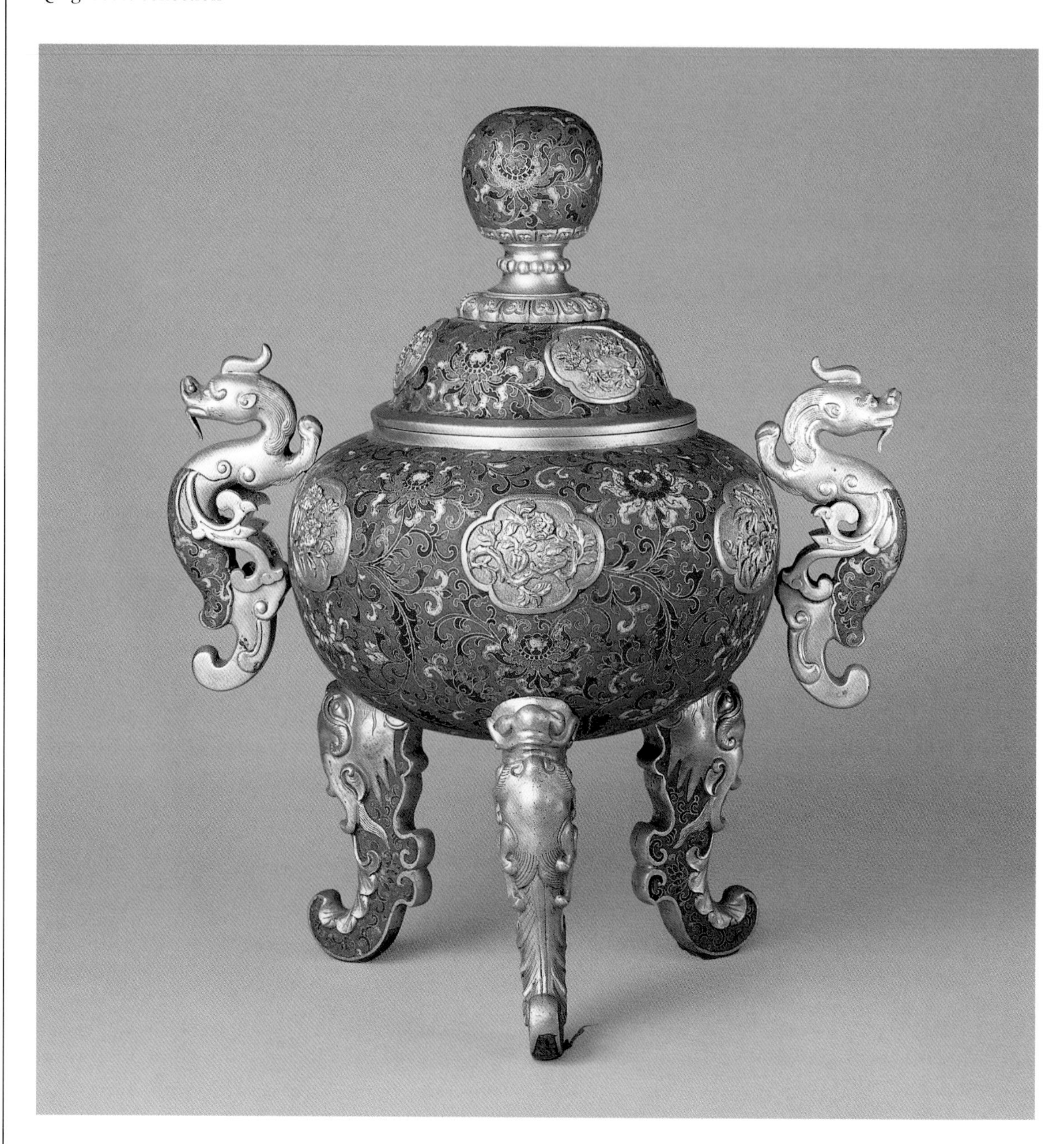

爐為鼎式，兩側嵌飾銅鍍金雙螭耳，蓋頂有寶珠鈕，底承三銅鍍金摩羯足。通體施淺藍色琺瑯釉為地，飾彩釉纏枝蓮紋。蓋面嵌銅鍍金片花瓣式開光，內鏨海棠、桂花、茶花等花卉紋；爐腹亦嵌銅鍍金片開光，分別鏨牡丹、石榴、菊花、佛手、秋葵、梅花等花卉紋。

此爐整體造型大方美觀，採取掐絲琺瑯與鏨花相結合的工藝，表現出乾隆時期掐絲琺瑯器物已向多種技法發展的傾向。

151

## 掐絲琺瑯海晏河清燭台

清中期

高24.5厘米　盤徑12厘米

清宮舊藏

**Cloisonné enamel candlestick decorated with petrel and seawater pattern (symbolizing the peace reigns under heaven)**

Middle Qing Dynasty

Height: 24.5cm

Diameter of the candle-basin: 12cm

Qing Court collection

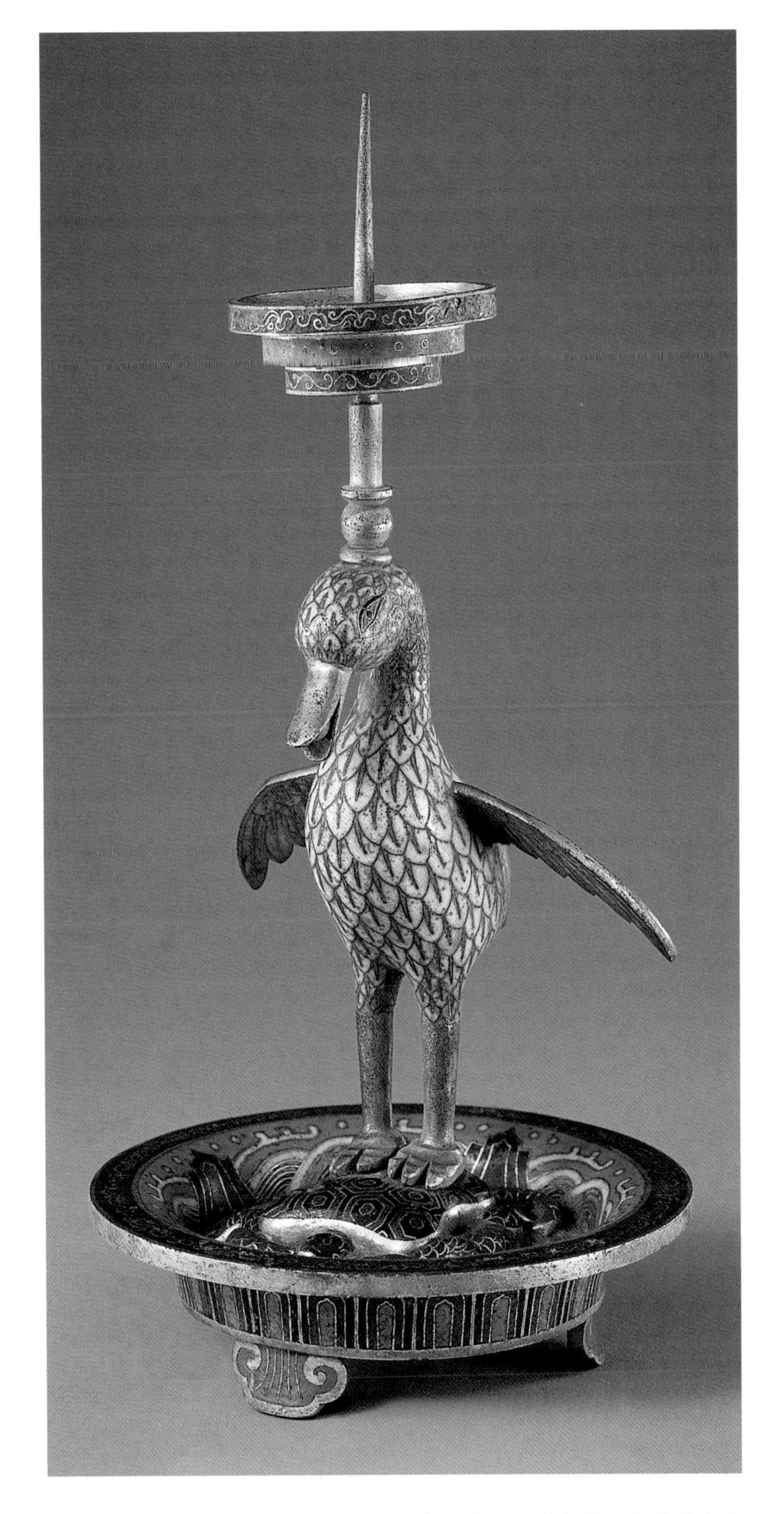

燭台銅胎鍍金，基座為一圓盤，盤內鏨一龜及二蛇盤繞，龜背施藍色釉，蛇身施紅色釉；龜、蛇背上立一展翅海燕，燕身為白色釉，以掐絲作羽紋，頭頂一燭扦。盤外壁藍色琺瑯釉地上飾蓮瓣紋，盤內壁作海水江崖紋，下承三雲紋扁足。

中國古代有“海不揚波，知中國有聖人”及“聖人出則黃河清”之説，因此“海晏河清”寓意“天下太平”。

152

## 掐絲琺瑯蝙蝠花卉紋方凳

清中期
高52厘米　邊長50厘米
清宮舊藏

**Cloisonné enamel square stool decorated with bat and floral design**

Middle Qing Dynasty
Height: 52cm　Length: 50cm
Qing Court collection

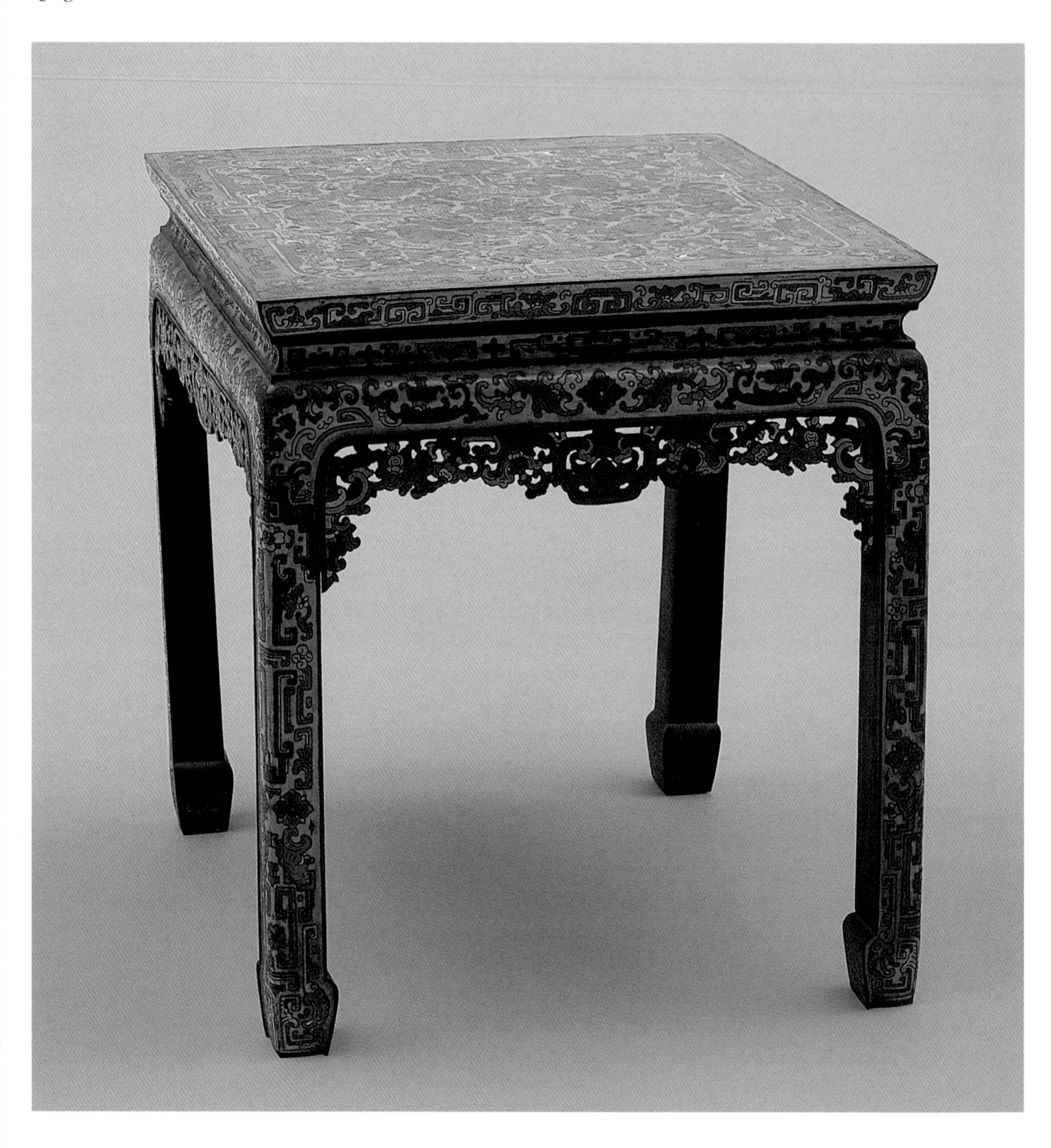

凳方形面，裙邊作鏤空花邊，四直腿。通體施淺藍色琺瑯釉為地，用藍、綠、粉、紅、黃、豆綠等色釉填飾出花紋。凳面開光內飾各色蝙蝠、花卉紋；開光外及裙邊、四腿均飾各色花卉紋。

此凳紋飾流暢，釉色豔麗明快，有光澤，具清中期掐絲琺瑯的特點。

153

## 鏨胎琺瑯蟠螭紋碗

清中期
高5.5厘米　口徑12.9厘米　底徑7.7厘米
清宮舊藏

**Champleve enamel bowl with interlaced hydra design**
Middle Qing Dynasty
Height: 5.5cm　Diameter of mouth: 12.9cm
Diameter of bottom: 7.7cm
Qing Court collection

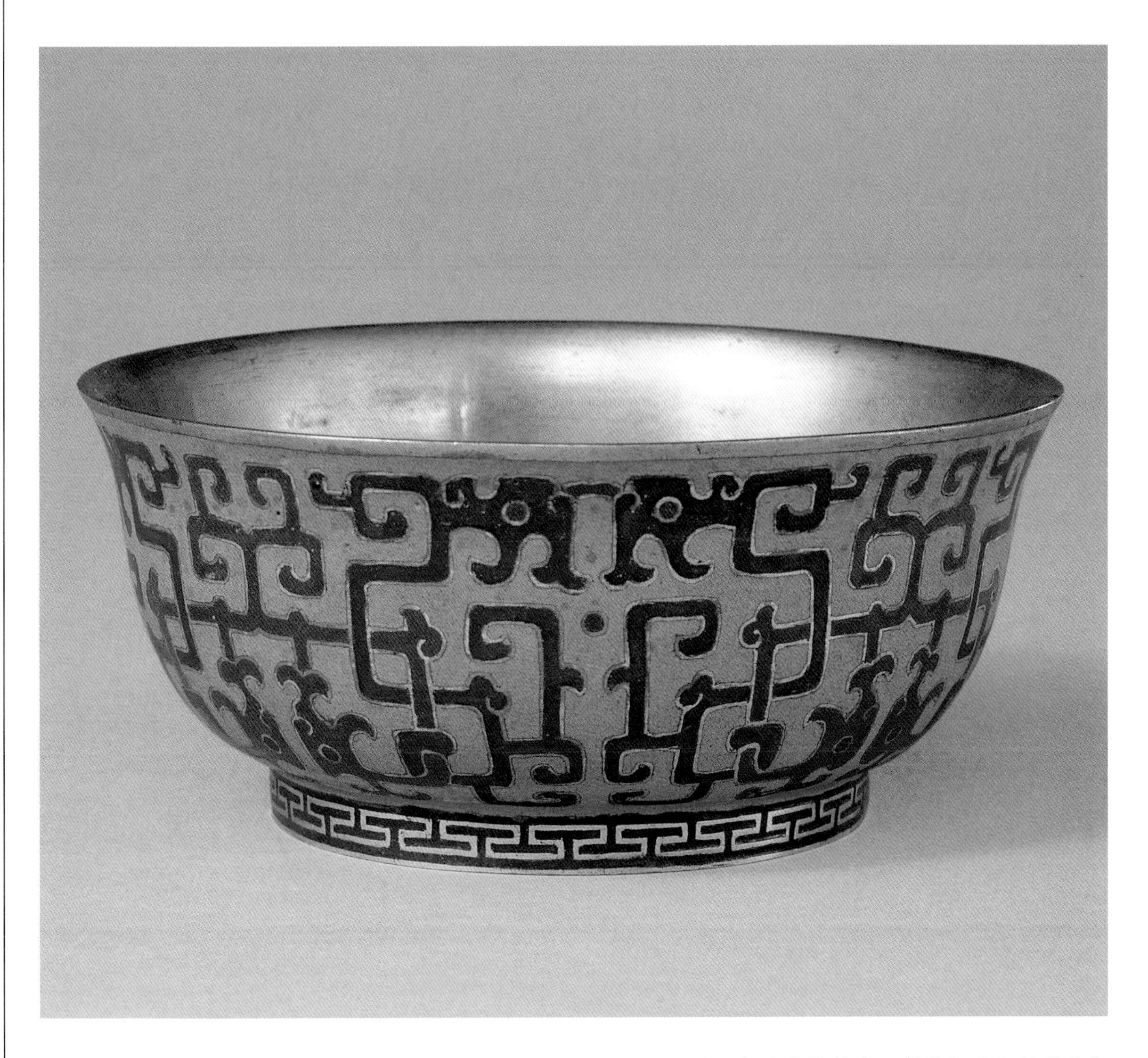

碗銅胎鍍金，敞口，圈足。胎上鏨出花紋輪廓，填飾湖藍色琺瑯釉為地，外壁滿飾紅、藍色相間的八條蟠螭紋，足牆飾回紋。

鏨胎琺瑯是以銅胎鏨出隱起花綫，填琺瑯釉後經焙燒，磨平，鍍金而成。此碗胎厚，紋飾規整，富有裝飾意趣，是廣州鏨胎琺瑯的代表作之一。

## 154

**掐絲琺瑯壽字紋碗**
清嘉慶
高5.8厘米　口徑9.9厘米　足徑4.8厘米
清宮舊藏

**Cloisonné enamel bowl with design of characters "Shou" (longevity)**
Jiaqing Period, Qing Dynasty
Height: 5.8cm　Diameter of mouth: 9.9cm
Diameter of foot: 4.8cm
Qing Court collection

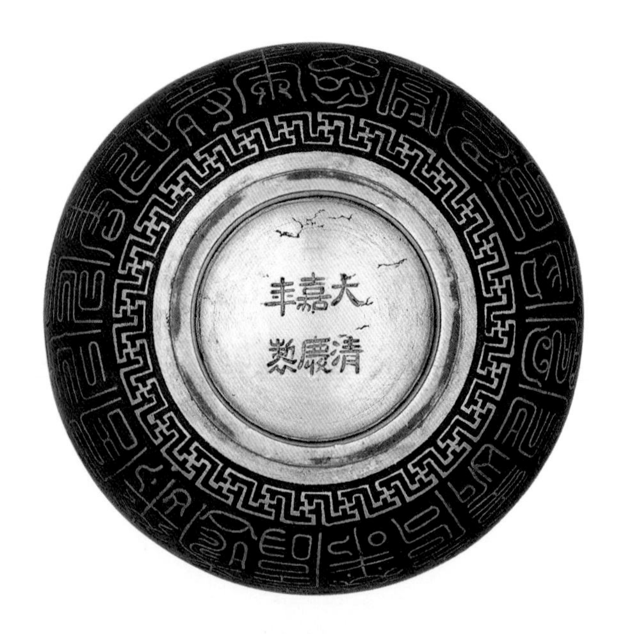


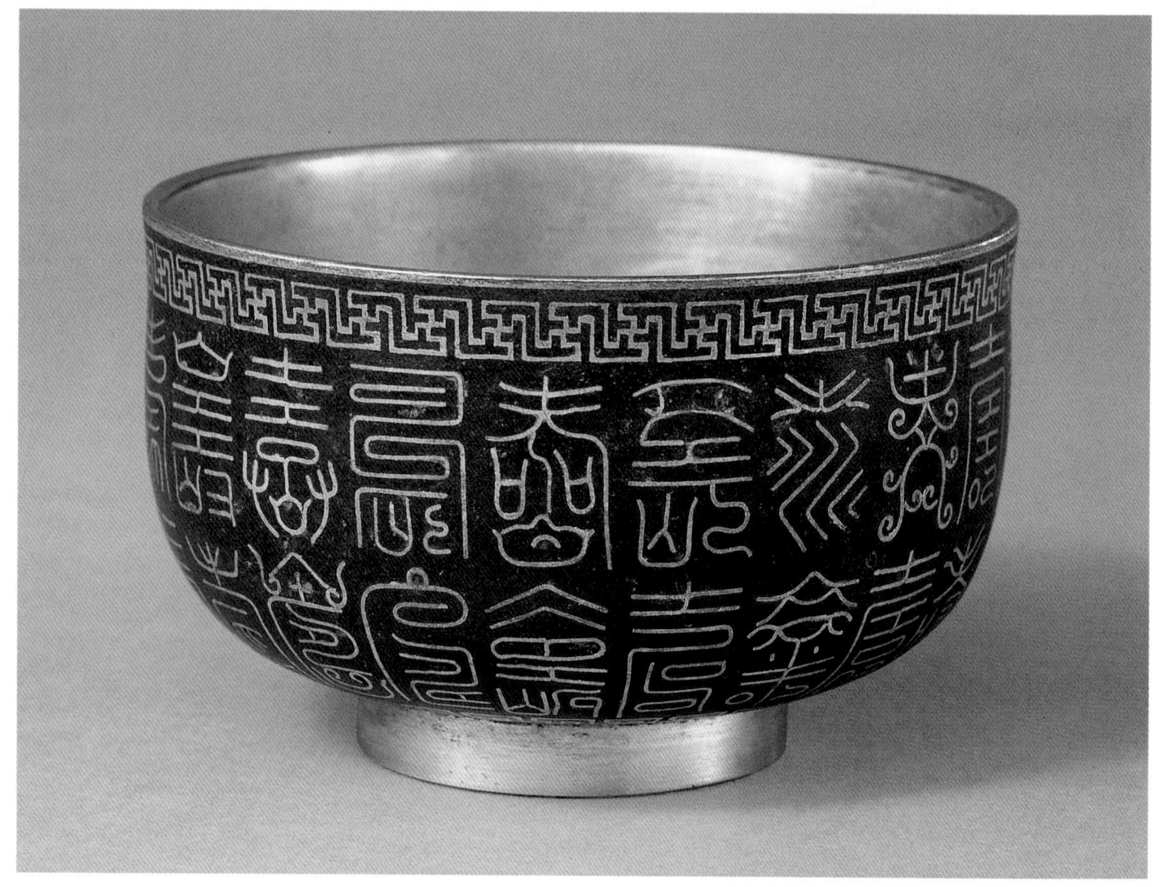

碗銅胎鍍金，直口，圈足。外壁施寶藍色琺瑯釉為地，上飾篆書"壽"字兩周，共四十字。口沿下及近足處各飾鏨花"卍"字紋一周。底鏨陰文"大清嘉慶年製"隸書款。

此類碗為宮廷壽宴用器，在清宮中遺存較多，但嘉慶年製的琺瑯器遺存數量不多。

155

## 掐絲琺瑯壽字盤

清嘉慶
高5.1厘米　口徑17厘米　足徑10厘米
清宮舊藏

**Cloisonné enamel plate with design of characters "Shou" (longevity)**
Jiaqing Period, Qing Dynasty
Height: 5.1cm　Diameter of mouth: 17cm
Diameter of foot: 10cm
Qing Court collection

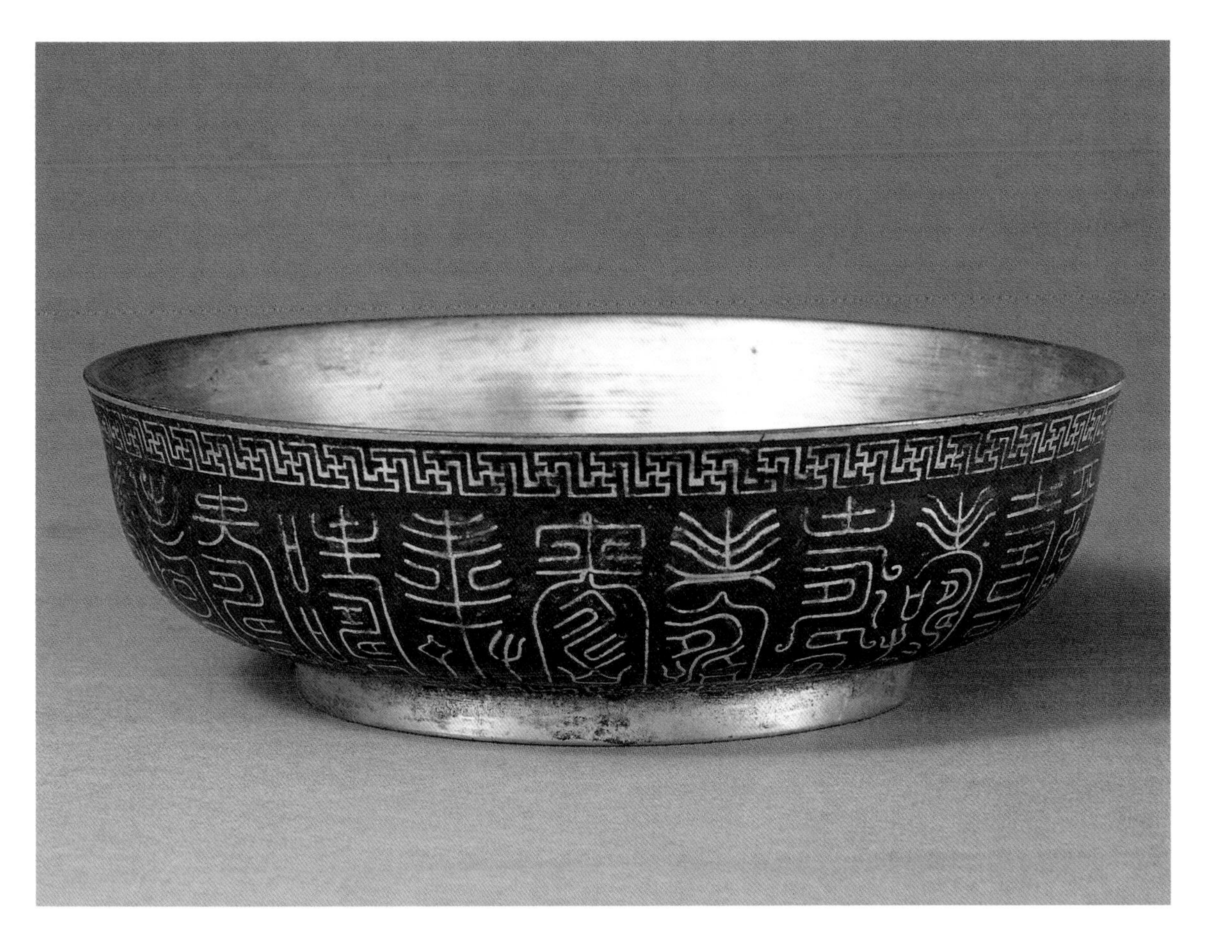

盤銅胎鍍金，敞口，圈足。外壁施寶藍色琺瑯釉為地，掐絲做各種篆書“壽”字一周，共二十五字。口沿下及近足處飾鏨花“卍”字紋各一周。底鏨陰文“大清嘉慶年製”隸書款。

此類盤為宮廷壽宴用器，在清宮中遺存數量較多，但其中刻有嘉慶款的較罕見。

156

## 掐絲琺瑯番蓮紋執壺

清同治
通高26.5厘米　口徑6.1厘米　足徑9.2厘米
清宮舊藏

**Cloisonné enamel ewer decorated with passionflower design**

Tongzhi Period, Qing Dynasty
Overall height: 26.5cm　Diameter of mouth: 6.1cm
Diameter of foot: 9.2cm
Qing Court collection

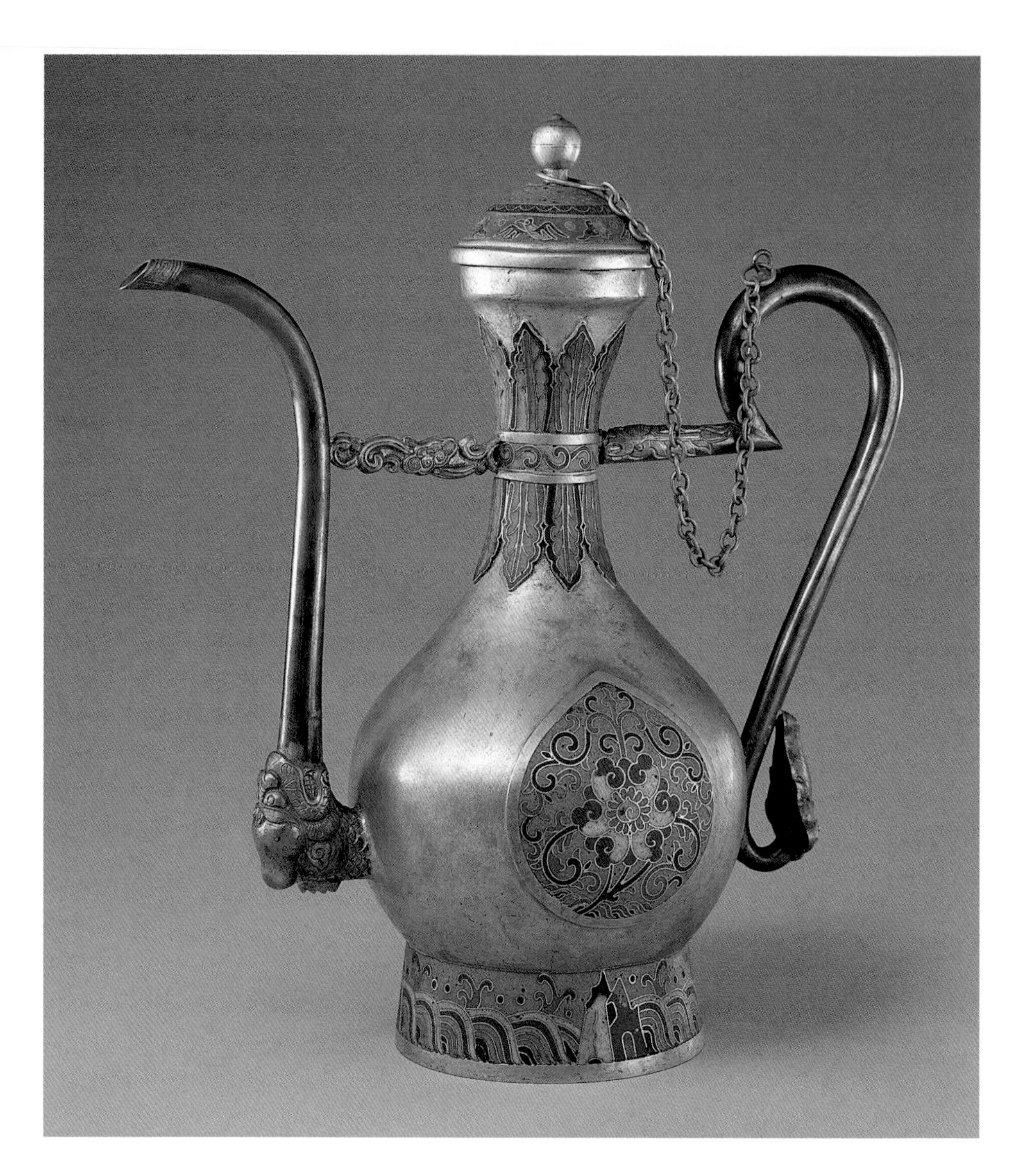

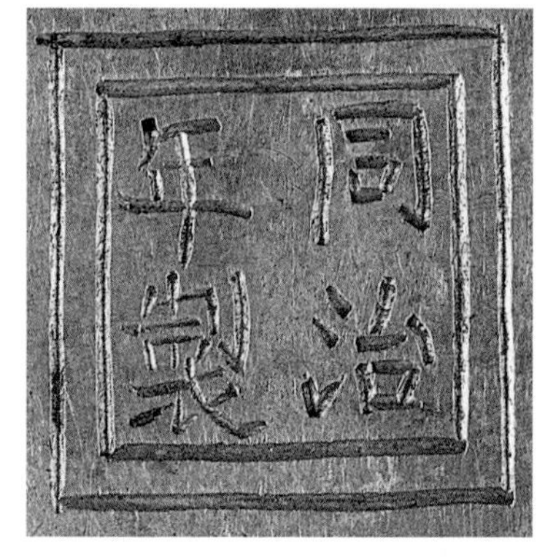


執壺銅胎鍍金，束頸，垂腹，獸首曲流，如意柄，圈足，蓋圓鈕，有銅鍍金鏈與柄相連。通體顯露銅鍍金素地，紋飾施用紅、天藍、海藍、寶藍、白、綠、粉、黃等色琺瑯釉。蓋飾掐絲琺瑯雲鳥紋，頸部飾俯仰蕉葉紋，腹部兩面各凸起一桃形開光，內飾番蓮紋，足牆飾海水江崖紋。底雙方框內鏨陰文“同治年製”楷書款。

此執壺僅局部施琺瑯釉裝飾，風格頗為獨特。

157

**掐絲琺瑯年年益壽蓋碗**

清同治

高12.2厘米　口徑14.5厘米　足徑5.2厘米

清宮舊藏

**Cloisonné enamel covered bowl with characters "Nian", "Nian", "Yi" and "Shou"**

Tongzhi Period, Qing Dynasty

Height: 12.2cm　Diameter of mouth: 14.5cm

Diameter of foot: 5.2cm

Qing Court collection

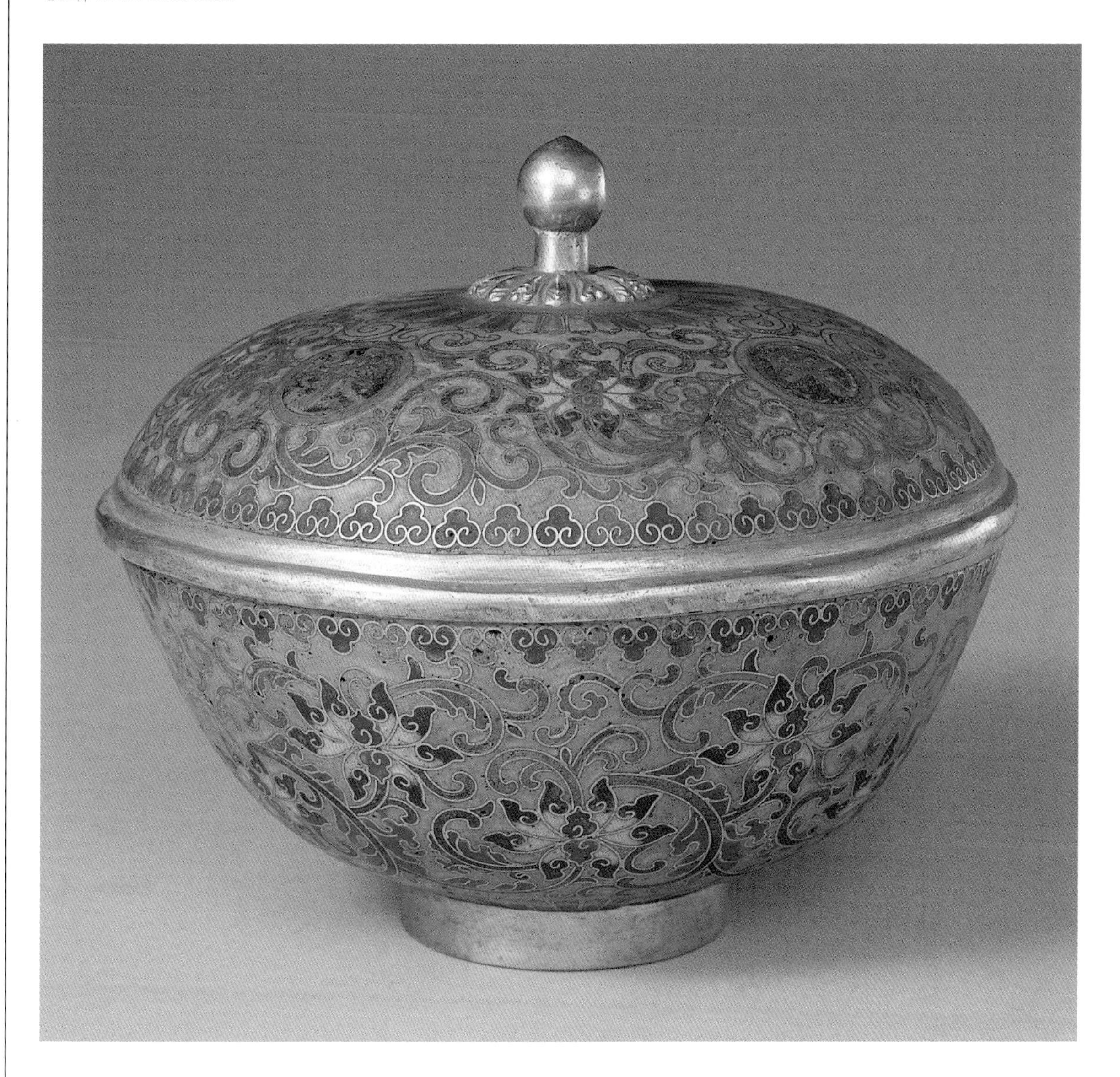

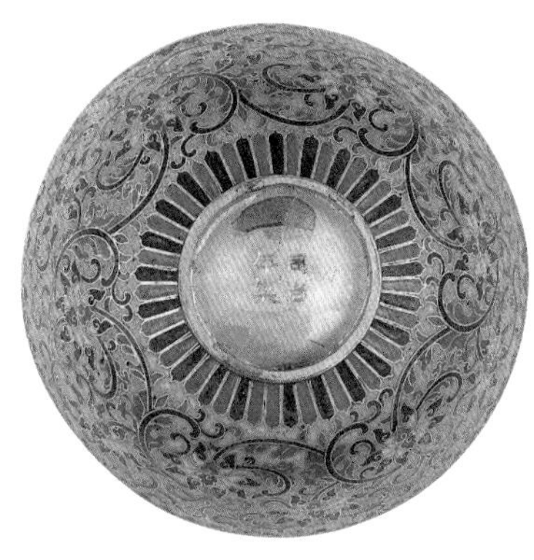

碗銅胎鍍金，敞口，有蓋，圈足。通體施淡黃色琺瑯釉為地，飾以掐絲填淺綠、紫紅、灰、白、淺藍等色纏枝蓮紋。外壁飾盛開的番蓮花十二朵，蓋上飾四朵，蓋上花間有四個圓形開光，內填藍釉鏨鍍金"年"、"年"、"益"、"壽"四字，其中"年年"二字為楷書，"益壽"二字為篆書。底鏨陰文"同治年製"楷書款。

此碗造型工整，鍍金燦爛，為造辦處琺瑯作造。同治年款的作品保存極少，從此碗中可見這一時期琺瑯器製作的風格特點。

158

## 掐絲琺瑯犧尊

清同治
高30.5厘米　長25厘米
清宮舊藏

**Cloisonné enamel ox-shaped Zun**
Tongzhi Period, Qing Dynasty
Height: 30.5cm　Length: 25cm
Qing Court collection

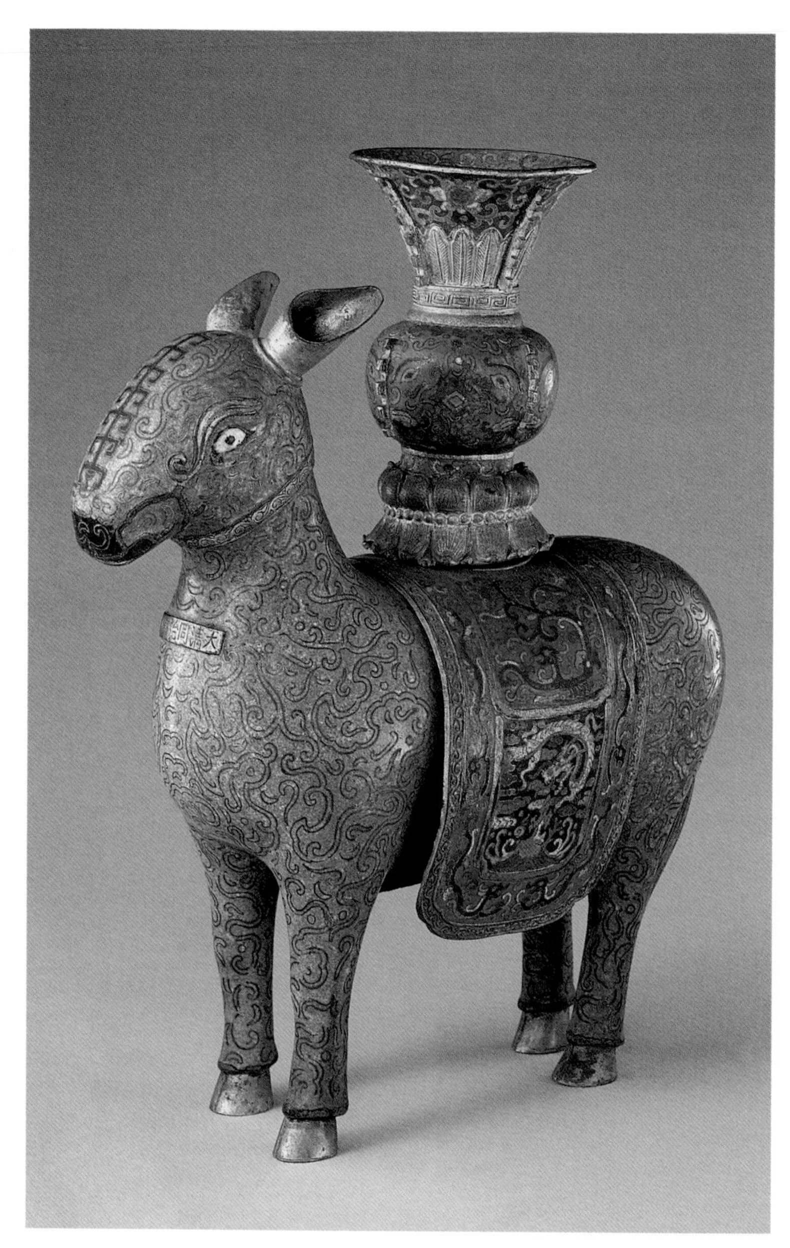

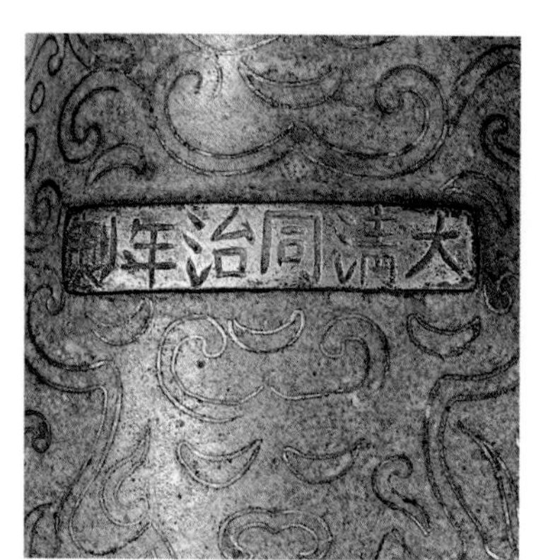


尊銅胎鍍金，造型為異獸馱寶尊。獸身施天青色琺瑯釉為地，掐絲飾勾雲紋；背上鞍韉以天藍色釉為地，中間飾一條黃龍在海水中嬉戲。鞍韉上有蓮花座，座上置出戟尊。尊飾銅鍍金蕉葉紋及回紋，口內外飾勾蓮紋，腹飾獸面紋。異獸頸下銅鍍金方框上，鏨陰文横書"大清同治年製"楷書款。

同治年製造的掐絲琺瑯器遺存不多，此尊可作為識別時代特點的標準器之一。

159

**掐絲琺瑯繫鈴獅子香熏**
清晚期
高40.5厘米　長50厘米
清宮舊藏

**Cloisonné enamel lion-shaped censer**
Late Qing Dynasty
Height: 40.5cm　Length: 50cm
Qing Court collection

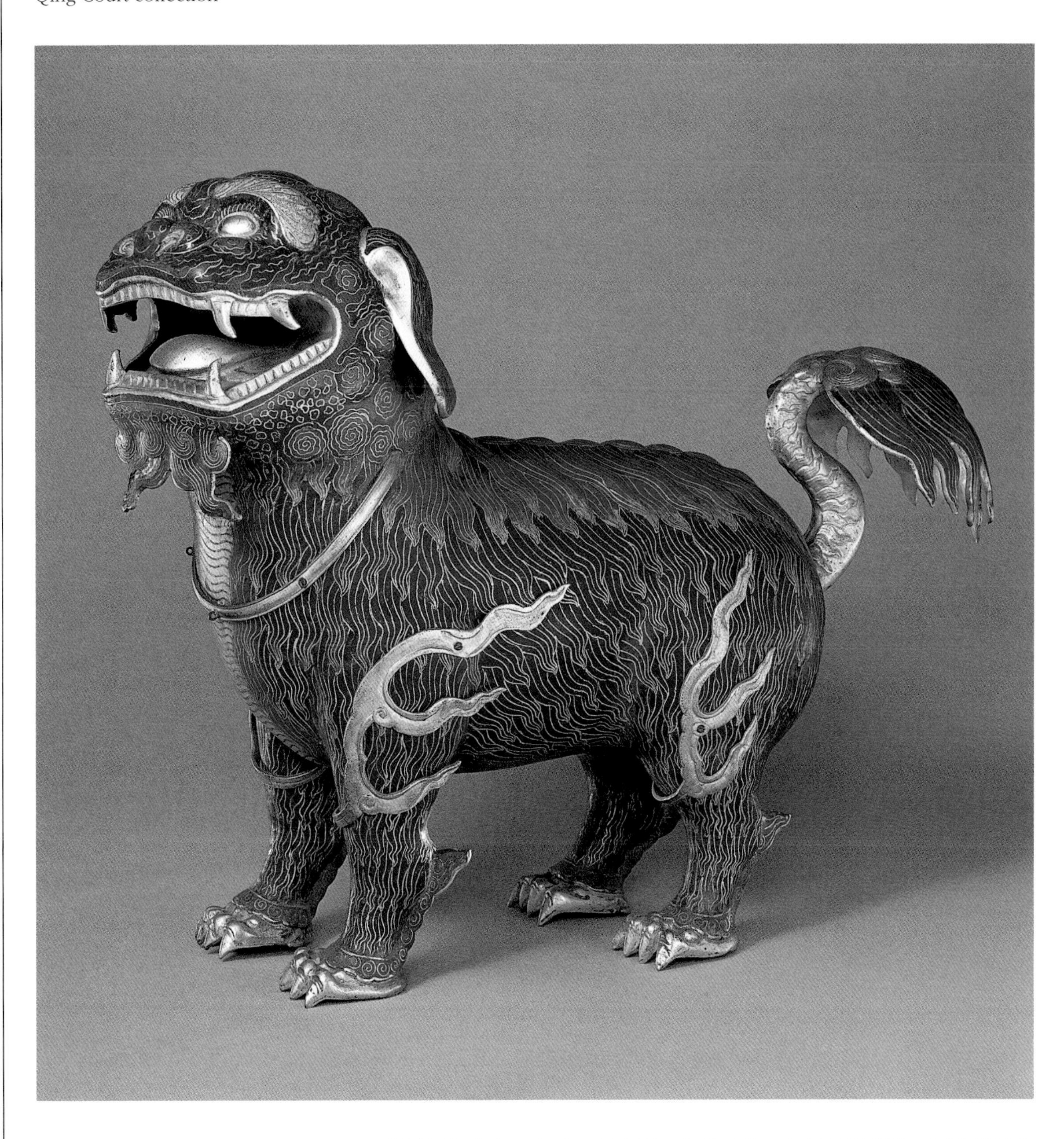

獅子銅胎鍍金，立式，昂首張口作吼叫狀，揚尾呈靈芝形。通體掐絲作絨毛紋，填深藍色琺瑯釉為地，以黃、紅、綠色釉點綴其間。頸部原繫有銅鍍金鈴鐺及紫紅色垂纓，背部施綠色釉，兩側鑲銅鍍金火燄紋。

獅子造型源自佛教，本是威猛的象徵，傳入中國後，轉化成溫順、馴服的形象。此器釉色渾厚諧調，鍍金厚實凝重。

## 160

**掐絲琺瑯麒麟香熏**
清晚期
高41.3厘米　長49.5厘米
清宮舊藏

**Cloisonné enamel unicorn-shaped censer**
Late Qing Dynasty
Height: 41.3cm　Length: 49.5cm
Qing Court collection

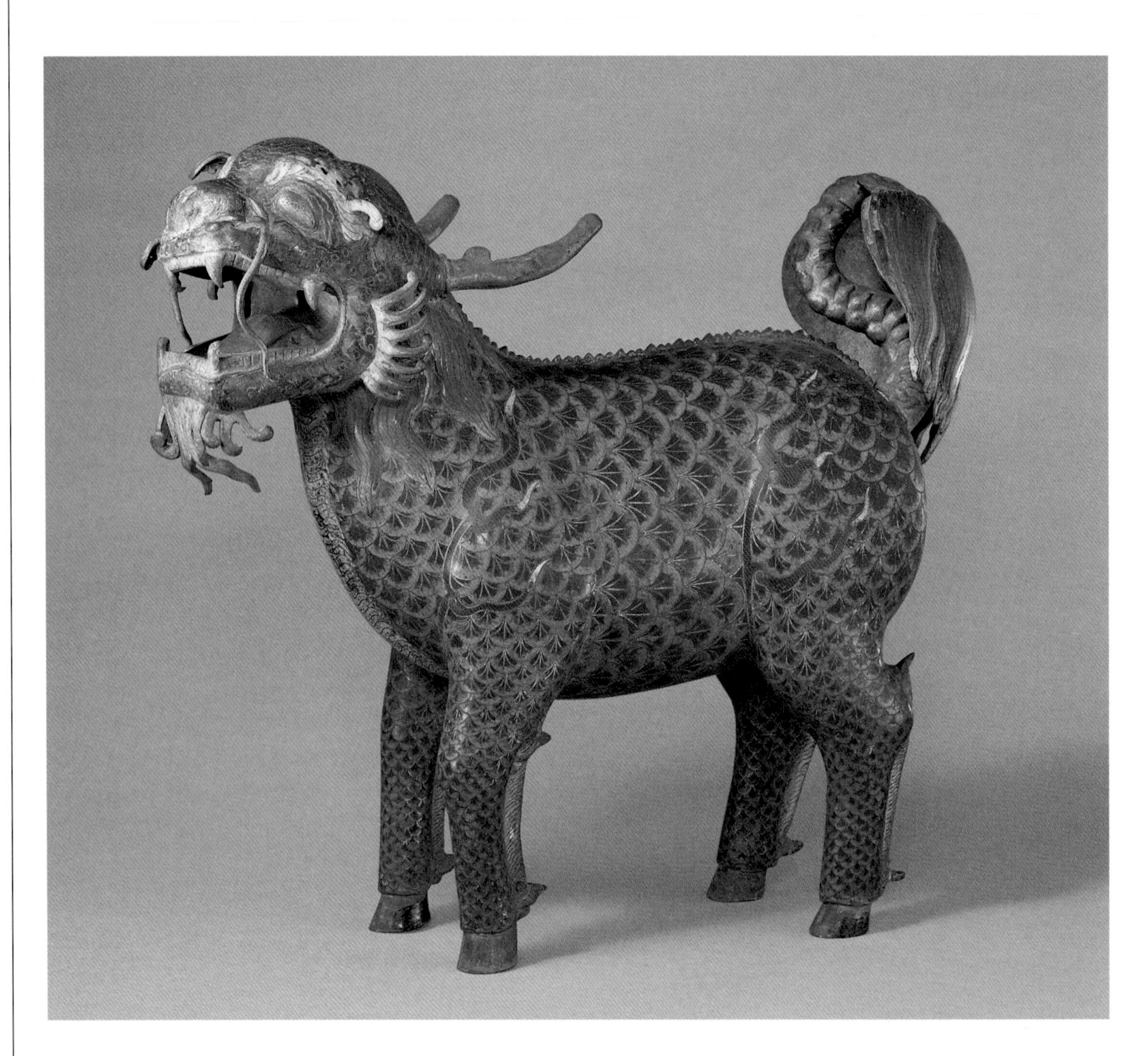

熏銅胎鍍金，立式麒麟形，昂首翹尾，張口，可出香氣，背有圓蓋，可放入檀香。通體掐絲作鱗紋，填海藍色琺瑯釉為地，以寶藍色釉點綴，綠鬃黃眉，腿上有紅色火燄紋。

麒麟是傳說中的瑞獸，為吉祥的象徵，多比喻聰穎俊秀的兒童。此麒麟為擺設在宮室內的熏香工具。

161

**掐絲琺瑯鏤空雲龍紋轉心瓶**

清晚期

高34厘米　口徑9.8厘米　足徑10.4厘米

清宮舊藏

**Cloisonné enamel vase with a movable core in openwork decorated with dragon and cloud design**

Late Qing Dynasty

Height: 34cm　Diameter of mouth: 9.8cm

Diameter of foot: 10.4cm

Qing Court collection

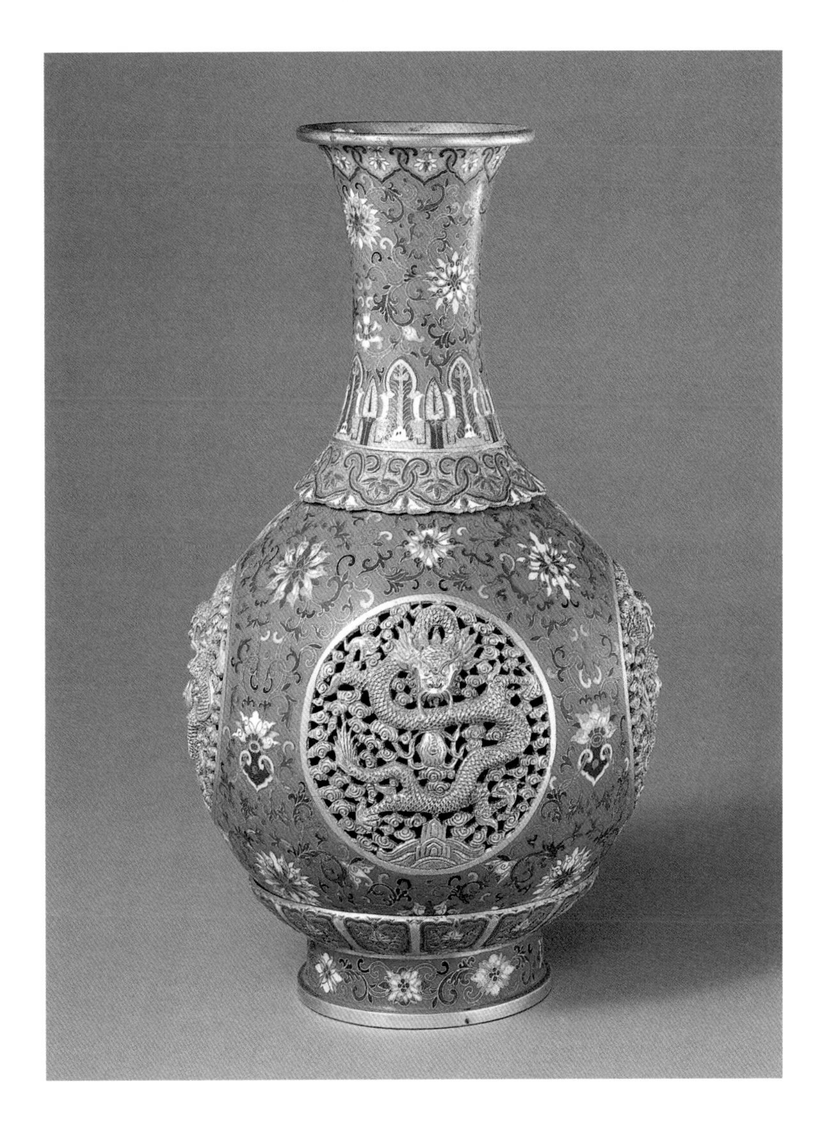

瓶撇口，圓腹，頸、足與瓶內膽相連接，外腹可轉動。通體施淺藍色琺瑯釉為地，口沿下及頸下部飾如意雲頭、蕉葉紋；頸、腹部飾各色纏枝蓮紋，腹部作四個圓形開光，嵌銅鍍金鏤空壽山福海雲龍戲珠紋。近足處飾蓮瓣紋。底鍍金，光素無款。

清代晚期，內廷琺瑯作已是名存實亡，基本處於停產狀態，但宮廷以外作出口商品的商營作坊的掐絲琺瑯器生產方興未艾。這一時期掐絲琺瑯器主要以乾隆時期的器物為藍本，做工較細，釉面光滑，打磨技術較高，但總體與乾隆時期掐絲琺瑯器莊重沉穩，工整細膩，鍍金厚重的裝飾風格已不能相比。此時期的琺瑯器匠氣較濃，胎體輕薄，釉色飄浮，裝飾浮華，缺少藝術觀賞性。

162

**掐絲琺瑯九桃紋天球瓶**
清晚期
高55.7厘米　口徑13厘米　足徑20厘米
清宮舊藏

**Cloisonné enamel globular vase decorated with design of nine peaches**
Late Qing Dynasty
Height: 55.7cm　Diameter of mouth: 13cm
Diameter of foot: 20cm
Qing Court collection

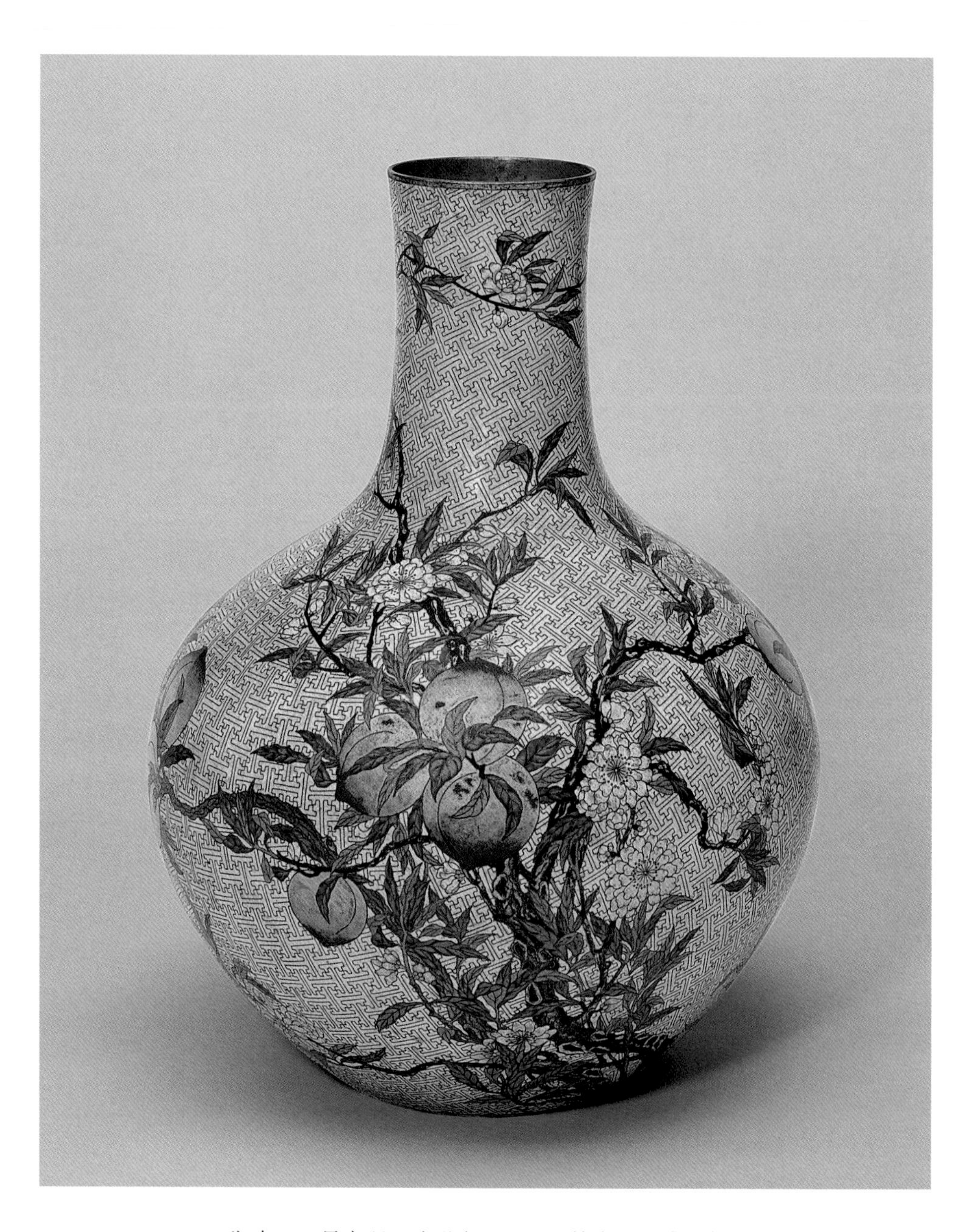

瓶直口，長直頸，球形腹，口、足鍍金。通體施黃色琺瑯釉，上飾掐絲“卍”字紋錦地，錦地上飾彩色整株桃樹，枝繁葉茂，結有九個肥碩的粉色桃實。

此瓶胎和掐絲的製作精緻，鍍金光亮，釉料飽滿，色彩豐富，具有清晚期掐絲琺瑯工藝的典型風格。

163

**掐絲琺瑯纏枝牡丹紋藏草瓶**
清晚期
高22.8厘米　口徑7.5厘米　足徑7.9厘米
清宮舊藏

**Cloisonné enamel vase for holy herbs decorated with interlocking peony design**
Late Qing Dynasty
Height: 22.8cm　Diameter of mouth: 7.5cm
Diameter of foot: 7.9cm
Qing Court collection

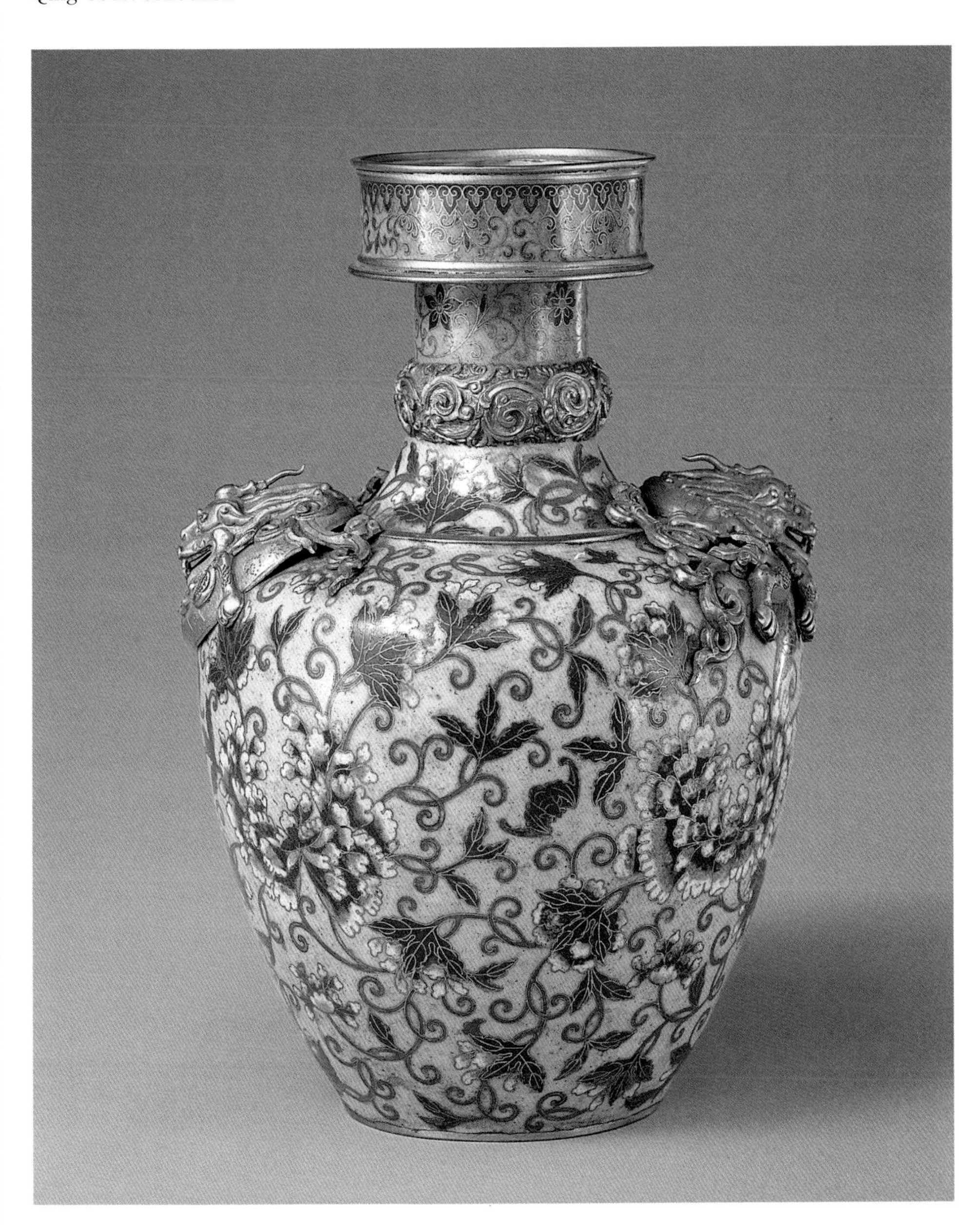

瓶銅胎鍍金，盤口，直頸，鼓腹下斂，底內凹。頸部凸起捲草紋一周，肩上盤有蟠龍兩條。盤口及頸部施藍色琺瑯釉為地，飾朵雲紋及勾蓮紋。其餘通體以黃色琺瑯釉為地，飾彩色纏枝雙犄牡丹花四朵，間飾紅蝙蝠。

此瓶造型源自藏傳佛教供器，形體端莊，紋飾富麗，色彩鮮明，金光燦爛，寓意“洪福富貴，連綿不斷”，是清晚期掐絲琺瑯器中的佼佼者。

164

## 掐絲琺瑯菊石花卉紋梅瓶

清晚期

高32厘米　口徑5.7厘米　足徑8.9厘米

清宮舊藏

**Cloisonné enamel plum vase with design of chrysanthemum and rocks**

Late Qing Dynasty

Height: 32cm　Diameter of mouth: 5.7cm

Diameter of foot: 8.9cm

Qing Court collection

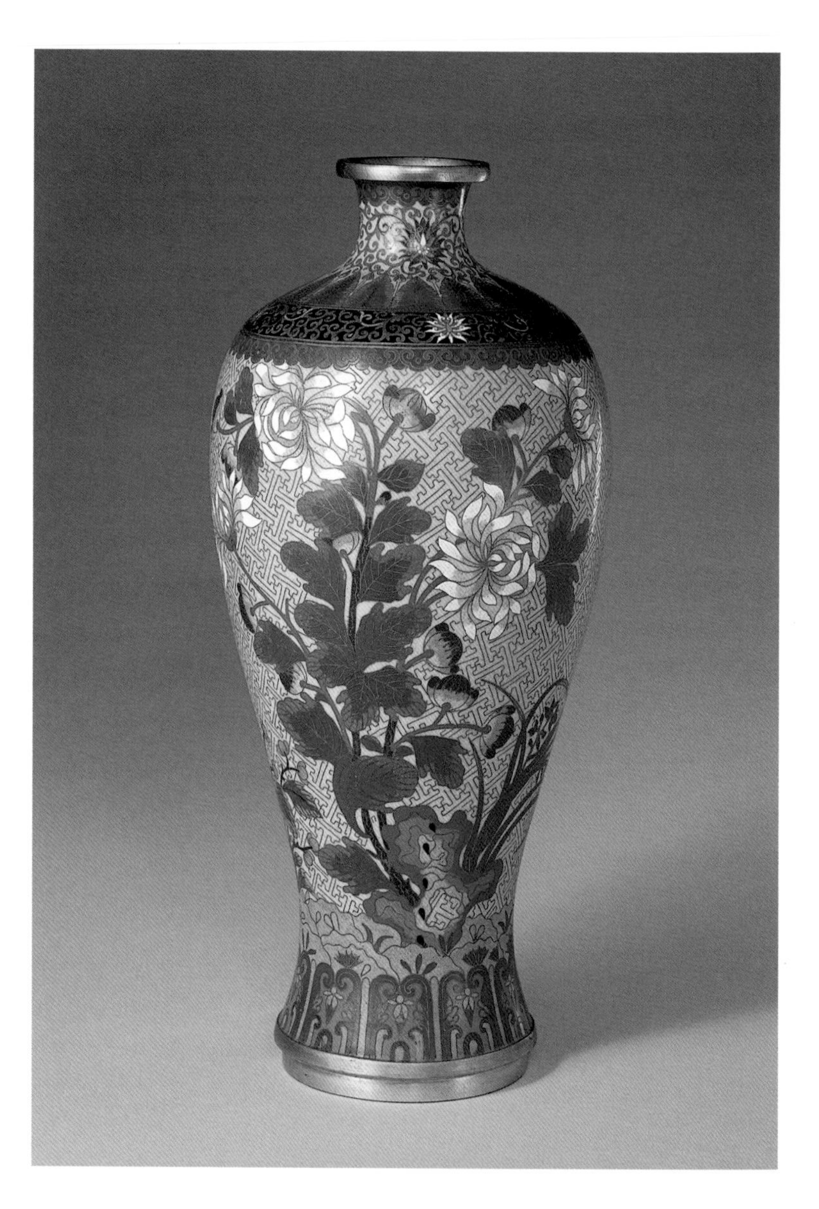

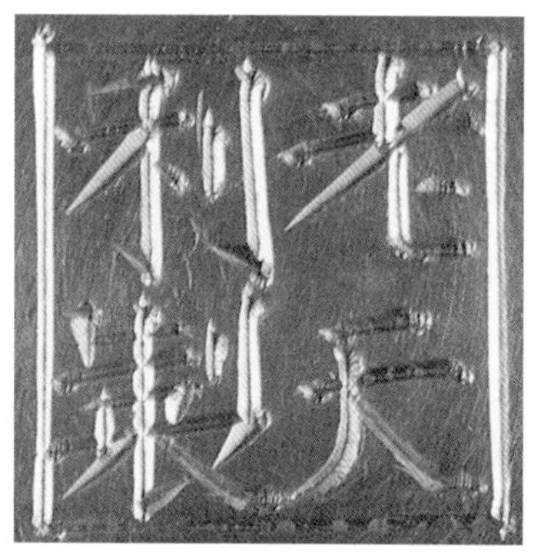


瓶小口，豐肩，長腹下斂，口足鍍金。通體施黃色琺瑯釉為地，頸飾紅色勾蓮紋及蕉葉紋，肩部寶藍色釉地飾纏枝蓮紋，腹為掐絲"卍"字紋錦地，上飾洞石園地，以及盛開的菊花、春蘭等四季花卉，近足處飾蓮瓣紋。底方框內鏨陰文"老天利製"楷書款。

此瓶釉色多達十幾種，且色彩鮮豔，釉料填充飽滿，但掐絲較粗，反映了晚清時期掐絲琺瑯工藝的特點。"老天利"為清晚期北京地區私營燒造和銷售掐絲琺瑯器的商號。

165

**掐絲琺瑯蕉葉獸面紋瓶**
清晚期
高29.3厘米　口徑8.1厘米　足徑10.2厘米
清宮舊藏

**Cloisonné enamel vase with design of banana-leave and animal mask**
Late Qing Dynasty
Height: 29.3cm　Diameter of mouth: 8.1cm
Diameter of foot: 10.2cm
Qing Court collection

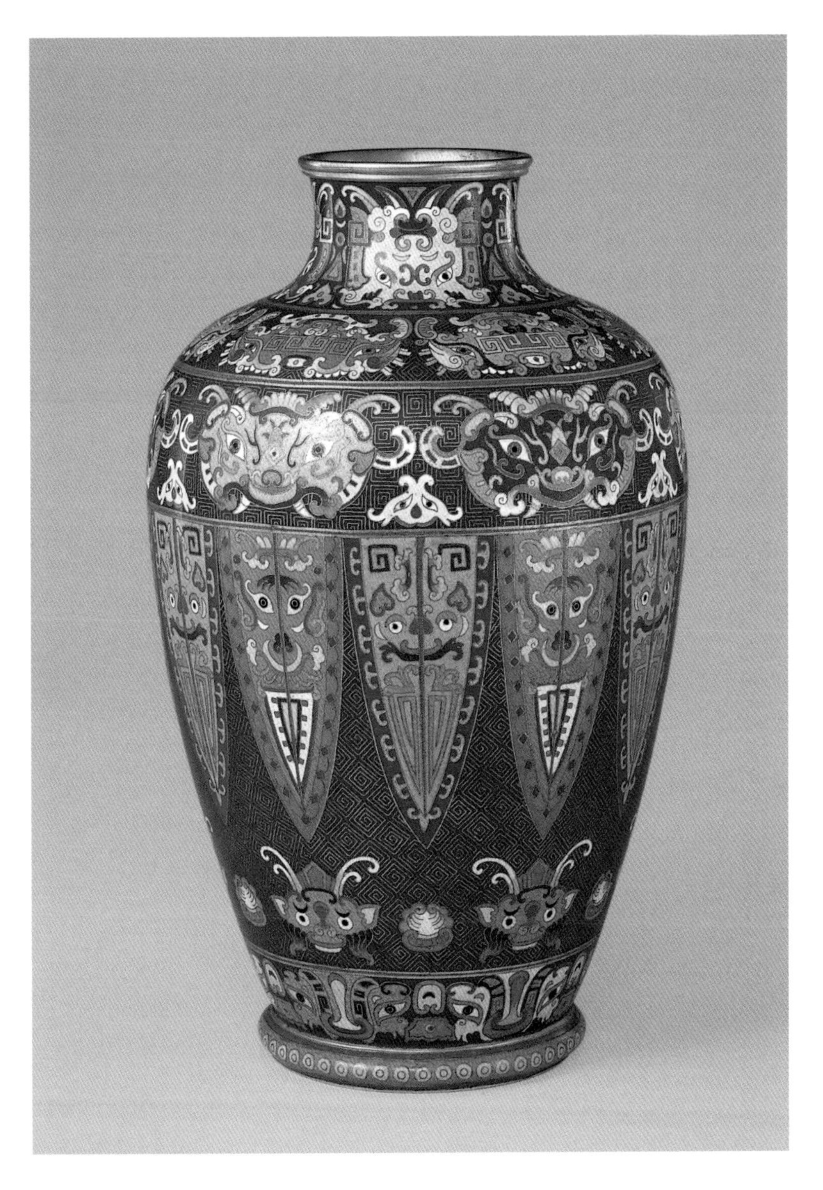

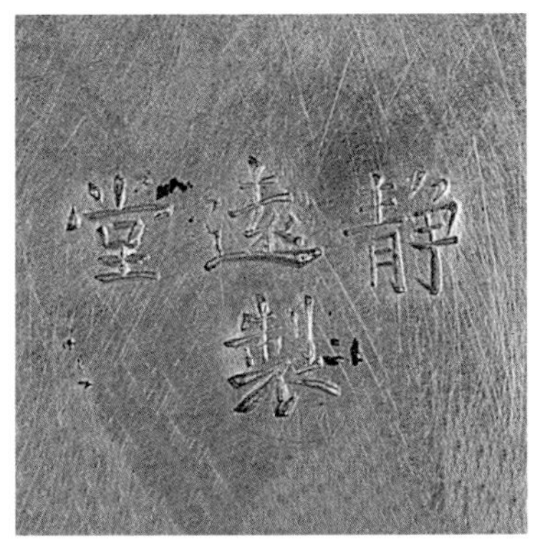


瓶銅胎鍍金，小口，豐肩，腹下斂，圈足。通體掐絲琺瑯寶藍色釉回紋錦地，頸、肩、近足處飾彩色釉獸面紋六組，腹飾蕉葉紋，葉面上飾變形獸面紋。底鏨陰文“靜遠堂製”楷書款。

此瓶為仿古青銅器紋飾，工藝技術較高，打磨精細，砂眼很少，釉質較薄，反映了清晚期琺瑯器出現的短暫的繁榮景象。“靜遠堂”為清朝末年與民國初年北京地區私營燒造琺瑯器的商號，其傳世作品不多，此為其代表作品之一。

166

## 掐絲琺瑯龍鳳紋瓜棱瓶

清晚期
高32.5厘米　口徑11厘米　足徑12厘米
清宮舊藏

**Cloisonné enamel melon-shaped vase with phoenix and dragon design**
Late Qing Dynasty
Height: 32.5cm　Diameter of mouth: 11cm
Diameter of foot: 12cm
Qing Court collection

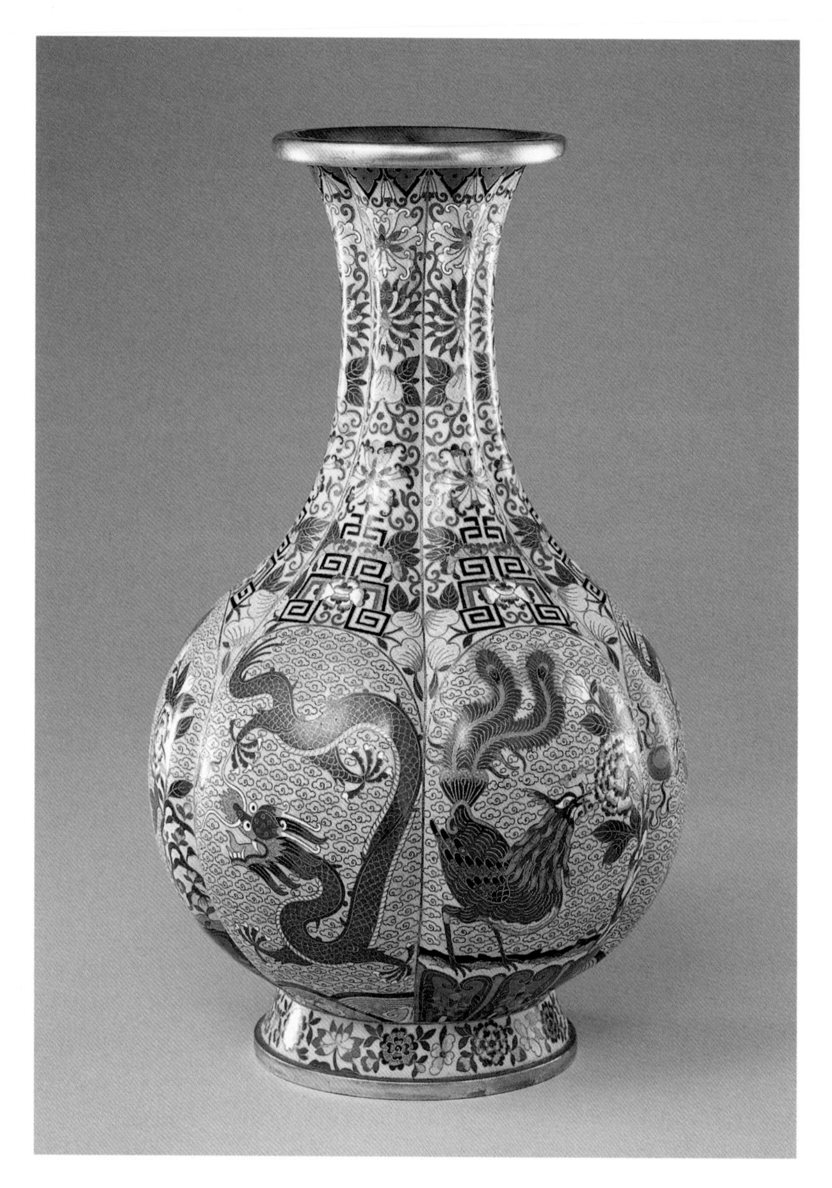

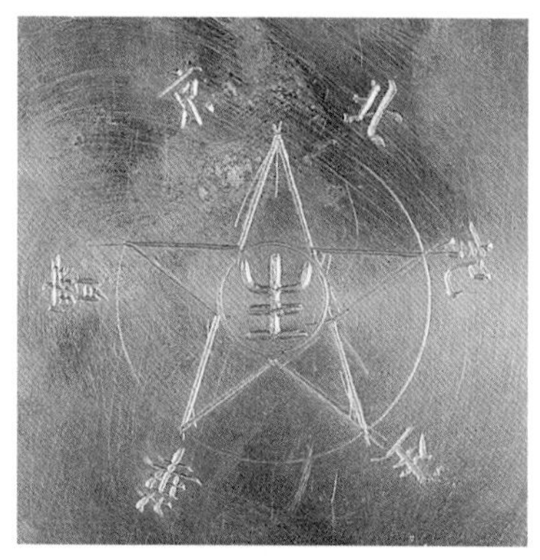

瓶銅胎鍍金，六瓣瓜棱式，長頸，垂腹，圈足外展。通體施淺黃色琺瑯釉為地，頸、肩飾彩色勾蓮紋、壽桃和牡丹紋；腹部六個開光內以掐絲雲紋為地，上飾龍戲珠紋及鳳戲牡丹紋，其下襯海水、山石。底陰刻五星“生”字商標，並鑿陰文“北京寶華生記”楷書款。

此瓶紋飾規整，色彩鮮豔，釉色達十幾種之多。“寶華生”為清晚期北京地區私營琺瑯器的商號。

167

## 掐絲琺瑯福壽瓜棱直頸瓶

清晚期

高29.3厘米　口徑5.7厘米　足徑10.3厘米

清宮舊藏

**Cloisonné enamel long-necked vase in the shape of melon**

Late Qing Dynasty

Height: 29.3cm　Diameter of mouth: 5.7cm

Diameter of foot: 10.3cm

Qing Court collection

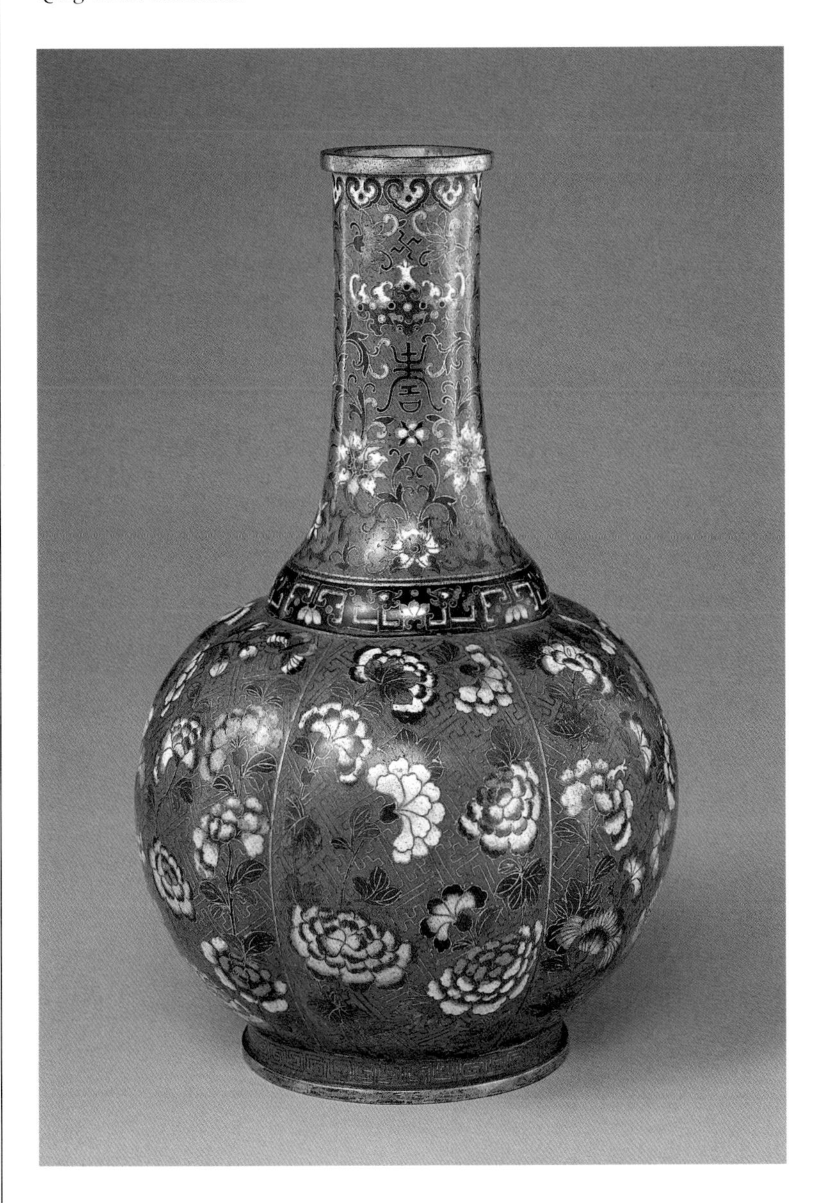

瓶銅胎鍍金，瓜棱式，長直頸，鼓腹，圈足。通體施天藍色琺瑯釉為地，頸飾彩色勾蓮紋，寶藍色“卍”字紋和“壽”字之間有紅蝙蝠，寓意“福壽連綿”；腹部“卍”字紋錦地上飾彩色釉花蝶紋。底鍍金，中心兩小方框內鐫陽文“德”、“成”楷書款。

此瓶施釉色達十種之多，色彩絢麗，做工較精細。“德成”為清晚期北京地區私營燒造和銷售琺瑯器的商號。

168

## 銀胎掐絲琺瑯蕉葉紋獸耳瓶

清晚期
高17.8厘米　口徑7.2厘米　足徑7.3厘米
清宮舊藏

**Cloisonné enamel silver-bodied vase with animal-shaped ears decorated with banana-leaf design**

Late Qing Dynasty
Height: 17.8cm　Diameter of mouth: 7.2cm
Diameter of foot: 7.3cm
Qing Court collection

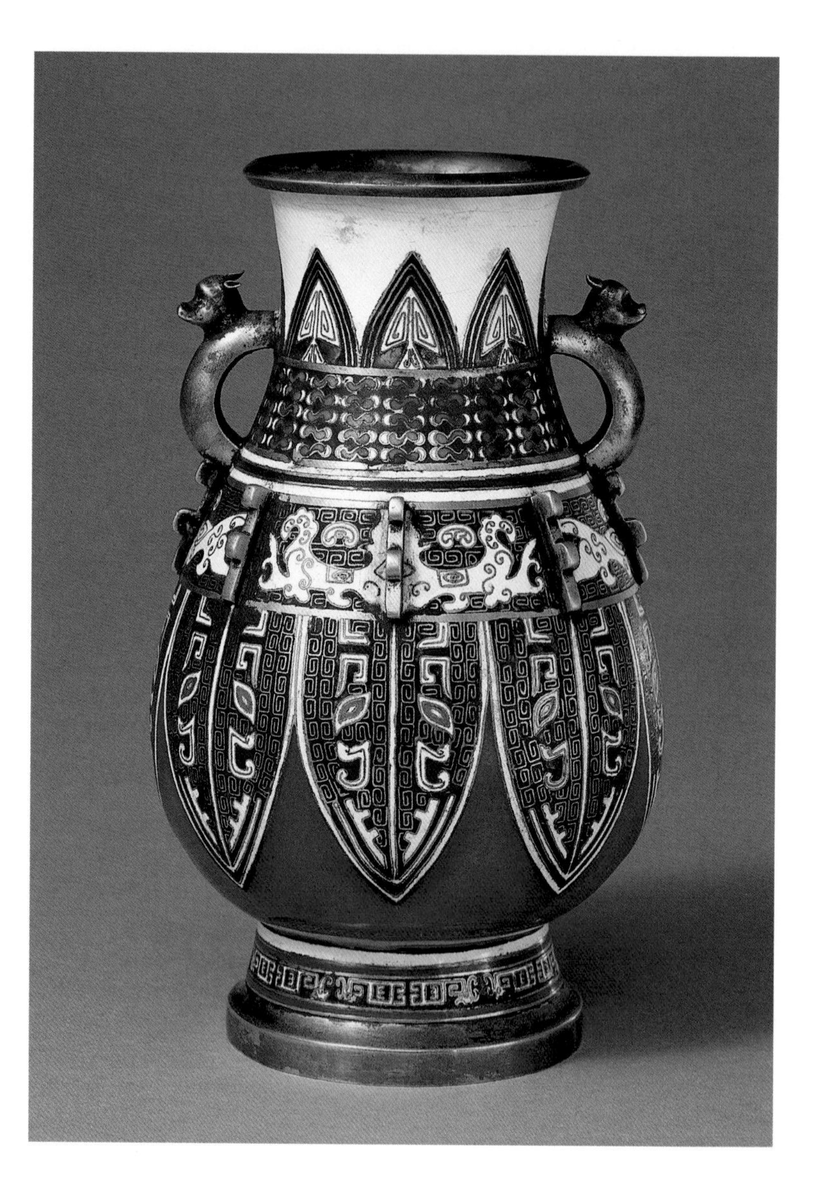

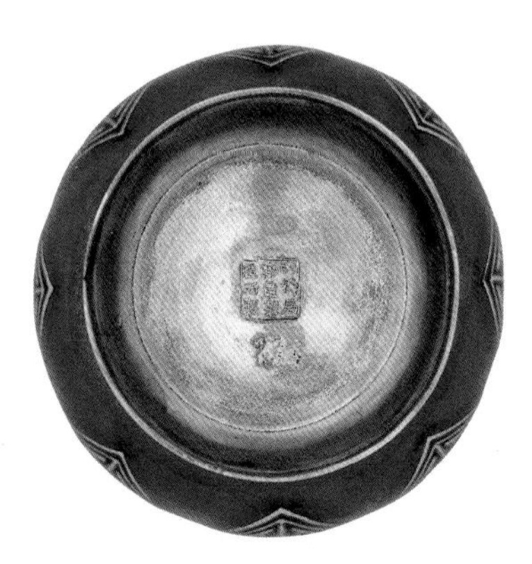

瓶銀胎，廣口，垂腹，圈足，雙獸耳。頸施白色琺瑯釉為地，飾藍色釉蕉葉紋，耳下環周八出戟；腹施綠色釉地，蕉葉紋內飾獸面紋，足牆飾蟠夔紋。底方框內鐫陽文“印鑄局勳章製造所製”隸書款。

此瓶造型仿古青銅器式樣，“印鑄局勳章製造所”是清末設立的官營機構，從此件製品看，其技術水平較為一般。

169

## 掐絲琺瑯葫蘆紋錦袱童子耳爐

清晚期

通高32.2厘米　口徑13.8厘米　底徑12.5厘米

**Cloisonné enamel incense burner with boy-shaped ears decorated with calabash and brocade bundle design**

Late Qing Dynasty

Overall height: 32.2cm　Diameter of mouth: 13.8cm

Diameter of bottom: 12.5cm

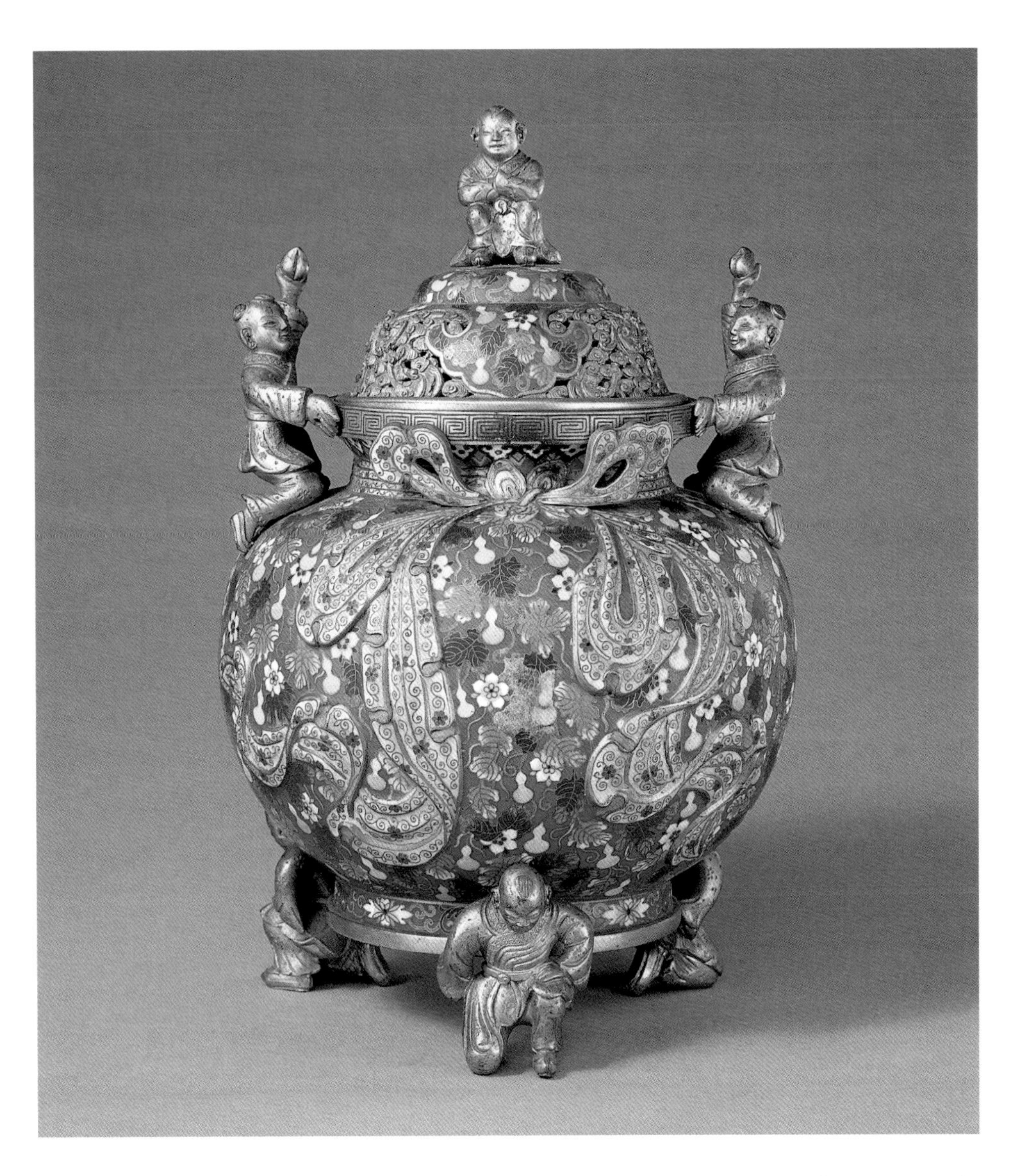

爐銅胎鍍金，通身共有六個鍍金童子，其中一個在頂部為蓋鈕，兩個在肩部為雙耳，三個在爐底為負重三足。通體施天藍色琺瑯釉為地，飾彩色纏枝葫蘆紋。爐口邊飾回紋，腹部凸起粉色綬帶兩結，蓋上如意雲頭紋外鏤空飾銅鍍金雲蝠紋。底鑿陰文“德興成”楷書款。

葫蘆紋寓意“子孫萬代，延綿不斷”。此爐造型別具一格，爐體敦實厚重，金碧輝煌。“德興成”為清晚期北京地區私營燒造和銷售掐絲琺瑯器的商號。

## 170

**掐絲琺瑯捲書錦袱式筆筒**

清晚期

高9.5厘米　口徑8.5厘米　足徑6.7厘米

**Cloisonné enamel brush holder in the shape of scrolled book with brocade bundle decor**

Late Qing Dynasty

Height: 9.5cm　Diameter of mouth: 8.5cm

Diameter of foot: 6.7cm

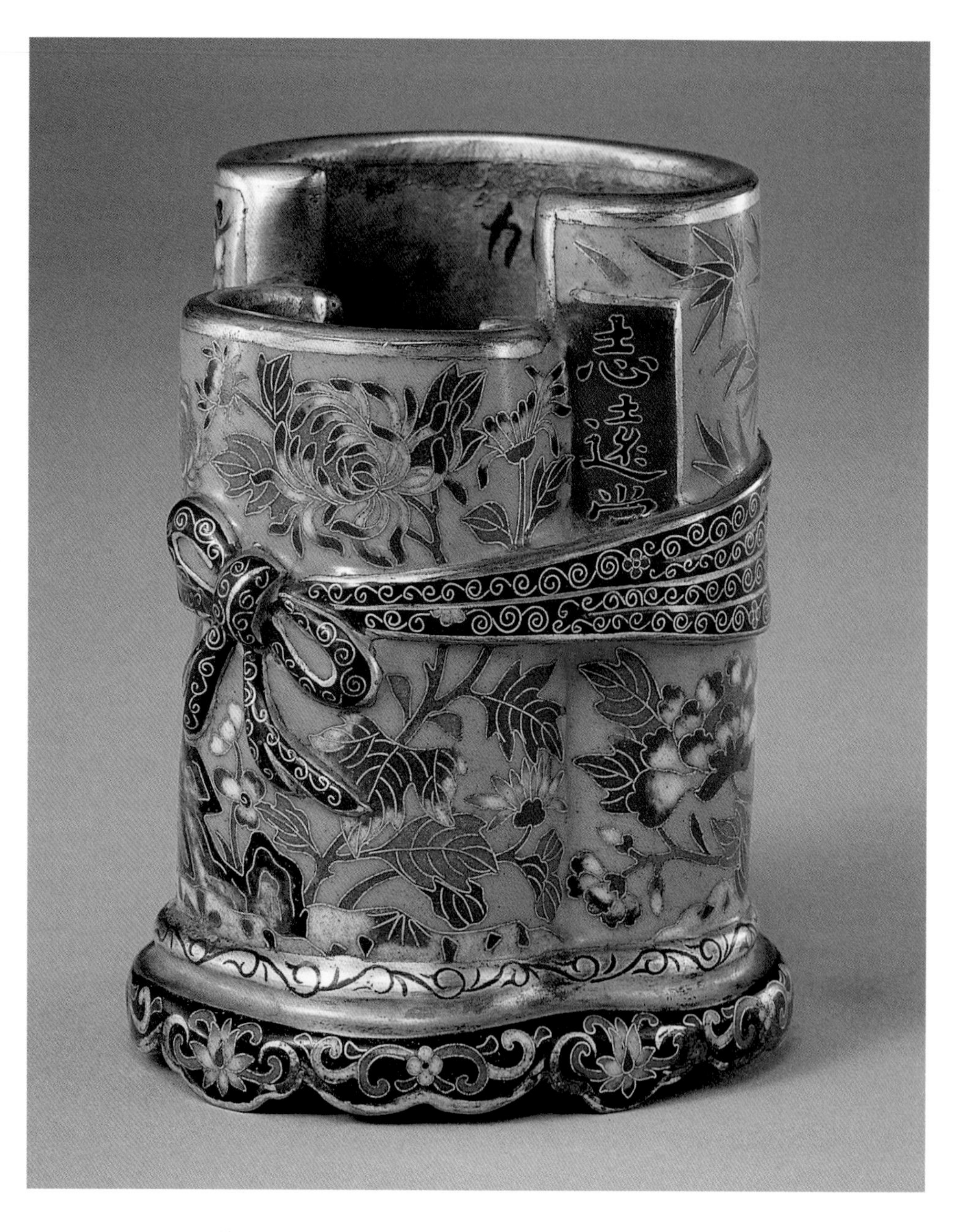


筆筒銅胎鍍金，捲書錦袱式，五垂雲足。通體施天藍色琺瑯釉為地，飾掐絲牡丹、竹、山石、菊花、鳴禽等紋飾。腰際束以凸起寶藍色雲紋錦袱，下呈纏枝蓮紋垂雲座。書卷首置簽條式紅釉地掐絲填黑釉“志遠堂”楷書款。

此筆筒造型別致，小巧玲瓏，釉色鮮亮，共施用十三種釉色，絢麗奪目，是清末掐絲琺瑯器中的精品。“志遠堂”為清晚期北京地區私營掐絲琺瑯器的商號。

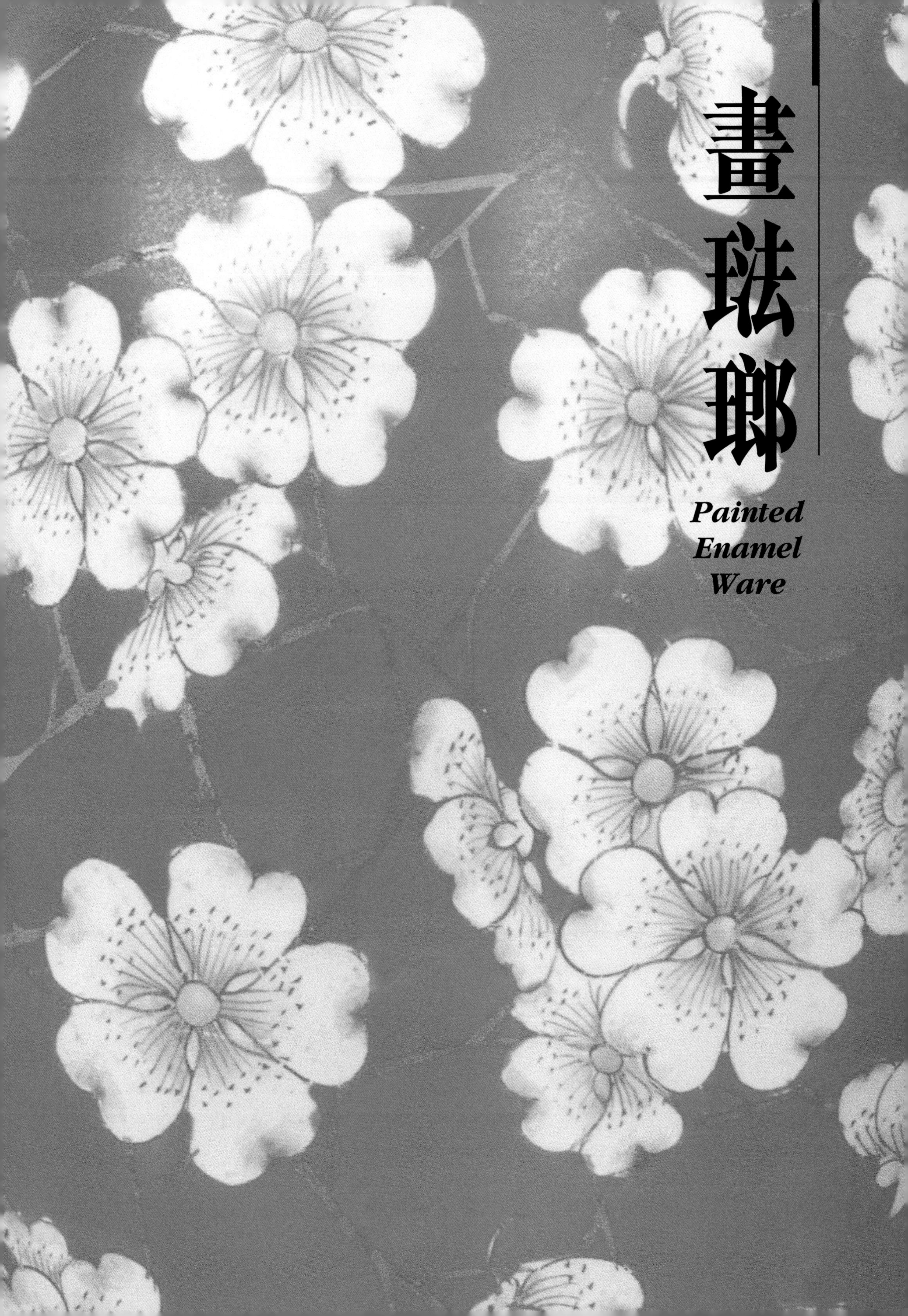

# 畫琺瑯

## *Painted Enamel Ware*

*171*

**畫琺瑯仙人騎獅圖梅瓶**

清早期

高21.8厘米　口徑3.5厘米　足徑7.9厘米

清宮舊藏

**Painted enamel plum vase with design of immortal riding on a lion**

Early Qing Dynasty

Height: 21.8cm　Diameter of mouth: 3.5cm

Diameter of foot: 7.9cm

Qing Court collection

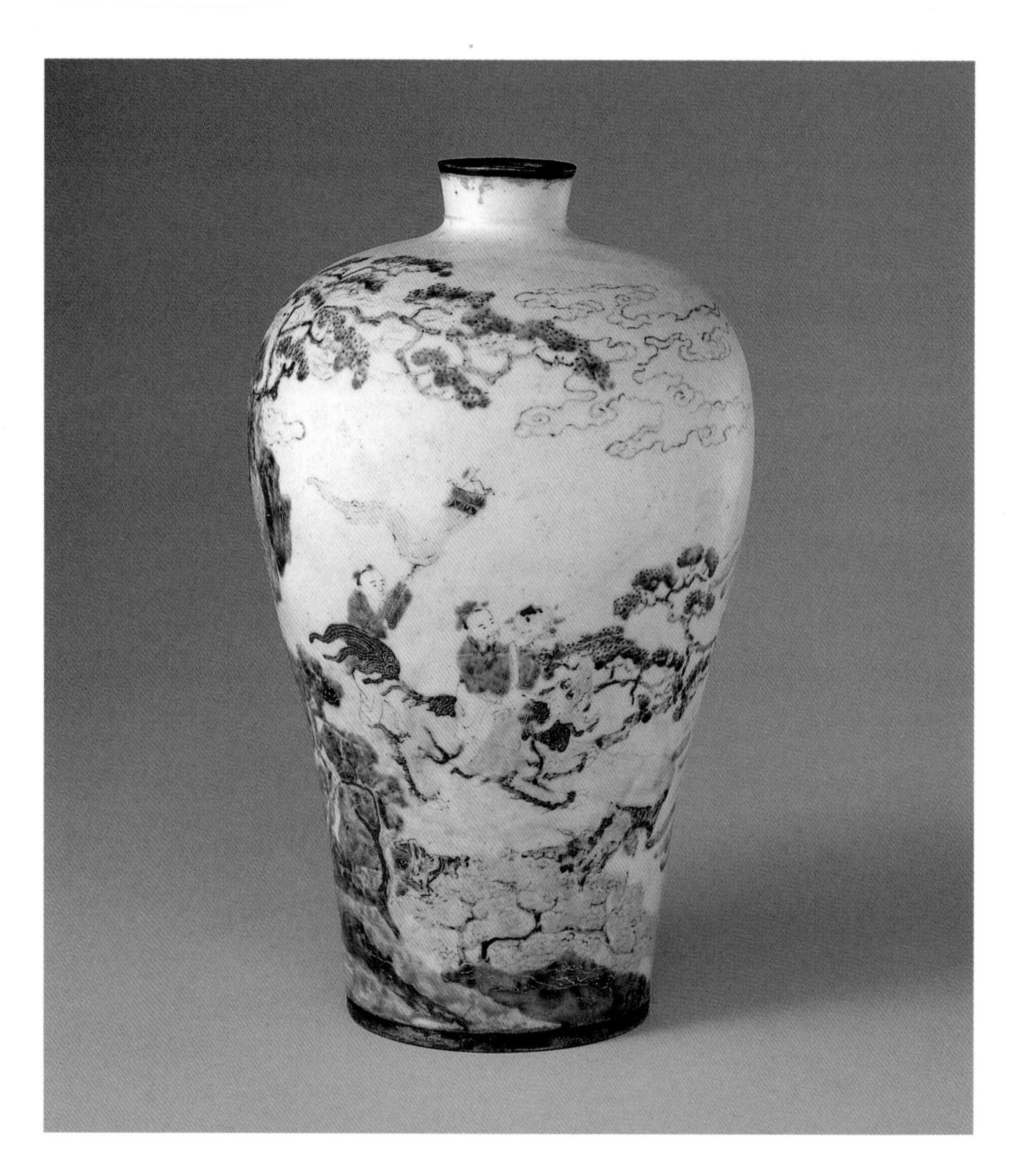

瓶小口，短頸，豐肩，長腹下斂，平底。通體以灰白色琺瑯釉為地，用黃、綠、藍、赭、紫等色琺瑯釉繪仙人故事圖。畫面中松柏參天，白雲繚繞，一老者騎獅捧桃疾行，一童子高挑長幡緊隨其後，雲端一仙人乘蝙蝠飛臨，組成一幅“天賜福壽”的吉祥圖案。

此瓶琺瑯釉料施用濃厚，略顯凸凹不平，色彩灰暗，缺乏光澤，畫面用筆豪放灑脱。視其藝術風格及釉料燒製特點，當為中國迄今所見畫琺瑯器物中時代最早的一件，是研究中國畫琺瑯工藝的珍貴實物資料。

172

## 畫琺瑯玉堂富貴圖直頸瓶

清康熙

高18厘米　口徑3厘米　足徑6厘米

清宮舊藏

**Painted enamel long-necked vase decorated with begonia, peony and magnolia design**

Kangxi period, Qing Dynasty

Height: 18cm　Diameter of mouth: 3cm

Diameter of foot: 6cm

Qing Court collection

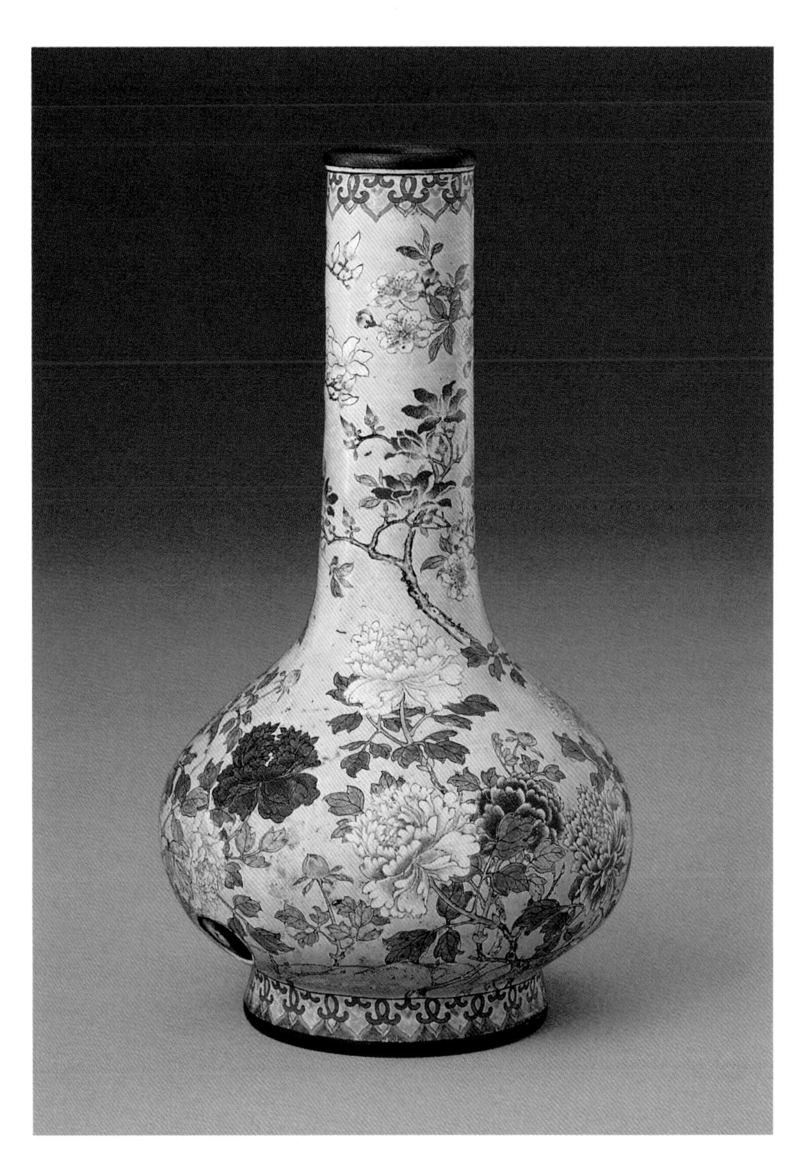

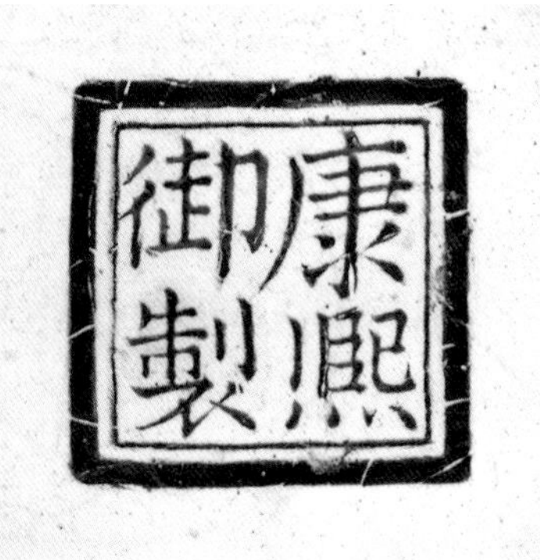


瓶長直頸，鼓腹，圈足。通體施黃色琺瑯釉為地，上用粉紅、紫紅、寶藍、淡綠等色釉描繪寫生花卉，有玉蘭、海棠、牡丹。底白釉，寶藍色雙方框內署“康熙御製”楷書款。

此瓶琺瑯釉厚，畫藝高超，圖案精美，寓意“玉堂富貴”。

173

**畫琺瑯牡丹紋小瓶**
清康熙
高13.5厘米　口徑4厘米　足徑4.2厘米
清宮舊藏

**Small painted enamel vase with peony design**
Kangxi period, Qing Dynasty
Height: 13.5cm　Diameter of mouth: 4cm
Diameter of foot: 4.2cm
Qing Court collection

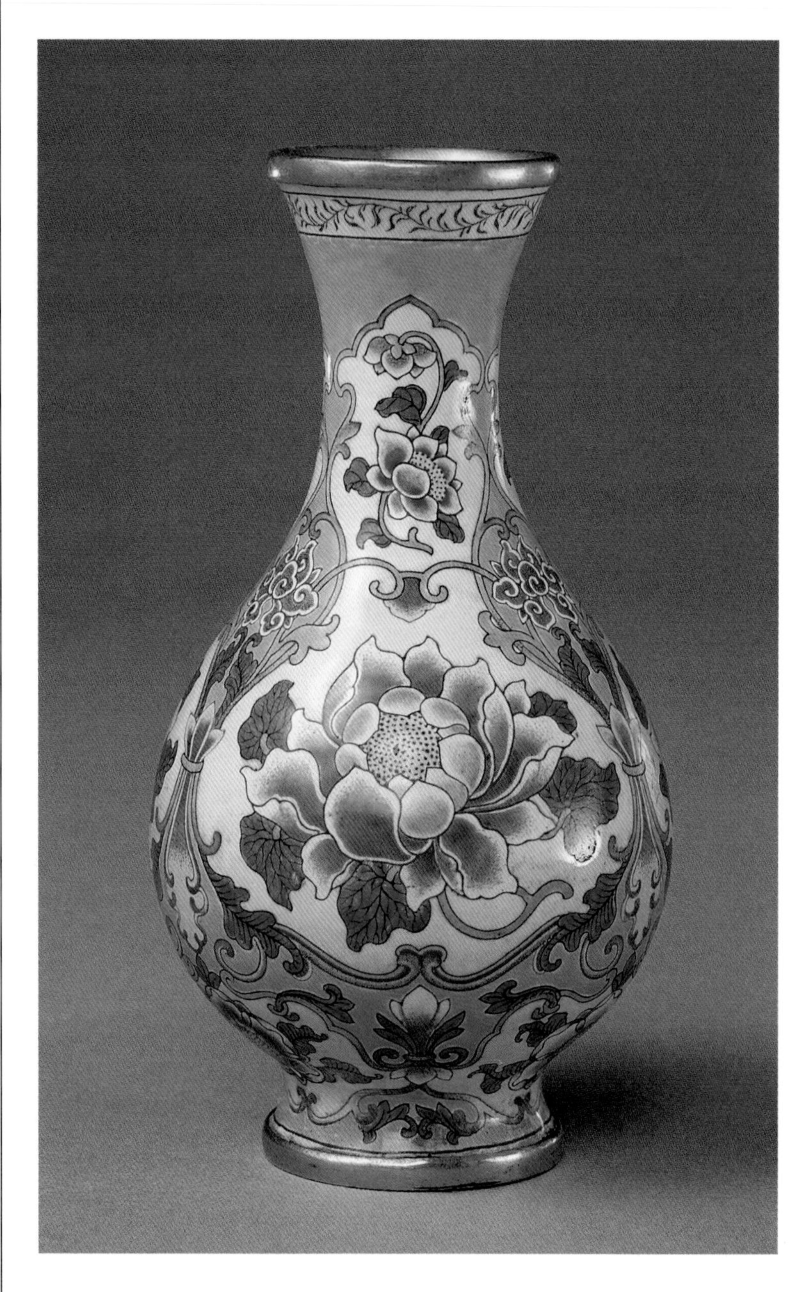

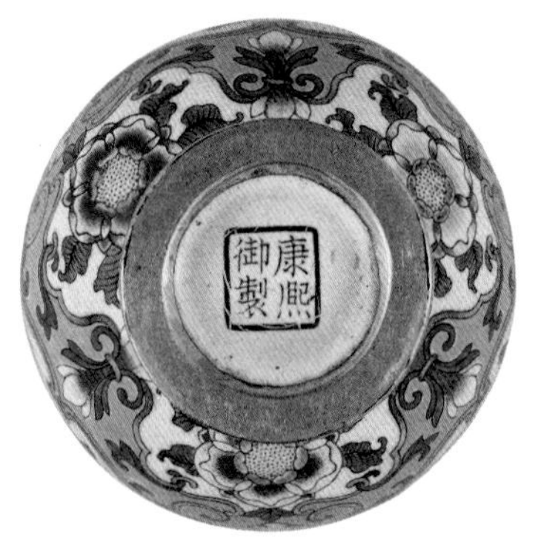


瓶敞口，束頸，垂腹，口沿與足邊鍍金。通體以淺藍色琺瑯釉為地，飾彩色勾蓮紋，腹部葫蘆形開光內，黃釉地上分別繪藍、綠、紅折枝牡丹各一朵；近足處亦飾開光黃釉地繪彩色牡丹紋；瓶內裏為淺藍釉。底白釉，藍色方框內署“康熙御製”楷書款。

此瓶圖案工整簡潔，設色豔麗，色彩達十幾種之多，為康熙年間畫琺瑯器中的精品。造辦處造。

## 174

**畫琺瑯桃蝠紋小瓶**
清康熙
高13.6厘米　口徑4.1厘米　足徑4.1厘米
清宮舊藏

**Small painted enamel vase with bat and peach design**
Kangxi period, Qing Dynasty
Height: 13.6cm　Diameter of mouth: 4.1cm
Diameter of foot: 4.1cm
Qing Court collection

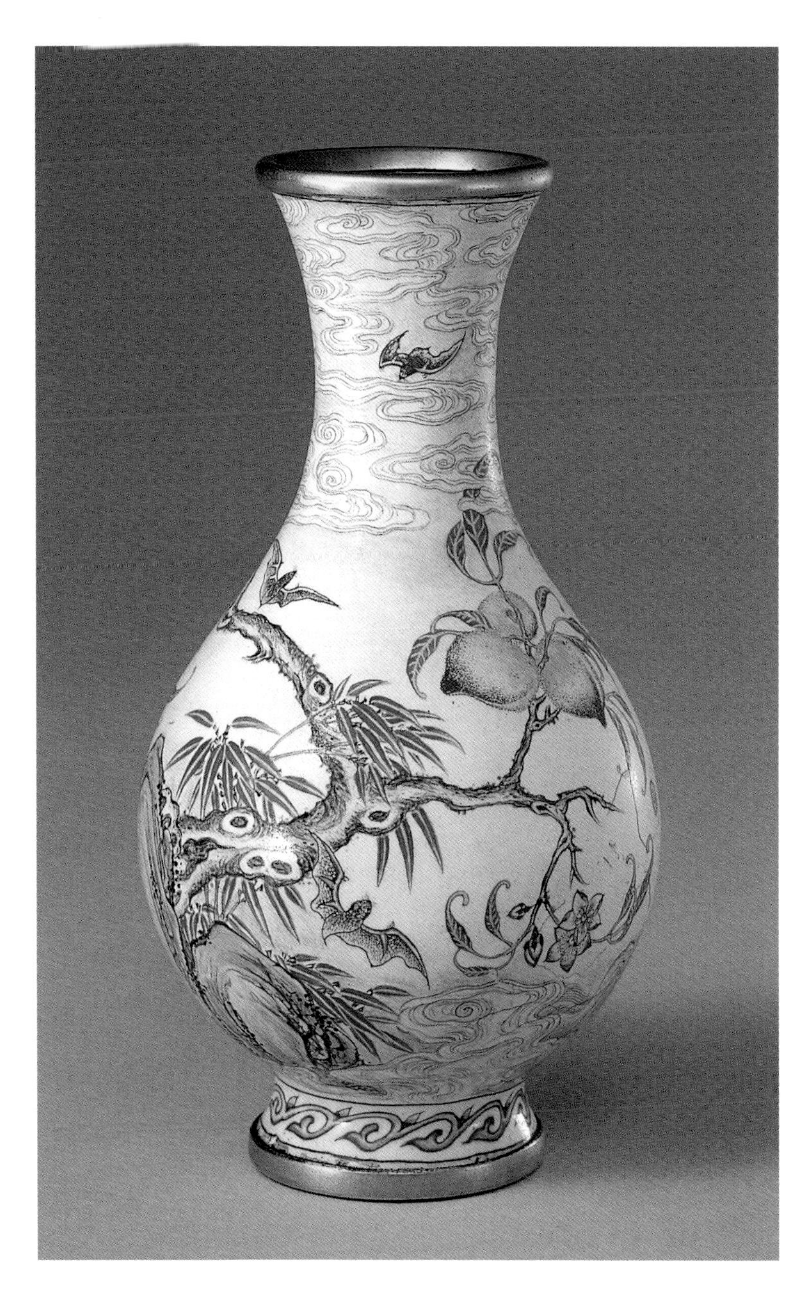

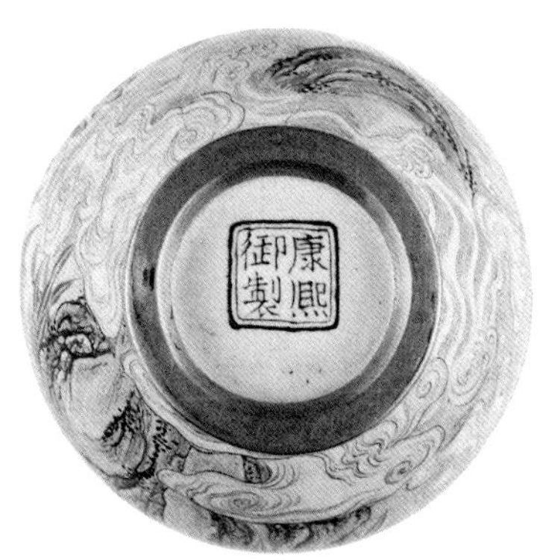


瓶敞口，束頸，垂腹，圈足。口沿、足邊鍍金。通體以白色琺瑯釉為地，繪結滿碩果的桃樹及紅蝙蝠、山石、翠竹，行雲流水。底白釉，寶藍色雙方框內署“康熙御製”楷書款。

此瓶是康熙年間畫琺瑯的佳作，所繪古樹枝幹伸展，果實潤澤，畫面清新自然，用筆灑脱，與康熙晚期以後圖案佈局繁密的風格稍有差異。紋飾寓意吉祥，含有“福壽如海”之意。

175

**畫琺瑯山水圖乳足爐**

清康熙

高4.1厘米　口徑6.4厘米　足距5厘米

清宮舊藏

**Painted enamel incense burner with breast-shaped feet decorated with landscape design**

Kangxi period, Qing Dynasty

Height: 4.1cm　Diameter of mouth: 6.4cm

Space between feet: 5cm

Qing Court collection

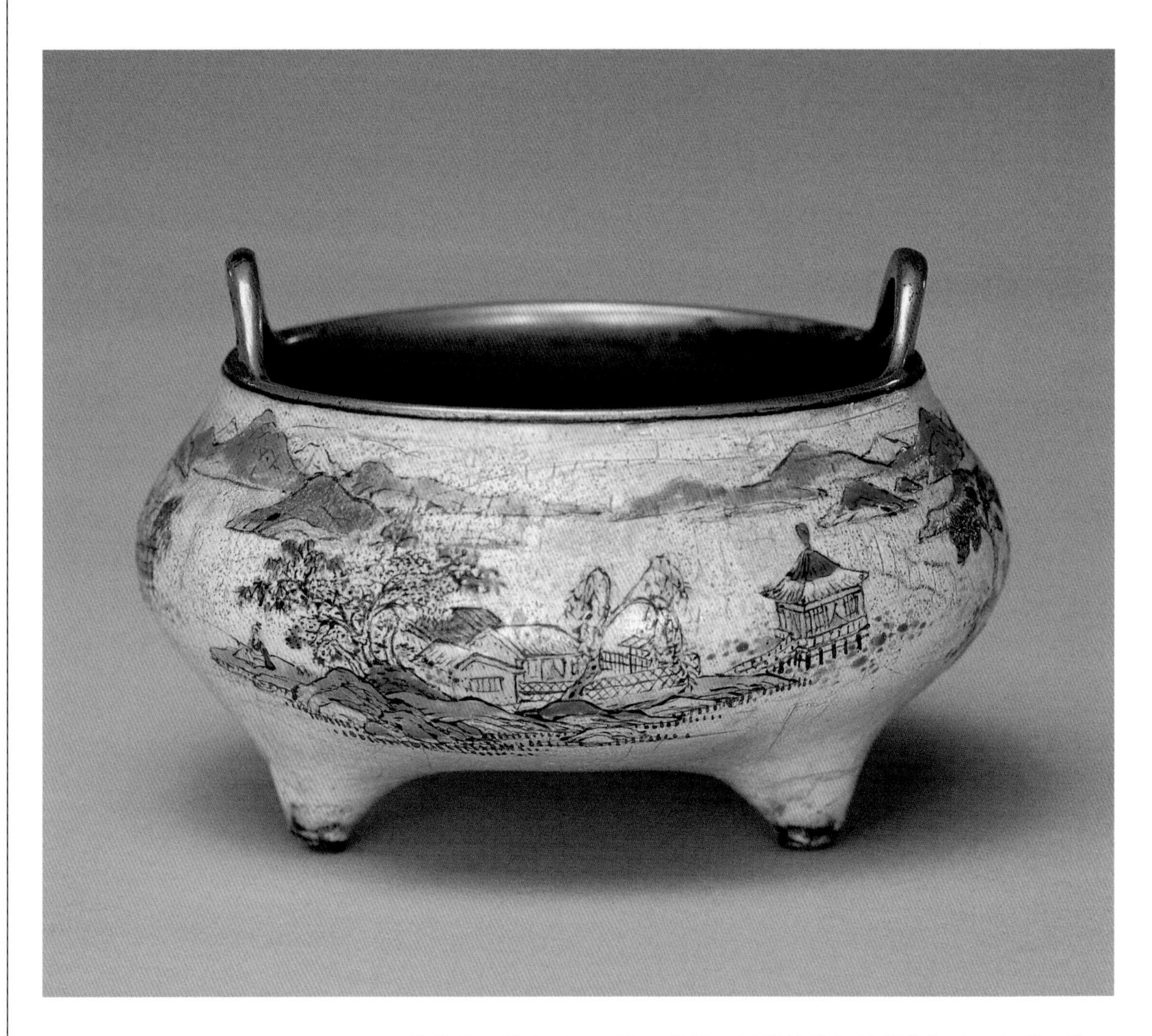

爐鼓腹，雙立耳，下承三乳足。通體施黃色琺瑯釉為地，用藍、綠、赭、白、黑等色釉繪山水圖景，遠處青山起伏，近處水面開闊，柴門茅屋在垂柳雜樹掩映之中，高士閒坐垂釣。底署藍釉“康熙御製”篆書款。

此器仿明代宣德爐之器型，小巧但胎體厚重。所施琺瑯釉料堆積濃厚，釉色無光，渾濁失透，所繪紋飾亦不精，反映出康熙早期畫琺瑯試燒階段技術不成熟的特點。造辦處造。

176

## 畫琺瑯仿古銅釉長方爐

清康熙
高6.6厘米　長8.5厘米　寬6.6厘米
清宮舊藏

**Painted enamel rectangular incense burner in brown glaze after an ancient bronze**

Kangxi period, Qing Dynasty
Height: 6.6cm　Length: 8.5cm　Width: 6.6cm
Qing Court collection

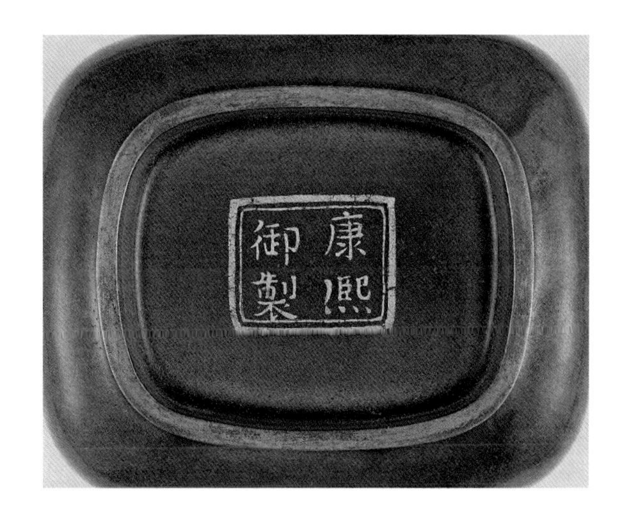


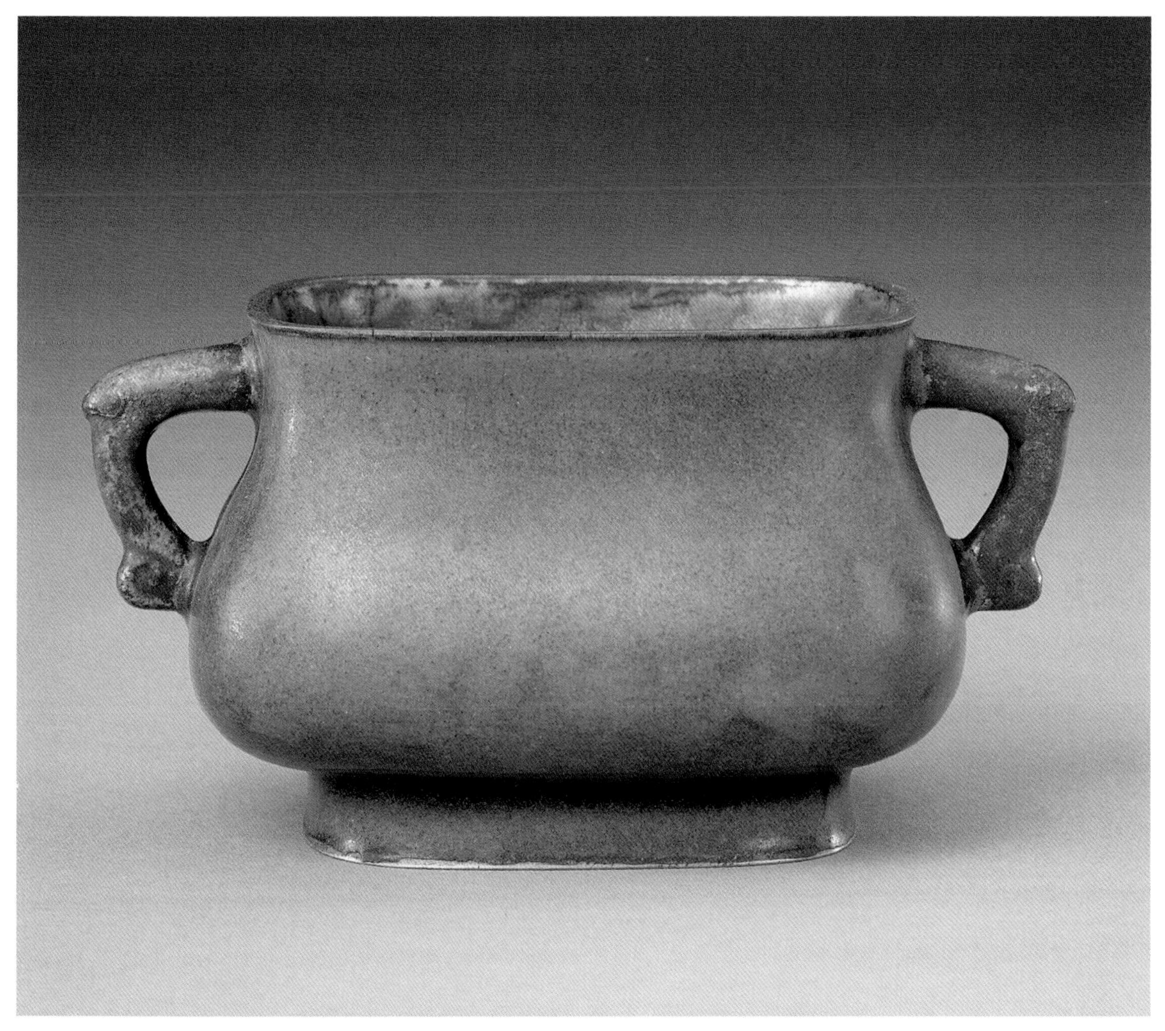

爐長方形，直口，垂腹，雙夔耳，橢圓形圈足。通體施褐黃色琺瑯釉，光素無紋。底描金署“康熙御製”楷書款。

此爐造型、釉色均仿古銅器之效果，爐的表面形成片狀或淚痕狀斑痕，有的泛出銅綠色，有的泛出黃色，顯出古老的風韻，這種仿古銅器的畫琺瑯器在故宮藏品中唯此一件。

177

**畫琺瑯纏枝牡丹紋碗**
清康熙
高8厘米　口徑15厘米
足徑6.2厘米

**Painted enamel bowl with interlocking peony design**
Kangxi period, Qing Dynasty
Height: 8cm
Diameter of mouth: 15cm
Diameter of foot: 6.2cm

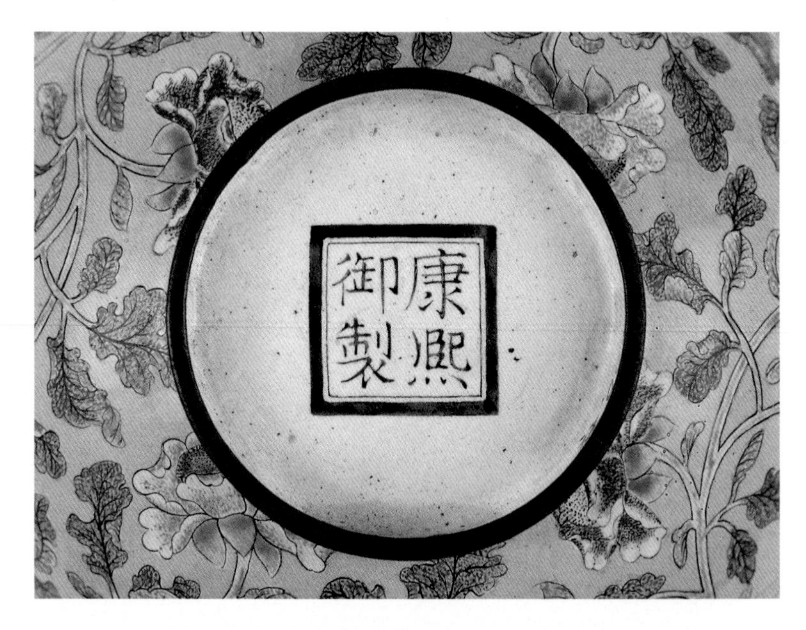


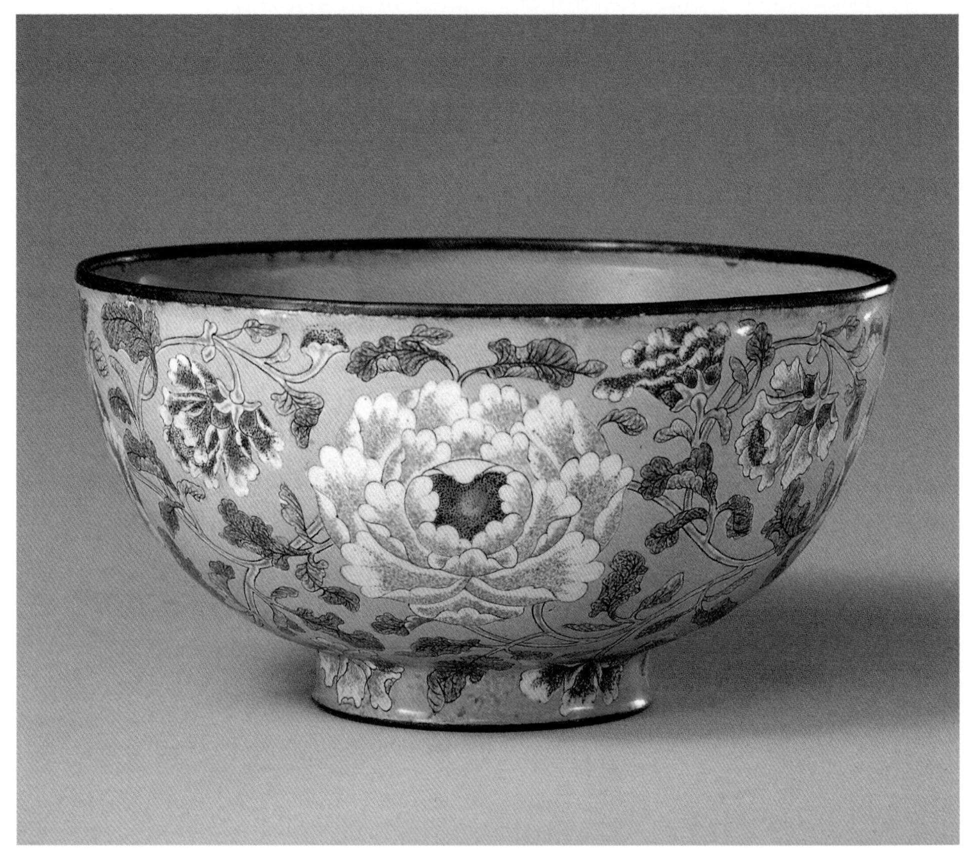

碗直口，圈足。外壁施淺灰色琺瑯釉為地，飾纏枝牡丹紋，有紅、綠、藕荷、棕色四朵富麗的牡丹花，其間點綴數朵各色小花。內壁施藍色釉。底白釉，寶藍色雙方框內署“康熙御製”楷書款。

此碗花朵碩大而飽滿，花葉舒捲自如，形成暈染效果，展示了宮廷工匠嫻熟的繪畫技藝。

178

**畫琺瑯蓮花式碗**
清康熙
通高10厘米　口徑11厘米　足徑9.1厘米
清宮舊藏

**Painted enamel bowl in the shape of lotus-petal**
Kangxi period, Qing Dynasty
Overall height: 10cm　Diameter of mouth: 11cm
Diameter of foot: 9.1cm
Qing Court collection

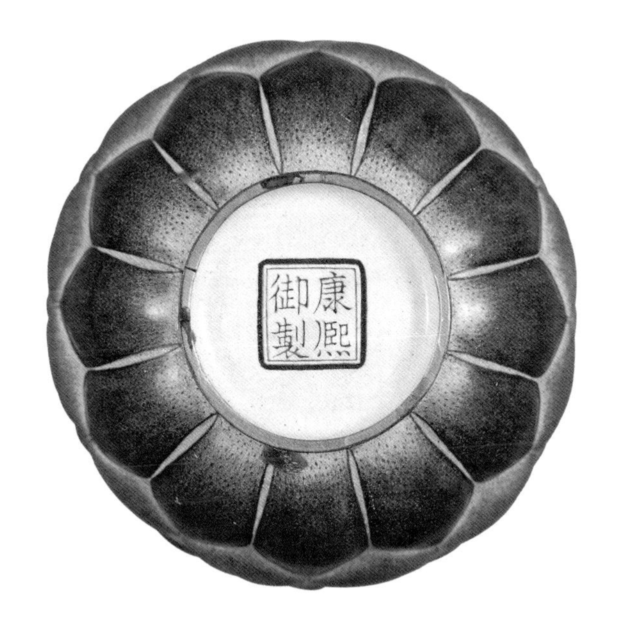


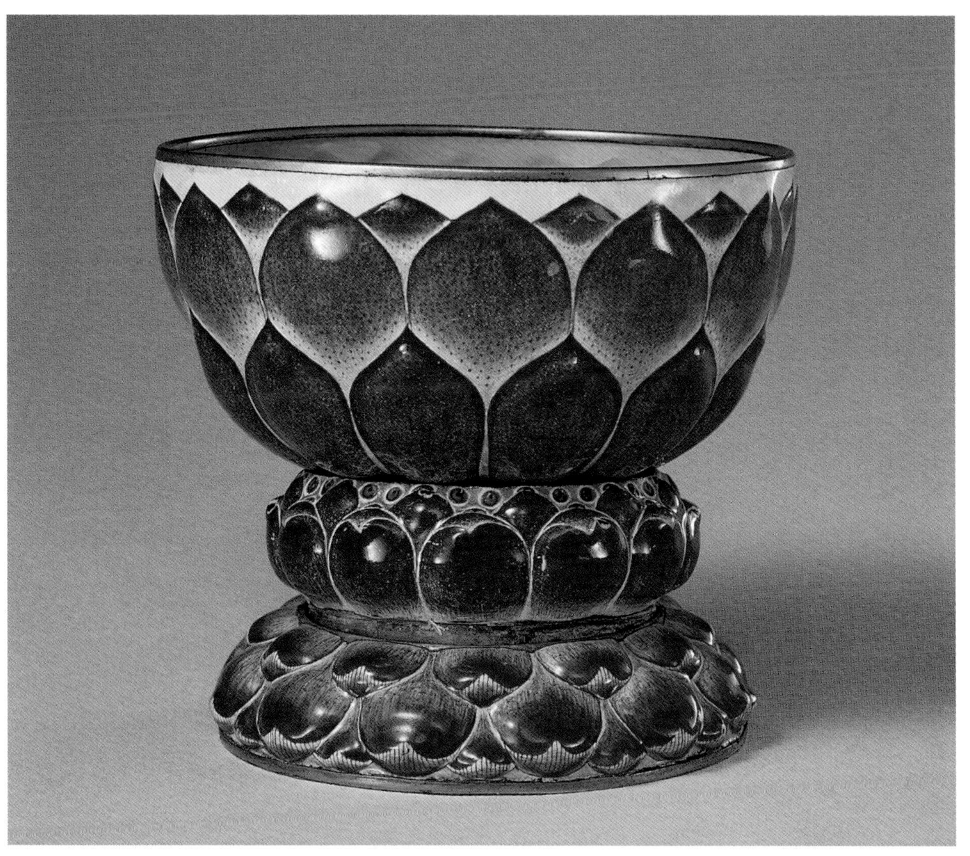

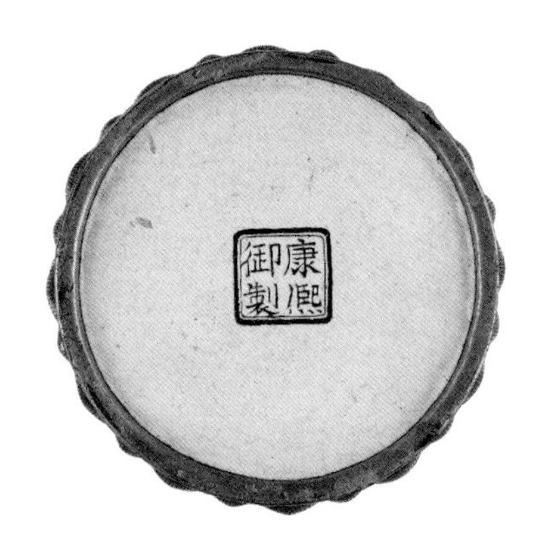


碗直口，圈足，有座。在碗、座的銅胎上錘鍱出凸起的蓮瓣紋，外壁施以粉紅色琺瑯釉。碗腹部蓮瓣紋共三周，花瓣朝上；座上蓮瓣紋俯仰相對。碗、座底白釉，藍、紅色雙方框內署“康熙御製”楷書款。

此碗造型源於佛教中常用的蓮花，全器上下和諧一致，釉色豔麗奪目，宛如盛開的蓮花。

179

## 畫琺瑯荷花式蓋碗

清康熙

通高9.7厘米　口徑10.6厘米　足徑4.8厘米

清宮舊藏

**Painted enamel covered bowl in the shape of lotus-petal**

Kangxi period, Qing Dynasty

Overall height: 9.7cm　Diameter of mouth: 10.6cm

Diameter of foot: 4.8cm

Qing Court collection

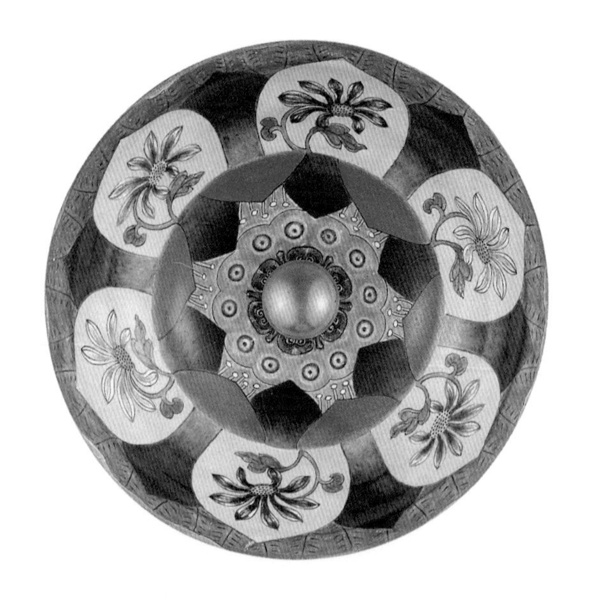

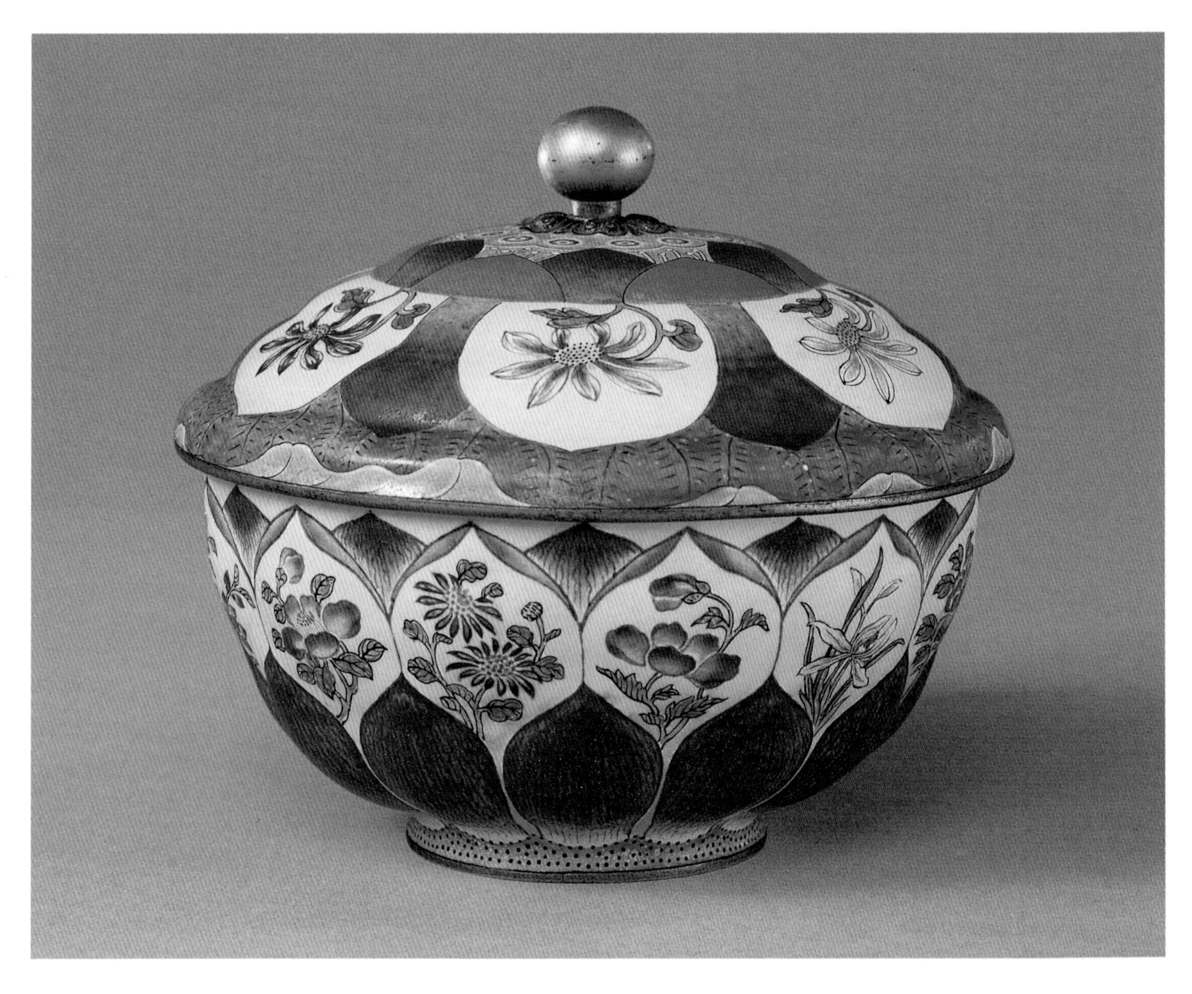

蓋碗荷花式，圈足，銅鍍金蓋鈕。外壁飾三層凸起蓮瓣紋，中層每個花瓣均作開光，內施黃色琺瑯釉地，用紅、白、淺綠、藍等色繪飾牡丹，山茶、罌粟、佛手、荷花、梅花、蘭草、菊花等花卉；蓋飾荷葉，黃色蓮瓣式開光內繪菊花。底白釉，紅色雙方框內署“康熙御製”楷書款。

蓋碗器型規矩，琺瑯釉料色彩豔麗，表面平滑光潔，是康熙晚期技藝成熟的畫琺瑯器之一。

180

## 畫琺瑯折枝花卉紋蓋碗

清康熙

高11.4厘米　口徑11.9厘米　足徑5厘米

清宮舊藏

**Painted enamel covered bowl decorated with plucked floral design**

Kangxi period, Qing Dynasty

Height: 11.4cm　Diameter of mouth: 11.9cm

Diameter of foot: 5cm

Qing Court collection

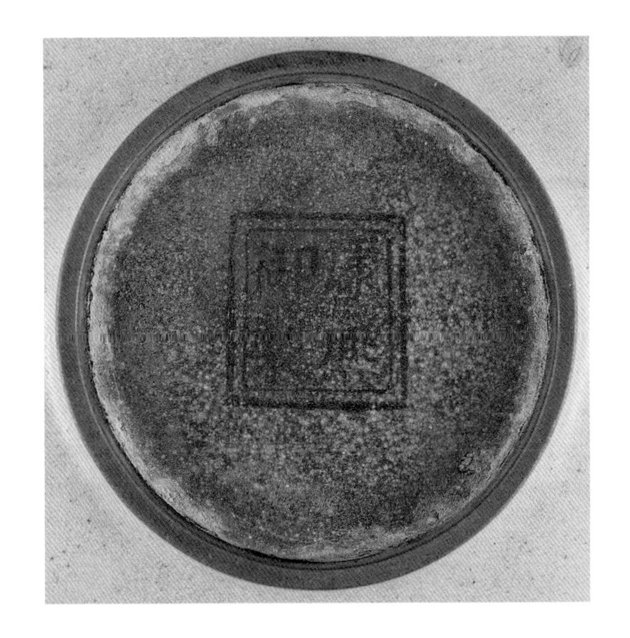


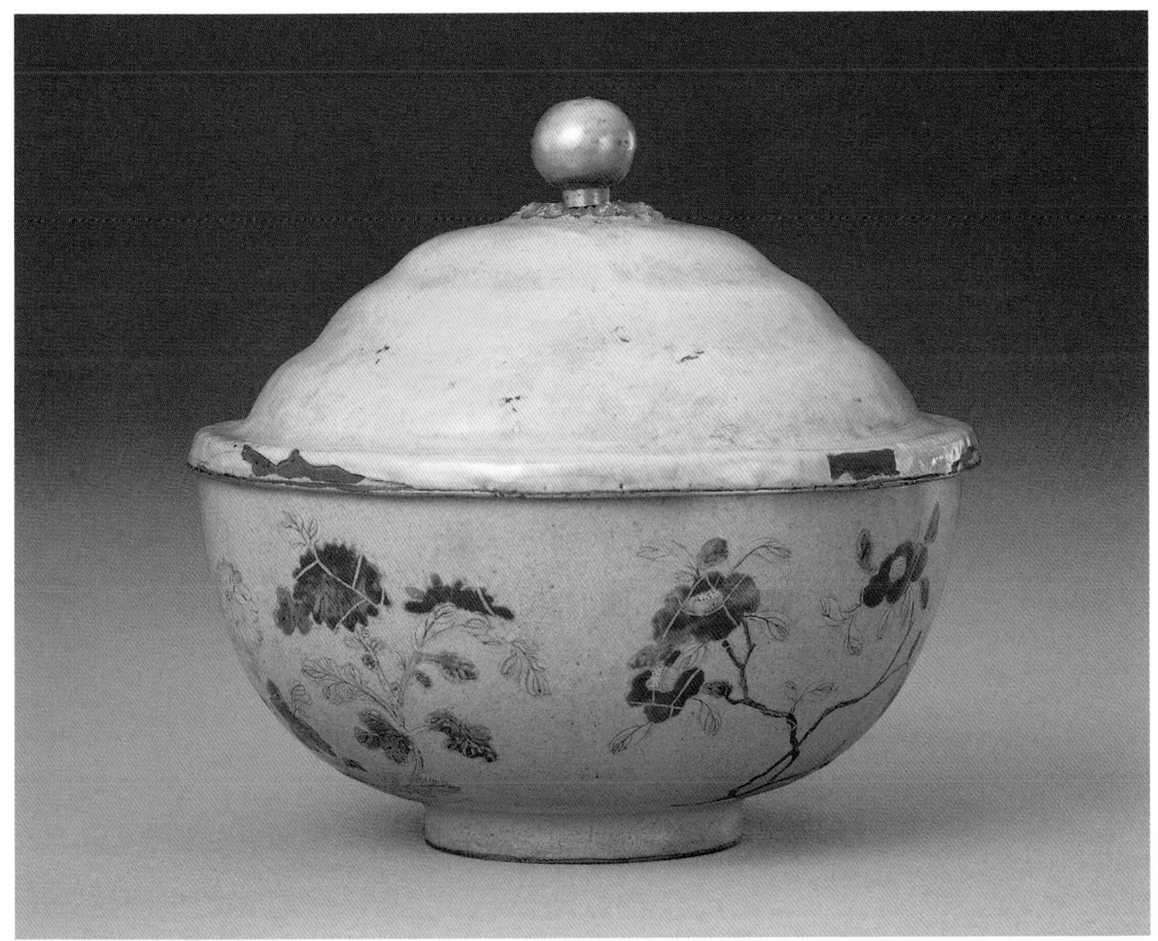

碗直口，圈足，蓋有鍍金圓鈕。通體施黃色琺瑯釉為地，腹部飾四季折枝花卉，有牡丹、菊花、荷花、茶花。底已被腐蝕，署暗紅色“康熙御製”楷書款。

此碗琺瑯釉色彩不純正，留有畫琺瑯初製時期的痕跡，為研究早期畫琺瑯的製作工藝提供了有價值的實物。

# 181

## 畫琺瑯番蓮雙蝶紋花口盤

清康熙
高3.5厘米　口徑15.4厘米　足徑9.4厘米
清宮舊藏

**Painted enamel petal-shaped plate decorated with design of passionflowers and double butterflies**

Kangxi period, Qing Dynasty
Height: 3.5cm　Diameter of mouth: 15.4cm
Diameter of foot: 9.4cm
Qing Court collection

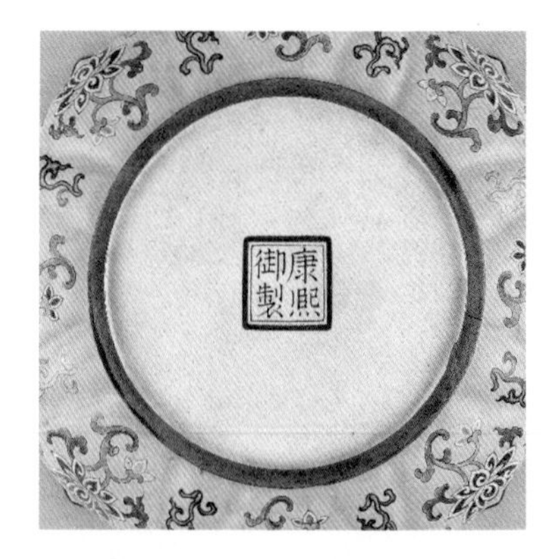


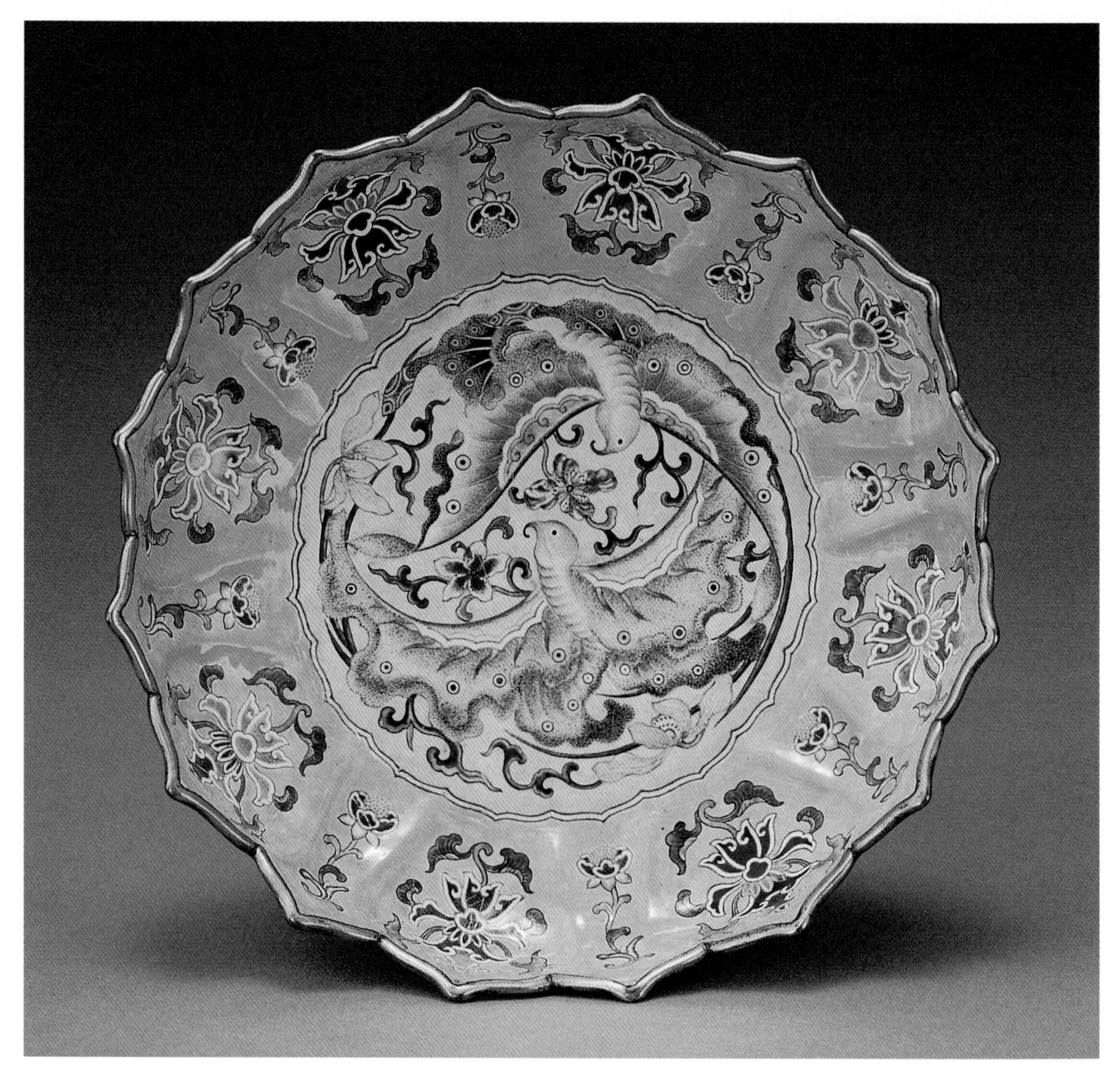

盤為菱花式，有十六瓣，平底。盤內心施黃色琺瑯釉地，飾翩翩起舞的雙蝶，組成“喜相逢”的吉祥圖案；內壁施天藍色、外壁施黃色琺瑯釉，飾折枝番蓮紋。底白釉，藍色雙方框內署“康熙御製”楷書款。

此盤紋飾描繪工緻，用白色勾出花的輪廓，黑色描繪葉筋，增加裝飾性。琺瑯釉色豐富，有十種顏色之多，是康熙時期的傳世佳作。

182

**畫琺瑯團花牡丹紋花口盤**

清康熙

高2.3厘米　口徑16.8厘米　足徑8.3厘米

清宮舊藏

**Painted enamel petal-shaped plate with design of peony and floral medallion**

Kangxi period, Qing Dynasty

Height: 2.3cm　Diameter of mouth: 16.8cm

Diameter of foot: 8.3cm

Qing Court collection

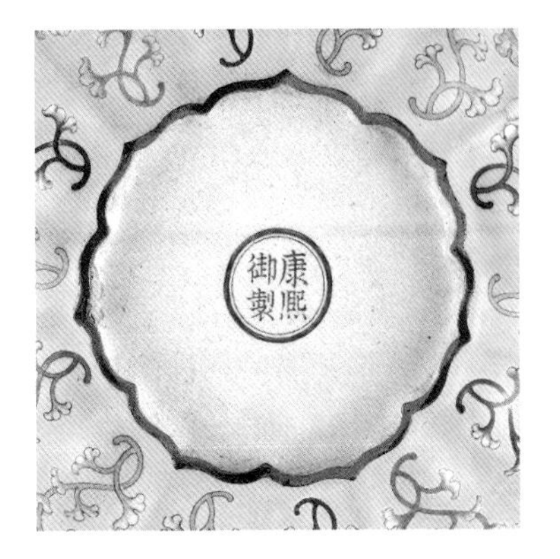


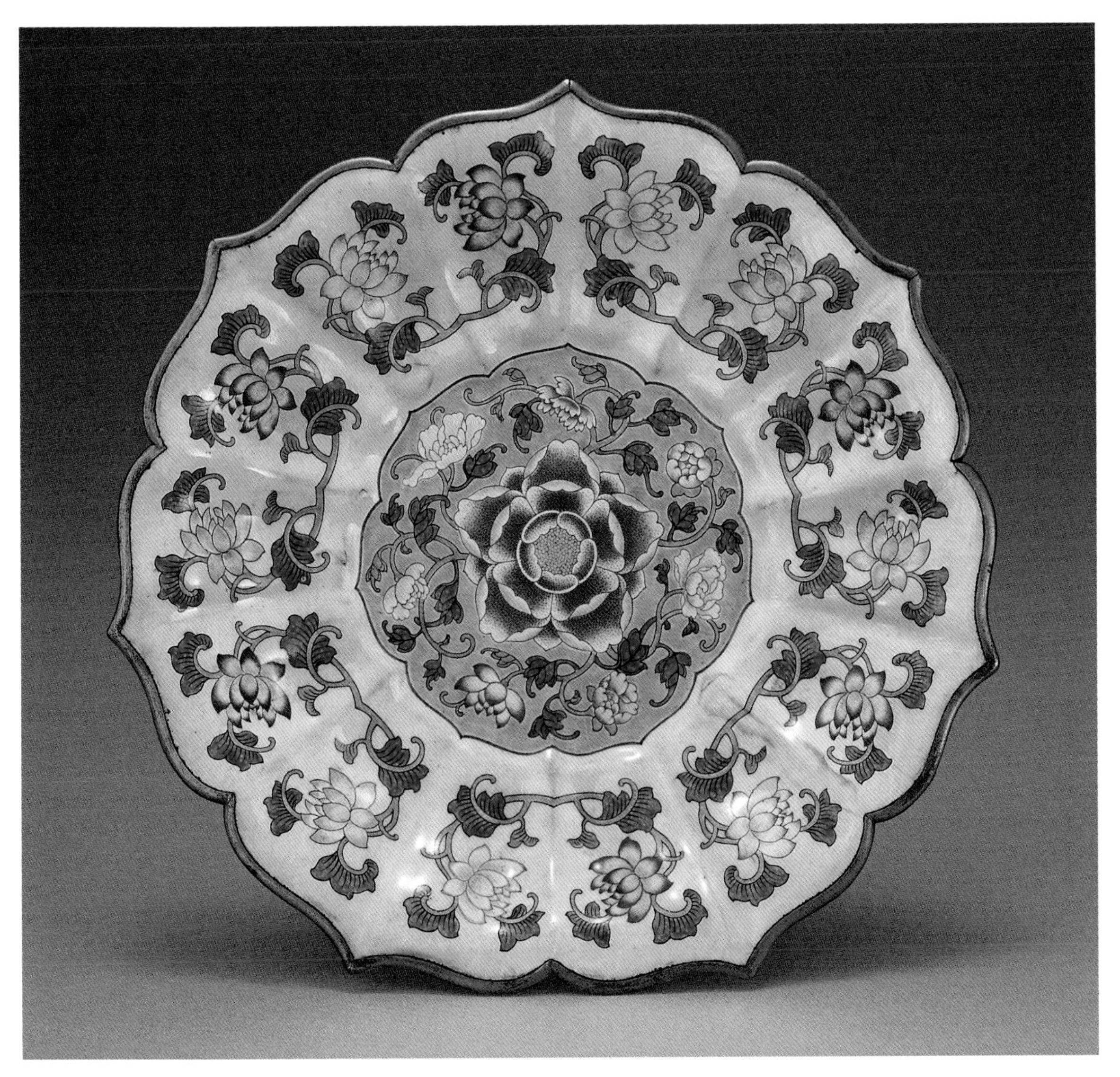

盤為菱花式，共七瓣，隨形圈足。盤心施天藍色琺瑯釉為地，描繪一朵嬌豔的紅色牡丹花，環以七朵彩色小花，顯得春意盎然；內外壁均為黃色釉地，內壁飾並蒂蓮，外壁飾忍冬紋。底白釉，藍色雙圈內署“康熙御製”楷書款。

此盤所施琺瑯釉厚，盤表面有一層玻璃質光澤，所繪紋飾由紅、黃、白、綠、黑等十二色組成，釉色豐富，色彩鮮豔，描繪精細，堪稱康熙畫琺瑯之代表作。

## 183

**畫琺瑯勾蓮紋瓜棱盒**

清康熙

高3.57厘米　口徑11/8.6厘米

**Painted enamel melon-shaped box with delineated lotus design**

Kangxi period, Qing Dynasty

Height: 3.57cm

Diameter of mouth: 11 / 8.6cm

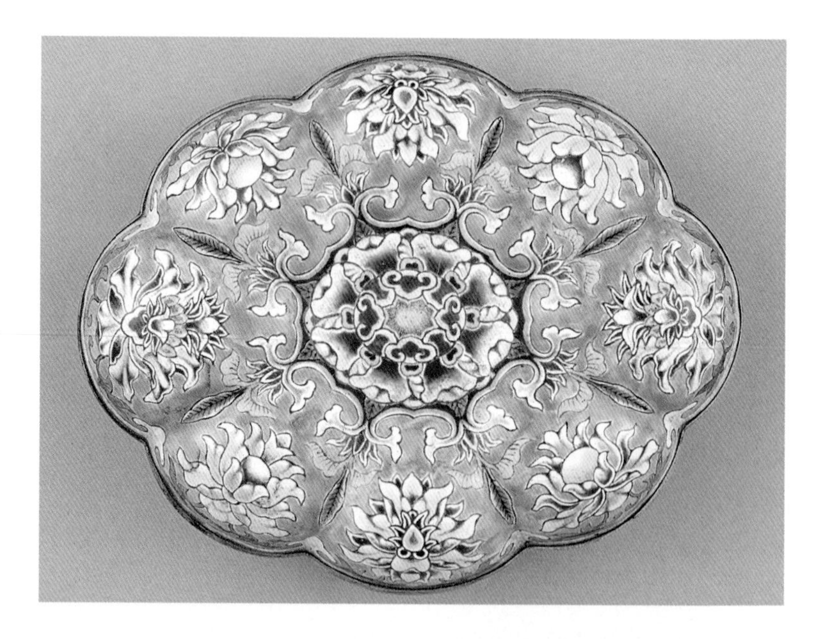

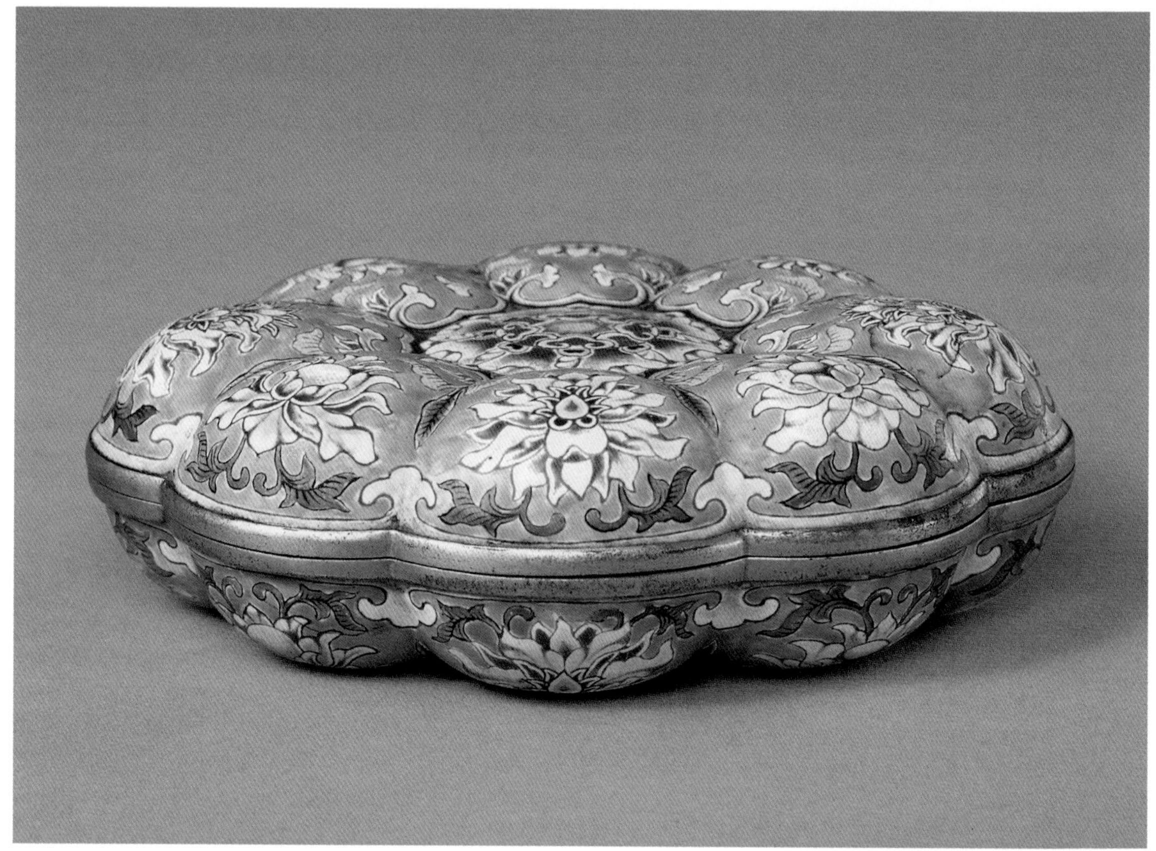

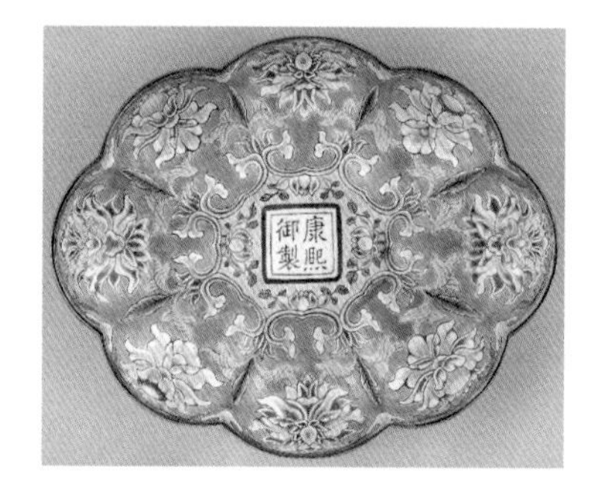


盒蓋與盒體分別錘作八瓣瓜棱式，口沿鍍金。外壁施灰白色琺瑯釉為地，用黃、紅、草綠、淺藍等色繪八朵盛開的蓮花；盒內施淺藍色琺瑯釉；蓋中心飾如意紋。底黃釉，上繪蓮花紋，藍色雙方框內署“康熙御製”楷書款。

此盒胎體成型規整，釉料質地溫潤，圖案繪飾採用暈染技法，但琺瑯釉料顏色尚不夠純正，且顏色也不甚豐富，是康熙年間畫琺瑯工藝逐漸走向成熟期的作品。

184

**畫琺瑯纏枝蓮紋葵瓣式盒**

清康熙

高3.17厘米　口徑6厘米　底徑6.5厘米

**Painted enamel sunflower-petal-shaped box with design of interlocking sprays of lotus**

Kangxi period, Qing Dynasty

Height: 3.17cm　Diameter of mouth: 6cm

Diameter of bottom: 6.5cm

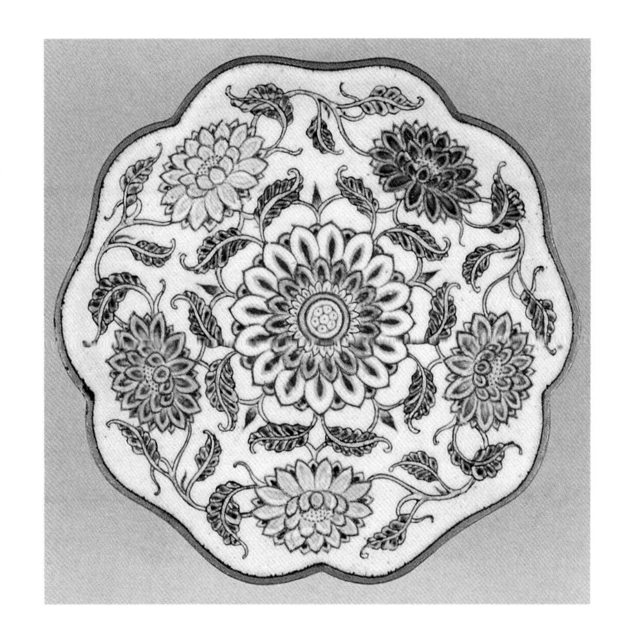

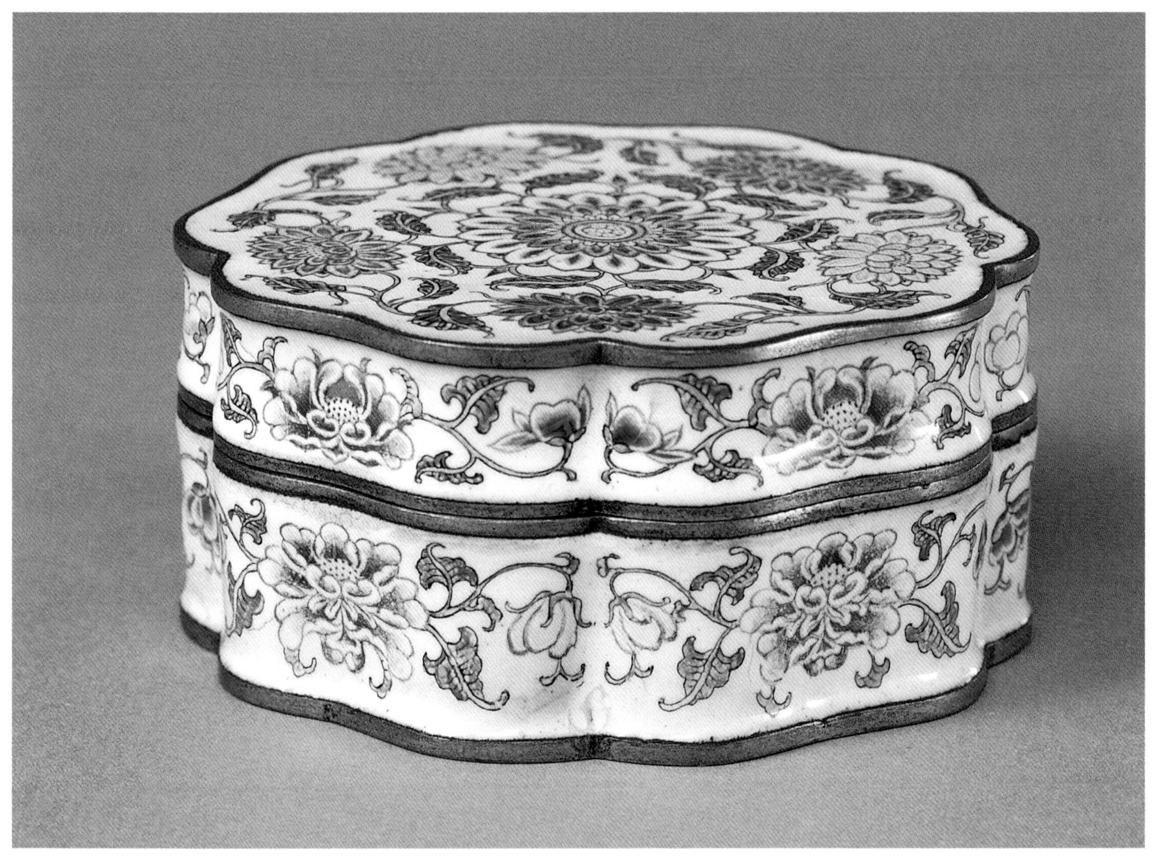

盒作葵花瓣形，直壁，平頂。通體施白色琺瑯釉為地，蓋面中心飾盛開的紅色蓮花，綠色花蕊，環周飾黃、赭、紫、綠、淺藍等五色纏枝蓮及綠葉；蓋壁與盒壁均繪紅色折枝牡丹。底白釉，藍色雙圈內署“康熙御製”楷書款。

此盒胎壁較厚重。以白色琺瑯釉為地繪飾花紋，圖案更見鮮明，這種處理色彩的方法是康熙時期畫琺瑯工藝的一個特點。

185

**畫琺瑯牡丹紋海棠式花籃**
清康熙
通高13.5厘米　口徑16.5/17厘米
清宮舊藏

**Painted enamel begonia-shaped flower-basket with peony design**
Kangxi period, Qing Dynasty
Overall height: 13.5cm　Diameter of mouth: 16.5 / 17cm
Qing Court collection

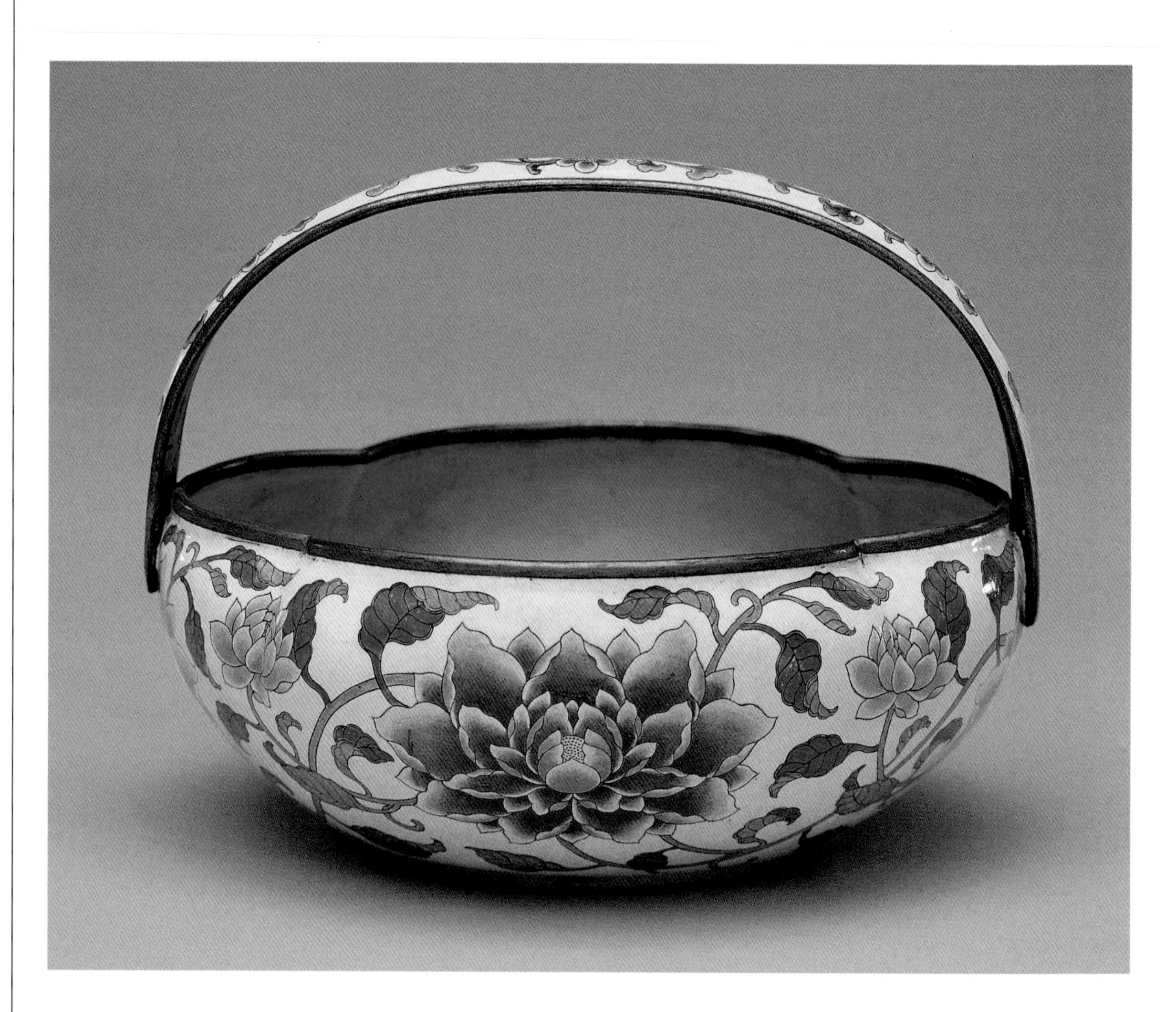

花籃海棠花式，上有提梁，矮圈足。外施黃色琺瑯釉地，籃身繪盛開的粉紅色大朵牡丹，間飾藍、藕荷色微綻小花四朵。籃內施天藍色釉，提梁繪折枝花卉。底白釉，署紫紅色“康熙御製”楷書款。

此器銅胎輕薄，釉色溫潤，色彩明快，通施黃色釉為地，是康熙末年畫琺瑯器繁榮時期的風格。當時由於宮廷琺瑯作有廣州和歐洲畫琺瑯匠師參與指導，共同為清宮燒製出了一批工藝水平很高的御用畫琺瑯器，此即為代表作之一。

186

## 畫琺瑯花蝶紋小壺

清雍正

通高8.2厘米　口徑5.2厘米　足徑5.7厘米

清宮舊藏

**Small painted enamel teapot with flower and butterfly design**

Yongzheng period, Qing Dynasty

Overall height: 8.2cm　Diameter of mouth: 5.2cm

Diameter of foot: 5.7cm

Qing Court collection

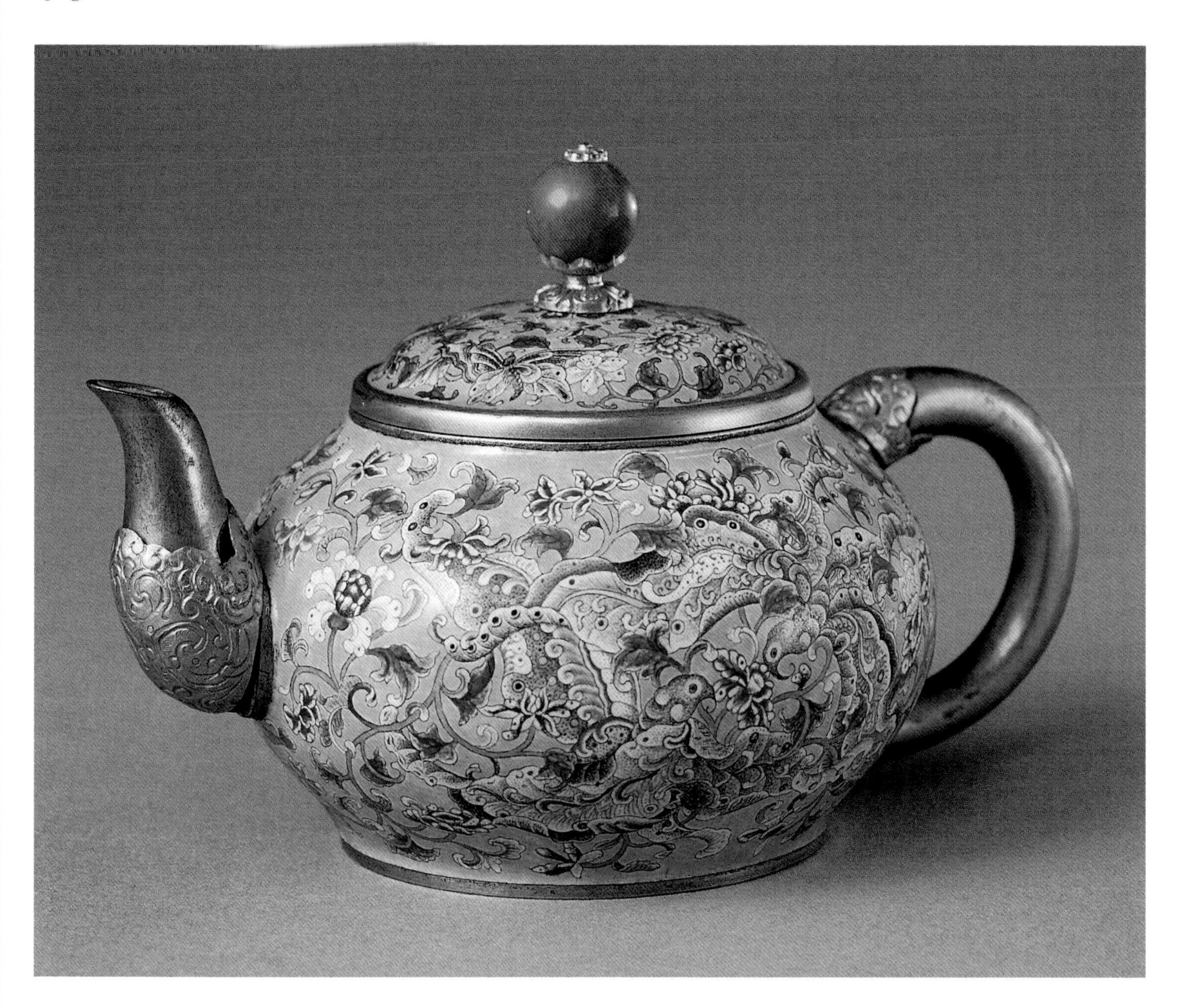

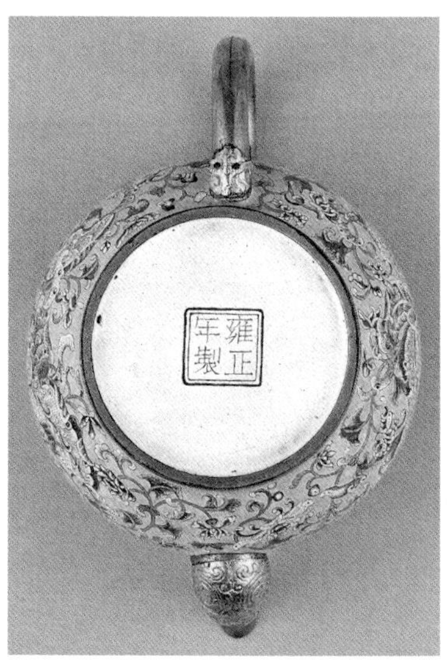


壺扁圓腹，夔紋曲流，環柄。蓋頂鏨花鑲紅珊瑚寶珠鈕。通體施淺綠色琺瑯釉地，上彩繪花蝶紋；壺內天藍釉。底白釉，藍色雙方框內署“雍正年製”仿宋體款。

此壺小巧玲瓏，造型雅致，製作精美，色彩斑斕，是同時期畫琺瑯器中的精品。

187

## 畫琺瑯花卉紋壽字滷壺

清雍正
通高13厘米　口徑3.1厘米　足徑4.1厘米
清宮舊藏

**Painted enamel pot for holding bittern with design of flower and round characters "Shou" (longevity)**

Yongzheng period, Qing Dynasty
Overall height: 13cm　Diameter of mouth: 3.1cm
Diameter of foot: 4.1cm
Qing Court collection

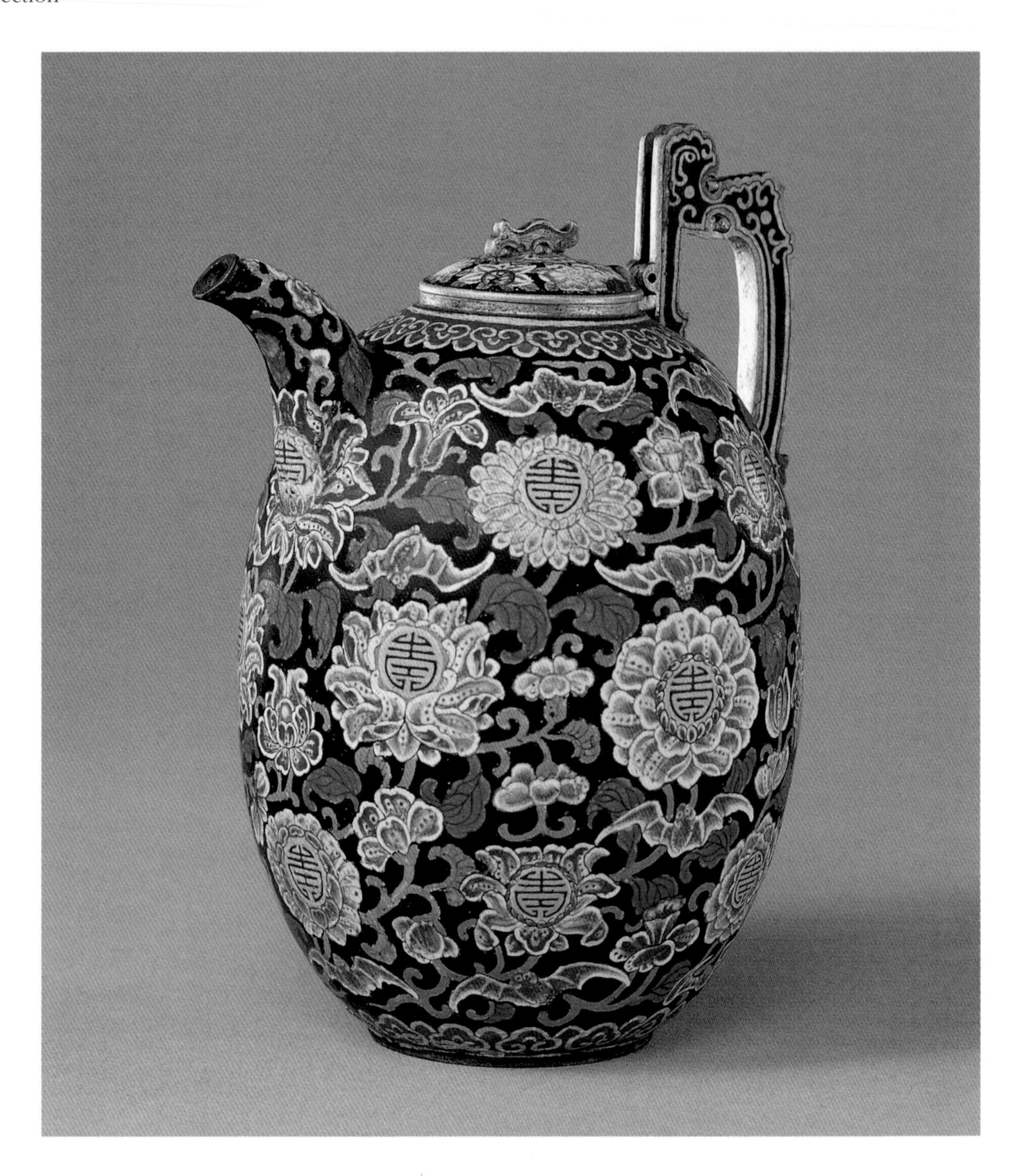

滷壺卵形，短流，螭形高柄，蓋鈕與柄相連。通體施黑色琺瑯釉地，上飾十八朵各色勾蓮花，每朵花的花芯托一個團“壽”字，花卉間飾十隻飛舞的紅蝙蝠。底白釉，署藍色“雍正年製”楷書款。

滷壺因用作盛滷汁而得名。此器形製獨特，紋飾吉祥，組成“福壽”圖案，色彩對比強烈，喜用黑色釉是雍正時期畫琺瑯的一大特徵。

188

## 畫琺瑯開光花果圖壽字盞

清雍正
通高8.5厘米　盞口徑5.1厘米
足徑2.5厘米
托口徑16厘米　足徑12厘米
清宮舊藏

**Painted enamel cup and saucer with fruit and floral design within reserved penals and decorated with characters "Shou" (longevity)**
Yongzheng period, Qing Dynasty
Overall height: 8.5cm
Mouth diameter of cup: 5.1cm
Foot diameter of cup: 2.5cm
Mouth diameter of saucer: 16cm
Foot diameter of saucer: 12cm
Qing Court collection

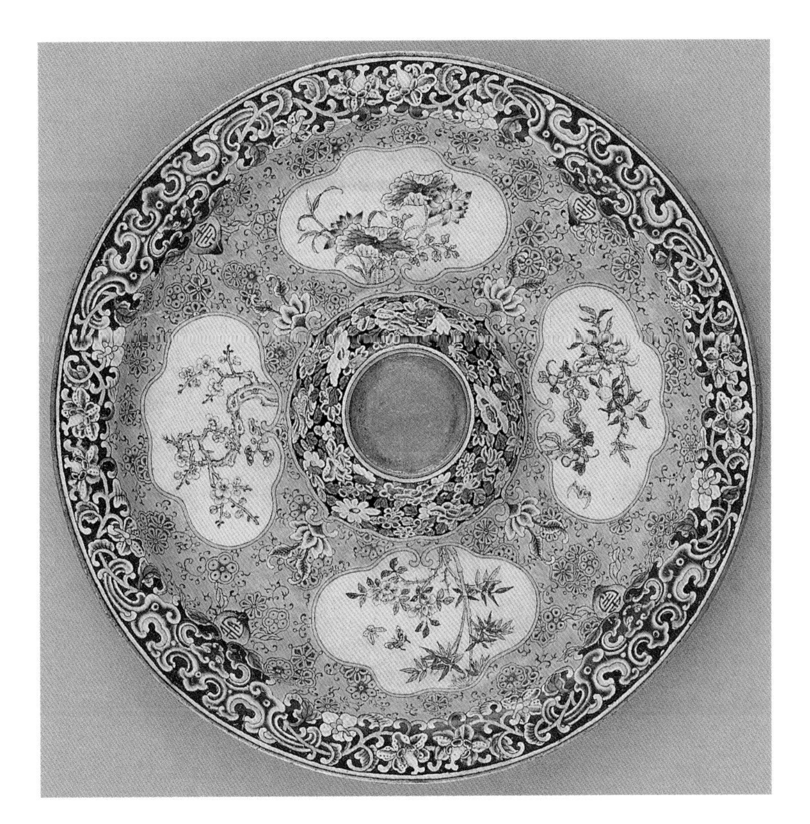

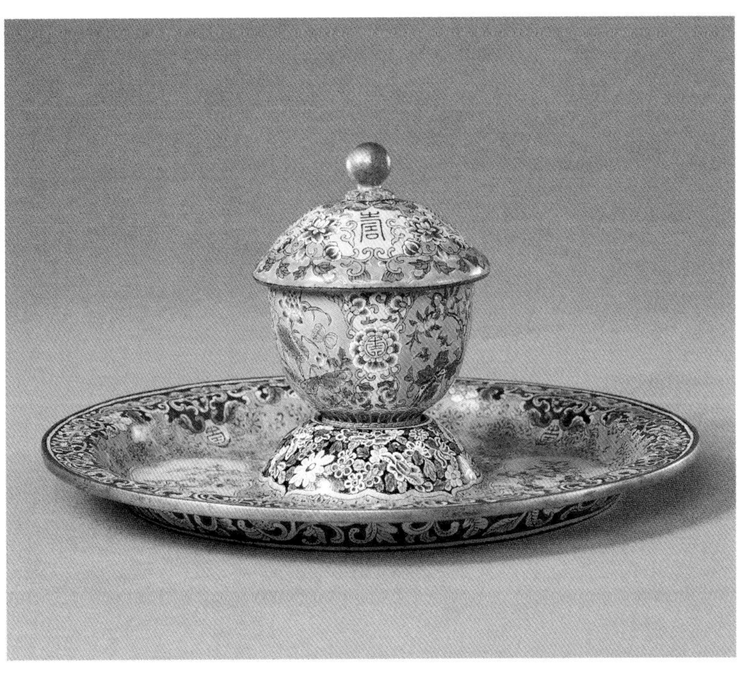

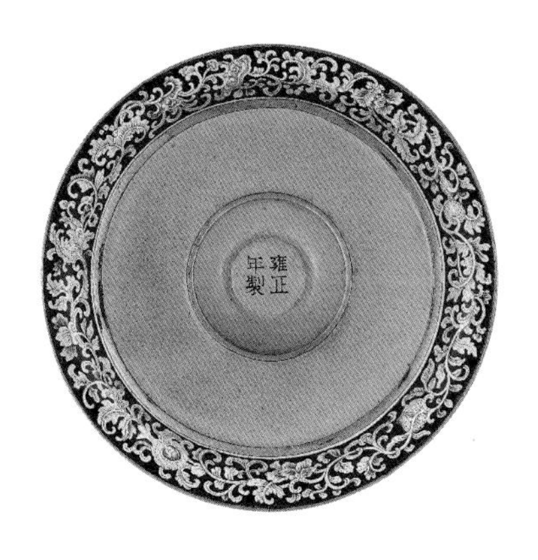


盞直口，寶珠鈕蓋，圈足，下有盞托。盞施天藍、黃色琺瑯釉地，蓋飾勾蓮紋及“壽”字；盞外壁飾纏枝牡丹紋及“壽”字；盞托繪纏枝花及紅蝙蝠啣“壽”字桃。盞及盞托各四開光，內繪梅花、月季和竹、荷花、桃蝠。盞托外壁繪纏枝桃、葫蘆、佛手、靈芝。盞底及盞托底均施天藍釉，寶藍色雙圈內署“雍正年製”仿宋體款。

此盞圖案描繪工緻，地色分別使用了淺藍、黃以及當時非常流行的黑色等三種琺瑯釉色，色彩鮮明，對比強烈，是雍正時期畫琺瑯工藝的精美之作。

189

**畫琺瑯事事如意燭台**

清雍正

高11.8厘米　中盤徑11厘米　底徑9.4厘米

清宮舊藏

**Painted enamel candlestick with characters "Shi Shi Ru Yi", "Shi Fang Ping An"**

Yongzheng period, Qing Dynasty

Height: 11.8cm　Diameter of middle tray: 11cm

Diameter of bottom: 9.4cm

Qing Court collection

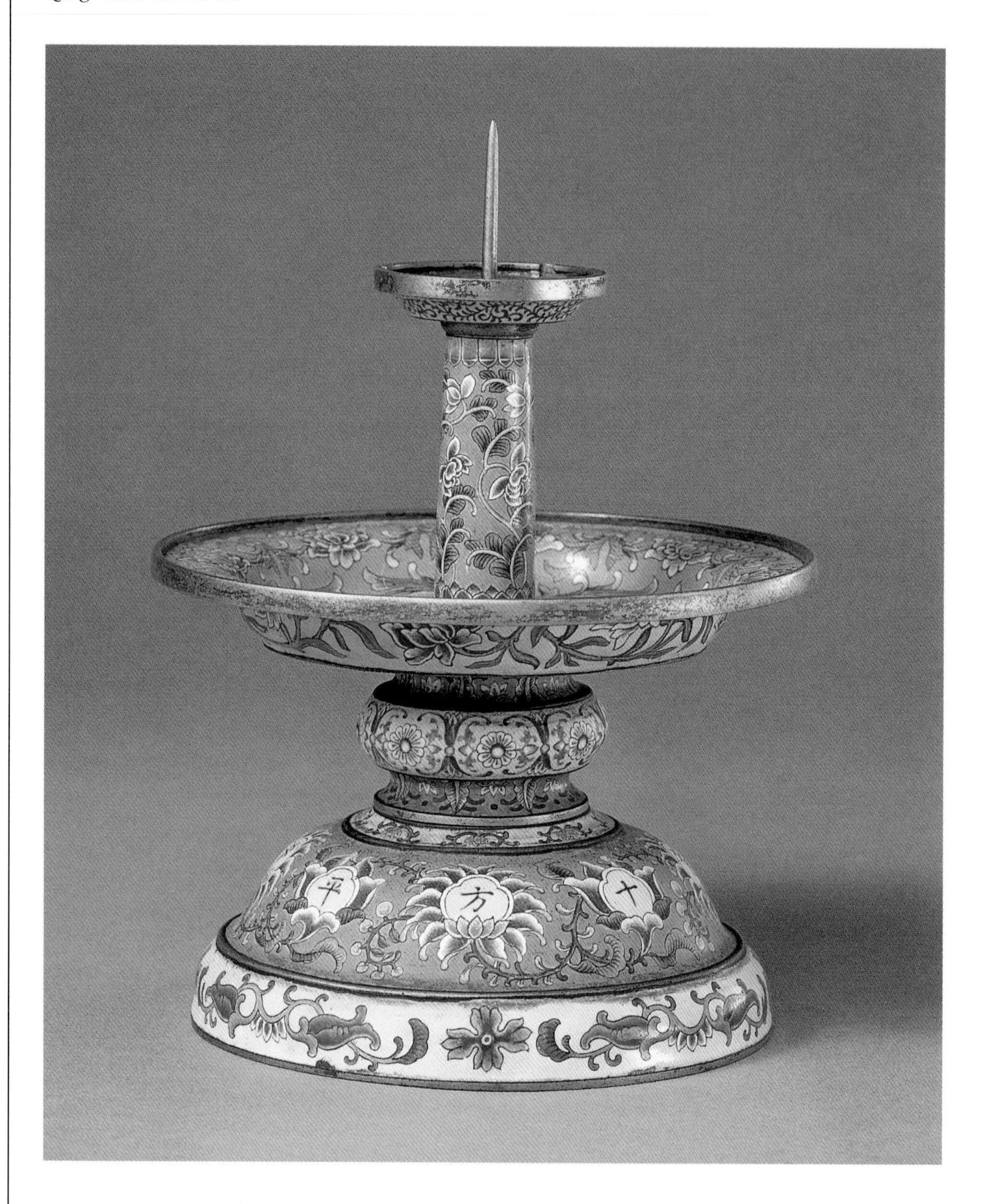


燭台由底座，中托盤和燭扦三部分組成。通體施淺藍色琺瑯釉為地，底座飾彩色纏枝蓮花八朵，每朵花芯均為一黃地開光，內分別書“事事如意，十方平安”八字。中托盤飾纏枝蓮和蔓草紋。底淺藍釉，署黑色“雍正年製”仿宋體款。

燭台造型莊重，紋飾鮮明，是當時宮內置於案几上的照明用具。

190

**畫琺瑯花蝶紋玻璃天球冠架**
清雍正
高38.3厘米　球徑14.8厘米　底徑5.4厘米
清宮舊藏

**Painted enamel globular hat-stand with butterfly and floral design**
Yongzheng period, Qing Dynasty
Height: 38.3cm　Diameter of globe: 14.8cm
Diameter of bottom: 5.4cm
Qing Court collection

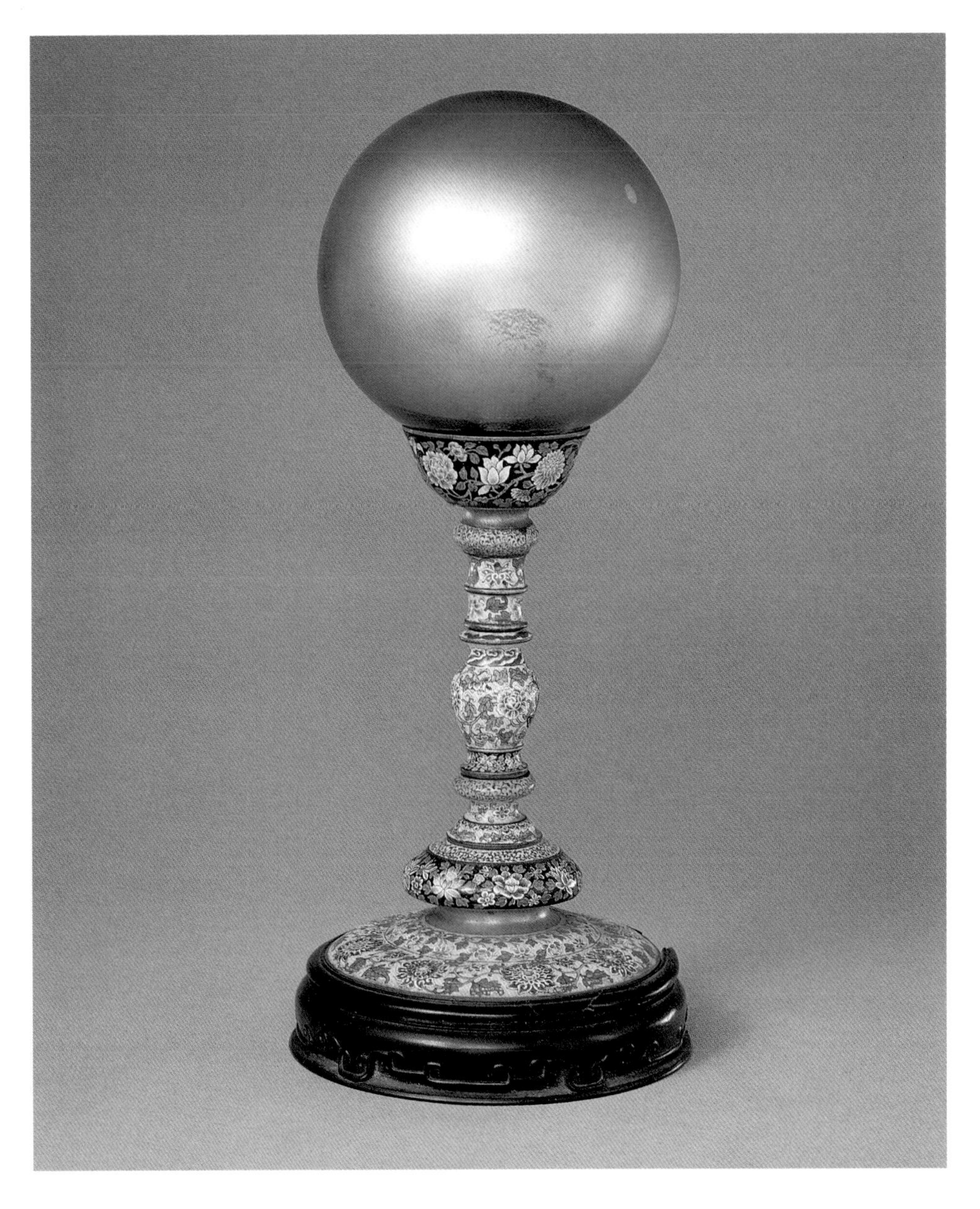

冠架由冠傘、梃手、底座三部分組成，冠傘為水銀玻璃天球形，下承畫琺瑯淺碗式托，梃手為瓶式柱，底座覆盤式，下置紫檀木圓座。分層以黃色和黑色琺瑯釉為地，球托飾纏枝花卉紋；梃手繪彩色勾蓮、牡丹、堆花紋；底座飾彩色纏枝蓮紋。梃柱中間藍色方框內署“雍正年製”仿宋體款。

冠架是用以放置冠帽的器具，是宮廷內一種實用器，有玉、漆、木、瓷等多種質地。清雍正年間創製了天球式冠架這一畫琺瑯器造型。

191

**畫琺瑯開光花鳥圖唾盂**

清雍正

高8.1厘米　口徑9.2厘米　足徑5.4厘米

清宮舊藏

**Painted enamel spittoon with design of flowers and birds within reserved panels**

Yongzheng period, Qing Dynasty

Height: 8.1cm　Diameter of mouth: 9.2cm

Diameter of foot: 5.4cm

Qing Court collection

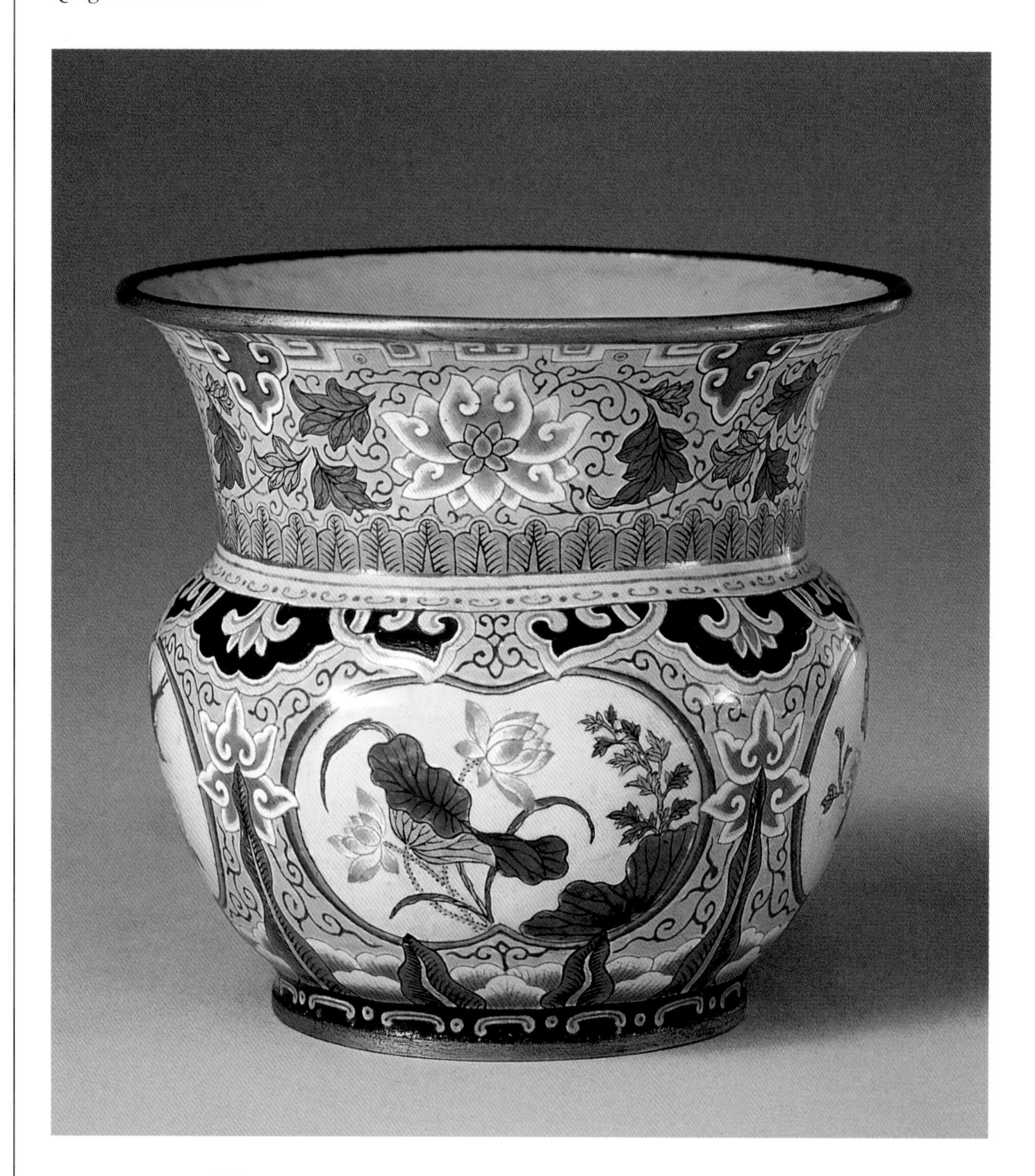

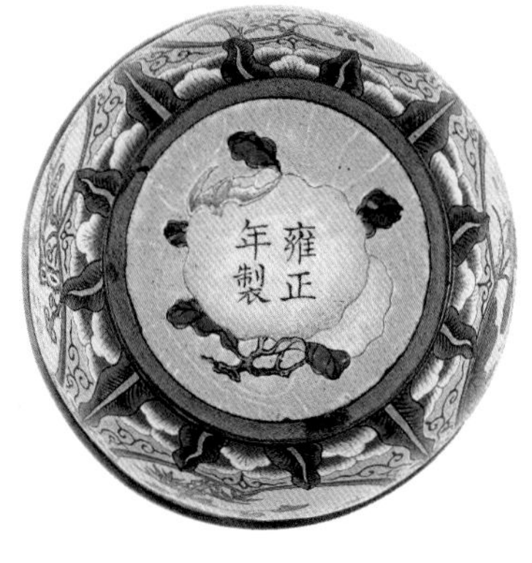


唾盂侈口，短頸，闊腹，圈足。口沿、足邊鍍金。通體施天藍色琺瑯釉為地，上飾蕉葉和纏枝蓮紋，腹部有四個黃地橘形開光，內繪竹鳥、荷花、花蝶、梅花四季花鳥圖。底繪綠葉折枝福橘、紅蝙蝠。橘中心署藍色“雍正年製”楷書款。

唾盂圖案設計清新，色彩明麗，做工精細，體現出雍正時期畫琺瑯工藝的製作水平。

192

## 畫琺瑯纏枝蓮紋六孔瓶

清雍正
高11.6厘米　口徑4.9厘米　足徑6厘米
清宮舊藏

**Painted enamel vase with six-spouts decorated with design of interlocking sprays of lotus**

Yongzheng period, Qing Dynasty
Height: 11.6cm　Diameter of mouth: 4.9cm
Diameter of foot: 6cm
Qing Court collection

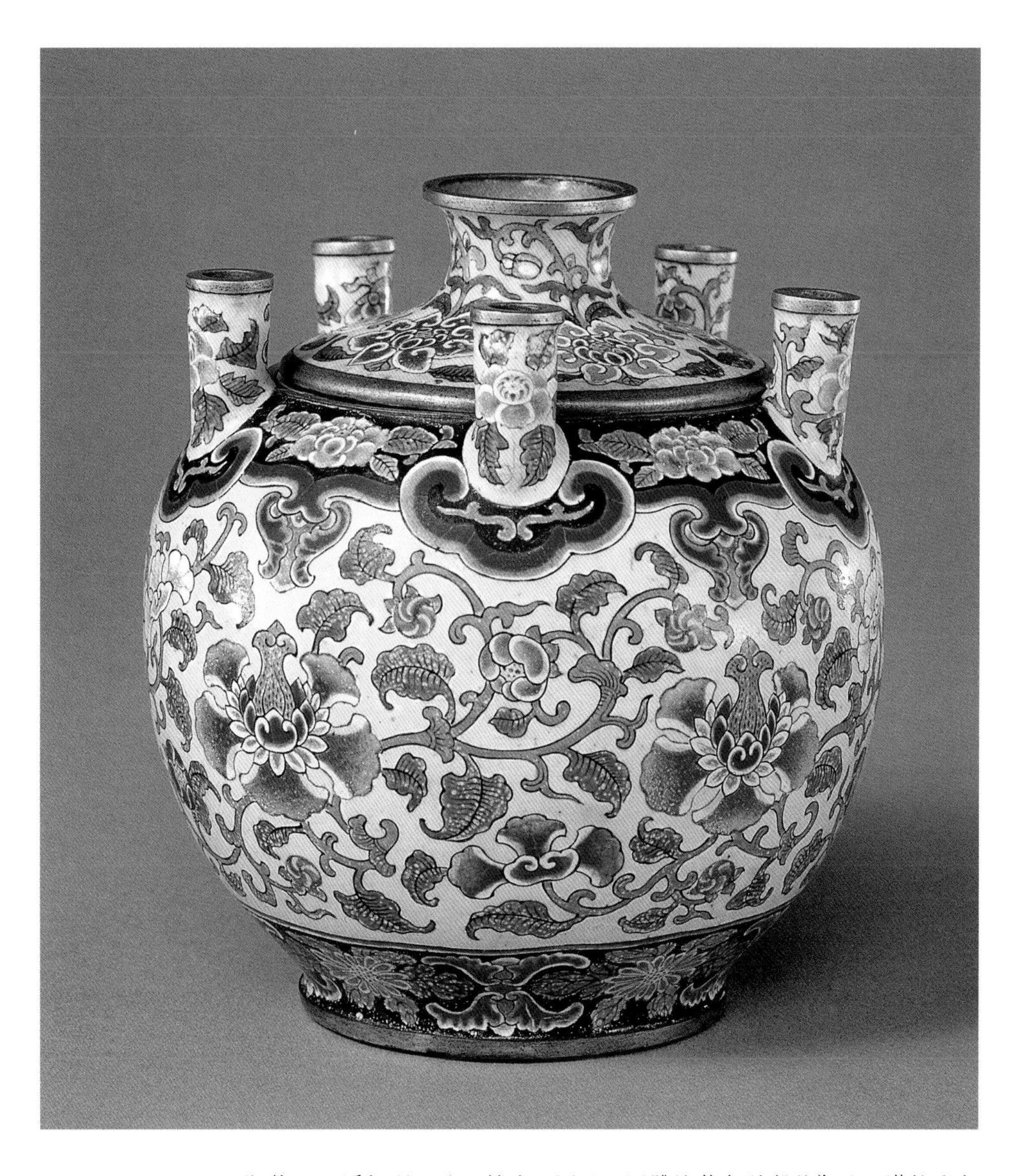

瓶侈口，肩部環五孔，鼓腹，圈足。通體施黃色琺瑯釉為地，滿飾彩色纏枝蓮紋；肩及足部飾黑色釉地折枝花紋。底白釉，署藍色“雍正年製”楷書款。

此瓶造型新穎，色彩明快，以黃、紅、綠為主色調，具有濃郁的宮廷工藝風格。

193

## 畫琺瑯花蝶紋帶托香插

清雍正
高11.7厘米　插口徑1.1厘米　盤口徑20.5/12.4厘米
清宮舊藏

**Painted enamel incense-receptacle with saucer decorated with design of butterflies and flowers**

Yongzheng period, Qing Dynasty
Height: 11.7cm　Diameter of mouth: 1.1cm
Diameter of saucer: 20.5 / 12.4cm
Qing Court collection

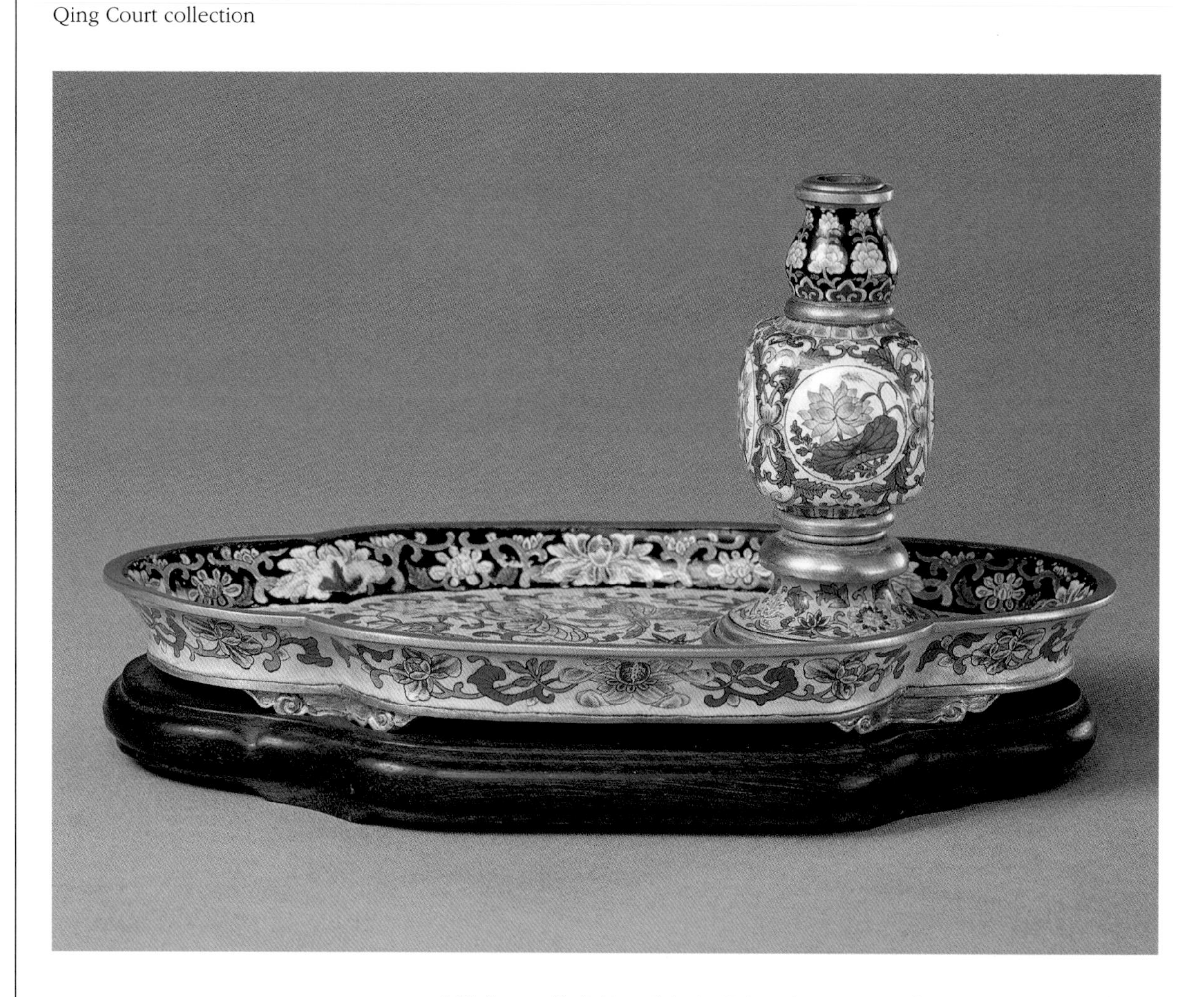

香插小口，尊式頸，委角方形腹，高圈足。下連海棠花式托盤，盤下置海棠花式木座。香插腹部黃色琺瑯釉地飾捲草紋，四面開光，內彩繪並蒂蓮、桃蝠等花蝶紋，托盤心繪纏枝花卉和彩蝶紋。底藍色雙方框內署“雍正年製”仿宋體款。

此香插造型秀美，胎體成型工藝複雜，琺瑯釉色彩和諧，圖案描繪用筆工緻。

194

**畫琺瑯桃式洗**
清雍正
高7.5厘米　口徑6.2厘米
清宮舊藏

**Painted enamel peach-shaped brush washer**
Yongzheng period, Qing Dynasty
Height: 7.5cm　Diameter of mouth: 6.2cm
Qing Court collection

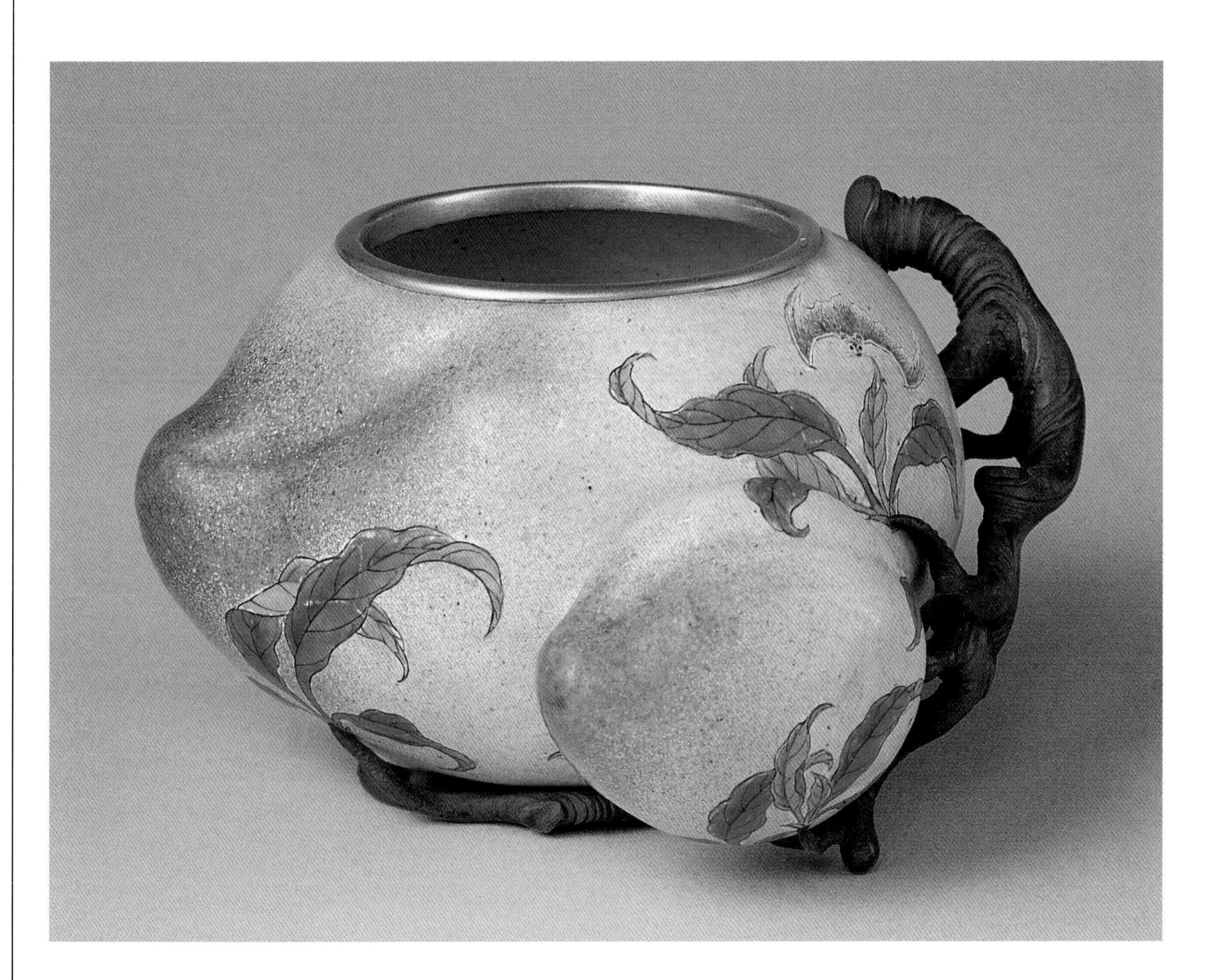

洗為雙桃形，兩桃之間以古銅色樹幹相連。洗的顏色如剛成熟的桃實，呈果綠色，尖部漸變成紅色，桃上點綴綠葉與兩隻紅色蝙蝠。洗內施藍色琺瑯釉。底署黑色“雍正年製”楷書款。

洗的造型構思巧妙，形象極為生動。雙桃上繪以雙蝙蝠，寓意“福壽雙全”。這件器物展示出雍正時期畫琺瑯的工藝水平。

195

**畫琺瑯蓮托八寶紋筒爐**

清雍正

高10.4厘米　口徑13.6厘米

清宮舊藏

**Painted enamel cylindrical censer with design of lotuses supporting miscellaneous treasures**

Yongzheng period, Qing Dynasty

Height: 10.4cm　Diameter of mouth: 13.6cm

Qing Court collection

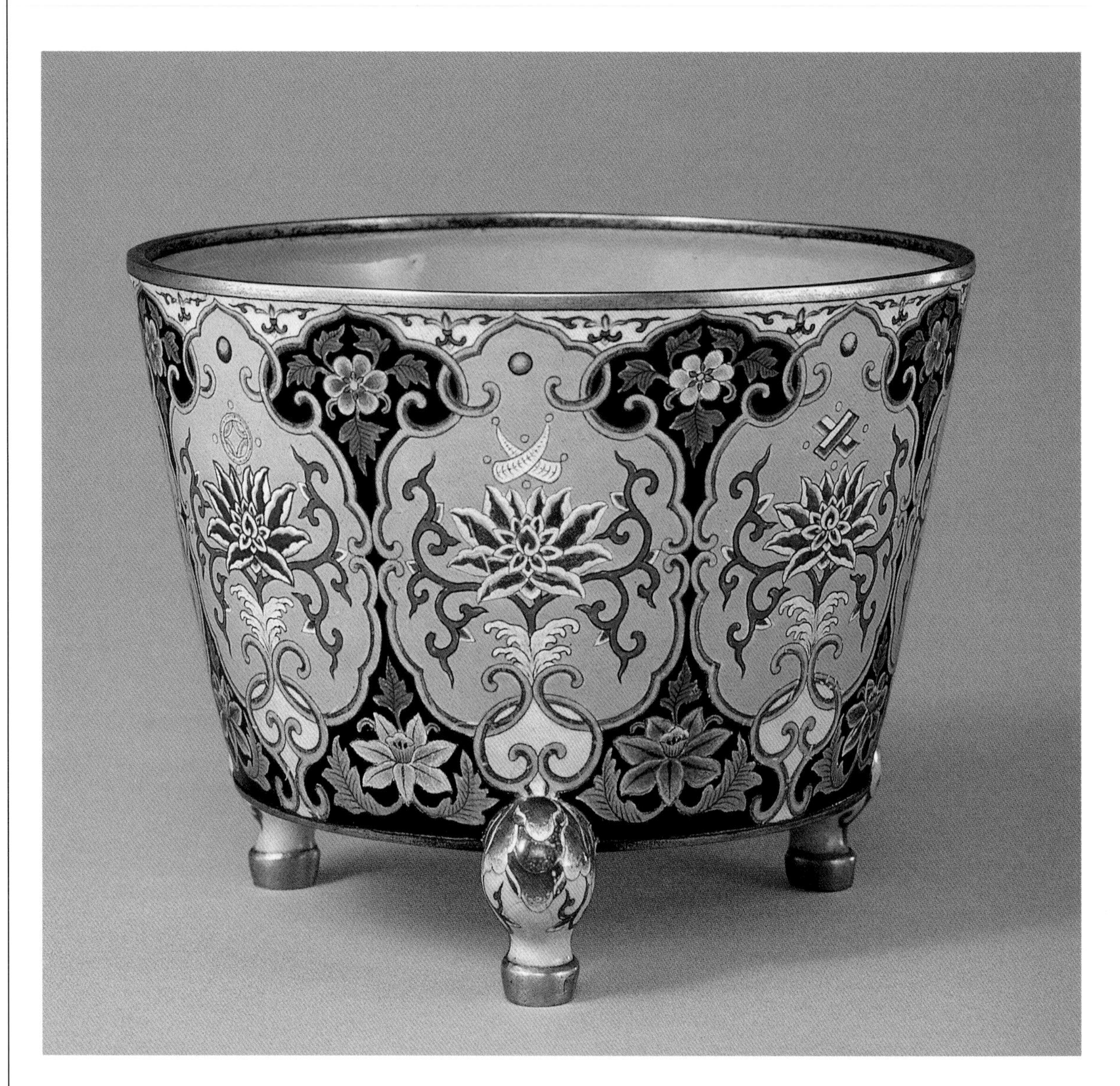

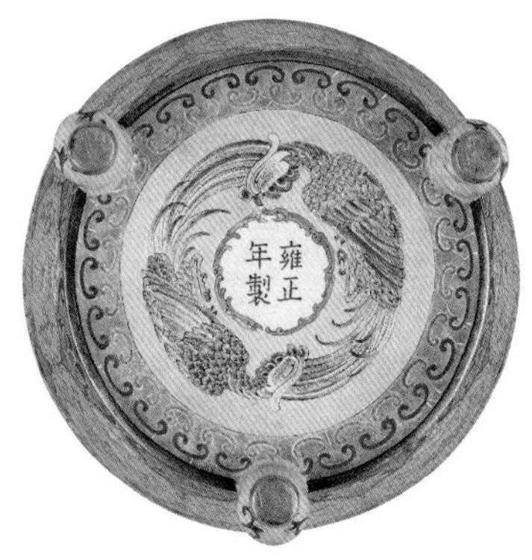


爐為樽式，敞口，下承三足。外壁如意雲頭套勾海石榴紋形成八開光，開光內施淡藍色琺瑯釉地，繪蓮托八寶，蓮花下池水湧動。開光外黑地飾折枝花。爐內施藍色琺瑯釉。底黃釉，繪兩隻首尾相接的彩鳳，中心處雙螭紋環抱藍色"雍正年製"楷書款。

此爐紋飾描繪工整，釉質細膩，器表光潤，款式處理別致。

196

## 畫琺瑯八寶蓮花紋法輪

清雍正
高22厘米　輪徑12.3厘米　足徑10厘米
清宮舊藏

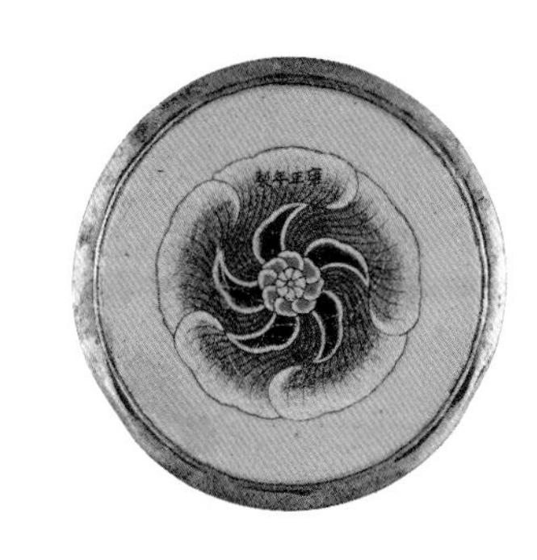

**Painted enamel wheel-of-Dharma with design of lotus and Eight Buddhist Emblems**

Yongzheng period, Qing Dynasty
Height: 22cm　Diameter of wheel: 12.3cm
Diameter of foot: 10cm
Qing Court collection

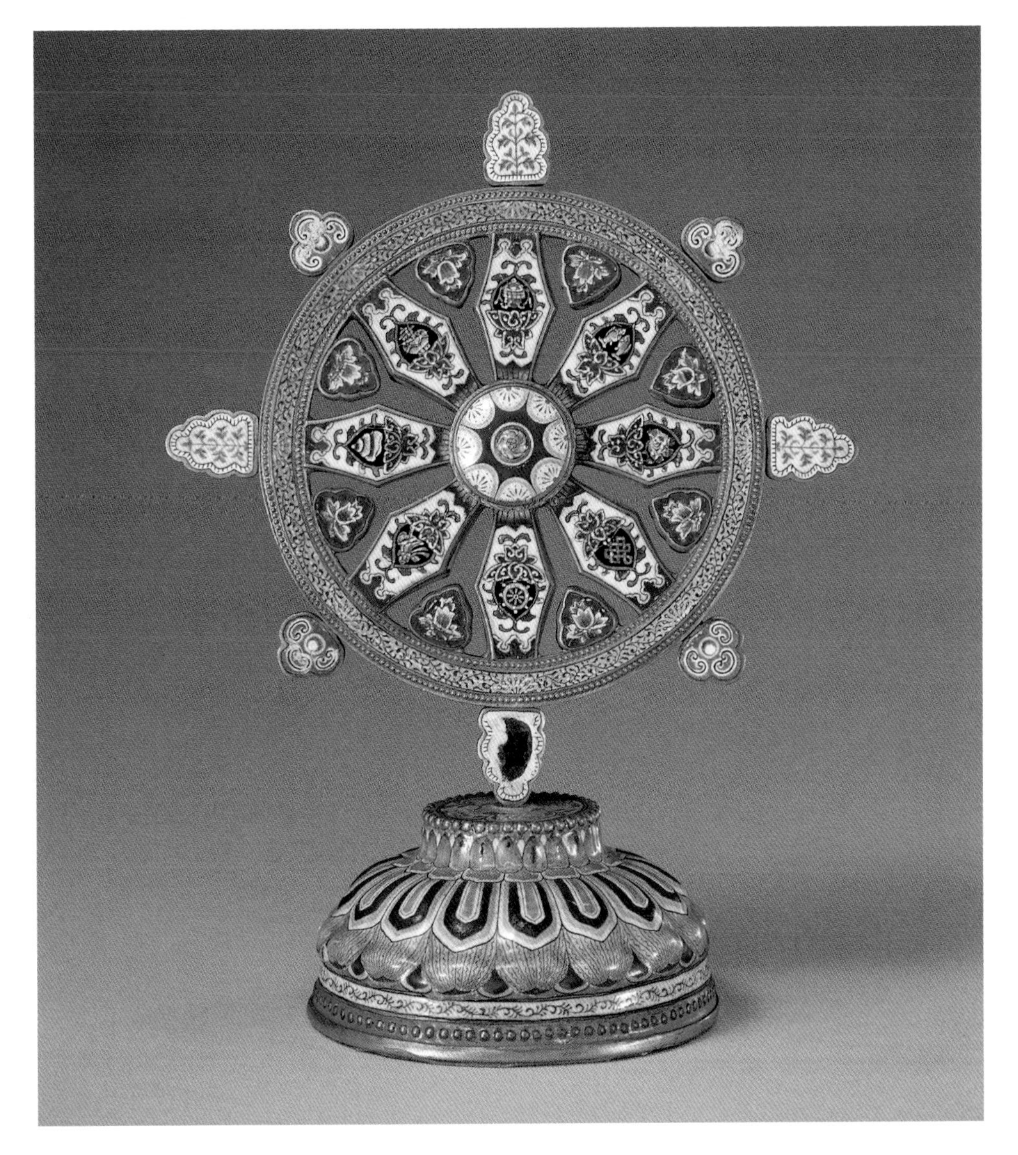

法輪鏤空輻，下有底座。輻兩面繪輪、螺、傘、蓋、花、瓶、魚、結八寶蓮花紋，轂繪菊花紋，輪外緣飾雲頭式和葉式齒各四，下置畫琺瑯覆鉢式底座，座上飾聯珠紋和俯仰蓮紋。底繪團花，花瓣一側署藍色“雍正年製”楷書款。

法輪是佛法的象徵，比喻佛法如戰車之輪，無堅不摧。此器為宮廷佛堂供具，所飾八寶為藏傳佛教的吉祥紋飾。

197

**畫琺瑯牡丹圖執壺**

清乾隆

通高9厘米　寬14.5厘米

清宮舊藏

**Painted enamel ewer with peony design**

Qianlong period, Qing Dynasty

Overall height: 9cm　Width: 14.5cm

Qing Court collection

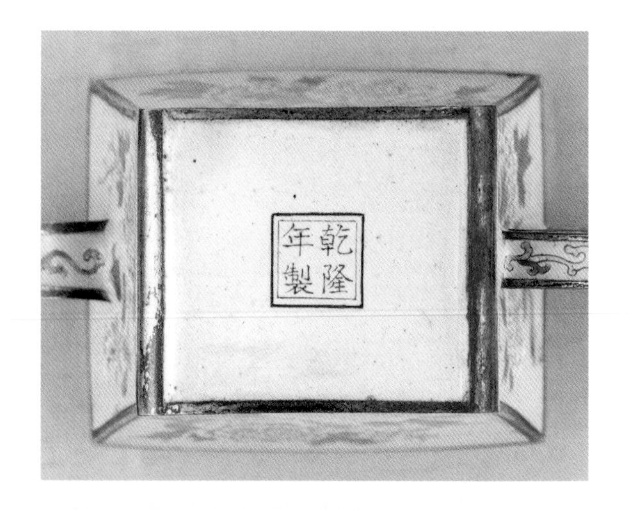


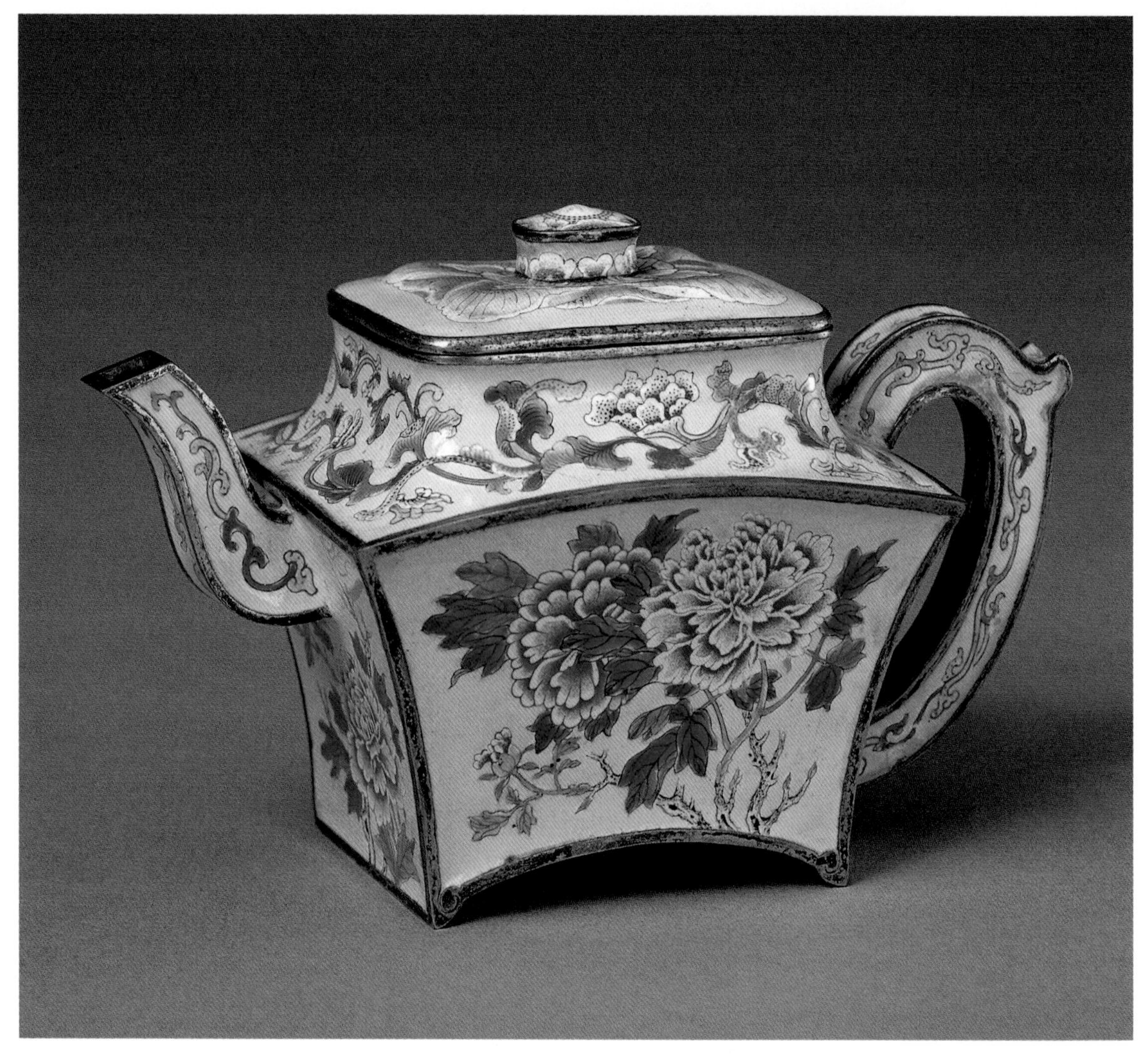

執壺扇面形，曲流，彎柄。通體黃色琺瑯釉為地，蓋飾粉紅色秋葵，鈕為花蕾。肩部飾纏枝花，壺身四面均繪寫生牡丹，花朵嬌豔，有“趙粉”、“葛巾紫”、“藍田玉”等品種。底白釉，方框內署“乾隆年製”楷書款。

此壺造型優美，花紋富麗，釉色細膩光滑，具有豪華富麗的皇家工藝風格。

198

## 畫琺瑯勾蓮紋壓柄壺

清乾隆
通高10厘米　口徑5.8厘米　足徑4.3厘米
清宮舊藏

**Painted enamel press-handle ewer with delineated lotus design**
Qianlong period, Qing Dynasty
Overall height: 10cm　Diameter of mouth: 5.8cm
Diameter of foot: 4.3cm
Qing Court collection

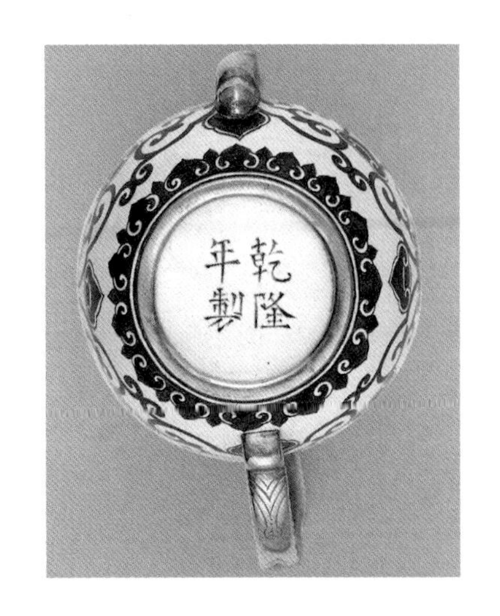


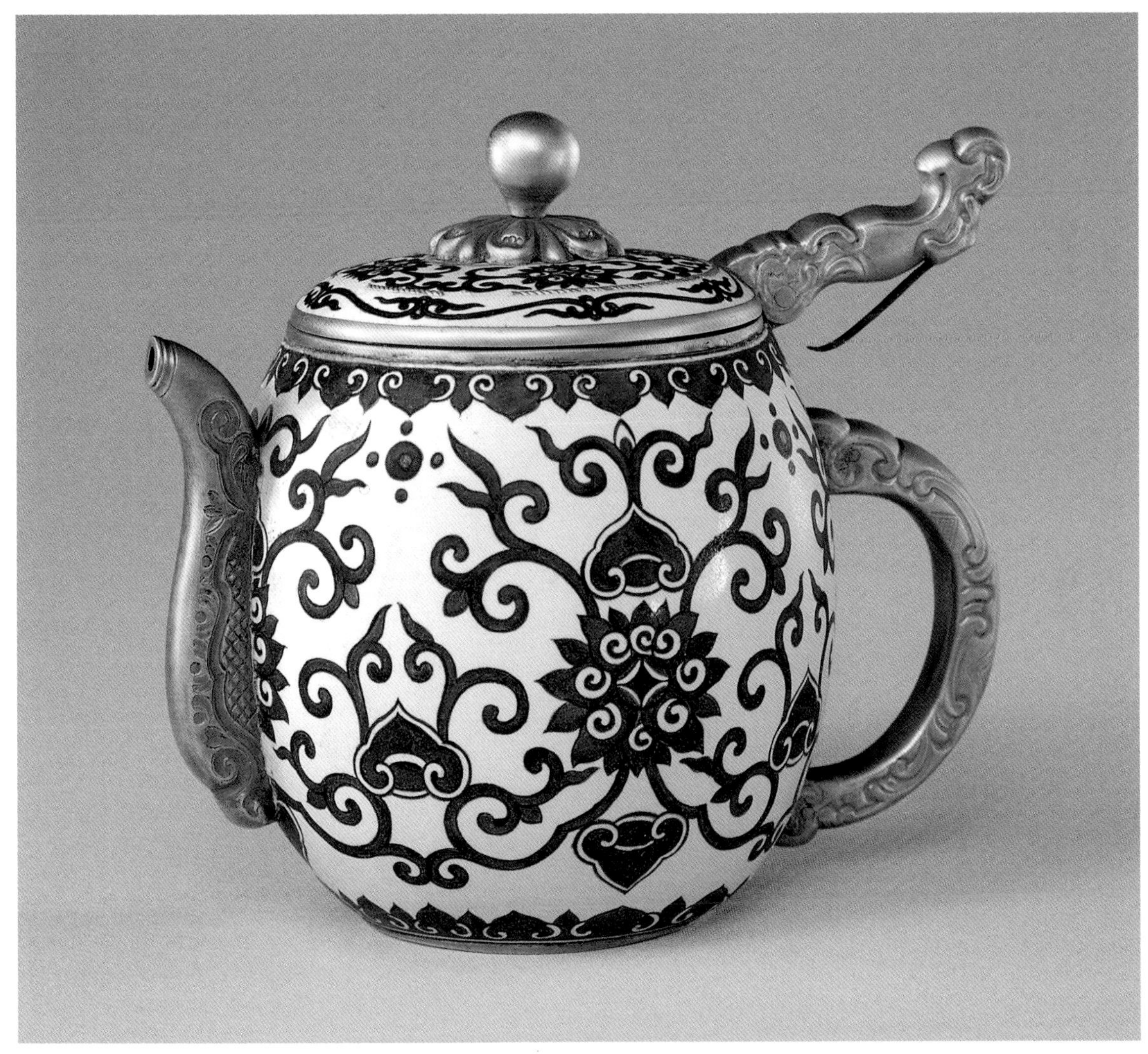

壺鼓形，平底，銅鍍金流，曲柄。蓋上有一壓把，輕輕一摁，壺蓋隨之開啟。壺通體施白色琺瑯釉地，飾寶藍色花卉，蓋飾四朵折枝花，壺身飾勾蓮紋，口、足處相對飾如意雲頭紋。底白釉，署藍色“乾隆年製”楷書款。

此壺仿青花瓷的效果，色彩素雅，畫工精細，是乾隆時期畫琺瑯仿製其他工藝品的代表作。

## 199

**畫琺瑯團花紋提梁壺**

清乾隆

通高17.3厘米　口徑5.3厘米

足徑5.3厘米

清宮舊藏

**Painted enamel loop-handled teapot with posy design**

Qianlong period, Qing Dynasty

Overall height: 17.3cm

Diameter of mouth: 5.3cm

Diameter of foot: 5.3cm

Qing Court collection

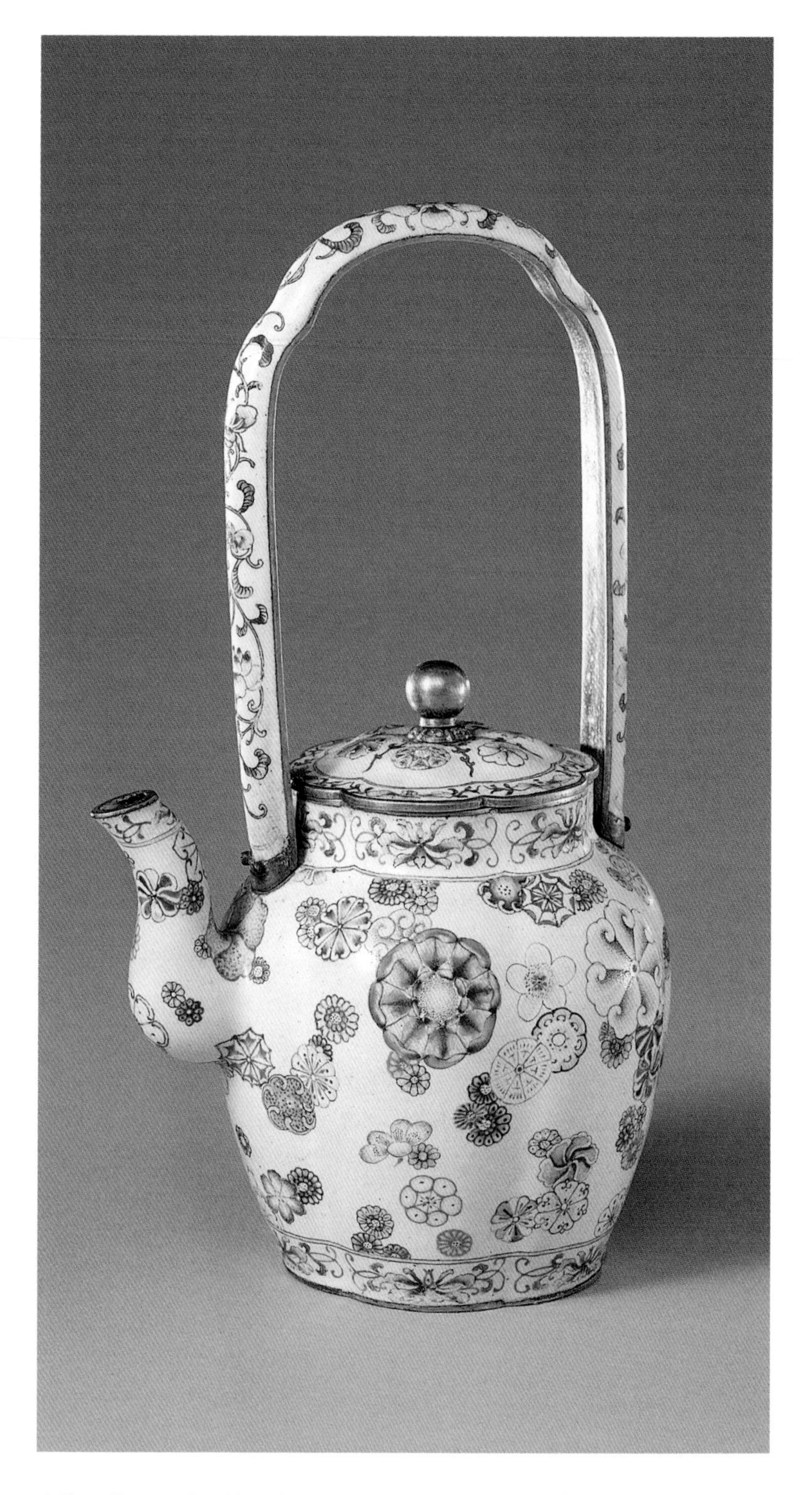

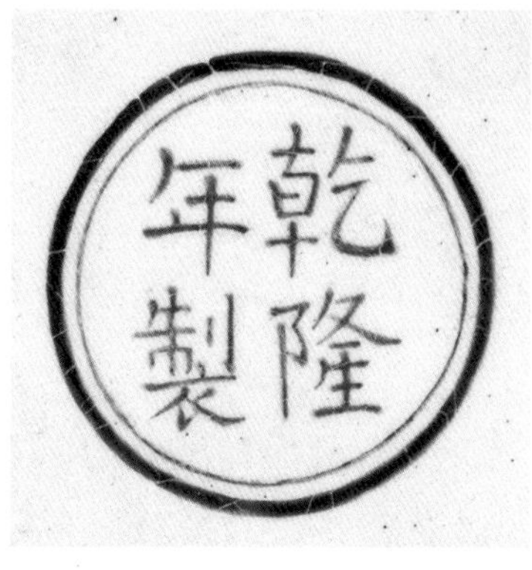


壺為瓜棱形，共六棱，直提梁，曲流，花瓣式蓋，寶珠鈕。通體施白色琺瑯釉地，上繪各色團錦花，提梁、口下沿、足上邊飾折枝花。底白釉，藍色雙圈內署“乾隆年製”楷書款。

此壺所飾團花由不同的朵花圖案組成，輪廓相似，在形式統一中又富有變化。花的顏色達十幾種之多，色彩典雅和諧。此壺是乾隆時期畫琺瑯器中的佳作。

200

## 畫琺瑯菊花紋壺

清乾隆
通高9.1厘米　口徑6厘米　足徑6厘米
清宮舊藏

**Painted enamel pot with chrysanthemum design**
Qianlong period, Qing Dynasty
Overall height: 9.1cm　Diameter of mouth: 6cm
Diameter of foot: 6cm
Qing Court collection

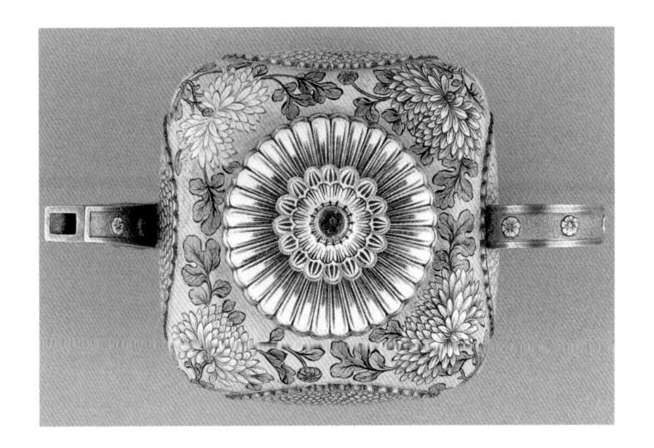

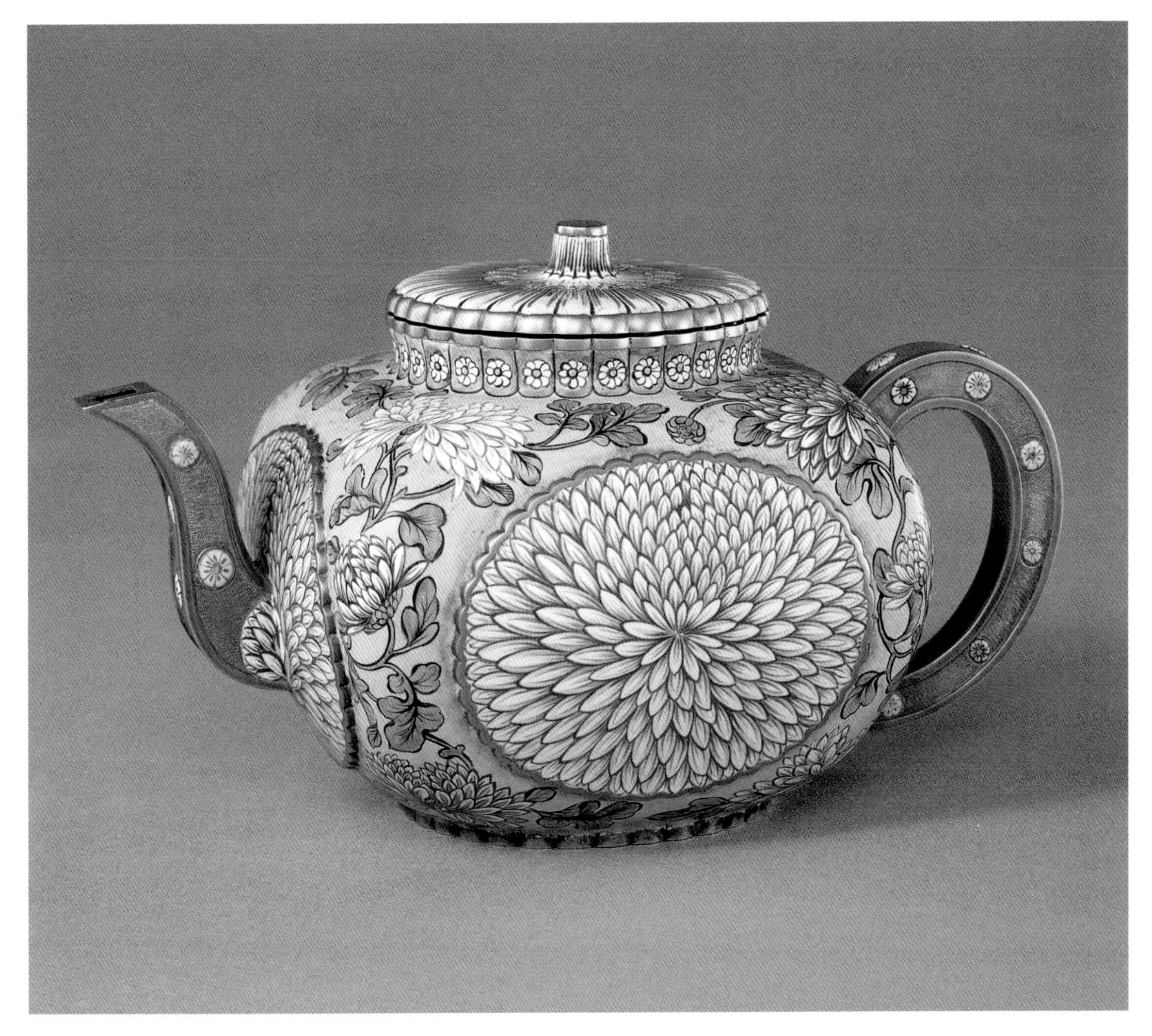

壺方形，圓角，口、蓋、足均作菊瓣式，銅鍍金嵌畫琺瑯朵菊紋方流，環形柄。壺身黃色琺瑯釉地上彩繪菊花紋，四面凸起橢圓形銅鍍金菊瓣式開光，內飾彩釉菊花紋。底白釉，藍色雙圈內署“乾隆年製”楷書款，款識字體不甚工整。

此壺凸起的銅鍍金菊瓣式開光金光閃爍，形式新穎別致，早期不曾出現。

201

**畫琺瑯八棱開光提梁壺**
清乾隆
通高37.8厘米　口徑8.8厘米　足徑13.3厘米
清宮舊藏

**Painted enamel octagonal loop-handled-teapot with eight reserved panels**
Qianlong period, Qing Dynasty
Overall height: 37.8cm　Diameter of mouth: 8.8cm
Diameter of foot: 13.3cm
Qing Court collection

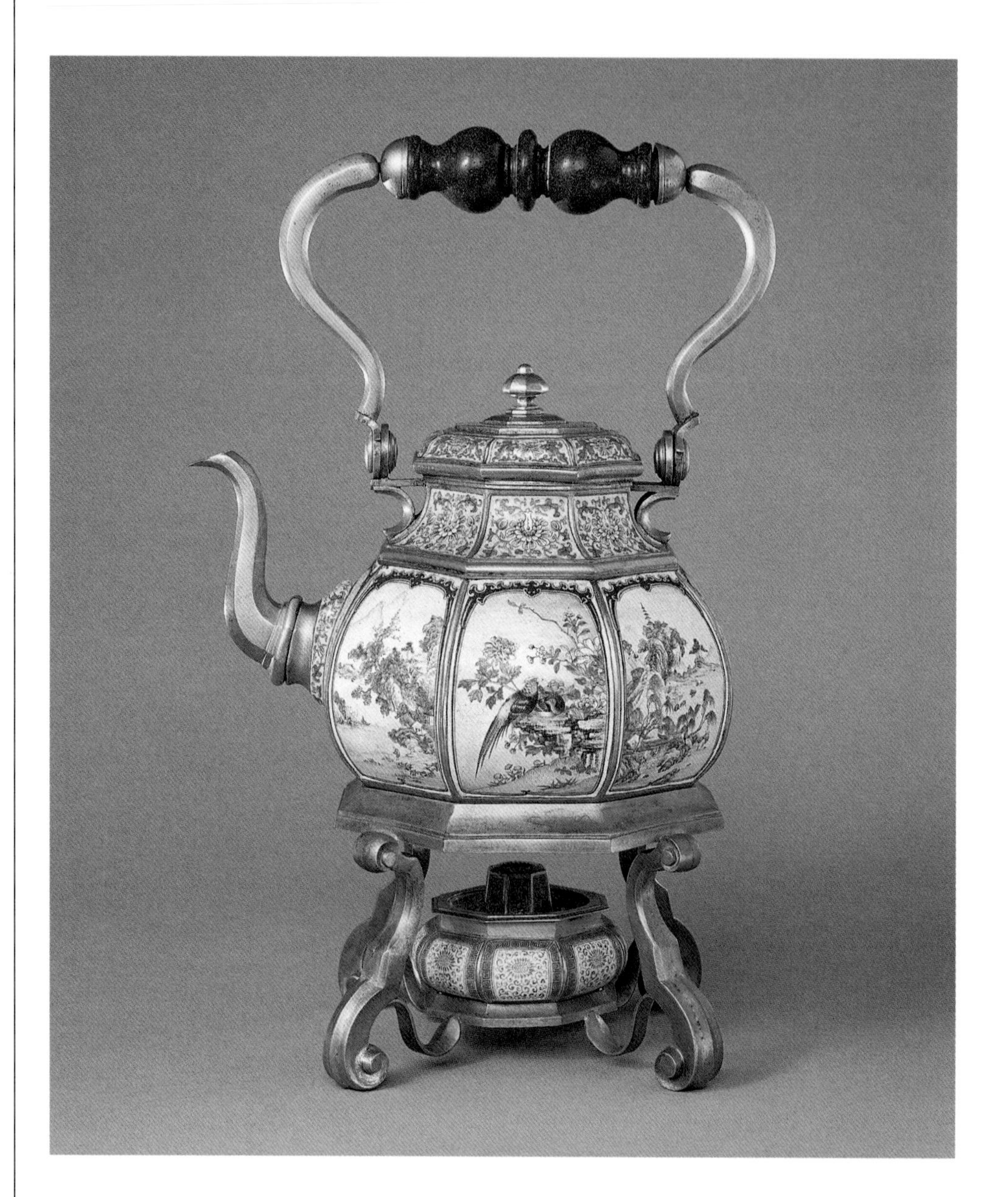

壺呈八棱形，上置鍍金嵌金星料提梁，鍍金曲流，下置銅鍍金“S”型足架，架內為一可盛燃油的畫琺瑯菊花紋小盒，點燃後，可以加溫。壺身八面開光，開光內相間排列設色山水和花鳥圖各四幅。壺底及油盒底均署“乾隆年製”款。

提梁壺的製作集中了金屬、琺瑯和料器等多種工藝。其造型仿西洋式樣，而圖案花紋則是中國傳統的山水花鳥畫，用筆工緻，當出自宮內名家手筆。此壺是一件融東、西方文化為一體的畫琺瑯精品。

202

## 畫琺瑯開光花鳥山水圖蓋碗

清乾隆

通高26.9厘米　口徑24.1厘米　足徑11.2厘米

清宮舊藏

**Painted enamel covered-bowl with design of flowers, birds and landscapes within reserved panels**

Qianlong period, Qing Dynasty

Height: 26.9cm　Diameter of mouth: 24.1cm

Diameter of foot: 11.2cm

Qing Court collection

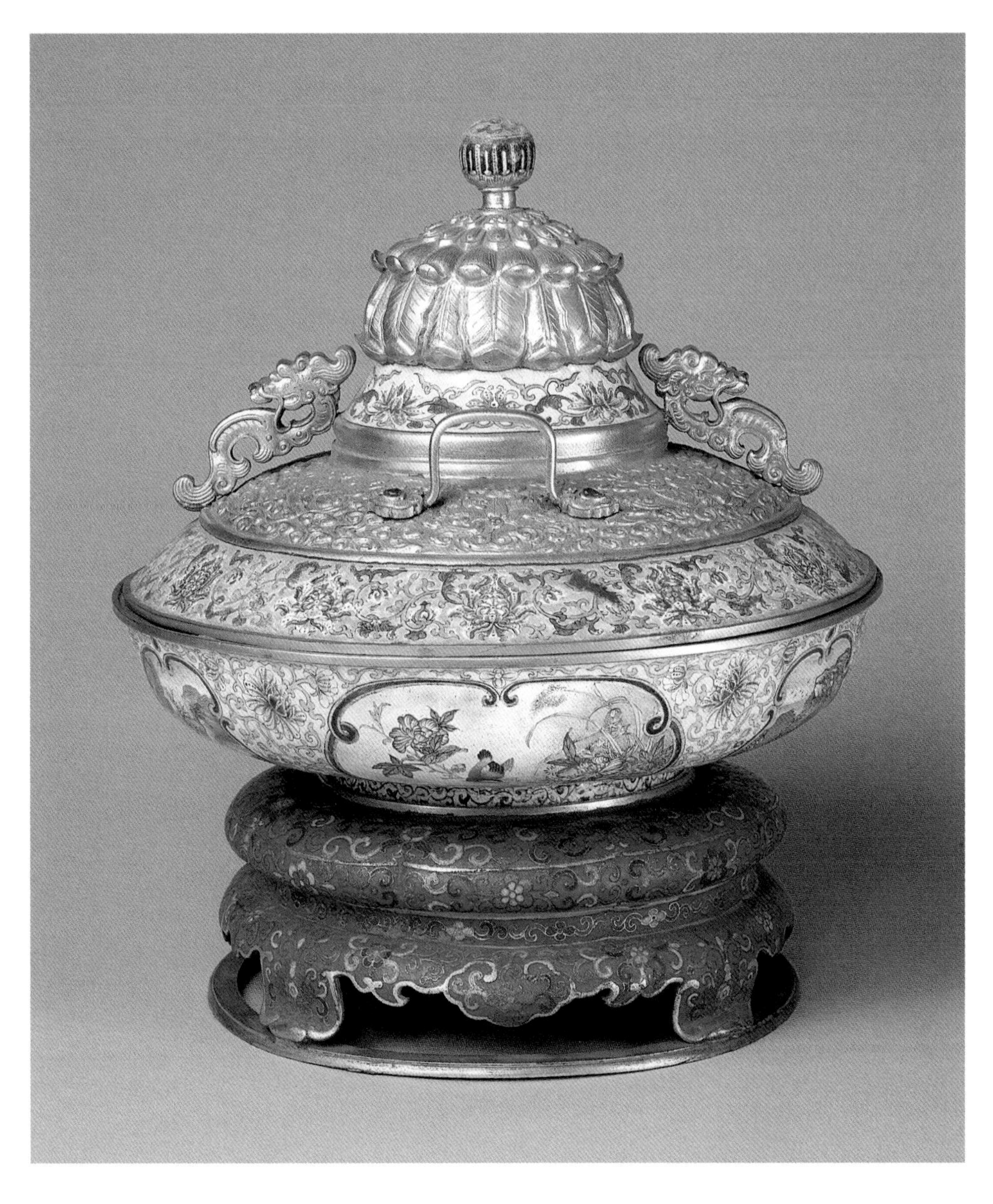

碗淺弧腹，圈足，銅鍍金嵌綠料珠方扳碗蓋，蓋頂鏨蓮花垂葉紋，兩側置銅鍍金摩羯耳，下置掐絲琺瑯垂雲式四足圓座。碗外壁一周飾大小開光，內分別彩繪花鳥和設色山水圖。底綠釉，藍色方框內署“乾隆年製”楷書款。

此碗形制頗大，裝飾上追求銅鍍金鏨花效果，繪工精美，掐絲琺瑯和畫琺瑯工藝相結合，相得益彰，是宮廷中的陳設器。

203

**畫珐瑯丹鳳紋蓋碗**
清乾隆
通高8.3厘米　碗口徑11厘米　碟口徑22.5厘米
清宮舊藏

**Painted enamel covered bowl with phoenix design**
Qianlong period, Qing Dynasty
Overall height: 8.3cm　Mouth diameter of bowl: 11cm
Mouth diameter of saucer: 22.5cm
Qing Court collection

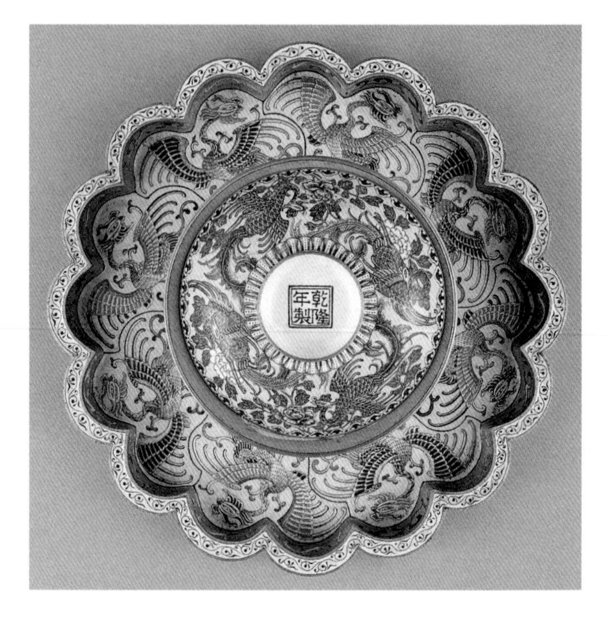


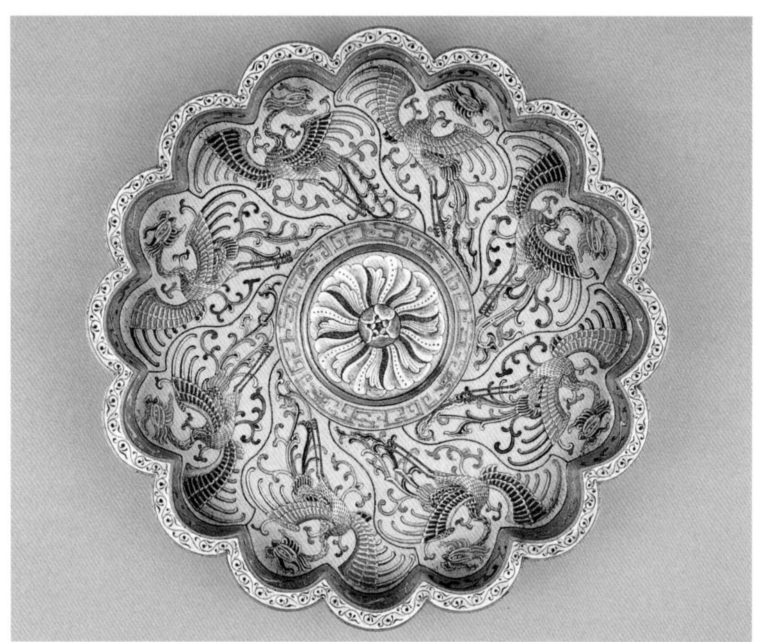

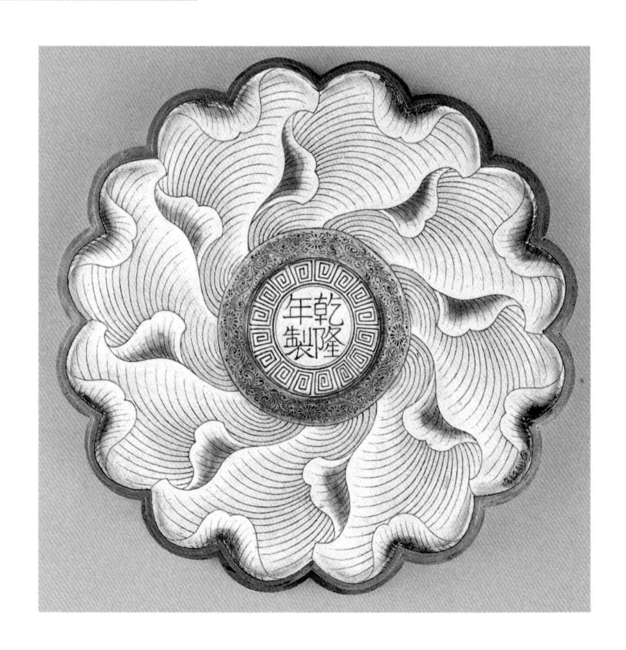

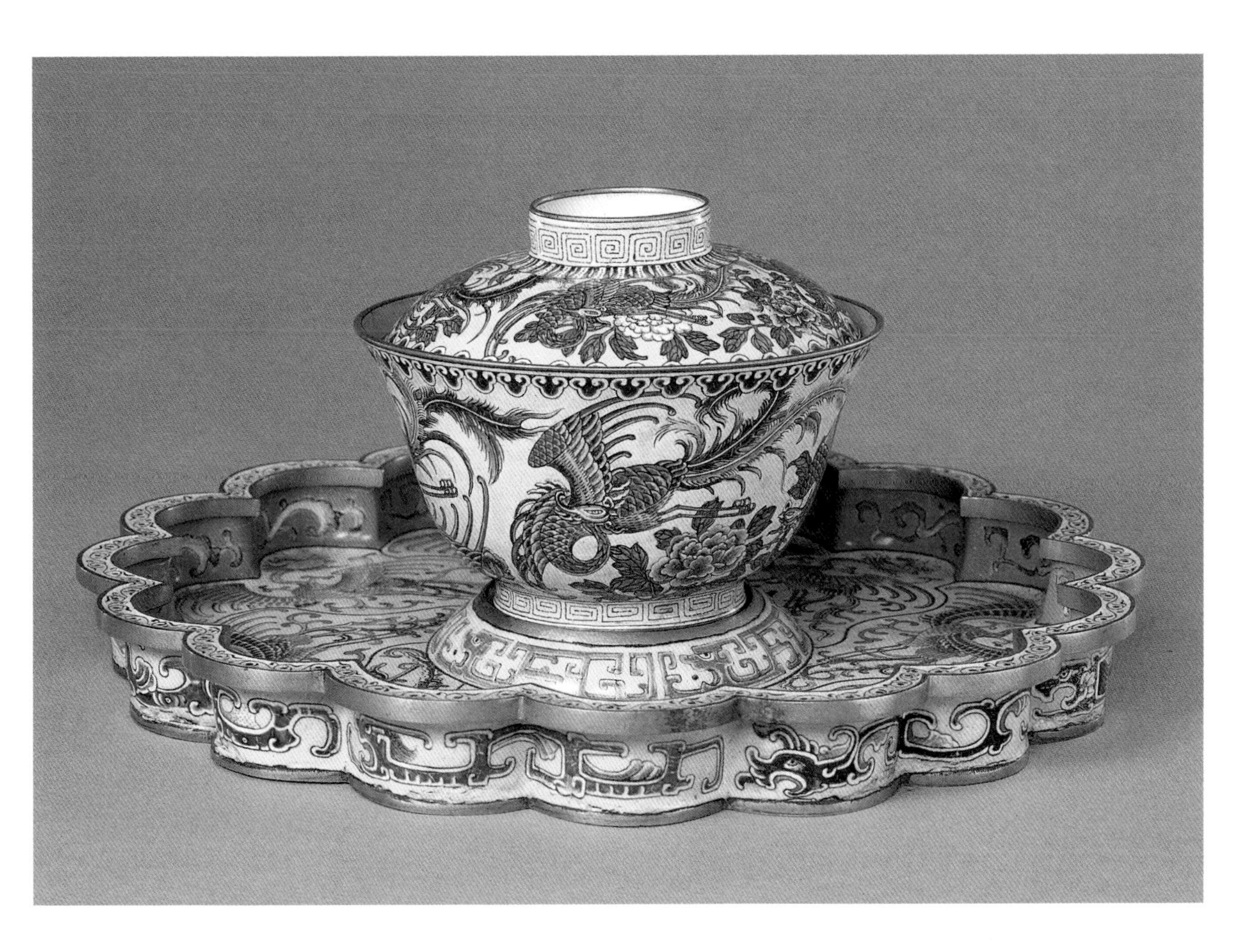

蓋碗侈口，圈足，蓋為覆盞式。蓋、碗均施黃色琺瑯釉地，上繪鳳凰飛翔，牡丹競放。底為白色釉地，藍色方框內署“乾隆年製”宋體款。碗下承花瓣式碗碟，折沿，中心凸起碗槽，槽內繪紅牡丹，碟內底繪彩鳳盤旋飛翔，內外壁飾蟠螭紋。底滿飾牡丹紋，中心白地，署紅色“乾隆年製”仿宋體款。

蓋碗胎壁厚重，碗碟造型新穎而又不失規整，特別是碟折沿施白色地，勾藍色忍冬紋，色彩在富麗中求素雅，對比鮮明。

## 204 金胎畫琺瑯花卉紋雲耳盞

清乾隆
通高7.5厘米　杯口徑5.5厘米　盤口徑18.5厘米
清宮舊藏

**Painted enamel gold-bodied cup with cloud-patterned ears decorated with floral design**

Qianlong period, Qing Dynasty
Overall height: 7.5cm　Mouth diameter of cup: 5.5cm
Mouth diameter of saucer: 18.5cm
Qing Court collection

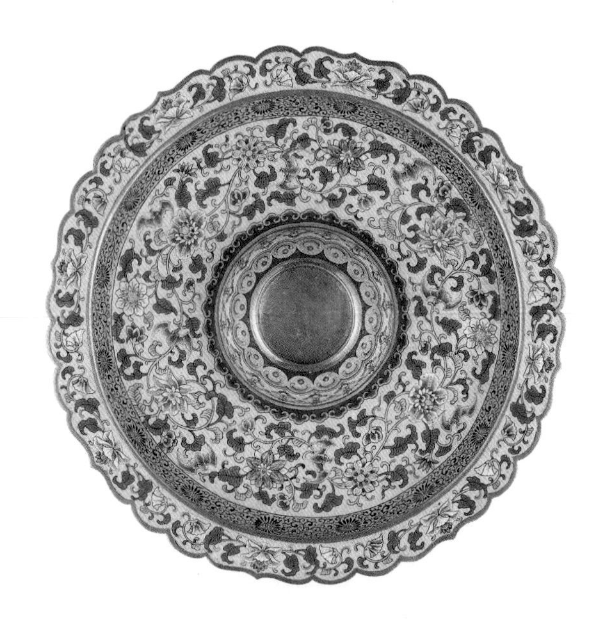

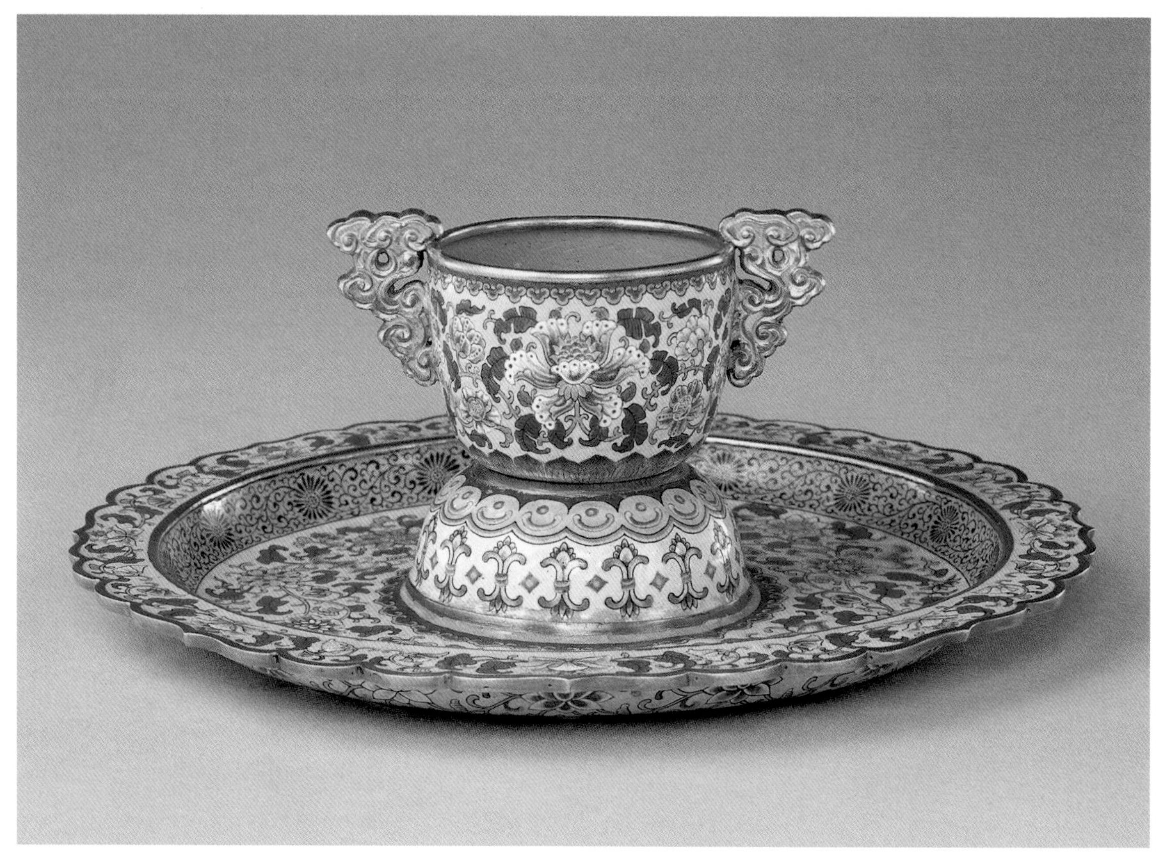

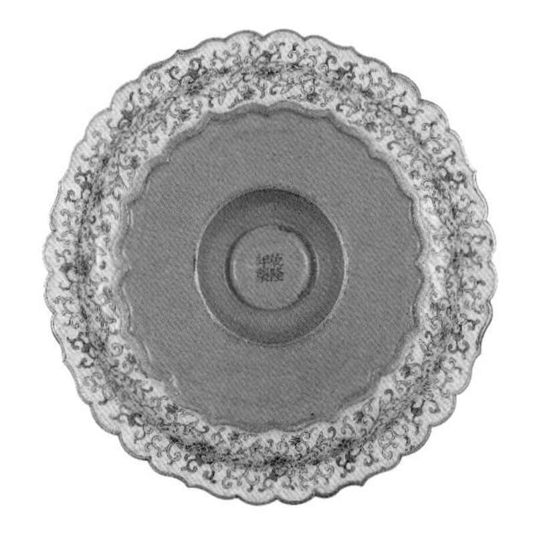

盞、托盤為一套。盞兩側有鍍金雲紋耳。盤為菱花式，正中凸起。盞施黃色琺瑯釉為地，口沿下飾藍色如意雲頭紋，外壁繪彩色纏枝花卉，近足處飾仰蓮紋。托盤為黃地繪紅蝙蝠纏枝花。盞與盤底均為湖藍釉，署寶藍色“乾隆年製”仿宋體款。

此器色彩富麗，具有皇家工藝特色。據清宮造辦處檔案記載，乾隆皇帝去河北易縣西陵謁其父雍正帝陵時，特命造辦處製作“金胎琺瑯盞盤”，並下令，只有乾隆皇帝親祭時才能使用，否則不准動。由此可見其重要性。

205

## 金胎畫琺瑯花卉紋夔耳盞

清乾隆
通高9.7厘米　杯口徑9.7厘米　盤口徑20.3厘米
清宮舊藏

**Painted enamel gold-bodied cup Kui-dragon-shaped ears decorated with floral design**

Qianlong period, Qing Dynasty
Overall height: 9.7cm　Mouth diameter of cup: 9.7cm
Mouth diameter of saucer: 20.3cm
Qing Court collection

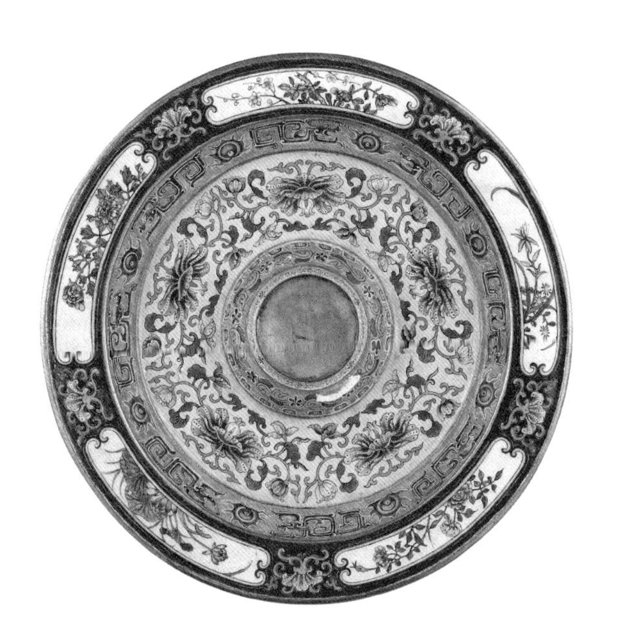

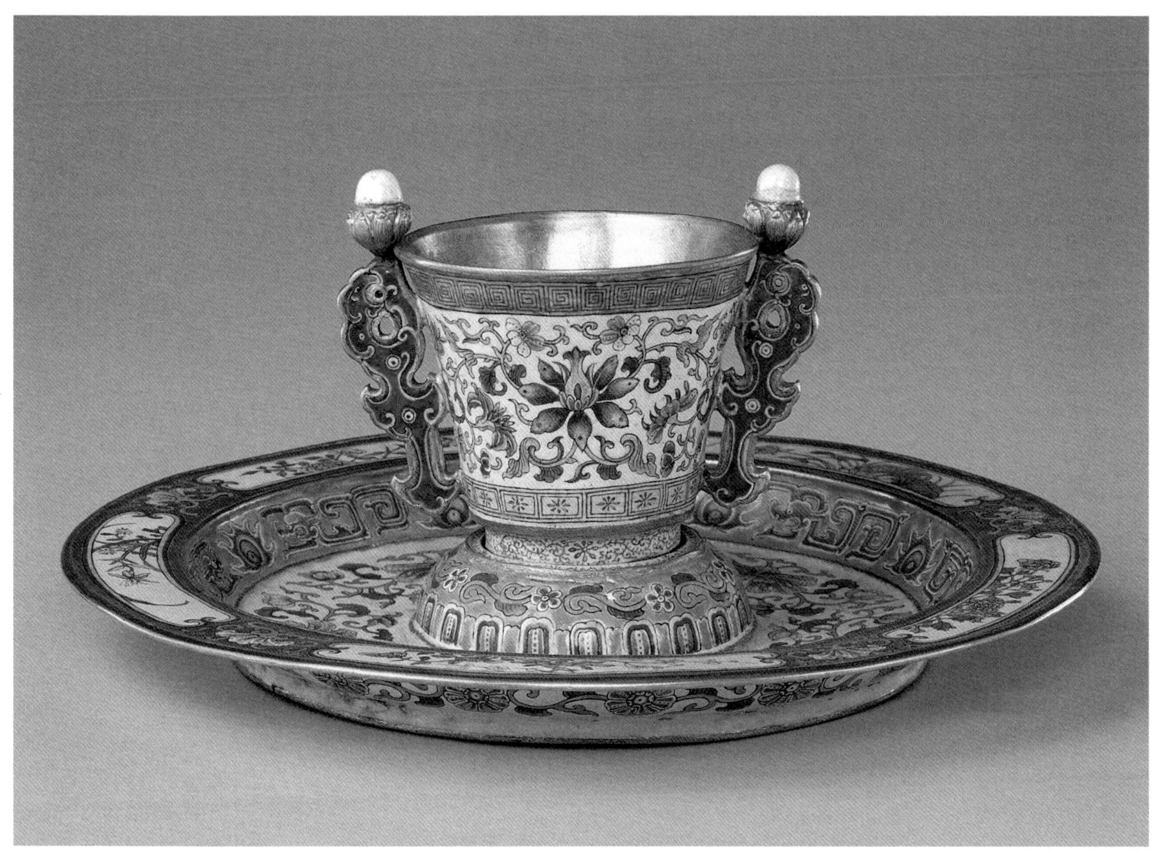

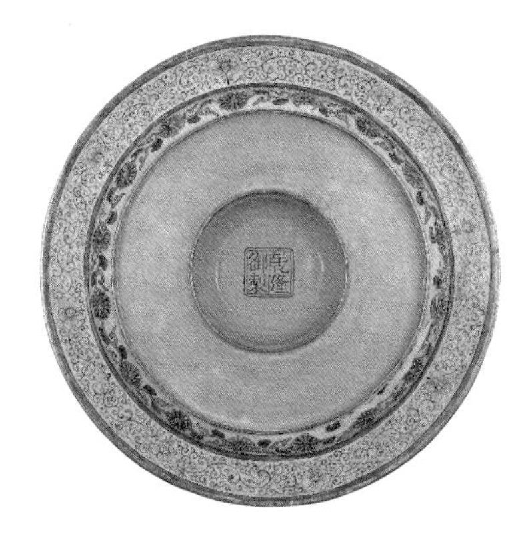

盞、托盤為一套。盞唇口，兩側飾夔形耳，雙耳頂端嵌有珍珠。盤折沿，中心凸起。盞施黃色琺瑯釉地，口沿下飾藍色回紋，外壁繪彩色纏枝花卉。盤折邊為紅色釉地，五開光，內繪牡丹、荷花、月季、萱草、茶花等四季花卉，內壁繪火燄寶珠蟠螭紋。盞和盤底均為湖藍釉，署寶藍色“乾隆御製”仿宋體款。

以金胎製作畫琺瑯器，造價昂貴，只有皇帝才能享用，是一種至尊的象徵。

## 206

**金胎畫琺瑯西洋少女圖捲草紋耳盞**

清乾隆

通高15.8厘米　杯口徑4.5厘米　盤口徑14厘米

清宮舊藏

**Painted enamel gold-bodied cup with grass-scroll-patterned ears decorated with design of western ladies**

Qianlong period, Qing Dynasty

Overall height: 15.8cm　Mouth diameter of cup: 4.5cm

Mouth diameter of saucer: 14cm

Qing Court collection

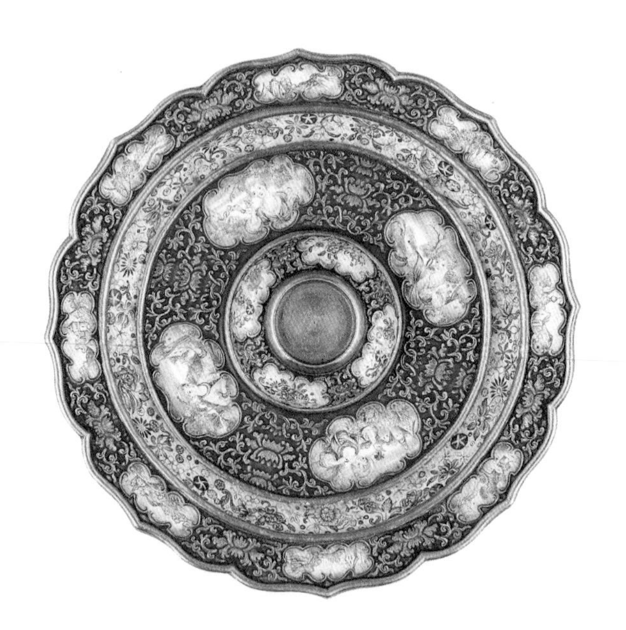

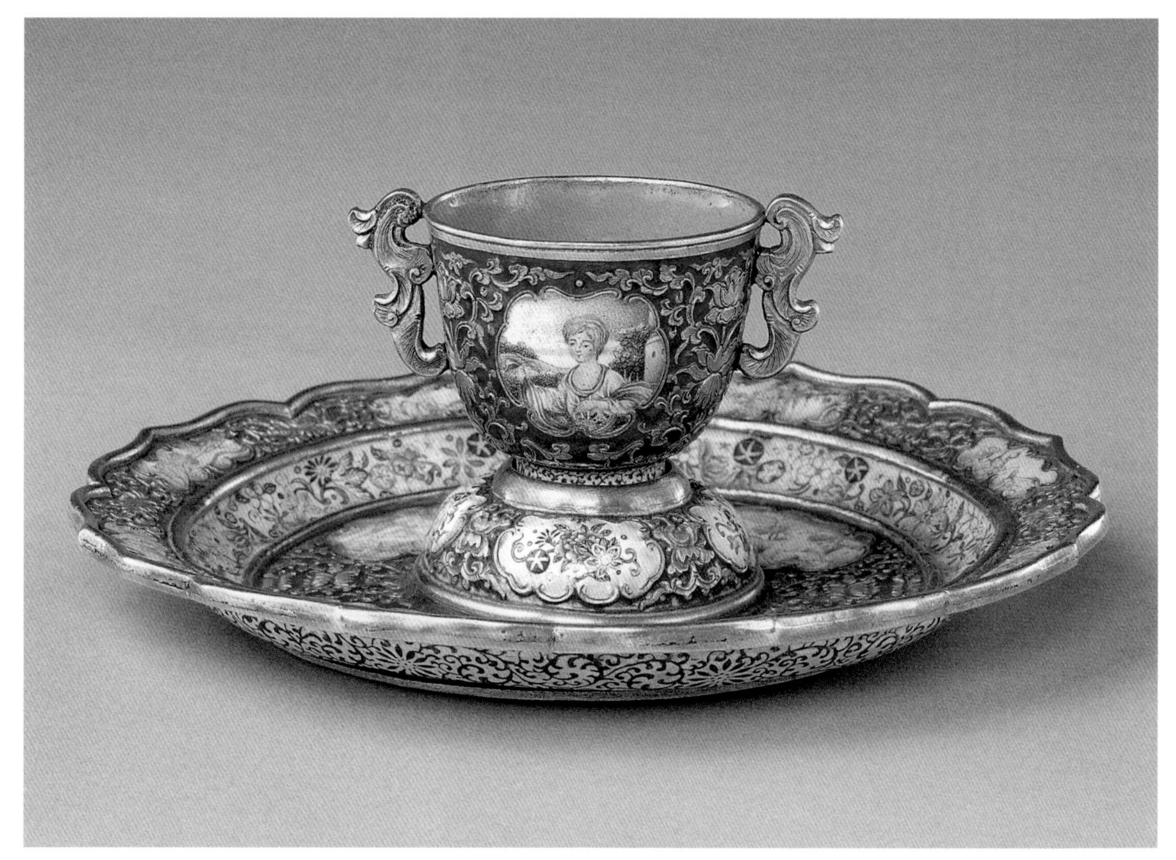

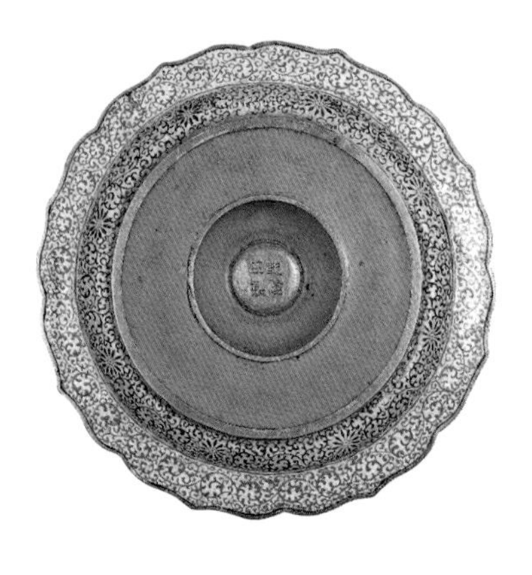

盞、托盤為一套。盞唇口，兩側飾金捲草紋耳。盤為菱花式口，中心凸起。盞、盤均鏨花鍍金填綠色琺瑯釉，盞外壁兩面開光，內繪彩色西洋少女。盤邊八開光，內繪胭脂色西洋風景，盤內底四開光，內繪彩色西洋美女。盞與盤底均施湖藍釉地，中心鍍金，鏨陰文“乾隆年製”楷書款。

此杯無論色彩還是紋飾，都具有典型的歐洲裝飾風格，並繪以西洋人物與建築。這是乾隆皇帝吸收西洋文化的一個例證。

207

**畫琺瑯葵花式大碗**
清乾隆
高6.7厘米　口徑13.3厘米　足徑10.7厘米
清宮舊藏

**Painted enamel large sunflower-petal-shaped bowl**
Qianlong period, Qing Dynasty
Height: 6.7cm　Diameter of mouth: 13.3cm
Diameter of foot: 10.7cm
Qing Court collection

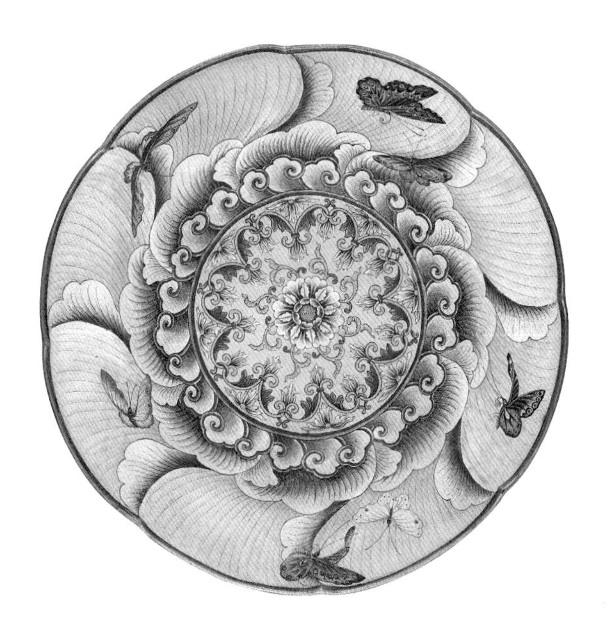

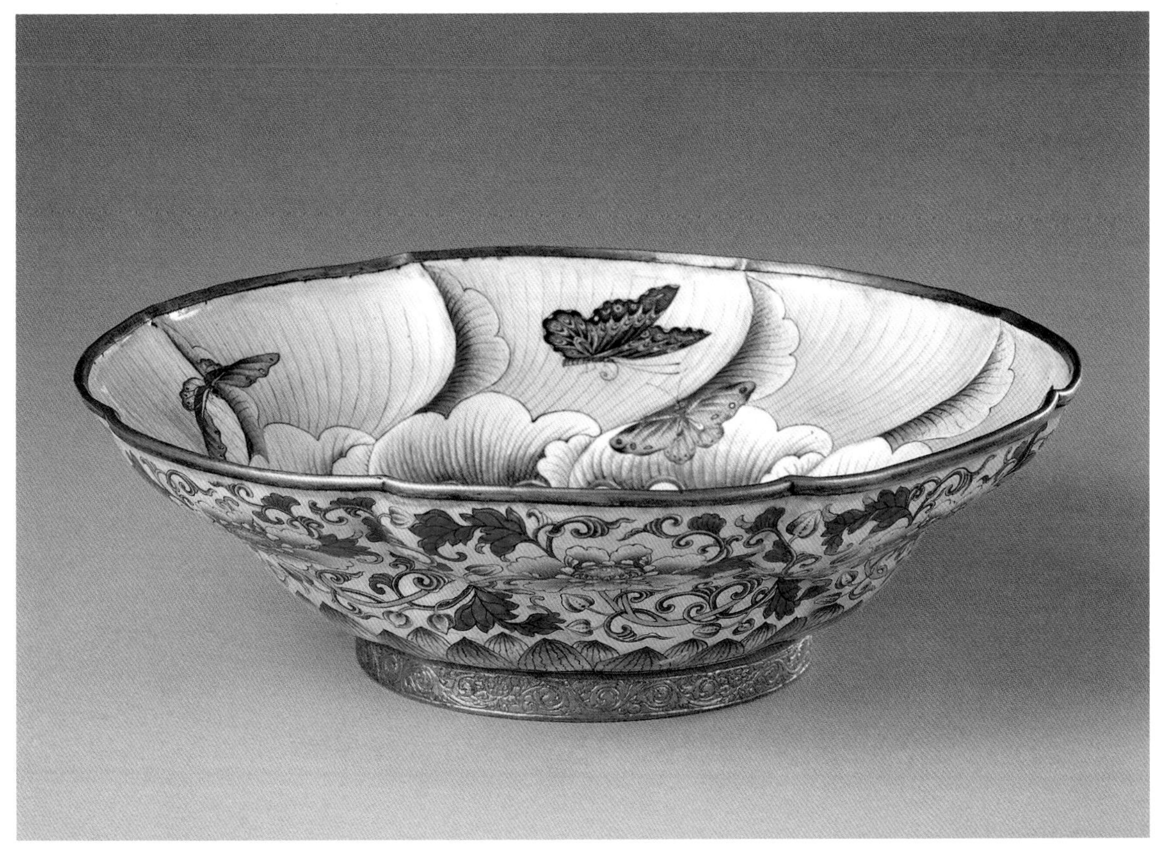

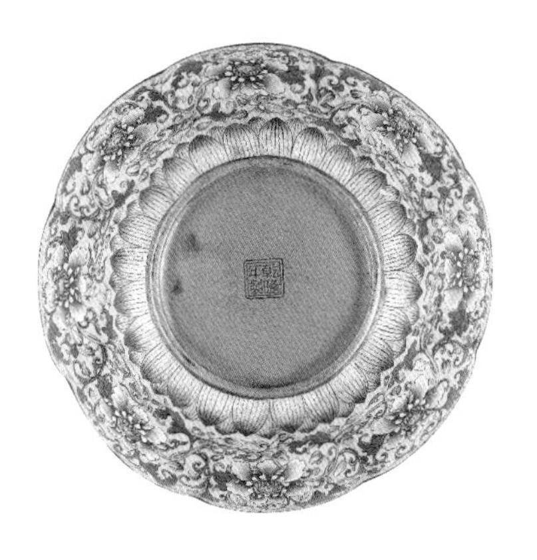

碗呈開放的葵花形，圈足。碗內心飾彩色琺瑯釉寶相花，內壁黃、藍兩色地勾出葵花瓣，花瓣上繪彩蝶飛舞，外壁飾纏枝花。底湖藍釉，寶藍色方框內署“乾隆年製”宋體款。

此碗造型採用了新穎的葵花形，加上清麗的花蝶圖案，生動活潑，使器物形狀與裝飾內容達到了完美的統一。

208

## 畫琺瑯開光山水人物圖瓜棱盒

清乾隆
通高14.9厘米　口徑17.5厘米　足徑12.2厘米
清宮舊藏

**Painted enamel melon-shaped box with design of landscapes and figures within reserved panels**
Qianlong period, Qing Dynasty
Overall height: 14.9cm　Diameter of mouth: 17.5cm
Diameter of foot: 12.2cm
Qing Court collection

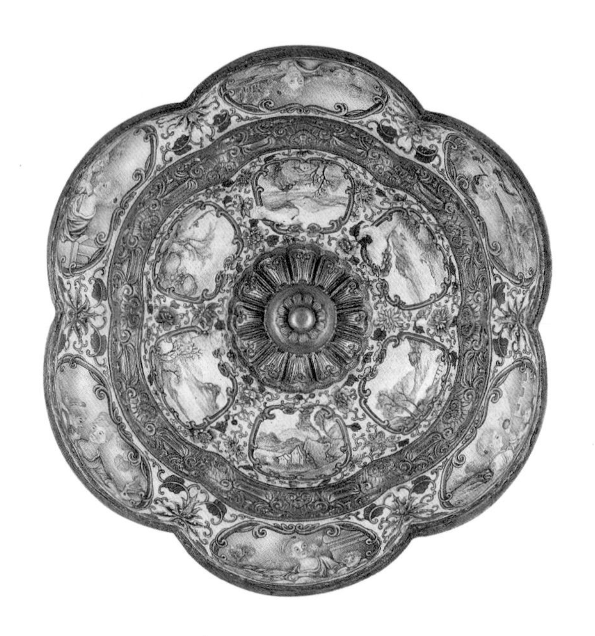

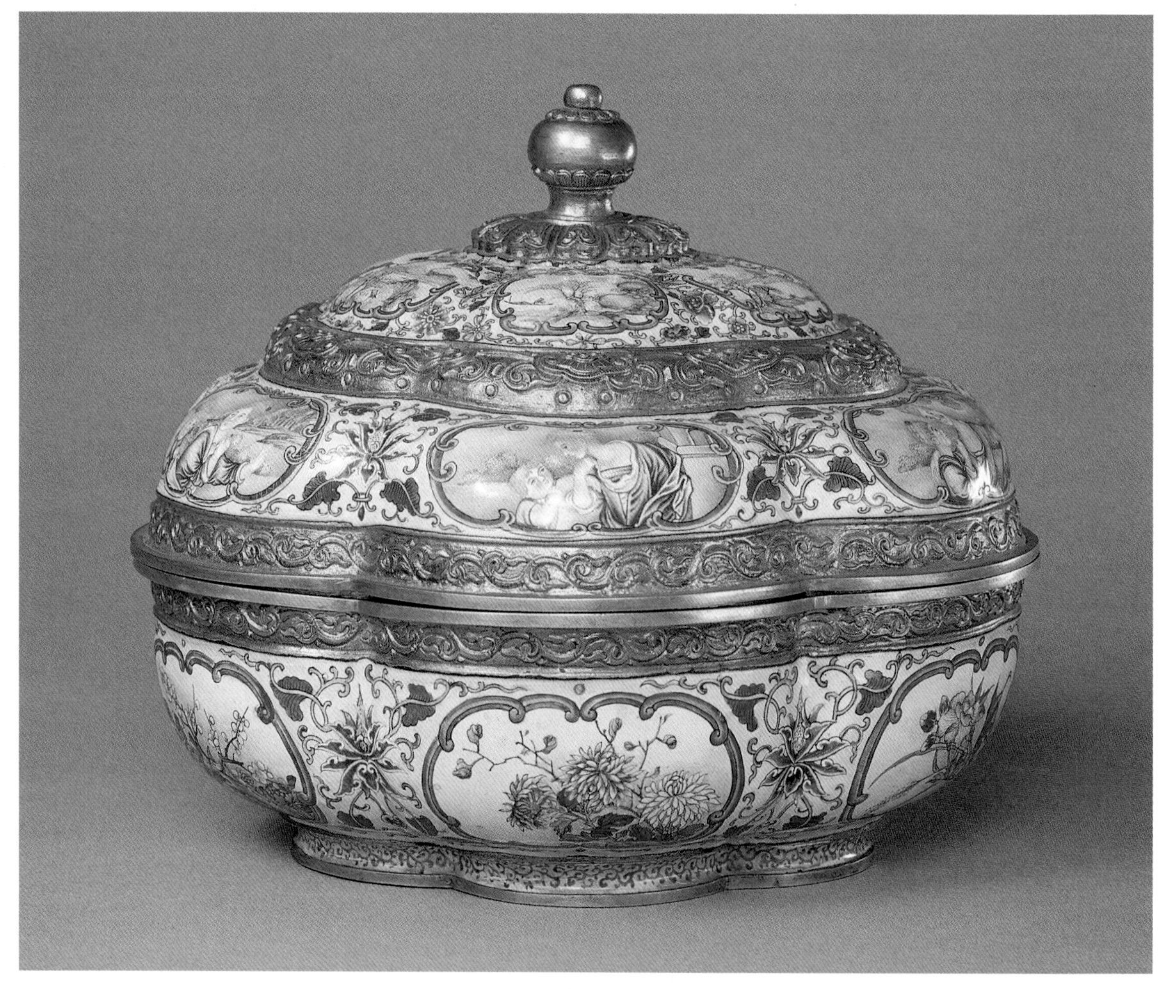

盒呈瓜棱形，蓋頂鏨花蓮紋寶珠鈕。通體黃色琺瑯釉地，繪彩釉西番蓮紋，並飾白色地如意雲頭式開光，開光內分別繪山水風景，西洋婦嬰圖和牡丹、荷花等花卉。底白釉，署“乾隆年製”仿宋體款。

此盒圖案設計繁密規整，題材內容豐富，製作工藝精益求精，反映出乾隆時期畫琺瑯工藝製作的特點。

209

**畫琺瑯番蓮紋菊瓣式盒**
清乾隆
高3.4厘米　口徑8.6/11厘米
底徑8.6/11厘米
清宮舊藏

**Painted enamel chrysanthemum-petal-shaped box with passionflower design**
Qianlong period, Qing Dynasty
Height: 3.4cm
Diameter of mouth: 8.6 / 11cm
Diameter of bottom: 8.6 / 11cm
Qing Court collection

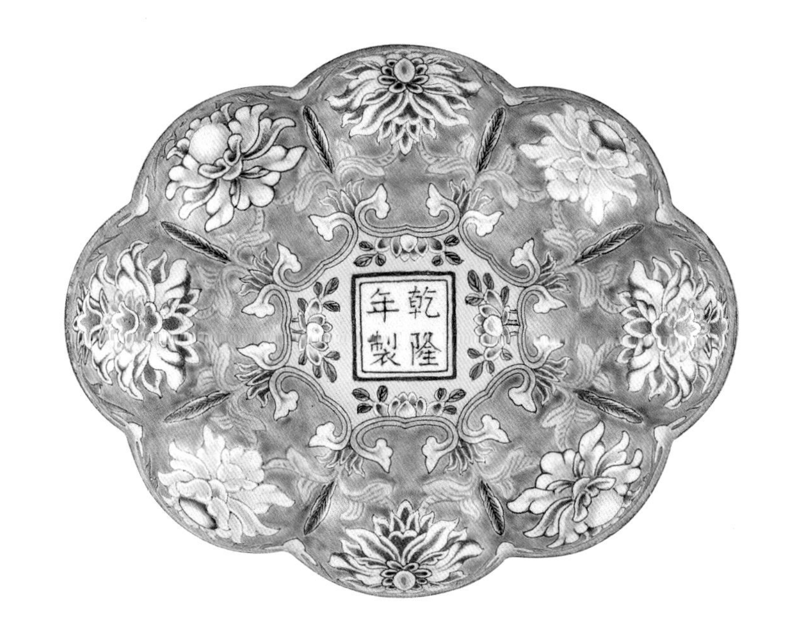


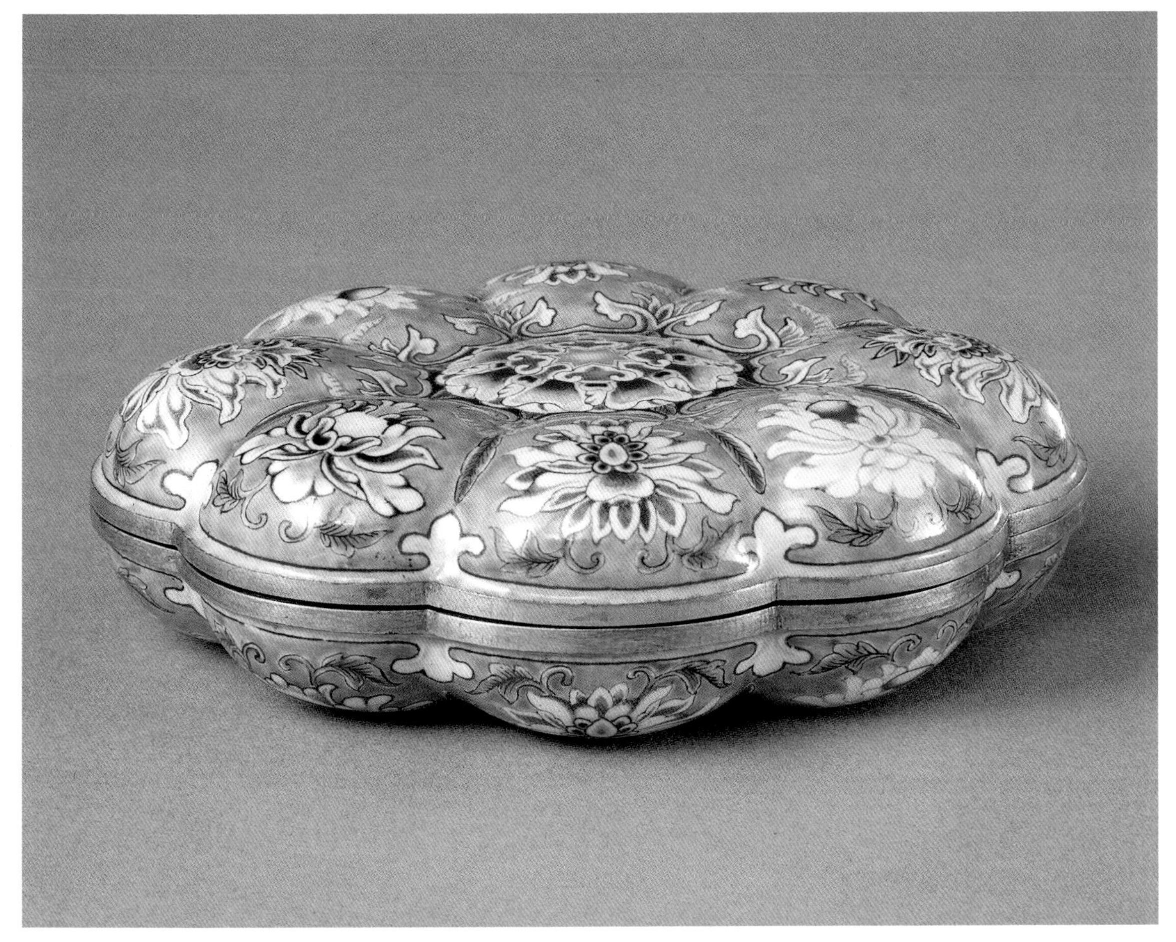

盒為銅胎鍍金，橢圓形八瓣菊花式。通體施藕荷色地，蓋、盒各繪彩色番蓮八朵，蓋心飾團花。底黃釉地開光，內飾蓮花，中心白釉，藍色雙方框內署“乾隆年製”仿宋體款。

此盒造型規整，胎體厚重，釉色有黃、橘黃、白、藍、淺藍、寶藍、淺綠、碧綠、粉、紅、紫紅、藕荷等十二種，釉料瑩潤，色彩斑斕，為乾隆時期畫琺瑯器中的佳作。在康熙年間也曾製作過同類型的盒。

## 210

**畫琺瑯開光花鳥圖梅花式屜盒**

清乾隆

通高12.5厘米　口徑17.8厘米　底徑18.5厘米

清宮舊藏

**Painted enamel plums-blossom-shaped box with two trays decorated with design of flowers and birds within reserved panels**

Qianlong period, Qing Dynasty

Overall height: 12.5cm　Diameter of mouth: 17.8cm

Diameter of bottom: 18.5cm

Qing Court collection

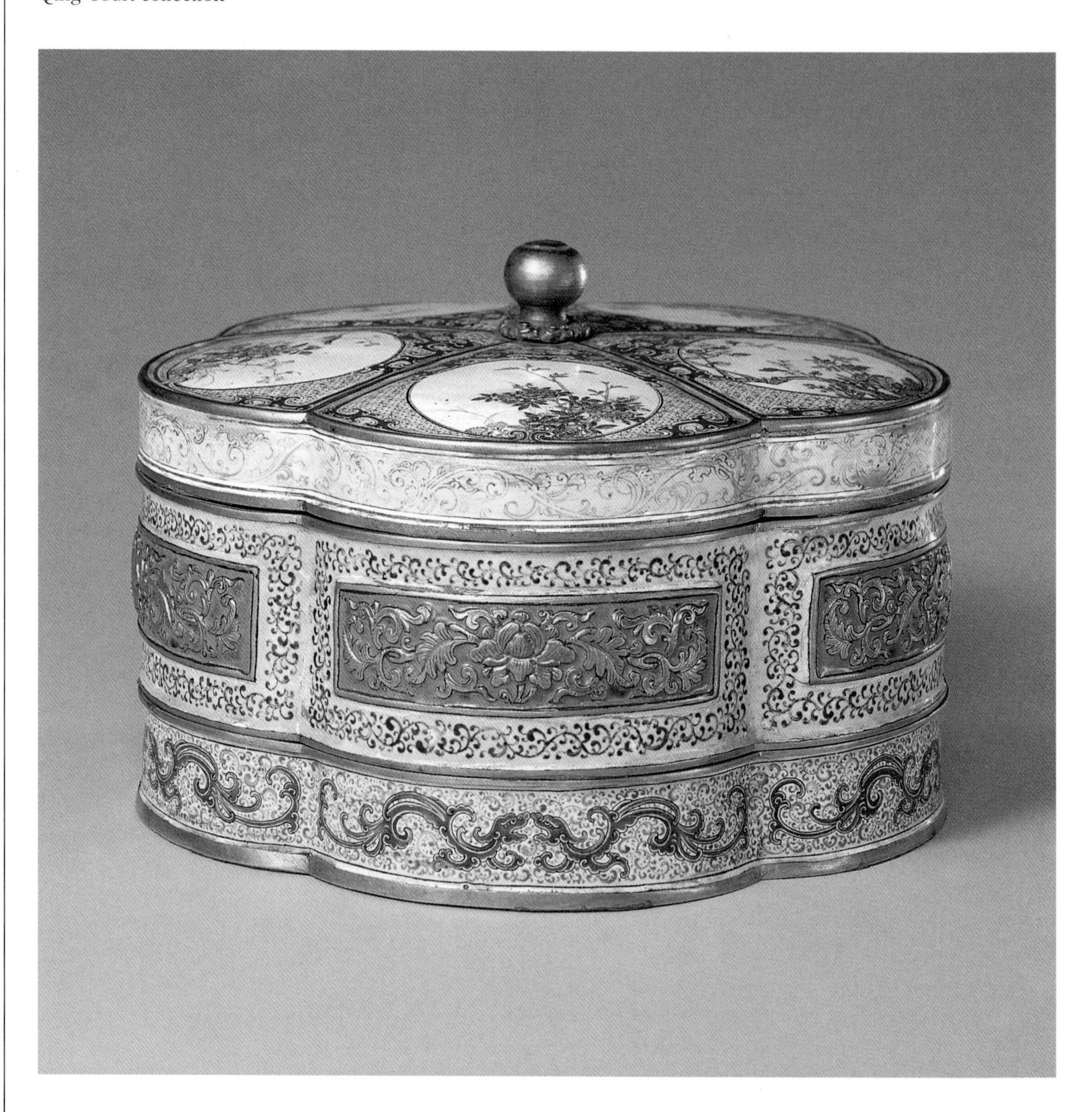

盒為二層梅花式，蓋有寶珠鈕。蓋面用鍍金綫分成五瓣，每瓣內有圓形開光，開光內繪秋豔圖，有菊花、秋葵、月季、梅花、天竹等，開光外飾黃色釉錦地和藍色蝙蝠紋。上層盒壁有長方形開光，內綠地鍍金鏨刻花紋。下層為黃色釉地飾藍色雙螭紋。底湖藍釉，署寶藍色“乾隆年製”仿宋體款。

此器造型別致，紋飾繁縟而有條不紊，尤其是鏨刻工藝的運用，使之更具華麗的效果。

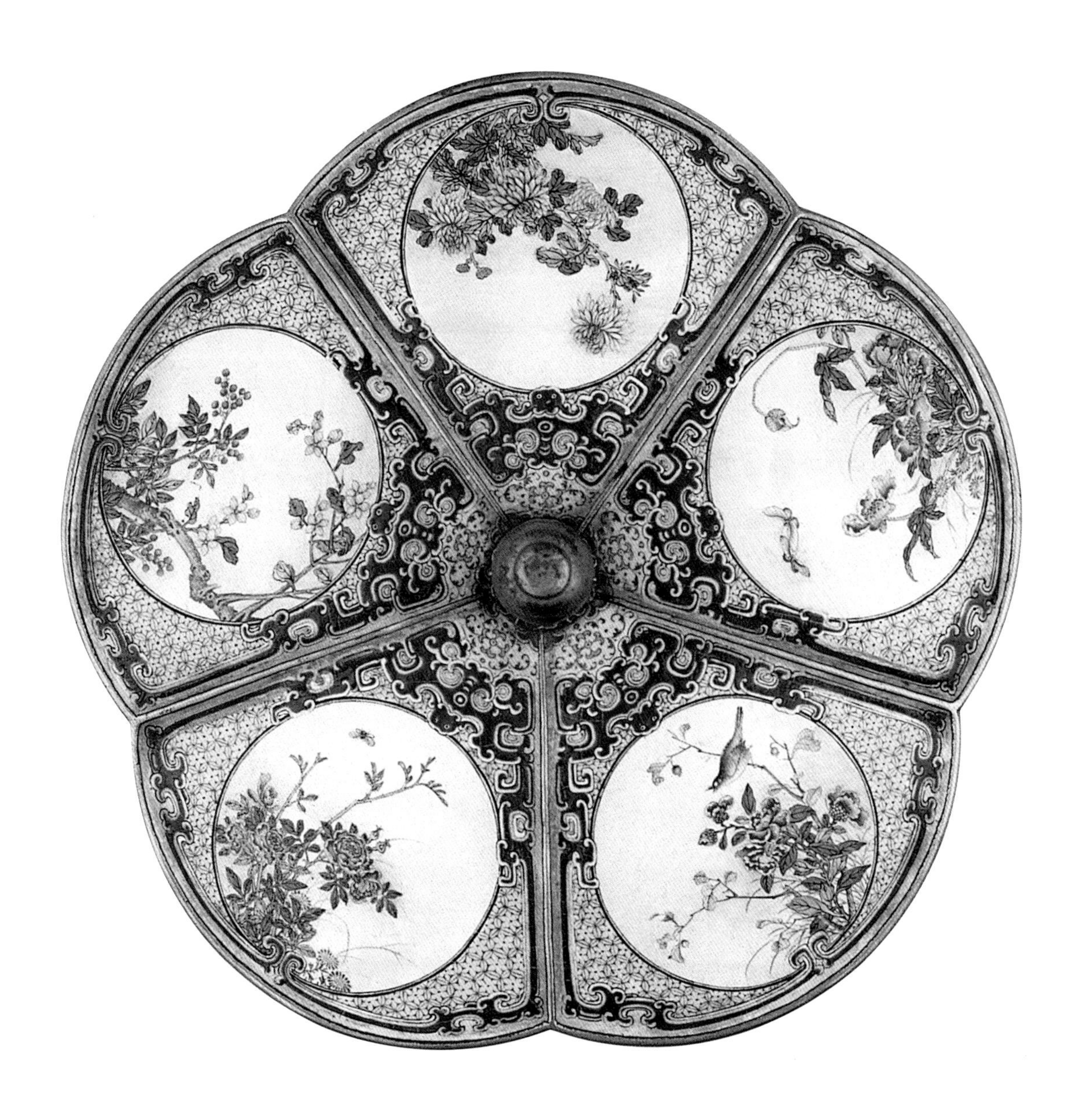

## 211

**畫琺瑯花鳥圖鏤空天球冠架**

清乾隆

高31.3厘米　球徑11厘米　底徑13.2厘米

清宮舊藏

**Painted enamel globular hat-stand in openwork decorated with bird and flower design**

Qianlong period, Qing Dynasty

Height: 31.3cm　Diameter of globe: 11cm

Diameter of bottom: 13.2cm

Qing Court collection

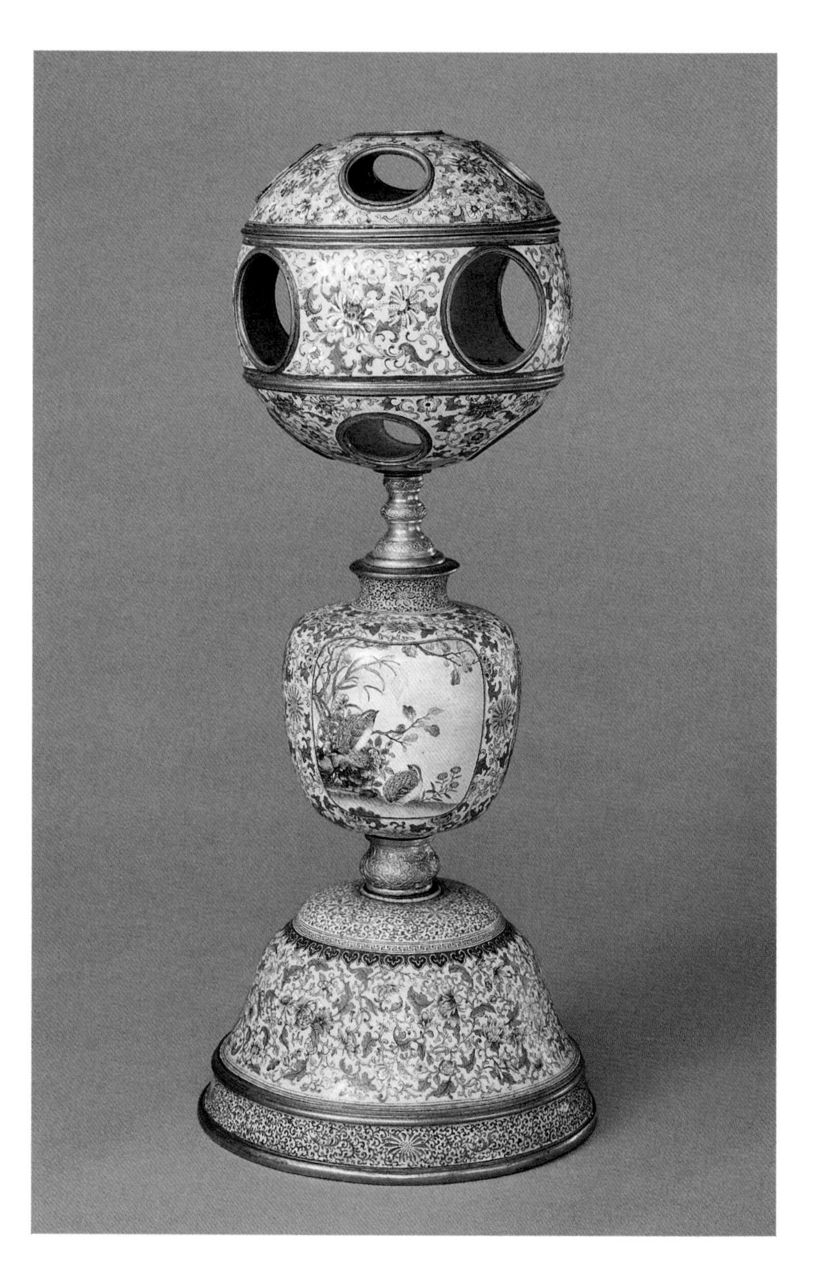

冠架由冠傘、梃手、底座三部分組成。冠傘為鏤空天球形，鏤有十三個圓孔，梃手為罐形，底座為覆碗式。通體主要施明黃色琺瑯釉為地，飾纏枝各色花卉紋。梃手三開光，內繪花鳥圖，外飾花卉；冠傘、底座均飾花卉紋。底古銅釉，鏨陰文“乾隆年製”楷書款。

冠架是放帽子的用具，一般置於皇帝及后妃經常活動的場所。此冠架造型美觀，繪製精細，既是一件實用器，又是一件耐人玩賞的陳設器。

212

## 畫琺瑯母嬰圖提梁卣

清乾隆
通梁高18.9厘米　口徑5.3厘米　足徑6.6厘米
清宮舊藏

**Painted enamel loop-handled jar with mother-and-child design**
Qianlong period, Qing Dynasty
Overall height: 18.9cm　Diameter of mouth: 5.3cm
Diameter of foot: 6.6cm
Qing Court collection

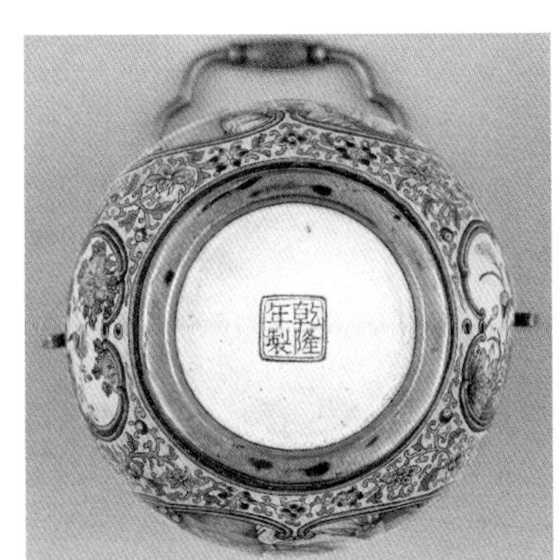


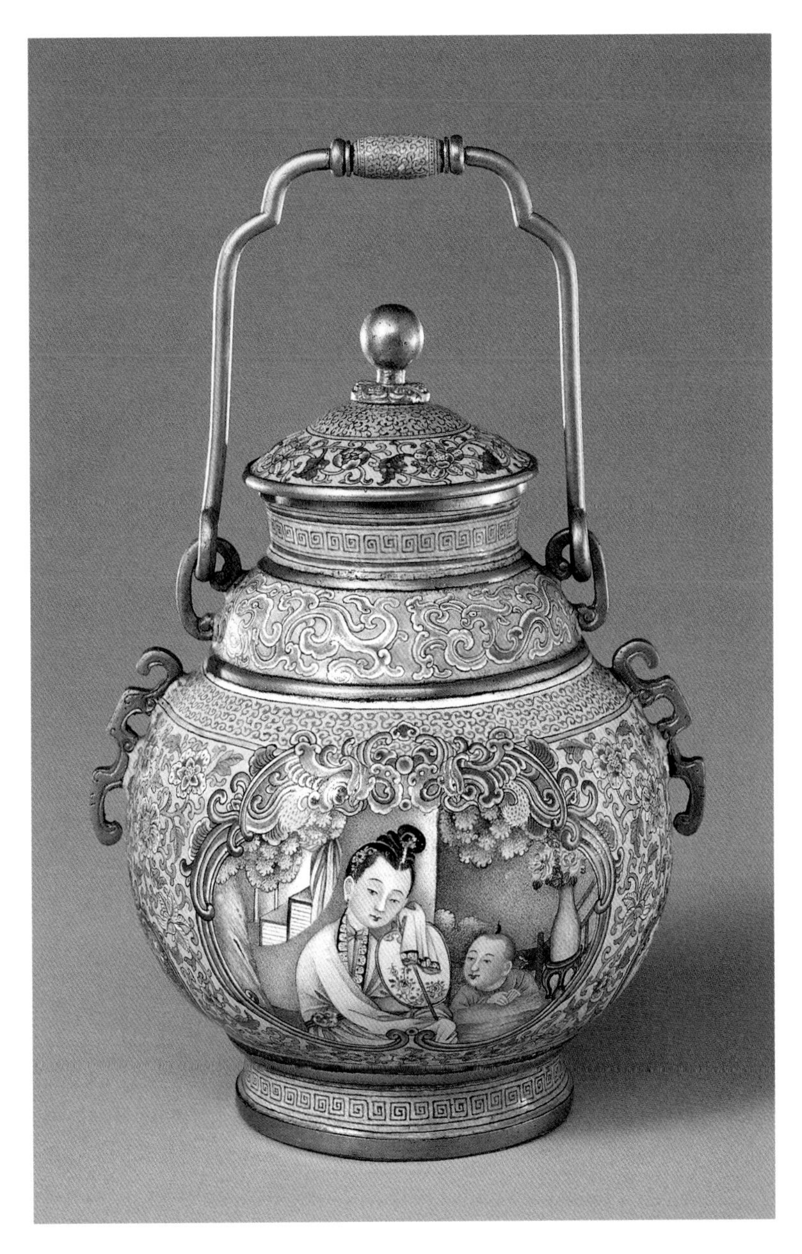

提梁卣直口，鼓腹，肩部有螭耳，耳上方有提梁，寶珠鈕蓋。蓋面繪彩色纏枝花，腹施黃色琺瑯釉地，繪彩色纏枝花，上有雙鳳紋開光，內繪庭園母嬰圖和花鳥圖。底白釉，藍色方框內署“乾隆年製”仿宋體款。

提梁卣仿自青銅器造型，古代時為盛酒器，此器製作精巧雅致，紋飾工整，繪畫技法極佳，釉質細膩，色彩豔麗，為乾隆年間人物題材畫琺瑯器中之精品。

213

**畫琺瑯團花紋六方瓶**
清乾隆
高36.4厘米　口徑14.3厘米　足徑13.9厘米
清宮舊藏

**Painted enamel hexagonal vase with posy design**
Qianlong period, Qing Dynasty
Height: 36.4cm　Diameter of mouth: 14.3cm
Diameter of foot: 13.9cm
Qing Court collection

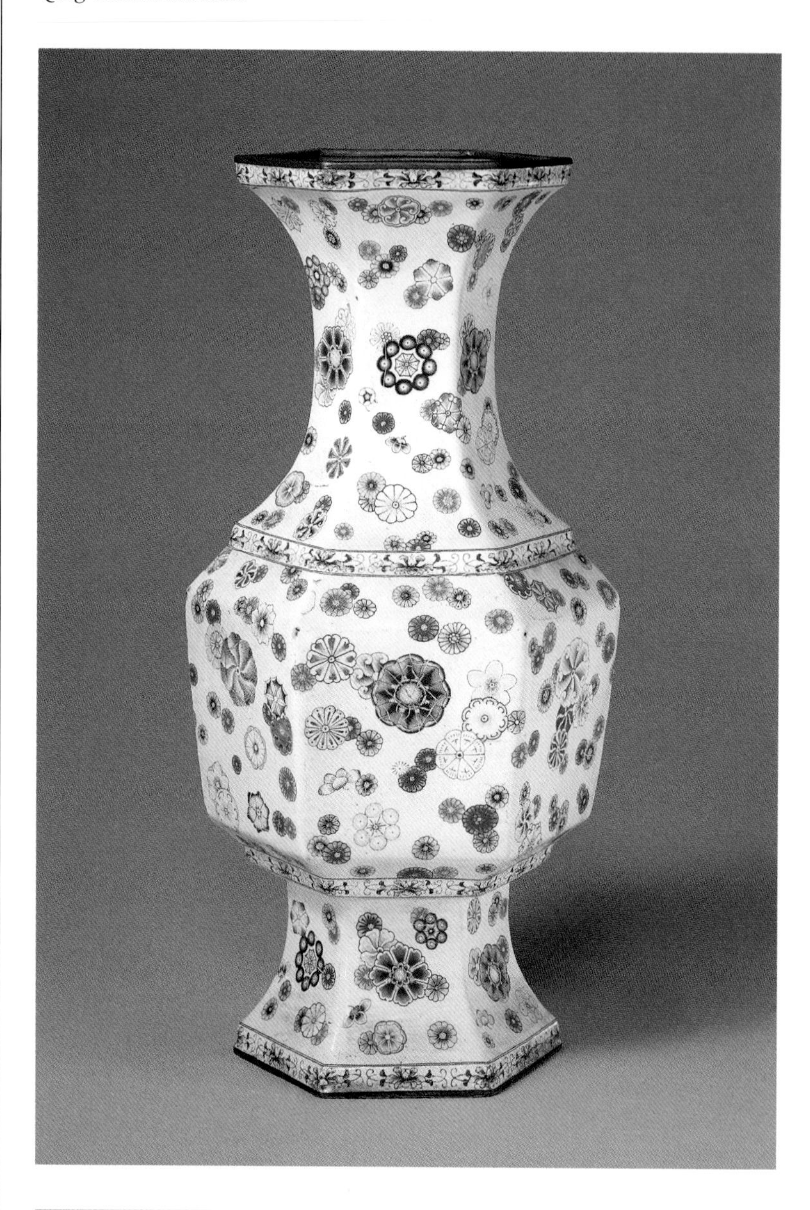

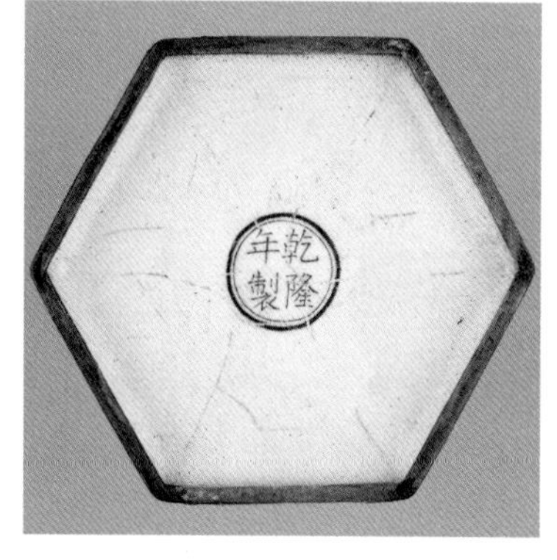


瓶為六方形，束頸，高足外撇。通體施白色琺瑯釉地，除頸、足兩端飾彩色折枝花外，其餘皆飾團花圖案，花形各異，有六瓣、八瓣及多瓣，色彩有深紫、寶藍、橘黃、淡綠等。底白釉，藍色雙圈內署“乾隆年製”楷書款。

此瓶紋飾活潑，疏密得當，色彩醒目柔和，是清宮內精美的陳設品。

214

**畫琺瑯冰梅紋瓶**
清乾隆
高20厘米　口徑7.2厘米　足徑5.7厘米
清宮舊藏

**Painted enamel vase with design of ice crackles and plum blossoms**
Qianlong period, Qing Dynasty
Height: 20cm　Diameter of mouth: 7.2cm
Diameter of foot: 5.7cm
Qing Court collection

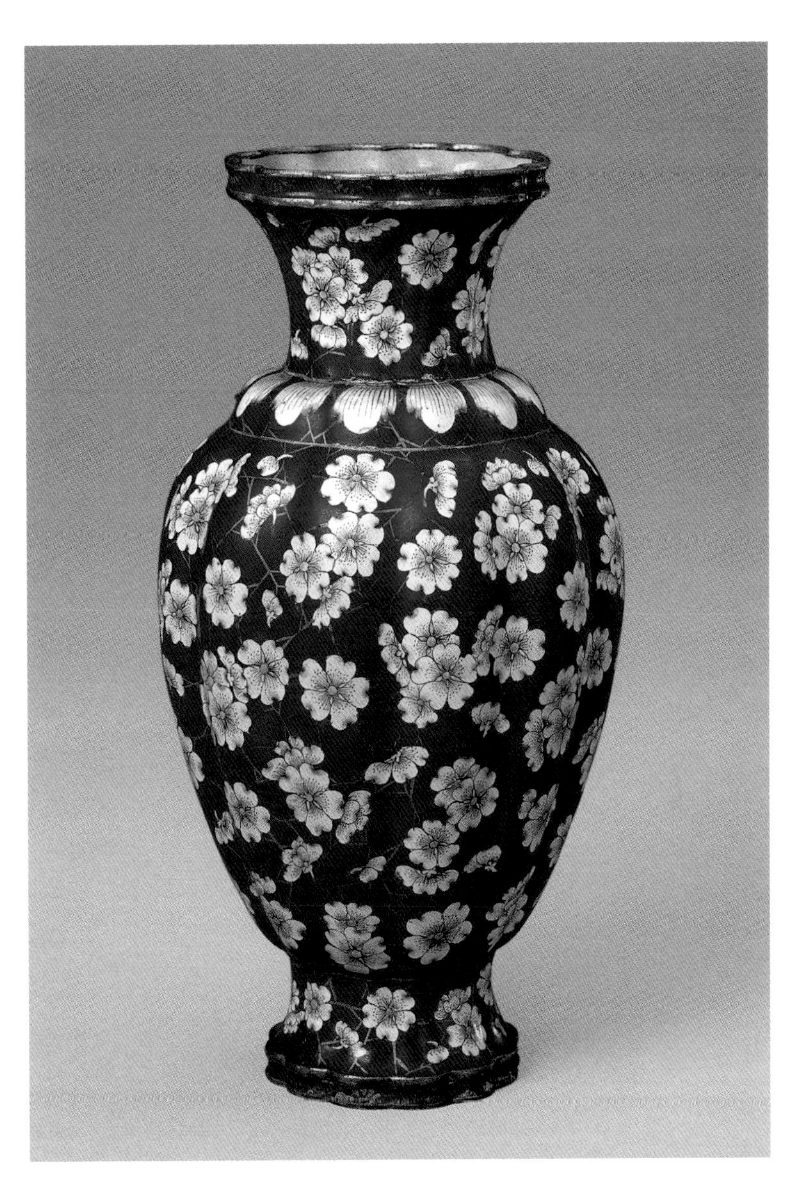

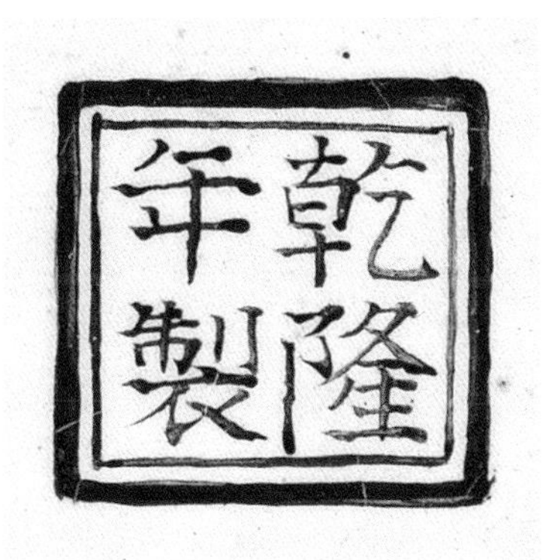


瓶為瓜棱形，花瓣式口，圈足外撇。通體施寶藍色琺瑯釉地，飾冰梅紋，用金色勾出不規則的冰裂紋，用紅、白色釉描繪出一朵朵梅花，黃芯綠蕊。底白釉，紅色雙方框內署"乾隆年製"楷書款。

此瓶紋飾格調高雅，別具風韻，以藍釉色描金為地顯得十分尊貴。

215

**畫琺瑯花紋海棠式瓶**
清乾隆
高50.5厘米　口徑16厘米　足徑14厘米
清宮舊藏

**Painted enamel begonia-shaped vase with floral design**
Qianlong period, Qing Dynasty
Height: 50.5cm　Diameter of mouth: 16cm
Diameter of foot: 14cm
Qing Court collection

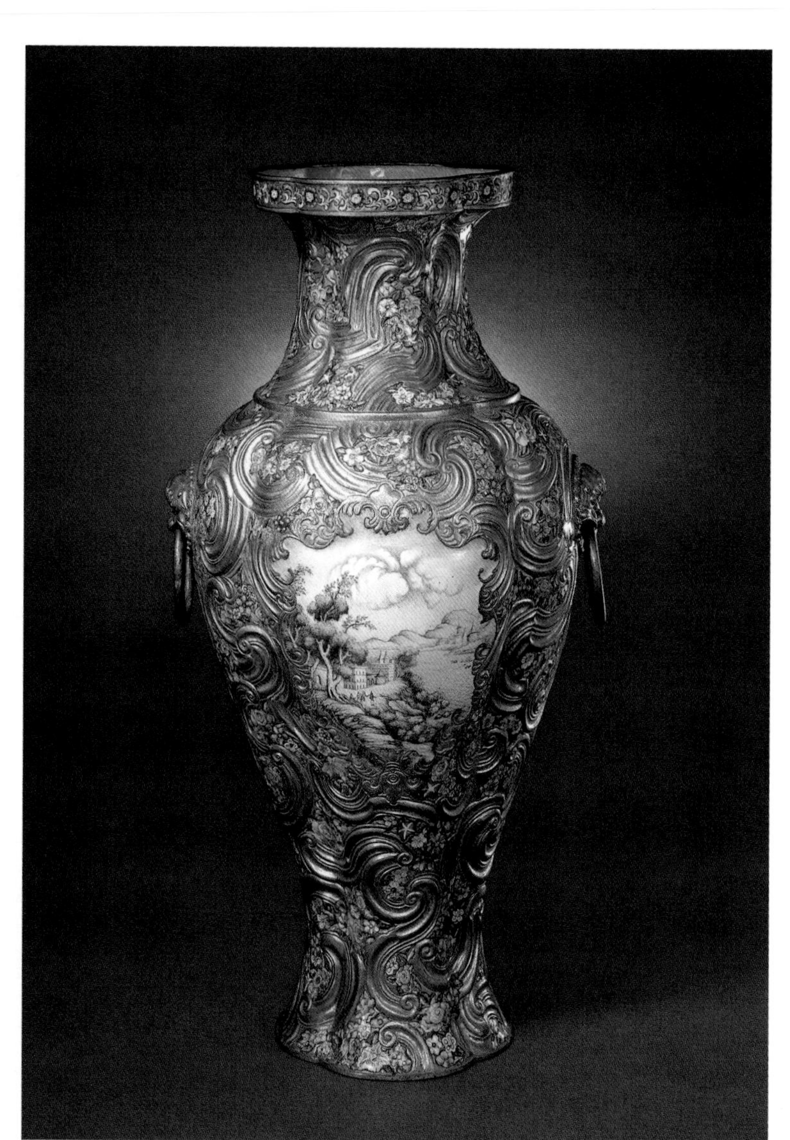

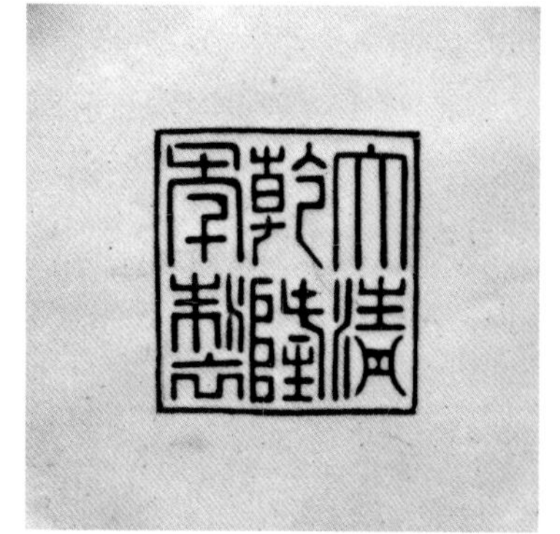


瓶為海棠花式，束頸，瓶體修長，近肩處兩側有鋪首啣環耳。通體錘鍱隱起法國建築洛可可式“洋花”圖案，並加以描金，間飾畫琺瑯寫生百花。腹部兩面開光，內繪西洋風景人物畫。底白釉，藍色方框內署“大清乾隆年製”篆書款。

此瓶為當時廣州專為宮廷製作的貢品，琺瑯釉色鮮豔明亮，光澤甚強，紋飾為典型的仿西洋畫琺瑯風格。此種有舒捲自如的蔓草番花紋樣和西洋樓閣、風景、婦嬰等繪畫的風格，為廣州畫琺瑯的地方特色。它的形成與演變是受歐洲畫琺瑯及油畫的影響，至乾隆時期這種風格更趨明顯，對當時琺瑯製造業具有很大的影響。

216

## 畫琺瑯幾何紋方壺

清乾隆
通高17厘米　口徑5.2厘米　足邊長5.5/4.3厘米
清宮舊藏

**Painted enamel square pot with geometric design**
Qianlong period, Qing Dynasty
Overall height: 17cm　Diameter of mouth: 5.2cm
Length of foot brim: 5.5 / 4.3cm
Qing Court collection

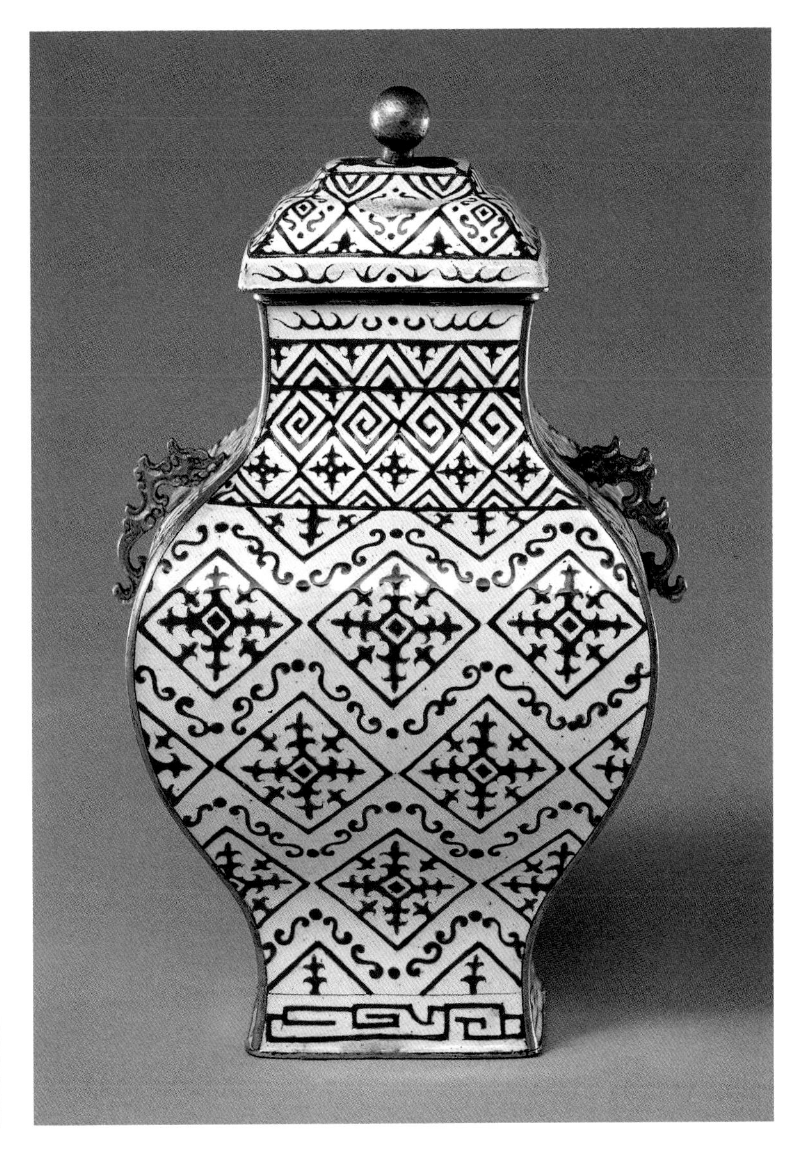

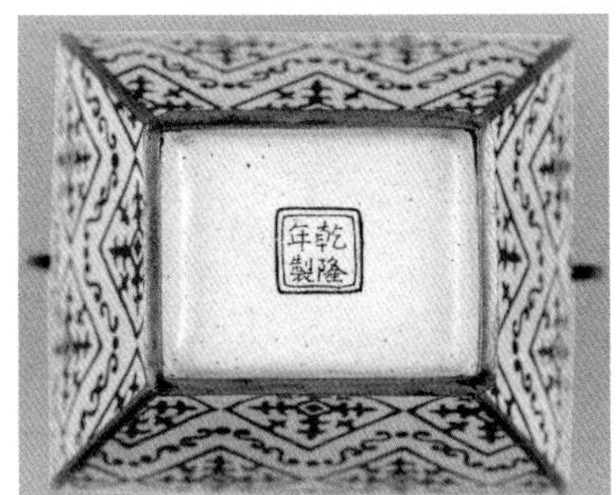


壺為方形，鼓腹，肩有銅鍍金螭耳，寶珠鈕蓋。通體施白色琺瑯釉地，上繪紅色釉菱形、回紋、十字花等幾何形圖案。底白釉，藍色雙方框內署“乾隆年製”楷書款。

此壺之造型與紋飾均仿自古代青銅器和彩繪陶器，圖案簡潔舒朗，色彩鮮麗明快，是乾隆時期畫琺瑯仿古精品。

217

**畫琺瑯蝠壽雙耳活環瓶**
清乾隆
高15.3厘米　口徑4.1厘米　足徑6.1厘米
清宮舊藏

**Painted enamel vase with two ears holding movable ring decorated with design of bats around character "Shou" (longevity)**
Qianlong period, Qing Dynasty
Height: 15.3cm　Diameter of mouth: 4.1cm
Diameter of foot: 6.1cm
Qing Court collection

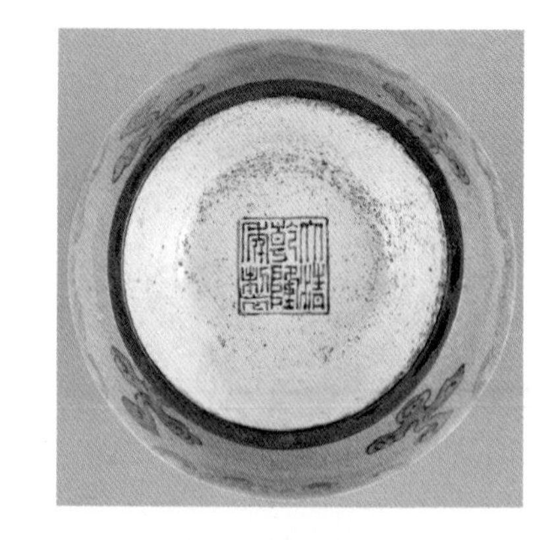

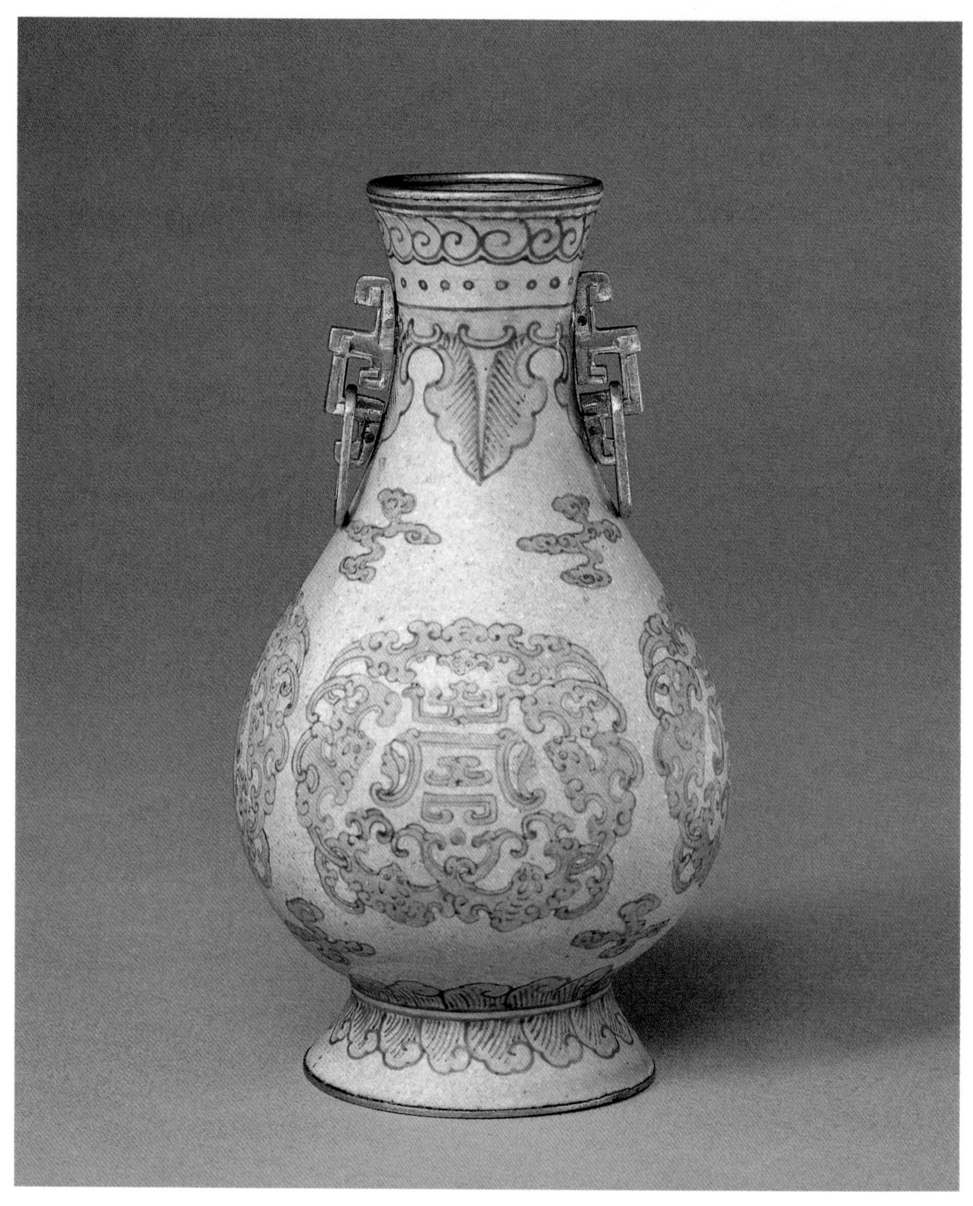

瓶撇口，束頸，垂腹，外展足。通體施天青色琺瑯釉地，口沿下飾藍色雲頭紋及乳釘紋，頸飾蕉葉紋，兩側飾銅鍍金雙耳內套活環。腹部繪粉色五蝠捧壽，其上下繪粉色流雲。足牆以藍釉飾海水紋。底白釉，紅色方框內署"大清乾隆年製"篆書款。

此瓶造型古樸小巧，仿自古代青銅器，釉色淡雅，製作精細。

218

## 畫琺瑯花蝶團錦紋蓋罐

清乾隆

高38.7厘米　口徑11.2厘米　足徑12.9厘米

清宮舊藏

**Painted enamel covered jar with design of flowers, butterflies and brocaded medallion**

Qianlong period, Qing Dynasty

Height: 38.7cm　Diameter of mouth: 11.2cm

Diameter of foot: 12.9cm

Qing Court collection

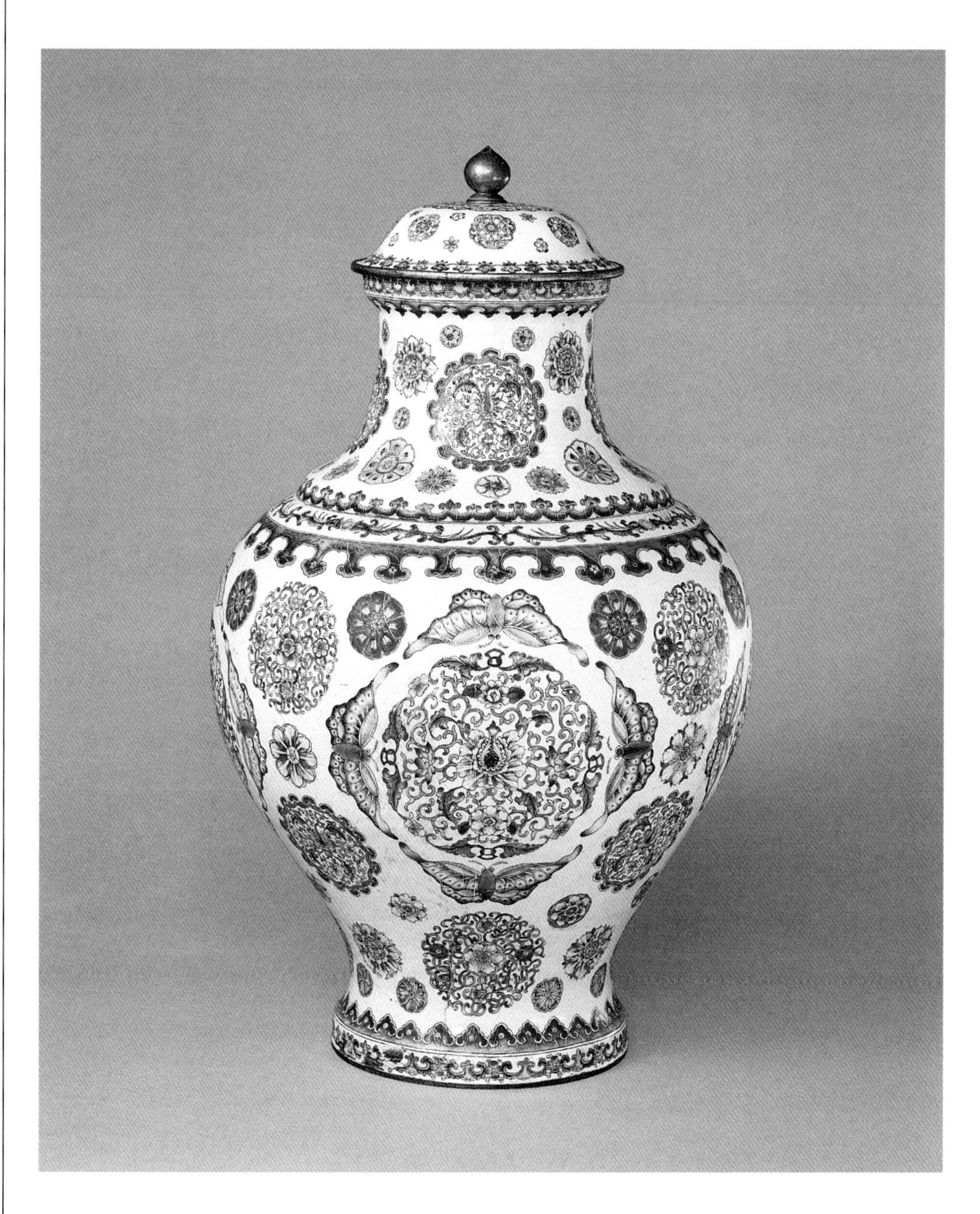

罐侈口，長頸，鼓腹下斂，寶珠鈕蓋。通體施白色琺瑯釉地，蓋、頸部飾彩色團花紋，肩部飾夔鳳紋、如意雲頭紋，腹部四面繪彩蝶、團花及各色團錦紋。底白釉，署藍色“乾隆年製”楷書款。

此蓋罐造型仿自古代青銅器，體大而端莊，圖案既富於變化又和諧統一，是乾隆時期宮中的畫琺瑯陳設用器。

219

**畫琺瑯葵花蓋唾盂**

清乾隆

通高9.4厘米　長12.1厘米

寬10.1厘米

清宮舊藏

**Painted enamel spittoon with sunflower-shaped cover**

Qianlong period, Qing Dynasty

Overall height: 9.4cm

Length: 12.1cm

Width: 10.1cm

Qing Court collection

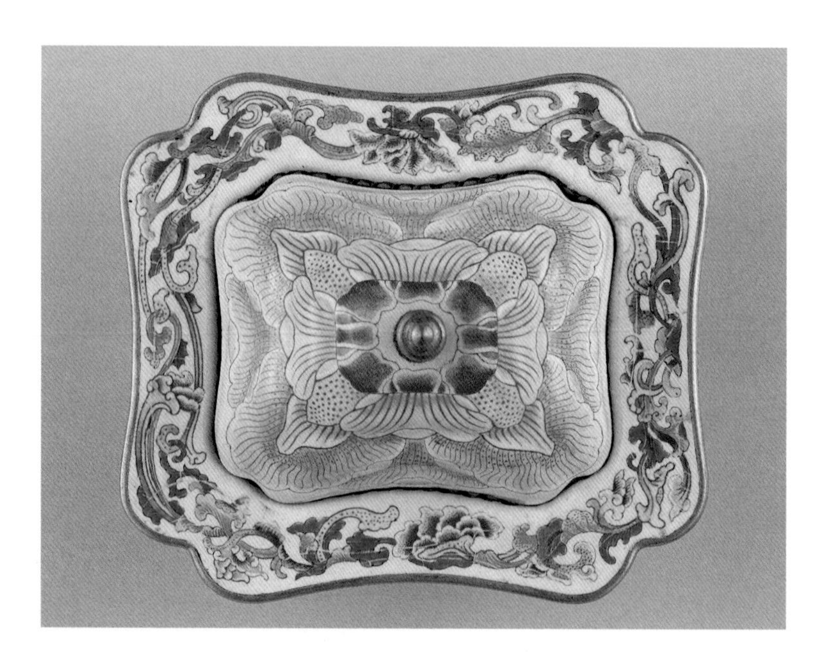

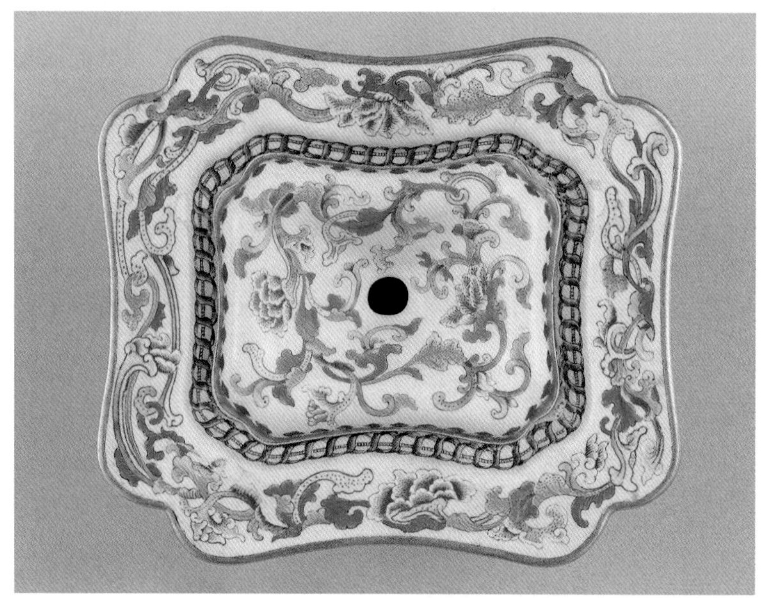

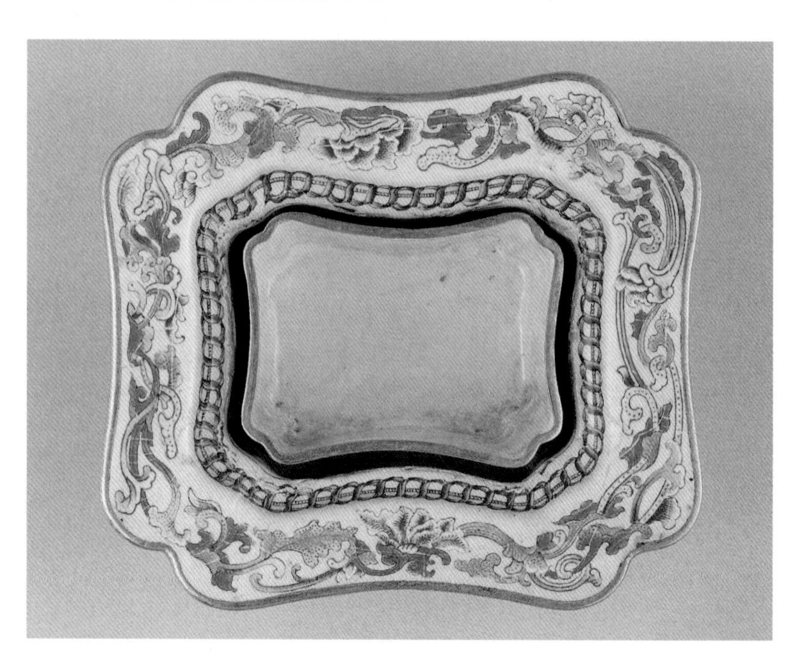

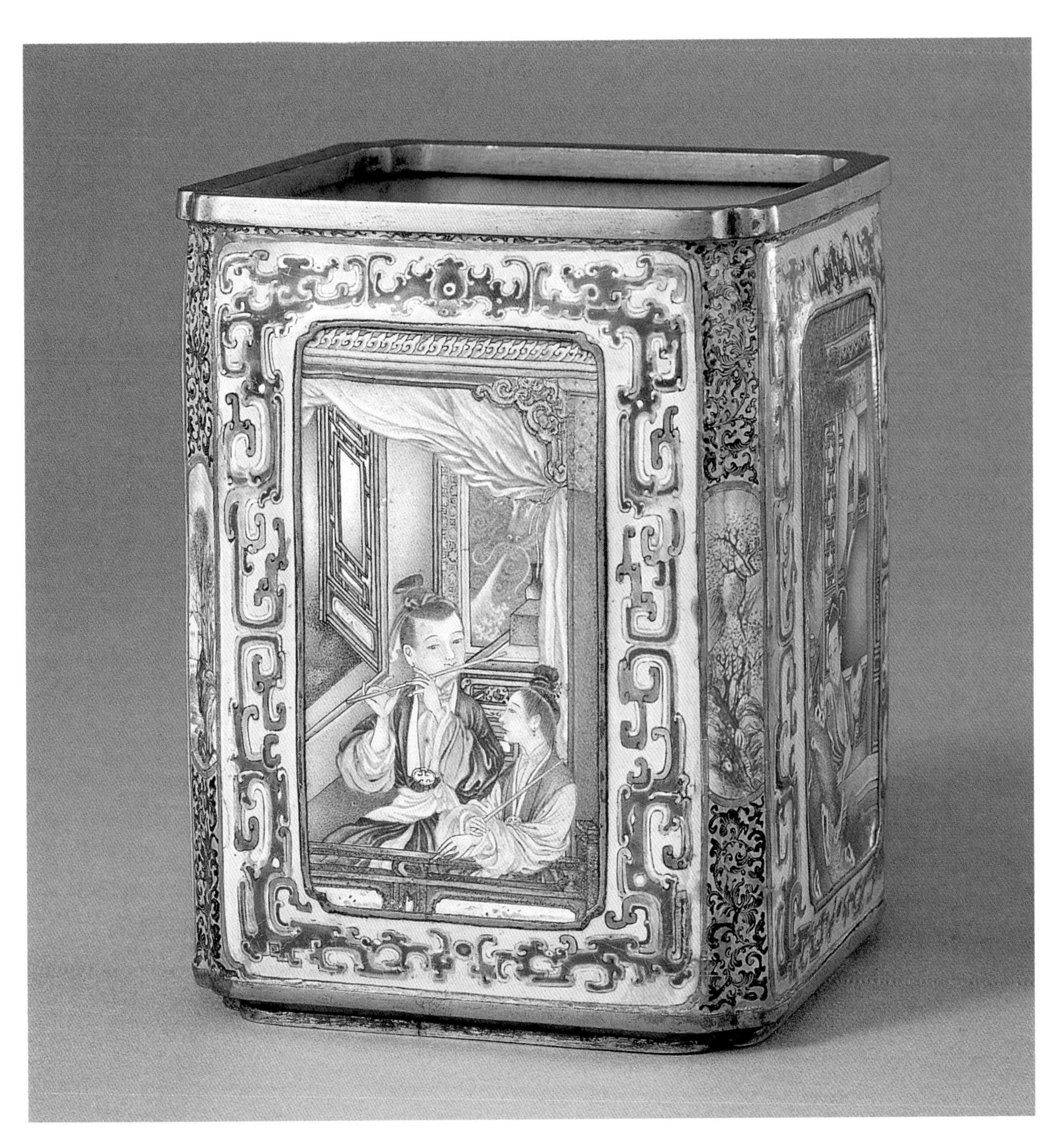

筆筒方形委角，重底式足。四面施黃色琺瑯釉地，上飾紅蝙蝠及藍色蟠螭紋，長方形委角開光內繪憑窗人物及《母嬰圖》，四角飾開光胭脂色山水圖。底天藍釉，署寶藍色“乾隆年製”仿宋體款。

此器畫面人物神態刻畫細膩生動，用筆工緻，體現出乾隆時期人物題材畫琺瑯的製作水平。

## 223

**畫琺瑯開光花蝶圖水盂**

清乾隆

通高2.1厘米　口徑3.5/2.7厘米　足徑3.1/2.3厘米

清宮舊藏

**Painted enamel Yu (for holding water) with flower and butterfly design within reserved panels**

Qianlong period, Qing Dynasty

Height: 2.1cm　Diameter of mouth: 3.5 / 2.7cm

Diameter of foot: 3.1 / 2.3cm

Qing Court collection

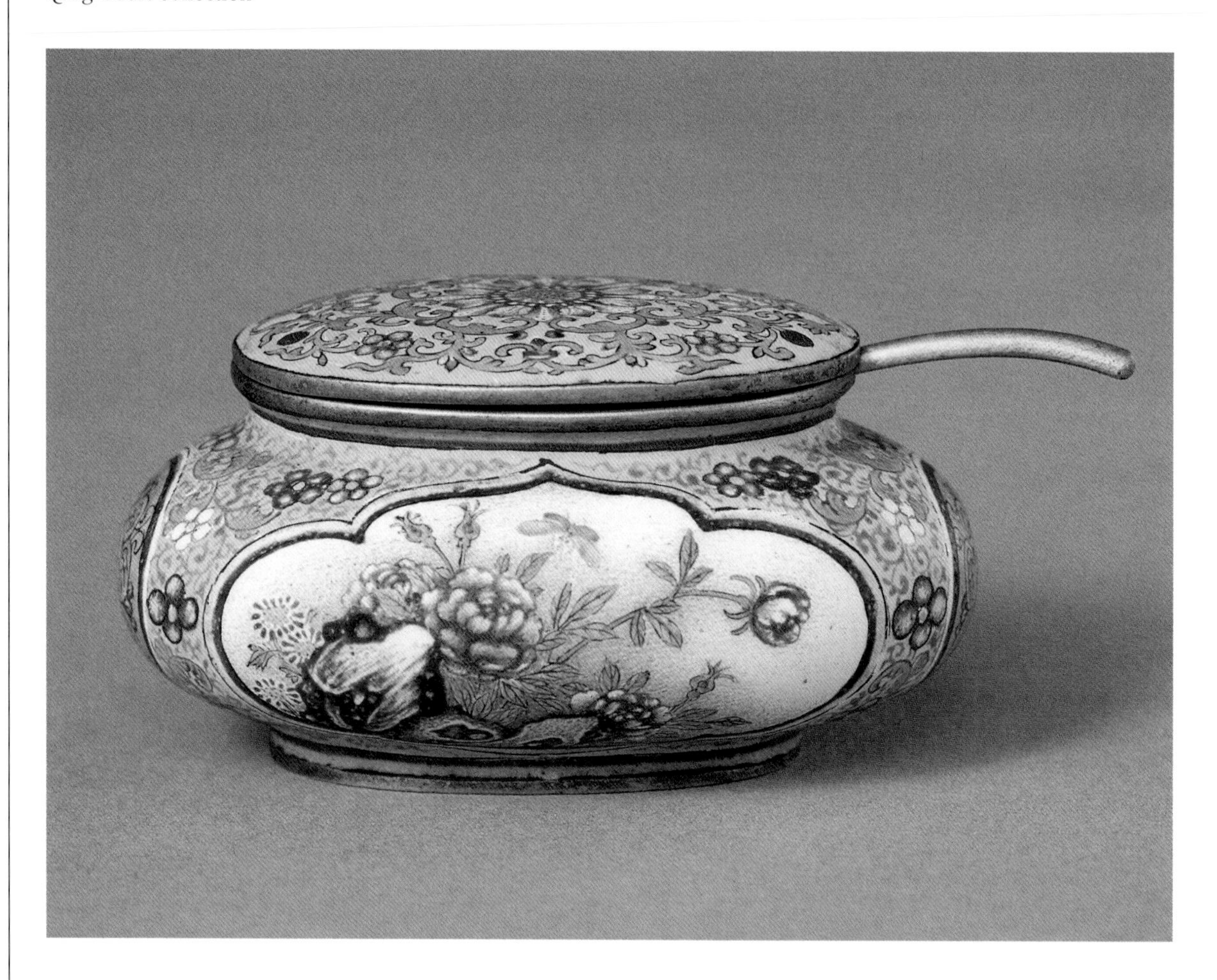

水盂為橢圓形，口沿處留有匙柄豁齒，蓋面微凸，圈足。水盂以黃色琺瑯釉為地，飾彩色花卉紋，前後兩面有雲頭形開光，內繪山石、月季、蝴蝶，左右圓開光，內繪番蓮紋。底白釉，藍色雙方框內署“乾隆年製”楷書體款。

此器一名“水丞”，為文房用具，造型精巧別致，圖案描繪秀麗，色彩明麗。

224

## 畫琺瑯牡丹圖水盂

清乾隆
高12.9厘米　口徑14.5厘米　足徑12.6厘米
清宮舊藏

**Painted enamel Yu (for holding water) with peony design**
Qianlong period, Qing Dynasty
Height: 12.9cm　Diameter of mouth: 14.5cm
Diameter of foot: 12.6cm
Qing Court collection

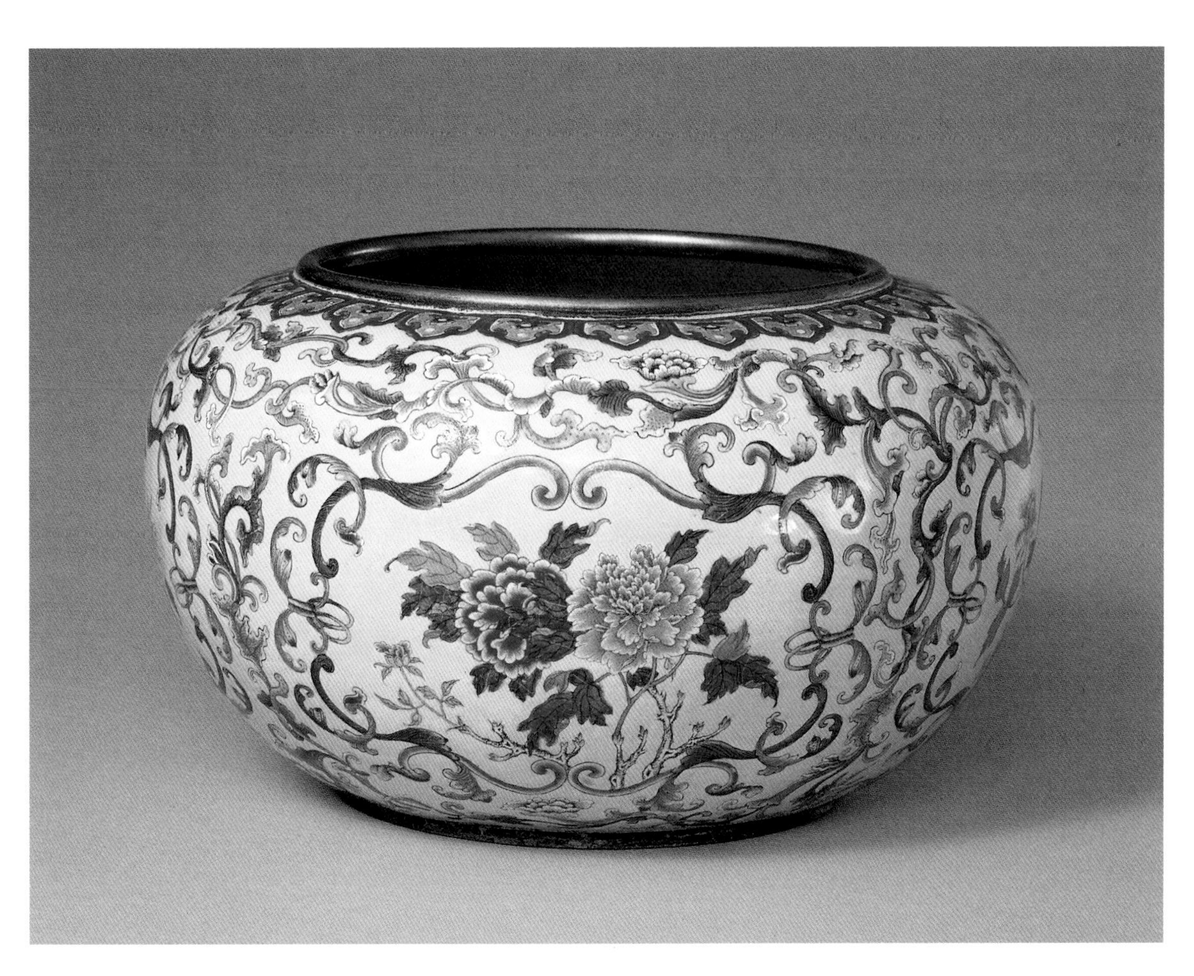

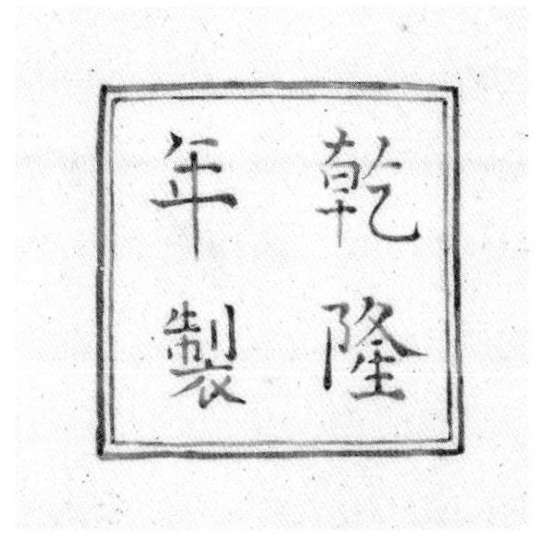


盂斂口，鼓腹，圈足。通體施黃色琺瑯釉地，飾彩釉纏枝蓮紋，四面有勾雲形開光，內繪《牡丹圖》。底白釉，紅色雙方框內署“乾隆年製”楷書款。

水盂為文房用具，儲水器。

225

## 畫琺瑯開光瓜蝶紋五供

清乾隆

爐通高22.6厘米　口徑12.9厘米

燭台高22.7厘米　足徑9.7厘米

花觚高22.2厘米　口徑11.5厘米

清宮舊藏

**Painted enamel Five Offerings decorated with melon and butterfly design within reserved panels**

Qianlong period, Qing Dynasty

Censer: Overall height: 22.6cm　Diameter of mouth: 12.9cm

Candlestick: Height: 22.7cm　Diameter of foot: 9.7cm

Gu: Height: 22.2cm　Diameter of mouth: 11.5cm

Qing Court collection

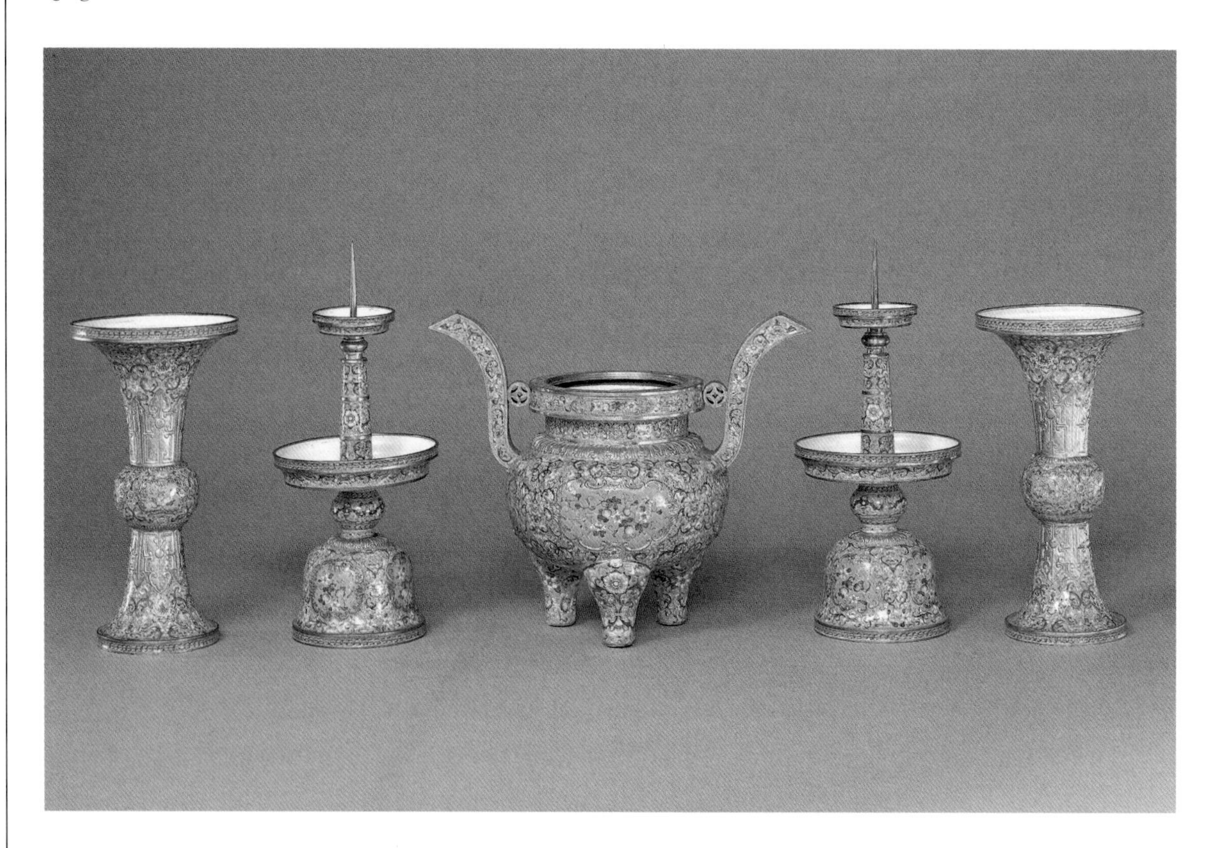

五供是佛堂前的供器，計有爐一件、燭台兩件、花觚兩件。此五器均為銅胎，通體施天藍色琺瑯釉地，飾彩色勾蓮紋。爐、花觚腹部及燭台座各有銅鍍金捲草形開光，開光內淺綠色地飾彩色瓜蝶、葫蘆紋。爐肩、燭台座上有銅鍍金蓮瓣紋，花觚有銅鍍金蕉葉紋。底白釉，紅色雙方框內署“乾隆年製”楷書款。

此五供施釉色達十三種之多，其釉色瑩潤勻淨，花紋描繪精細，造型規整，鍍金燦爛，充分顯示出乾隆時期畫琺瑯的高超技藝。

226

**畫珐瑯花卉紋炕桌**
清乾隆
高34.5厘米　長88.5厘米　寬53厘米
清宮舊藏

**Painted enamel Kang-table with floral design**
Qianlong period, Qing Dynasty
Height: 34.5cm　Length: 88.5cm　Width: 53cm
Qing Court collection

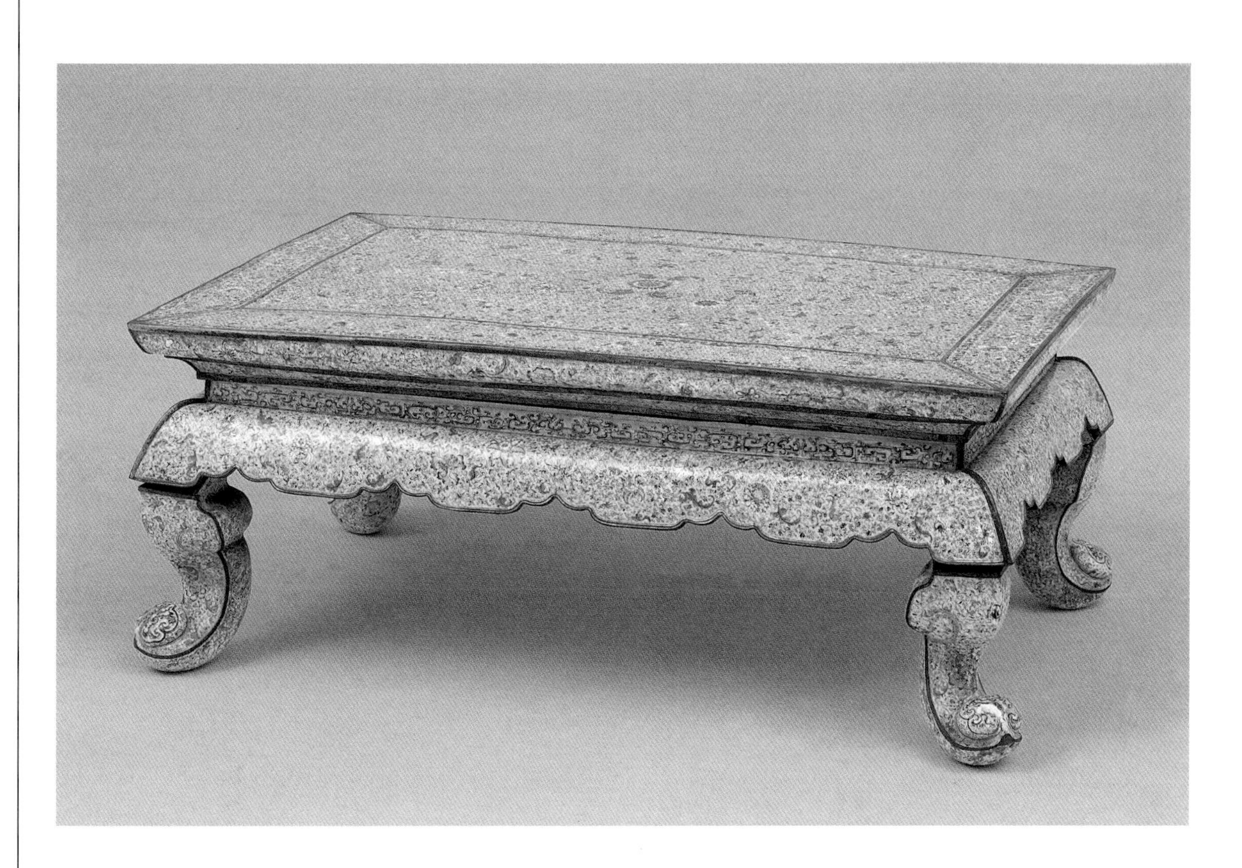

炕桌長方形桌面，如意形腿。通體施黃色珐瑯釉為地，彩繪纏枝花卉，桌面用銅條鑲嵌出長方形開光，梯形桌邊內繪粉紅色螭紋邊飾。裙邊上繪藍色螭紋。底為兩條藍色螭紋環抱紅釉“大清乾隆年製”篆書款。

此器所施釉色純正豔麗，釉質細膩瑩潤，極富光澤。花紋富麗，工藝技法極其考究，從此器可管窺乾隆時期畫珐瑯工藝所達到的水準。

227

## 畫琺瑯鏤孔罩纏枝花紋炭盆

清中期

通高72厘米　盆口徑54.8厘米

清宮舊藏

**Painted enamel charcoal brazier with an openwork cover decorated with floral design**

Middle Qing Dynasty

Overall height: 72cm　Diameter of brazier: 54.8cm

Qing Court collection

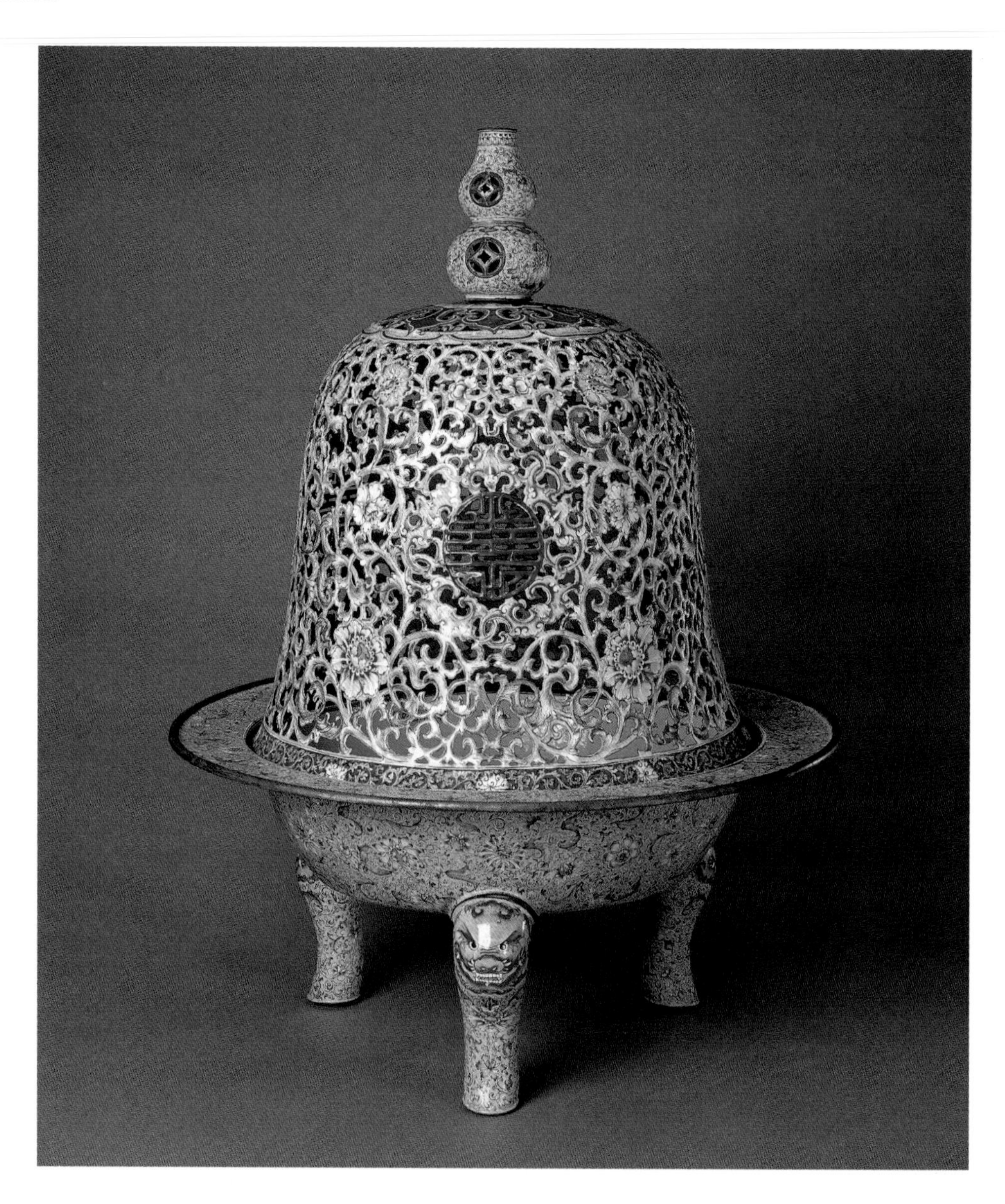

炭盆為淺弧壁，折沿口，平底，下承三獸首足，上有鏤孔鐘式罩，頂置葫蘆形鈕。盆施中黃色琺瑯釉為地，以粉紅、草綠、淺藍、淡紫等彩釉繪纏枝花卉紋。罩鏤孔減地，以草綠、中黃、淺藍、粉紅、淡紫等琺瑯釉繪纏枝花卉紋，壁中部飾粉紅色釉五蝙蝠，五蝠翅相勾連，形成開光，開光內用寶藍色釉書團“壽”字。

此盆為宮廷中用作燃炭取暖的器具，造型源自唐代瓷器，簡練大方；色彩鮮豔，盆以暖色調為主，罩以中色調為主，製作講究，是清代中期廣州地區製造的佳作。

228

**畫琺瑯鑲玻璃八方宮燈**
清中期
通高113.5厘米
清宮舊藏

**Painted enamel octagonal palace lantern inlaid with glass**
Middle Qing Dynasty
Overall height: 113.5cm
Qing Court collection

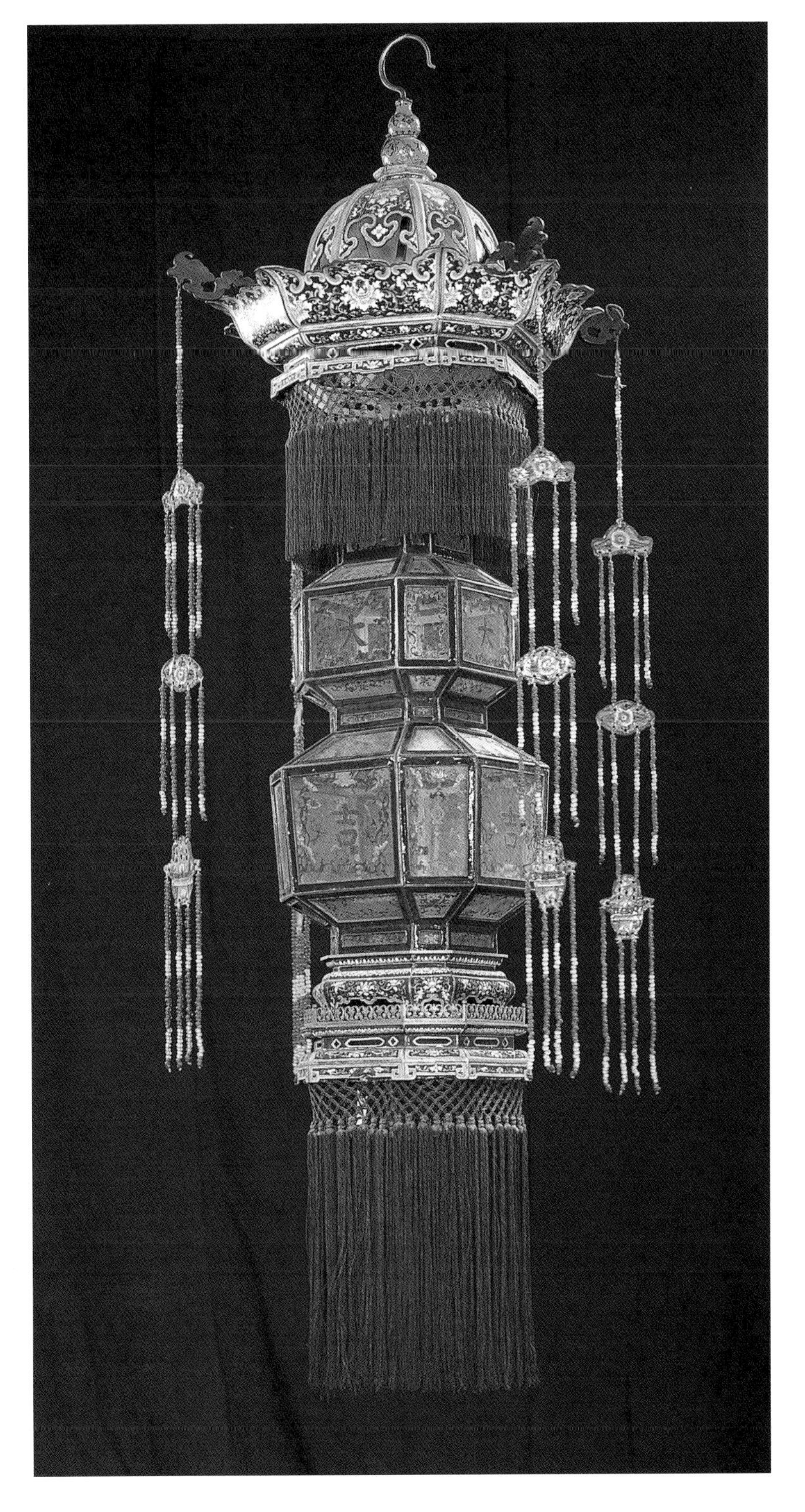

宮燈上下分成三組，上為畫琺瑯彩釉勾蓮紋僧帽式頂蓋，頂上置銅鈎，可懸掛。中接銅胎藍釉畫琺瑯框架組成八方束腰雙連式燈罩，罩面鑲彩繪玻璃。下部設彩釉畫琺瑯束腰台式底座。燈之四角懸垂料珠串成的瓔珞和紅色絲穗。

此宮燈高大華麗，工藝精緻，保存完好，實為難得的畫琺瑯珍品。其總體特徵體現出清代中期廣州製造的風格，為地方官員獻給皇帝的貢品。

## 229

**畫琺瑯山居圖燈籠尊**

清中期

高27厘米　口徑9.1厘米　足徑9.1厘米

清宮舊藏

**Painted enamel lantern-shaped Zun with design of figures dwelling in mountains**

Middle Qing Dynasty

Height: 27cm　Diameter of mouth: 9.1cm

Diameter of foot: 9.1cm

Qing Court collection

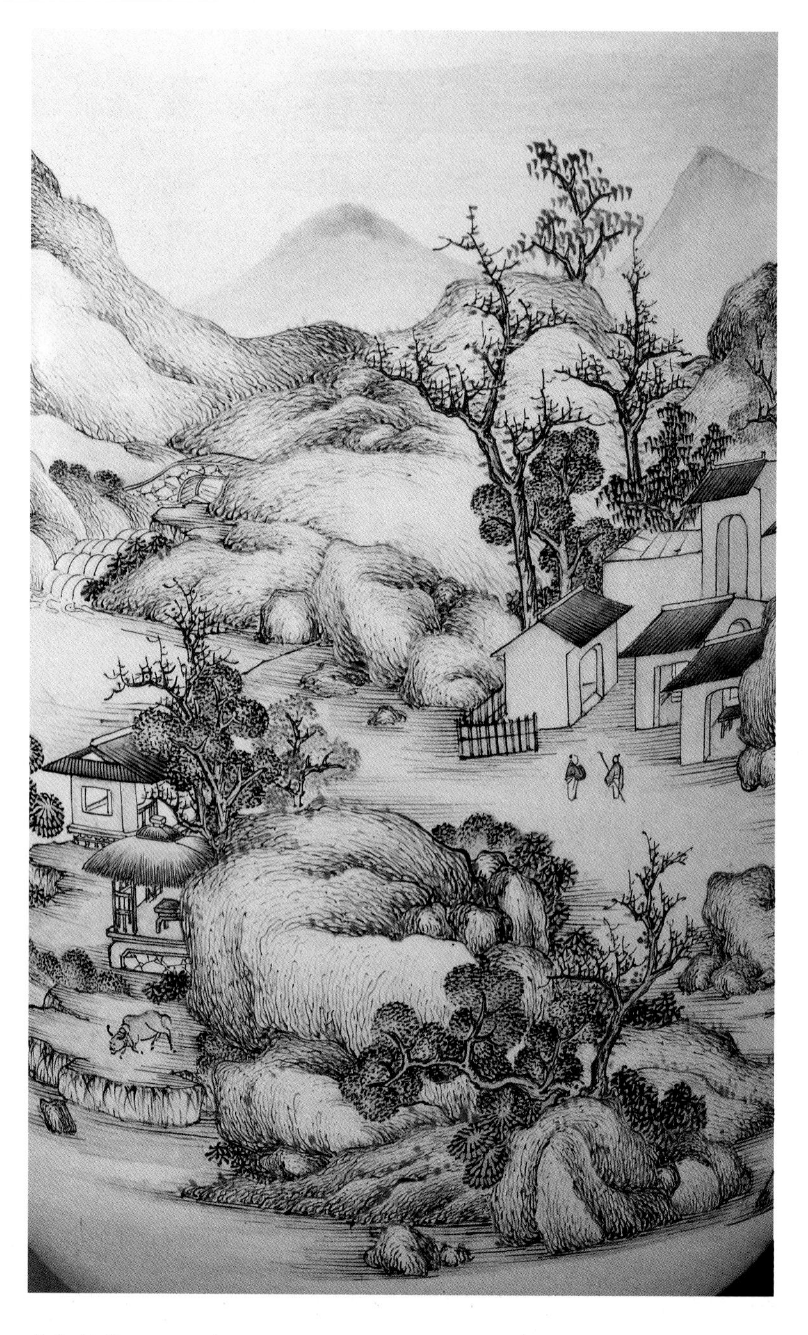

尊為燈籠形。通體施白色琺瑯釉地，通景繪《山居圖》，山間綠樹桃花，小橋流水；青堂瓦舍，水榭草亭錯落有秩；肩扛柴草的樵夫正走在橋上，水中一葉扁舟放任自流，一派安居樂業、漁樵避世的景象。

此尊造型及紋飾均仿瓷器，畫面設色淡雅，意境閒適恬靜。

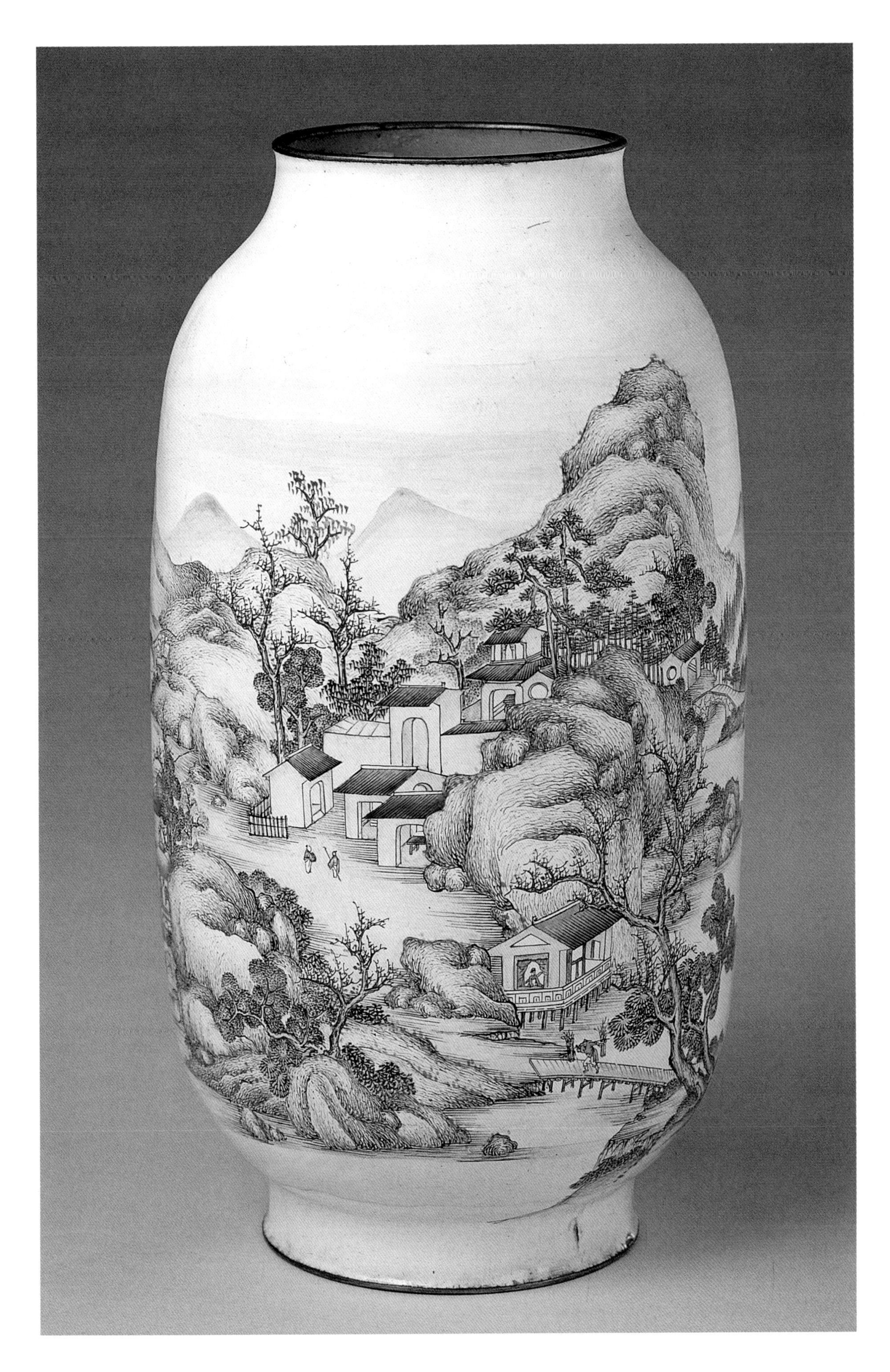

230

## 畫琺瑯纏枝蓮紋攢盒

清中期

通高14.2厘米　口邊長48.2厘米　底邊長49.2厘米

清宮舊藏

**Painted enamel box set with design of interlocking sprays of lotus**

Middle Qing Dynasty

Overall height: 14.2cm　Length of mouth brim: 48.2cm

Length of bottom brim: 49.2cm

Qing Court collection

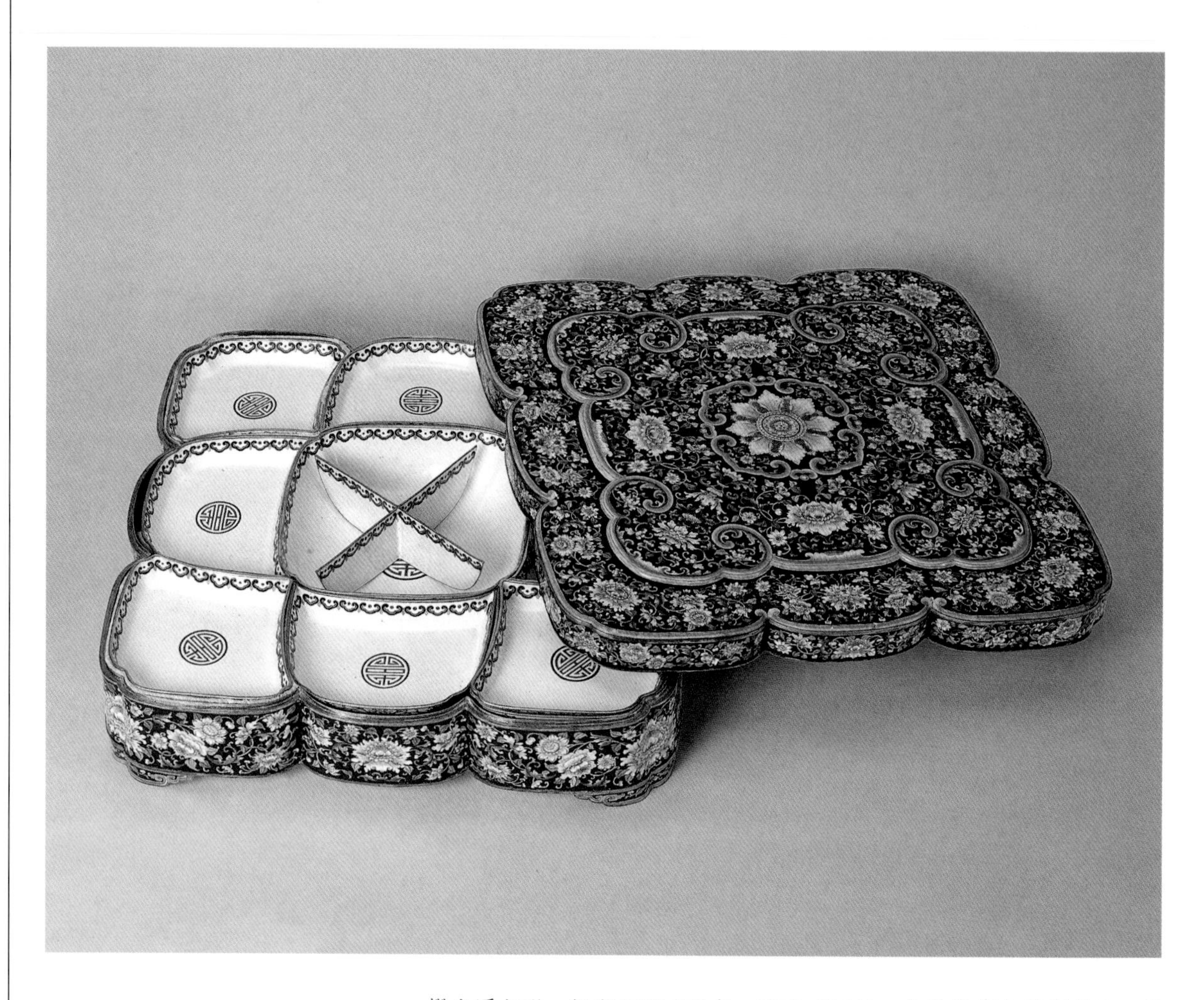

攢盒扁方形，如意雲頭式委角，垂雲式四足。盒外施藍色琺瑯釉地，彩繪纏枝蓮紋，盒內置白釉地紅色團“壽”字各式盤八個，底白釉無款。

此攢盒琺瑯釉料鮮豔明亮，紋飾繪製工整精細，具有明顯的廣東琺瑯器特點。

231

## 畫琺瑯瓜蝶紋菱花式攢盒

清中期
高15.3厘米　口徑35.9厘米　底徑24.5厘米
清宮舊藏

**Painted enamel water-chestnut-shaped box set with melon and butterfly design**

Middle Qing Dynasty
Height: 15.3cm　Diameter of mouth: 35.9cm
Diameter of bottom: 24.5cm
Qing Court collection

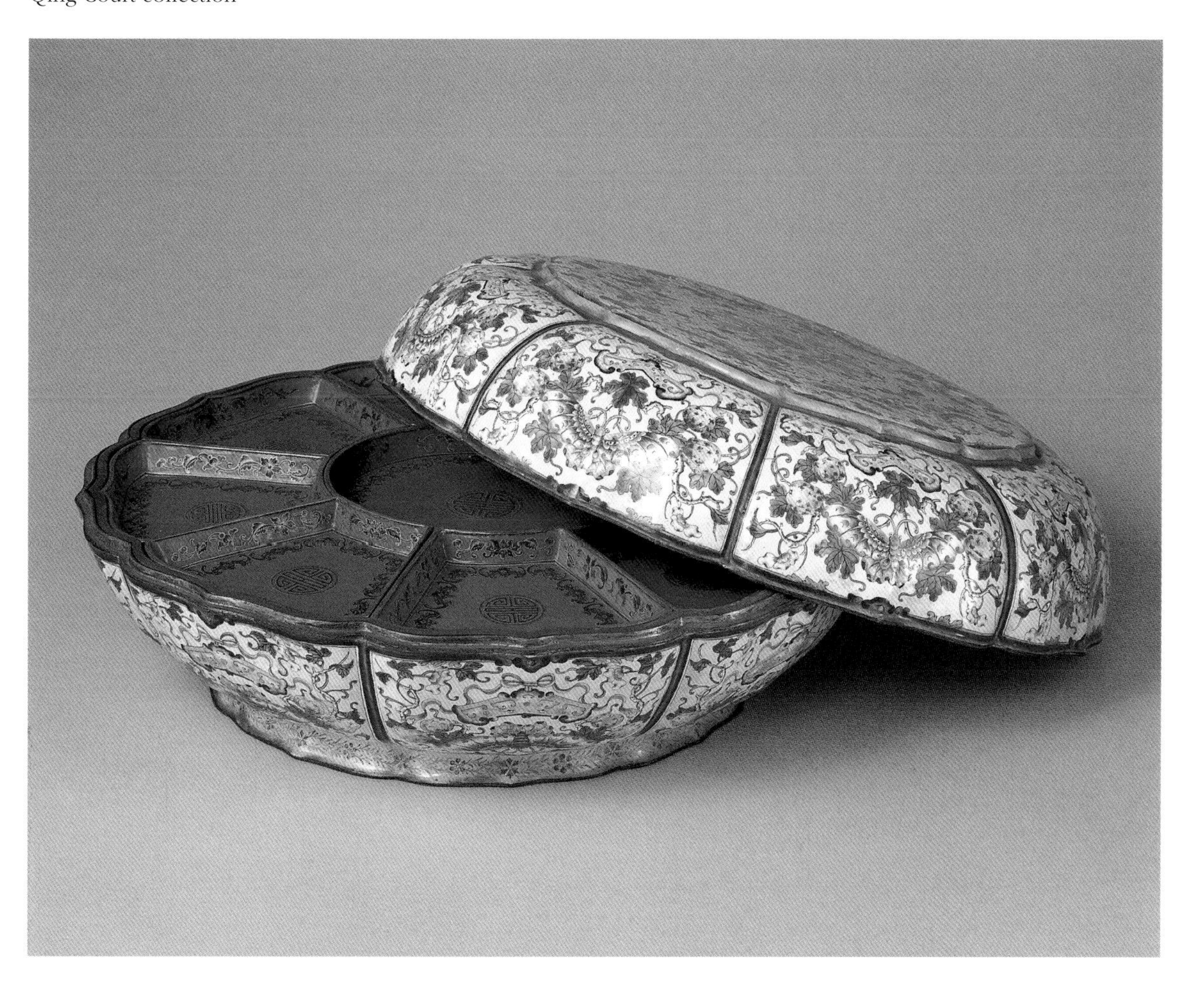

攢盒為八瓣菱花形，內有九個小盤。盒外面通體施黃色釉地，蓋面中心以彩釉繪團花，周圍滿飾蝴蝶，外壁分八瓣藍色開光，內繪磬、彩蝶、瓜紋。盒內小盤為藍色地飾蝙蝠、團“壽”字紋。

此盒紋飾以瓜蝶紋組成“瓜瓞綿綿”吉祥圖案。圖案色彩濃豔，以外黃內藍為主色調，間以紅、綠、白等色，在相互協調的基礎上，達到強對比的視覺效果。

**畫琺瑯團欒節慶圖方盒**

232

清中期
高14.5厘米　口邊長23.1厘米
底邊長23.1厘米
清宮舊藏

**Painted enamel square box with design of celebrating family reunion at festival**

Middle Qing Dynasty
Height: 14.5cm
Length of mouth brim: 23.1cm
Length of bottom brim: 23.1cm
Qing Court collection

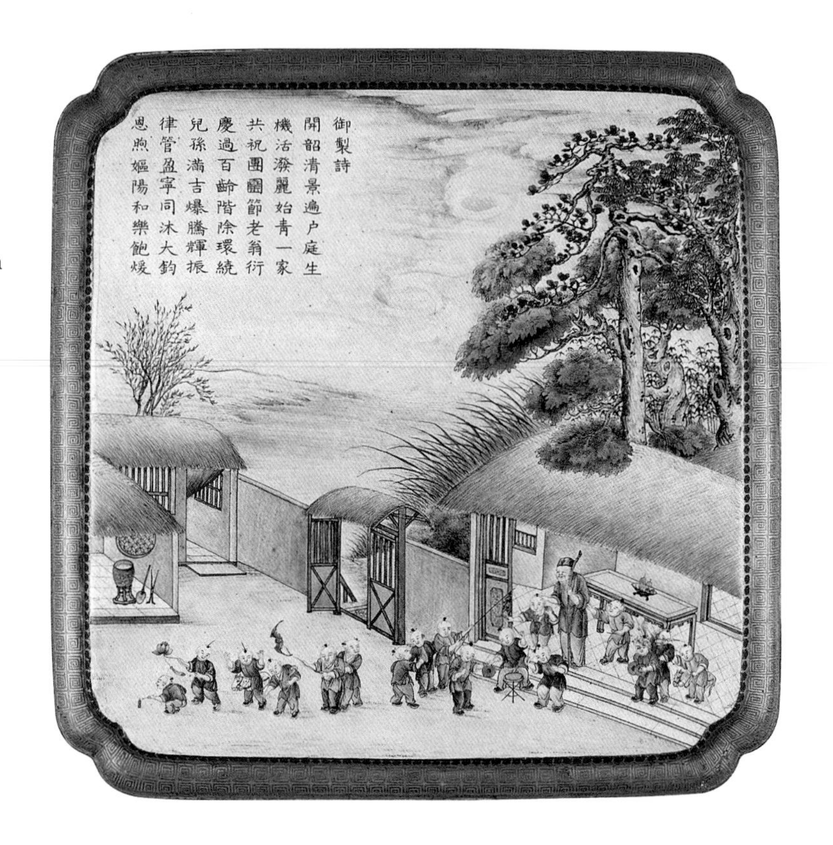


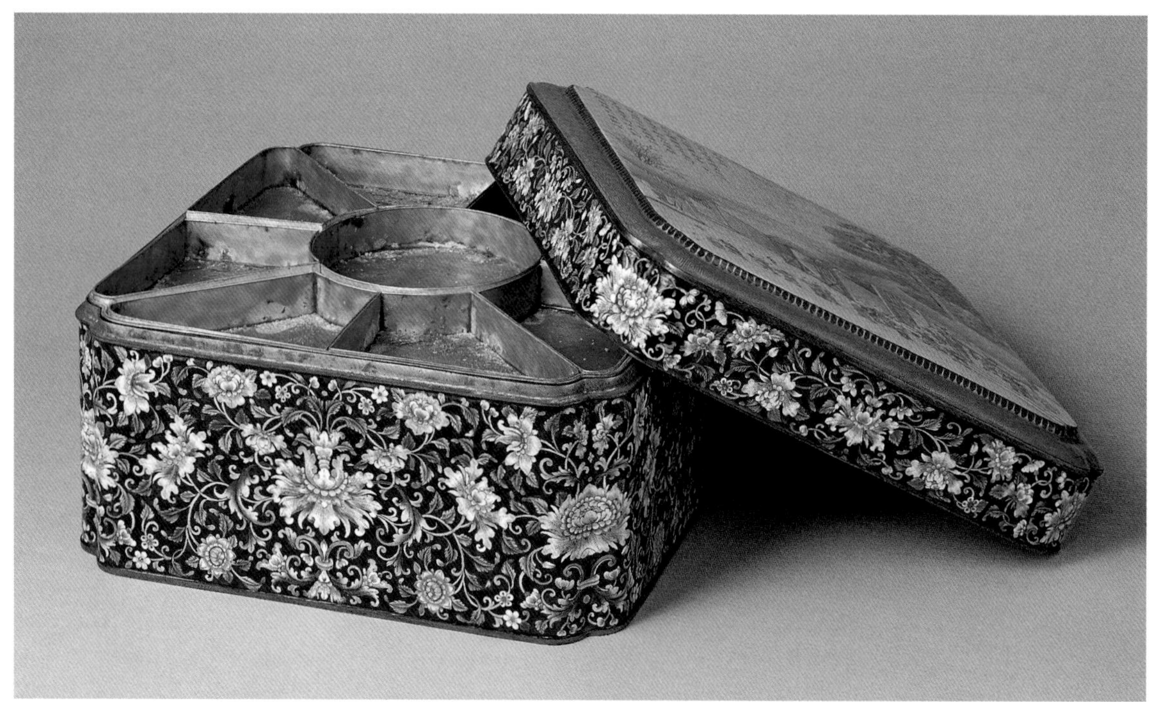

盒四方委角形，蓋平面，平底。盒四面外壁為寶藍色琺瑯釉地上繪彩色番蓮紋。蓋面施白釉地，上繪《團欒節慶圖》，幾間草屋依山傍水，屋後一棵高大的木棉樹紅花爭豔，屋簷下老翁依杖而立，庭園內十七個兒童正在玩耍，有的抖空竹，有的放鞭砲，有的放風箏，一幅團欒節兒孫滿堂、共慶長壽的場面。左上角有乾隆御製詩一首。盒內附一銀屜，上有九個隨形格盤。

此盒造型端莊，構圖繁密，釉色鮮豔，是清中期廣州畫琺瑯作品。

233

## 畫琺瑯開光人物圖缸

清中期
高28.3厘米　口徑36.2厘米　底徑23厘米
清宮舊藏

**Painted enamel vat with figure design within reserved panels**
Middle Qing Dynasty
Height: 28.3cm　Diameter of mouth: 36.2cm
Diameter of bottom: 23cm
Qing Court collection

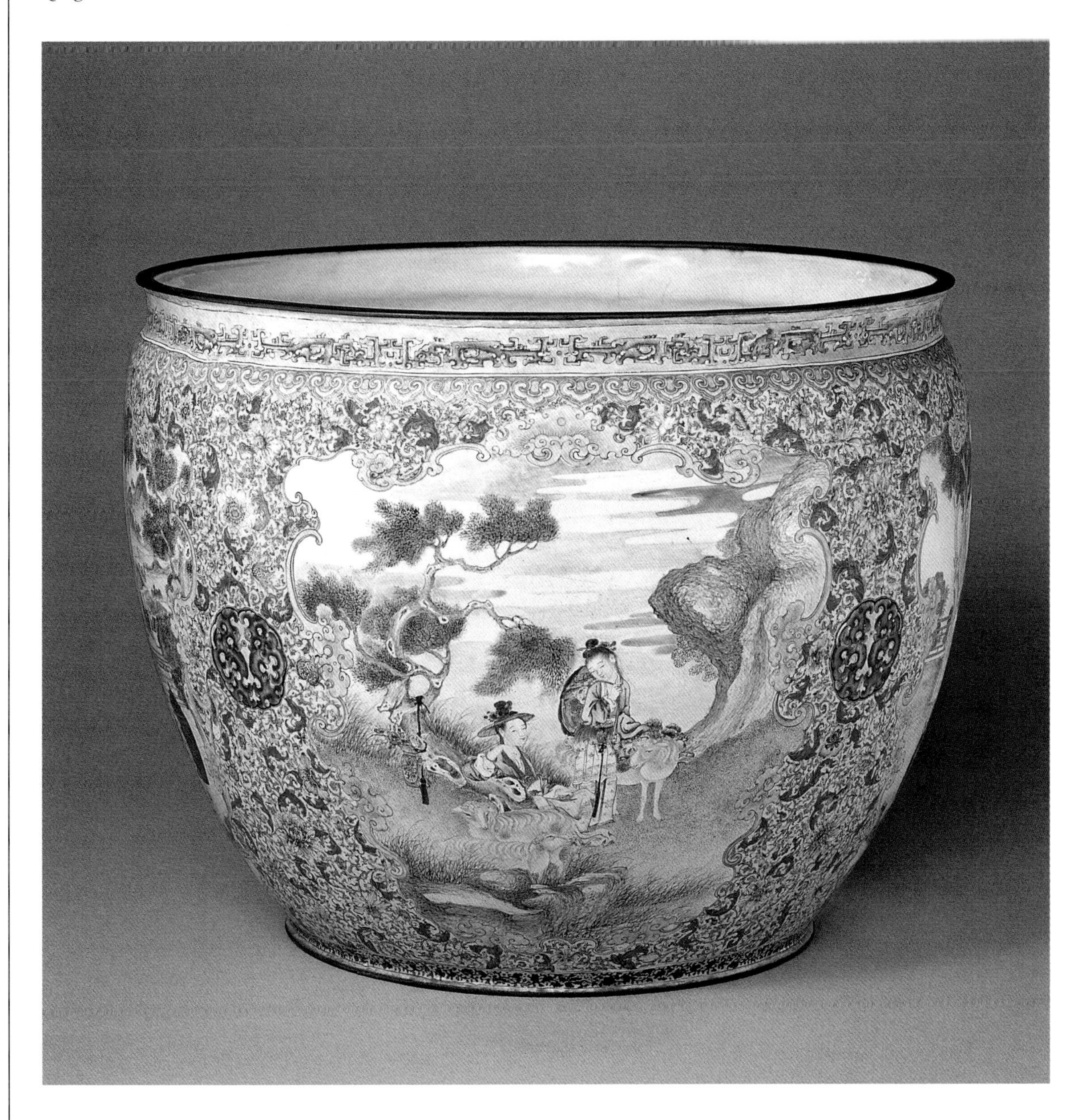

缸直口，弧腹，平底。口外沿飾寶藍色蟠螭紋，外壁施黃色琺瑯釉地，飾彩色勾蓮花和寶藍色團螭紋，四面有靈芝紋開光，內繪《牧羊圖》、《嬰戲圖》、《品茶圖》、《祝壽圖》。

此缸所飾圖案繪工精緻，人物形象生動傳神，反映了太平盛世人們悠閒的生活與情趣。

234

## 畫琺瑯仙山瓊閣圖掛屏

清中期
高76厘米　寬110厘米
清宮舊藏

**Painted enamel hanging panel with design of landscape and pavilion**
Middle Qing Dynasty
Height: 76cm　Width: 110cm
Qing Court collection

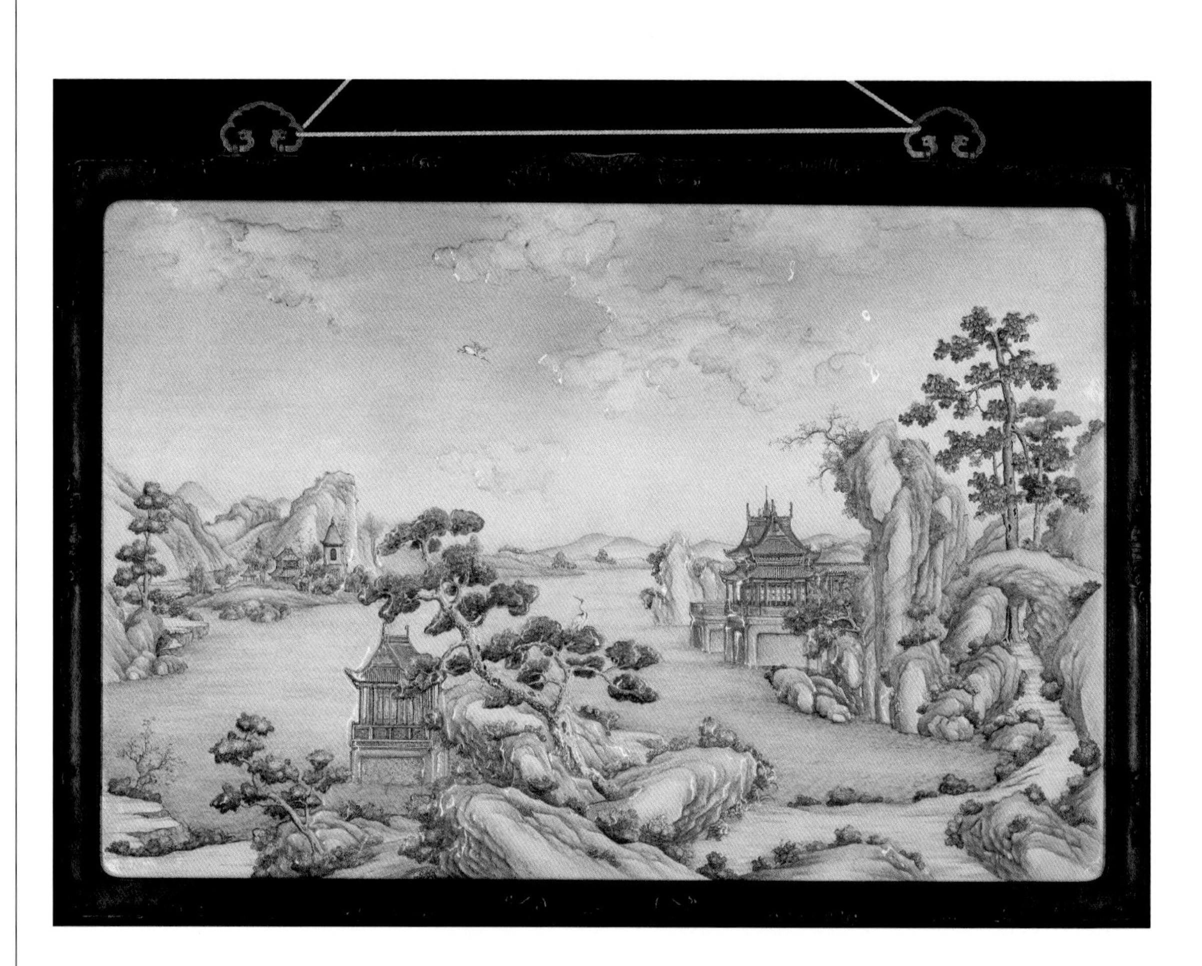

掛屏為兩幅一對，先錘鍱出山水樓閣輪廓，再用畫琺瑯工藝描繪而成。圖中山島聳峙，樓閣飛簷，雲中仙鶴翱翔，松間呦呦鹿鳴。

錘鍱是將金屬板拔在花模上錘打，使金屬板表面呈現出凹凸不平的淺浮雕狀。此對掛屏的畫面由於採用了錘鍱工藝，因而具有立體效果，別具一格。

235

## 畫琺瑯仙山瓊閣圖掛屏

清中期
高76厘米　寬110厘米
清宮舊藏

**Painted enamel hanging panel with design of landscape and pavilion**
Middle Qing Dynasty
Height: 76cm　Width: 110cm
Qing Court collection

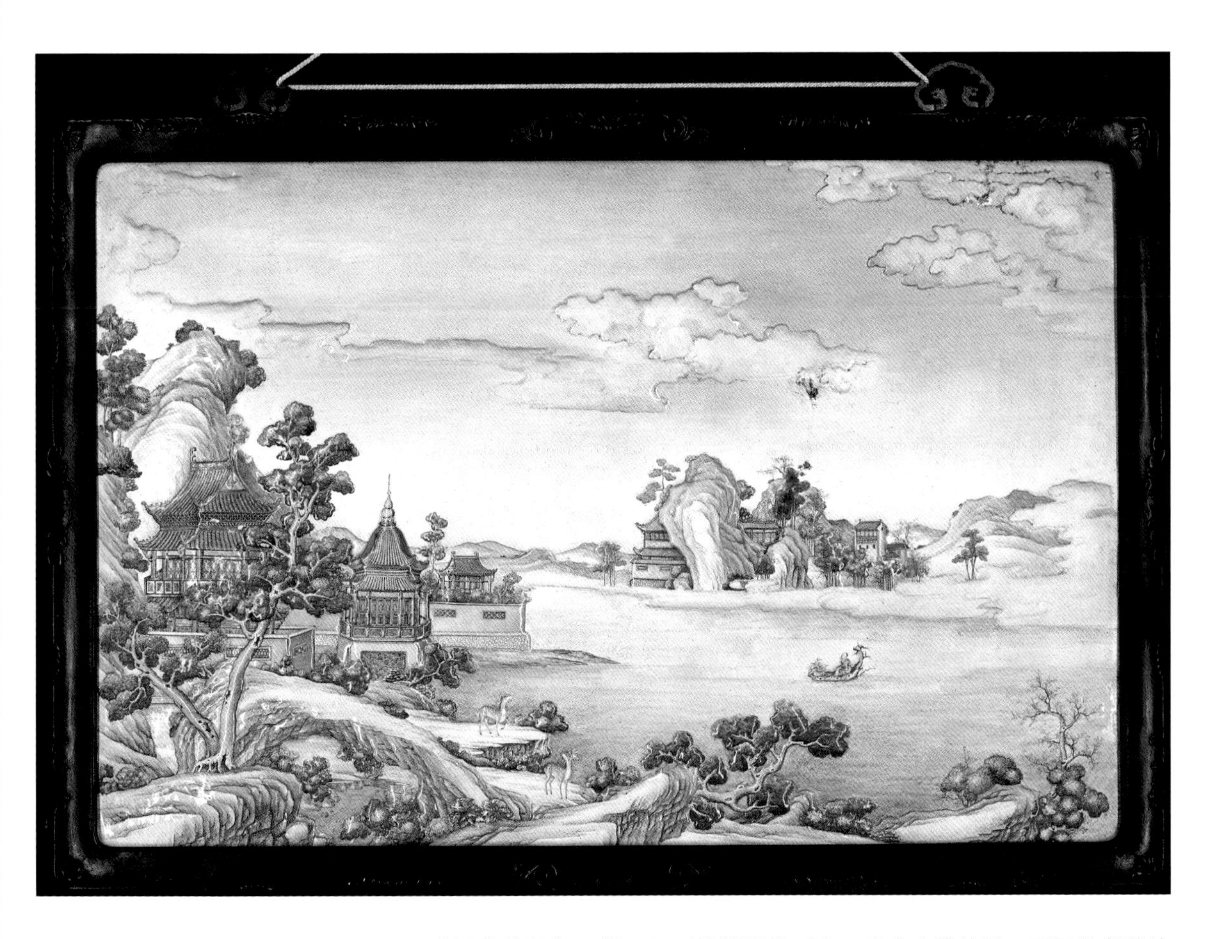

此屏與前屏為一對，山石樓閣錘鍱而出，形成立體效果，再用琺瑯釉繪出山水景物。圖中山峰夾岸，樹木叢生，水中一仙人採得靈芝仙草乘槎歸來，與前屏組成一幅寓意為“鶴鹿同春”、“松鶴延年”的吉祥畫圖。

此對掛屏是廣東地方官員進貢的貢品。

236

**畫琺瑯玉堂富貴圖瓶**

清中期

高44厘米　口徑14厘米　足徑15.2厘米

清宮舊藏

**Painted enamel vase with bird and flower design**

Middle Qing Dynasty

Height: 44cm　Diameter of mouth: 14cm

Diameter of foot: 15.2cm

Qing Court collection

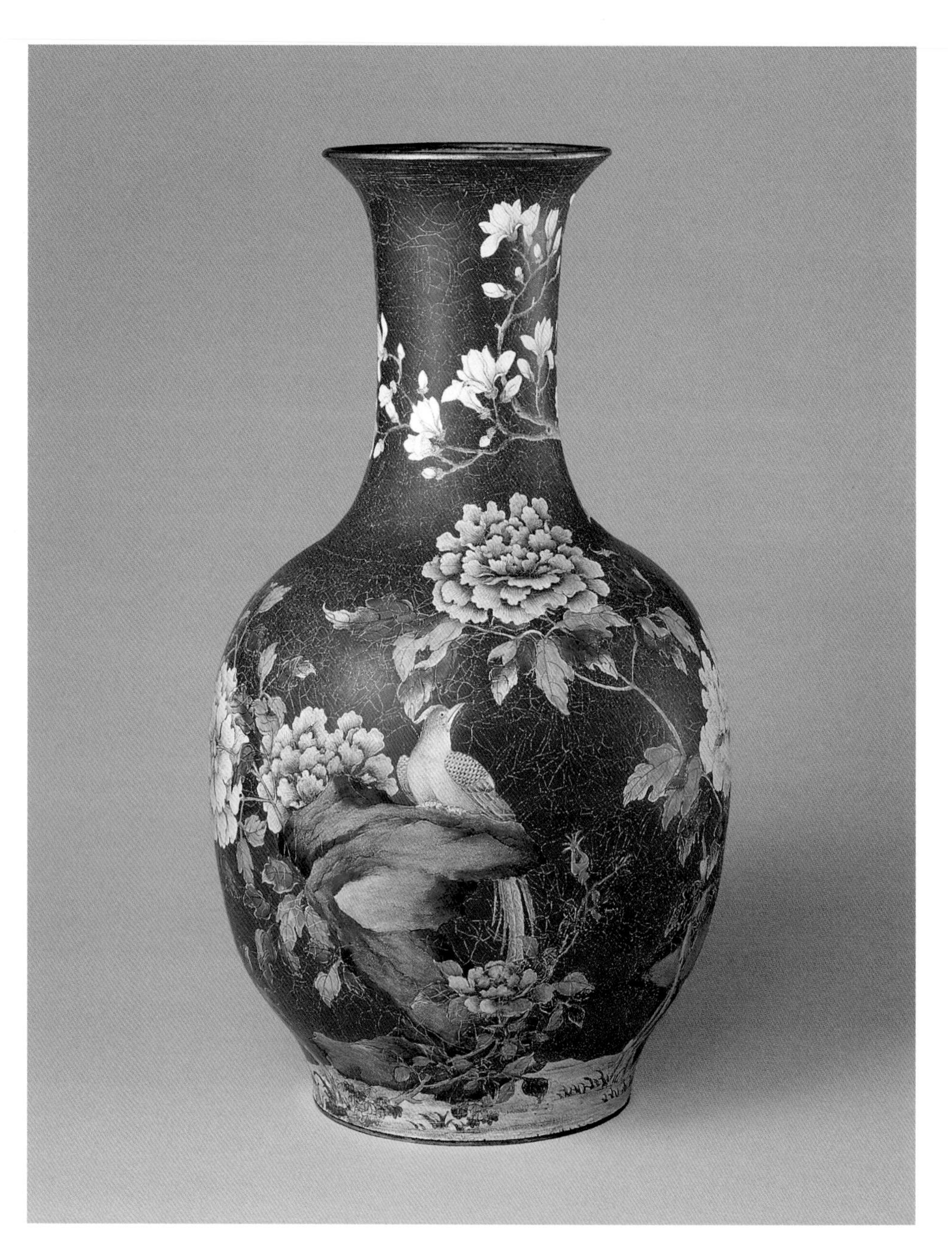

瓶撇口，直頸，鼓腹，平底。通體施紫紅色琺瑯釉地，通景繪《玉堂富貴圖》，在藍色山石上一隻綬帶鳥回首相望，石邊雍容華貴的牡丹，色彩絢麗的月季、菊花、玉蘭花競相開放，玉蘭樹上棲着另一隻綬帶鳥。

此瓶器型大而莊重，釉色富麗，以工筆繪製花鳥，寓意吉祥，是清代畫琺瑯器中具有代表性的作品。

## 237

**畫琺瑯秋豔圖瓶**
清中期
高19.2厘米　口徑5.1厘米　足徑4.5厘米
清宮舊藏

**Painted enamel vase with floral design**
Middle Qing Dynasty
Height: 19.2cm　Diameter of mouth: 5.1cm
Diameter of foot: 4.5cm
Qing Court collection

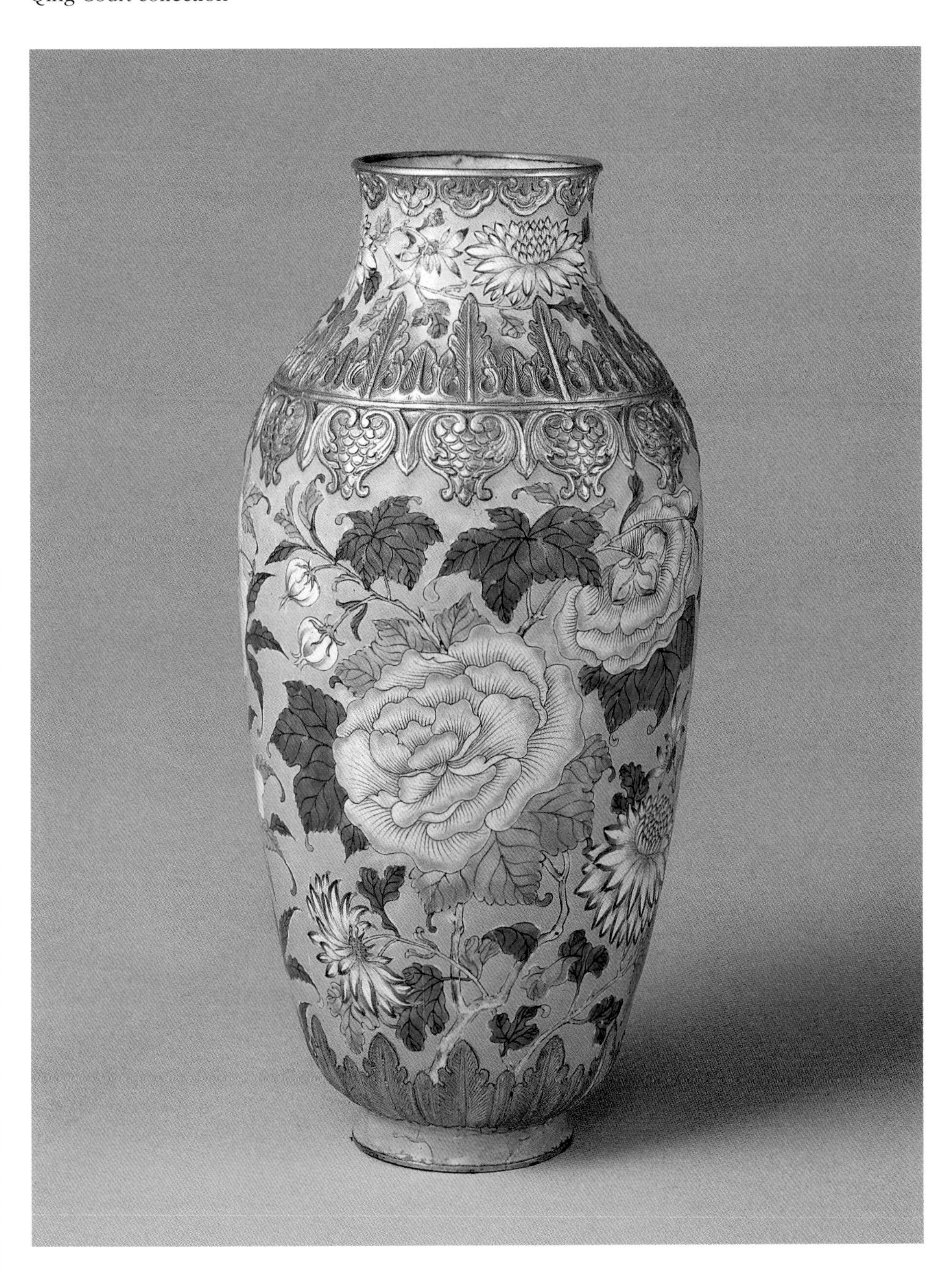

瓶直口，短頸，圈足。口沿飾銅鍍金鏨花雲紋，肩及足上飾銅鍍金鏨花蕉葉紋。通體施天藍色琺瑯釉為地，頸部繪纏枝菊花，腹通景繪彩色秋葵、菊花、月季等秋季花卉。底白釉無款。

此瓶造型小巧玲瓏，釉色純正明亮，紋飾絢麗，表現出秋高氣爽、清新明快的氣氛。視其風格特點，為廣州地區製造。

## 238

**廣琺瑯貼金錦袱紋瓶**
清中期
高22.8厘米　口徑7厘米　足徑5.9厘米
清宮舊藏

**Guang enamel vase with gold applique decorated with brocaded bundle design**
Middle Qing Dynasty
Height: 22.8cm　Diameter of mouth: 7cm
Diameter of foot: 5.9cm
Qing Court collection

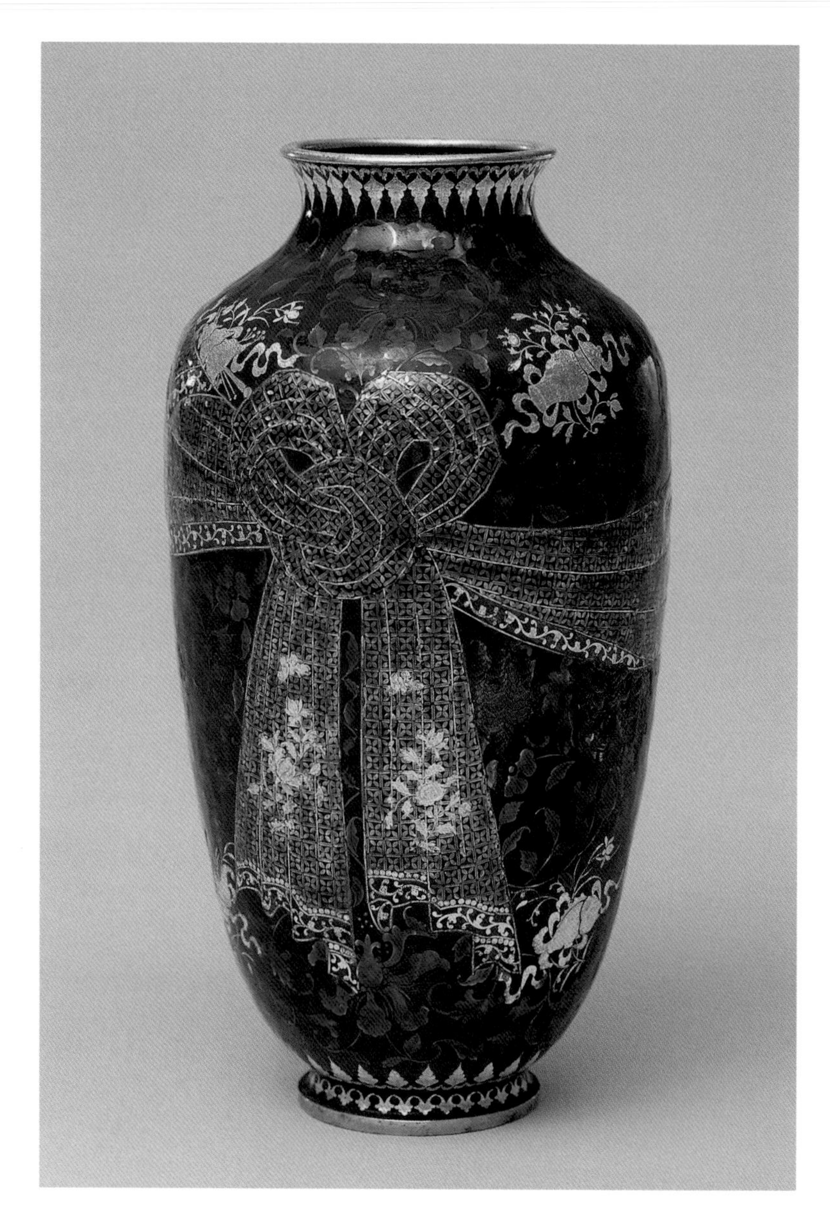

瓶撇口，短頸，圈足。口沿下及近足處飾描金花葉紋。通體繪深藍色纏枝番蓮紋，瓶身纏枝花紋上裝飾彩花錦袱紋，上壓綠釉貼金錦地裝飾，並通罩透明琺瑯釉，花紋透過罩釉若隱若現，更顯雅氣。瓶肩及腹下部飾描金八寶紋，不罩透明琺瑯釉。

此瓶裝飾紋樣富有新意，通體施藍、綠、黃三色，明快豔麗。先在胎上施琺瑯釉色貼金，再罩以透明琺瑯釉，是廣州獨創的琺瑯工藝，清代時稱其為“廣琺瑯”。此瓶是廣東官員向宮廷進貢的貢品。

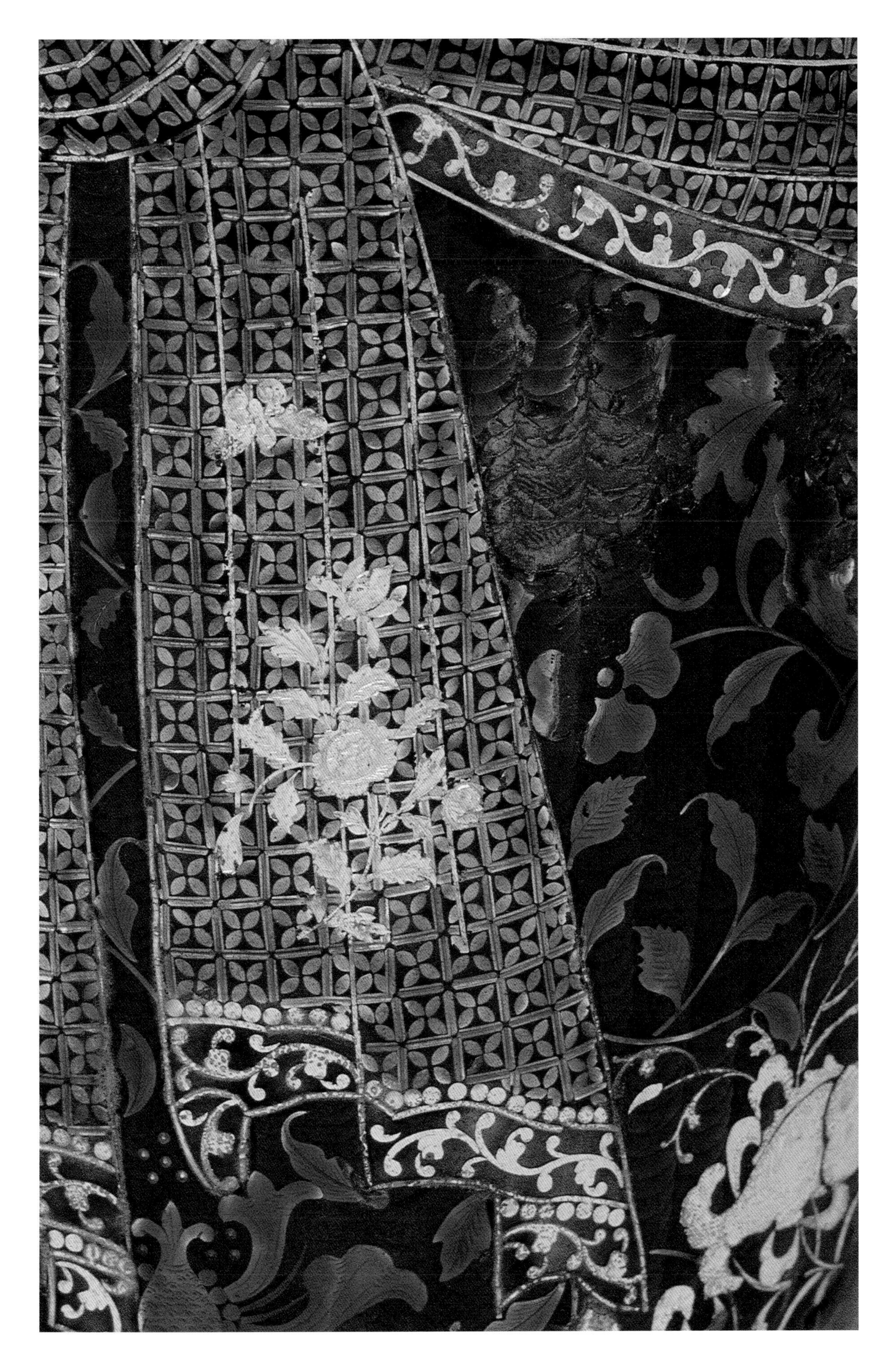

239

## 廣琺瑯貼金八寶紋攢盒

清中期

高16厘米　直徑35.5厘米　足徑24厘米

清宮舊藏

**Guang enamel box set with design of Eight Buddhist Emblems in gold foils**

Middle Qing Dynasty

Height: 16cm　Diameter: 35.5cm

Diameter of foot: 24cm

Qing Court collection

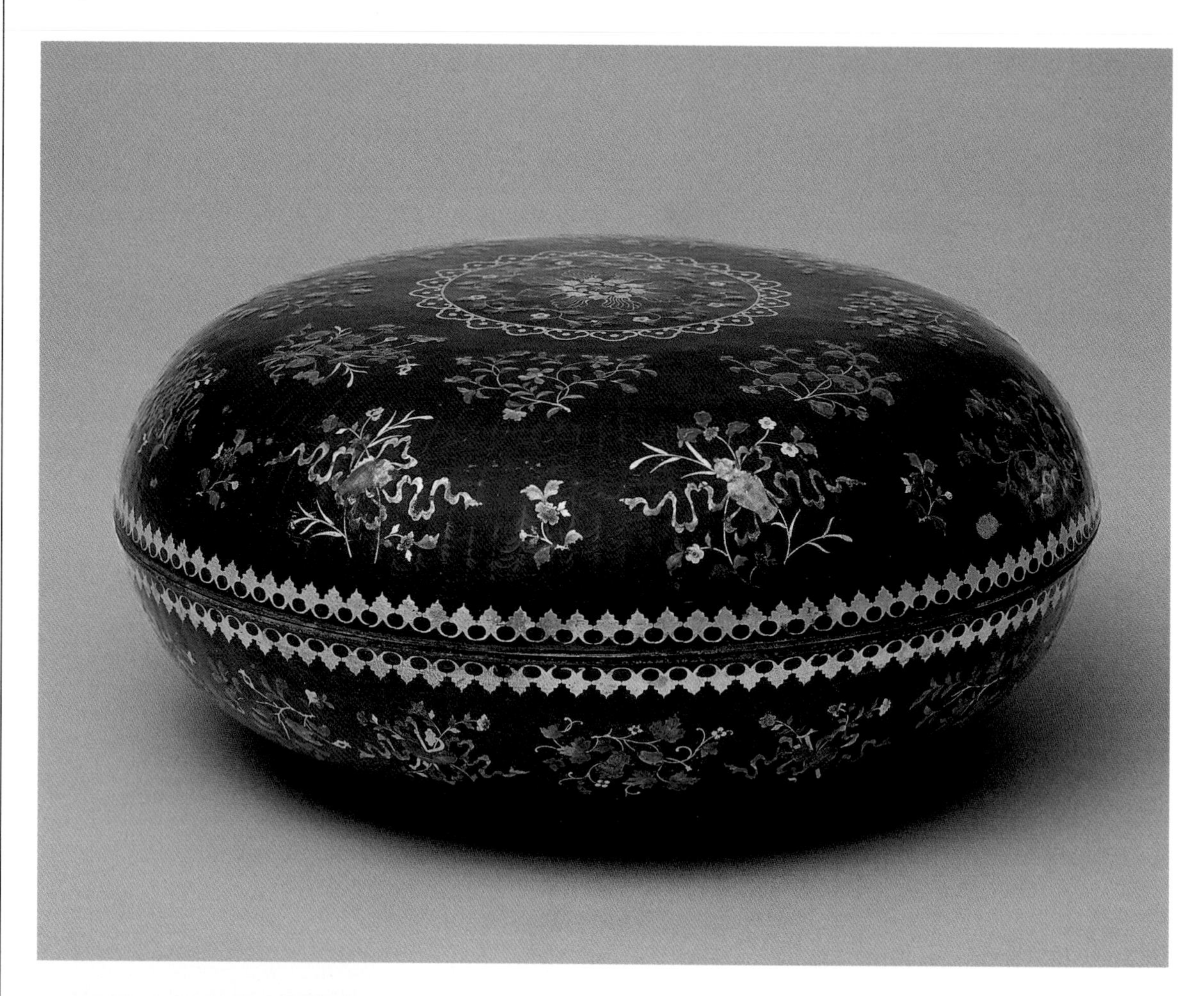

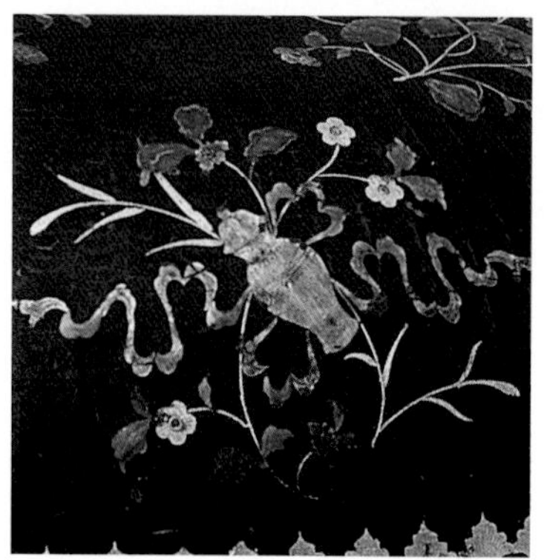

盒內儲一銅屜，上置小攢盤12個。盒外面施藍色琺瑯釉地，貼鏤銀折枝花卉紋，上罩透明琺瑯釉，再貼鏤金八寶紋。蓋面有圓形開光，中心飾團花紋，外環以如意雲頭紋。

此盒釉上釉下金、銀花卉相互輝映，富麗典雅，別具一格。此種工藝係廣州琺瑯藝人所創造，享譽海內外。宮廷中的廣琺瑯製品，均為廣東地方官員進貢的貢品。

## 240

**廣琺瑯貼金銀花卉紋洗**
清中期
高12.7厘米　口徑47厘米　底徑16.5厘米
清宮舊藏

**Guang enamel brush washer with floral design in gold and silver foils**
Middle Qing Dynasty
Height: 12.7cm　Diameter of mouth: 47cm
Diameter of bottom: 16.5cm
Qing Court collection

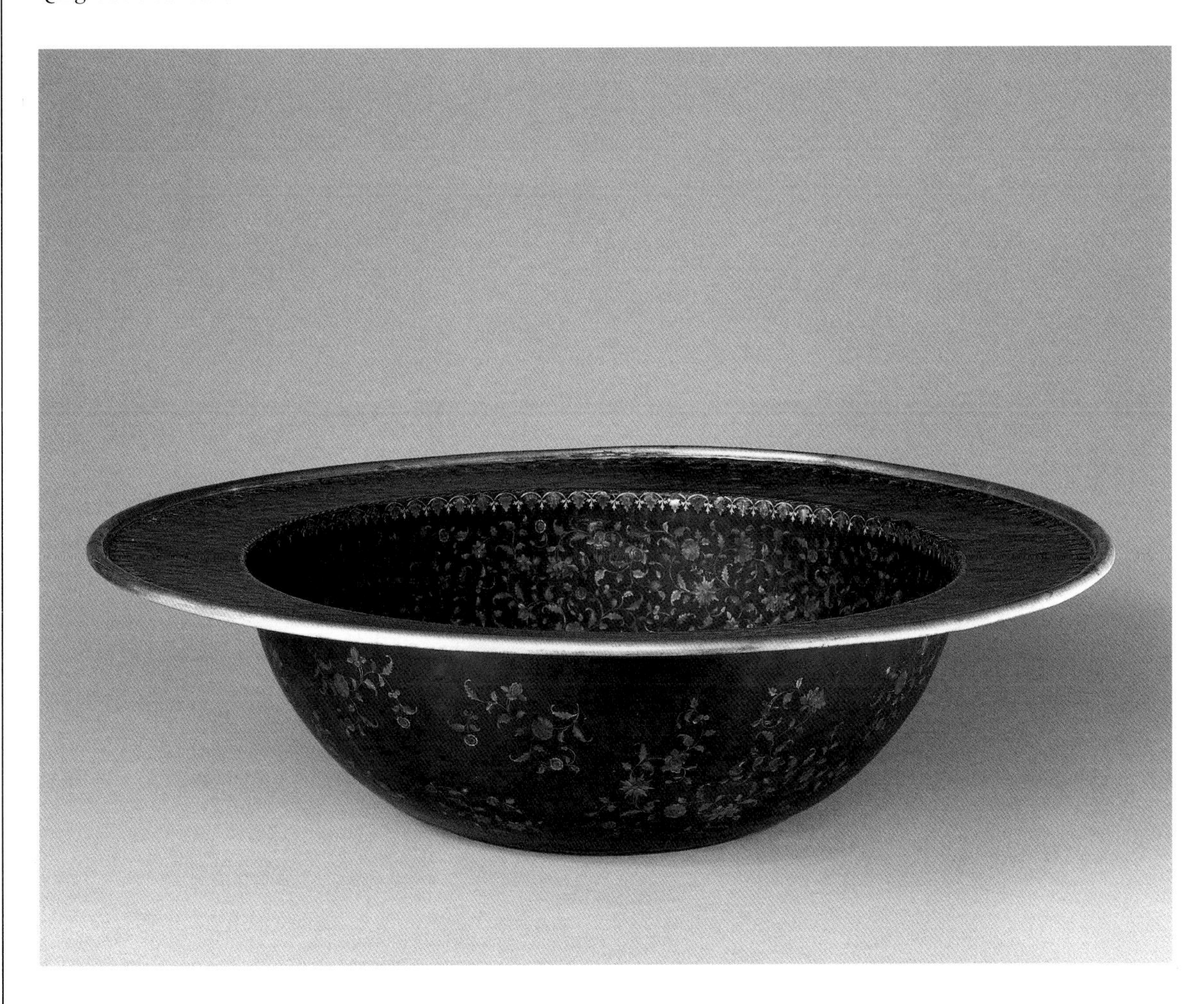

洗侈口，折沿，平底微凹。通體以鏨花水波紋為地，口沿及折沿處貼飾描金葉紋，內、外壁貼飾銀片纏枝花卉紋和折枝花卉紋。

此器銀片花紋及鏨花水波紋若隱若現，描金花紋燦爛奪目，色彩絢麗，是廣東地方官員貢進內廷的透明琺瑯器中上佳之作。透明琺瑯是廣州一種琺瑯釉，釉色透明光亮。

241

## 廣琺瑯描金夔紋雙耳高足杯

清中期
高16.5厘米　口徑18.3厘米　足徑8.4厘米
清宮舊藏

**Guang enamel stem cup with two ears decorated with Kui-dragon design in gold tracery**

Middle Qing Dynasty
Height: 16.5cm　Diameter of mouth: 18.3cm
Diameter of foot: 8.4cm
Qing Court collection

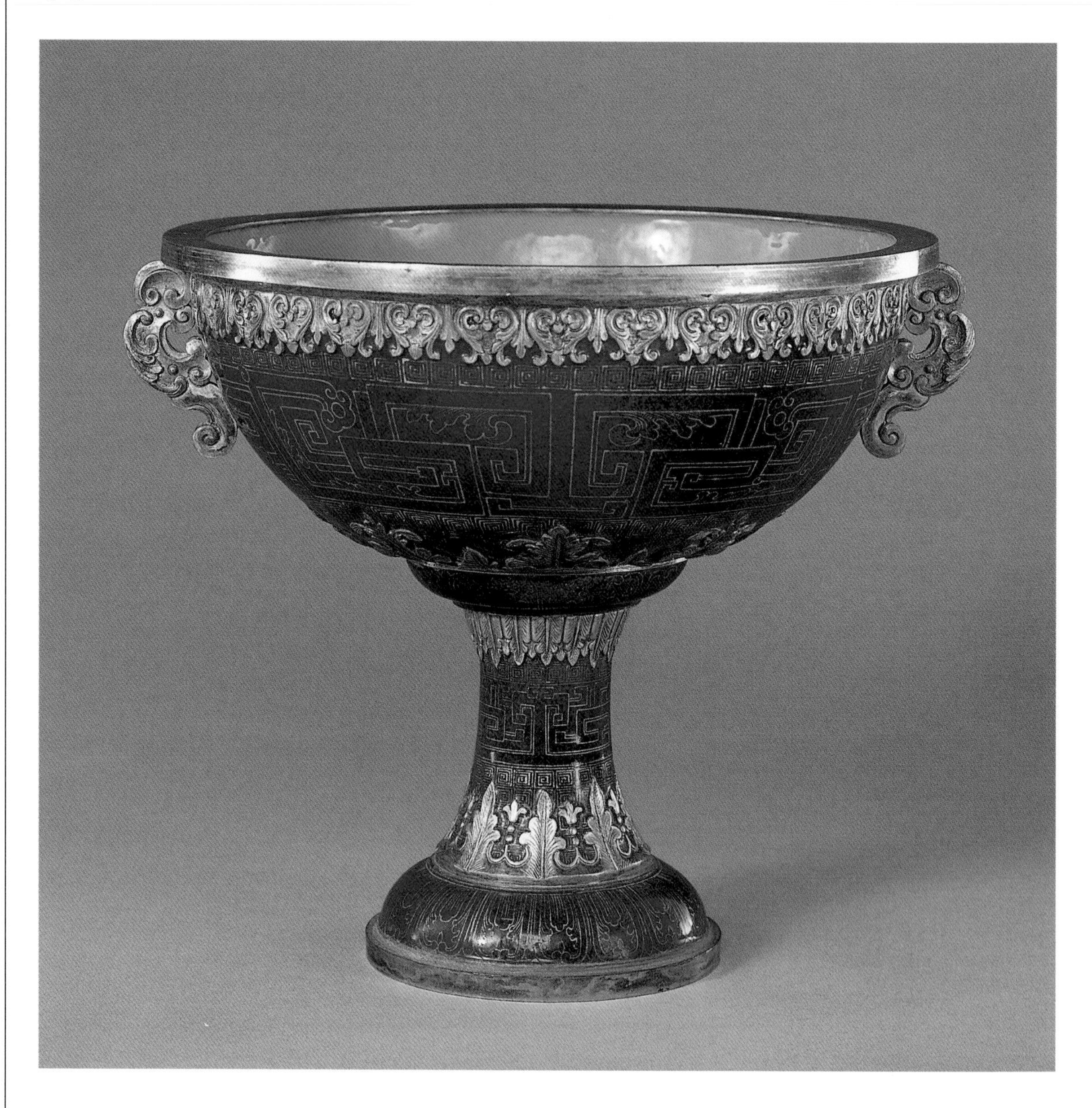

杯侈口，弧腹，鍍金夔紋雙耳，高足。通體施仿古銅綠色透明琺瑯釉，加描金夔紋、回紋、蓮紋。口沿下、腹下及足上下嵌鍍金鏨花變形葉紋。底鍍金，光素無款。

此器造型仿西洋式樣，而其綠色透明琺瑯釉又似瓷器中的古銅彩瓷，裝飾華麗，色調凝重，是廣東透明琺瑯工藝中具有代表性的作品。

242

## 鍍金畫琺瑯牡丹紋執壺

清嘉慶
通高23.9厘米　口徑4.4厘米　足徑7.1厘米
清宮舊藏

**Painted enamel ewer with peony design in gold plate**
Jiaqing period, Qing Dynasty
Overall height: 23.9cm　Diameter of mouth: 4.4cm
Diameter of foot: 7.1cm
Qing Court collection

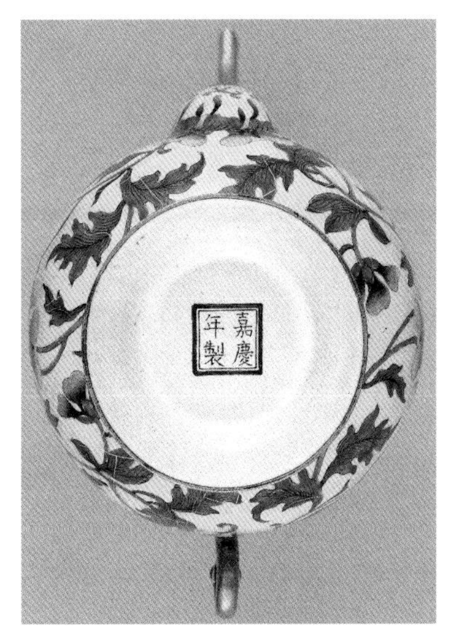


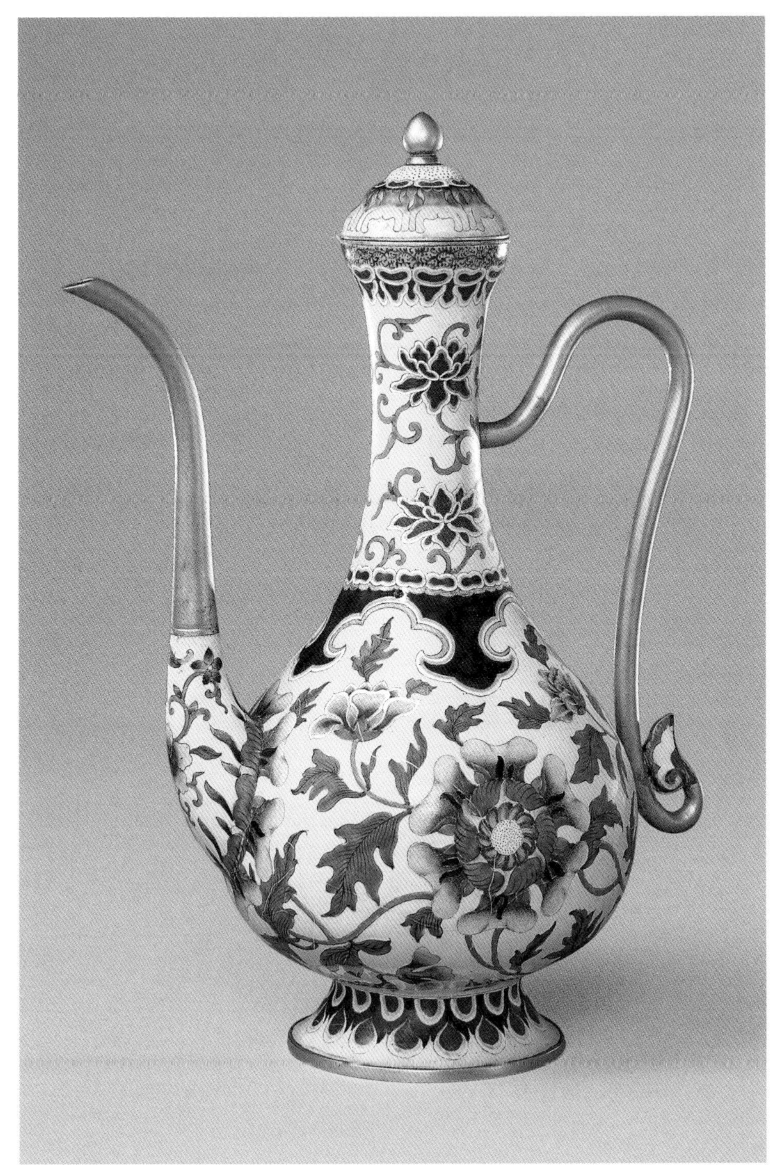

壺銅胎鍍金，長頸，垂腹，高流，環形如意頭執柄，圈足外撇。蓋鈕及流、柄均為銅鍍金。通體施黃色琺瑯釉為地，頸飾彩色番蓮花四朵，間綴勾蓮紋，肩飾藍色釉垂雲紋，腹飾彩色牡丹紋，足上飾藍紫釉垂葉紋，蓋飾牡丹紋。足內白釉，藍色雙方框內署“嘉慶年製”楷書款。

此執壺為造辦處琺瑯作造，其造型典雅，製作精細，釉色滋潤，五彩斑斕，是嘉慶早期畫琺瑯器中的代表作，工藝上還保持着乾隆時期的水平。嘉慶年製的畫琺瑯遺存極少，如此件精美之作，為該時期所僅見。

243

**畫琺瑯花卉紋盞托**
清嘉慶
高1.8厘米　口徑19.8厘米
足徑13.6厘米
清宮舊藏

**Painted enamel cup saucer with floral design**
Jiaqing period, Qing Dynasty
Height: 1.8cm
Diameter of mouth: 19.8cm
Diameter of foot: 13.6cm
Qing Court collection

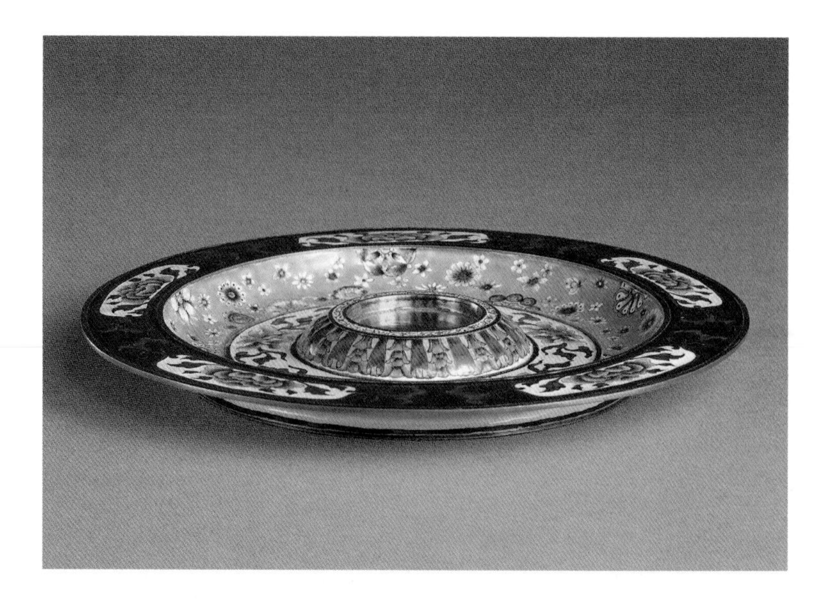

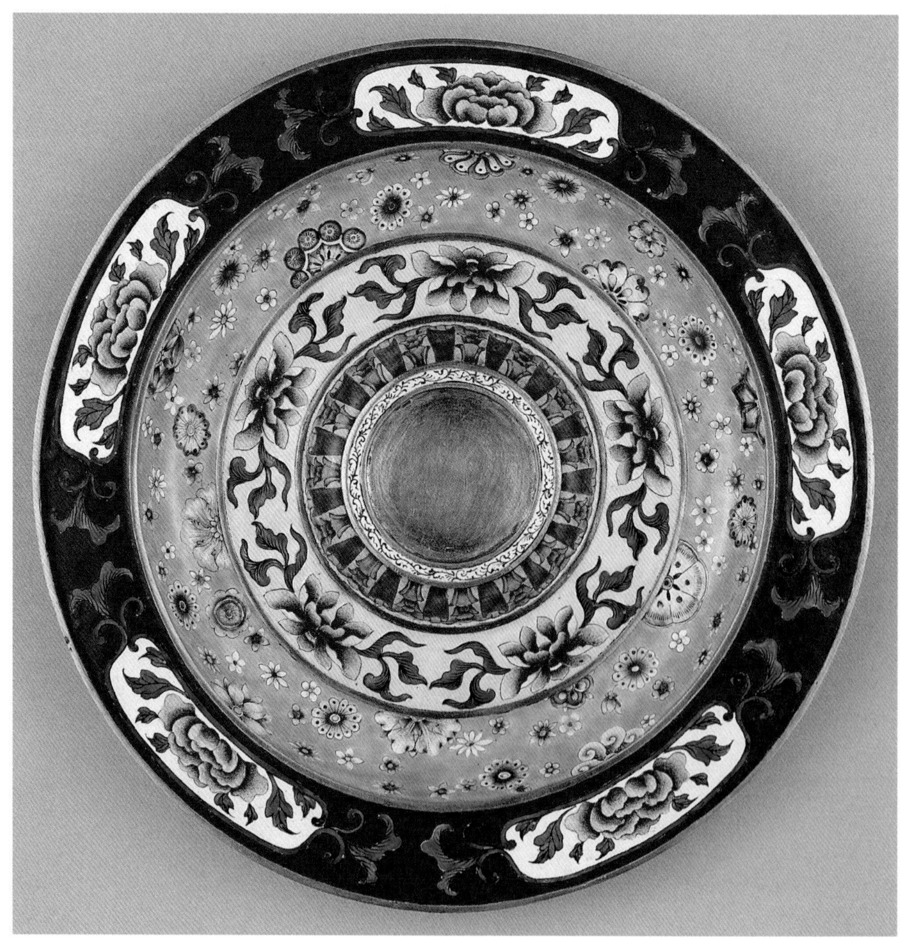

盞托銅胎鍍金，侈口，折沿，器心有凸起杯槽。槽周緣飾畫琺瑯藍色蔓草紋及粉紅色花瓣紋。內底施黃色琺瑯釉地，飾彩色番蓮紋，裏壁施天藍色琺瑯釉地，飾彩色團花錦紋。折沿上施紫色琺瑯釉地，開光內飾彩色牡丹紋，折沿下、外壁施素黃釉。底白釉，藍色雙方框內署"嘉慶年製"楷書款。

此盞托代表嘉慶時期畫琺瑯器的風格，造型規整實用，釉色比較簡單，色彩缺乏鮮豔感，顯示出嘉慶時期畫琺瑯工藝已開始走向衰落。

244

**畫琺瑯大吉字葫蘆瓶**
清晚期
高38.6厘米　口徑7.5厘米　足徑13.1厘米
清宮舊藏

**Painted enamel double-gourd-shaped vase with characters "Da Ji" (great luck)**
Late Qing Dynasty
Height: 38.6cm　Diameter of mouth: 7.5cm
Diameter of foot: 13.1cm
Qing Court collection

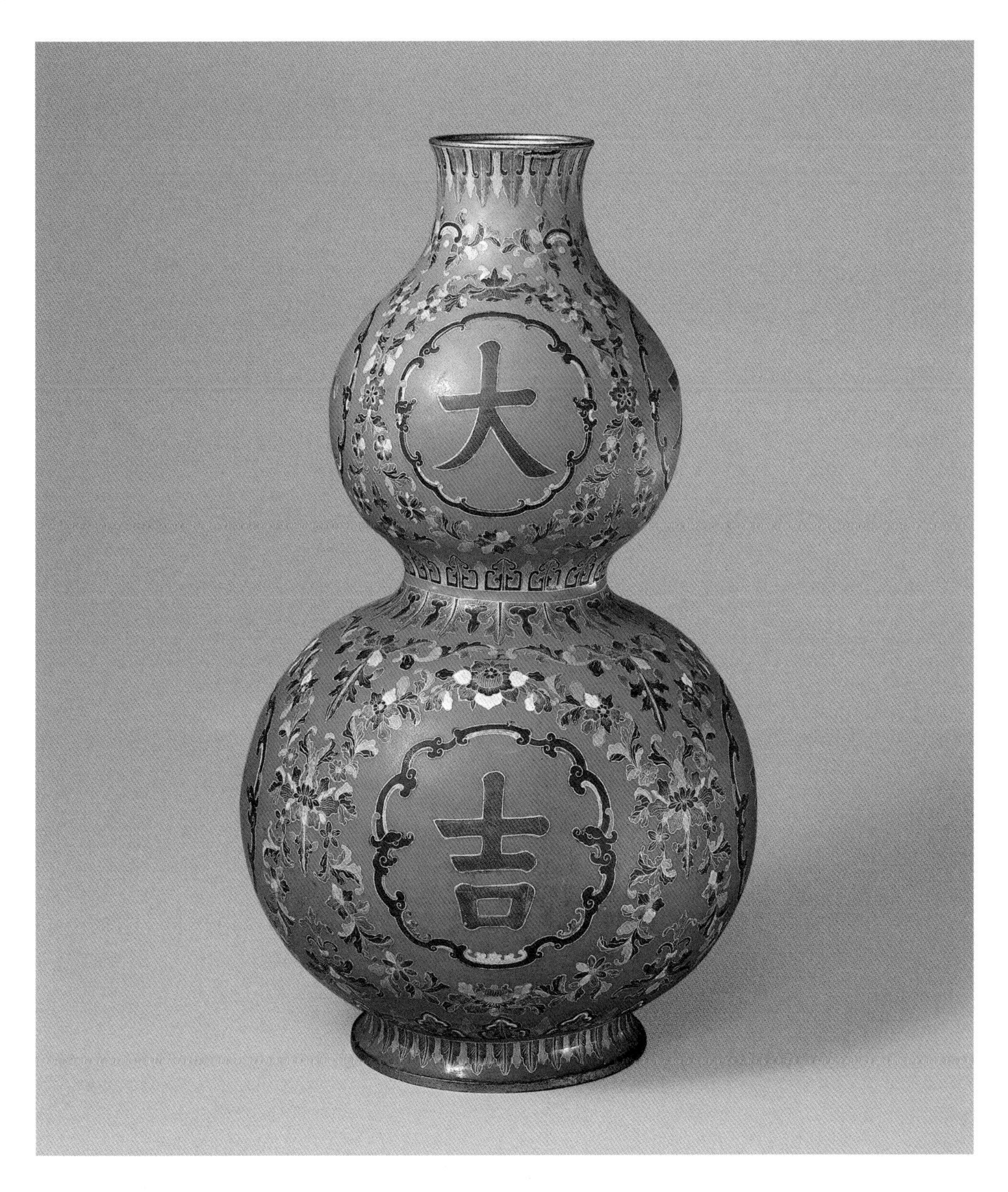


瓶為葫蘆形，口、足鍍金。通體施淺藍色琺瑯釉為地，瓶身上下有藍色螭紋開光，內為紅色楷書“大”、“吉”二字。開光外飾彩色纏枝花卉紋，花卉以描金勾勒葉脈紋理，描繪細緻規整，仿掐絲琺瑯的效果。口沿下、束腰、近足處及足牆飾不同的蕉葉紋。

此瓶的造型、紋飾、釉色均與宮廷製琺瑯器不同，具有濃厚的地方特色，屬蘇州造之風格，為清晚期慈禧太后慶壽時地方官員的貢品。